Wuppertaler Studienbibel

Wuppertaler Studienbibel

Begründet von

Fritz Rienecker

und

Werner de Boor

Reihe: Altes Testament

Herausgegeben von

Gerhard Maier

und

Adolf Pohl

R. Brockhaus Verlag Wuppertal

Das erste Buch Mose

2. Teil

Kapitel 12 bis 36

erklärt von

Hansjörg Bräumer

R. Brockhaus Verlag Wuppertal

Gesamtherstellung: Breklumer Druckerei Manfred Siegel KG

ISBN 3-417-25205-9 Paperback
ISBN 3-417-25305-5 Efalin

INHALTSVERZEICHNIS

RICHTLINIEN FÜR DIE BENUTZER DER WUPPERTALER STUDIENBIBEL

In bezug auf den Bibeltext:
Der Bibeltext ist fett gedruckt. Wiederholungen aus dem behandelten Bibeltext sind fett gedruckt.
Kursiv nur im Sinne der Verdeutlichung bei Betonung.

In bezug auf die Parallelstellen:
Mit Absicht sind eine große Fülle von Bibelstellen als Parallelstellen gebracht. Für diese Parallelstellen ist am Rand eine Spalte freigelassen.

In bezug auf die Handschriften:
Zu den wichtigsten vom Text abweichenden Lesarten, die sich im allgemeinen in den Fußnoten finden, sind folgende Zeichen gesetzt, die der Erklärung bedürfen:

Der hebr. Text des Alten Testaments (der sogenannte »Masoretische Text«). Die genaue Überlieferung des alttestamentlichen Textes lag den jüdischen Schriftgelehrten sehr am Herzen und wurde seit dem 2. Jahrhundert n.Chr. von den sogenannten Masoretenschulen (Masora = »Überlieferung«) zu einer besonderen Wissenschaft entwickelt. Ursprünglich bestand der hebr. Text nur aus Konsonanten; die Masoreten setzten seit dem 6. Jahrhundert n.Chr. Vokalzeichen in Form von Punkten und Strichen unter dem Wort hinzu. MasT

Wichtige Handschriften des masoretischen Textes:

Handschrift:	*geschrieben:*	*aus der Schule des:*
Codex Cairensis	895 n.Chr.	Mosche ben Ascher
Kodex der Synagoge von Aleppo (jetzt wahrscheinlich verbrannt)	nach 900 n.Chr.	Mosche ben Ascher
Codex Leningradensis	1008 n.Chr.	Mosche ben Ascher
Erfurter Kodex Nr. 3	11. Jh. n.Chr.	Ben Naphthali
Codex Reuchlianus	1105 n.Chr.	Ben Naphthali

Die Texte aus Qumran. Die in Qumran gefundenen Handschriften stammen meist aus vorchristlicher Zeit, sind also rund 1 000 Jahre älter als die soeben genannten Texte. Allerdings gibt es unter ihnen keine vollständige Handschrift des ganzen AT. Wichtige Handschriften sind: Qumran
Die Jesaja-Handschrift
der Habakuk-Kommentar

Der samaritanische Pentateuch. Die Samaritaner haben die fünf Bücher des Gesetzes in althebräischer Schrift überliefert. Ihre Handschriften gehen auf eine alte Textform zurück. Sam

Die mündliche Übersetzung des hebräischen Bibeltextes im Synagogengottesdienst (da viele Juden kein Hebräisch mehr verstanden) führte seit dem 3. Jahrhundert zur schriftlichen Festlegung im sogenannten Targum (= »Übersetzung«). Diese aramäischen Übersetzungen sind allerdings oft recht frei und müssen mit Vorsicht benutzt werden. Targum

LXX

Die älteste griechische Übersetzung des AT wird »Septuaginta« (LXX = »Siebzig«) genannt nach ihrer traditionellen Entstehungsgeschichte. Sie soll nämlich von 72 jüdischen Schriftgelehrten übersetzt worden sein. Die Septuaginta ist eine Übersetzungssammlung; die ältesten Teile, darunter der Pentateuch, entstanden im 3. Jahrhundert v.Chr., wahrscheinlich in Ägypten. Da diese Übersetzung auf eine vormasoretische, hebräische Textform zurückgeht, ist sie eine wichtige Ergänzung für alle Arbeiten am Text des AT.

Andere

Gelegentlich werden noch andere alte Übersetzungen des AT herangezogen, die aber von geringerem Wert für die Textforschung sind, da sie entweder Tochterübersetzungen aus dem Griechischen (wahrscheinlich der Septuaginta) sind oder (so die Vulgata) zumindest stark von daher beeinflußt wurden:

die altlateinische Übersetzung	um 150 n.Chr.
die Vulgata (die lateinische Übersetzung des Hieronymus)	seit 390 n.Chr.
die koptische Übersetzung	3.–4. Jahrhundert n.Chr.
die äthiopische Übersetzung	4. Jahrhundert n.Chr.

Transskription

א - ’	ז - s	מ - m	ק - q
ב - b	ח - ch	נ - n	ר - r
ג - g	ט - t	ס - ṡ	שׂ - ś
ד - d	כ - k	פ - p(ph)	שׁ - sch
ה - h	ל - l	צ - ts	ת - t
ו - w			

ABKÜRZUNGS-VERZEICHNIS

I. Allgemeine Abkürzungen:

AT = Altes Testament
NT = Neues Testament
atl. = alttestamentlich
ntl. = neutestamentlich
griech. = griechisch
hebr. = hebräisch
lat. = lateinisch
par. = Parallelstelle
MT = Masoretischer Text
LÜ = Luther-Übersetzung 1984
LXX = Septuaginta (= 70). Das ist die griechische Übersetzung des AT, angeblich von 72 gelehrten Juden auf Befehl des Königs Ptolemäus Philadelphus 200 v.Chr. in Alexandrien angefertigt.

II. Literatur-Abkürzungen:

GB = W. Gesenius – F. Buhl, Hebräisches und Aramäisches Handwörterbuch, 17. Aufl. 1921.
LzB = Lexikon zur Bibel, hrsg. von Fritz Rienecker, Wuppertal, 16. Aufl. 1983.

III. Abkürzungen der biblischen Bücher:

a) Altes Testament

1Mo = 1. Mose
2Mo usw. = 2. Mose usw.
Jos = Josua
Ri = Richter
Rt = Ruth
1Sam = 1. Buch Samuelis
2Sam = 2. Buch Samuelis
1Kö = 1. Buch der Könige
2Kö = 2. Buch der Könige
1Chr = 1. Buch der Chronika
2Chr = 2. Buch der Chronika
Esr = Esra
Neh = Nehemia
Est = Esther
Hi = Hiob
Ps = Psalter
Spr = Sprüche
Pred = Prediger
Hl = Hohelied
Jes = Jesaja
Jer = Jeremia
Kla = Klagelieder
Hes = Hesekiel
Dan = Daniel
Hos = Hosea
Joe = Joel
Am = Amos
Ob = Obadja
Jon = Jona
Mi = Micha
Nah = Nahum
Hab = Habakuk
Zeph = Zephanja
Hag = Haggai
Sach = Sacharja
Mal = Maleachi

b) Apokryphen

Jdt = Judith
Weish = Weisheit Salomos
Tob = Tobias
Sir = Sirach
1Makk = 1. Makkabäer
2Makk = 2. Makkabäer

c) Neues Testament

Mt = Matthäus
Mk = Markus
Lk = Lukas
Joh = Johannes
Apg = Apostelgeschichte
Röm = Römer
1Kor = 1. Korinther
2Kor = 2. Korinther
Gal = Galater
Eph = Epheser
Phil = Philipper
Kol = Kolosser
1Thes = 1. Thessalonicher
2Thes = 2. Thessalonicher
1Tim = 1. Timotheus
2Tim = 2. Timotheus
Tit = Titus
Phim = Philemon
1Petr = 1. Petrus
2Petr = 2. Petrus
1Jo = 1. Johannes
2Jo = 2. Johannes
3Jo = 3. Johannes
Hebr = Hebräer
Jak = Jakobus
Jud = Judas
Offb = Offenbarung des Johanne

Vgl. W.Stb.Matth. S . . . = Vergleiche Wuppertaler Studienbibel Matthäus-Band Seite . . .
Vgl.W.Stb.Mark. S . . . = Vergleiche Wuppertaler Studienbibel Markus-Band Seite . . . usw.

VORWORT

Nachdem die neutestamentliche Reihe der »Wuppertaler Studienbibel« eine so erfreulich weite Verbreitung gefunden und sich im Urteil ihrer Benutzer bewährt hat, erschien es geboten, ihr eine Auslegung des Alten Testaments an die Seite zu stellen. Denn - wie die Erfahrung zeigt - bereitet ja gerade das Verstehen der alttestamentlichen Bücher, sieht man einmal von einigen geläufigen Texten aus der Prophetie und dem Psalter ab, vielen nicht geringe Schwierigkeiten. Das hat zur Folge, daß das Alte Testament der christlichen Gemeinde unserer Tage viel zu wenig erschlossen wird und seine Schätze weithin ungehoben bleiben.

Darum freuen wir uns, daß nun schon zahlreiche Bände der »Wuppertaler Studienbibel - Altes Testament« vorliegen. Sie wollen, ebenso wie die Bände zum Neuen Testament, der persönlichen Schriftforschung des Bibellesers dienen wie auch für die Vorbereitung von Predigt, Bibelstunden und biblischer Unterweisung Verstehenshilfen anbieten.

Die »Wuppertaler Studienbibel« – im Alten wie im Neuen Testament – geht im Unterschied zu manchen anderen heute vertretenen Auffassungen von der Voraussetzung aus, daß die Bibel Gottes Wort ist, das von Menschen niedergeschrieben und überliefert worden ist. Das heißt: Die Auslegung muß dem Doppelcharakter der Heiligen Schrift gerecht werden. Sie geht also davon aus, daß sie es in der Bibel mit der von Gottes Geist gewirkten und seit ihrer Entstehung von ihm begleiteten und bewahrten Urkunde des göttlichen Redens und Handelns in Schöpfung und Geschichte zu tun hat. Sie behält dabei zugleich im Auge, daß die so verstandene Bibel von Menschen an konkretem geschichtlichen Ort verfaßte Schrift ist, die selbst wieder ihre Geschichte hat (Geschichte der Überlieferung, des Kanons, der Wirkungen, des Zeugnisses).

Darum fragt die sachgemäße Auslegung zurück in die Geschichte. Denn der Glaube fußt ja auf der Tatsächlichkeit des Redens und Handelns Gottes in der Welt. Er kann und will auf die genaue Klärung des Geschehenseins der göttlichen Offenbarung nicht verzichten. Darüber hinaus muß die Auslegung dafür offenbleiben, daß Gott im Wort und durch das Wort am Leser und Hörer handelt. Sie geschieht also in der Erwartung neuen göttlichen Redens und Handelns, das dem im Text berichteten entspricht.

Das bedeutet für die Auslegung des Alten Testamentes zunächst, daß der Hinweischarakter des alttestamentlichen Textes auf Jesus Christus und auf das Neue Testament gewahrt werden muß: die alttestamentliche Geschichte wird als Heilsgeschichte im Lichte des Neuen Testamentes gesehen. Das bedeutet darüber hinaus, daß das Prophetische eines Textes, also das, was über die Zeit und den Ort seines ursprünglichen Ergehens oder Geschehens hinausgeht und noch auf Erfüllung wartet, laut werden soll.

Letztlich bleibt alle historische und theologische Arbeit am Text eine Art »Vor«-Arbeit. Die eigentliche Arbeit muß Gott selbst tun, dadurch, daß er uns den Text als sein eigenes Wort an uns und für uns – und an und für andere – hören und verstehen läßt. Die Auslegung der Heiligen Schrift stellt sich daher unter, nicht über ihren Auslegungsgegenstand. Denn sie hat es nie in der Hand, ob sie ihr Ziel, Gottes Wort hörbar zu machen, wirklich erreicht; sie kann ihm nur dienen und Hilfsmittel dafür bereitstellen.

Darum darf eins bei aller Auslegungsarbeit nicht fehlen: das Gebet. Das Gebet beim Lesen, beim Auslegen und beim Prüfen der Auslegung an der Schrift selbst. Wo dies geschieht, wird die Tür zu neuen Einsichten und Erkenntnissen der göttlichen Offenbarung und des göttlichen Willens weit aufgestoßen werden.

Die Herausgeber Der Verlag

VORWORT DES VERFASSERS

Das Alte Testament war nie leicht zu lesen. Auch die vorliegende Auslegung kann und will das Alte Testament nicht zu einer einfachen Lektüre machen. Ziel der Erklärung der Erzvätergeschichte ist es, Schwierigkeiten aus dem Weg zu räumen, um die Texte wieder unmittelbar werden zu lassen. Dabei soll der Leser nicht in eine bestimmte Richtung gedrängt oder festgelegt werden. Jeder muß sich angesichts des Textes selbst bewegen können. Der Übersetzer und Ausleger »macht sich zum Sprachrohr der fremden Stimme, die er über den Abgrund des Raums oder der Zeit vernehmlich macht« (F. Rosenzweig).

Das Schwere und zum Teil Anstößige in den Texten bleibt erhalten. Der Leser braucht Zeit, um sie aufzunehmen, und Mut, um sich von ihnen in Frage stellen zu lassen. Soll es zu einem verständnisvollen Betrachten kommen, muß der Leser zunächst die Textaussagen annehmen. »Wer sich mit dem Alten Testament beschäftigt, der soll beim Lesen fest zugreifen und sich nur ja nicht mit allgemeinen Gefühlseindrücken begnügen« (G. v. Rad).

Kein Wort des Bibeltextes ist überflüssig, kein Begriff, kein Name, keine Ortsangabe. Die ausführliche Erklärung der Ortsnamen will den Leser einladen, sich wie ein Vertrauter in dem Land zu bewegen, in dem sich Gott offenbarte. Die Kenntnis des Ortes erleichtert das Verständnis der Ereignisse. Das gleiche gilt für die Zeitgeschichte. »Je mehr wir die Stoffe erst einmal in ihre alte und ferngerückte Welt zurückgeben, um so deutlicher und aktueller werden sie uns« (G. v. Rad).

Der vorliegende Kommentar entstand im Urlaub und an dem einen freien Tag der Woche. Ich danke meiner Frau Rosemarie für ihre Hilfe, ihren Rat und ihr Verständnis.

Wir beide widmen die Auslegung unseren Kindern

Erika und Carsten.

Wir verbinden damit die Bitte um Gottes Segen zum Tag ihrer Verlobung.

Die Jahre des Lernens und Studierens enden nicht mit bestandenen Prüfungen. Am Ende gilt: »Hast du viel Tora gelernt, so tu dir nichts darauf zugute, denn dazu bist du geschaffen« (Rabbi Jochanan ben Sakkaj).

Mein Dank gilt auch den Mitgliedern der alttestamentlichen Arbeitsgemeinschaft in Lobetal. Diesem Kreis von Freunden und Mitarbeitern trug ich die ersten Schritte der Auslegung vor. Gott segne alle, die sich geduldig in die Schrifttexte einlesen und sich durch die Erklärung anregen lassen zum Denken, Glauben und Verkündigen.

Keswil, im April 1987 Hansjörg Bräumer

A. Einleitung

Die Vätergeschichten (1Mo 12-50) sind eine eigene Größe zwischen der Menschheits- und der mit dem 2. Buch Mose beginnenden Völkergeschichte.

Die Erzväter gehören noch nicht in das Kulturland. Sie sind Wanderhirten. Die Erzählungen über sie geben einen Einblick in das Spannungsfeld der Urzellen menschlicher Gemeinschaft. Die Abrahamgeschichte (1Mo 12-25) ist bestimmt von dem Verhältnis des Vaters bzw. der Eltern zu den Nachkommen. In dem Bericht von Jakob und Esau (1Mo 25-36) geht es um die Beziehung des Bruders zum Bruder. Die Josefgeschichte (1Mo 37-50) zeigt die Probleme auf in der aus mehreren Gliedern bestehenden Gemeinschaft.[1]

Gleichzeitig geben die Vätergeschichten Aufschluß über die religiöse Welt der Vorfahren Israels. Der eine Gott, der Gott des Himmels und der Erde, offenbarte sich Abraham. Er rief Abraham aus seiner heidnischen Umwelt heraus. Abraham folgte dem Ruf Gottes und betete ihn an. Der Gott, der sich Abraham offenbarte, bekommt im späteren Volk Israel den Namen »Gott Abrahams«.[2] Nach der Berufung Abrahams findet sich im Glauben und Gottesdienst Abrahams »keine Spur eines polytheistischen Einflusses aus der Umwelt«.[3]

In der gesamten Vätergeschichte ist das Gebet ein fester und selbstverständlicher Bestandteil des Gottesverhältnisses. Die Anrufung Gottes in Lob, Klage oder Flehen wächst aus bestimmten Situationen des Lebens heraus. Abraham und Rebekka klagen (1Mo 15,2.3; 25,22); Jakob fleht um Rettung (1Mo 32,12). Die Werbung um Rebekka ist ganz vom Gebet durchzogen (1Mo 24), und das Gotteslob wird u.a. durch Namengebung bewahrt, zum Beispiel: »Gott hört« (1Mo 16,15) oder »Gott ersieht« (1Mo 22,14).

Das Gottesverhältnis, dessen sich das spätere Israel rühmt, ist der Bund, den Gott mit den drei Vätern, Abraham, Isaak und Jakob, geschlossen hat.

Die Evangelien knüpfen an die heilsgeschichtliche Bedeutung Abrahams an (Mt 8,11; Mk 12,26; Lk 16,22; 19,9). Im Neuen Testament steht Jesus über Abraham (Joh 8,52-59). Petrus tritt als Offenbarungsträger an Abrahams Stelle als der neutestamentliche Fels (Jes 51,1.2; Mt 16,18)![4] Die Erben der Abrahamverheißung sind die Christen jüdischer

[1] Westermann, Genesis I/2, S. VI und 1ff.
[2] Vgl. Metzger, S. 24.
[3] Westermann, Genesis I/2, S. 700.
[4] Jeremias, Abraham, S. 8+9.

wie heidnischer Abstammung (Röm 4,1.12; 9,7f; Gal 3,7.9.29; 4,22ff; Hebr 2,16; 6,13ff; Jak 2,21). Aus dem Alten Bund ist ein neuer, das heißt ein erweiterter Bund geworden. Typisch für den Alten Bund ist die Zusammenstellung »Abraham, Isaak und Jakob« (2Mo 2,24; 3,6; 6,8; 5Mo 1,8; 6,10; 9,27; Jer 33,26). Für die Pharisäer ist die Formel Abraham, Isaak und Jakob »ein Symbol der bundestreuen Judenschaft, des rechten Israels«.[5]

Zur Zeit des Neuen Testaments berufen sich die Juden, wenn es um ihren Glauben geht, auf die drei Väter: Abraham, Isaak und Jakob. Das Spätjudentum nennt diese drei Erzväter die »treuen Knechte« Gottes (2Makk 1,2).

Die Glaubenden sehen ihr Leben vorabgeschattet im Leben der drei Väter: »Laßt uns dem Herrn, unserm Gott, Dank sagen, der uns jetzt versucht, wie er es auch bei unseren Vätern getan hat. Denkt an alles, was er mit Abraham gemacht und wie er Isaak versucht hat und was alles dem Jakob im syrischen Mesopotamien widerfahren ist« (Jdt 8,25.26).

Bis zur Zeit des Neuen Testaments konnten alle Stammväter Israels Erzväter oder Patriarchen genannt werden. Im Buch der Chronik werden in der griechischen Übersetzung des Alten Testaments, der sogenannten Septuaginta, ganz allgemein noch die Familienoberhäupter »Erzväter«, »Patriarchen« genannt (1Chr 24,31; 2Chr 19,8; 26,12). Die »Erzväter« sind »die obersten der Väter« oder »die höchsten der Väter« (hebräisch: *rosch aboth).* Im Neuen Testament wird der Begriff »Väter« oder »Patriarchen« auf einzelne herausragende Persönlichkeiten des Alten Testaments eingegrenzt. Stephanus nennt die Söhne Jakobs »die zwölf Erzväter« (Apg 7,8f), und Petrus spricht in seiner Pfingstrede von dem »Patriarchen David« (Apg 2,29). Paulus nennt die Stammväter Israels einfach »die Väter« (Röm 9,5; 11,28). Im Hebräerbrief heißt dann Abraham »der Erzvater« (Hebr 7,4).

Im Lauf der Geschichte wird der Titel »Erzvater« nur noch Abraham, Isaak und Jakob (nicht Josef) zuerkannt. Der Grund dafür ist das im Neuen Testament bereits übliche gemeinsame Nennen von Abraham, Isaak und Jakob (Mt 22,32; Mk 12,26; Lk 20,37; Apg 3,13).

Abraham, Isaak und Jakob sind wie alle Väter Israels »wirkliche Individualpersonen«.[6] Die Erzväter lebten im 2. Jahrtausend v.Chr.[7] auf der syrisch-palästinischen Landbrücke.

[5] Odeberg, Jakob, S. 191.
[6] Auerbach, S. 60.
[7] Fuchs, JL, Bd. II, Sp. 499.

I. Die Geschichtlichkeit der Erzväter

Die Geschichtlichkeit der Patriarchen wird heute nur noch von einigen Forschern angezweifelt: »Man hatte früher die Historizität der Patriarchen bestritten, sie als Astralgottheiten, als alte kanaanäische Götter, als legendäre Gründer kanaanäischer Heiligtümer, als Märchengestalten oder als Figuren der Volkssage gedeutet ... Man ist sich heute weithin einig, daß es sich bei den Patriarchen in der Tat um historische Einzelgestalten handelt, auch wenn es völlig unmöglich ist, eine Patriarchenbiographie zu schreiben.«[8]

Die Namen der Erzväter weisen in ihrer Struktur »unverkennbare Beziehungen zu Personennamen auf, wie sie üblich waren in einer Bevölkerungsschicht, die etwa im 18. Jahrhundert v.Chr. im Licht der Geschichte auftaucht und die sowohl im Zweistromland wie auch in Syrien-Palästina nachgewiesen werden kann«.[9] Von besonderer Bedeutung im Blick auf Personennamen sind die Mari-Texte. Französische Archäologen entdeckten bei Ausgrabungen in Mari (Tell Chariri) am Mittleren Eufrat ca. 20000 Keilschriften, die sogenannten »Texte aus Mari«. Sie fanden sich im Königspalast und stammen aus der Zeit 1800-1750 v.Chr.[10] Zahlreiche aus den Mari-Texten bekannte Personennamen sind weder akkadisch noch sumerisch, sondern semitisch. Zur Unterscheidung von den semitisch-akkadischen Personennamen werden sie als »westsemitisch« bezeichnet. Der Name Jakob erwies sich als ein »typisch zweistromländisch-›westsemitischer‹ Name«, ebenso Isaak. Der Name Abraham gehört »zu einem allgemein verbreiteten Typ semitischer Personennamen«.[11]

Selbstverständlich gibt es Forscher, zum Beispiel Thomson und Seters, die die Bedeutung der archäologischen Ergebnisse für die Geschichtlichkeit der Väter bestreiten. Ihre Argumente sind nicht stichhaltig. Die Funde der Archäologen haben die Möglichkeit des Lebens und des Wanderns der Väter in der Zeit vor dem Seßhaftwerden der Stämme in Kanaan erwiesen.[12]

Die Erzväter sind geschichtliche Gestalten, die mit Namen genannt werden können und von deren Leben Konkretes bekannt ist. Sie waren Wanderhirten und sind die »ersten Vorboten des späteren Israels«.[13]

Bereits vor der sogenannten »archäologischen Revolution« führten religionsgeschichtliche Untersuchungen zu dem Ergebnis: Die Väter

[8] Kilian, S. 11.
[9] Noth, Hat die Bibel doch recht? Bd I, S. 27.
[10] Keel/Küchler/Uehlinger, Bd 1, S. 390.
[11] Noth, Mari und Israel, Bd II, S. 225.
[12] Westermann, Genesis I/2, S. 52ff+73f+87ff.
[13] Noth, Geschichte, S. 117.

waren weder »alte Götter« noch »ehemalige Stämme«, sondern wirkliche Personen, die einmal gelebt haben.[14] Abraham, Isaak, Jakob, Josef, Ismael sowie die anderen Gestalten der Vätergeschichten sind als »eigentliche Personen gemeint«.[15] Sie sind geschichtliche Persönlichkeiten. Dieses Ergebnis haben die archäologischen Funde bestätigt. Das »stumme« archäologische Material, Bauten und Anlagen aus der biblischen Zeit, aber auch die »sprechende Archäologie« - die wenigen Texte, vornehmlich Personennamen - reichen jedoch in keiner Weise aus, um die Geschichte der Erzväter nachzuzeichnen. Die Funde im palästinischen Raum stehen in keinem Vergleich zu den gewaltigen Bauten am Nil, Eufrat und Tigris. Auch hat sich »nirgends in Palästina ein so ausgedehntes originales Schrifttum gefunden wie die großen Papyri und Inschriften Ägyptens und die Tonarchive Mesopotamiens«.[16] Einzigartig für die Geschichte Israels und seine Vergangenheit vor dem Wüstenzug und die Eroberung Kanaans aber ist das Zeugnis des Alten Testaments. »Daß dieses Zeugnis vorliegt, ist zunächst ein geschichtliches Faktum, das mit zur Geschichte Israels gehört; und es wäre unsachgemäß, von diesem wahrhaft singulären Faktum abzusehen.«[17] Das Alte Testament ist eine Sammlung von Dokumenten aus rund einem Jahrtausend, wobei den einzelnen Texten weit ältere Vorlagen zugrunde liegen. Ziel der Textzusammenstellung des Alten Testaments war es jedoch nicht, eine lückenlose Geschichtsdarstellung zu überliefern, sondern die Texte des Alten Testaments wollen die Taten Jahwes vergegenwärtigen. Sie sind ein Zeugnis dafür, daß der Gott Israels »sich zu allen Zeiten als der Lebendige, der Gegenwärtige und der allein Mächtige erwies«.[18] Dabei ist und bleibt das Alte Testament eine »Schatzkammer überlieferter geschichtlicher Nachrichten«.[19]

Ohne die biblischen Berichte ist aus der Zeit der Väter wenig bekannt. Von Israel selbst weiß man ohne Bibel nur den Namen des Volkes. Er ist verzeichnet auf der Stele Merenptahs (1210 v.Chr.). Auf einem Siegel ist der Name Jerobeams genannt ohne Hinweis darauf, wann dieser gelebt hat; und in assyrischen Quellen finden sich die Namen der Könige Omri, Ahab und Jehu. Erst im 8. Jahrhundert v.Chr. beginnen die außerbiblischen Quellen mehr zu berichten.

Die biblischen Geschichtsquellen wurden in den letzten Jahrhunderten durch kritisch-analytisches Zerlegen ausgehöhlt. Das Zersplittern der biblischen Berichte in einzelne Quellen entwickelte sich zu »einer

[14] Kittel, Wissenschaft, S. 168.
[15] Kittel, Geschichte, Bd I, S. 278.
[16] Herrmann, Geschichte, S. 48.
[17] Noth, Geschichte, S. 52.
[18] Herrmann, Geschichte, S. 54.
[19] Noth, Geschichte, S. 52.

komplizierten Geheimwissenschaft für Eingeweihte«. Das Aufspalten der Texte mit Hilfe der Kennmarken, J, E, P, D, R, JE, H, S usw., »ist so weit getrieben, daß der Blick schließlich nur noch zwischen einzelnen Steinchen umherirrt«.[20]

Der vorliegende Kommentar verzichtet auf die Zersplitterung des ersten Mosebuches in einzelne Quellen. Wie das gesamte Alte Testament, so sind auch die Vätergeschichten etwas »Einzigartiges und Überraschendes« . . ., eine selbständige »Geschichtsliteratur«.[21] Die Einzigartigkeit des gesamten Alten Testaments im Vergleich zur ganzen übrigen Literatur des Alten Orients besteht nicht zuletzt darin, daß das Alte Testament nicht die Literatur einer Großmacht ist, sondern die des kleinsten aller Völker. Das Alte Testament berichtet auch nicht nur über die herrschenden Kreise des kleinen Volkes, sondern speziell von den Armen innerhalb des von Gott erwählten Volkes.[22]

II. Das Land der Väter und seine Bewohner

Das Land, in dem die Väter Abraham, Isaak und Jakob als Nomaden umherzogen, ist die sogenannte »syrisch-palästinische Landbrücke«.[23] Die Bibel nennt eine Anzahl von Ländern in der Distanz von über 5000 km in west-östlicher Richtung: von Susa im heutigen Persien[a] bis zu Tarschisch in Spanien[b]. Die Entfernung zwischen den genannten Ländern in nord-südlicher Richtung, vom Sudan (Kusch[c]) und von dem im Jemen gelegenen Saba[d] bis nach Ararat[e] in Armenien, ist ca. 3000 km. Schon im Vergleich zu diesem Raum ist die syrisch-palästinische Landbrücke ein winziges Land. Der im Römischen Weltreich aufgewachsene Kirchenvater Hieronymus schreibt an den vornehmen Gallier Dardarus im Jahre 414 n.Chr. folgende Zeilen: »Ich schäme mich beinahe, die Breite des Landes der Verheißung anzugeben, um nicht den Spott der Heiden herauszufordern. Von Jafo bis zu unserem Flekken Bethlehem sind es 46 Meilen (ca. 70 km, Luftlinie etwa 55). Daran schließt sich eine weite Wüste an . . .«[24]

Ein Blick auf die sogenannte Landseite der Erdhalbkugel aber zeigt die zentrale Lage der syrisch-palästinischen Landbrücke.[25]

a Esr 4,9 Neh 1,1 Dan 8,2
b Röm 15,24
c 1Mo 2,13 10,6 2Kö 19,9 Hi 28,19 Ps 7,1 Jes 11,11 20,3; 43,3 Jer 46,9 Hes 29,10 30,4 Nah 3,9 Zeph 3,10
d 1Mo 10,7.28 25,3 1Kö 10,1 Hi 1,15 6,19 Jes 60,6 Jer 6,20 Hes 27,22 Joe 4,8
e 1Mo 8,4 2Kö 19,37 Jer 51,27

20 Auerbach, S. 34. Zu der neueren Beurteilung der Quellenscheidung vgl. Maier, G., Kritisches zur Pentateuchkritik, S. 286-290. Für die Quellenscheidung besteht in der Vätergeschichte genausowenig Anlaß oder gar Notwendigkeit wie in der Urgeschichte; vgl. Bräumer, 1. Teil, S. 19-24.

21 Meyer, E.; zitiert nach Auerbach, S. 34.

22 Vgl. Keel/Küchler/Uehlinger, Bd 1, S. 201.

23 Vgl. Herrmann, Geschichte, S. 66.

24 Hieronymus an Dardarus; zitiert nach Keel/Küchler/Uehlinger, Bd 1, S. 182.

25 Vgl. Keel/Küchler/Uehlinger, Bd 1, S. 183f.

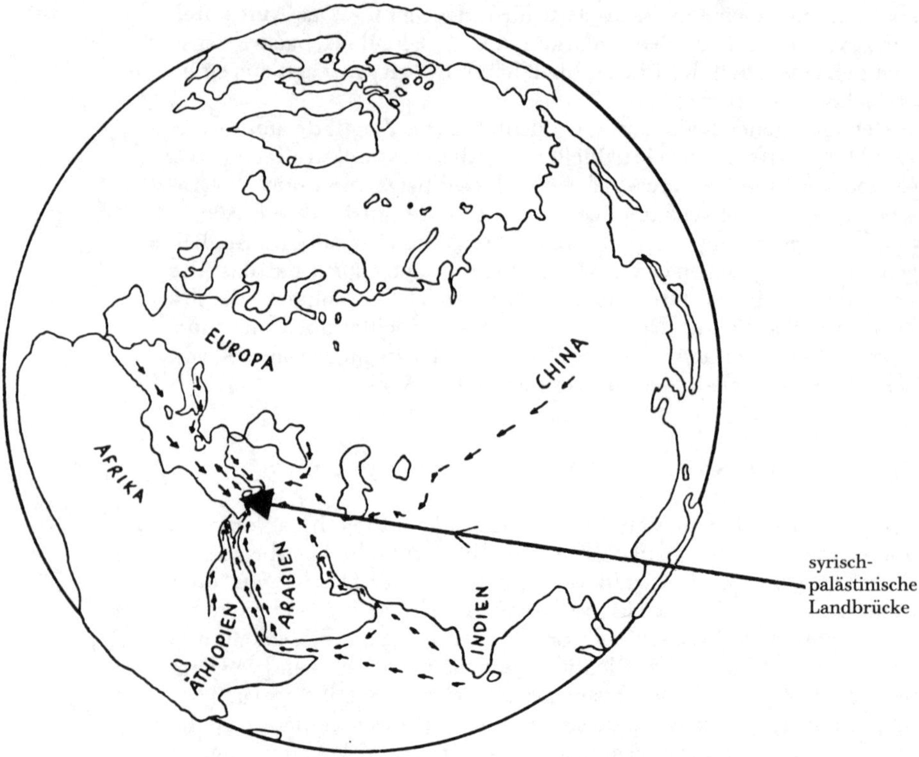

Mit freundlicher Erlaubnis übernommen aus Othmar Keel/Max Küchler/Christoph Uehlinger: Orte und Landschaften der Bibel, Band 1, Göttingen: Vandenhoeck & Ruprecht 1984, S. 183

Das winzige Land der Bibel ist der Treffpunkt dreier Kontinente: Europa, Afrika und Asien. Die syrisch-palästinische Landbrücke ist nicht eine abgelegene Ecke der Welt, sondern das Zentrum zwischen den beiden Meeren und der Knotenpunkt großer Handelsrouten. Die Pfeile deuten endlose Karawanenwege an: aus dem innersten China, aus Arabien, Afrika und Europa.

Die ersten Spuren der Besiedlung Palästinas reichen zurück bis in die älteste Steinzeit.

Der »homo galiläus«, gefunden in einer Höhle in der Nähe des Sees Gennesaret, lebte ca. 50 000 v.Chr. und ist eine Mischung zwischen Neandertaler und homo sapiens.[26]

[26] Alt, Kanaan, Sp. 1109.

Spuren der ältesten Ansiedlung mit zahlreichen Funden, wie Knochen und Feuergeräte, ein knöcherner Sichelgriff, Schnitzereien und Schmuck, fanden sich in den Höhlen im Wadi el-mughara im Karmel.[27] Überreste von Siedlungen aus der Älteren und Jüngeren Steinzeit (Faustkeile, Lanzen, Pfeilspitzen, Messer, Sägen und Sicheln) wurden an zahlreichen Orten ausgegraben, die in späterer Zeit zu Kultorten wurden, zum Beispiel in Geser, Megiddo, Ta'anach, Beth-Schean, Jerusalem, Bet-El, Kirjat-Sefer und Beth-Schemesch.[28]

Bereits in der Jüngeren Steinzeit war Jericho eine befestigte Stadt. Auch wenn der bekannte Turm von Jericho erst auf ca. 7 000 v.Chr. zu datieren ist, so ist er doch 4 000 Jahre älter als die Pyramiden des Pharao Djoser in Sakkara und 5 000 Jahre älter als die Pyramiden in Gise (Giza).[29]

Die geschichtlichen Verhältnisse im palästinischen Raum wurden aber erst im 3. Jahrtausend v.Chr., also in der Frühen Bronzezeit, in Umrissen erkennbar. In dieser Epoche war Palästina aufgesplittert in kleine Stadtstaaten, wobei die Ortsnamen nur zum Teil semitisch sind.[30]

In den folgenden Jahrtausenden der Geschichte wechselten nicht nur die Grenzen, sondern auch die Namen des Landes.

1. Ägyptische Namen

In den ägyptischen Quellen finden sich sieben Namen für die syrisch-palästinische Landbrücke und ihre Bewohner.[31]

(1) Asiaten (Setschet) wurden in vordynastischer Zeit (um 3000 v.Chr.) die nördlichen Nachbarn Ägyptens genannt.

(2) Kriegerische, Wilde (Mentschu) heißen die um 2400 v.Chr. aus dem Norden stammenden billigen Arbeitskräfte. Sie wurden beim ägyptischen Türkis- und Kupferabbau eingesetzt.

(3) Sandbewohner (Heriuscha) ist der Name für die seßhafte Bevölkerung des palästinischen Küstenstreifens (belegt seit 2300 v.Chr.). Im Gegensatz zu dieser seßhaften Völkerschaft heißen die Nomaden »Sandwanderer« oder »Sandrenner«.

Unter Ramses III. versuchten die sogenannten Seevölker in Ägypten einzudringen, u.a. die Philister. Diese siedelte Ramses III. um 1200 v.Chr. an der Küste zwischen dem Delta und Syrien an, um so eine Pufferzone »Palästina« zu schaffen. In späteren ägyptischen Texten heißen auch die Philister »Sandbewohner«. Bei der Landnahme konnten die

[27] Kenyon, S. 40-42.
[28] Lichtenstein, JL, Bd IV/1, Sp. 669.
[29] Kenyon, S. 47f.
[30] Alt, Kanaan, Sp. 1109.
[31] Keel/Küchler/Uehlinger, Bd 1, S. 207-223.

Gebiete der Philister von den irsaelitischen Stämmen zunächst nicht erobert werden. Erst David gelang es um 1000 v.Chr., die Philisterherrschaft abzuschütteln.

(4) Hirten (Aamu) ist der Großbegriff für halbnomadische Stämme, wobei der territoriale Umfang nicht genau definiert werden kann. Für die Bevölkerung des syrisch-palästinischen Raumes ist dieser Begriff zuerst unter Sesostris II. (1897-1878 v.Chr.) belegt. Die Hirten (Aamu), die von einer spärlichen natürlichen Lebensgrundlage existieren mußten, stellten für die verwöhnten höfischen Ägypter eine ständige Bedrohung dar. Hirten hatten sich in der sogenannten Ersten Zwischenzeit (2134-2040 v.Chr.) im Nildelta niedergelassen. Im Mittleren Reich (2040-1785 v.Chr.) wurde die sogenannte Fürstenmauer gebaut, damit die Hirten (die Aamu) nicht mehr länger nach Ägypten eindringen konnten. Nach dem Bau der Mauer, so heißt es in einem ägyptischen Text, werden die Aamu in der früher gewohnten Weise »um Wasser bitten, wenn sie ihre Herden tränken wollen«.[32]

(5) Land der »Sandwanderer« (Jaa) oder auch *»Fremdland«* (Retschenu) heißt die syrisch-palästinische Landbrücke in der Sinuhe-Erzählung. Die Geschichte von Sinuhe spielt in der Zeit Sesostris I. (1971-1926 v.Chr.). Es ist möglich, daß sie erst um 1780 v.Chr. niedergeschrieben wurde. Sinuhe hatte Sesostris auf einem Feldzug nach Libyen begleitet. Bei Ausbruch von Thronstreitigkeiten flieht er auf die palästinisch-syrische Landbrücke und beschreibt dieses Land folgendermaßen: »Es war ein schönes Land mit Namen Jaa (= »Sandwanderer«). Feigen gab es darin und Weintrauben und mehr Wein als Wasser. Sein Honig war reichlich und zahlreich sein Öl, und alle (Arten von) Früchte(n) (hingen) auf seinen Bäumen. Gerste gab es darin und Weizen und allerlei Herden ohne Zahl.«[33] Die palästinisch-syrische Landbrücke war damals in ein unteres und oberes Land geteilt. Die geographische Grenze zwischen beiden Bereichen war die Jesreel-Ebene.

(6) Glühendes, dürstendes Land (Dschahi) ist seit dem Neuen Reich (1540-1070 v.Chr.) ein weiterer Name für das »Fremdland« im Norden.

(7) Die Hurriter (Churu/Chor) gehören seit der Mittleren Bronzezeit II (2000-1550 v.Chr) in den Stadtstaaten des syrisch-palästinischen Raumes zur führenden Oberschicht.[34]

Im Alten Testament sind die Hurriter die Urbevölkerung von Seïr östlich der Araba (1Mo 14,6). Von dort wurden sie von den Edomitern vertrieben (5Mo 2,12.22). Bereits in der zweiten Hälfte des dritten Jahrtausends begründeten die Hurriter erste Fürstentümer am Oberlauf

[32] a.a.O., S. 214.
[33] Das Leben des Sinuhe und seine Abenteuer in Palästina, in: Greßmann (Hg.), Altorientalische Texte, S. 57.
[34] Noth, Aufsätze zur biblischen Landes- und Altertumskunde, Bd I, S. 29.

des Tigris. Die Hurriter spielten eine bedeutende Rolle als Vermittler der sumerisch-akkadischen Kultur. In den Amarna-Briefen (um 1350 v.Chr.) trägt der Stadtfürst von Jerusalem den hurritischen Namen »Diener der Hepat«. Hepat war eine hurritische Göttin.

2. Das Westland (Amurru) und die Amoriter

Im Gegensatz zu der Vielzahl der ägyptischen Namen für die syrisch-palästinische Landbrücke dominiert im mesopotamischen Raum die Bezeichnung »Amurru«, das heißt Westland. In akkadischen Texten tauchte der Name Amurru von der Mitte des dritten Jahrtausends an auf. Er bezeichnet den syrisch-palästinischen Raum und seine nomadischen Gruppen. Diese bedrängten von den Randgebieten der syrisch-arabischen Wüste her das Reich von Akkad. Ab 2000 v.Chr. wurden sie zum beherrschenden Element in den akkadisch-sumerischen Stadtstaaten und begründeten um 1850 v.Chr. das Altbabylonische Reich. Unter Hammurabi (1792-1750 v.Chr.) hatte das Altbabylonische Reich eine Ausdehnung vom Persischen Golf bis zur Syrischen Wüste. In Verbindung mit Bevölkerungselementen aus dem syrisch-libanesischen Küstengebiet begründeten die Amurru, die sogenannten Amoriter, in Palästina die Stadtstaatenkultur.[35] Im Alten Testament sind die Amoriter Teile der vorisraelitischen Bevölkerung.[36] Zur Zeit der Landnahme wohnten die Amoriter auf dem Gebirge, die Kanaanäer am Meer und in den Ebenen (4Mo 13,29; Jos 5,1; 10,6). »Es ist nirgends ersichtlich, daß mit Amoritern eine bestimmte ethnisch abgrenzbare und räumlich lokalisierbare Völkerschaft gemeint sei.«[37] Der Begriff Amoriter ist ein rein geographischer. Er bezeichnet eine Völkergruppe, die aus dem Land der »Amurru«, dem nördlichen Nachbarland der syrisch-palästinischen Landbrücke, kam.

Wo das Alte Testament die Amoriter erwähnt, sind sie den Israeliten als besonders hochwüchsig in Erinnerung geblieben. Der König von Baschan gilt als Riese (5Mo 3,11), und Amos nennt die Amoriter »hoch wie die Zedern und stark wie die Eichen« (Am 2,9).

3. Selbstbezeichnungen der Bevölkerung der syrisch-palästinischen Landbrücke

Bei den Namen für die syrisch-palästinische Landbrücke sind zwei Gruppen zu unterscheiden: einmal die Namen der Großreiche für das

[35] Keel/Küchler/Uehlinger, Bd 1, S. 636f.

[36] Die Amoriter werden 22mal in der Liste der 7 Völkerelemente Kanaans aufgezählt, siehe unten: 3 (1): »Land Kanaan«, Anm. h)-o).

[37] Noth, Amoriter, Sp. 328.

kleine Land im Schnittpunkt zweier Meere und dreier Kontinente, zum andern die Namen, die in dem kleinen Land selbst entstanden sind. Es sind die Selbstbezeichnungen: Kanaan, Land der Hebräer, Israel und Palästina.

(1) Land Kanaan

Der älteste Beleg für den Volksnamen »Kanaanäer« ist ein Brief aus Mari (1800-1750 v.Chr.). Die genannten »kanaanäischen Räuber« sind vermutlich rebellierende assyrische Söldner. Der geographische Begriff »Kanaan« begegnet zum erstenmal auf der Statue des Stadtfürsten von Alalach (1480 v.Chr.) und danach in den Beutelisten Amenophis II. (1427-1401 v.Chr.). Hier waren die Kanaanäer vermutlich Glieder einer hochgestellten sozialen Klasse. In den Amarna-Briefen (um 1350 v.Chr.) ist Kanaan eine ägyptische Provinz. Sie wird von einem Statthalter mit dem Titel »Vorsteher der Fremdländer« mit Sitz in Gaza verwaltet.

Die Wortbedeutung des Begriffs »Kanaan« ist ungeklärt. Die in der Umwelt auftauchenden verschiedenen Schreibweisen sind ein Hinweis darauf, daß Kanaan aller Wahrscheinlichkeit nach eine Eigenbezeichnung der Kanaanäer war.[38] In späteren Texten des Alten Testaments bedeutet Kanaanäer soviel wie Händler[f].

Die alttestamentlichen Texte nennen die Gesamtheit der Bevölkerungselemente Palästinas, bevor die Israeliten das Land einnahmen, »Kanaanäer«. Nach den Stammtafeln der Urgeschichte ist Ham sowohl der Vater Kanaans als auch der Vater Ägyptens[g].

Die kanaanäischen Völker sind im Alten Testament im Blick auf ihre verschiedenen Elemente aufgeführt in Zwölfer-[h], Siebener-[i], Sechser-[k], Fünfer-[l], Vierer-[m], Dreier-[n] und Zweierlisten[o].

In der Zeit der Väter war die Beziehung zwischen den kanaanäischen Völkern und den Vorfahren Israels »friedlich, sogar sehr freundlich«.[39] Die Organisationsform der Kanaanäer war der Stadtstaat mit einer meist geringen Ausdehnung. Ihre Kultur war angereichert durch ägyptische, hetitische, hurritische und mesopotamische Elemente.

In der zweiten Hälfte der Mittleren Bronzezeit (2000-1550 v.Chr.) waren die kanaanäischen Stadtstaaten so stark, daß kanaanäische Gruppen die Herrschaft in Unterägypten und zeitweise sogar in Oberägypten übernehmen konnten. Es ist denkbar, daß kanaanäische Bevölkerungselemente die Grundbasis der sogenannten Hyksos sind.[40] Der

[f] Hi 40,30; Spr 31,24; Jes 23,8; Hes 17,4; Sach 14,21
[g] 1Mo 9,18.19; 10,6; 1Chr 1,8
[h] 1Mo 10,15-18; 1Chr 1,13-16
[i] 5Mo 7,1; Jos 3,10; 24,11; Apg 13,19
[k] 1Mo 15,20.21; 2Mo 3,8.17; 23,23; 33,2; 34,11; 5Mo 20,17; Jos 9,1; 11,3; 12,8; Ri 3,5; Neh 9,8
[l] 2Mo 13,5; 1Kö 9,20; 2Chr 8,7; Jdt 5,15.16
[m] 4Mo 13,29
[n] 2Mo 23,28; 2Sam 24,6.7; Hes 16,3
[o] 1Mo 13,7; 34,30; 5Mo 1,7; Jos 7,7-9; Ri 3,3; Hes 16,45

[38] Keel/Küchler/Uehlinger, Bd 1, S. 240f.
[39] Selms, A. v.; zitiert nach Westermann, Genesis I/2, S. 66.
[40] Keel/Küchler/Uehlinger, Bd 1, S. 659+662.

ägyptische Name »Hyksos« bedeutet »Herrscher der Fremdländer« und besagt nichts über ihre Herkunft. Der Begriff Hyksos wird in Ägypten seit der 12. Dynastie (1991-1785 v.Chr.) gebraucht, um »asiatische Häuptlinge« zu bezeichnen. Über eine gewaltsame Eroberung Ägyptens ist nichts bekannt.[41]

Das Eindringen der Hyksos in Ägypten vollzog sich vermutlich durch eine Unterwanderung. »Asiatische Sklaven« gab es bereits um 2000 v.Chr. in Ägypten.[42] Ein letzter Einwanderungsschub ermöglichte die Übernahme der Herrschaft in Ägypten von 1785-1540 v.Chr. Diese Periode wird die Zweite Zwischenzeit genannt, die Zeit der Hyksos-Dynastien. Die Namen der Hyksos sind teils ägyptisch, teils semitisch und zum Teil mit kanaanäischen Götternamen zusammengesetzt. Die wichtigsten Herrscher heißen Scheschi, Yakobher, Chian und Apopi.[43]

Die Hyksos übernahmen weitgehend die ägyptische Kultur. Mit Palästina unterhielten die Hyksos enge Verbindungen. Ihre Hauptstadt war Auaris bei Tanis im östlichen Delta. Zur Zeit der Hyksos treten in Ägypten und in Palästina neu auf: das Sichelschwert, eine neue Art von Erdwallbefestigung, vor allem aber Pferde und Wagen, die einen neuen »Ritteradel« zur Folge hatten.[44] Um 1550 v.Chr. beginnt der Befreiungskrieg, die Hyksoshauptstadt Auaris wird erobert. Im palästinischen Raum fällt nach dreijähriger Belagerung die letzte Hyksosbastion, Kanaan gerät unter ägyptische Oberherrschaft.

Zur Zeit Amenophis IV. (= Echnaton; 1353-1336 v.Chr.) war Kanaan, wie aus den Amarna-Briefen hervorgeht, ägyptische Provinz. Die ägyptische Oberherrschaft wurde erst um 1200 v.Chr. gebrochen. In dieser Zeit drangen vom Westen her Seevölker und vom Osten Aramäer, Ammoniter und die Stämme Israels in die syrisch-palästinische Landbrücke ein.

Die Seevölker glichen sich schnell der kanaanäischen Kultur an. In den Stämmen Israels kam es zu harten Auseinandersetzungen: Einige kanaanäische Elemente nahmen sie auf, andere verwarfen sie. Es war ein ständiger Kampf aufgrund der Umwelteinflüsse und der von Gott den Stämmen Israels anvertrauten Heiligen Gebote mit der Generalüberschrift: »Ich bin der Herr, dein Gott.« Israel übernahm die Sprache Kanaans (Jes 19,18) und die Schrift. Einige religiöse Vorstellungen und Praktiken, zum Beispiel die Kultbilder Kalb und Stier, fanden zunächst Eingang, wurden dann aber ausgerottet. Das kanaanäische Königtum

[41] Hirmer/Otto, Bd I, S. 202.
[42] Posener; zitiert nach Brunner, Hyksos, Sp. 498.
[43] Keel/Küchler/Uehlinger, Bd 1, S. 659.
[44] Brunner, Hyksos, Sp. 499.

wurde zunächst abgelehnt, später aber übernommen. Kinderopfer und weibliche Gottheiten wurden nie offiziell akzeptiert.[45]

(2) Land der Hebräer

Die Hebräer sind vermutlich eine Gruppe der sogenannten Hapiru. Hapiru ist die völkische Selbstbezeichnung einer Menschengruppe vom Ende des dritten bis Ende des zweiten Jahrtausends v.Chr. Der von ihnen besiedelte Raum reichte von Süd-Mesopotamien bis nach Ägypten. Je nachdem, in welchen Texten der Großmächte sie erwähnt werden, heißen sie Hapiru, Chapiru, Chabiru oder Apiru. In keilschriftlichen Texten findet sich der Name »Hapiru« seit dem dritten Jahrtausend in Babylon und seit dem zweiten Jahrtausend in Kleinasien, Syrien und Palästina. Nach den Quellen handelt es sich bei den »Hapiru« um kriegstüchtige Horden.[46] Die »Hapiru« sind keine geschlossene völkische Gruppe, da sich keine charakteristischen Namen mit ihnen verbinden. Sie treten als Krieger, als Arbeiter oder als Sklaven auf. Gemeinsam ist ihnen lediglich, daß sie *Fremde* sind. Die Wanderungen und das Seßhaftwerden der »Hapiru« konzentrieren sich in der Hauptsache auf semitische Länder, so daß auch ihre Kultur vorwiegend semitisch ist. Für den syrisch-palästinischen Raum sind sie vor allem durch die Amarna-Briefe (um 1350 v.Chr.) bezeugt. Zur Zeit Echnatons (1353-1336 v.Chr.) waren in Kanaan Fremdvölkergruppen - die »Hapiru« - eingebrochen. Die Briefe berichten von Scharen umherziehender »Hapiru«, die Sichem und das Gebirge Efraim eroberten.[47] Philologisch bestehen keine Bedenken für die Identität der beiden Namen »Hapiru« und »Hebräer«.[48] Die Bezeichnung »Hapiru«, »Hebräer« kennzeichnet den »Fremden«: Abraham ist ein »Hebräer« (1Mo 14,13). Josef und Mose sind »Hebräer« (1Mo 39,14.17; 2Mo 1,15ff). Später heißen die Israeliten im Gegensatz zu den Philistern »Hebräer«[p]. In den Gesetzestexten werden die Israeliten »Hebräer« genannt im Unterschied zu allen, die ohne das Gesetz Gottes lebten[q]. Jahwe heißt der »Gott der Hebräer«[r], so daß die Aussage »Ich bin ein Hebräer« zu einem Bekenntnis wird.[s]

[p] 1Sam 4,6-9 13,3.19 14,11.21 29,3
[q] 2Mo 21,2 5Mo 15,12 Jer 34,9.14
[r] 2Mo 3,18; 5,3 7,16; 9,1
[s] Jon 1,9 2Kor 11,22 Phil 3,5

(3) Land Israel

Der älteste außerbiblische Beleg des Namens Israel findet sich als Personenname in einer ugaritischen Liste von Streitwagenkämpfern (um 1225 v.Chr.), außerdem als Volksbezeichnung auf der sogenannten

[45] Keel/Küchler/Uehlinger, Bd 1, S. 662+663.
[46] Alt, Hebräer, Sp. 105.
[47] Lichtenstein, JL, IV/1, Sp. 672.
[48] Kenyon, S. 177f; Auerbach, S. 50; Lichtenstein, JL, IV/1, Sp. 672. Zu den über Eber auf Sem zurückgeführten »Hebräern« vgl. die Auslegung zu 1. Mose 10,21, Bräumer, 1. Teil, S. 210.

Israelstele Merenptahs (1210 v.Chr.). Der Name Israel bezeichnet hier einen Stämmebund, der auf der syrisch-palästinischen Landbrücke lebte. Die dritte Erwähnung Israels außerhalb der alttestamentlichen Texte findet sich auf der Stele des moabitischen Königs Mescha (um 850 v.Chr.).[49]

Israel ist in der bis heute erkennbaren ältesten Zeit nicht der Name eines Landes, auch nicht der eines einzigen Stammes, sondern die Bezeichnung für einen sakralen Stämmebund. Israel ist die Bezeichnung für »die religiöse Gemeinschaft derer, die den einen allein wahren Gott anbeten«.[50]

Diese umfassende Bedeutung des Namens Israel wurde eingeengt in der Zeit der sogenannten Reichsteilung. Unter Rehabeam, dem Thronfolger Salomos, lösten sich im Jahre 932 v.Chr. die nördlich angesiedelten Stämme Israels von den Südstämmen Juda und Simeon. Die nördlichen Stämme bildeten das Reich Israel, die südlichen das Reich Juda.

Der Fall des Nordreiches und die Wegführung in die assyrische Gefangenschaft 722 v.Chr. brachte für die Bedeutung und den Gebrauch des Namens Israel einen Einschnitt: »Der Name Israel geht auf das übrigbleibende Südreich über und wird wieder die Bezeichnung des Gesamtvolkes. Israel ist eine geistliche Selbstbezeichnung, die den politischen Benennungen, wie etwa Haus Juda[t] und später Provinz (LÜ »Landschaft«) Juda[u], übergeordnet ist.«[51]

Die Propheten nennen unmittelbar nach dem Fall des Nordreiches das Südreich Israel[v]. Israel ist keine politische Bezeichnung, sondern der Name des Gottesvolkes. Israel ist eine Selbstbezeichnung des auserwählten Volkes. Dagegen ist die von Juda abgeleitete Benennung der Israeliten als »Juden« der Name, mit dem die nichtjüdische Welt die Israeliten benennt. »Israel« ist »religiöse Selbstaussage«. Der Name »Jude« im Munde von Nichtjuden hat schon früh einen despektierlichen und verächtlichen Klang.[52]

[t] 1Kö 12,21.23 2Kö 19,30 Jes 22,21
[u] Esr 2,1 Neh 7,6 11,3
[v] Jes 5,7 8,18 Mi 2,12 3,1.8.9 4,14; 5,1

Im Alten Testament kommt der Name Israel 2514 mal vor. Israel ist immer zuerst die religiöse Volksgemeinschaft. Israel kann aber auch das Land bezeichnen, in dem die Stämme umherziehen und wohnen. Das Wohngebiet der Stämme vor der Sklaverei in Ägypten dürfte irgendwo im mittelpalästinischen Bergland zu lokalisieren sein.[53] Da Israel immer zuerst die geistliche Selbstbezeichnung des gesamten Gottesvolkes ist, eignet sich der Name nicht für die Benennung der syrisch-palästinischen Landbrücke zur Zeit der Erzväter.

[49] Keel/Küchler/Uehlinger, Bd 1, S. 253.
[50] Kuhn, Bd III, S. 360.
[51] v. Rad, Israel, Bd III, S. 358.
[52] Vgl. Kuhn, Bd III, S. 368.
[53] Keel/Küchler/Uehlinger, Bd 1, S. 255.

(4) Palästina

Die Vorgeschichte des Namens Palästina beginnt nach den bis heute bekannten Quellen in Ägypten. Der Name selbst ist von den Philistern hergeleitet.[54] Ramses III. hatte um 1200 v.Chr. die Philister zwischen dem Delta und Syrien angesiedelt. Das Land Philistäa bekam später den Namen Palästina. Seit wann sich der Name Palästina durchsetzte, ist nicht genau auszumachen. Herodot (450 v.Chr.) nennt die Bewohner der syrisch-palästinischen Landbrücke Palästiner.

Von den jüdischen Schriftstellern wird der Name Palästina nicht akzeptiert. Philo von Alexandria (13 v.Chr. - 45/50 n.Chr.) schreibt vom alten Kanaan, das zu seiner Zeit »Palästinisches Syrien« genannt wird.

Nach der Niederschlagung des jüdischen Aufstandes durch Hadrian (135 n.Chr.) wird Palästina zum offiziellen Namen der ehemaligen Provinz Judäa. Jerusalem wird in Aelia Capitolina umbenannt und das Land in Syria Palästina. Den Juden sollte mit diesen Namen auch der letzte Schein einer Sonderstellung genommen werden.[55]

»Palästina« ist ein politischer Begriff. Israel bezeichnete bis 1948 n.Chr. das gesamte erwählte Gottesvolk. Seit der Gründung des Staates Israel ist auch der Name Israel höchst politisch. Aus diesen Gründen wird heute mit Vorliebe die Bezeichnung »Heiliges Land« gebraucht, weil damit am wenigsten politische Brisanz verbunden ist. In jüdischen Schriften ist vom Heiligen Land erst im zweiten Jahrhundert v.Chr. die Rede. Im Buch der Weisheit Salomos bezeichnet Heiliges Land das ganze Gebiet, das Jahwe Israel zugeteilt hat (Weish 12,3).

Die vorliegende Arbeit entscheidet sich für die Bezeichnung syrisch-palästinische Landbrücke. Damit soll *rein geographisch* das Wohngebiet aller Völkerschaften dieses Raumes bezeichnet werden. Das Abraham und seinen Nachkommen verheißene Land liegt auf der syrisch-palästinischen Landbrücke. Hier ereignet sich die Geschichte Gottes von Morija bis Golgatha. Hier wird sich auch einmal das Geschick dieser Welt entscheiden.

III. Das Land zwischen den Großmächten

Die syrisch-palästinische Landbrücke ist der Raum zwischen den Großmächten Alt-Mesopotamien und Ägypten. In der Zeit um 1600-1200 v.Chr. gab es in Vorderasien eine dritte herrschende Macht, die Hetiter.[56]

[54] Zu den Philistern siehe oben, II. 1. Ägyptische Namen (3) Sandbewohner. Zur Entstehung des Namens Syria Palästina vgl. Noth, zur Geschichte des Namens Palästina, in: Aufsätze zur biblischen Landes- und Altertumskunde, Bd I, S. 300.

[55] Keel/Küchler/Uehlinger, Bd 1, S. 277-280.

[56] Keel/Küchler/Uehlinger, Bd 1, S. 657.

1. Alt-Mesopotamien

Im dritten Jahrtausend v.Chr. dehnte der sumerische Eroberer Lugal-zaggisi (um 2650 v.Chr.) seine Herrschaft bis ans Mittelmeer aus. Seit 2500 v.Chr. bestanden Handelsbeziehungen zwischen Alt-Mesopotamien und dem palästinischen Raum. König Gudea von Lagasch bezog Zedern aus dem Libanon.[57]

Sargon I. (2334-2279 v.Chr.) - er gehörte zu den semitisch sprechenden Einwanderern - eroberte zunächst den Süden Mesopotamiens und errichtete das sogenannte akkadische Reich vom Persischen Golf bis zum Mittelmeer.[58] In Palästina setzten sich die babylonische Schrift und Sprache als Kultursprache durch, Tontafeln als Schreibmaterial, ebenso babylonische Maße und Gewichte.[59]

In der altbabylonischen Zeit (1850-1594 v.Chr.) errichtete Hammurabi (1792-1750 v.Chr.) sein Reich. Hammurabis Gesetzbuch gewann auch auf der syrisch-palästinischen Landbrücke großen Einfluß. Überhaupt behauptete sich die babylonische Kultur in Sprache, Religion, Zahlensystem und Gewichten im syrisch-palästinischen Raum. In die Regierungszeit Hammurabis fällt der Kampf Abrahams mit den »Königen« Amrafel, Arjoch, Kedor-Laomer und Tidal.[60]

2. Ägypten

Ägypten war in nahezu jeder Epoche seiner Geschichte darauf aus, die Vorherrschaft über den syrisch-palästinischen Raum zu gewinnen. Vielleicht war bereits der Besiegte, den Pharao Narmer (um 3000 v.Chr.) am Kopf packte, ein Bewohner der syrisch-palästinischen Landbrücke.[61] Die ersten schriftlich bezeugten Eroberungszüge fanden im Alten Reich (2640-2155 v.Chr.) statt. Pharao Phiops (Pepi) I. war aus einer niedrigen Stellung emporgehoben und mit wichtigen Ämtern betraut worden. Er erhielt den Auftrag, die von Nordosten vordringenden Beduinen zurückzuschlagen. Phiops I. verwüstete in fünf Feldzügen das syrisch-palästinische Land. Die Entscheidung brachte die ägyptische Flotte, die an der »Gazellennase« (vermutlich der Vorsprung des Karmels) landete.[62]

Ein Beamter der Zeit Phiops erzählt in seiner Grabinschrift, daß er elf Reisen nach Byblos unternommen hatte. Handelsbeziehungen zwi-

57 Auerbach, S. 46.
58 Schippmann, S. 14f.
59 Lichtenstein, JL, IV/1, Sp. 671.
60 Auerbach, S. 46; siehe die Auslegung zu 1. Mose 14.
61 Siehe die Siegestafel des Narmer; vgl. Lambelet, S. 244-247.
62 Lichtenstein, JL, IV/1, Sp. 670.

schen Ägypten und dem syrisch-palästinischen Raum gab es seit der 4. Dynastie. Pharao Snofru (2575-2551 v.Chr.) holte mit Schiffen Zedern aus dem Libanon.

Aus dem Mittleren Reich (2040-1785 v.Chr.) ist der Feldzug Sesostris III. (1878-1841 v.Chr.) bekannt. Auf der in Abydos von Sebek-Chu errichteten Stele ist von der Niederwerfung Sichems und Bet-Els die Rede.[63]

Nach der Zweiten Zwischenzeit (1785-1540 v.Chr.), der Herrschaft der Hyksos in Ägypten (ab 1750-1550 v.Chr.), kommt es zu einer 300jährigen Vorherrschaft Ägyptens über den palästinischen Raum. Sie beginnt mit den Feldzügen Thutmosis I. (1494-1482 v.Chr.) und erreicht ihren Höhepunkt unter Thutmosis III. (1479-1425 v.Chr.). Aus der Regierungszeit des Thutmosis III. sind 17 Feldzüge nach Asien bekannt. Im Tempel des Reichsgottes Amun in Karnak ließ Thutmosis III. seine Feldzüge im sogenannten »Annalensaal« verewigen. Ausführlich ist der erste Feldzug mit der Eroberung Megiddos festgehalten.[64] Im ganzen sind 119 Städte verzeichnet, die Thutmosis im syrisch-palästinischen Raum erobert hatte.

Bereits unter den Nachfolgern Thutmosis III. wurde die Autorität der ägyptischen Herrschaft über die syrisch-palästinische Landbrücke schwächer. Dennoch waren die Bewohner dieses Gebietes, wie die Amarna-Briefe zeigen, Untertanen des jeweils herrschenden Pharaos.[65]

In Tell el-Amarna - im Palast des Echnaton (1353-1336 v.Chr.) - wurden die Amarna-Briefe gefunden. Die Schriften auf Tontafeln in akkadischer Sprache geben ein lebhaftes Bild von den Wirren im syrisch-palästinischen Raum. Unter den Absendern der Briefe findet sich auch der Beherrscher Jerusalems. Jerusalem hieß zu jener Zeit Urusalimmu. Einige Fürsten beschuldigten sich gegenseitig der Untreue gegen Ägypten, andere baten um Hilfe gegen Aufständische und Eindringlinge. In einem der Briefe heißt es: »Pharao möge Truppen senden, um das königliche Land für den König zu halten, wenn aber keine Truppen kommen, wird das Land an die Apiru verlorengehen.«[66]

Mit Sethos I. (1293-1279 v.Chr.) und Ramses II. (1279-1213 v.Chr.) wurde das ägyptische Regiment über den syrisch-palästinischen Raum wieder straffer. Sethos I. stellte nach der Amarnazeit die Kontrolle über diese Gebiete wieder her. Die Inschrift von zwei Stelen, die in Beth-Schean gefunden wurden, feiert ihn als den Bezwinger der Festung Sy-

63 Auerbach, S. 48.
64 Hirmer/Otto, Bd I, S. 231.
65 Auerbach, S. 49.
66 Brunner, Amarna, Sp. 304.

riens und als den Vernichter der »Apirus von den Gebirgen des Jordan«.[67]

Die syrisch-palästinische Landbrücke war durch zwei Jahrtausende das »Vorland Ägyptens«. Man schrieb zwar im syrisch-palästinischen Raum weiter Babylonisch, dennoch setzte sich die ägyptische Kultur immer mehr durch.

In Beth-Schean war jahrhundertelang eine ägyptische Garnison stationiert. Hier wurden Bauten errichtet von den Pharaonen Thutmosis III., Amenophis III., Sethos I. und Ramses II.[68]

3. Das Reich der Hetiter

Gegen Ende des dritten Jahrtausends v.Chr. wanderte wahrscheinlich über den Kaukasus ein indogermanischer Stamm ins nordöstliche Anatolien (= das heutige Kleinasien) ein. Um 1600 v.Chr. errichteten diese Einwanderer, die sich inzwischen mit der Urbevölkerung jenes Landes vermischt hatten, ein Königreich mit der Hauptstadt Hattuscha. Das sogenannte Alte Reich der Hetiter dauerte bis ca. 1500 v.Chr. Die Hetiter waren mit Eisenwaffen ausgerüstet und hatten von Pferden gezogene Streitwagen. Mit der über Syrien gewonnenen Vorherrschaft beginnt das sogenannte Hetitische Großreich (1420-1200 v.Chr.).[69]

Nach dem Fall von Hattuscha lösten sich die hetitischen Vasallenstaaten auf. Als hetitische Stadtstaaten blieben in Nordsyrien Karkemisch, Aleppo und Hamat (= das Neuhetitische Reich) übrig. Mit der Eingliederung der letzten hetitischen Staaten in das assyrische Provinzsystem wurde der Name Hattu (Hetiter) für das gesamte Gebiet vom Eufrat bis an die ägyptische Grenze gebraucht. Die Bezeichnung Hetiter hatte keine völkische Bedeutung mehr.[70]

»Für die Vätergeschichten ergibt sich, daß der Name ›Hetiter‹, wo er in den Vätergeschichten begegnet, keinerlei Schluß auf einen Zusammenhang mit dem alten Hetiterreich und den jüngeren (neo-)Hetiterstaaten in Syrien zuläßt.«[71]

Die in den Vätergeschichten erwähnten Hetiter sind eine kleine Volksgruppe im syrisch-palästinischen Raum. Die Volksgruppe der »Hetiter« gehört zu den sieben Völkern des Landes Kanaan (5Mo 7,1; Jos 3,10; 24,11). Sie waren vermutlich in der Gegend von Hebron ansässig. Die Einwohner Hebrons werden einmal Hetiter (1Mo 49,29ff), dann

[67] Kenyon, S. 211; Greßmann (Hg.), Altorientalische Texte, S. 94f.
[68] Auerbach, S. 51.
[69] Keel/Küchler/Uehlinger, Bd 1, S. 657.
[70] Auerbach, S. 51+52.
[71] Westermann, Genesis I/2, S. 67.

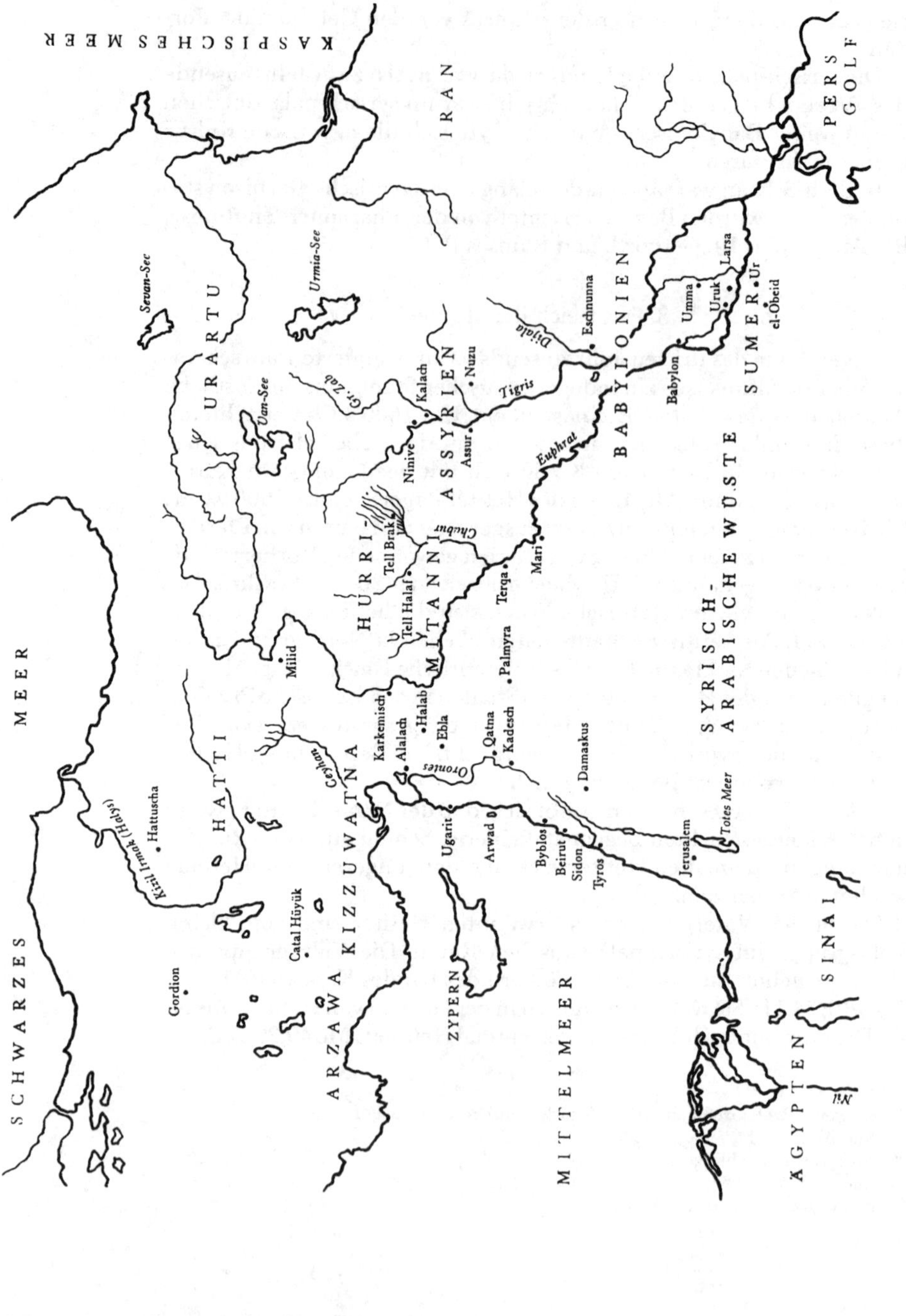
KASPISCHES MEER
IRAN
PERS GOLF
SCHWARZES MEER
Sevan-See
Urmia-See
URARTU
Van-See
Gr. Zab
Dijala
Eschnunna
Nuzu
Kalach
Tigris
Assur
Ninive
ASSYRIEN
BABYLONIEN
Babylon
Umma
Uruk
Larsa
Ur
el-Obeid
SUMER
Euphrat
HURRI-
MITANNI
Tell Brak
Chabur
Tell Halaf
Mari
Terqa
Milid
Palmyra
SYRISCH-
ARABISCHE WÜSTE
Karkemisch
Halab
Alalach
Ebla
Qatna
Kadesch
Orontes
Damaskus
Ceyhan
HATTI
Hattuscha
Kizil Irmak (Halys)
KIZZUWATNA
ARZAWA
Catal Hüyük
Gordion
Ugarit
Arwad
Byblos
Beirut
Sidon
Tyros
Jerusalem
Totes Meer
ZYPERN
MITTELMEER
SINAI
ÄGYPTEN
Nil

aber auch Amoriter (1Mo 14,13) oder aber Kanaanäer (Ri 1,10) genannt. Von den Söhnen Hets kaufte Abraham die Höhle Machpela, um dort Sara zu begraben (1Mo 23,3-20; 25,10; 49,32). Esau wählte sich in der Gegend von Beerscheba hetitische Frauen (1Mo 26,34; 27,46; 36,2), die auch Kanaanäerinnen genannt werden (1Mo 28,1ff; 36,2).

IV. Die Zeit der Väter

Orientierungspunkt für die Datierung der Lebenszeit der Väter sind zwei große Wanderbewegungen: die protoarämische (19./18. Jh. v.Chr.) und die aramäische Wanderbewegung (14./13. Jh. v.Chr.). Die Entscheidung für eine der beiden Bewegungen, in die der Zug Abrahams von Haran in das Land Kanaan eingegliedert wird, führt einmal zu der sogenannten »Früh«-, zum andern zu der »Spätdatierung« der Lebenszeit der Väter.

Die »Spätdatierung« geht davon aus, daß sich der Aufenthalt einiger israelitischer Sippen in Ägypten nicht über 400 Jahre, sondern nur über etliche Jahrzehnte erstreckte. Die Einwanderung nach Kanaan wäre dann ein »weidewechselndes« Hinundherziehen und fiele mit »der ersten Phase der Landnahme der israelitischen Stämme«[72] zusammen.

Die »Frühdatierung«, die den Zug Abrahams von Haran nach Kanaan im Rahmen der protoaramäischen Wanderbewegung sieht, verlegt das Leben der Patriarchen in die Mittlere Bronzezeit (ca. 2000-1550 v.Chr.).[73]

Für das Ansetzen der Väterzeit in der Mittleren Bronzezeit sprechen einmal die biblischen Zeitangaben, zum andern ergibt sich eine schlüssige und harmonische Einordnung der Lebenszeit der Väter in die Geschichte der Großmächte im mesopotamischen Raum und in Ägypten.

In den biblischen Texten ist davon die Rede, daß die Israeliten 400 Jahre Fremde in Ägypten waren (1Mo 15,13), außerdem findet sich ein Hinweis, daß der Gesamtaufenthalt der Kinder Israels in Ägypten 430 Jahre betrug (2Mo 12,40). In beiden alttestamentlichen Angaben handelt es sich um eine sich über Jahrhunderte erstreckende Periode. Es ist denkbar, daß die Dauer der Fremdlingschaft des Volkes Israel in Ägypten nach der babylonischen Art berechnet wird. In Babylon heißt eine Zeiteinheit von 60 Jahren *»šuš«*. Eine unendlich lange Zeit sind 6 × 60 = 360 Jahre. Wenn darüber hinaus eine noch längere Zeit angegeben werden sollte, geschah dies in der Regel durch eine mit 7 zusammengesetzte

[72] Kilian, S. 12.

[73] Die Frühdatierung wird ausführlich diskutiert und begründet von de Vaux, S. 36. Auch Bardtke spricht sich für die Frühdatierung aus; Bardtke, S. 161.

Zahl. 430 Jahre sind 360 + 70 Jahre. Damit ist gesagt: Die Zeit der Fron war eine sehr lange Zeit.[74]

Nach dem babylonischen und altpalästinischen Zahlen- und Zeitdenken dauerte die Fron runde vierhundert Jahre. Die Zeit, in der zuvor die Väter als Nomaden auf der syrisch-palästinischen Landbrücke umherzogen, beträgt ungefähr 200 Jahre.[75] Die Väterzeit und die Zeit der Volkwerdung Israels in Ägypten umfaßt demnach sechshundert Jahre.

Im Vergleich mit der Geschichte Alt-Mesopotamiens und Alt-Ägyptens ergeben sich folgende Zeitangaben:

2000: *Die Vorfahren Abrahams leben in Ur in Chaldäa.*
Die Ära der 3. Dynastie von Ur (2100-2000 v.Chr.) war ein straff regierter zentralistischer Staat. Der Herrscher Urnammu wurde durch seine Bautätigkeit bekannt. Er erbaute in Ur, Eridu und Uruk mehrstufige Tempeltürme, die sogenannten Zikkurrat. Nach dem Tode Urnammus zerfällt das Reich. Es beginnt eine Epoche der »Stadtstaatelei«.[76]
Folgende Stadtstaaten versuchten abwechselnd, einen Führungsanspruch durchzusetzen: Isin, Larsa, Eschnunna, Assur, Mari und Babylon.

1859: *Terach zieht mit seiner Sippe von Ur nach Haran.*

1800: *Abraham zieht mit Lot nach Kanaan.*
Bevor Hammurabi (1792-1750 v.Chr.) sein Reich aufrichtete, verläßt Abraham den mesopotamischen Raum. Hammurabis Reich mit Sitz in Babylon reichte vom Persischen Golf bis zur Syrischen Wüste.

1800 - 1600: *Abraham, Isaak und Jakob leben als Nomaden bzw. Halbnomaden im syrisch-palästinischen Raum.*
Um 1800 zieht Abraham von Sichem über Bet-El durch den Negeb bis nach Ägypten und wieder zurück bis Bet-El. Hebron wird zur Heimat Abrahams.

1600: *Josef wird nach Ägypten verkauft* und wird dort zum Großwesir eines Pharaos. Josefs Aufstieg fällt in die Zeit der Hyksos (ab 1750-1550v.Chr.). Die Hyksos kamen aus dem Norden über die syrisch-palästinische Landbrücke. Die Mehrzahl der auf den Hyksos-Skarabäen erwähnten Namen sind semitisch[77]. Die semitische Verwandtschaft der Hyksos[78] ermöglichte den Aufstieg

[74] Zur babylonischen und altpalästinischen Zeitrechnung siehe Cassuto, Exodus, S. 86.

[75] Die 200 Jahre ergeben sich aus den in 1Mo angegebenen Lebenszeiten der Erzväter; vgl. König, Genesis, S. 451.

[76] Schippmann, S. 16.

[77] Kenyon, S. 177.

[78] Mit den Hyksos kam »ein Strom semitischer Einflüsse in das sich sonst so streng abschließende Ägypten«, und zwar auf allen Gebieten, selbst in Sprache und Schrift; vgl. Auerbach, S. 49.

Josefs. Josef siedelte die Sippen der zwölf Söhne Jakobs im Land Gosen an.

1350: *Pharao Amenophis IV. (= Echnaton, 1353-1336 v. Chr.)* verhalf einem Monotheismus zum Durchbruch, dem Glauben an den Sonnenball Aton. Seine Residenz war Achet-Aton (Tell el-Amarna in Mittelägypten). Während seiner Regierungszeit hatten die Nachkommen Jakobs einen großen Freiraum. Der von Echnaton eingesetzte Generalbevollmächtigte für Syrien und Palästina war, wie sein Name *Ja*hamann zeigt, semitischer Herkunft.[79]

1300 - 1200: *Die Zeit der Fron.*

Die nahezu hundert Jahre der 19. Dynastie (1295-1188 v.Chr.) waren das Zeitalter extremer Bautätigkeit. Vor allem Sethos I. (1293-1279 v.Chr.) und Ramses II. (1279-1213 v.Chr.) verewigten sich durch monumentale Bauwerke. Das Grab des Pharaos Sethos I. im Tal der Könige in Theben hat eine Länge von 100 m. Der Tempel in Abydos mit seinen Säulensälen und Pfeilerhallen wurde von Sethos I. erbaut.

In einer Weihe-Inschrift im Tempel seines Vaters Sethos I. in Abydos berichtet Pharao Ramses II. über seine Pläne, mehrere Tempel neu zu bauen und andere, die sein Vater begonnen hatte, zu vollenden.[80]

So finden sich im Tempel des Reichsgottes Amun in Karnak, dessen Anfänge bis in die 11. Dynastie zurückreichen, und im Amun-Mut-Chons-Tempel in Luxor Bauabschnitte von Sethos I. und Ramses II. Der Totentempel Ramses II. ist das sogenannte Ramesseum in Theben-West. Berühmt wurde Ramses II. durch die Errichtung des Felsentempels in Abu Simbel und durch die zahlreichen Kolossalstatuen, deren bekannteste im Ptah-Tempel in Memphis eine Höhe von über 13 m hat.[81]

Die im 2Mo geschilderte Fron der Israeliten bestand neben Feldarbeit im Pressen von Lehm- und Ziegelsteinen zum Bau der Vorratsstädte Pithom und Ramses (2Mo 1,11.14). Pithom bedeutet soviel wie »das Haus des Gottes Atum« (bzw. Etom) und ist der heutige Tell er-Retabeh im Nildelta. Ramses ist das heutige Zoan (Tanis), die Stadt, die sich Ramses II. zur Hauptstadt erwählt hatte. Sowohl Pithom als auch das heutige Zoan (Tanis) wurden unter Ramses II. wiederaufgebaut.[82]

[79] In der ägyptischen Geschichte ist es keine Seltenheit, daß semitische Beamte am Pharaonenhof eine hohe Stellung bekleideten; vgl. Auerbach, S. 66.

[80] Beyerlin (Hg.), S. 55.

[81] Hirmer/Otto, Bd II, S. 409-442.

[82] Cassuto, Exodus, S. 11.

Ramses II. heiratete in seinem 34. Regierungsjahr die Hetiterin Naptera, die Tochter Hattuschilis III. Die Stellung dieser Hetiterin war mehr hervorgehoben als üblicherweise die der sogenannten »großen königlichen Gemahlin« in Ägypten. Naptera war Ramses II. gleichberechtigt![83] Naptera nahm das Kind Mose, das eine der Töchter Pharaos auf dem Nil gefunden hatte, an den Pharaonenhof und ließ es dort erziehen. Mose wuchs als Halbbruder Merenptahs auf.

1203: *Auszug aus Ägypten.*

1203 ist das Todesjahr Pharao Merenptahs (1213-1203 v.Chr.). Nach ägyptischen Quellen ist über das Ende Merenptahs nichts bekannt. Ägyptologen nehmen an, daß er möglicherweise ermordet oder entthront wurde.[84]

Nach dem biblischen Zeugnis ist das mysteriöse Ende Merenptahs der Untergang im Schilfmeer.[85]

[83] Hirmer/Otto, Bd II. S. 367.

[84] a.a.O., S. 443.

[85] Vgl. die Zeittafel S. 41-44. Die Jahreszahlen entsprechen den Angaben bei Keel/Küchler/Uehlinger, Bd 1, S. 466-511.

ZEITTAFEL

Zeiten	Alt-Mesopotamien	Palästina	
Steinzeit 2000000-4500 v.Chr.	50000 v.Chr. Erste Spuren von Jägern und Sammlern in Zagros 9000 v.Chr. Anbau; Tierdomestikation; Handel; erste Spuren des Seßhaftwerdens!	50000 v.Chr. »homo galiläus« Fundort: Höhle in der Nähe des Sees Genezareth Höhlen im Wadi elmughara im Karmel Überreste von Siedlungen aus der älteren und jüngeren Steinzeit in Geser, Megiddo, Ta'anach, Beth-Schean, Jerusalem, Bet-El, Kirjat-Sefer und Beth-Schemesch	
Kupfersteinzeit 4500-3150 v.Chr. (Chalkolithikum)	3300-2900 v.Chr. Frühgeschichtliche Zeit Erste Hochkultur im Lande Sumer; eines der Zentren ist Uruk	7000 v.Chr. Jericho Erste Spuren seßhaften Lebens Der große Turm von Jericho	2950-2640 v.Chr. Thinitenzeit 1./2. Dynastie Siegestafel des Pharao Narmer Der von Pharao am Kopf gepackte Besiegte ist möglicherweise ein Semit
Bronzezeit 3150-1200 v.Chr.	3000 Entwicklung der Schrift und Eindringen der semitisch sprechenden Gruppen		
Frühe Bronzezeit (FB) 3150-2200 v.Chr.	2900-2340 v.Chr. Frühdynastische Zeit = Zeit der Stadtstaaten Uruk (Gilgamesch) Ur Lagasch Umma	2650 v.Chr. Der sumerische Eroberer Lugal-zaggisi dehnt seine Herrschaft bis zum Mittelmeer aus	2640-2155 v.Chr. Altes Reich

ZEITTAFEL

Zeiten	Alt-Mesopotamien	Palästina	Ägypten
Frühe Bronzezeit (FB) 3150-2200 v.Chr.	2350 Älteste bekannte Sozialreform	2575-2551 v.Chr. Pharao Snofru (4. Dynastie) sandte Schiffe, um Zedern aus dem Libanon zu holen ~ 2400 v.Chr. Erste Erwähnung der Städte Hazor, Megiddo, Lachisch, Gaza und Jerusalem (Urusalim), Tontafel aus den Archiven von Ebla Erste Eroberung durch Ägypten	2575-2465 v.Chr. 4. Dynastie Snofru (2575-2551 v.Chr.) Cheops, Chephren, Mykerinos, Pyramiden von Giza 2465-2155 v.Chr. 5./6. Dynastie Phiops (Pepi) I. (2300-2268 v.Chr.) Fünf Feldzüge gegen asiatische Beduinen im palästinischen Raum
Mittlere Bronzezeit (MB) MB I 2200-2000 v.Chr.	2340-2198 v.Chr. Akkad-Zeit Sargon von Akkad, einer der semitisch sprechenden Einwanderer, vereinigt ganz Mesopotamien zu einem Reich	Sargon I. dringt über Palästina hinaus bis nach Zypern vor Babylonisch wird Kultursprache	
	2200 Untergang des Reiches durch Eroberung durch ein Volk aus den Zagros-Bergen	2144-2124 v.Chr. König Gudea von Lagasch handelt Zedern aus dem Libanon	2134-2040 v.Chr. I. Zwischenzeit
	2160-2000 v.Chr. Zeit der Gudea von Lagasch und des Urnammu von Ur (= 3. Dynastie von Ur, 2100-2000 v.Chr.)	Vorherrschaft Ägyptens über den größten Teil Palästinas	2040-1785 v.Chr. Mittleres Reich
		Sichem und Bet-El namentlich bezeugt	Sesostris III. (1878-1841 v.Chr.) Feldzug nach Asien - auf dem Denkstein des Sebek-Chu in Abydos sind die Namen Sichem und Bet-El erwähnt

ZEITTAFEL

Zeiten	Alt-Mesopotamien	Palästina	Ägypten
Mittlere Bronzezeit (MB) MB II 2000-1550 v.Chr.	∼ 2000 v.Chr. Ende des Reiches von Ur durch die »Stadtstaatelei«! Vorfahren Abrahams in Ur!		
	2017-1783 v.Chr. Isin-Larsa-Zeit. Zeit der Stadtstaaten. Zug Terachs nach Haran. Folgende Stadtstaaten meldeten im Verlauf der Jahrhunderte Führungsanspruch an: Isin, Larsa, Eschnunna, Assur, Mari, Babylon. Zug Abrahams nach Kanaan	1800 v.Chr. Abraham kommt nach Kanaan Sichem - Bet-El - Ai - Negeb. Zug nach Ägypten und zurück nach Kanaan.	Abraham in Ägypten
	1850-1594 v.Chr. Altbabylonisches Reich. Babylon setzt sich unter seinem Herrscher Hammurabi (1792-1750 v.Chr.) durch. Unter Hammurabi war Mesopotamien wieder ein Reich, vom Persischen Golf bis zur Syrischen Wüste.	Kampf Abrahams mit den Königen aus dem Umkreis Hammurabis. Amoriter. Hammurabis kultureller Einfluß Codex Hammurabi/ Sprache/ Religion/Zahlen/ Gewichte 200 Jahre Patriarchen im Lande Kanaan	1785-1540 v.Chr. II. Zwischenzeit Hyksosdynastien (ab 1750-1550 v.Chr.) Hyksos = »Herrscher der Fremdländer«
	1750-1500 v.Chr. Neue Völkerschaften erscheinen im mesopotamischen Raum (Mitanni, Chuvriter) und überrennen alles von den Sumerern und Semiten im Verlauf eines Jahrhunderts Geschaffene	1600 v.Chr. Josef wird nach Ägypten verkauft. Jakob und seine Söhne in Ägypten	Aufstieg Josefs! 1600-1200 v.Chr. Die »Söhne Jakobs« in Ägypten, Volkwerdung Israels

ZEITTAFEL

Zeiten	Alt-Mesopotamien	Palästina	Ägypten
Späte Bronzezeit (SB) 1550-1200 v.Chr.	1600-1150 v.Chr. 1. Dynastie von Babylon Kassiten 1594 v.Chr. Hetiter erobern Babylon, ziehen sich zurück; Kassiten übernehmen wieder die Herrschaft	300 Jahre Vorherrschaft Äyptens über Palästina Thutmosis III. erobert Megiddo und weitere 118 Städte im palästinischen Raum	1540-1070 v.Chr. Neues Reich Feldzug Thutmosis I. (1494-1482 v.Chr.) und besonders die 17 Feldzüge Thutmosis III. (1479-1425 v.Chr.) Amenophis IV. (= Echnaton) (1353-1336 v.Chr.) Tell el-Amarna, 1350 ~ 1350 Amarna-Briefe
	2000-1100 v.Chr. Neben Babylon Aufstieg Assyriens 1350 v.Chr. Assyrien übernimmt die Vorherrschaft 1234 v.Chr. Tukulti-Ninurta I., der Assyrer, erobert Babylon	Die Hapiru	Die Hapiru = Hebräer Abdi-Chepa König von Jerusalem Tutanchamun (1334/33-1327 v.Chr.) 1295-1070 v.Chr. 19./20. Dynastie Nach Wiedereinführung des alten Götterglaubens schwindet die Toleranz.
	2000-1200 v.Chr. Reich der Hetiter mit Hattuscha als Hauptstadt (um 1600)		Stelen von Sethos I. (1293-1279 v.Chr.) und Ramses II. (1279-1213 v.Chr.)
Eisenzeit 1200-586 v.Chr.	Ende des Hetiterreiches durch die Philister. Die Philister fallen in den palästinischen Raum ein, zusammen mit den Seevölkern. Diese kamen vom Balkan oder von der Ägäis her auf dem Seeweg über Kreta (= Kaftor) oder aber auf dem Landweg über Kleinasien und zerschlugen das Reich der Hetiter	ab 1200 v.Chr. Herrschaft der Philister entlang der syrisch-palästinischen Küste. Stadtstaaten Gaza, Aschkelon, Aschdod, Ekron und Gat Jerusalem blieb in der Hand der kanaanäischen Urbevölkerung 1203 v.Chr. Auszug unter Mose - 40 Jahre Sinai 1160 v.Chr. Josua dringt in Palästina ein	Hebräische Sklaven bauen Pithom und Ramses, die Residenz Ramses. Merenptah (1213-1203 v.Chr.) Feldzug nach Palästina, Erringen der Oberherrschaft, Stele Merenptahs. Zum ersten Mal der Name Israel! Tod Merenptahs nicht bekannt! Mord (Hirmer) - Rotes Meer (2Mo)

B. Abraham und Isaak (Auslegung)

Abrahams Heimat war das südmesopotamische Ur. Mit seiner gesamten Sippe zog er von dort aus.[86] Die neue Heimat der Sippe Terachs, des Vaters Abrahams, wurde Haran. Noch bevor Hammurabi (1792-1750 v.Chr.) sein Reich aufrichtete, verläßt Abraham Nord-Mesopotamien in Richtung der syrisch-palästinischen Landbrücke. Dieser kleine Raum zwischen den Großmächten erwies sich als das Abraham von Gott verheißene Land. Hier wurde Abraham zum Vater des ganzen Israels.[87]

I. GOTT SPRICHT ZU ABRAM: 12,1-3

1 **Jahwe sprach zu Abram: »Du aber geh für dich allein aus deinem**
Land, weg von deiner Verwandtschaft, aus dem Haus deines Vaters
in das Land, das ich dir zeigen werde.
2 *** Ich werde dich zu einem großen Volk machen, ich werde dich seg-**
nen, und ich werde deinen Namen groß machen, so daß du ein Se-
3 **gen sein wirst. * Ich werde die segnen, die dich segnen, und wer dir**
flucht, den werde ich verfluchen; und in dir werden gesegnet wer-
den alle Geschlechter der Erde.«

Wie am Anfang der Schöpfung, so steht zu Beginn der Geschichte Gottes mit Abram das göttliche Wort. Es gibt in der Welt keinen Anfang, kein Neues ohne das Sprechen Gottes.

Abram hatte keine Gotteserscheinung. Er hörte nur Worte Gottes. Abram, das zehnte Glied im Stammbaum Sems, vernahm - wie vor ihm Adam und Noah - Worte Gottes. Abram folgte den Worten und wurde eine Persönlichkeit.

Jahwe sprach zu Abram: »Du aber geh für dich allein aus deinem Land, weg von deiner Verwandschaft, aus dem Haus deines Vaters in das Land, das ich dir zeigen werde.« Das von Gott ausgehende Wort beginnt mit einer persönlichen, ganz auf Abram abgestellten Anrede: **Du aber geh für dich allein** (hebräisch: *lech l^{e}cha).* Martin Buber übersetzt die Stelle: »Geh vor dich hin.«[88] »Vor dich« oder **für dich allein** ist eine Verstärkung der Aufforderung.[89] Als Mose sich von seinem Schwieger-

[86] Vgl. die Auslegung zu 1. Mose 11,31.32, Bräumer, 1. Teil, S. 232+233.
[87] Zum folgenden Stammbaum vgl. Philo-Lexikon, Sp. 5+6.
[88] Buber, Fünf Bücher der Weisung, S. 36.
[89] König, Genesis, S. 454. König verweist auf den hebräischen Dativ des Interesses und des Zieles.

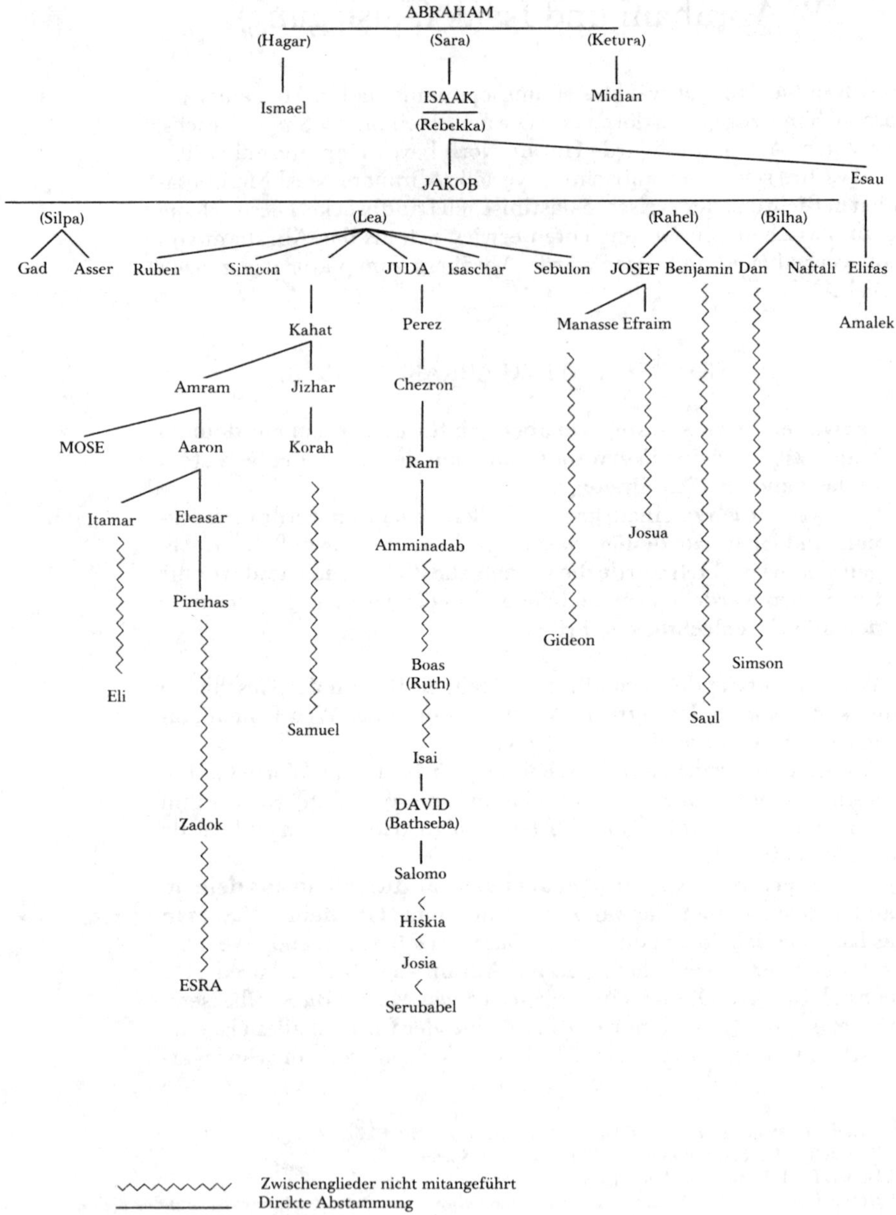
ABRAHAM
(Hagar)
(Sara)
(Ketura)
Ismael
ISAAK
(Rebekka)
Midian
JAKOB
Esau
(Silpa)
(Lea)
(Rahel)
(Bilha)
Gad
Asser
Ruben
Simeon
JUDA
Isaschar
Sebulon
JOSEF
Benjamin
Dan
Naftali
Elifas
Kahat
Perez
Manasse
Efraim
Amalek
Amram
Jizhar
Chezron
MOSE
Aaron
Korah
Ram
Itamar
Eleasar
Josua
Amminadab
Pinehas
Gideon
Boas
(Ruth)
Simson
Eli
Samuel
Saul
Isai
DAVID
(Bathseba)
Zadok
Salomo
Hiskia
Josia
ESRA
Serubabel
Zwischenglieder nicht mitangeführt
Direkte Abstammung

vater getrennt hatte, heißt es von Jetro: »Er ging für sich allein« (2Mo 18,27). Josua entließ die ostjordanischen Stämme mit den Worten: »Geht für euch allein«, das heißt, geht unbeirrt euren Weg (Jos 22,4). David weigerte sich, Saul zu töten, und sagte zu seinen Männern: »Laßt uns für uns allein gehen«, das heißt einen ungewöhnlichen, aber einen von Gott gewiesenen Weg (1Sam 26,11).[90]

Im Leben Abrams sprach Gott noch einmal »Du aber geh für dich allein« (1Mo 22,2). Auch hier fordert Gott von Abram einen einsamen Weg. Abram soll Isaak opfern. Die Knechte können ihn ein Stück Wegs begleiten. Abram aber muß allein die Last tragen. Er spricht mit keinem über das Gebot Gottes, Isaak zu opfern. Er geht seinen Weg allein, einen Weg des Gehorsams und der Gottesfurcht.[91]

Gott wendet sich mit seinem Wort **Du aber geh für dich allein** direkt an Abram. Von ihm erwartet er eine einsame Entscheidung. Abram soll, ohne sich zu befragen und zu beraten, aus Haran aufbrechen. Der Weg, den er gehen soll, ist allein sein Weg.

Das Gotteswort führte Abram aus der ihm zur Heimat gewordenen Stadt Haran, weg von seiner Verwandtschaft und aus dem Haus seines Vaters. Abram mußte sich von seiner Sippe, mit der er durch Blutsbande verbunden war, lösen.[92] Er trennte sich von seiner Familie.

Es ist auffallend, daß nicht von einer Vaterstadt Abrams gesprochen wird.[93] Terach hatte mit seiner Familie Ur in Chaldäa, die Geburtsstadt Abrams, bereits verlassen (1Mo 11,27-32). Ihr Ziel war das Land Kanaan, doch sie kamen nur bis zu der in Nord-Mesopotamien liegenden Stadt Haran.

Die eine Wanderung Terachs von einer Stadt in eine andere innerhalb Mesopotamiens ist aber kein Beweis dafür, daß bereits die Sippe Terachs zu den nichtseßhaften Nomaden gehörte.[94] Vielmehr weist das Bleiben in Haran darauf hin, daß Terach kein »umherziehender Aramäer« war. Ein »umherziehender Aramäer« wird im Alten Testament erst Jakob genannt (5Mo 26,5). Die Geschichte der »umherziehenden Aramäer« aber beginnt mit Abram. Er ließ sich auf ein Gotteswort ein. Er brach auf, ohne das Ziel seiner Wanderung zu wissen.

[90] Weitere Stellen mit der typisch hebräischen Formulierung »für sich allein gehen« finden sich in Hl 2,10.11.13; 4,6; Jer 5,5. Zu vergleichen ist auch die in ähnlicher Bedeutung gebrauchte Formulierung »für sich allein sitzen« (1Mo 21,16).

[91] Vgl. Cassuto, From Noah to Abraham, S. 310.

[92] ebd. S. 311. Im klassischen Hebräisch heißt *moledeth* nicht »das Geburtsland«, sondern »die Verwandtschaft«.

[93] Gunkel, S. 163.

[94] Anders Westermann, Genesis I/2, S. 170f+177. Er folgert aus der Nomadenexistenz der Sippe Terachs, daß Gottes Weisung an Abram das Angebot der Rettung, in einer besonderen Notsituation war. Abram konnte gar nicht anders, als dieses Angebot annehmen. »Daß Abraham geht, wie Gott es ihm geboten hat, ist das Normale und Natürliche; Wagnis und Risiko wäre es für Abraham, wenn er nicht ginge.«

Der Befehl, alles zurückzulassen, war für Abram eine Prüfung und Herausforderung ohnegleichen.[95] Die Wanderung, die er antreten soll, ist ein Werk des Glaubens, welche »in Verleugnung seiner selbst und aller Kreatur dem göttlichen Zuge und Fingerzeig folgt.«[96] Den Ruf zur Auswanderung verbindet Gott mit gewaltigen Zusagen für die Zukunft:
2 **»Ich werde dich zu einem großen Volk machen, ich werde dich segnen, und ich werde deinen Namen groß machen, so daß du ein Segen sein**
3 **wirst. * Ich werde die segnen, die dich segnen, und wer dir flucht, den werde ich verfluchen; und in dir werden gesegnet werden alle Geschlechter der Erde.«**

Die Zusagen, die Gott Abram gibt, bestehen aus sieben Worten des Segens.[97] Dabei enthält jeder einzelne Segensspruch ein besonderes Gottesversprechen, das heißt eine Verheißung.

[a] 1Mo 13,16 15,5; 17,5f 18,18; 22,17 26,4.24; 28,14 35,11

1. Ich werde dich zu einem großen Volk[a] machen.

Eine solche Zusage muß für einen Mann im fortgeschrittenen Alter ohne Sohn unglaublich klingen. Sie ist für Abram eine Herausforderung, die ein großes Maß an Vertrauen fordert. Das Volk, das von Abram abstammen wird, ist Israel in seiner Gesamtheit. Gott verheißt Abram nicht eine Volksgemeinschaft im Sinne einer Verwandtschaft (hebräisch: *ʿam*); Gott verspricht, Abram zu einem Volk von politischer Größe (hebräisch: *goij*) werden zu lassen.[98]

2. Ich werde dich segnen.

Segen ist die Zusicherung der Bewahrung und des Schutzes, der Zuspruch der Gnade und das Geschenk des Friedens! Der in der Wüstenzeit Israels von Gott angeordnete priesterliche Segen lautet:

»Der *Herr* segne dich und behüte dich!
Der *Herr* lasse sein Angesicht leuchten über dir
und sei dir gnädig!
Der *Herr* erhebe sein Angesicht auf dich
und gebe dir Frieden!« (4Mo 6,24-26).

3. Ich werde deinen Namen groß machen.

Der Name bedeutet im Alten Testament soviel wie Person bzw. Persönlichkeit.[99] Gott will Abram zu einer unvergleichlichen Persönlich-

[95] Cassuto, From Noah to Abraham, S. 312.
[96] Delitzsch, S. 250.
[97] Auch Isaak und Jakob werden einen siebenteiligen Segen erhalten; siehe die Auslegung zu 1. Mose 26,3.4 und 27,28.29.
[98] Westermann, Genesis I/2, S. 173.
[99] Cassuto, From Noah to Abraham, S. 313.

keit machen[b]. Abram wird der Stammvater eines großen Volkes. Gott macht seinen Namen groß. In Babylon war es die Absicht der Menschen, sich durch ein Ruhmesdenkmal einen Ehrennamen zu verschaffen. Gott gibt Abram das, was sich Menschen »eigenmächtig beilegen wollten«.[100] Die Baumeister des großen Turmes in Babel scheiterten. Der große Name Abrams aber ging in die Geschichte ein, und zwar mit folgenden sieben Ehrentiteln: »Abraham ist der Vater der Menge« (1Mo 17,5), »der Vertraute Gottes und der Pfleger des Gottesreiches« (1Mo 18,17-19), »der Prophet« (1Mo 20,7), »der Fürst Gottes« (1Mo 23,6), »der Knecht Gottes« (Ps 105,6) und »der Freund Gottes« (2Chr 20,7)[c].

Im Koran heißt Abraham »der Geliebte Allahs«. Der arabische Name für Hebron, die Stadt Abrahams, ist El-Chalîl, »die Stadt des Geliebten«.[101]

[b] Jes 51,1.2

[c] Jdt 8,19.20 Jak 2,23

4. *Du wirst ein Segen sein*[d].

Die Formulierung: »Du wirst ein Segen sein« kann auch übersetzt werden: »Werde ein Segen!« Abram soll ein Beispiel dafür sein, wie Menschen zum Segen werden können.[102] Sein »Name soll als Segenswort gebraucht werden«.[103] Segen (hebräisch: *b[e]racha)* bedeutet auch Segenswunsch: »Ich will euch Heil verleihen, daß ihr zum Segenswunsch[e] werden sollt« (Sach 8,13).

Abram wird »ein Segen sein«; sein Name wird zum Segenswunsch. Menschen in und außerhalb Israels werden sich segnen mit den Worten: »Gott segne mich wie Abraham.«[104] »Das Andenken der Gerechten bleibt im Segen, aber der Name der Gottlosen vermodert« (Spr 10,7).

[d] 1Mo 26,4.5 Ps 21,7 Jes 19,24

[e] 1Mo 48,20 4Mo 5,21 Jer 42,10

5. *Ich werde die segnen, die dich segnen*[f].

Gott verspricht, daß alle, die Abram Segen wünschen, den Segen Gottes empfangen, das heißt, das »Verhalten der andern zu Abraham soll bestimmend sein für das Verhalten Gottes zu diesen anderen«.[105] Der von Gott Abram zugesagte Segen endet nicht mit den Lebenstagen Abrams. Er behält seine Wirkungskraft über den Tod Abrams hinaus. Die Segenskraft gilt allen, für die Abram Vater, das heißt Grundmuster des Glaubens, ist.

[f] 1Mo 30,27 39,5

[100] v. Rad, Mose, S. 133.
[101] Koran, 4, 124; zu Hebron siehe die Auslegung zu 1. Mose 23,1-20.
[102] Vgl. Cassuto, From Noah to Abraham, S. 314.
[103] Gunkel, S. 164.
[104] König, Genesis, S. 456f.
[105] Westermann, Genesis I/2, S. 174.

6. Wer dir flucht, den werde ich verfluchen.

Wer sich gegen Abram stellt, wendet sich gegen die Verheißung, die Gott Abram gegeben hat. Wer über Abram lächelt, das heißt, ihn verächtlich macht, den trifft der Fluch Gottes. In der sechsten Zusage Gottes an Abram finden sich beide alttestamentlichen Worte für fluchen. Das erste (hebräisch: *qalal*) bedeutet jemanden schmähen, beschimpfen oder jemandem Schlechtes nachreden[g]. Das zweite (hebräisch: *'arar*) heißt soviel wie jemanden dem Zorn Gottes ausliefern und aus der Gemeinschaft ausschließen[h]. Im Neuen Testament gibt es einen Ausschluß aus der Gemeinde, der beginnt mit der Formel: »Er sei verflucht« *(anathema)*.[106] »Wenn jemand den Herrn nicht liebt, der sei verflucht« (1Kor 16,22). Wer Jesus nicht liebt, steht unter dem Zorn Gottes. Er wird öffentlich aus der Gemeinde ausgeschlossen und dem Richterzorn Gottes ausgeliefert[i].

[g] 1Mo 16,4f 1Sam 2,30 Ri 9,27
[h] 1Mo 3,14.17 4,11; 5,29 9,25; 27,29
[i] Röm 9,3 1Kor 12,3 Gal 1,8 3,13 Offb 22,3

Wer Abram durch üble Nachrede und Lästerworte schmäht, verfällt Gottes Zorngericht. Für ihn ist die Gemeinschaft mit Gott zerbrochen.

In dem Segenswort werden die Segnenden in der Mehrzahl genannt; vom Fluchenden aber ist nur in der Einzahl die Rede. »Die Fluchenden sind nur Einzelne, die sich aus der zur Ererbung des Segens bestimmten Menschheit vereinzeln.«[107] In der Verheißung an Abram hat die Macht des Segens ein weit stärkeres Gewicht als das Wort vom Gericht. Der Gedanke an das Gericht ist fast von den Segensworten überdeckt.[108]

7. In dir werden gesegnet alle Geschlechter der Erde[k].

[k] Sir 44,21 Apg 3,25 Gal 3,8

Der persönliche Segen Abrams ist zugleich ein Segen für andere. »Abram wird Segensquell, von dem der Segen, dessen er selbst voll ist, weithin ausströmt.«[109] Noch einmal - in der Verhandlung der drei Männer mit Abram über den Untergang Sodoms - heißt es: in Abram »sollen alle Völker (hebräisch: *goijm* = Heidenvölker) gesegnet werden« (1Mo 18,18).

Paulus sieht in der Zusage: »In dir sollen alle Heidenvölker gesegnet werden« die Voraussetzung, »daß Gott die Heiden gerechtsprechen wird« (Gal 3,8), und zieht den Schluß, »die aus Glauben leben, werden gesegnet werden mit dem gläubigen Abraham« (Gal 3,9). Für Paulus ist der Segen »die Tat des rechtfertigenden Gottes«.[110] Der Segen Gottes erweist sich in der Rettungstat Gottes in Jesus Christus.

106 Behm, S. 356f.
107 Delitzsch, S. 250.
108 v. Rad, Mose, S. 133.
109 Delitzsch, S. 250.
110 Schlier, S. 131.

Jüdische Ausleger leiten aus der Segensverheißung für Abram den Anspruch auf Alleingültigkeit des jüdischen Glaubens ab. Jude sein - und dabei berufen sich zeitgenössische jüdische Ausleger auf Gedanken von Leo Tolstoi - ist eine heilige Existenz. Die Juden brachten vom Himmel ein ewig brennendes Feuer, das mit seinem Schein die ganze Welt erfüllt. Das Judentum ist der Ursprung jedes Glaubens, die Quelle und der Fluß, aus welchen der Rest der Menschheit seinen Glauben schöpft. Alle Nationen, die die Juden gut behandeln, werden Gutes empfangen. Wer aber die Juden schmäht, wird gequält und unterdrückt werden.[111]

Angesichts des Judenhasses und der Pogrome in nahezu allen christlichen Ländern und Jahrhunderten und der Konzentrationslager im sogenannten »dritten Reich« kann kein Christ die Stimme der jüdischen Ausleger überhören. Der jüdische Ausleger aber darf nicht übersehen, daß der Weg Gottes mit Abram nicht in einem exklusiven Bundesverhältnis endet. Die Verheißung Gottes mündet ein in die »universale Entschränkung des dem Abram verheißenen Heils«.[112] In Abram werden *alle* Geschlechter der Erde gesegnet werden.

Im rückschauenden Blick der neutestamentlichen Zeugen ist die universale Geltung der Segensverheißung an Abram von besonderer Wichtigkeit. In seiner Bußpredigt im Tempel nach der Lahmenheilung spricht Petrus die Juden an als die »Nachkommen Abrahams«, denen die Verheißung »zuerst« gilt (Apg 3,25.26). Paulus nennt den Messias den »Samen Abrahams« (Gal 3,16). Die Abram gegebene Verheißung ist in Christus erfüllt. Die, die an Jesus Christus glauben, sind die »Söhne Abrahams« (Gal 3,7). Gott sprach Abram die Worte der Verheißung 430 Jahre vor der Offenbarung des Gesetzes zu. Deshalb sind für Paulus die Verheißungen »eine Gnadengabe« (Gal 3,18), ein Zeugnis dafür, »daß Gott die Völker (die Heidenvölker) um des Glaubens willen rechtfertigt« (Gal 3,8). »Somit empfangen die, die aus dem Glauben sind, den Segen zugleich mit dem gläubigen Abraham« (Gal 3,9). Abram wurde schon im voraus verkündigt, daß alle Heiden durch ihn Segen empfangen werden. Gott legte in Haran seinen Segen auf Abram. Durch den Segen, den Abram empfing, wurde »der im Glauben von Gottes Zusage Lebende selbst wiederum ein Segen für die Völker, die mit ihm im Glauben leben«.[113]

Am Anfang des Glaubens steht wie am Anfang der Schöpfung das Wort. Die Abramgeschichte beginnt mit den Worten: »Da sprach der

[111] Hertz (Hg.), S. 45.
[112] v. Rad, Mose, S. 129.
[113] Schlier, S. 130.

Herr!« Martin Luther sieht darin ein Zeugnis für das Gnadenhandeln Gottes. Luther nennt Abram vor seiner Berufung einen »Abgöttischen und Götzendiener«, der den Tod und die ewige Verdammnis verdient hätte.[114] Dabei verweist er auf Josua 24,2: »Eure Väter haben von alters her jenseits des Eufratstromes gewohnt, nämlich Terach, der Vater Abrahams und Nahors, und haben fremden Göttern gedient.«

Auch Johannes Calvin beruft sich in seiner Auslegung auf das Josuawort vom Götzendienst in Mesopotamien und schreibt von Abrams Berufung: Gott berief Abram, der »im Schlamm des Götzendienstes versunken war«, aus »freier gnädiger Barmherzigkeit«.[115] Gottes Geschichte begann mit dem Ruf, gerichtet an einen einzelnen. Von Abram sagt Gott, er »war nur ein einzelner, als ich ihn *berief,* aber ich habe ihn gesegnet und zahlreich gemacht« (Jes 51,2).

Gott ruft Abram aus seiner bisherigen Existenz heraus in eine unbekannte Fremde. Er nimmt ihn für sein Wirken in Anspruch. Bevor er Abram auf den Weg schickt, gibt er ihm eine siebenfache Segensverheißung. Abram ist von Gottes Zusage überwältigt und macht sich ohne Widerrede auf den Weg. Das Grundelement der Berufung Abrams ist die vertrauenerweckende Verheißung. »Verheißung und Glaube sind von Natur beieinander, so daß keines vom andern mag geschieden werden.«[116]

Berufung ereignet sich überall da, wo eine von Gott dem Menschen zugesprochene Verheißung Glauben wirkt. Im Glauben macht sich der Mensch auf, um Gott zu dienen. »Abrams Berufung ist das allgemeingültige Vorbild für alle Gläubigen. Nicht als ob wir alle aus unserem Vaterland gerufen würden, aber wir sollen alle dem Wort Gottes gehorsam sein und unsers Lebens Richtschnur von ihm uns geben lassen, sollen nicht unserem eigenen Ermessen oder der Menschen Gutdünken überlassen bleiben. Abrams Beispiel zeigt uns, wie der Mensch sich selbst absagen und allein für Gott leben und sterben soll.«[117]

II. ABRAM GEHORCHT GOTT: 12,4-9

4 Da machte sich Abram auf den Weg, wie ihm Jahwe geboten hatte,
und Lot ging mit ihm; Abram aber war fünfundsiebzig Jahre alt, als
5 er von Haran auszog. * Und Abram nahm seine Frau Sarai und Lot,

114 Luther, Ersten Moses, Bd I, S. 225.
115 Calvin, S. 133.
116 Luther, Ersten Moses, Bd I, S. 233.
117 Calvin, S. 136.

den Sohn seines Bruders, und ihr gesamtes Eigentum, das sie sich
erworben hatten, und die Leute, die sie in Haran gewonnen hatten,
und sie zogen aus, um nach dem Lande Kanaan zu wandern, und sie
6 kamen in das Land Kanaan. * Und Abram durchzog das Land bis zu
der Stätte von Sichem, bis zur Orakelterebinthe; damals waren die
7 Kanaaniter im Lande. * Da erschien Jahwe dem Abram und
sprach: »Deinen Nachkommen will ich dieses Land geben!« Da bau-
8 te er einen Altar für Jahwe, der ihm erschienen war. * Dann brach
er auf nach dem Gebirge östlich von Bet-El und schlug sein Zelt auf,
Bet-El im Westen und Ai im Osten. Auch dort baute er Jahwe einen
9 Altar und machte den Namen Jahwes bekannt. * Dann zog Abram
immer weiter, dem Südland zu.

Nachdem Abram die siebenteilige Verheißung vernommen hatte, sagte er kein Wort. Er hinterfragte nichts. Er hatte keine Einwände. Er wollte nichts Genaueres wissen. Er gehorchte widerspruchslos. Abram führte einfach das aus, was Gott ihm aufgetragen hatte. »Stumm gehorchte Abram, ein wundervoller Zug unbedingten Gehorsams gegenüber einer Verheißung, deren Vollgewicht er kaum ahnen konnte.«[118]
Da machte sich Abram auf den Weg, wie ihm Jahwe geboten hatte, 4
und Lot ging mit ihm; Abram aber war fünfundsiebzig Jahre alt, als er von Haran auszog. Sofort beim Vernehmen des ersten Gotteswortes ereignete sich, was später von Abram gesagt wird: »Da glaubte Abram dem Herrn, und das rechnete dieser ihm als Gerechtigkeit an« (1Mo 15,6)[a]. Abrams Entschluß zur Wanderung ist »Tat des Glaubens an die Verheißung und des gläubigen Gehorsams gegen Gott.«[119] Am Anfang des Glaubens steht der Gehorsam.

[a] Röm 4,3

Die Abramgeschichte ist »das Buch des Glaubens«[120], weil es das Buch des Gehorsams ist. Glauben und Gehorchen sind eine Einheit. Es gibt keinen Glauben ohne Gehorsam und keinen Gottesgehorsam ohne Glauben. Abrams Glaube ist der »Glaube als Berufenwerden des Gottlosen, Glaube als Wagnis des Gehorsams, Glaube, der nicht sieht, Glaube, der Gottes Barmherzigkeit ergreift, Glaube der ›gelohnt‹ wird, Glaube, der andere mit erfaßt«.[121]

Der Ort der Berufung Abrams war Haran in Mesopotamien. Terach hatte mit Abram, seinem Sohn, und Lot, seinem Enkel, Ur in Chaldäa verlassen. Von einem Ruf Gottes oder von einer Verheißung wird nichts

[118] Procksch, S. 97.
[119] Dillmann, S. 224.
[120] Frey, S. 10.
[121] Weber, Bibelkunde, S. 56.

berichtet.[122] Dennoch war es bereits das große Ziel Terachs, in das Land Kanaan zu gelangen (1Mo 11,31).

Der Aufbruch aus Ur war »nicht ohne göttliche Fügung geschehen«.[123] Er war der Beginn der Geschichte Gottes mit Abram. Deshalb kann es im Alten Testament heißen: »Gott ließ Abram aus Ur in Chaldäa auswandern« (1Mo 15,7; Neh 9,7).

Auch für das Neue Testament beginnt die Geschichte Gottes mit Abram in Ur in Chaldäa. In seiner großen Verteidigungsrede sagte Stephanus: »Gott erschien Abraham, als er noch in Mesopotamien wohnte, bevor er sich in Haran niedergelassen hatte, und gebot ihm: ›Verlaß dein Heimatland!‹« (Apg 7,2f).[124] »Niederlassen« bedeutet soviel wie »endgültig seßhaft werden«. Terach erreichte Kanaan nie, er war auf halbem Weg seßhaft geworden. Anders war es bei Abram. Durch das Gebot: »Geh für dich allein« (1Mo 12,1) verhinderte Gott die endgültige Ansiedlung Abrams in Haran.

Als Abram aufbrach, ging Lot mit ihm (1Mo 12,4). Der Ruf Gottes lautete: »Abram, geh für dich allein« (1Mo 12,1). Lot entschloß sich aus eigenen Stücken, mit Abram den einsamen Weg zu gehen. Abram zog aus, weil Gott es ihm geboten hatte. Lot aber ging mit Abram. Die Geschichte Lots ist eng mit der Abrams verbunden. Ihr Verlauf und ihr tragischer Ausgang sind nur so zu verstehen, daß Lot keine eigene Verheißung hatte. Lot ging um Abrams willen. Später trennten sich Lot und Abram. Lot wurde ein Bürger in Sodom. Gott rettete Lot um Abrams willen. Dennoch gelang es Lot nie, zu einer eigenen Geschichte mit Gott zu finden. Er wurde zum Spielball in der Hand seiner Töchter.[125] Zunächst aber ging er ein langes Stück gemeinsam mit Abram den einsamen Weg.

Beim Aufbruch Abrams in Haran wird das Alter Abrams angegeben. Es ist orientalische Sitte, das Lebensalter an Wendepunkten eines Lebens zu nennen.[126] In Abrams Leben gab es drei Abschnitte:

75 Jahre war Abram im Hauses seines Vaters Terach.
25 Jahre lebte er allein mit Sarai ohne einen direkten Nachkommen.
75 Jahre war die Zeitspanne zwischen Isaaks Geburt und Abrams Tod.

Gott hatte Abram kein genaues Ziel seiner Wanderung genannt. Abram aber wußte von der ursprünglichen Absicht seines Vaters Te-

[122] Siehe die Auslegung zu 1. Mose 11,31.32, Bräumer, 1. Teil, S. 232+233.
[123] Strack, S. 49.
[124] Bei Josephus heißt es vom Auszug Abrams: »der von Gott berufene Abraham verließ Chaldäa«; Jos. Ant. I 7,1; zitiert nach Strack/Billerbeck, Bd II, S. 666. Für Josephus sind Chaldäa und Mesopotamien austauschbare Begriffe.
[125] Siehe die Auslegung zu 1. Mose 13,1-14; 19,1-29.
[126] Cassuto, From Noah to Abraham, S. 318.

rach, nach Kanaan zu ziehen. Er trifft mit diesem alten Wissen alle Vorbereitungen zum Aufbruch in Richtung Kanaan.

Und Abram nahm seine Frau Sarai und Lot, den Sohn seines Bru- 5
ders, und ihr gesamtes Eigentum, das sie sich erworben hatten, und die Leute, die sie in Haran gewonnen hatten, und sie zogen aus, um nach dem Lande Kanaan zu wandern, und sie kamen in das Land Kanaan. Zum Gefolge Abrams gehörten seine Frau und sein Neffe Lot. Die nochmalige Erwähnung Lots (vgl. V. 4) ist keine überflüssige Wiederholung. Die Angabe, »seines Bruders Sohn«, ist ein Hinweis darauf, daß Lot Waise war (1Mo 11,27f). Nach dem Tod seines Vaters wurde der verwaiste Lot mit seiner Familie ein Teil der Sippe Abrams, seines Onkels.[127] Hier liegt einer der Gründe, warum Lot sich Abram anschloß, als dieser Haran verließ.

Zum Eigentum, das Abram und Lot mit sich führten, gehörten einmal der angestammte Besitz, zum andern Leute, »die sie gewonnen hatten«. Es ist der »tote dingliche« und der »lebende persönliche« Besitz.[128]

Sklaven sind für Abram keine »Sachen«, sondern Personen, Menschen mit einer lebendigen Seele[b].

[b] 3Mo 22,11 Hes 27,13

Das Ziel, das Abram vor Augen hatte, war das alte Ziel seines Vaters Terach, Kanaan (1Mo 11,31). Abram betrat den Boden Kanaans, ohne genau zu wissen, daß Kanaan das für ihn bestimmte Land war.[129]

Die Reiseroute Abrams bleibt unbekannt. Vielleicht ist der später im Gefolge Abrams erwähnte Knecht Eliëser von Damaskus (1Mo 15,2) ein Hinweis darauf, daß Abram, von Haran kommend, über Aleppo, Emesa und Damaskus zog. Es ist aber auch denkbar, daß Abram mit seinen Herden den Weg von Oase zu Oase wählte. Die bekannteste Oase, die Abram in diesem Fall passiert hätte, wäre dann Palmyra. Nachdem Abram das Land Kanaan erreicht hatte, zog er vermutlich über den Golan zu den Quellen des Jordans und dann den Jordan abwärts bis auf die Höhe von Sichem. Erst von Sichem erfuhr Abram: Dieses ist das Land, das Gott bei der Berufung Abrams vor Augen hatte.

Und Abram durchzog das Land bis zu der Stätte von Sichem, bis zur 6
Orakelterebinthe; damals waren die Kanaaniter im Lande. * Da er- 7
schien Jahwe dem Abram und sprach: »Deinen Nachkommen will ich dieses Land geben!« Da baute er einen Altar für Jahwe, der ihm erschienen war. Das für Abrams neue Lebensweise charakteristische Wort ist »wandern«, bzw. »das Land durchziehen« (hebräisch: *ʿabar).*

[127] Zur Formulierung »seines Bruders Sohn« im hebräischen Denken vgl. Cassuto, From Noah to Abraham, S. 319f.

[128] Delitzsch, S. 251.

[129] Gunkel, S. 167f.

Der Weg, den Abram seit dem Verlassen Kanaans angetreten hatte, war der eines Wanderhirten. Er zog aus, ging nach Kanaan und durchzog (hebräisch: *ʿabar)* das Land. Er gehörte seit jenem Entschluß zu der sozialen Schicht des Nomaden ohne Landbesitz. Er durchzog ein fremdes Land. Er wurde ein Hebräer (1Mo 14,13). Außer Abram werden später Mose und Josef und danach die Stämme Israels Hebräer genannt[c]. Sprachlich ist es durchaus möglich, daß der Name »Hebräer« entstanden ist durch ein Wortspiel mit den Konsonanten des Zeitworts »wandern« (hebräisch: *ʿabar).* Die Hebräer sind die Wanderer ohne Landbesitz.[130]

c 1Mo 39,14.17 2Mo 1,15ff 1Sam 4,6-9 13,3.19 14,11.21 29,3

Der Nomade hat in mancherlei Hinsicht eine ungesicherte Existenz. Jakob, der Vater der zwölf Stämme Israels, wird »umherirrender Aramäer genannt« (5Mo 26,5). Das Wort »umherirren« wird im Alten Testament von Tieren, die sich verlaufen haben, gebraucht[d]. Wörtlich übersetzt heißt »umherirrender Aramäer«: »der Aramäer, der dem Untergang nahe ist«.[131] Die »Wanderer« bzw. »Hebräer« oder »dem Untergang nahen Aramäer« sind heimat- und rechtlose Fremde, Sippen ohne Zukunft.

d 1Sam 9,3.20 Jer 50,6

Sichem[e] ist die erste Station, die auf dem Wanderweg Abrams ausdrücklich genannt wird. Das alte Sichem lag südöstlich der heutigen Stadt Nablus, und zwar an der Stelle des Tell Balata zwischen den Bergen Ebal und Garizim[f].

e 1Mo 33,18-20 35,4; 37,12-14 48,22 Jos 24,1-28 Ri 8 + 9 1Kö 12,1-25

f 5Mo 11,29 27,4.12f Jos 8,30-33 Ri 9,7.36 2Makk 5,23 Joh 4,20f

Sichem (hebräisch: *schekem)* heißt soviel wie »Schulter, Nacken«.[132] Der Ort war ein Knotenpunkt zwischen Norden und Süden (Libanon und Negeb) und zwischen Osten und Westen (Jordan und Mittelmeer). Die früheste Besiedlung Sichems reicht bis ins 4. Jahrtausend v.Chr. zurück. Die Blüte der Stadt war im 17. Jahrhundert v.Chr.

Sichem wird im Ägypten des Mittleren Reiches unter Sesostris III. (1878-1841 v.Chr.) erwähnt. Aus der Regierungszeit Sesostris III. ist ein Bericht über einen Feldzug nach Asien erhalten. Sebek-Chu, ein Adjutant des Pharao Sesostris III., ließ in Abydos in Oberägypten einen Denkstein errichten (die Stele des Sebek-Chu). Auf diesem Denkstein finden sich die wichtigsten Daten seines Lebens. Zu diesen gehörte der Feldzug nach Syrien. In dem Text auf der Stele heißt es: »Seine Majestät zog nach Norden, um die asiatischen Beduinen niederzuwerfen. Seine Majestät gelangte zu einer Gegend mit Namen Sekmen. Seine Majestät zog glücklich wieder nach der Residenz zurück, nachdem Sekmen gefallen war.«[133]

130 Cassuto, From Noah to Abraham, S.323; vgl. Einleitung, II. 3. (2) Land der Hebräer.
131 Hirsch, Deuteronomium, S. 456.
132 Odelain/Séguineau, S. 332f.
133 Greßmann (Hg.), Altorientalische Texte und Bilder, Bd I, S. 235.

Sekmen ist das altkanaanäische Sichem. Im ägyptischen Text gibt es einen weiteren Namen, der nicht eindeutig zu erklären ist. Greßmann überträgt ihn einfach mit »Gegend«. Cassuto und Albright übersetzen ihn mit »Lus«. Das hebräische Wort *Lus* (»liebenswert«) ist der alte Name von Bet-El. Danach ist nicht nur der Stadtname Sichem, sondern auch Bet-El um 1850 v.Chr. schriftlich belegt.[134]

Die weitere Geschichte Sichems ergibt sich aus Texten des Alten Testaments. Jakob kaufte in Sichem einen Acker von den Söhnen Hamors, des Vaters von Sichem (1Mo 33,18f). Auf diesem Acker in Sichem wird Josef begraben (Jos 24,32). In Sichem errichtete Jakob wie Abram einen Altar (1Mo 33,20). Zur Zeit der Söhne Jakobs wird Sichem von einem Sohn des Hiwiters Hamor, der ebenfalls den Namen Sichem trägt, beherrscht (1Mo 34,2; vgl. Ri 9,28). Dieser Fürst aus Sichem vergewaltigte die Jakobstochter Dina. Durch eine List ermordeten die Jakobssöhne den Fürst aus Sichem und seine Leute. Die Stadt wurde mit Gewalt erobert (1Mo 34; 48,22; 49,5; Ps 60,8; 108,8). Bei der Landnahme wird das Gebiet um Sichem den Söhnen Josefs, Efraim und Manasse, zugeschrieben (Jos 17,7; 1Chr 7,28). Sichem selbst wird eine Asylstadt (Jos 20,7; 21,21; 1Chr 6,52). Die Stadt, in der einmal der kanaanitische Bundesgott Baal Berit verehrt wurde, wird vorübergehend Sitz der Bundeslade (Jos 8,33). Unter Josua ist Sichem der große Versammlungsort der Stämme, an dem Josua dem Volk Verfassung und Recht gibt und einen Bund mit dem Volk schließt (Jos 24,1-28). In Sichem läßt sich Abimelech, ein Sohn Gideons und einer Sichemiterin, zum König ausrufen (Ri 8,31; 9,1-6). Die Sichemiter empören sich auf Anstiften Jotams gegen Abimelech, der die Stadt zerstören läßt (Ri 9,7-49.57).

Unter Salomo ist Sichem die zweite Hauptstadt des Königreichs. Rehabeam vollzieht in Sichem den politischen Bruch zwischen Juda und Israel (1Kö 12,1; 2Chr 10,1). Die Israeliten proklamierten Jerobeam in Sichem zum König (1Kö 12,20). Sichem wird die erste Hauptstadt des Nordreichs (1Kö 12,25).

Nach dem babylonischen Exil (538 v.Chr.) wird Sichem Zentrum der Samariter, des »törichten gottlosen Volkes« (Sir 50,26). Die Samariter sind eine Mischbevölkerung aus Nachkommen der Stämme Efraim und Manasse und aus verschiedenen Völkerschaften, die in das ehemalige Nordreich Israels zur Zeit der Assyrer umgesiedelt wurden (2Kö 17,24; Esr 4,4.9f). Nach Sichem, der Hauptstadt der Samariter, konnten die Juden flüchten, die wegen ihrer Mischehen vertrieben wurden (Jer 41,5). Unter den Römern bekam die in der Nähe des alten Sichem (= Tell Balata) liegende Stadt den Namen Flavia Neapolis, woraus der heutige Name Nablus entstand.

[134] Cassuto, From Noah to Abraham, S. 325+330.

»Abram kam an die Stätte von Sichem« meint, er schlug seine Zelte in der Nähe Sichems auf. Der mit dem Wort »Stätte« übersetzte Begriff (hebräisch: *makom)* kann eine Kultstätte[g] oder aber ein Ort außerhalb einer Siedlung sein.[135] Als Wanderhirte betrat Abram nicht die alte Kanaanäerstadt, sondern er schlug - ähnlich wie später zwischen Bet-El und Ai (1Mo 12,8) - die Zelte in der Umgebung von Sichem auf. Als Lagerplatz wählte er die Nähe eines Terebinthenhains (vgl. 5Mo 11,30) mit der damals bekannten Zauber- und Orakelterebinthe[h]. Unter den »Wahrsagebäumen« ließen sich »Seher« nieder. Sie nannten sich »Gottesmänner« und gaben Orakel.[136] Die in Sichem erwähnte Orakelterebinthe ist die Pistacia terebinthus L., die 15 m hoch und mehrere Jahrhunderte alt werden kann.[137] Orakel von heiligen Bäumen oder Baumkultstätten sind unter allen Völkern bekannt. Die Stimme des Baumes wird im Rauschen seiner Zweige vernommen und von Sehern gedeutet.[138] Vermutlich wählte auch die Prophetin Debora ihren Sitz unter einem Orakelbaum, der sogenannten »Debora-Palme zwischen Rama und Bet-El« (Ri 4,5).

[g] 1Mo 22,3f 28,11.19 2Kö 5,11 Jer 7,12

[h] 1Mo 35,4 Jos 24,26 Ri 9,26.37

Die Wahrsagebäume waren kanaanäische Kultstätten, von denen Jesaja sagt: »Ihr sollt zu Schanden werden wegen der Terebinthen, die eure Lust sind, und vor Scham erröten wegen der Haine, die ihr so gern habt« (Jes 1,29).

Abram ließ sich in der Nähe der alten kanaanäischen Kultstätte nieder. Er war ins Ungewisse aufgebrochen. Das Land, in das er kam, war bewohnt. Abram konnte kaum daran denken, daß dieses Land das Land der Verheißung war. Mitten in der Ungewißheit aber hatte Abram zum ersten Mal eine Gotteserscheinung[i]. Wie sich diese Erscheinung, die »Selbstversichtbarung Gottes«[139], ereignete, wird nicht berichtet. Überliefert ist nur das Gotteswort, das Abram bei dieser Erscheinung hörte: **Deinen Nachkommen will ich dieses Land geben** (V. 7). Abram hatte schon lange auf eine Antwort Gottes gehofft. Er wartete darauf, daß Gott ihm sagte: Dies ist das Land, das ich für dich und deine Nachkommen bestimmt habe. Die Gegend von Sichem war jedoch fest in der Hand der Kanaanäer. Gerade hier aber hörte Abram die befreiende Botschaft Gottes. Der Weg ins Ungewisse war zu Ende: Kanaan ist das versprochene Land! Abram war »im gelobten Land«. In Sichem sprach Gott zum ersten Mal von einer »leiblichen Nachkommenschaft Abrams«. In Haran war dies noch im dunkeln geblieben.

[i] 1Mo 17,1 18,1; 26,2.24 35,9

[135] Westermann, Genesis I/2, S. 178.
[136] Gunkel, S. 166.
[137] Vgl. Cassuto, From Noah to Abraham, S. 325.
[138] Gunkel, S. 166.
[139] Delitzsch, S. 252.

Dort sagte Gott regelrecht zu, daß Abram zu einem alle Grenzen sprengenden Volk (hebräisch: *goij)* wird. Jetzt aber versprach Gott Abram leibliche Nachkommenschaft (hebräisch: *säraʿ).*[140]

Nach der Gottesverheißung baute Abram mitten in der von Kanaanäern besiedelten Gegend, unweit des heidnischen Heiligtums, der Orakelterebinthe, einen Altar. Dieser erste Altar im verheißenen Land war »ein zunächst noch stummes, noch unkämpferisches Zeichen von unermeßlicher Bedeutung«.[141] Der Altar, den Abram baute, war ein Denkmal. Kain und Noah brachten auf einem Altar ein Opfer dar (1Mo 4,3; 1Mo 8,20). Abram war entschlossen, Isaak auf einem Altar zu opfern (1Mo 22,9f). Der Altar hatte aber auch die Bedeutung eines Denkmals der Erinnerung an eine Erscheinung Jahwes.[142] Weder in Sichem noch in Bet-El wird berichtet, daß Abram auf dem Altar ein Opfer darbrachte. Für Abram ist der Altar in Sichem und in Bet-El kein »Opferstein«, sondern ein »Denkstein«.[143] »Das ist der wunderbare Widerspruch: mit dem Altar legt Abram seine Hand auf ein Land, das in festen Händen ist ... Die Errichtung des Altars will den Augenblick in einem Denkmal festhalten.«[144]

Dann brach er auf nach dem Gebirge östlich von Bet-El und schlug 8
sein Zelt auf, Bet-El im Westen und Ai im Osten. Auch dort baute er Jahwe einen Altar und machte den Namen Jahwes bekannt. Die Besiedlung Sichems durch die Kanaanäer sowie sein großes Haus und sein Viehbestand waren der Anlaß zum erneuten Aufbruch Abrams. Das nächste Mal machte Abram auf der Wanderung Rast in der Gegend von Bet-El. Im Freien zwischen Bet-El und Ai schlug Abram seine Zelte auf.

Bet-El[k] ist die kanaanäische Stadt Lus. Jakob gab der Stadt den Namen Bet-El.[145] Bereits im alten Lus stand ein Heiligtum, in dem ein Gott mit Namen »Bet-El« verehrt wurde (Jer 48,13). Die bisherigen Ausgrabungen stießen auf Reste der Stadt aus dem 21. Jahrhundert v.Chr. Lus, das spätere Bet-El, ist bereits auf der Stele des Sebek-Chu (um 1850 v.Chr.) in Abydos zusammen mit Sichem erwähnt.[146]

[k] 1Mo 28,19 35,6; 48,3 Jos 16,2 18,13 Ri 1,23

Aus der Geschichte Bet-Els ist aus dem Alten Testament folgendes bekannt: Nach Abram machte auch Jakob in Bet-El Station und hatte hier den Traum der »Jakobsleiter« (1Mo 28,10-22). Bet-El wurde zusammen mit Ai als eine der ersten Städte von Josua erobert (Jos 7,2;

[140] Procksch, S. 98.
[141] v. Rad, Mose, S. 135.
[142] »monument in remembrance of the Lord's appearance«, Cassuto, From Noah to Abraham, S. 329.
[143] Procksch, S. 98.
[144] Jacob; zitiert nach Westermann, Genesis I/2, S. 181.
[145] Die Ortsbezeichnung Bet-El ist hier »vorgreifend«, vgl. Delitzsch, S. 379; siehe auch die Auslegung zu 1. Mose 28,10-22.
[146] Siehe die Auslegung zu 1. Mose 12,6, Sichem.

8,9-17). Bet-El ist eine Stadt Benjamins (Jos 18,22). Sie wird von Efraim in Besitz genommen (Jos 16,1f; 1Chr 7,28). Zur Zeit der Richter war Bet-El eine Stadt, in der die Israeliten Gott befragten (Ri 20,18.26; 21,2; 1Sam 10,3) oder die Richter aufsuchten (Ri 4,5; 1Sam 7,16).

Im 9. Jahrhundert v.Chr. ist Bet-El der Sitz einer Prophetenschule um Elija und Elischa (2Kö 2,1-3; vgl. 1Kö 13).

Nach der Reichsteilung wird Bet-El für das Nordreich zum Wallfahrtsheiligtum mit einem Stierpostament, auf dem sich Jahwe offenbaren sollte. Leidenschaftlich wendet sich Amos gegen diesen Kult, die »Sünde Jerobeams« (1Kö 12,28-32; Am 3,14; 4,4; 5,5f)[l]. Amos wird vom Priester Amazja aus Bet-El vertrieben (Am 7,10-13). Nach Hosea ist Bet-El, das »Gotteshaus«, zum Haus der Schlechtigkeit, »Bet-Awen«, geworden (Hos 5,8; 10,5.15).

[l] 2Kö 10,29 23,4.15-20 Tob 2,6

Nach dem Fall Babylons wird einer der verschleppten Priester nach Bet-El zurückgebracht, damit er die aus Babylon angesiedelten Völkerschaften im Gesetz unterweise (2Kö 17,28). Joschija läßt im Zuge seines Reformprogramms (621 v.Chr.) die Altäre in Bet-El zerstören (2Kö 23,15-20). Als Kyrus das »Babylonische Exil« beendete und den Israeliten die Rückkehr ermöglichte, kommen auch ehemalige Bewohner Bet-Els aus dem Exil zurück. Die Stadt wird wieder von den Benjaminitern bewohnt (Esr 2,28; Neh 7,32; 11,31). Zur Zeit der Makkabäer ist Bet-El eine der von Bakchides befestigten Städte Judäas (1Makk 9,50). Bet-El liegt in der Nachbarschaft des heutigen arabischen Dorfes Beitin 17 km nördlich von Jerusalem und ungefähr 3 km nordöstlich von Ramallah.

Ai wird im Hebräischen immer mit Artikel gebraucht und heißt übersetzt »der Tell«, das heißt der »Ruinenberg«, die »Trümmerstätte«. Wie Ai zur Ruine, zum Tell, zum Trümmerberg wurde, ist nicht bekannt. Den Ausgrabungen zufolge war Ai bereits im 3. Jahrtausend v.Chr. eine bedeutende Stadt mit einem prächtigen Tempel. Vermutlich wurde die Stadt im 22. Jahrhundert v.Chr. zerstört, so daß Ai zur Zeit Abrams ein Trümmerberg, ein Tell, war.[147] Die Zeit des Wiederaufbaus der Stadt Ai ist unbekannt. Ai wird mehrfach im Alten Testament zusammen mit Bet-El genannt[m]. Josua erlitt eine Niederlage vor Ai (Jos 7,2-5), legt dann aber einen Hinterhalt, bemächtigt sich der Stadt, vollzieht den Bann und läßt die Könige aufhängen (Jos 8,1-29; 9,3; 10,1f; 12,1.9). Ai ist wieder ein Trümmerberg. Der Tell Ai liegt in der Nähe des heutigen Dorfes Dêr Dîwân.

[m] 1Mo 13,3 Esr 2,28 Neh 7,32

Auch an der zweiten Station seiner Wanderung zwischen Bet-El und Ai errichtete Abram einen Altar, einen weiteren »Denkstein«, und

147 Zu den Ergebnissen der Ausgrabungen von Judith Marquet-Krause und S. Yeivin in den Jahren 1933-1935 vgl. Cassuto, From Noah to Abraham, S. 331.

machte den Namen Jahwes bekannt.[148] Die Formulierung, »den Namen Jahwes rufen« (hebräisch: *kara b^e^schem Jahwe),* kann sowohl bedeuten den Namen Gottes *an*rufen, das heißt beten, als auch den Namen Gottes *aus*rufen, das heißt Gott bekannt machen, seinen Namen proklamieren. Als Mose Gott bat, seine Herrlichkeit sehen zu dürfen, bekam er die Antwort: »Ich will meine Schönheit vor dir vorüberziehen lassen und den Namen Jahwes laut vor dir ausrufen (hebräisch: *kara b^e^schem Jahwe),* daß ich Gnade erweise, wem ich gnädig bin« (2Mo 33,19).

Für die Übersetzung, »Abram machte den Namen Jahwes bekannt«, sprechen folgende Beobachtungen: Für ein besonderes Gebet des Dankes oder der Bitte bestand in Bet-El kein Anlaß. Das tägliche Gebet Abrams muß nicht besonders hervorgehoben werden. Abram bezeugte den lebendigen Gott. Die Predigt von Gott veranlaßt die Kanaanäer, Abram den Namen »Fürst Gottes« zu geben (1Mo 23,6).

Der Denkstein in Sichem ist ein Zeichen dafür, daß Gott sich Abram offenbarte. Der Denkstein zwischen Bet-El und Ai soll daran erinnern, daß Abram den Kanaanäern den Namen Jahwes verkündigte.[149]

Abram - so folgert Johannes Calvin - »war unermüdlich in seinem Eifer, Gott zu dienen. Wohin er auch kam, bezeugte er auch äußerlich seinen Glauben«.[150] Martin Luther verweist in seiner Auslegung darauf, daß den Namen Gottes an- und ausrufen nichts anderes heißt als das priesterliche Amt ausüben. Für Luther bedeutet dies Unterrichten, Lehren, Vermahnen, Stärken und Beten.[151]

Dem Zug der familiären Struktur der Gemeinschaft in den Vätergeschichten entspricht, daß die Väter den Gottesdienst selbst verrichteten.[152]

Dann zog Abram immer weiter, dem Südland zu. Der großen Ver- 9
heißung in Sichem und der Proklamation des Namens Jahwe zwischen Bet-El und Ai folgt der Weg Abrams in das Südland. Der hebräische Begriff *negeb* ist vermutlich von dem aramäischen Zeitwort »austrocknen« abgeleitet und bedeutet soviel wie das »Trockenland«. Unter Negeb versteht man heute das Dreieck, dessen Basis vom Südende des Toten Meeres nach Gaza läuft und dessen Spitze im Süden bei Elat am Roten Meer liegt. Das Gebiet läßt sich in drei ungefähr gleich große Zonen gliedern: das Beerscheba-Becken, die Negebberge und die Paran-Hochfläche. Die Randzonen sind einmal die Mittelmeerküste, dann das Arabatal und schließlich die Elat-Berge.[153]

148 Procksch, S. 98.
149 Cassuto, From Noah to Abraham, S. 332.
150 Calvin, S. 138.
151 Luther, Ersten Moses, Bd I, S. 241.
152 Westermann, Genesis I/2, S. 182f.
153 Vgl. Keel/Küchler, Bd 2, S. 138-149.

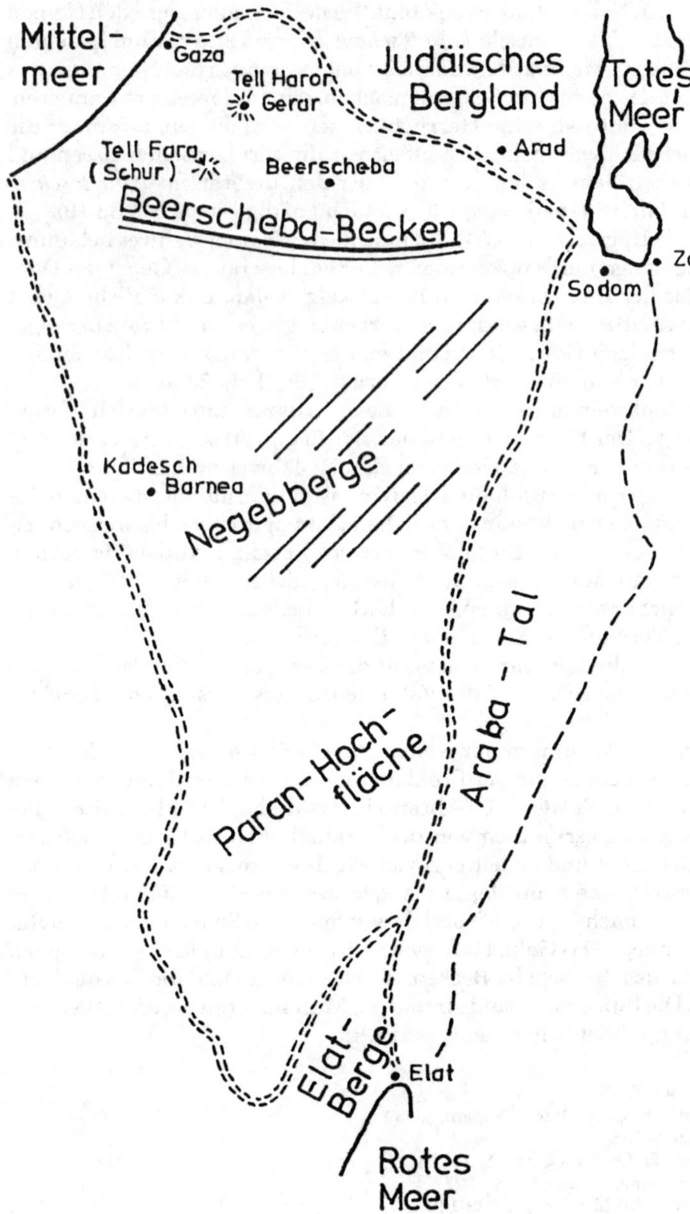
Mittel-
meer
Gaza
Tell Haron
Gerar
Judäisches
Bergland
Totes
Meer
Arad
Tell Fara
(Schur)
Beerscheba
Beerscheba-Becken
Zoar
Sodom
Kadesch
Barnea
Negebberge
Araba - Tal
Paran-Hoch-
fläche
Elat-
Berge
Elat
Rotes
Meer

Im Alten Testament ist Negeb nicht ein genau zu beschreibendes Gebiet, sondern noch ein allgemeiner Begriff, mit dem das Süd- oder Trokkenland beschrieben wird[n]. Es ist das Gebiet, in dem die Nomaden von Rastplatz zu Rastplatz ziehen, das Lande derer, »die mit der Herde umherziehen« (Jer 31,24)[o].

Nach dem Auszug aus Ägypten durchziehen die Kundschafter des Mose den Negeb (4Mo 13,17.22). Der Stamm Simeon besitzt im Negeb eine Anzahl Städte (Jos 19,2-7; 1Chr 4,28-32), die später von Juda übernommen werden (Jos 15,21-32; Neh 11,26-29). Die einzelnen Gebiete des Negeb werden jeweils nach ihren Bewohnern benannt. So kennt das Alte Testament den Negeb Judas (1Sam 27,10; 30,14; 2Sam 24,7; 2Chr 28,18), den Negeb Arads (Ri 1,16), den Negeb Kalebs (1Sam 30,14), den Negeb der Keniter und des Jerachmeels (1Sam 27,10) sowie den Negeb der Kereter (1Sam 30,14).

n 5Mo 1,7 Jos 10,40 11,16; 12,8 15,21-60 Ri 1,9 2Chr 28,18 Jer 17,26 32,44; 33,13 Ob 19.20 Sach 7,7

o 1Mo 13,1.3 20,1; 24,62

Zur Kontrolle und Sicherung des Südlandes wurden im 10. Jahrhundert v.Chr. vermutlich von Salomo drei Verteidigungs- und Verwaltungszentren eingerichtet: Kadesch, Beerscheba und Arad. Zu den Besonderheiten des Negeb gehören die ägyptischen und midianitischen Bergwerke im heutigen Timna, ca. 25 km nördlich von Elat.[154] Der Negeb, der zeitweilige Lebensbereich Abrams, ist keine Wüste, sondern ein stellenweise anbaufähiges Land. Im Negeb gibt es Bäche (Ps 126,4) und sogar einen Wald (Hes 21,2f). Der Negeb ist reich an Stürmen (Jes 21,1) und ist die Heimat verschiedener wilder Tiere (Jes 30,6).

III. ABRAM IN ÄGYPTEN: 12,10-13,4

12,10 Als eine Hungersnot im Lande ausbrach, zog Abram hinab
nach Ägypten, um dort als Fremdling zu leben, denn die Hun-
11 gersnot lag schwer auf dem Lande. * Und es geschah, als er der
Grenze nach Ägypten nahe kam, sagte er zu Sarai, seiner Frau:
12 »Siehe, ich weiß, daß du eine schöne Frau bist. * Wenn dich die
Ägypter sehen und denken: ›Das ist seine Frau‹, so werden sie
13 mich töten, dich aber werden sie am Leben lassen. * Sage doch,
du seist meine Schwester, damit es mir gut gehe um deinetwil-
14 len und ich deinetwegen am Leben bleibe.« * Als Abram nach
Ägypten kam, sahen die Ägypter, daß die Frau sehr schön war.
15 * Nachdem die Höflinge des Pharao sie gesehen hatten, priesen
sie sie dem Pharao an. Da wurde die Frau in den Palast des

[154] a.a.O., S. 292-295; zu Kadesch vgl. die Auslegung zu 1. Mose 14, zu Beerscheba 1. Mose 21,22-34.

16 **Pharao gebracht. * Abram aber ließ er [Pharao] es gut gehen
um ihretwillen, er erhielt Schafe, Rinder, Esel, Sklaven und
17 Sklavinnen, auch Eselinnen und Kamele. * Doch Jahwe schlug
Pharao und sein Haus mit großen Plagen um Sarais willen, der
18 Frau Abrams. * Da ließ Pharao Abram rufen und sagte: »Was
hast du mir da angetan! Warum hast du mir nicht mitgeteilt,
19 daß sie deine Frau ist? * Warum hast du zu mir gesagt: ›Sie ist
meine Schwester‹, so daß ich sie mir zur Frau nahm? Hier ist
20 deine Frau. Nimm sie und geh!« * Und Pharao gab seinen Män-
nern die Anweisung, sie zu geleiten, ihn und seine Frau mit al-
13,1 ler Habe. * Abram zog von Ägypten herauf, er und seine Frau
mit aller seiner Habe, auch Lot zog mit ihm in das Südland.
2/3 * Und Abram war sehr reich an Vieh, an Silber und Gold. * Er
zog von Lagerplatz zu Lagerplatz, vom Südland bis nach Bet-El,
bis zu der Stätte, wo zu Anfang sein Zelt gestanden hatte, zwi-
4 schen Bet-El und Ai, * bis zu der Stätte, wo er vorher den Altar
gebaut hatte; und Abram verkündigte dort den Namen
Jahwes.**

Abram hatte die siebengliedrige Segensverheißung Gottes empfangen. Er hatte nicht danach gefragt, ob die Verheißungsworte Trug oder Wahrheit sind. Seit der Gottesoffenbarung in Sichem wußte Abram, welches Land Jahwe für ihn und die Seinen bestimmt hatte. Er durchzog das verheißene Land vom Norden bis zum Süden. In einer Hungersnot aber verläßt Abram das Land der Verheißung und zieht nach Ägypten.

1. Der Weg nach Ägypten: 12,10-13

10 **Als eine Hungersnot im Lande ausbrach, zog Abram hinab nach Ägypten, um dort als Fremdling zu leben, denn die Hungersnot lag schwer auf dem Lande.** Hunger ist eine »der Grunderfahrungen menschlicher Not, die von den frühesten Zeugnissen der Menschheitsgeschichte bis in die Gegenwart reicht«.[155] Das Alte Testament berichtet häufig von Dürre und Hungersnot[a]. In Dürrekatastrophen suchte der Beduine des asiatischen Raumes Rettung in Ägypten, der »Kornkammer« des Altertums[b]. Aus ältester Zeit (um 1900 v.Chr.) ist der Zug eines Beduinenscheichs mit Namen Abischa bekannt.[156] Beduinen, die nicht wußten, wie sie in Hungerszeiten am Leben bleiben sollten, baten an den Grenzen Ägyptens um Einlaß.

[a] 1Mo 26,1; 43,1; 47,4; Rt 1,1; 2Sam 21,1; 2Kö 4,38; 8,1
[b] 1Mo 13,10; 42,2; 4Mo 11,5; 20,5; Jes 23,3; Jer 42,14

[155] Westermann, Genesis I/2, S. 189.
[156] Greßmann, Altorientalische Texte und Bilder, Bd II, S. 123f.

Als Abram befürchtete, Gott würde ihm alles wieder nehmen, was er ihm einmal gegeben hatte, machte auch er sich auf, um aus den palästinischen Steppen und dem Bergland »hinunter« in das fruchtbare Land am Nil zu ziehen. Dort wollte er mit den Seinen als Fremder überleben. Abram war an den Stand eines Fremdlings gewöhnt. Es fiel ihm nicht schwer, in Ägypten zu einem abhängigen Bittsteller zu werden.

Auf dem Weg vom Negeb nach Ägypten fand eines der vielen im Alten Testament berichteten Weggespräche[c] statt. Abram war sich bewußt, daß er, der um Nahrung bitten mußte, keine Rechte hatte. Außerdem bekam er Angst davor, dem übermächtigen Pharao ohne Schutz ausgeliefert zu sein. So blieb für ihn, den kleinen Mann, nur die »List als Waffe«.[157] Die Mächtigen konnten sich schöne Frauen, die sie begehrten, einfach aneignen[d]. War eine Frau aber verheiratet, dann mußte ein Herrscher, wollte er sie besitzen, zuerst ihren Ehemann töten. »An die Ehefrau kam man auch bei einem Fremden nicht ohne Blut.«[158] Abram gewinnt seine Frau für eine List. Sarai gibt sich in Ägypten als Schwester Abrams aus. So läuft Abram nicht Gefahr, getötet zu werden. Sarai war bei dem Zug nach Ägypten fünfundsechzig Jahre (vgl. 1Mo 12,4; 17,17). Da sie hundertsiebenundzwanzig Jahre alt wurde (1Mo 23,1), stand sie in der Mitte ihres Lebens. Außerdem hatte sie die Figur einer Frau, die noch keine Kinder zur Welt gebracht hatte. Schließlich hatte sie als semitische Asiatin einen helleren Teint als die Ägypterinnen.[159] Abrams Befürchtungen waren, wie auch der Fortgang der Geschichte beweist, durchaus berechtigt. Für die List sprach, daß sie im Grunde keine nackte Lüge war. Es war nichts anderes als eine geschickt gewählte Halbwahrheit. Sarai war Abrams Halbschwester (1Mo 20,12).[160]

[c] 1Mo 16,2 18,27.31 19,2.8.18f 22,3ff; 27,2
[d] 1Mo 6,1-4 2Sam 11,3f

In der Beurteilung der List Abrams gehen die Meinungen der Ausleger weit auseinander.

Nach Frey ist Abram vom Glauben verlassen. In der »wirklichkeitsnahen Art des Juden« überlegt er alle Gefahren und Möglichkeiten und entschließt sich zur »unrühmlichen Preisgabe seiner eigenen Frau unter einer noch unrühmlicheren Lüge« und damit zur »Preisgabe des Gefäßes der Verheißung«. Zu seinem Gedanken, »damit ich am Leben bleibe«, kommt ein zweiter, »damit mir Gutes geschieht«. Frey nennt dies »echt jüdisch«. Abrams Handeln ist für Frey bestimmt von einer »minderwertigen jüdischen Moral«(!).[161] Aus Freys Auslegung spricht eine antijüdische Haltung und wenig Kenntnis des Judentums. Dies gilt für

[157] Westermann, Genesis I/2, S. 191; König, S. 463.
[158] Procksch, S. 101.
[159] Delitzsch, S. 254.
[160] Daß Sarai Abrams Halbschwester war, geht schon daraus hervor, daß von Sarai nicht berichtet wird, wer ihr Vater war; siehe die Auslegung zu 1. Mose 11,29; Bräumer, 1. Teil, S. 231.
[161] Frey, S. 18f.

alle Ausleger, die in diesem oder anderem Zusammenhang von einer »niedrigen Moral« im Alten Testament sprechen.

Das andere Extrem in der Auslegung wird durch Speiser vertreten. Er erklärt die Stelle ganz auf dem Hintergrund der Rechtsform der Schwesternschaftsehe. Für ihn ist die List Abrams keine Täuschung oder Lüge, sondern regelrecht »eine Erklärung über den tatsächlichen Rechtsstatus seiner Frau«.[162] Speisers Auslegung ist der Versuch einer Rechtfertigung Abrams um jeden Preis.

Abrams List aber war eine Halblüge. Als Begründung gab Abram
13 an: **damit es mir gut gehe um** ***deinetwillen*** **und ich** ***deinetwegen*** **am Leben bleibe.** Pharao konnte Sarai, war sie Abrams Frau, nur dann in seinen Harem aufnehmen, wenn er zuvor den Ehemann, Abram, umgebracht hatte. Gab sich Sarai als Halbschwester Abrams aus, so bestand eine Chance zu langen Verhandlungen. Die Ägypter mußten versuchen, auf gütlichem Wege Sarai von ihrem Bruder zu lösen. Solche Verhandlungen können mit Worten hinausgezögert und verlängert werden, bis der Hunger vorbei ist und beide wieder nach Kanaan zurückkehren können. Die ganze Wahrheit zu sagen war nach den Überlegungen Abrams ein hoffnungsloser Kampf. Eine berechtigte Chance für sich und damit auch für Sarai meinte Abram in der Halbwahrheit zu finden. Abram und Sarai werden um der Worte Sarais willen überleben können. Um »deinetwillen« bzw. »deinetwegen« heißt »um deiner Worte willen«.[163] Aber auch wenn Abram nicht nur um sein Leben, sondern auch um das seiner Frau bangte und ihrer beider Wohl im Auge hatte, ist er nicht frei von Schuld.

Abram lädt eine doppelte Schuld auf sich. Seine erste Schuld ist mangelnder Glaube, die zweite die Halbwahrheit.[164]

(1) Der Kleinglaube Abrams begann bereits in Kanaan. Abram hatte Angst, im verheißenen Land zu verhungern. Er wollte zwar das Land nicht für immer verlassen, um sich in Ägypten anzusiedeln, er meinte aber, auf Zeit nach Ägypten zu müssen, um zu überleben. An der Grenze Ägyptens angekommen, traute er es Gott nicht zu, ihn, den Recht- und Schutzlosen, in Ägypten zu bewahren. Abram meinte, mit seinen krummen Wegen Gott nachhelfen zu müssen.

(2) Der Umgang mit der Unwahrheit war Abram aus der Praxis der Beduinen, denen er auf seinen Zügen begegnete, bekannt. Die Beduinen rühmen sich, wenn es ihnen durch Lügen gelingt, tödlichen Gefahren aus dem Weg zu gehen. Abram suchte einen Mittelweg. Er log nicht, aber er blieb auch nicht bei der Wahrheit! Abram mußte

162 Zitiert nach Westermann, Genesis I/2, S. 191.
163 Cassuto, From Noah to Abraham, S. 350f.
164 »lack of faith« and »partial falsehood«, Cassuto, From Noah to Abraham, S. 351f.

erfahren, daß der Glaube nirgends gefährdeter ist als in sittlichen Fragen. Die große Versuchung der Glaubenden ist die Halbwahrheit auf ethischem Gebiet. Abram versagte.

Abram ist kein Glaubensheld und kein Heiliger. Die Geschichte Abrams ist keine Heiligen-Geschichtsschreibung, auf Goldgrund gemalt. Abram wird schuldig. Die Überwindung der Todesangst und das Vertrauen, daß Gott einen Weg weiß, was immer geschieht, sind keine Gaben, die Gott mit der Natur des Menschen zusammen wachsen läßt. Der natürliche Mensch in seiner Angst ist immer geneigt, Kompromisse einzugehen. Der Glaubende setzt sein Vertrauen allein auf Gott. Er rechnet mit Gottes Möglichkeiten, wo der Mench keinen Ausweg mehr sieht.

2. Die Gefahr: 12,14-16

Es ereignete sich zunächst alles so, wie es Abram befürchtet hatte. Die Ägypter waren von der Schönheit Sarais fasziniert. Sowohl Sarai als auch die Ägypterinnen jener Zeit gingen unverschleiert. Der Schleier ist erst in persischer Zeit (525-332 v.Chr.) allgemein üblich.[165] Die Höflinge Pharaos tauchten auf und wurden bei ihren Erkundungen nach Haremsfrauen auf Sarai aufmerksam. Sie rühmten die Schönheit Sarais vor Pharao. Von nun aber kam alles anders. Pharao ließ Sarai ohne Verhandlungen mit ihrem angeblichen Bruder in seinen Harem bringen. Abram bekam die von ihm erwartete Chance nicht. Er konnte sich dem Gebot Pharaos nicht mit Worten entgegenstellen. Abram verlor seine Frau. Die Hoffnung, mit Sarai Kinder zu haben, war zu Ende. Nicht ohne Ironie wird erzählt, wie Pharaos Leute zum zweiten Mal auftauchten. Sie kamen, um Abram mit Geschenken abzufinden. Dieses geschah um Sarais willen, doch jetzt hat dieses »um ihretwillen« einen tragischen Klang!

Abram hatte Sarai um die Halbwahrheit gebeten, da er hoffte, auf diese Weise zu überleben. Außerdem wollte er Sarais Leben retten.[166] Nach allem, was passiert war, konnte er aber nichts mehr für Sarai tun. Er war gerettet, sogar bezahlt, Sarai aber war verloren!

»Das Wenige, was hier von Pharao (der Name bedeutet »das große Haus«) und seinem Hof gesagt wird, ist historisch zutreffend und war bereits damals weit über Ägypten hinaus bekannt.«[167] Der Aufzählung der Geschenke liegt folgendes Schema zugrunde: Zuerst werden die Herdentiere genannt: Schafe, Rinder, Esel; dann das Personal, das not-

[165] Delitzsch, S. 255.
[166] Siehe die Auslegung zu 1. Mose 12,13; 20,2.
[167] Westermann, Genesis I/2, S. 192.

wendig ist, den Besitz zu verwalten: Sklaven und Sklavinnen; und schließlich die Reittiere: Esel und Kamele. Entgegen früheren Untersuchungen ist heute bekannt, daß Kamele auch im ägyptischen Raum schon in frühester Zeit gezähmt wurden.[168] Daß Pferde unter den Geschenken fehlten, hat seinen Grund darin, daß es Pferde in Ägypten erst seit der Zeit der Hyksos (ab 1750-1550 v.Chr.) gab.[169]

3. Die Rettung: 12,17-20

Der Name Jahwe tauchte bisher in dem gesamten Abschnitt von Abrams Zug nach Ägypten nicht auf. Abram hatte Jahwe vergessen. Er hatte gehandelt, als ob es Gott nicht gäbe. Gott dagegen hatte Abram nicht vergessen. Obgleich Abram schuldig geworden war, griff Jahwe ein, um Sarai zu retten. Um Sarais willen schlug Gott Pharao und sein ganzes Haus mit großen Plagen. Jahwe erwies sich mächtiger als Pharao, der in Ägypten als Gott verehrt wurde.[170]

[e] 2Mo 7-11

Die Plagen[e], die Pharao befallen, werden nicht näher beschrieben. Es wird nur gesagt, daß auch das Haus Pharaos betroffen war. Die Höflinge hatten Sarai gesehen, sie dem Pharao angepriesen und sie in den Harem gebracht. Als Beteiligte am Raub Sarais müssen sie auch die Strafe mit erdulden. Der Text erzählt nicht, wie Pharao dazu kam, die Plagen mit der Anwesenheit Sarais im Harem in Verbindung zu bringen. Es ist nur so zu erklären, daß Gott in dem Augenblick eingreift, als Pharao beabsichtigte, Sarai zu sich führen zu lassen.

Zwischen Pharao und Sarai hatte es noch keine direkten Kontakte gegeben.[171] Im Gespräch mit Abram sagte zwar Pharao: **»Warum hast du zu mir gesagt: ›Sie ist meine Schwester‹, so daß ich sie mir zur Frau nahm?«** (hebräisch: *lakach,* V. 19). Das hebräische Wort nehmen, das sonst auch heiraten bedeuten kann, ist hier jedoch genauso gebraucht wie in der Feststellung: **Da wurde die Frau in den Palast des Pharao gebracht** (hebräisch: *lakach,* V. 15). Auch von Abimelech wird berichtet: »Er nahm (hebräisch: *lakach)* Sarai . . .«, dann aber heißt es weiter: »doch er hatte sich ihr noch nicht genähert« (1Mo 20,2.4).[172]

Ob Pharao Sarai befragte, oder ob er selbst in den Plagen den Fingerzeig Gottes, die Warnung davor, Sarai zu nehmen, sah, bleibt offen. Der Text geht davon aus, daß Pharao plötzlich weiß, was geschehen ist, Abram zitiert und diesen zur Rede stellt.

[168] Cassuto, From Noah to Abraham, S. 355.
[169] Delitzsch, S. 255.
[170] Cassuto, From Noah to Abraham, S. 356.
[171] Procksch, S. 102.
[172] Cassuto, From Noah to Abraham, S. 360; vgl. die Auslegung zu 1. Mose 20,1-18.

Das Gespräch zwischen Pharao und Abram zeigt, daß zwischen den Höflingen Pharaos und Abram eine Art Vertrag geschlossen worden war, in dem Abram versicherte: »Sarai ist meine Schwester.« In den altassyrischen Gesetzen gibt es einen Paragraphen, der den weiteren Ablauf des Gesprächs zwischen Pharao und Abram zu verstehen hilft:

> »Gesetzt, die Frau eines Mannes hat einen anderen Mann, der nicht ihr Vater, nicht ihr Bruder, nicht ihr Sohn ist, zu sich kommen lassen (zu sich genommen), so wird er das beschwören und zwei Talente Blei dem Mann der Frau geben.«[173]

Pharao beschwört seine Unschuld und klagt Abram an. Abram antwortet mit keinem Wort. Das betretene Schweigen Abrams ist Bekenntnis seiner Schuld, er »verurteilt dadurch beschämt und reuig sich selbst«.[174] Darauf sagt Pharao sehr kurz: **»Nimm sie und geh!«** (V. 19). Pharao ist im Recht, er wird grob und jagt beide weg.[175] Um sicher zu gehen, daß Abram und die Seinen Ägypten verlassen, befiehlt Pharao, Abram bis zur Grenze zu begleiten. »Er sorgt dafür, daß nun nichts weiter geschehen kann, was die eine oder andere Seite gefährden könnte.«[176] Abram verläßt Ägypten als ein von Gott Beschämter und vor Menschen Gedemütigter. Abram wurde von Pharao grob und im Zorn entlassen, und Pharao war es darum zu tun, »sich zu vergewissern, daß der unliebsame Fremde über die Grenze kommt«.[177]

4. Die Rückkehr nach Kanaan: 13,1-4

Unter den aus Ägypten Zurückkehrenden wird auch wieder Lot aufgezählt. Beim Zug nach Ägypten war es unnötig, Lot zu erwähnen, da dieser am Geschehen in Ägypten nicht unmittelbar beteiligt war. Nun aber nach der Rückkehr nach Kanaan wird Lot eine entscheidende Rolle spielen.

Zum ersten Mal wird vom Reichtum Abrams berichtet. Ohne Zweifel waren sein Viehbestand und die Zahl seiner Sklaven und Sklavinnen durch die Geschenke Pharaos gewachsen. Silber und Gold aber gehörten nicht zu der Abfindung, die Pharao bezahlte (1Mo 12,16).

Silber ist um 2000 v.Chr. im mesopotamischen Raum das maßgebende Edelmetall. Deshalb wird das Silber bei der Aufzählung des Reichtums Abrams vor dem Gold genannt. Das Silber hatte Abram aus seiner Heimat mitgebracht, das Gold aber im Land Kanaan gewonnen. Bei

173 Greßmann (Hg.), Altorientalische Texte, S. 414.
174 Delitzsch, S. 256.
175 Gunkel, S. 172.
176 Westermann, Genesis I/2, S. 194.
177 Ehrlich, S. 49.

beiden handelt es sich um Rohmaterialien. Zur Währung wurde Gold erst im 6. und 7. Jahrhundert v.Chr.[178] Erst Darius I. gelang es 516 v.Chr., die Wertrelation Gold : Silber auf 1:13 1/3 festzulegen.[179]

Vom Reichtum Abrams heißt es, »er wog schwer« (hebräisch: *kabed).* Es ist nicht zufällig, daß mit demselben hebräischen Wort im vorangehenden Kapitel die Last der Hungersnot beschrieben wurde, »der Hunger lag *schwer* auf dem Land«. Es ist möglich, daß mit dieser Wortwahl angedeutet wird, daß es Abrams Reichtum war, durch den es zum Konflikt mit Lot kam. Das auslösende Moment der Trennung zwischen Abram und Lot aber war der Zank der Knechte. Die Vielzahl der Sklaven und Sklavinnen, die damals den Reichtum ausmachten[180], führte zur Trennung.

Nach der Rückkehr in das verheißene Land zog Abram mit den Seinen vom Negeb bis nach Bet-El. Die genauen Ortsangaben und die Erwähnung des Altars zwischen Bet-El und Ai sind keine bloßen Wiederholungen. Abram verkündigte erneut den Namen Jahwes. Er bezeugte nach schwerer Anfechtung und Schuld seine Entschlossenheit, von nun an ganz zu seiner Berufung zu stehen. Er wollte ohne Kompromisse Gott gehorchen.[181]

IV. DIE TRENNUNG ZWISCHEN ABRAM UND LOT: 13,5-18

5 Auch Lot, der mit Abram gezogen war, hatte Schafe, Rinder und
6 Zelte. * Es reichte aber das Land nicht aus, daß beide beisammen
bleiben konnten. Ihr Eigentum war so groß geworden, daß sie
7 nicht zusammen wohnen konnten. * Da kam es zum Streit zwi-
schen den Hirten von Abrams Vieh und den Hirten von Lots Vieh.
Damals wohnten die Kanaaniter und die Perisiter im Lande.
8 * Und Abram sagte zu Lot: »Laß doch keinen Streit zwischen mir
und dir und zwischen meinen und deinen Hirten entstehen, denn
9 wir sind Brüder. * Steht dir nicht das ganze Land offen? Trenne
dich von mir! Willst du nach links, dann gehe ich nach rechts, und
10 willst du nach rechts, dann gehe ich nach links.« * Da erhob Lot
seine Augen und sah, daß die ganze Jordanebene wasserreich war
- das war, bevor Jahwe Sodom und Gomorra zerstört hatte, - sie
glich dem Garten Jahwes und war wie das Land Ägypten, bis nach

[178] Procksch, S. 103.
[179] Wilsdorf, Gold, S. 197.
[180] Calvin, S. 143.
[181] Cassuto, From Noah to Abraham, S. 365.

11 Zoar hin. * Lot wählte deshalb den ganzen Jordankreis und brach
12 auf nach Osten. So trennten sie sich voneinander. * Abram blieb
im Land Kanaan, Lot aber in den Städten der Jordanebene und
13 zeltete bis hin nach Sodom. * Die Bewohner von Sodom aber wa-
14 ren böse und sündig vor Jahwe. * Da sprach Jahwe zu Abram,
nachdem Lot sich von ihm getrennt hatte: »Hebe doch deine Au-
gen auf und siehe von dem Orte, an dem du stehst, nach Norden
15 und Süden, nach Osten und Westen. * Ich werde dir das ganze
Land, das du siehst, geben, dir und deinen Nachkommen auf ewi-
16 ge Zeiten. * Deinen Samen will ich machen wie den Staub der Er-
de. Nur wenn ein Mensch den Staub der Erde zählen kann, kann er
17 auch deinen Samen zählen. * Auf, durchziehe das Land in der Län-
18 ge und in der Breite, denn ich werde es dir geben!« * Und Abram
brach mit seinen Zelten auf, er zog herum und ließ sich nieder un-
ter den Terebinthen in Mamre bei Hebron. Dort baute er für
Jahwe einen Altar.

Die Trennung von Lot war für Abram eine erneute Anfechtung und Versuchung. Abram hatte die Verheißung, ein großes Volk zu werden (1Mo 12,2). Jetzt aber stand er, der noch immer Kinderlose, vor der Frage und Notwendigkeit, sich von Lot zu trennen. Lot war für Abram soviel wie ein Sohn. In dieser Versuchung vertraute Abram Gottes Verheißung mehr als seinen Gedanken und Ängsten. In dem kurzen Abschnitt der Trennung zwischen Abram und Lot kommt das Wort »Land« (hebräisch: *äräz)* siebenmal vor.[182] Unbeantwortet aber bleibt die Frage: Wer wird das verheißene Land erben?

1. Der Streit: 13,5-7

Der Streit, der schließlich zu der Trennung zwischen Abram und Lot führte, hatte drei Ursachen:[183]

(1) Der Lebensraum war für die beiden reich gewordenen Sippen zu eng. Lot hatte zwar nicht soviel Besitz wie der um vieles reichere Abram (vgl. 1Mo 13,1f), doch auch zu seinem Reichtum gehörten »Zelte«. Das Zelt ist »die nomadische Wohneinheit, die Bewohner inbegriffen«.[184] Der Segen des Reichtums und des Wachsens der Hausstände ist nicht konfliktlos.[185]

[182] Cassuto, From Noah to Abraham, S. 366-368. Nach der Niederschrift der Einleitung und der Übersetzung des ersten Abschnittes des Kapitels »Die Trennung« verstarb Umberto Cassuto. Er konnte das begonnene Werk der Genesisauslegung nicht abschließen.

[183] Luther, Ersten Moses, Bd I, S. 259.

[184] Westermann, Genesis I/2, S. 205.

[185] Siehe die Auslegung zu 1. Mose 13,1-4.

(2) Abram und Lot mußten das Land mit den Kanaanitern und Perisitern teilen. »Kanaaniter« ist hier die zusammenfassende Bezeichnung der gemischten Bevölkerung Kanaans.[186] Zu ihnen gehörten auch die Perisiter[a]. Eine genaue Bestimmung der Perisiter ist nicht möglich. Sie kommen auch unter den in der Völkertafel genannten Stämmen nicht vor (1Mo 10,15-18). Die Perisiter sind vermutlich »heruntergedrückte Reste der vorkanaanäischen Bevölkerung«.[187] Auf den abgeernteten Feldern der ansässigen Völkerschaften brauchten Nomadenherden einen großen Bewegungsradius. Außerdem waren sie von den wenigen Wasserstellen abhängig.[188]

[a] 2Mo 34,11 Jos 17,15 Ri 1,4

(3) Zwischen den Hirten Abrams und den Hirten Lots war es zu offenem Streit gekommen. Da es im Streit der Hirten um Lebensraum und Lebensmittel geht, ist er von gleicher Heftigkeit und Tragik wie bei seßhaften Völkern der Krieg. Kleine wandernde Gruppen konnten keine Kriege führen, darum nimmt der Streit für die Nomaden die Stelle des Krieges ein.[189] Er ist der Kampf um Weideplätze und Brunnen.[190]

Der Streit (hebräisch: *rib*) ist der Rechtsstreit, das Prozeßverfahren.[191] Zur Zeit des Neuen Testaments war der Rechtsstreit Ausdruck eines sittlichen Mangels. Paulus ruft die Glieder der christlichen Gemeinde nicht nur zur »Mäßigung beim Streiten und Prozessieren« auf, sondern er sagt ein »grundsätzliches Wort zum Frieden unter den Gemeindegliedern«:[192] »Es ist überhaupt schon das ein sittlicher Mangel an euch, daß ihr Rechtshändel untereinander habt« (1Kor 6,7).

Dennoch gibt es auch in der Urgemeinde die verschiedenartigsten Kämpfe unter den Christen. Jakobus stellt in seinem Brief fest: »Ihr lebt in Kampf und Streitigkeiten« (Jak 4,2). Der Vorwurf umfaßt sowohl handgreifliche Streitigkeiten bis hin zu blutigen Auseinandersetzungen als auch lieblose geistige Kriege und Schlachten.[193] Nach Paulus ist ein solches Streiten mit der Nachfolge Jesu Christi unvereinbar: »Ein Knecht des Herrn soll nicht streitsüchtig sein« (2Tim 2,24). Er soll nichts zu tun haben mit »Streitigkeiten und Gezänk über das Gesetz« (Tit 3,9). Ein Bischof muß frei sein von Streitsucht (1Tim 3,3). Wo immer ein Streit unter den Christen ausbricht, ist menschliches Machtstreben und »Lust« (vgl. Jak 4,1) mit im Spiel. Der Griff nach Macht und das Begehren von Erfolg können sehr versteckt und christlich übertüncht sein.[194]

[186] Vgl. Einleitung, II. 3. (1) Land Kanaan.
[187] Dillmann, S. 192.
[188] v. Rad, Mose, S. 143.
[189] Westermann, Genesis I/2, S. 205.
[190] Dillmann, S. 230.
[191] Quell/Schrenk, S. 179+183.
[192] Maurer, S. 640.
[193] Vgl. Bauernfeind, S. 533.
[194] Schlatter, Jakobus, S. 241.

2. Die Schlichtung und Trennung: 13,8-13

Abram hält den Streit »unter Männern, die versippt sind«[195], für unwürdig. Er tritt Lot entgegen mit den Worten: »Wir sind Brüder«, wörtlich: »Brüdermänner«, das heißt Männer, die untereinander verwandt sind.[196] Das Schlichtungsangebot Abrams lautet Trennung. Im vorliegenden Streitfall hält Abram das Sich-Trennen für die verantwortliche Lösung. Für Abram gibt es nicht nur die eine Möglichkeit, »daß Brüder einträchtig beieinander wohnen« (Ps 133,1), sondern auch eine zweite, die friedliche Trennung. Um in jedem Fall einen Krieg unter Verwandten zu vermeiden, stellt er Lot die Wahl der Richtung frei. Dieses Angebot Abrams ist ein Zeichen von Großzügigkeit, Friedfertigkeit und Verantwortung. Abram weiß sich für seine Leute verantwortlich. Ein gewaltsames Austragen des Streites faßt Abram nicht ins Auge.[197]

Auch im Neuen Testament gibt es ein Beispiel für die Trennung als Konfliktlösung. Zwischen Barnabas und Paulus war es zum Streit gekommen. Barnabas bestand darauf, Johannes Markus wieder mit auf eine Missionsreise zu nehmen. Paulus hielt es nicht für richtig. Er wollte keinen Mann als Begleiter, der ihn einmal im Stich gelassen hatte. Es kam zum »hitzigen Streit«, wörtlich: zur »Erbitterung«.[198] Paulus und Barnabas trennten sich. Barnabas nahm Markus zu sich, Paulus wählte Silas (Apg 15,37-40). Für den erbitterten Streit zwischen Paulus und Barnabas gab es nur eine Lösung: die Trennung. Jede Trennung hinterläßt Narben. Der Bruch mit Barnabas hatte für Paulus eine Trübung seines Verhältnisses zur Gemeinde von Antiochia zur Folge. Seine Gegner nahmen dies zum Anlaß, das Apostolat des Paulus anzufechten. Paulus wurde in die Rolle gedrängt, sich zu verteidigen.[199]

In seinem vor Lot ausgebreiteten Angebot verfügt Abram frei über
das ganze Land[b]. Gott hatte ihm das Land verheißen.[200] Die Reaktion
Lots war folgende: Er **erhob . . . seine Augen,** das heißt, er blickte hin- **10**
aus ins Weite. Das Hinausschauen ist nichts anderes als das prüfende,
abwägende Nachdenken.[201] Von seinem Standort bei Bet-El aus war Lot
fasziniert vom Jordangraben, von der Gegend im Süden des Toten Meeres. Die Stadt Zoar war den Nomaden nicht unbekannt.

Zoar[c] heißt übersetzt »klein«, »gering«. Zoar lag am Fuße des moabitischen Gebirges. Auf der Madabakarte ist Zoar als befestigter Ort mit-

[b] 1Mo 12,7
[c] 1Mo 19,20.30; 5Mo 34,3; Jes 15,5; Jer 48,4.34

[195] v. Rad, Mose, S. 143.
[196] Keil, Genesis, S. 170.
[197] Vgl. Westermann, Genesis I/2, S. 206.
[198] Seesemann, S. 855.
[199] Vgl. Grundmann, Christos, S. 545, A 373.
[200] Procksch, S. 104.
[201] v. Rad, Mose, S. 144.

ten in einem Palmenhain eingezeichnet.[202] Dieser ferne Hain, vor allem aber der Jordangraben und die reich bewässerte Gegend von Jericho nehmen Lot in ihren Bann. Sie erwecken in ihm die Sehnsucht, dieses Gebiet zu besitzen. Für Lot ist das gewählte Landstück vergleichbar mit dem Garten Eden und seinem Paradiesstrom oder mit Ägypten, dem durch die Nilüberschwemmungen so fruchtbar gewordenen Land. Lot wählt den Jordankreis. Der Jordankreis ist das »ungefähr kreisrunde Gelände im unteren Jordantal«.[203]

Kaum hatte Lot seine Wahl getroffen, zieht er mit seiner Sippe in das von ihm bevorzugte Land. Von Sodom[204], wohin Lot zog, heißt es im schroffen Kontrast zu der Schönheit des Landes: Die Bewohner waren
13 »unerhört verdorben«. Sie **waren böse und sündig vor Jahwe.** In Sodom
lebten boshafte Sünder.[205]

3. Das erneute Reden Gottes: 13,14-18

d 1Mo 12,1; 12,7; 13,14; 15,1; 17,1; 18,1; 21,12; 22,1

Gott offenbarte sich Abram achtmal[d]. Die Gottesoffenbarung nach der Trennung von Lot in der Gegend von Bet-El ist die dritte - eine der vier Offenbarungen - ohne Gotteserscheinung.[206] In dem Augenblick, als Abram verzichtete, spricht Gott direkt zu ihm. Im Alten Testament gibt es kein besonderes Wort für »verheißen«. Der neutestamentliche Begriff »verheißen« (griechisch: *epanggelizesthai)* hat keine alttestamentliche Vorgeschichte.[207] Wenn Gott spricht (hebräisch: *dabar),* beginnt das Gesprochene Tatsache und Geschichte zu werden.

Lot hatte Abram verlassen. Abram war allein, aber Jahwe kam zu ihm. Jahwe sicherte Abram noch einmal den Landbesitz zu (vgl. 1Mo 12,7) und auch die Unzählbarkeit der Nachkommen (vgl. 1Mo 12,2). Neu in dieser Verheißung sind die beiden kleinen Worte »für immer« oder »in alle Ewigkeit«.[208] Die feierliche Erklärung »bis in Ewigkeit« kommt im Alten Testament ungefähr vierzigmal vor, »begleitet von charakteristischen Wendungen, die auf die Geschlechterfolge hinweisen«.[209]

Jüdische Ausleger übersetzen die Formulierung »für immer« mit »bis in Ewigkeit«. Sie finden darin eine Begründung für ihren unantastbaren und unverletzbaren Besitzanspruch auf das Heilige Land. »Das verheißene Land gehört den Nachkommen Abrams in alle Ewigkeit.

[202] Keel/Küchler, Bd 2, S. 254.
[203] Kilian; zitiert nach Westermann, Genesis I/2, S. 208.
[204] Zu Sodom siehe die Auslegung zu 1. Mose 18,17-19,29.
[205] Dillmann, S. 231.
[206] Delitzsch, S. 259.
[207] Schniewind/Friedrich, epagello, S. 575.
[208] Dillmann, S. 231.
[209] Jenni; zitiert nach Westermann, Genesis I/2, S. 210.

Das gilt auch für die Zeiten, in denen das Land nicht im Besitz der Nachkommen Abrams ist. Schließlich wurde das Land Abram gegeben zu einer Zeit, da von vielen Völkerschaften Besitzansprüche auf das Land geltend gemacht wurden, zu einer Zeit, da es Abram im Vollsinn des Wortes noch gar nicht besitzen konnte.«[210]

Für den glaubenden Juden, der dieser Auslegung folgt, wird es nie eine Koexistenz von Juden und Arabern im Heiligen Land geben können. Die Unlösbarkeit des Konfliktes zwischen Juden und Arabern gründet in zwei nie zu vereinbarenden Vorverständnissen. Vorverständnis ist das dem Hören eines Wortes oder dem Sehen eines Tatbestandes vorgelagerte Verständnis, das der Mensch mitbringt und das dann seinem Hören, Denken, Urteilen und Handeln im Wege steht.[211]

Das Vorverständnis der Juden heißt *Existenz.* Israel kann nur mit seiner Landverheißung überleben. Das Vorverständnis der Araber heißt *Gerechtigkeit.* Dem Araber, dem das Land genommen wird, das auch das Land seiner Vorfahren war, geschieht Unrecht.

Auch für den 1948 gegründeten Staat Israel gab und gibt es keine »Landnahme« ohne Zerstörung und Blutvergießen! Der Konflikt zwischen Juden und Arabern ist unlösbar. Ein Beobachter, der weder Jude noch Araber ist, muß mit seinen Angeboten von Konfliktlösungen äußerst zurückhaltend sein.

In der Nähe von Bet-El hatte Gott Abram, den Vater des Volkes Israel, aufgefordert, über die ganze Weite seines späteren Landes zu blikken. Der Blick Abrams steht im »leisen, aber bewußten Kontrast zu dem verlangenden Blick des Lot«.[212] Abram soll in alle vier Himmelsrichtungen sehen. Nordöstlich von Bet-El gibt es einen Aussichtspunkt, »er umfaßt Küstenebene und Mittelmeer und auf der anderen Seite den Jordangraben vom Hermon bis zum Toten Meer und große Teile des Ostjordanischen Gebirges«.[213] Lot hatte sich das Land nach seinem Wohlgefallen genommen; zu Abram aber spricht Gott: »Ich will es dir geben.« Abram hat Kanaan »aufs neue gewonnen«.[214] Dieses Mal soll er es der Länge und der Breite nach durchschreiten und auf diese Weise in Besitz nehmen. Das persönliche Überschreiten eines Grundstückes in Länge und Breite gehört zu den Formen der Besitzergreifung[e].

[e] Jos 24,3

Sechs Tage lang zogen Josua und seine Kriegsleute auf Gottes Anweisung hin um die Stadt Jericho herum, bevor Jericho genommen wurde (Jos 6,3-5). Nach den talmudischen Gesetzen ergreift ein Mensch von ei-

[210] Hirsch, zit. nach Hertz (Hg.), S. 49.
[211] Zur Definition »Vorverständnis« vgl. Iwand, Briefe, S. 217.
[212] Westermann, Genesis I/2, S. 210.
[213] Noth, M.; zitiert nach Westermann, Genesis I/2, S. 210.
[214] Delitzsch, S. 259.

nem Grundstück Besitz, indem er einen Gang darum macht.[215] Im Römischen Reich ist das Umschreiten eines Grundstücks (lateinisch: *ambitus*) bei seiner Besitznahme ein Rechtsbrauch.[216]

Abram brach auf und zog herum. An verschiedenen Plätzen schlug er seine Zelte auf, bis er im Terebinthenhain Mamres im Gebiet gegenüber dem heutigen Hebron für längere Zeit blieb. Dort baute er dem Herrn einen Altar, den dritten[f] seit seinem Einzug in Kanaan.[217] Mit dem Bleiben in Mamre wählte Abram die »halbnomadische Lebensform«.[218]

[f] 1Mo 12,7 12,8

Mamre[g] ist vermutlich von der Wurzel *mr'*, »fett werden«, »mästen« her zu übersetzen als »Ort, der fett ist«. Die Anziehungskraft des Ortes müssen ein Brunnen und ein Baum, bzw. ein Hain gewesen sein. Mamre war ein alter Kultort. Bei Ausgrabungen fanden sich Spuren bronzezeitlicher Besiedlung, Scherben aus israelitischer Zeit, ein mächtiges Mauerrechteck (Temenos, 40 × 60 m) aus herodianischen Quadern und eine arabische Teichanlage.[219] Das alte Mamre liegt an der heutigen Hauptstraße von Hebron nach Jersualem. Hebräisch heißt der Ort *bet-ha-baruk*, »Haus des Gesegneten«, arabisch *ramet-el-chalil*, »Höhe des Freundes«. Mamre wird in den biblischen Büchern nur im ersten Buch Mose erwähnt. Von Mamre aus befreit Abram seinen Neffen Lot (1Mo 14,13). Drei fremde Boten Gottes besuchen Abram in Mamre (1Mo 18,1). Die von Abram erworbene Grabstätte, die Höhle Machpela, liegt gegenüber von Mamre (1Mo 23,17.19; 25,9; 49,30; 50,13). Jakob sucht seinen Vater Isaak in Mamre auf (1Mo 35,27).

[g] 1Mo 13,18 14,13; 18,1 23,17.19; 25,9 35,27; 49,30 50,13

Das aus der zweiten Hälfte des 2. Jahrhunderts v.Chr. stammende Jubiläenbuch ergänzt die alttestamentlichen Texte. Den Gottesschwur (1Mo 15,9ff) lokalisiert das Jubiläenbuch in Mamre. Mamre wird zum Wohnort Isaaks nach längerem Aufenthalt in Beerscheba. Nach seiner Rückkehr aus Mesopotamien wollte Jakob in Bet-El ein Mauerrechteck (Temenos) erbauen, Gott aber verwehrte ihm dieses und schickte ihn nach Mamre. Isaak vererbte Mamre. Nach Isaaks Tod wohnte Jakob in Mamre. Esau belagerte Mamre, Jakob jedoch konnte Esau vertreiben.[220]

Nach der in der Zeit zwischen 100 und 131 nach Christus verfaßten Baruchapokalypse schreibt Baruch von Mamre aus seine Ermahnungs-

215 Ehrlich, S. 53.
216 Westermann, Genesis I/2, S. 211.
217 Vgl. Delitzsch, S. 260.
218 Westermann, Genesis I/2, S. 235.
219 v. Rad, Mose, S. 145.
220 Zu den Texten aus dem Jubiläenbuch und der weiteren Geschichte Mamres vgl. Keel/Küchler, Bd 2, S. 698-709.

briefe an die Stämme in der assyrischen und babylonischen Gefangenschaft. Nach der Zerstörung Zoars hatte sich Baruch nach Mamre zurückgezogen.

Es gibt keinerlei Zeugnisse, die die Berichte des Jubiläenbuches und der Baruchapokalypse bestätigen. Dafür aber zeigen die Ausgrabungen, daß bereits zur Königszeit (9./8. Jh. v.Chr.) Mamre ein zentrales Heiligtum war. P. Mader legte 1926/27 Reste einer heiligen Straße (Via Sacra) frei. Sie führte zu einem von zwei Türmen flankierten Tor, das in den heiligen Bezirk führte.

Der Historiker Flavius Josephus (*37/38 n.Chr., † um 100 n.Chr.) nennt die Terebinthe in Mamre vorsintflutlich. Für ihn ist sie ein Baum, den Gott bei der Erschaffung der Welt nach Mamre setzte.

Herodes der Große (*um 72 v.Chr., †4 v.Chr.) begann den Baum, den Brunnen und den Altar mit einem Mauerrechteck (Temenos) zu umziehen. Kaiser Hadrian erneuerte im Jahre 130 n.Chr. den nach dem jüdischen Aufstand (66-70 n.Chr. von den Römern zerstörten Temenos und baute ihn zu einem Heiligtum des Handels- und des Botengottes, Merkur und Hermes, aus. Nach dem zweiten jüdischen Aufstand (132-135 n.Chr.), der 580 000 Juden das Leben kostete, ließ Hadrian die überlebenden Männer, Frauen und Kinder in Mamre als Sklaven verkaufen! Die grauenhafte Erinnerung an jene Zeit führte dazu, daß die Juden im 2. und 3. Jahrhundert n.Chr. Mamre aus ihrem Gedächtnis und aus ihren Schriften verdrängten.

Nachdem Eutropia, die Schwiegermutter Konstantins, Mamre besucht hatte, ließ Konstantin in Mamre eine Basilika erbauen. Die im Jahre 330 n.Chr. errichtete Basilika wurde beim Persereinfall 614 n.Chr. zerstört.

Der im 5. Jahrhundert lebende Kirchenhistoriker Sozomenos beschreibt die Bedeutung Mamres für Juden, Heiden und Christen: »Dieser Ort, den man heute die Terebinthe nennt, ist von Hebron, das im Süden davon liegt, 15 Stadien entfernt. Die Geschichte bezeugt, daß an diesem Ort der Sohn Gottes zusammen mit zwei Engeln dem Abraham erschienen sei und ihm die Geburt seines Sohnes vorhergesagt habe. Hier halten um die Sommerzeit die Bewohner dieses Ortes und die weiterhin wohnenden Palästiner, Phönizier und Araber jährlich einen berühmten Jahrmarkt ab. Viele kommen hier auch um anderer Geschäfte willen zusammen, teils um zu verkaufen, teils um zu kaufen. Dieses Fest wird ja unter zahlreichem Besuch von allen Menschen gefeiert, die Juden, weil sie sich Abrahams als des Ahnherrn ihres Volkes rühmen; die Heiden, weil Engel zusammengekommen sind; die Christen, weil um die damalige Zeit derjenige einem frommen Mann erschienen ist, der lange Zeit später zum Heil der Menschheit, aus einer Jungfrau geboren, sich allen geoffenbart hat. Es verehren die einzelnen je nach ihrem

Kultus und ihrer Religion diesen Ort. Dieser Platz ist unter freiem Himmel.«[221]

Mamre, der Ort der Verheißung Isaaks, ist das »Nazaret des Alten Testaments«.[222] In Mamre kommt zur Wortoffenbarung die Gotteserscheinung hinzu (1Mo 18); in Bet-El erlebte Abram eine reine Wortoffenbarung. »Es ist also Abrahams Geschichte, die allervortrefflichste, daß sie voll Gottes Wort steckt, damit alles, was von ihm geschehen ist, geschmückt und gezieret wird, und darinnen ihm Gott überall mit seinem Wort vorgeht, ihm verheißet, ihm gebietet, ihn tröstet und vermahnet, auf daß man ja sehen sollte, daß Abraham Gottes sonderlicher, vertrauter Freund wäre.«[223]

V. DER KAMPF UM DEN HANDELSWEG: 14,1-24

Fünf im Bereich des Toten Meeres wohnende kanaanäische Stadtkönige versuchten, sich aus dem Vasallenverhältnis der Großkönige des babylonischen Raumes zu lösen. Vier Großkönige bildeten eine Koalition. Ihr Ziel war es, den Handelsweg von Nordsyrien nach Elat und von da aus weiter nach Ägypten und Südarabien zu sichern.[224]

Der Kampf um den Handelsweg erklärt die seltsam anmutende Marschroute der Ostkönige. Sie zogen mit ihrem Heer zunächst an den Rebellen vorbei bis in den äußersten Süden und schwenkten dort ab nach Kadesch. Erst nach den Kämpfen in der Gegend um Kadesch, ca. 100 km südlich vom Toten Meer, bewegten sie sich dann auf das Tote Meer zu, wo sie die kanaanäischen Stadtkönige schon lange zur Schlacht erwarteten.

Die Sicherung der für den Handel unaufgebbaren Nord-Süd-Verbindung läßt das verheißene Land zum Schauplatz eines Stücks der Weltgeschichte werden.[225] Die Gefangennahme Lots ruft Abram auf den Plan. Abram wird in das weltpolitische Geschehen verwickelt. Er geht mit den Fürsten aus der Gegend von Hebron eine Koalition ein, jagt dem Heer der Großkönige nach und schlägt »das vielleicht gar nicht so große Truppenkontingent, dem er die Beute abnimmt«.[226]

Der Ausleger des Berichtes vom Kampf um den Handelsweg kann

[221] Zitiert nach v. Rad, Mose, S. 145f.
[222] Keel/Küchler, Bd 2, S. 698.
[223] Luther, Ersten Moses, Bd I, S. 264.
[224] de Liagre Böhl, Sp. 332f.
[225] v. Rad, Mose, S. 147.
[226] de Liagre Böhl, Sp. 333.

bis heute viele Einzelheiten, vor allem im Zusammenhang mit den Großkönigen, nicht erklären. Es handelt sich in Kapitel 14 um »einen der schwierigsten und umstrittensten Stoffe der Vätergeschichte, ja der gesamten geschichtlichen Überlieferung des Alten Testaments«.[227]

Im Blick auf die historische Bedeutung von Genesis 14 meint eine beachtliche Zahl von Auslegern, zum großen Teil unter Berufung auf Hermann Gunkels Kommentar, zwischen »historisch Möglichem« und »Unmöglichem« unterscheiden zu müssen. Für historisch hält Gunkel den geschichtlichen Rahmen des Ganzen, die Namen der vier Könige, die Herrschaft elamitisch-babylonischer Könige bis nach Palästina und eventuell noch die Gestalt Melchisedeks.

Als völlig unmöglich bezeichnet Gunkel »die Waffentat Abrahams« und die Voraussetzung, daß die Gegend um das Tote Meer ein einst von Menschen bewohntes fruchtbares Gebiet war: »Die Erzählung enthält also im schreienden Kontrast gut Beglaubigtes und ganz Unmögliches.«[228]

Eine sorgfältige Betrachtung des Textes unter der Leitfrage: »Was sagt der Text nicht?«, das heißt: »Was haben die Ausleger erschlossen oder hineingedacht?«, führt zu folgendem Resultat: »Daß hier wirklich tatsächlich Unmögliches berichtet werde, ist bis jetzt nicht bewiesen.«[229]

Es ist durchaus denkbar, daß es im Süden des Toten Meeres einmal ein Kulturland gegeben hat. Der »Südteil des Toten Meeres ist heute noch ganz seicht.«[230]

Der Text berichtet nichts von einer Völkerschlacht oder von einer offenen Schlacht Abrams mit dem gesamten Heer der Könige. Abram wird nicht als Kriegsherr verherrlicht.

Auch die Beobachtung, daß Ortsnamen anstelle von Personennamen genannt werden, ist noch kein Grund, den Bericht für unhistorisch zu erklären. Es macht keinen Unterschied, ob sich Abram mit Mamre oder mit dem Fürsten von Mamre verbündete.[231]

Das 14. Kapitel im ersten Buch Mose berichtet von dem Kriegszug der vier Ostkönige, von der Bestrafung der Rebellen, von der Befreiungstat Abrams und der Begegnung im Tal der Könige.

[227] v. Rad, Mose, S. 147. - Den Auslegern, die sich der Theorie der Quellenscheidung verschrieben haben, macht es zusätzliche Schwierigkeiten, 1. Mose 14 einer der Quellen zuzuordnen; vgl. Westermann, Genesis I/2, S. 221

[228] Gunkel, S. 288; vgl. Westermann: »Trotz eines anzunehmenden historischen Dokuments, das dahintersteht, ist die Darstellung unhistorisch«; Genesis I/2, S. 226.

[229] Dillmann, S. 234.

[230] Dalmann; zitiert nach v. Rad, Mose, S. 148.

[231] Dillmann, S. 235.

1. Der Kriegszug der vier Ostkönige: 14,1-7

1 **Es geschah zu der Zeit Amrafels, des Königs von Schinar; Arjochs,
des Königs von Ellasar; Kedor-Laomers, des Königs von Elam; und
2 Tidal, des Königs von Gojim: * Diese führten Krieg mit Bera, dem
König von Sodom; mit Birscha, dem König von Gomorra; mit Schi-
nab, dem König von Adma; mit Schemeber, dem König von Zebo-
3 jim; und mit dem König von Bela, das ist Zoar. * Diese alle zogen
4 verbündet in das Siddimtal, das ist das Salzmeer. * Zwölf Jahre lang
hatten sie dem Kedor-Laomer gedient, und im dreizehnten Jahr
5 waren sie abgefallen. * Im vierzehnten Jahr aber kamen Kedor-
Laomer und die Könige, die mit ihm zogen. Sie schlugen die Rafaï-
ter in Aschterot-Karnajim; die Susiter in Ham, die Emiter in der
6 Ebene von Kirjatajim * und die Horiter auf ihrem Gebirge Seïr bis
7 El-Paran, das an der Wüste liegt. * Danach schwenkten sie um und
kamen nach En-Mischpat, das ist Kadesch, und schlugen das ganze
Gebiet der Amalekiter und auch die Amoriter, die in Hazezon-Ta-
mar wohnten.**

Keiner der Versuche, die vier Ostkönige mit bisher aus der Geschichte bekannten Herrschern zu identifizieren, ist überzeugend. Die Deutung Amrafels als Hammurabi ist schon aus philologischen Gründen unmöglich. Auch die vier Reiche sind nicht schlüssig mit Herrschaftsgebieten im mesopotamischen Raum in Verbindung zu bringen.[232] Dennoch sind eine Koalition und der Kriegszug von vier Ostkönigen denkbar. Er fand aller Wahrscheinlichkeit nach noch vor der Regierungszeit Hammurabis statt.[233]

Nicht nur die Namen der vier Großkönige aus dem Osten, sondern auch die fünf Fürsten oder Stadtkönige aus dem Siddimtal bleiben im dunkeln. Vom König aus Zoar[234] ist nicht einmal der Name erwähnt.

Das Tal Siddim kommt nur an dieser Stelle im Alten Testament vor. Die Deutung des Landschaftsnamens ist sehr verschieden. Die Ableitung vom akkadischen *schiddu* führt zur Erklärung »Feldfläche«, das heißt Randlandschaft am Toten Meer. Der Name kann aber auch für das ganze Gebiet des Toten Meeres stehen. Eine sich aufgrund der Besonderheiten der Landschaft aufdrängende Erklärung ist die Übersetzung »Tal der Dämonen«. Der ursprüngliche Name wäre dann *Sch*iddim, nicht *S*iddim.[235]

[232] Zu den Deutungsmöglichkeiten Schinar = Babylon; Elam = das Gebiet östlich von Babylon; Reich Gojim = Hetiterreich vgl. Westermann, Genesis I/2, S. 228f. Zu Ellasar stellt Westermann fest, daß eine Verbindung zu einem bekannten Reich völlig unsicher ist.

[233] Siehe Zeittafel S. 41-44.

[234] Zu Zoar vgl. die Auslegung zu 1. Mose 13,8-13.

[235] Vgl. Westermann, Genesis I/2, S. 230.

An ein »Tal der Dämonen« oder »Tal der Totengeister« erinnert die Gegend um den Berg Sodom. Der Sodomberg (hebräisch: *har sedom;* arabisch: *dschebel usdum)* erstreckt sich 10 km weit vom Südwestende des Toten Meeres entlang von Norden nach Süden. Aus dem streckenweise bis zu 2 km breiten Bergzug ragen härtere und weniger lösliche Gesteine als die Salzschicht wie Türmchen und Statuen hervor. Der Sodomberg ist durchzogen von engen Höhlen und Tunnels. Zu bestimmten Tageszeiten entsteht durch den Einfall des Sonnenlichtes auf die bläulichen Salzwände eine geisterhafte Atmosphäre.[236] So kam es zu dem Namen »Tal der Dämonen«.

Der südlichste Teil des Toten Meeres ist heute nur 2-6 m tief, während das Tote Meer sonst eine Tiefe bis zu 400 m erreicht. Strabo (63 v.Chr. bis 26 n.Chr.) geht davon aus, daß am Südufer des Toten Meeres 13 Städte lagen, die sämtlich überschwemmt wurden. In der Weisheit Salomos (Weish 10,6) und bei Josephus (de Bello Judaico 4,484) wird von 5 zerstörten Städten berichtet.

Wie viele Städte es auch im Tale Siddim am Rande des Toten Meeres gab, die Städte waren miteinander verbündet.[237]

Die Stadtkönige der Städte südlich des Toten Meeres rebellierten nach zwölf Jahren Vasallentreue gegen die Vorherrschaft der Ostkönige. Diese beantworteten die Rebellion mit einem Feldzug. Sie führten ihre Heere jedoch zunächst am Siddimtal vorbei, um die Kontrolle über die Araba und über Kadesch zu behalten und so ihre Handelsstraße nach Südarabien und Ägypten zu sichern.

Die Araba ist der Korridor vom Toten zum Roten Meer. Sie ist ein großer Graben in Form eines schnurgeraden Tales von 175 km Länge. Auf der Westseite wird diese monumentale Senke von den Negebbergen, im Osten von bis zu 1000 m hohen Steilwänden aus dunklen Kristallinen und braun-rotem nubischen Sandstein begrenzt. Über und hinter dieser nur selten unterbrochenen Ostwand gibt es Felsennester, die verschiedene Stämme und Völkerschaften zu ganzen Festungen ausbauten.

Der Name Araba (hebräisch: *'arabah)* heißt soviel wie ausgetrocknetes Land. Im Alten Testament wird »Arabah« als Gattungsname gebraucht und bezeichnet eine »wasserlose Gegend« (Jer 50,12), die Wü-

[236] Keel/Küchler, Bd 2, S. 248.

[237] Denkbar ist ein Fünfstädtebund: Zoar-Sodom-Gomorra-Adma-Zebojim. Die Namen der Städte können folgendermaßen übersetzt werden:

Zoar:	siehe die Auslegung zu 1. Mose 13,10,
Sodom:	die »Befestigte«, die »Stadt«,
Gomorra:	die »Zugedeckte«,
Adma:	der »rote Ackerboden«,
Zebojim:	die »Gazelle«; vgl. Keel/Küchler, Bd 2, S. 254.

stensenke (Sach 14,10), den wüstenähnlichen unteren Jordangraben (2Sam 2,29; 2Kö 25,4f) oder das Wüstengebiet von Moab (Jos 13,32). Nach der vierzigjährigen Wüstenwanderung zog das Volk Israel durch die Araba, die Senke zwischen dem Roten und Toten Meer. »Dann zogen wir weiter durch das Gebiet unserer Brüder, der Söhne Esaus, die auf Seïr wohnten, den Weg nach der Araba von Elat und Ezjon-Geber aus« (5Mo 2,8). Die Araba war nicht nur die für den Handel notwendige Nord-Süd-Verbindung, sondern sie war sowohl für die benachbarten Großreiche als auch für die Ortsansässigen interessant durch die reichen Kupfervorkommen.[238]

Auf ihrem Zug in und durch die Araba stießen die vier Ostkönige in Aschterot-Karnajim auf die Rafaïter, in Ham auf die Susiter, in der Ebene Kirjatajim auf die Emiter und im Gebirge Seïr auf die Horiter. Die Rafaïter, Susiter und Emiter sind Namen für die Urbevölkerung des Ostjordanlandes[a]. Die **Rafaïter** sind »Riesen« der Vorzeit, ein Volk, so groß und zahlreich und hochgewachsen wie die Anakiter (5Mo 2,21), ihr Gebiet ist Baschan[b]. In Ammon nennt man die hochgewachsene Urbevölkerung die Samsummiter[c] oder die **Susiter,** und in Moab heißen sie **Emiter**[d].[239]

Die **Horiter,** mit denen die Gruppe der südlichen Völkerschaften beginnt, sind Nachkommen der Hurriter. Diese waren ursprünglich in den Gebirgszügen des oberen Tigris beheimatet. Bereits um 2500 v.Chr. begannen sie, in das Zweistromland einzudringen. Sie zogen auch nach Syrien, Kleinasien und Palästina. Noch zur Zeit der Amarna-Briefe (13./14. Jh. v.Chr.) gab es in Palästina Nachkommen der Hurriter. Einer der Stadtfürsten in Jerusalem hatte zu jener Zeit den hurritischen Namen »Diener der Hepat«. Hepat war eine hurritische Göttin.[240]

Die Horiter[e] waren die alte Bevölkerung des Gebirges Seïr[f] (= rauh, zottig) zwischen dem Toten Meer und El-Paran.[241]

El-Paran, wörtlich übersetzt: »mächtiger Baum von Paran«, entspricht, wie aus dem ersten Bestandteil des Wortes El zu schließen ist, **Elat**[g].[242] Elat ist bekannt aus dem Bericht vom Goldhandel Salomos (1Kö 9,26-28; 2Chr 8,17f) mit Ofir in Südarabien. Der Ausgangspunkt dieser Fahrten war Ezjon-Geber, das bei Elat am Ufer des »Schilfmeeres« bei Edom liegt. Das alte Elat oder El-Paran wurde nicht ausgegraben. Es ist wahrscheinlich im Bereich des heutigen Aqaba zu suchen.[243]

[a] 1Mo 15,19f Jos 17,15 2Sam 21,16-22 1Chr 20,4-8
[b] 5Mo 3,13
[c] 5Mo 2,20
[d] 5Mo 2,10-12
[e] 1Mo 36,20-30 5Mo 2,12.22 1Chr 1,38-42
[f] 1Mo 36,8f 5Mo 1,2 2,1.5 Jos 24,4 1Chr 4,42 2Chr 20,10.22f Sir 50,26
[g] 5Mo 2,8 1Kö 9,26

238 a.a.O., S. 257-261.
239 Odelain-Séguineau, S. 290.
240 Keel/Küchler/Uehlinger, Bd 1, S. 659.
241 Odelain-Séguineau, S. 327.
242 Westermann, Genesis I/2, S. 232.
243 Keel/Küchler, Bd 2, S. 281.

Nachdem die Ostkönige die Araba durchzogen und allen Widerstand gebrochen hatten, **schwenkten sie um und kamen nach En-** 7
Mischpat, das ist Kadesch, und schlugen das ganze Gebiet der Amalekiter und auch die Amoriter, die in Hazezon-Tamar wohnten.

Die Oase **En-Mischpat Kadesch** erstreckt sich über etwa 15 km am Nordwestfuß der südlichen Negebberge. Der erste Name En-Mischpat, »Quelle des Rechtsentscheides«, begegnet nur hier. Kadesch war ein Ort, an dessen Quellen Streitigkeiten ausgetragen und Rechtsentscheide eingeholt wurden (vgl. 2Mo 15,25). Um Kadesch im Süden von dem Ort Kadesch in Galiläa (Jos 20,7) zu unterscheiden, wird das südliche Kadesch »Kadesch-Barnea« genannt. Die Bedeutung des Oasengebietes liegt in seiner Relaisfunktion auf einer großen Straße von Palästina nach Ägypten.[244]

In Kadesch-Barnea gab es bereits in der Früh- und Mittelbronzezeit kleine Siedlungen. Die Väter hielten sich in Kadesch auf[h]. Zur Zeit der Volksbildung Israels war Kadesch einer der entscheidenden Orte[i]. Das Volk kam vom Moseberg durch die Wüste nach Kadesch. Von Kadesch, wo sie lange blieben, schickten sie Kundschafter aus, um das verheißene Land auszuspionieren. Vor der endgültigen Landnahme begann von Kadesch aus die vierzigjährige Wüstenwanderung (5Mo 1+2).

[h] 1Mo 16,14 20,1
[i] 5Mo 1,2.19-46 2,14; 9,23 Ri 11,16f Jdt 5,14

Kadesch war der Ort, an dem das Volk schuldig wurde. Es sträubte sich, Kanaan vom Süden her zu erobern (5Mo 9,22ff). In Kadesch wurde der Unglaube von Mose und Aaron offenbar (4Mo 20,22ff; 5Mo 32,50ff). Mirjam starb in Kadesch (4Mo 20,1). Zur Zeit der Ostkönige war das Oasengebiet von Kadesch in der Hand der Amalekiter und Amoriter.

Die Amalekiter sind ein Nomadenstamm im nördlichen Bereich der Sinaihalbinsel. Sie vermischten sich später mit den Nachkommen Esaus, worauf die Namengebung Amalek für einen der Söhne Esaus hinweist (1Mo 36,12). Von der Zeit des Mose an bestand eine nie endende Feindschaft zwischen Israel und den Amalekitern[k]. David bekämpfte die Amalekiter und unterwarf sie endgültig (2Sam 8,12).[245]

[k] 2Mo 17,8-16 5Mo 25,17-19 Ri 3,13 6,3.33; 7,12 10,12 Ps 83,8

Die Amoriter sind ein Teil der vorisraelitischen Bevölkerung Kanaans. Dem Volk Israel blieben sie als Riesen in Erinnerung, und noch Amos nennt sie hoch wie Zedern und stark wie Eichen.[246]

Hazezon-Tamar wird als Wohnort der Amoriter genannt. Wohnort bedeutet hier vermutlich soviel wie Ausgangspunkt für die halbnomadische Lebensweise der Amoriter. Als Halbnomaden war für sie die Oase Kadesch von besonderer Wichtigkeit. Der Ort Hazezon-Tamar (über-

[244] a.a.O., S. 178.
[245] Keel/Küchler/Uehlinger, Bd 1, S. 635f.
[246] Vgl. Einleitung, II. 2. Das Westland (Amuru) und die Amoriter.

setzt: »Kieshalde mit Palmen«) wird in 2Chr 20,2 mit En-Gedi identifiziert.

Nachdem die Ostkönige die Araba und das Gebiet um die Oase Kadesch durchkämmt und zurückerobert hatten, setzten sie zur Bestrafung der Rebellen im Siddimtal an.

2. Die Bestrafung der Rebellen: 14,8-12

8 Da zogen der König von Sodom, der König von Gomorra, der Kö-
nig von Adma, der König von Zebojim und der König von Bela, das
ist Zoar, aus und stellten sich im Siddimtal in Schlachtordnung
9 auf, * gegen Kedor-Laomer, den König von Elam; Tidal, den König
von Gojim; Amrafel, den König von Schinar; und Arjoch, den Kö-
10 nig von Ellasar: vier Könige gegen fünf. * Im Siddimtal aber war
eine Asphaltgrube an der anderen. Als nun die Könige von Sodom
und Gomorra fliehen mußten, fielen sie dort hinein. Die übrigen
11 aber flohen ins Gebirge. * Da nahmen sie die gesamte Habe von
12 Sodom und Gomorra sowie alle Lebensmittel und zogen ab. * Sie
nahmen auch Lot mit, den Neffen Abrams, und seine Habe; dieser
wohnte damals in Sodom.

Der Kampf zwischen den vier Ostkönigen und den fünf Stadtkönigen ist nicht geschildert. Die Unterlegenheit der Stadtkönige ist vorausgesetzt. Alle fünf werden in die Flucht geschlagen. Dabei werden zwei Fluchtwege genannt. Die Könige von Sodom und Gomorra fliehen in
10 Richtung der Asphaltgruben, die anderen ins Gebirge. **Im Siddimtal aber war eine Asphaltgrube an der anderen** ist eine Bemerkung, die dem geologischen Tatbestand entspricht.[247] Asphalt ist oxydiertes Erdöl, das in großen Mengen auf dem Grund des Toten Meeres vorhanden ist. Die Erdbeben von 1834, 1837 und 1927 haben im Toten Meer Asphaltmassen freigesetzt. In pechschwarzer mineralischer Gestalt stieg der Asphalt an die Oberfläche, wurde hart und schwamm auf dem See wie kleine Inseln.[248] Die Erwähnung der Asphaltgruben (1Mo 14,10) ist ein weiterer Hinweis dafür, daß das Tal Siddim am Südrand des Toten Meeres lag. Ein Blick auf die Geschichte des Toten Meeres zeigt, daß der Kampf der vier Ostkönige gegen den Fünf-Städte-Bund im Siddimtal stattgefunden haben kann.

Das Tote Meer ist in seiner heutigen Form etwa 12 000 Jahre alt. Sein »seichtes südliches Viertel ist noch erheblich jünger und vielleicht erst vor wenigen tausend Jahren entstanden«.[249]

[247] Westermann, Genesis I/2 S. 233.
[248] Keel/Küchler, Bd 2, S. 238.
[249] a.a.O., S. 237.

Der heute ca. 85 km lange und 17,5 km breite (so bei En-Gedi) Grabensee ist durch eine schuhförmige Halbinsel (hebräisch: *ha-laschon)* in zwei Teile geteilt. Das nördliche Becken erreicht eine Tiefe von 400 m, das südliche ist nur 2-6 m tief. Am Südufer geht das Tote Meer ohne klare Trennungslinie in Salzsümpfe über. Zur Zeit Abrams und Lots gehörte der südliche Teil des heutigen Toten Meeres noch zum Siddimtal. In dem mit zahlreichen Kleinstädten besiedelten Tal gab es weite Flächen mit Asphaltgruben. Der Asphalt, im Alten Testament unter den Namen *chemar, kopher* und *zephat* bekannt, wurde beim Schiffsbau (1Mo 6,14; 2Mo 2,3) und in Mesopotamien als Mörtel (1Mo 11,3) verwandt. Brennender Asphalt ist für Jesaja ein Bild des Gerichtes: »Da werden Edoms Bäche sich in Asphalt verwandeln und sein Staub in Schwefel, und sein Land soll zu brennendem Asphalt werden« (Jes 34,9).

Das Asphaltvorkommen auf dem Grund des Toten Meeres und der Handel mit Asphalt führten in hellenistischer Zeit dazu, das Tote Meer »Asphaltsee« zu nennen.

Die alttestamentlichen Namen sind »Meer der Steppe« *(jam ha-ʿarabah)*[l], »Salzmeer« *(jam ha-melach)*[m] oder aber »das östliche, das vordere, das erste Meer«[n].

Der Name »Totes Meer«, vermutlich schon von Pompeius Trogus (1. Jh. v.Chr.) benutzt, wird von dem Arzt Galenus (180 n.Chr.) aufgenommen und erklärt. Tot ist das Meer, da in seinem Wasser weder tierisches noch pflanzliches Leben entstehen kann. Die Kreuzfahrer gaben dem Toten Meer den Namen »Teufelsmeer«, da es sich in der Landschaft »voller Krümmungen und dunkel wie der Kamin der Hölle« erstreckt.[250]

[l] 5Mo 3,17 4,49 Jos 3,16 12,3 2Kö 14,25
[m] 4Mo 34,3.12 Jos 15,2.5 18,19
[n] Hes 47,18 Joe 2,20 Sach 14,8

Von den vor den Ostkönigen fliehenden Stadtkönigen von Sodom und Gomorra wird gesagt: Sie fielen in die Asphaltgruben. Die jüdische Auslegung seit Ibn Esra (1092-1167 n.Chr.) bezweifelt, daß die Könige von Sodom und Gomorra durch den Sturz in die Asphaltgruben ums Leben kamen. Ibn Esra übersetzte: »Sie ließen sich dort hinab.«[251] Benno Jacob hält die Formulierung: »sie fielen dort hinein« für eine humorvolle Bemerkung.[252] Arnold B. Ehrlich weist darauf hin, daß das Verb »hineinfallen« (hebräisch: *naphal*) auch von jemandem gebraucht werden kann, der sich absichtlich hinwirft. »Der Verfasser läßt die Könige von Sodom und Gomorra nicht mit ihren Verbündeten ins Gebirge fliehen, sondern auf dem Rückzug in den Gruben sich verstecken.«[253]

[250] a.a.O., S. 238-241.
[251] Zitiert nach Ehrlich, S. 55.
[252] Zitiert nach v. Rad, Mose, S. 149.
[253] Ehrlich, S. 55; vgl. Calvin, S. 148. Calvin hält es für möglich, daß die beiden Könige in den Asphaltgruben »Zuflucht« suchten.

Nach der Flucht der fünf Stadtkönige plünderten die Ostkönige die fünf Städte der Rebellen und deportierten die Bevölkerung. Dabei geriet auch der in Sodom ansässige Lot in Gefangenschaft.

3. Die Befreiung Lots: 14,13-16

13 Da kam ein Entronnener und meldete es Abram, dem Hebräer;
der wohnte damals unter den Terebinthen Mamres, des Amori-
ters, des Bruders Eschkols und des Bruders Aners, die waren mit
14 Abram verbündet. * Als Abram hörte, daß sein Bruder gefangen
weggeführt war, musterte er die erprobten Krieger, die in seinem
Hause geborenen, dreihundertachtzehn, und jagte nach bis Dan.
15 * In Gruppen aufgeteilt, überfiel er sie nachts, er und seine Knech-
te, und schlug sie und verfolgte sie bis Hoba, das nördlich von Da-
16 maskus liegt. * Und er brachte die gesamte Habe zurück, und auch
Lot, seinen Bruder, und dessen Habe brachte er zurück und auch
die Frauen und das Volk.

Ein Entronnener (wörtlich: der Entronnene) suchte Abram in Mamre auf, um ihn von der Gefangennahme Lots zu unterrichten. Der Artikel betont die Einzahl.[254] Ein einziger war entronnen. Er brachte Abram die Botschaft des Schreckens. Abram war in Mamre ein Fremder! Er verbündete sich mit den dort ansässigen Fürsten. Mamre, Eschkol und Aner sind Namen von Orten, die zur Zeit Abrams von den Amoritern[255] besiedelt waren. Das Tal bei Hebron, Eschkol, heißt soviel wie »Traubental«[o]. Der Name Aner für ein besiedeltes Gebiet in der Nähe von Mamre kommt nur hier vor.

[o] 4Mo 13,23f 32,9 5Mo 1,23-25

Die drei Verbündeten Abrams begegnen noch einmal in Vers 24. Sie sollen Anteil an der Beute bekommen. Dies setzt voraus, daß sie zusammen mit Abram loszogen, um Lot zu befreien.

Abram selbst konnte aus seinem Hausstand 318 Hausgeborene als erprobte Krieger »mustern«.[256] Wenn Abram von seinen hausgeborenen Sklaven 318 kriegstüchtige Männer aufbieten konnte, mußte er über einen Hausstand von mindestens 1 000 Mann verfügt haben.[257]

[254] König, Genesis, S. 473.

[255] Vgl. Einleitung II. 2. Das Westland (Amuru) und die Amoriter.

[256] Im hebräischen Text steht ein Verb, das wörtlich übersetzt soviel wie »ausleeren« bedeutet. Delitzsch erklärt deshalb die Stelle: Er zog seine Eingeweihten wie ein Schwert aus der Scheide oder wie einen Speer aus seiner Umhüllung (Delitzsch, S. 267f). Bereits die samaritanische Übertragung der fünf Bücher Mose (Codex Samaritanus) nimmt an, daß es sich um einen Schreibfehler handelt, bei dem zwei hebräische Buchstaben verwechselt wurden, und entscheidet sich für das Wort »mustern«; vgl. Westermann, Genesis I/2, S. 236. Vermutlich bedeutet auch die schwerere Lesart, »das Schwert aus der Scheide ziehen«, nichts anderes als »mustern«.

Zusammen mit seinen Verbündeten jagte Abram den Ostkönigen nach bis in den Norden Palästinas, nach Dan. Dan hatte bis zur Eroberung durch die Daniter im Zuge der Landnahme den Namen Lajisch (Jos 19,47; Ri 18,29). Es ist anzunehmen, daß ursprünglich im Text Lajisch stand, und daß ein späterer Abschreiber zu seiner Erklärung an den Rand den Namen Dan schrieb. Bei weiteren Abschriften ist dann die Randglosse in den ursprünglichen Text eingedrungen.[258] In Lajisch (Dan) angelangt, »teilte er sich über sie zur Nacht«, das heißt, Abram und seine Verbündeten überfielen das Heer nachts, **in Gruppen aufgeteilt.**[259] Das bei Nacht überraschte und fliehende Heer der Ostkönige verfolgten Abram und seine Verbündeten bis Hoba, nördlich von Damaskus. Die von den Ostkönigen deportierte Bevölkerung des Fünf-Städte-Bundes, einschließlich Lot mit seiner Familie, führte Abram zurück.

4. Die Begegnung im Tal der Könige: 14,17-24

17 Da zog der König Sodoms aus ihm entgegen, als er zurückkam von
dem Sieg über Kedor-Laomer und die Könige, die mit ihm waren,
18 in die Ebene Schawe, das ist das Königstal. * Und Melchisedek, der
König von Salem, brachte Brot und Wein heraus. Er war ein Prie-
19 ster des El Eljon. * Und er segnete ihn und sprach:
»Gesegnet sei Abram von El Eljon,
dem Schöpfer Himmels und der Erde,
20 *und gepriesen sei El Eljon,
der deinen Feind in deine Hand gegeben hat.«
21 Da gab jener ihm den Zehnten vom allem. * Da sagte der König
von Sodom zu Abram: »Gib mir die Leute, die Habe behalte für
22 dich.« * Abram aber sprach zu dem König von Sodom: »Ich erhebe
meine Hand zu Jahwe, zu El Eljon, dem Schöpfer Himmels und
23 der Erde: * Nicht einen Faden, noch einen Schuhriemen, über-
haupt nichts von dem, was dir gehört, nehme ich, damit du nicht
24 sagen kannst: Ich habe Abram reich gemacht. * Ich mag nichts!
Nur was die Krieger verzehrt haben und den Anteil der Männer,
die mit mir gezogen sind, Aner, Eschkol und Mamre, die mögen
ihren Anteil nehmen.«

In der Ebene Schawe, im Königstal, kam es zur Begegnung zwischen Abram und Melchisedek, dem König von Salem. Zeuge dieses Zusammenstreffens war der König von Sodom.

[257] Zimmerli; nach Westermann, Genesis I/2, S. 236.
[258] Delitzsch, S. 268; vgl. Hertz (Hg.), S. 52.
[259] Westermann, Genesis I/2, S. 237.

(1) Zur Geschichte der Namen: »Tal der Könige« und »Salem«

17 **Schawe** oder das **Königstal** ist das Kidrontal. Schawe heißt soviel wie »Tal«, »Ebene«.[260] Noch zur Zeit Abschaloms hieß das Kidrontal »Königstal«. Abschalom baute sich im Königstal, zwei Stadien von Jerusalem entfernt, ein Denkmal (2Sam 18,18). Nach Josephus war dies eine Marmorsäule, die erst zur Zeit des zweiten Tempels durch das heutige Abschalomdenkmal ersetzt wurde.[261]

Das Kidrontal war eines der drei Täler, die den Stadtstaat Jerusalem umgaben. Das alte Jerusalem war eine an drei Seiten von tiefen Schluchten und steilen Abhängen begrenzte »Felsenhalbinsel«.[262] Westlich der alten Stadt lag das Tyropöontal (Josephus: »Käsemachertal«; heute: »Stadttal«) und östlich der Stadt das Kidrontal[p]. Am Südende der Stadt vereinigen sich das Tyropöon- und das Kidrontal. Die Spitze der Felsenhalbinsel trifft auf das Hinnomtal[q]. Der Name Königstal geht zurück auf die Begegnung Melchisedeks, des Stadtkönigs von Jerusalem, und des Königs von Sodom mit Abram und den Fürsten aus der Gegend von Hebron.[263]

[p] 2Sam 15,23 Joh 18,1
[q] Jos 15,8 18,16

18 **Salem,** die Stadt Melchisedeks, ist Jerusalem. Der altkanaanäische Name für Jerusalem lautet: »Urusalim«. Der erste Teil des Namens *uru* bedeutet soviel wie »Stadt«, »Gründung«; »Salim« war ein Gottesname. Jerusalem ist demnach die »Gründung, bzw. die Stadt des Gottes Salim«.[264] Da der Göttername »Salim« mit »Heil« übersetzt werden kann, gaben bereits in dunkler Vorzeit die Kanaanäer Jerusalem den Namen »Stadt des Heils«, ohne zu ahnen, in welcher Weise dieser Name in der Geschichte Jerusalems seine Erfüllung finden sollte. In den Psalmen wird die aus dem Bericht der Begegnung von Abram und Melchisedek bekannte Kurzform »Salem« mit »Zion« (Ps 76,3) gleichgesetzt.

Die hebräische Sprache kennt ein dem altkanaanäischen *salim* gleichlautendes Adjektiv, *salam,* übersetzt: »ganz, unversehrt, friedlich«. Die griechische Übersetzung hat deshalb *salem* mit Friede (griechisch: *eirene)* übertragen. So kam es zur Bezeichnung Jerusalems als »Stadt des Friedens«. Die gräzisierte Form des Namens Jerusalem, »Hierosolyma«, erinnert die griechisch sprechende Welt an den Begriff *hieros,* »heilig«. Jerusalem ist die »heilige Stadt« *(hagia polis).*[265]

Jerusalem liegt ungefähr 50 km vom Mittelmeer und etwa 20 km

[260] Westermann, Genesis I/2, S. 238.
[261] Delitzsch, S. 269.
[262] Kroll, S. 140.
[263] Keil, Genesis, S. 135.
[264] Fohrer, S. 296f.
[265] Kroll, S. 135; Schedl, Bd III, S. 199.

vom Toten Meer entfernt. Die einzige lebendige Quelle in der unmittelbaren Nähe Jerusalems ist die Gihonquelle[r] (Marienquelle). Durch Schacht- und Kanalanlagen gelang es den Einwohnern von Jerusalem seit über 3000 Jahren, diese Quelle zu nutzen. Die nächste Quelle liegt 650 m südlich des Gihon, die sogenannte Rogelquelle[s] (Hiobs- oder Nehemiabrunnen).[266]

[r] 1Kö 1,33.38.45 2Kö 20,20 2Chr 32,30 33,14
[s] Jos 15,7 2Sam 17,17

Jerusalem gehört zu den ältesten besiedelten Plätzen in Palästina.

Auf dem Tell Mardik zwischen Aleppo und Hama in Nordsyrien wurde das alte Ebla ausgegraben. Ebla war die Hauptstadt eines Reiches, das über den Libanon und Palästina bis in den Süden des Sinai reichte. Zu den Funden auf dem Tell Mardik gehören ca. 15000 Tontafeln aus der Frühen Bronzezeit - die sogenannten Archive von Ebla. Auf einer der Tafeln werden die Städte Hazor, Megiddo, Lachisch, Gaza und *Urusalim* erwähnt.

Bei Ausgrabungen auf dem Südosthügel Jerusalems stießen Archäologen auf Spuren einer Besiedlung im 3. Jahrtausend v.Chr.[267]

Aus ägyptischen Quellen ist bekannt, daß der Stadtstaat Jerusalem im 19. Jahrhundert v.Chr. gegen die ägyptische Vorherrschaft rebellierte. Jerusalem wurde damals von zwei Fürsten regiert. Der Machtbereich der Pharaonen des sogenannten Mittleren Reiches (2040-1785 v.Chr.) erstreckte sich im Nildelta Ägyptens bis zum 2. Katarakt, im Westen bis nach Libyen und im Norden über den größten Teil der syrisch-palästinischen Landbrücke. Damals herrschte der Brauch, daß Rebellen des Untertanenlandes auf folgende Weise geächtet wurden: In einer symbolischen Handlung wurde ein Tongefäß zerschlagen, auf dem der Name der Aufständischen geschrieben war. Auf einer in Theben aufgefundenen Tonscherbe konnte folgender Text rekonstruiert werden: »Der Herrscher von Jerusalem, namens Equam, und alle Vertrauten, die mit ihm sind, und der Herrscher von Jerusalem, namens Ssam, und alle Vertrauten, die mit ihm sind, alle Menschen von Jerusalem . . ., die rebellieren werden, die Ränke spinnen werden, die kämpfen wollen, die Rebellion planen in diesem Lande: sterben sollen sie!«[268]

Jerusalem hatte schon eine tausendjährige Geschichte, als Abram die syrisch-palästinische Landbrücke durchzog. Abram zeltete in der Nähe von Sichem und Bet-El, in Mamre, und in der Gegend von Beerscheba. Es ist nicht bekannt, daß er jemals den selbständigen Stadtstaat Jerusalem betreten hat. Auf seinem Rückzug aus dem Feldzug gegen die Könige des Ostens ging ihm der König Salems, Melchisedek, entgegen.

266 Maas, Jerusalem, Sp. 593/94.
267 Kroll, S. 135.
268 a.a.O., S. 133f.

(2) Melchisedek, der König von Salem

[t] Ps 110,4 Hebr 5,6.10 6,20 7,1.11.17

Melchisedek[t] ist ein altkanaanäischer Name und heißt übersetzt: »Mein König ist Gerechtigkeit.«[269] Zur Zeit der Landnahme gab es in Jerusalem einen König mit Namen »Adonisedek«, »Mein Herr ist Gerechtigkeit« (Jos 10,1). Der Begriff *sedek*, mit dem die beiden Königsnamen gebildet sind, kann die Eigenschaft des Gottes beschreiben, dem die Könige von Jerusalem dienen. Der Gott der Jerusalemer Könige war der Gott des Heils[270], El Eljon, der Gott des Himmels und der Erde.[271]

Anders war dies zur Zeit Echnatons (1353-1336 v.Chr.). Damals herrschte in Jerusalem der Stadtkönig Abdi-Chepa. Der hurritische Name Abdi-Chepa heißt »Diener der Hepat«. Hepat war eine hurritische Göttin. Demnach wurden im 14./13. Jahrhundert v.Chr. in Jerusalem heidnische Götter verehrt. Der in Tell el-Amarna gefundene Brief des Abdi-Chepa aber läßt einen alten Jerusalemer Hofstil erkennen. Scin Inhalt erinnert an den großen König von Salem, Melchisedek. Abdi-Chepa schrieb über sich: »Mich hat nicht mein Vater und nicht meine Mutter gesetzt an diesen Ort; die mächtige Hand des Königs hat mich hereingeführt in das Haus meines Vaters.«[272]

Dem Verfasser des Hebräerbriefes muß eine Geschichte Melchisedeks bekannt gewesen sein, nach der dieser weder durch seinen Vater noch durch seine Mutter König von Jerusalem geworden ist. Er schreibt von Melchisedek: »Er hat keinen Vater und keine Mutter, keine Ahnenreihe, weder einen Anfang seiner Tage noch ein Ende seines Lebens, gleicht vielmehr dem Sohne Gottes: er bleibt Priester für immer« (Hebr 7,3). Vater- und mutterlos sind einmal die Waise und das Findelkind, zum andern der, dessen Stammbaum unbekannt ist.[273] Für den Verfasser des Hebräerbriefes hat der Bericht über Melchisedek, den Priesterkönig der Urzeit, eine »messianische Spitze«.[274] Die geschichtliche Gestalt des Melchisedek ist zugleich das Urbild des Messias, das heißt, Melchisedek, der König von Salem zur Zeit Abrams, weist über sich selbst hinaus. Sein Handeln und Reden sind ein Vorspiel, ein Ansatz, der erst in Jesus Christus zur Erfüllung kommt.[275]

Für den Verfasser des Hebräerbriefes ist Jesus der Hohepriester »nach der Ordnung Melchisedeks« (Hebr 5,5f; vgl. Ps 110,4). Das heißt, er ist nicht Hoherpriester nach der Ordnung Aarons. Als Abram dem

[269] Michel, Melchisedek, S. 573, Anm. 1.
[270] Vgl. Westermann, Genesis I/2, S. 240.
[271] Vgl. unten: Melchisedek, ein Priester des El Eljon.
[272] Zitiert bei Michel, Melchisedek, S. 573, Anm. 1.
[273] Michel, Hebräer, S. 261.
[274] a.a.O., S. 263.
[275] Zur typologischen Auslegung des Alten Testaments vgl. Exkurs I, Bräumer, 1. Teil, S. 101.

Melchisedek begegnete, war Levi noch nicht geboren. Im Gegensatz zum Priestertum Aarons, das geschichtlich begrenzt ist, ist das Priestertum nach der Art Melchisedeks, das Hohepriestertum Christi, ewig.[276] »Melchisedek heißt: Auflösung des jüdischen Kultus und Gesetzes; er ist Person, Hinweis und Ordnung, Ur- und Endgeschichte zugleich, göttlicher Heilsplan und menschliche Vollendung.«[277]

Die jüdischen Ausleger gehen einen anderen Weg. Nach ihnen wird Melchisedek das Priestertum genommen und Abram übertragen. Melchisedek ist für das Rabbinat ein Glied in der Traditionskette Noah - Sem = Melchisedek - Abram - Aaron. Erst nach dem Jahre 250 n.Chr. gibt es auch im Judentum eine messianische Deutung.[278] Melchisedek ist in spätjüdischen Texten eine Gestalt des Messias, der Erzengel Michael, der Prophet Elia oder der Hohepriester der Endzeit.[279]

Die Engeldeutung wurde auch von den Kirchenvätern übernommen (Ambrosius, Origenes, Hieronymus).

Andere Ausleger der Alten Kirche sahen in Melchisedek eine Fleischwerdung des Heiligen Geistes oder gar eine erste Fleischwerdung des Sohnes Gottes.

Für Josephus (37/38 - ca. 100 n.Chr.) war Melchisedek niemand anderes als ein kanaanäischer Fürst. Josephus nahm an, Melchisedek habe Jerusalem gegründet, später schloß Melchisedek dann einen Bund mit Abram.[280]

(3) Die Begegnung zwischen Melchisedek und Abram

Melchisedek verließ die Stadt, ging Abram entgegen und brachte ihm Brot und Wein.

Speise und Trank sind Zeichen der Freundschaft und Gastfreundschaft. Dem Flüchtling brachte man in alttestamentlicher Zeit Wasser und Brot (Jes 21,14). Der siegreiche Krieger bekam statt Wasser Wein.[281] »Brot und Wein, so tut man dem durch Kampf Ermatteten; und zeigt ihm damit, daß er nichts im Herzen gegen ihn habe.«[282]

Melchisedek **war ein Priester des El Eljon.** El ist der Name, mit dem **18b**
Gott bei Babyloniern, Assyrern, Phöniziern und anderen Völkern angerufen wurde.[283] Der Hebräer nennt Gott immer dann El oder Elohim,

[276] Goppelt, S. 193-199.
[277] Michel, Melchisedek, S. 575.
[278] Strack/Billerbeck, IV/1, S. 452-465, bes. 458.
[279] Michel, Hebräer, S. 257f.
[280] a.a.O., S. 258.
[281] Procksch, S. 511.
[282] Raschi, S. 35.
[283] Dillmann, S. 243.

wenn er den Gott des gesamten Alls, den Gott der Völker und der physischen Welt meint.[284] El Eljon heißt »der hohe Gott«.[285] Die Übersetzung »der höchste Gott« ist mißverständlich, denn »der hohe Gott« ist nicht der »höchste« im Vergleich zu andern Göttern, sondern der »absolut Einzige«.[286] Er ist der »Eine, Allerhabene«[287], für den es keinerlei Grenzen gibt.[288]

Melchisedek ist mitten im kanaanäischen Heidentum Monotheist, ein Repräsentant des ursprünglichen Glaubens an den einen und wahren Gott, vergleichbar mit Henoch und Noah. Henoch und Noah lebten in großer Unmittelbarkeit zu Gott - sie wandelten mit Gott (1Mo 5,22.24; 1Mo 6,9). Melchisedek lebte noch im Gottesverhältnis der Urzeit, in der sogenannten »Urreligion, die sich in Jerusalem trotz allen Heidentums gehalten hat«.[289] Vermutlich war Jetro, der »Priester Midians« (2Mo 3,1), der letzte Zeuge der Religion der Urzeit. Als Jetro von der Befreiung Israels aus der Sklaverei Ägyptens gehört hatte, rief er aus: »Gepriesen sei Jahwe« (2Mo 18,10).

Die Vorfahren Abrams waren in Mesopotamien in die Abgötterei geraten. Gott rief Abram aus seinem alten Leben heraus. Melchisedek war »ein rechter Anbeter des höchsten Gottes«[290] geblieben. In der Begegnung im Königstal hatte Abram den Glauben Melchisedeks an den einen Gott erkannt. In seinem Schwur vor dem König Sodoms nennt Abram Gott El Eljon, »hoher Gott«, und gleichzeitig Jahwe. Der Gottesname Jahwe war Abram trotz des Abfalls seiner Vorfahren zum Götzendienst nicht unbekannt. »Jahwe«, der Erlösername Gottes, war nie in Vergessenheit geraten! Zur Zeit Enoschs »fing man wieder an, den Namen Jahwes anzurufen« (1Mo 4,26).[291] Das bis in die Urzeit zurück-
22 reichende Wissen ermöglichte es Abram zu sagen: **»Ich erhebe meine Hand zu Jahwe.«** In späterer Zeit nennen die Väter Gott mit den Namen El Schaddai (1Mo 17,1), El Olam (1Mo 21,33), El Elohe Israel (1Mo 33,20) und El Bet-El (1Mo 35,7).[292] »Melchisedek, von welchem wir weder Woher noch Wohin wissen, ist mitten in heidnischer Umgebung ein Träger vorheidnischen Glaubens, ein Diener des allerhabenen Gottes, . . . der nach altphönikischer Sitte mit dem Amt des Königs das Amt des

284 Siehe die Auslegung zu 1. Mose 1,1, Bräumer, 1. Teil, S. 37.
285 Procksch, S. 511.
286 Delitzsch, S. 270.
287 Lange, S. 215.
288 Hirsch, Psalms, Bd II, S. 57.
289 Procksch, S. 461+511.
290 Calvin, S. 150.
291 Vgl. Einleitung IV. 1., Bräumer, 1. Teil, S. 22; außerdem die Auslegung zu 1. Mose 4, 26, a.a.O., S. 137-139; siehe auch die Auslegung zu 1. Mose 17,1.
292 Zur Erklärung der Gottesnamen siehe die jeweiligen Stellen.
293 Delitzsch, S. 271.

Priesters in sich vereinigt und deshalb ausdrücklich Priester genannt wird.«[293] Melchisedek trägt in seinen Händen Abram, dem erschöpften Befreier des Landes, Brot und Wein entgegen, »aber es sind die Hände des Priesters, die Brot und Wein bringen, und von Speise und Trank ist der Segen nicht zu trennen«.[294]

Melchisedek segnete Abram mit den Worten:

»Gesegnet sei Abram von El Eljon, 19
dem Schöpfer Himmels und der Erde,
***und gepriesen sei El Eljon,** 20a
der deinen Feind in deine Hand gegeben hat.«

Die Segensworte Melchisedeks sind eine sogenannte »Doppelberaka«, das heißt, das Wort »segnen« (hebräisch: *barak)* kommt zweimal vor, einmal in der Bedeutung von »segnen« und dann in der von »loben«.[295] Der Segen ist die Bewegung, die von Gott ausgeht. Das Lob steigt vom Menschen zu Gott auf. Im Segenswort des Melchisedek sind die zwei Grundbestandteile des Gottesdienstes enthalten: der Segen und das Gotteslob. Segnen heißt ursprünglich »mit Kraft begaben«.[296] Melchisedek fleht auf Abram die Kraft Gottes, des Schöpfers Himmels und der Erde, herab, zugleich aber preist er Gottes Allmacht mit »gewaltigen Worten huldigenden und anbetenden Dankes«.[297]

Melchisedek erhält von Abram den Zehnten. Abram erkennt Mel-
chisedek als Priester des wahren Gottes an und gibt **ihm den Zehnten** 20b
von allem.

Der Zehnte ist eine regelmäßige Abgabe an einen König oder Priester. Der Name besagt, daß ein »Zehntel« des Gewinns, des Ackerbauertrages und der Viehwirtschaft und beim Übergang der Natural- zur Geldwirtschaft auch des finanziellen Gewinns, abzugeben ist. Der Zehnte kommt überall in der Welt vor: bei Griechen, Römern, Babyloniern und Iranern. Auch Phönizier und Karthager kannten den Zehnten, und den Vätern Israels war der Brauch, den Zehnten zu geben, bereits von den Kanaanäern bekannt.[298] Die Abgabe des Zehnten durch Abram an Melchisedek, den Priesterkönig von Jerusalem, ist eine Vorabbildung für die späteren regelmäßigen Abgaben der Israeliten an den Jerusalemer Tempel". Da Abram die den Ostkönigen abgejagte Beute nicht als sein Eigentum ansieht, kann er von dieser auch keine Abgabe geben.[299] Der »Zehnte von allem« bedeutet der »Zehnte von

" 4Mo 18,21ff 5Mo 14,22ff 26,12ff

[294] Westermann, Genesis I/2, S. 242.
[295] Delitzsch, S. 270.
[296] Westermann, Genesis I/2, S. 242.
[297] Delitzsch, S. 270.
[298] Eißfeldt, RGG VI, Sp. 1877 + 1878.
[299] Procksch, S. 511.

dem Gut seines Hauses«.[300] Abram entrichtet von Mamre aus seinen Zehnten nach Jerusalem, wie später Jakob seinen Zehnten nach Bet-El abführt (1Mo 28,22).

Die Bedeutung der Zehnzahl hängt in Israel wie bei andern Völkern mit dem ursprünglichen Zählen nach den Fingern der beiden Hände zusammen. Im Alten Testament ist die Zehnzahl »bevorzugte Zahl für ein abgerundetes Ganzes«.[301] Gott faßt seinen Willen zusammen in zehn Geboten (2Mo 20,1-17; 5Mo 5,6-21). Stufenweise offenbaren die zehn Plagen die Macht Gottes (2Mo 7-11). In der Epoche vor der Flut lebten zehn Partriarchen (1Mo 5). Die Zehnzahl spielt eine Rolle bei den Maßen der Arche, der Stiftshütte und des Tempels (1Mo 6,15; 2Mo 26,27; 1Kö 6,2f).

Der Zehnte ist die heilige Abgabe an Gott. Jakob gelobt, Gott treu den Zehnten zu geben (1Mo 28,22). Die Begründung der Vorschrift, Gott den Zehnten zu geben, lautet, »damit du den Herrn, deinen Gott, allezeit fürchten lernst« (5Mo 14,23). Im palästinischen Judentum gab es den sogenannten »Armenzehnt«, mit ihm wurden vornehmlich Witwen und Waisen, später dann auch verarmte Priester und Leviten unterstützt.[302] Das Zehntgebot ist zwar im Neuen Testament nicht ausdrücklich erneuert, dennoch ist das Geben des Zehnten eine gute biblische Sitte.

(4) Abram und der König von Sodom

Der König von Sodom zog Abram, dem heimkehrenden Sieger, bis ins Tal der Könige entgegen. Er wurde Zeuge des Geschehens zwischen Melchisedek und Abram. Er wollte die von den Ostkönigen deportierten und von Abram befreiten Bewohner des Siddimtales zurückführen. Gleichzeitig war er entschlossen, Abram die gesamte Beute zu überlassen. Als Sieger hatte Abram ein Recht auf die Beute. Er verweigerte jedoch die Annahme der Beute mit einem feierlichen Schwur. Abram wollte nicht das Geringste für sich nehmen.

23 Den Verzicht auf die Beute begründete Abram: »Ich nehme nichts von dem, was dir einmal gehörte, **damit du nicht sagen kannst: Ich habe Abram reich gemacht.«** Die Beute, die Abram den Ostkönigen abgejagt hatte, war ursprünglich Besitz des Königs von Sodom. Dieser aber war nicht der Feind Abrams. Um jede Art von Bindung an den König von Sodom zu vermeiden, verzichtete Abram auf die Beute.[303] Abram wollte dem König von Sodom in keinem Punkt verpflichtet sein. Mit

300 Calvin, S. 152 und Luther, Ersten Moses, Bd I, S. 281f.
301 Hauck, S. 35.
302 Bammel, S. 899+890.
303 Westermann, Genesis I/2, S. 239.

dem »Stolz des freien Mannes«[304] erklärte Abram: Bei der Verteilung der Beute scheide ich aus. Meine Bundesgenossen aber dürfen durch diese meine Entscheidung nicht bestraft werden[305]; sie sollen ihren Beuteanteil bekommen.

Die Haltung Abrams ist richtungweisend für alle seine Nachkommen. Die Nachkommen Abrams strecken ihre Hände nicht nach dem Eigentum ihrer Feinde aus[v].

Abram bekräftigte seine Rede mit einem feierlichen Schwur. Es ist die erste Erwähnung eines Schwures bei Gott. Abram erhob die Hände[w] zu Gott hin und rief Gott als Zeugen an. Der Schwur ist »zum Bedürfnis geworden, seit die Sünde das Wechselverhältnis unbedingten und ungetrübten Vertrauens zwischen den Menschen und zwischen Gott und den Menschen zerstört hat«.[306] Im Schwur sagt der Mensch: Was ich behaupte, ist wahr, so wahr, daß ich Gott anrufen darf, Zeuge dafür zu sein. »Der Schwörende setzt Gott in das eigene Sagen ein.«[307] Der Mensch verknüpft seine eigene Wahrhaftigkeit mit der Wahrheit Gottes. Er fordert in seinem Schwur Gott auf, über das Einhalten des Versprochenen zu wachen. Der Nachsatz des Schwures müßte eine Selbstverwünschung beinhalten für den Fall, daß der Schwörende sein Versprechen nicht hält.[308] Abram scheute sich, die Selbstverfluchung auszusprechen. Sie ist aber im hebräischen Text durch ein kleines Wort (hebräisch: *im)* angedeutet. Die Verwünschung beginnt sonst mit den Worten: »Wenn nicht (hebräisch: *im)* . . ., soll mir das und das geschehen.«[309]

[v] Est 9,10.15f
[w] 5Mo 32,40 Dan 12,7

VI. ZEICHEN, GLAUBE UND SCHWUR: 15,1-21

Gott bestätigt Abram durch ein Zeichen die Verheißung einer zahlreichen Nachkommenschaft. In einem Schwur sichert er Abram die Erfüllung der Landverheißung zu.[310] Das Zeugnis vom Glauben Abrams steht zwischen den beiden Verheißungen der Nachkommenschaft und des Landes.[311] Es ist ein Wort von »großer theologischer Dichtigkeit«.[312]

304 Procksch, S. 510.
305 Hertz (Hg.), S. 53.
306 Delitzsch, S. 271.
307 Guardini, S. 87.
308 Gunkel, S. 288.
309 Zum Schwören vgl. die Auslegung zu Kapitel 15.
310 Westermann, Genesis I/2, S. 255.
311 Westermann, Arten der Erzählungen, S. 59.
312 v. Rad, Mose, S. 155.

Obgleich es im Text heißt: »An jenem Tag schnitt Jahwe einen Bund mit Abram (hebräisch: *karat berit*, V. 18)[313], ist Kapitel 15 kein Bericht über den Bundesschluß Gottes mit Abram. »Bund« (hebräisch: *berit*) hat im Hebräischen zwei Bedeutungen. Es ist einmal der Bundesschluß, ein Wechselgeschehen zwischen zwei Partnern oder zwischen Gott und einem Menschen, bzw. einem Volk[314], zum andern aber die »feierliche Zusage«, die »Verpflichtung«, die »Selbstverpflichtung«.[315] Gott ist in Kapitel 15 nicht Partner in einem Bundesverhältnis, sondern der Alleinhandelnde. Er verpflichtet sich, Abram gegenüber seine Zusage zu halten. Er untermauert seine Verheißung durch ein Zeichen und durch einen Schwur.

1. Das Zeichen Gottes: 15,1-5

1 Nach diesen Ereignissen erging das Wort Jahwes an Abram in ei-
ner Vision: »Fürchte dich nicht, Abram, ich bin dein Schild, dein
2 Lohn wird sehr groß sein.« * Und Abram sprach: »Herr, Jahwe, was
kannst du mir geben? Ich muß doch kinderlos dahingehen. Mein
Erbe wird der in meinem Haus geborene Knecht Eliëser von
3 Damaskus sein.« * Und Abram sprach: »Ach, du hast mir keine
Nachkommen gegeben, darum wird ein Knecht meines Hauses
4 mein Erbe sein.« * Da erging das Wort Jahwes an ihn: »Dieser soll
nicht dein Erbe sein, sondern einer, den du selbst zeugen wirst, der
5 soll dein Erbe sein.« * Darauf führte er ihn ins Freie und sprach:
»Blicke zum Himmel auf und zähle die Sterne, ob du sie zählen
kannst!« Und er sprach zu ihm: »So wird deine Nachkommenschaft
sein.«

Abram war reich (1Mo 13,2.6). Er war ein erfolgreicher Krieger (1Mo 14). Die Verheißung der zahlreichen Nachkommenschaft aber war noch nicht erfüllt (1Mo 12,2; 13,15f). In dieser Situation begegnete Gott Abram in einer Vision. Zuvor hatte Gott unmittelbar oder durch einen Boten mit Abram geredet. Jetzt aber gab Gott Abram Einblick in seine Pläne durch ein Wortgeschehen[a], verbunden mit einem Gesicht, einer Vision. Inhalt der Vision war die 400 Jahre dauernde Fremdlingschaft der Nachkommen Abrams in Ägypten (1Mo 15,13-16). Die Offenbarung Gottes durch eine Vision ist an keine Tageszeit gebunden.[316] Eine Vision ist »das Sehen in die Ferne«.[317]

[a] 1Sam 15,10 2Sam 7,4 24,11 1Kö 12,22 16,1; 17,2.8 18,31; 21,17

[313] Siehe die Auslegung zu 1. Mose 15,18.
[314] Siehe die Auslegung zu 1. Mose 22.
[315] Westermann, Genesis I/2, S. 127.
[316] Delitzsch, S. 273.
[317] Hirsch, Genesis, S. 253.

Gott läßt Abram »mit einem geistigen Blick in das anderen Menschen Verborgene eindringen«.[318] Der Nachkommenschaft Abrams wird eine große Leidenszeit bevorstehen. Sie werden unter noch viel schwereren Bedingungen als Abram in der Fremde leben.[319]

Das an Abram ergehende Wort Gottes beginnt mit dem Ermuti- 1
gungsruf: **»Fürchte dich nicht!«**[b] Eine Offenbarung Gottes durch Wort
und Vision war für jeden, der sie erlebte, »höchst furchterregend«.[320]
Abram soll dem tief im Menschen verwurzelten Erschrecken bei der
Offenbarung Gottes nicht Raum geben[c]. Er braucht sich nicht zu fürchten vor dem, was kommen wird. Er muß auch nicht »befürchten, daß Gott ihn vielleicht nicht mehr für die alte Bestimmung, die Menschheit durch seine Nachkommen aus der Verirrung zu erlösen, würdig« halte.[321] Über allem, was geschehen wird, steht das Trostwort: **»Ich bin dein Schild, dein Lohn wird sehr groß sein.«** Schild ist ein Bild des Trostes[d]. Der Schild war eine tragbare Schutzwehr des Kriegers vor der Erfindung des Schießpulvers. Der Kämpfende schützt mit einem Schild aus Holz, Flechtwerk, Leder oder Metall seinen Körper. Er führt den Schild mit dem linken Arm. Gott ist Schild heißt: Gott läßt es nicht zu, daß die Pfeile, die zeitweise bedrohlich auf den Menschen niederprasseln, diesen töten oder völlig vernichten.[322]

Lohn, Verdienst[e], ist keine göttliche Gegenleistung, für die Abram eine Vorleistung erbracht hätte. Der Lohn ist »freie Gabe Gottes«.[323] Nicht Abram spricht vom Lohn, sondern Gott.[324]

[b] 2Mo 14,13 20,20 5Mo 1,21.29 Jos 8,1 1Sam 4,20 1Kö 17,13 Jes 7,4 Jer 1,8 Mt 1,20 Lk 1,13.30 2,10 Offb 1,17 2,10
[c] 1Mo 21,17 26,24 46,3
[d] 5Mo 33,29 Ps 3,4 28,7; 33,20
[e] Jes 40,10 62,11 Jer 31,16

Abram will sich nicht mehr mit einer allgemeinen Verheißung begnügen. Er möchte endlich Genaueres über die ihm zugesagten Nach-
kommen wissen. Mit der Gebetsanrede **»Herr, Jahwe«** eröffnet Abram 2
eine doppelte Klage. Sie beginnt jeweils mit den Worten: Und Abram sprach (V. 2+3). Es ist »keine Anklage, sondern eine Klage«[325], ein Klagegebet: **»Herr, Jahwe, was kannst du mir geben? Ich muß doch kinderlos dahingehen. Mein Erbe wird der in meinem Haus geborene Knecht Eliëser von Damaskus sein.«** Als Kinderloser trägt Abram so schweres Leid, daß es für ihn keine Freude mehr geben kann: Was könnte ihm Gott schenken? Resigniert stellt Abram fest: Ich »geh dahin«, das heißt, ich sterbe[f] als Kinderloser. Für Abram bedeuten Kinder soviel wie Zukunft. Ein Leben, das mit einem kinderlosen Vater abbricht, ist

[f] 1Mo 25,32 2Chr 21,20 Ps 39,14

[318] a.a.O., S. 253.
[319] Siehe die Auslegung zu 1, Mose 15,13.
[320] v. Rad, Mose, S. 154.
[321] Hirsch, Genesis, S. 254.
[322] Hirsch, Psalms, Bd I, S. 18.
[323] v. Rad, Mose, S. 154.
[324] Hirsch, Genesis, S. 255.
[325] Procksch, S. 108.

kein heiles Leben. »Keinen Sohn haben bedeutet nicht keinen Erben haben, sondern keine Zukunft haben.«[326]

Abram weist mit einer »schlechterdings unübersetzbaren«[327] Formulierung auf den Knecht seines Hauses hin: »Eliëser, der in meinem Haus geboren ist, ein Sohn aus Mesek, das ist Damask« (Versuch einer wörtlichen Übersetzung). Es ist anzunehmen, daß Abram mit Eliëser einen Kontrakt geschlossen hatte in der Form eines Vertrages, wie er aus Texten des 15. Jahrhunderts v.Chr. bekannt ist. Ein Sklave konnte bei Kinderlosigkeit adoptiert werden. Er verpflichtete sich, für ein würdiges Begräbnis des Erblassers zu sorgen. Mesek und Damask sind vermutlich Hinweise auf den Ort oder die Gegend, in der Eliëser im Haus Abrams geboren wurde. Die Erwähnung einer Gegend um Damaskus hat wohl kaum den Sinn, auf die aramäische Herkunft Abrams hinzuweisen.[328] Wahrscheinlich ist, daß Abram in seiner Klage beweint, daß sein Hab und Gut über Eliëser in ein Land zurückgeführt wird, das ihm nicht von Gott verheißen war.[329]

Der zweite Teil der Doppelklage ist einfacher und verständlicher.
3 **Und Abram sprach: »Ach, du hast mir keine Nachkommen gegeben,
darum wird ein Knecht meines Hauses mein Erbe sein.«** Die Antwort
Gottes auf die zweiteilige Klage Abrams ist ebenfalls eine doppelte. Er-
stens weist Gott die Einwände Abrams zurück, indem er ihm die Geburt
eines leiblichen Sohnes zusagt. Zweitens bekräftigt Gott die Verhei-
4 ßung durch ein Zeichen: **»Dieser soll nicht dein Erbe sein, sondern ei-
5 ner, den du selbst zeugen wirst, der soll dein Erbe sein.« * Darauf führ-
te er ihn ins Freie und sprach: »Blicke zum Himmel auf und zähle die
Sterne, ob du sie zählen kannst!« Und er sprach zu ihm: »So wird deine
Nachkommenschaft sein.«**

In der Schöpfungsgeschichte sind die Sterne am Himmel »Merkzeichen« zur Bestimmung von Festzeiten sowie zur Zählung von Tagen und Jahren (1Mo 1,14). Für Abram soll die Fülle der Sterne am Himmel Hinweis für die Unzählbarkeit seiner Nachkommen sein. Gott sprengt den engen Horizont des Menschen, wenn er diesen auffordert, in den weiten Himmel seines Schöpfungswirkens aufzuschauen[g]. Für Abram ist der Sternenhimmel ein Gotteszeichen, ein Merk- und Denkzeichen, das ihn an Gottes Zusage erinnert, wann immer er den Sternenhimmel sieht.

[g] Jes 49,26

Das Zeichen des Sternenhimmels ist »Bekräftigung« und »Überbietung«[330] der Sohnesverheißung. Mit der Aufforderung, die Sterne zu

[326] Westermann, Genesis I/2, S. 261.
[327] v. Rad, Mose, S. 154.
[328] Procksch, S. 294.
[329] Vgl. Dillmann, S. 247.
[330] Westermann, Genesis I/2, S. 262.

zählen, überbietet Gott die Sohnesverheißung durch die Mehrungsverheißung. Auch in späterer Zeit bleibt der Sternenhimmel[h] ein »stolzes Bild der unendlichen Volkszahl Israels«.[331]

[h] 5Mo 1,10 10,22; 28,62

2. Der Glaube Abrams: 15,6

6 Und Abram glaubte an Jahwe, und das rechnete er ihm zur Gerechtigkeit.

Gott gab Abram ein »Merkzeichen«, nachdem dieser sich mit dem Wort der Verheißung allein nicht mehr begnügen wollte. Abrams Resignation war danach überwunden. Er hatte ein Denkzeichen: die Sterne am Himmel. Abram glaubte. Abrams Glaube »wird nicht geschildert, sondern nur behauptet«.[332] Das Wesen des Glaubens entzieht sich letztlich der Beschreibung.

Die Wurzel des hebräischen Verbums für glauben, *'aman,* wird verschieden gedeutet. Die traditionelle Übersetzung lautet: »fest, zuverlässig, sicher sein«.[333] Diese Übersetzung ist jedoch nur ein »Annäherungswert und reicht nicht bis zur letzten Grundbedeutung hinab«.[334] In der hebräischen Aktionsart, in der *'aman* soviel bedeutet wie »glauben«, im sogenannten Hiphil, ist bis auf ganz wenige Ausnahmen ein personhaftes Verhältnis vorausgesetzt. Glaube ist eine Wechselbeziehung zwischen Gott und Mensch; »und zwar in der Art, daß der Mensch - auch da, wo der Glaube menschliche Aktivität bedeutet, für die der Mensch verantwortlich gemacht werden kann (Glaubensforderung!) - nie derjenige ist, der die Wechselbeziehung erstmalig herstellt«.[335]

Der Urheber des Glaubens ist immer Gott. Der Glaube des Menschen ist Antwort. Der Mensch sagt mit allen Konsequenzen, die er für sein Denken, Fühlen und Leben hat, zu Gott: »Amen.« Glauben im Alten Testament ist »eine Gottesbeziehung, die den ganzen Menschen in der Gesamtheit seines äußeren Verhältnisses und seines Innenlebens umfaßt«.[336]

Abrams Glaube ist Antwort auf Gottes Verheißung. Abram übergibt Gott die Leitung seines Lebens. Er überläßt sich ganz Gott. Er gibt sich Gott als »bildungsgefügigen Stoff« hin.[337] Er stellt alles Gott anheim. Er gelobt Gott, sich allein von ihm leiten zu lassen.

331 Gunkel, S. 180.
332 v. Rad, Mose, S. 156.
333 Wildberger, THAT, Bd I, Sp. 180.
334 Weiser, S. 184.
335 a.a.O., S. 186f.
336 a.a.O., S. 188.
337 Vgl. Hirsch, Genesis, S. 260.

Abram verläßt sich auf die »Person des Verheißenden«.[338] Sein Glaube ist die »gläubig vertrauensvolle Hingabe an ihn«.[339]

Abrams Glaube ist ein »Raumgeben dem Walten Gottes«, ein »Sich-Festmachen in Jahwe«, ein »Akt des Vertrauens und Eingehens auf Gottes Pläne in der Geschichte«.[340] Die Kraft des Glaubens liegt in der »Vergewisserung um Gott«.[341] Der Glaubende findet Gewißheit. Er ist in Gott geborgen. Gott ist aber nicht nur der Anfänger, sondern auch der Vollender des Glaubens (vgl. Hebr 12,2). Gott erklärt Abram für gerecht[i].

[i] Röm 4,3 Gal 3,6 Jak 2,23

Gerechtigkeit ist ganz ähnlich wie Glaube ein »Verhältnisbegriff«.[342] Gerecht erklären bedeutet soviel wie: beruhigen, befrieden, versorgen, »also dasjenige leisten, was dem andern fehlt, was zu des andern Wohlfahrt gereicht«.[343]

Gerechtigkeit ist kein Gut, das der Mensch erarbeiten kann, keine absolute über dem Menschen stehende Norm, sondern ein Prädikat, das einem Menschen, der in Gemeinschaft mit Gott steht, zuerkannt wird! »Gerecht ist, wer zur Gemeinschaft steht.«[344]

Das *Anrechnen* oder *Berechnen* (hebräisch: *chaschab)* bedeutet soviel wie anerkennen! In späterer Zeit war es die Aufgabe der Priester, ein Opfer als gültig oder falsch anzuerkennen[k]. Abram wurde durch das Anrechnen des Glaubens gerecht. Die Gerechtigkeit des Glaubens war das erste, die Gerechtigkeit des Lebens ist eine Folge der Gerechtigkeit aus Glauben. »Aus der Gerechtigkeit des Glaubens kommt eine Gerechtigkeit des Lebens, welche um des Quells willen, aus dem sie kommt, von Gott wie der Glaube selbst als Gerechtigkeit angerechnet wird.«[345]

[k] 3Mo 7,18 17,4 4Mo 18,27

Erst nachdem Abram gerecht war aus Glauben, gab Gott ihm Gebote und Gesetze, die er zu erfüllen hatte. Das Gebot der Beschneidung zum Beispiel war Gesetz für den Glaubenden (vgl. 1Mo 17). Abram ist nicht durch das Befolgen des Gesetzes gerecht geworden, sondern durch einen Gnadenakt Gottes (Röm 4,1-4). »Also haben wir ein klares und gewisses Zeugnis der Schrift, daß die Gerechtigkeit dem Glauben zugerechnet wird, das heißt, daß Abram von Gott für gerecht geschätzt und gerechnet wird, weil er Gott geglaubt hat. Solches sagt die Schrift von den Werken nicht.«[346]

[338] Delitzsch, S. 275.
[339] Dillmann, S. 248.
[340] v. Rad, Mose, S. 156.
[341] Procksch, S. 296.
[342] v. Rad, Mose, S. 156.
[343] Hirsch, Genesis, S. 261.
[344] Köhler, L.; zitiert nach v. Rad, Mose, S. 156, Anm. 1.
[345] Delitzsch, S. 276.
[346] Luther, Ersten Moses, Bd I, S. 298.

Der Glaubensakt Abrams ist kein Verdienst, das Gott mit der Zuerkennung der Gerechtigkeit belohnt. Gegen eine solche Auslegung wendet sich Paulus mit großem Nachdruck.[347] Abram hat keinen Grund, sich vor Gott zu rühmen (Röm 4,2). Das Anrechnen des Glaubens zur Gerechtigkeit ist ein Anrechnen aus Gnade und nicht aus Verpflichtung.[348] Die »Zurechnung« der Gerechtigkeit durch Gott ist die »Rechtfertigung« aus Gnade.[349]

3. Der Schwur Gottes: 15,7-21

7 Weiter sprach er zu ihm: »Ich bin Jahwe, der dich aus Ur in
Chaldäa geführt hat, um dir dieses Land zu geben, um es in Be-
8 sitz zu nehmen.« * Er aber antwortete: »Herr, Jahwe, woran
9 soll ich es erkennen, daß ich es in Besitz nehmen werde?« * Da
gebot er ihm: »Nimm dir eine dreijährige Kuh und eine dreijäh-
rige Ziege und einen dreijährigen Widder, eine Turteltau-
10 be und eine junge Taube!« * Diese alle brachte er ihm, schnitt
sie in der Mitte durch und legte je einen Teil dem andern ge-
11 genüber, die Vögel aber zerschnitt er nicht. * Da stießen Geier
12 auf die toten Tiere herab, Abram aber verscheuchte sie. * Als
die Sonne am Untergehen war, da fiel ein Tiefschlaf über
Abram, und zugleich stellten sich Angst und tiefe Finsternis
13 bei ihm ein. * Er aber sprach zu Abram: »Du sollst wissen, daß
deine Nachkommen Fremdlinge sein werden in einem Land,
das ihnen nicht gehört; sie werden dort Sklaven sein, vierhun-
14 dert Jahre lang wird man sie bedrücken. * Aber ich will auch
das Volk, welchem sie dienen müssen, richten, und danach sol-
15 len sie ausziehen mit reicher Habe. * Du aber wirst zu deinen
Vätern in Frieden eingehen, du wirst begraben werden in ho-
16 hem Alter. * Aber erst die vierte Generation wird hierher zu-
rückkehren, denn noch ist das Maß der Schuld der Amoriter
17 nicht voll.« * Als aber die Sonne untergegangen und es ganz fin-
ster geworden war, da zeigten sich ein rauchender Glutofen
und eine Feuerfackel, die fuhren zwischen jenen Stücken
18 hin. * An jenem Tag schnitt Jahwe einen Bund mit Abram (das
heißt, er legte einen Schwur ab) und erklärte: »Deinen Nach-
kommen habe ich dieses Land gegeben vom Bach Ägyptens

[347] Zu der jüdischen Auslegung der Gerechtigkeit als Verdienst vgl. Michel, Römer, S. 115; vgl. auch Ehrlich, S. 59.
[348] Schlier, S. 128.
[349] Calvin, S. 157.

19 **bis zu dem großen Strom, dem Eufrat: * die Keniter, die Kena-**
20 **siter, die Kadmoniter, * die Hetiter, die Perisiter und die Ra-**
21 **faïter, * die Amoriter, die Kanaaniter, die Girgaschiter und die**
Jebusiter.«

Die erste Landverheißung lautet: »Dir und deinen Nachkommen werde ich dieses Land geben« (1Mo 13,15). Diese Verheißung weist auf keine mitwirkende Tätigkeit Abrams oder seiner Nachkommen hin.
7 Jetzt aber sagt Jahwe: »Ich habe dich **aus Ur in Chaldäa geführt, um dir dieses Land zu geben, um es in Besitz zu nehmen.«** »Um es in Besitz zu nehmen« schließt den »Begriff der Selbsttätigkeit« ein und kann sogar mit »erobern« übersetzt werden.[350]

Auf diese Zuspitzung der Landverheißung reagiert Abram mit einer
8 Frage und der Bitte um ein bestätigendes Zeichen: **»Woran soll ich es erkennen, daß ich es in Besitz nehmen werde?«** Die Frage Abrams ist keine »rückfällige Anwandlung von Un- oder Schwachglauben . . ., es ist keine zweifelnde Frage, sondern eine bittende«.[351] Gott antwortet auf die Bitte Abrams mit einem Schwur. »Zum Schwur gehören Wort und Handlung.«[352] Die Handlung kann das Erheben der Hand sein oder die gleichnishafte Darstellung einer Selbstverfluchung. Es gibt einen römischen Schwurritus, bei dem der Schwörende einen Stein in der Hand hält, um damit zu sagen: Falls ich meinen Schwur breche, soll ich gesteinigt werden.

Aus dem mesopotamischen Raum ist ein feierlicher Brauch überliefert, mit dem sich bei einem Vertragsabschluß zwei Vertragschließende die unbedingte Einhaltung ihrer Zusage beschwören: Zerschnittene Körper von Tieren werden nach einer bestimmten Ordnung einander gegenübergelegt. Die beiden Vertragspartner gehen mit einer brennenden Fackel in der Hand zwischen den zerschnittenen Tieren hindurch. Dabei erklären sie: Im Fall der Vertragsübertretung soll sie das Todesgeschick der zerschnittenen Tiere treffen.[353]

Der mesopotamische Ritus des Vertragsabschlusses war im palästinischen Raum bekannt. Er wurde noch zur Zeit des Propheten Jeremia praktiziert. Jeremia sagte den Vertragsbrüchigen den Untergang an. Es sollte sie das Los treffen, das sie beschworen hatten, als sie durch das in zwei Hälften zerschnittene Kalb hindurchgegangen waren (Jer 34,18).

Für Abram war die Anweisung, Tiere in der Mitte auseinanderzu-

[350] Vgl. Hirsch, Genesis, S. 262f.
[351] Delitzsch, S. 276.
[352] Westermann, Genesis I/2, S. 267.
[353] Delitzsch, S. 280.

schneiden, nichts Absonderliches. Er kannte den Schwurritus und die rituelle Selbstverfluchung aus seiner alten Heimat. Was Jahwe jedoch vorhatte, das heißt, wer der Schwörende sein würde, das konnte Abram nicht wissen.

Abram zerschnitt jeweils eine dreijährige Kuh, eine dreijährige Ziege und einen dreijährigen Widder.[354] Die Tierhälften legte Abram so einander gegenüber, daß zwischen den zerschnittenen Tieren eine freie Bahn war, durch die ein Mensch hindurchgehen konnte. Die Turteltaube und die junge Taube zerstückelte Abram nicht. Vermutlich legte er je eine Taube auf eine Seite der zerstückelten Tiere. Die fünf Tierarten, Kuh, Ziege, Widder, Turteltaube und junge Taube, waren später beim Opferkult zulässig, wobei auch beim Opfern die Tauben nicht zerschnitten werden durften (3Mo 1,17). Nachdem Abram die Vorbereitungen für den Schwurritus getroffen hatte, stießen Aasgeier vom Himmel. Abram aber verscheuchte die Raubvögel. Danach versetzte ihn Gott in einen Tiefschlaf. Der Begriff »Tiefschlaf« (hebräisch: *tardema)* findet sich auch bei dem über Adam verhängten Schlaf in der Stunde der Erschaffung Evas (1Mo 2,21). Der Tiefschlaf löscht die »natürliche Geistes- und Sinnesbetätigung«, eröffnet aber dem Menschen »ein Wachsein höherer Art«.[355] Der Tiefschlaf ist die Voraussetzung für den Empfang einer Gottesoffenbarung[l]. In einer Rede offenbart Gott Abram die dunkle Geschichtsstrecke, die seine Nachkommen zurücklegen müssen, bevor die Verheißung in Erfüllung gehen wird.

[l] Hi 4,13 33,15

Abram bekommt in Form einer Zukunftsvision (V. 1) Einblick in die Geschichtsgedanken Gottes. Abram hatte Gott um dieses Wissen gebeten (V. 8). Jetzt gibt Gott ihm die Antwort (V. 13). »Abram soll die Geschichte nicht als Rätsel empfinden, sondern soll sie im Glauben verstehen.«[356] Gott läßt Abram in die Ferne sehen.[357]

Das Geschlecht, dessen Ahnherr Abram ist, wird durch eine vierhundertjährige Leidenszeit gehen. Gott offenbart Abram die Knechtschaft in Ägypten ohne Nennung des Landes. Die vierhundert Jahre sind eine runde Summe. Später wird die Zeit mit vierhundertdreißig Jahren genauer beschrieben (2Mo 12,40).[358] Erst nach vier Jahrhunderten wird

354 Nach jüdischer Auslegung waren es je drei Rinder, drei Ziegen und drei Widder; vgl. Hirsch, Genesis, S. 264.

355 v. Rad, Mose, S. 157f.

356 a.a.O., S. 158.

357 Jüdische Ausleger wollen bereits aus den auf dem Boden aufgereihten toten Tieren das Geschick der Nachkommen Abrams in Ägypten ablesen: »Das zerstückte Kalb ist: Sklaverei; die zerstückte Ziege ist: Peinigung, Mißhandlung; der zerstückte Widder ist: der recht- und bodenlose Fremdlingstand . . .; die Taube: das macht- und widerstandlose Wesen, das sich gleichwohl durch seine Schwungkraft am meisten dem Gewaltbereich des Menschen entzieht.« Hirsch, Genesis, S. 266f. Diese Deutung fand auch Eingang in die christliche Auslegung; vgl. Delitzsch, S. 278.

358 Zu den vierhundert bzw. vierhundertdreißig Jahren Fremdlingschaft vgl. Einleitung, IV. Die Zeit der Väter.

[m] 3Mo 18,24-27 20,22-24 5Mo 9,4f 1Kö 14,24

das Volk in das verheißene Land zurückkehren; dann wird Gott die Amoriter[359] um ihrer Ruchlosigkeit willen vertilgen[m].

Die vier Jahrhunderte Leidenszeit sollen aber erst nach Abrams Tod
beginnen. Abram selbst soll kein Unglück treffen: **»Du aber wirst zu**
15 **deinen Vätern in Frieden eingehen, du wirst begraben werden in hohem Alter.«** Gott verspricht Abram einen »guten Tod«. Der Tod wird nicht das »Heilsein des Lebens zerstören, sondern das Heilsein reicht bis in das Sterben hinein, das Sterben in gutem Alter«.[360] Zum ersten Mal kommt hier das Wort *schalom* vor. Schalom heißt »Entbundenheit, Entnommenheit, Befreiung von Sorge und Mangel und also Frieden sowohl im Sinne von Befriedung als Befriedigung«.[361] Zum guten Tod gehört das Begrabenwerden: »Das Zurückkehren zur Erde vereint den Gestorbenen mit seinen Vätern, die vor ihm zur Erde zurückgekehrt sind.«[362]

Abram hatte eine Schwurhandlung vorbereitet. Die Tiere lagen zerschnitten auf der Erde. Gott redete zu Abram in einer Vision. Danach
17 legte Gott vor Abram einen Eid ab. **Als aber die Sonne untergegangen**
und es ganz finster geworden war, da zeigten sich ein rauchender
Glutofen und eine Feuerfackel, die fuhren zwischen jenen Stücken
18 **hin. * An jenem Tag schnitt Jahwe einen Bund mit Abram (das heißt,**
er legte einen Schwur ab) und erklärte: »Deinen Nachkommen habe
ich dieses Land gegeben vom Bach Ägyptens bis zu dem großen
19/20 **Strom, dem Eufrat: * die Keniter, die Kenasiter, die Kadmoniter, * die**
21 **Hetiter, die Perisiter und die Rafaïter, * die Amoriter, die Kanaaniter,**
die Girgaschiter und die Jebusiter.«

Um Abram seine Verheißung so »greiflich, eindrücklich und unvergeßlich als nur möglich zu machen«, handelte Gott in »tiefster Herablassung« wie ein Schwörender.[363] Er verbürgte Abram die Verheißung des Landbesitzes, indem er zwischen den zerschnittenen Tieren hindurchging. Er ging allein, »weil er allein hier etwas zu versprechen hatte«.[364] Jahwes Gestalt sah Abram nicht, aber er konnte aus den Erkennungszeichen Gottes schließen, daß es Jahwe war.[365] Er sah einen Glutofen und eine Feuerfackel. Rauch und Feuer sind auch am brennenden Dornbusch (2Mo 3,2), am brennenden und rauchenden Sinai (2Mo 19,18ff; 20,18; 5Mo 4,11) und in der Rauch- und Feuersäule (2Mo 13,21) Zeichen der Gegenwart Jahwes. An die Rauch- und Feuersäule erinnert

[359] Siehe Einleitung II. 2. Das Westland (Amuru) und die Amoriter.
[360] Westermann, Genesis I/2, S. 270.
[361] Delitzsch, S. 277.
[362] Westermann, Genesis I/2, S. 270.
[363] Delitzsch, S. 280.
[364] Dillmann, S. 251.
[365] Gunkel, S. 181.

das Bild des rauchenden Glutofens. In alttestamentlicher Zeit hatte der Back- oder Glutofen (hebräisch: *tannur)* die Form eines sich nach oben verjüngenden Zylinders. An seine Außen- und Innenwände wurden die Brotfladen geklebt und auf diese Weise gebacken.[366] Die Erscheinung Jahwes im Umgang mit den Erzvätern ist sonst nirgends so »furchtbar erhaben« wie hier.[367]

Nach der Schwurhandlung teilt Gott Abram »das ihn im Schwur bindende Wort«[368] mit. Der Umfang des verheißenen Landes entspricht der Ausdehnung des Salomonischen Reiches (1Kö 5,1). Es reicht vom sogenannten »Bach Ägyptens« bis zum Eufrat. Der »Bach Ägyptens« ist im Unterschied zum Nil, dem »Strom Ägyptens«, das Wadi el-Arisch zwischen Gaza und dem Ostrand des Nildeltas.[369] Den angeführten zehn Völkerschaften, die das Land zur Zeit Abrams in Besitz haben, stehen die sonst in keiner Liste[n] aufgeführten Keniter, Kenasiter und Kadmoniter voran. Die Keniter sind die Nachkommen Kains; die Kenasiter gehen vermutlich auf Kenan, einen Sohn des Enosch, zurück; und die Kadmoniter - übersetzt: die »Orientalen« - wohnten ursprünglich im Ostjordanland.[370]

Die verpflichtende Zusage, den Nachkommen Abrams das von zehn vorisraelitischen Völkerschaften bewohnte Gebiet von der Grenze Ägyptens bis zum Eufrat zu geben, ist kein Bundesschluß, sondern ein Schwur Gottes. Der hebräische Fachausdruck »Jahwe schnitt einen Bund mit Abram« *(karat berit)* heißt hier »eine Verpflichtung festsetzen«[371], »einen Schwur ablegen«.[372] Das das Schwurwort bestätigende Zeichen war das Hindurchgehen durch ein in der Mitte auseinandergeschnittenes Tier. Das Durchgehen Jahwes durch die Tierhälften beschreibt in anschaulicher Weise, was es mit dem Gottesschwur auf sich hat!

Im Alten Testament heißt es von Gott 75mal, er habe geschworen. Gott legt den Schwur ab bei sich selbst[o]; bei seiner Rechten und seinem kraftvollen Arm[p]; bei seinem Leben[q] und bei seiner Heiligkeit[r].

In der Mehrzahl der Fälle schwört Gott, dem Menschen Gutes zu tun. Allein 34mal beinhaltet der Schwur Gottes die Landverheißung. Der

[n] 2Mo 3,8.17 13,5; 23,23.28 33,2; 34,11 5Mo 7,1 20,17 Jos 3,10

[o] 1Mo 22,16 2Mo 32,13 Jes 45,23 Jer 22,5 49,13

[p] Jes 62,8

[q] Jer 51,14 Am 6,8

[r] Ps 89,36 Am 4,2

366 v. Rad, Mose, S. 159.
367 Delitzsch, S. 280.
368 Westermann, Genesis I/2, S. 267.
369 v. Rad, Mose, S. 159.
370 Odelain/Séguineau, S. 203f.
Zu den übrigen Völkernamen aus der präisraelitischen Zeit vgl. die Auslegung zu 1. Mose 10, Bräumer, 1. Teil, S. 200-213 und die Auslegung zu 1. Mose 14; siehe außerdem die Einleitung II. 2. Das Westland (Amuru) und die Amoriter.
371 Kutsch, E.; zitiert nach Westermann, Genesis I/2, S. 272.
372 Delitzsch, S. 280.

Inhalt des Schwörens Gottes kann aber auch drohend sein, und zwar sowohl gegenüber den fremden Völkern[s] als auch gegenüber Israel[t].

Auch im Neuen Testament wird völlig unbefangen von Gottes Schwören berichtet. So zitiert Lukas den schwörenden Gott[u]; Johannes spricht vom Engelschwur[v]; und der Verfasser des Hebräerbriefes sieht im Gottesschwur eine Glaubenshilfe. Gott konnte, so berichtet er, bei keinem Größeren schwören, als er Abram seinen Segen zusprach[w]. Jesus, den Hohenpriester, setzte Gott ein mit seinem Schwur. Außerdem berichtet der Hebräerbrief davon, daß Gott angesichts der Untreue Israels im Zorn geschworen hat[x].

[s] Jes 14,24
[t] 4Mo 32,10 5Mo 1,34 2,14; 4,21 Jos 5,6 Ri 2,15 Ps 95,11 Jer 44,26 Am 6,8
[u] Lk 1,73 Apg 2,30
[v] Offb 10,6
[w] Hebr 6,13ff
[x] Hebr 3,11.18

Im Alten Testament ist es auch selbstverständlich, daß der Mensch einen Schwur ablegt. Abram bekräftigt seinen Verzicht auf die Beute mit einem feierlichen Schwur. Er erhebt seine Hand zu Jahwe.[373] Zur Zeit Jeremias schlossen »Männer vor Jahwe« ein Abkommen; »vor seinem Angesicht« gingen sie durch das in zwei Hälften geschnittene Kalb hindurch (Jer 34,18f).

Im Gegensatz zum Alten Testament, wo es dem Menschen nur untersagt ist, falsch zu schwören[y], verbietet Jesus generell den Schwur (Mt 5,33-37).

[y] 3Mo 19,12 4Mo 30,3 5Mo 23,22

Das von Jesus dem Menschen gegebene Verbot zu schwören besagt: Der Mensch darf sich mit seiner »Menschenwahrheit« nicht neben den heiligen Gott stellen. Der Mensch gehört zu der von der Lüge beherrschten Welt. Er kann nicht nach der Gotteswahrheit greifen.

Außerdem darf der Mensch nicht über sich selbst verfügen. Wie kann er sein Haupt verpfänden, wo doch alles, selbst die Farbänderung des Haares, allein in der Macht Gottes steht?

Jesus wendet sich mit seinem Verbot, nicht bei seinem eigenen Leben zu schwören, gegen die im Alten Testament im Zusammenhang mit einem Schwur bezeugte Selbstverfluchung des Menschen. Zweimal ist im Alten Testament die Selbstverfluchungsformel: »So wird mir Gott tun und nochmals tun« bezeugt (2Sam 3,35; 1Kö 2,23). Eine Verfluchung findet sich beim Schwur zur Zeit Josuas (Jos 6,26) und beim Schwur der elf Stämme, den Benjaminitern keine Frauen zu geben (Ri 21,18). Außerdem belegte Saul bei einem Schwur das Volk mit einem Fluch (1Sam 14,28).

Jesus untersagt seinen Jüngern das Schwören aus zwei Gründen:

a) Der Mensch darf nicht über Gott verfügen wollen. Der Mensch kann für sein Wort nicht die Gotteswahrheit in Anspruch nehmen.
b) Der Mensch darf im Schwur nicht Dinge versprechen oder Leben aufs Spiel setzen, das ihm überhaupt nicht gehört.

[373] Siehe die Auslegung zu 1. Mose 14,22; zum Schwurgestus vgl. 5. Mose 32,40; Daniel 12,7.

Schwören kann nur Gott, denn er allein ist die Wahrheit. Er ist der Schöpfer und der Herr des Himmels und der Erde.

Da es nichts Höheres gibt als Gott, da Gott die gesamte Schöpfung gehört und so alle Menschen sein Eigentum sind, und da Gott es selbst war, der das Volk Israel erwählte, kann er über alles verfügen, das heißt, Gott kann schwören. Dies gilt auch für Jesus, der vor dem Hohen Rat einen Schwur ablegte (Mt 26,63f).[374]

VII. SARAI UND HAGAR: 16,1-16

Nach der Klage Abrams: »Ich muß kinderlos dahingehen . . .« (1Mo 15,2) wird die Erzählung vom Streit[375] zwischen Hagar und Sarai eingeleitet mit der Feststellung: Sarai hatte Abram keine Kinder geboren. Durch das Ausbleiben der Verheißung werden Abram und Sarai in Anfechtung und Konflikte geführt. Das Hindernis für die Erfüllung der Verheißung war Sarai. Sie war unfruchtbar (V. 2). Diese Erkenntnis veranlaßte Sarai und Abram zu einer »höchst problematischen Aktivität«.[376] In der Geschichte von Sarai und Hagar, in der Abram »eine etwas unglückliche Rolle spielt«[377], geht es um ein personales Geschehen mit typischer Bedeutung, und zwar einmal für das menschliche Zusammenleben, zum andern aber auch für den Umgang des Menschen mit Gottes Verheißung.

1. Der Streit zwischen Hagar und Sarai: 16,1-6

1 **Sarai aber, Abrams Frau, hatte ihm keine Kinder geboren. Sie hatte**
2 **aber eine ägyptische Magd, die hieß Hagar. * Da sprach Sarai zu**
Abram: »Siehe doch, Jahwe hat mir Kinder versagt. So geh doch zu
meiner Magd, vielleicht kann ich durch sie einen Sohn bekom-
3 **men.« Und Abram hörte auf Sarai. * Und Sarai, Abrams Frau,**
nahm die Ägypterin Hagar, ihre Magd - nach Ablauf von zehn Jah-
ren, seit Abram im Lande Kanaan gewohnt hatte -, und gab sie
4 **Abram, ihrem Mann, zur Frau. * Und er ging zu Hagar, und sie wur-**
de schwanger. Als sie aber merkte, daß sie schwanger geworden

374 Zum Verhältnis von Schwur und Gelübde und zum Eidgelübde im Neuen Testament siehe Bräumer, Heilige Versprechen, in: Lieben wagen, S. 147-168.

375 Nach Westermann ist 1. Mose 16 in seinem Hauptteil eine Streiterzählung; Westermann, Genesis I/2, S. 280.

376 v. Rad, 1. Mose 16,1-16, GPM 1947, Heft 4, S. 54.

377 Gunkel, S. 192.

5 **war, da sah sie auf ihre Herrin herab. * Da sagte Sarai zu Abram:**
»Das Unrecht an mir treffe dich! Ich habe dir meine Magd an den
Busen gelegt, und nun, da sie sieht, daß sie schwanger geworden ist,
6 **sieht sie auf mich herab. Jahwe richte zwischen mir und dir!« * Dar-**
auf sagte Abram zu Sarai: »Siehe, deine Magd ist in deiner Hand.
Mach mit ihr, was du für richtig hältst.« Als Sarai sie hart behan-
delte, floh sie vor ihr.

In der Väterzeit konnte eine Frau nur Glied einer Familie sein, indem sie Kinder zur Welt brachte; »eine andere Art Gliedschaft oder Zugehörigkeit für eine Frau« gab es nicht.[378] Ihr kinderloses Leben hatte für Sarai keinen Sinn. Zehn Jahre waren seit der Einwanderung ins Land Kanaan vergangen. Für Sarai stand fest: Gott hatte ihr die Kinder versagt. Sie klagt: »Er hat mich verschlossen« (V. 2). Gott ist es, der den Mutterleib öffnet[a], der ihn aber auch verschließen kann. Sarai meinte, Gottes Weg erkannt zu haben. Für sie gab es nur noch »einen legitimen Weg«[379], um ihrem Leben einen Sinn zu geben und gleichzeitig die Verheißung Gottes zu ermöglichen: Sie muß ihren Mann mit einer anderen Frau teilen.

[a] 1Mo 29,31 30,22

Im syrisch-palästinischen Raum war das von Hammurabi (1792-1750 v.Chr.) in eine Gesetzessammlung gefaßte Reichsgesetz bekannt. In der Rechtssammlung (Codex Hammurabi) heißt es:

> »Gesetzt, jemand hat eine Ehefrau genommen, jedoch hat sie ihn keine Kinder bekommen lassen, deshalb hat er sich vorgenommen, eine Nebenfrau zu nehmen, so darf der Betreffende eine Nebenfrau nehmen; in sein Haus darf er sie einführen; die betreffende Nebenfrau darf sich mit der Ehefrau keinesfalls gleichstellen.
>
> Gesetzt, jemand hat eine Ehefrau genommen, darauf hat sie eine Sklavin ihrem Ehemann gegeben, darauf hat (letztere) Kinder geboren, hernach hat sich die betreffende Sklavin mit ihrer Herrin gleichgestellt, so darf, weil sie Kinder geboren hat, ihre Herrin sie für Geld keinesfalls weggeben, ein Sklavenmal soll sie ihr machen und sie dann zu den Sklavinnen rechnen.«[380]

Da Abram nicht auf den Gedanken gekommen war, sich eine »Neben-
2 frau« zu nehmen, fordert ihn Sarai auf: **»So geh doch zu meiner Magd,**
vielleicht kann ich durch sie einen Sohn bekommen.« Sarai hatte eine
ägyptische Magd, ihr Name war Hagar (V. 1).

[378] Westermann, Genesis I/2, S. 285.
[379] v. Rad, Mose, S. 161.
[380] Codex Hammurabi, §§ 145 + 146; zitiert nach Greßmann (Hg.), Altorientalische Texte und Bilder, Bd I, S. 156f.

Der hebräische Begriff für Magd, *schiphcha*[b], kennzeichnet Hagar als »Dienerin der Ehefrau, über die nur diese Verfügung hat und die in einem persönlichen Vertrauensverhältnis zu ihr steht«.[381] In vielen Fällen war es wie bei Rebekka, Lea und Rahel das Mädchen, das die Eltern ihrer Tochter bei der Eheschließung mitgaben (1Mo 24,61; 29,24.29). Es ist denkbar, daß Hagar, die »Leibmagd« Sarais, eine der »ägyptischen Dienerinnen« (1Mo 12,16) war, die Pharao Abram zum Geschenk gemacht hatte.[382] Überließ bei Kinderlosigkeit die Ehefrau ihre »Leibmagd« dem Mann als Nebenfrau, so galt das mit jener gezeugte Kind als Kind der Ehefrau. Die persönliche Magd der Ehefrau gebar ihr Kind auf dem Schoß ihrer Herrin (1Mo 30,3.9), »wodurch dann das Kind symbolisch wie aus dem Schoß der Herrin selbst kam«.[383] Auf diese Weise hoffte Sarai, durch Hagar einen Sohn zu bekommen, wörtlich: »aufgebaut zu werden«. Aufbauen, Stein zu Stein fügen heißt: »einen Raum herstellen, in welchem ein Mensch sein Leben entwickeln und vollenden kann«.[384]

[b] Ps 123,2Spr 30,23 Jes 24,2

Abram **ging zu Hagar, und sie wurde schwanger. Als sie aber merk- 4
te, daß sie schwanger geworden war, da sah sie auf ihre Herrin herab.**
Mit dem Beginn der Schwangerschaft ist bei Hagar der »natürliche Mutterstolz stärker als die Rechtslage«.[385] Sie **sah auf ihre Herrin herab** heißt wörtlich übersetzt: »Ihre Herrin wurde leicht in ihren Augen.«[386] Sarai empfindet dieses Unrecht und klagt darüber (V. 5). Der Begriff, der hier für Unrecht (hebräisch: *chamas)* steht, bedeutet: »immer fortgesetztes kleines Unrecht, das sich dem Gerichte entzieht . . ., Nadelstiche, die das Leben verkümmern . . ., die nicht töten, aber krank machen«.[387]

Der Rechtslage entsprechend, wendet sich Sarai nicht an ihre Beleidigerin, sondern an Abram, ihren Mann, der auch der Mann Hagars wurde. Er ist der Richter für den Bereich der Familie. »Er allein ist die Instanz, die hier einen Wandel schaffen kann.«[388] Dabei macht Sarai
Abram für das Unrecht, das ihr geschehen ist, verantwortlich: **»Das Un- 5
recht an mir treffe dich! . . . Jahwe richte zwischen mir und dir!«
* Darauf sagte Abram zu Sarai: »Siehe, deine Magd ist in deiner Hand. 6
Mach mit ihr, was du für richtig hältst.« Als Sarai sie hart behandelte, floh sie vor ihr.**

381 Westermann, Genesis I/2, S. 283.
382 Delitzsch, S. 281.
383 v. Rad, Mose, S. 161.
384 Hirsch, Genesis, S. 269.
385 Procksch, S. 114.
386 Westermann, Genesis I/2, S. 286.
387 Hirsch, Genesis, S. 271.
388 Westermann, Genesis I/2, S. 287.

[c] 1Mo 31,53 2Mo 5,21 1Sam 24,13.16

Sarai klagt Abram an, daß er in Aussicht auf Nachkommenschaft das Unrecht an Sarai dulde.[389] Indem sie Jahwe als Richter anruft[c], sagt sie, daß in der Entscheidung, die Abram treffen wird, das Richten Gottes zum Ausdruck kommen soll. Abram gibt Hagar Sarai zurück und stellt die alte Rechtslage wieder her.[390] Hagar ist wieder in der Hand Sarais. »Die Hand ist das Instrument des Schaltens und Waltens.«[391] Sarai hat volle Freiheit in ihrem Verhalten gegenüber Hagar. Hagar ist der Vergeltung Sarais ausgeliefert.[392] »Sie dreht den Spieß um und läßt Hagar fühlen, daß sie Herrin ist.«[393] Hagar findet ihre Lage unerträglich und flieht. In der »Flucht ins Hoffnungslose«[394] sieht Hagar die einzige Möglichkeit ihrer Befreiung. Sie riskiert dabei ihr Leben und das Leben des werdenden Kindes. »Die Flucht der Hagar aus der ›rechtmäßigen‹ Unterdrückung durch Sara in die Wüste, allein allen Gefahren der Wüste ausgesetzt, das ist ein Urbild menschlichen Freiheitswillens.«[395]

2. Die Begegnung auf der Flucht: 16,7-14

7 Der Engel Jahwes aber fand sie an dem Brunnen in der Wüste, an
8 dem Brunnen auf dem Weg nach Schur. * Und er sprach: »Hagar,
Magd Sarais, wo kommst du her, und wohin gehst du?« Sie ant-
9 wortete: »Ich bin auf der Flucht vor Sarai, meiner Herrin.« * Und
der Engel Jahwes sprach zu ihr: »Kehre zu deiner Herrin zurück,
10 und beuge dich unter ihre Hand.« * Und der Engel Jahwes sprach
zu ihr: »Ich will deine Nachkommen überaus zahlreich machen, so
11 daß man sie vor Menge nicht zählen kann.« * Und der Engel Jah-
wes sprach zu ihr: »Siehe, du bist schwanger und wirst einen Sohn
gebären und sollst ihn Ismael nennen, denn Jahwe hat auf dein
12 Flehen gehört. * Und er wird ein Mensch sein wie ein Wildpferd
(Zebra); seine Hand wird wider alle und die Hand aller wird gegen
ihn sein, und allen seinen Brüdern wird er sich vors Gesicht set-
13 zen.« * Und sie nannte den Namen Jahwes, der zu ihr geredet hat-
te: »Du bist der Gott des Sehens. Ich habe dem nachgeschaut, der
14 mich gesehen hat.« * Darum nannte man den Brunnen »Brunnen
des Lebendigen, der nach mir schaut«. Er liegt zwischen Kadesch
und Bered.

389 Dillmann, S. 254.
390 v. Rad, 1. Mose 16,1-16, GPM 1947, Heft 4, S. 54.
391 Fitzer, G.; zitiert nach Westermann, Genesis I/2, S. 288.
392 v. Rad, Mose, S. 162.
393 Gunkel, S. 186.
394 v. Rad, 1. Mose 16,1-16, GPM 1947, Heft 4, S. 55.
395 Westermann, Genesis I/2, S. 288.

Hagar war in die Wüste geflohen[396] in der Hoffnung, von keinem
dort aufgespürt zu werden. **Der Engel Jahwes[397] aber fand sie.** Hagar 7
war weit in den Süden gezogen bis zur Oase auf dem Weg nach Schur[d]. d 1Mo 20,1
Schur (übersetzt: Mauer) ist vermutlich der heutige Tell Fara (übersetzt: 25,18
hoher Ruinenhügel), ein Vorposten der Ägypter und später der Phili- 2Mo 15,22 1Sam 15,7
ster gegen das Nomadenland.[398] 27,8

Nach dem Koran ist Schur der Hügel Thûr in der Nähe von Mekka. Dort soll nach muslimischer Überlieferung Ismael, der Vater der Muslime, geboren sein.[399]

Der Engel Gottes stellte der Flüchtigen die Doppelfrage nach ihrer
Vergangenheit und nach ihrer Zukunft: **»Wo kommst du her, und wo-** 8
hin gehst du?« Ohne Zögern antwortete Hagar auf die erste Frage. Auf die zweite wußte sie nichts zu sagen. »Darauf nimmt der Engel sich sowohl ihrer Vergangenheit als auch ihrer Zukunft an.«[400] In drei Worten wandte sich der Bote Hagar, die im Begriff war, in ihres und in ihres Kindes Tod zu rennen, zu:

Und der Engel Jahwes sprach zu ihr: »Kehre zu deiner Herrin zu- 9
rück, und beuge dich unter ihre Hand.«

Und der Engel Jahwes sprach zu ihr: »Ich will deine Nachkommen 10
überaus zahlreich machen, so daß man sie vor Menge nicht zählen kann.«

Und der Engel Jahwes sprach zu ihr: »Siehe, du bist schwanger und 11
wirst einen Sohn gebären und sollst ihn Ismael nennen, denn Jahwe hat auf dein Flehen gehört.

Und er wird ein Mensch sein wie ein Wildpferd (Zebra); seine Hand 12
wird wider alle und die Hand aller wird gegen ihn sein, und allen seinen Brüdern wird er sich vors Gesicht setzen.«

Von den drei getrennten Aussprüchen des Engels ist der erste ein Gebot, der zweite und dritte sind eine Verheißung.

Hagar soll zu Sarai zurückkehren und aus freien Stücken ihre Herrin
Sarai anerkennen. Gott ist durch seinen Boten der aus dem Haus
Abrams Fliehenden gefolgt, er will sie zurückführen und sagt Hagar zu, e 1Mo
daß ihre Nachkommen ein Teil seiner Geschichtspläne sind. Ihrem 17,20-26
Sohn soll Hagar den Namen Ismael geben.[401] Ismael heißt übersetzt: 25,9-17; 37,25.28
»Gott hat erhört.« Die Namengebung setzt ein Bittgebet Hagars um Be- 39,1 Ri 8,24
wahrung voraus. 1Chr 1,29-31
Ismael[e] ist der Ahnherr eines Nomadenstämmeverbandes mit zwölf Ps 83,7

[396] Vgl. die Auslegung zu 1. Mose 21,9-21.
[397] Zum Engel Jahwes siehe Exkurs I: Die Engel Gottes.
[398] Keel/Küchler, Bd 2, S. 129.
[399] Westermann, Genesis I/2, S. 291.
[400] v. Rad, Mose, S. 164.
[401] Zur Namengebung durch die Mutter vgl. 1. Mose 4,1.25; 29,32ff; 30,6ff; 38,4f.

Untergliedern (1Mo 25,13-16). Der Lebensbereich der Ismaeliter erstreckte sich von der Grenze Ägyptens bis zum Persischen Golf (1Mo 25,18). In der islamischen Überlieferung gilt Ismael als der Ahnherr der Araber.[402] Im rabbinischen Schrifttum wird Ismael zwar zu den Kindern Abrams gezählt, aber wegen seiner Bosheit als Unreiner von jenen ausgeschieden.[403]

In dem an Hagar gerichteten Engelspruch wird Ismael mit einem Wildpferd verglichen. Von den meisten Übersetzern wird der hebräische Begriff *pärā'* mit Wildesel übertragen. Der Wildesel aber heißt im Hebräischen *'arod* (vgl. Hi 39,5), *pärā'* dagegen das damals im palästinischen Raum häufig vorkommende, jetzt aber in diesen Breitengraden ausgestorbene Zebra.[404] Ismaels Leben wird bestimmt sein von dem Krieg aller gegen alle. Trotz vieler Feinde, zu denen auch seine Brüder zählen, wird er das Land erobern und besitzen. »Es wird ihm keiner Freund sein und doch niemand wagen, ihm entgegenzutreten.«[405] Ismaels Leben wird nichts als Kampf sein, »dieser unbändige Ismael ist ein würdiger Sohn seiner trotzigen Mutter, die sich auch nicht ins Joch hat fügen wollen und die das Leben in Sicherheit von sich warf, weil es ein Leben in Demütigung gewesen war.«[406]

Nachdem Hagar die Worte des Engels gehört hatte, erkannte sie, daß
13 Gott selbst ihr nahe gekommen war. **Und sie nannte den Namen Jah-
wes, der zu ihr geredet hatte: »Du bist der Gott des Sehens. Ich habe
14 dem nachgeschaut, der mich gesehen hat.« * Darum nannte man den
Brunnen »Brunnen des Lebendigen, der nach mir schaut«. Er liegt
zwischen Kadesch und Bered.**

Hagar ist durch den Gottesboten Gott selbst begegnet. Der Engel Jahwes ist eine Erscheinungsform Jahwes. Er ist Jahwe selbst, der in menschlicher Gestalt dem Menschen erscheint. Gott begegnet dem Menschen, der Mensch kann Gott aber nur in der Gestalt des Engels, des Boten Gottes, wahrnehmen.[407] Gott sieht Hagar. Hagar aber sieht den Engel! Vom Blickwinkel des Menschen aus ist der Bote Gottes mit seinem Auftraggeber identisch. Durch seinen Engel spricht und handelt Gott selbst.[408] Hagar erkennt in dem Engel, der ihr die Zukunft ihres Sohnes vor Augen stellt, »die Selbstgegenwart Jahwes«.[409] Sie ruft den Namen Gottes aus in Form einer »Gebetsanrede des Gotteslo-

402 Noth, Ismael, Sp. 935f.
403 Odeberg, Esau, S. 957.
404 Köhler, Lichter, S. 64-70.
405 Hirsch, Genesis, S. 273.
406 Gunkel, S. 189.
407 v. Rad, Angelos, S. 76.
408 Ficker, mal'ak, Sp. 903 + 907.
409 Delitzsch, S. 286.

bes«[410]: »Du bist der Gott des Sehens.« Gott hatte Hagar gesehen und sich ihrer angenommen. Als der Engel gegangen war, merkte sie, daß der »allsehende Gott gegenwärtig war, und sah ihm nach«.[411] Hagar konnte Gott hinterhersehen[f]. Da Hagar in ihrem Elend Gott in seiner gnädigen »Fürsehung«[412] nicht entgangen war, nennt man den Brunnen auch **»Brunnen des Lebendigen, der nach mir schaut«**. Eine genaue Lokalisierung der Quelle war bisher nicht möglich. Sie muß in der Nähe von Kadesch[413] gelegen haben. Der Ortsname Bered begegnet im Alten Testament nur an dieser Stelle. Seine Lage ist bis heute nicht auszumachen.

f 2Mo 33,23 Ri 13,20ff

3. Die Geburt Ismaels: 16,15+16

15 Und Hagar gebar dem Abram einen Sohn, und Abram nannte den Sohn, den ihm Hagar geboren hatte, Ismael.
16 Abram war sechsundachtzig Jahre alt, als Hagar ihm Ismael gebar.

Es wird nicht berichtet, wie lange Hagar noch an dem Brunnen mit dem Namen »Brunnen des Lebendigen, der nach mir schaut« geblieben war, auch nicht, wie sie Ismael zur Welt brachte und ob sie es war, die ihm seinen Namen gab. Dafür wird in Form eines Stammbaumes festgestellt: Sie gebar diesen Sohn Abram, und Abram nannte ihn Ismael. Abram hatte nun einen Sohn. Offen blieb die Frage, ob Ismael der Nachkomme Abrams war, auf den Gottes Verheißung zielte! »Diese Frage kann sich Abram selbst nicht beantworten. Er wird sie oft an Gott gerichtet haben, bis er endlich die in Kapitel 17 erzählte Antwort erhielt.«[414] Die Feststellung, daß Abram Ismael seinen Namen gab, setzt voraus, daß die leidenschaftliche Sarai und die trotzige, aber auch mutige Hagar wieder gemeinsam in der Familie Abrams lebten.[415]

EXKURS I: *Die Engel Gottes*

Das Alte Testament kennt kein besonderes Kapitel einer Engellehre (Angelologie). Engel aber begegnen dem Menschen ganz selbstverständlich in ihrem Alltag, bei ihrer Arbeit, an den Orten, wo der

410 Westermann, Genesis I/2, S. 296.
411 Dillmann, S. 256.
412 Delitzsch, S. 286.
413 Zu Kadesch siehe die Auslegung zu 1. Mose 14,7.
414 Delitzsch, S. 287.
415 Zur Charakterisierung der beiden Frauen vgl. Gunkel, S. 192.

Mensch zu Hause ist. »Käme kein Engel mehr, dann ginge die Welt unter. Solange Gott die Erde trägt, schickt er seine Engel ... Die Engel sind Gottes Möglichkeit oder verkörpern Gott in seinen Möglichkeiten für uns.«[416]

Das deutsche Wort »Engel« kommt von dem griechischen Begriff *angelos.*

In der griechischen Übersetzung des Alten Testaments (Septuaginta) wird das Wort Engel (hebräisch: *mal'ak* = Bote) meist mit *angelos* (Engel) übersetzt, und zwar ist *angelos* ebenso wie der Bote im Alten Testament sowohl die Bezeichnung des Beauftragten eines Menschen als auch des Beauftragten Gottes. Einen Unterschied macht erst die lateinische Bibelübersetzung, die Vulgata. Hier wird der menschliche Bote mit *nuntius,* der himmlische mit *angelus* bezeichnet.

1. Die Boten Gottes

Der Bote Gottes kommt wie ein Mensch zu einem Menschen. Er ist nicht an seiner Gestalt als Engel zu erkennen. Er begegnet dem Menschen unerkannt.

Die Existenz des Engels ist Botschaft. Der Engel Gottes wird sichtbar und vernehmbar mit seinem Auftrag. Ist sein Auftrag erfüllt, verschwindet und geht er, wie er gekommen ist. Wie bei allen Botschaften, so geht es auch bei der Botschaft des Engels um die Überbrückung von Abständen. »Bei den Engeln Gottes geht es um den größten aller Abstände: die Engel haben die Gottesferne zu überbrücken.«[417]

Die Boten Gottes kamen zu Abram wie Freunde (1Mo 18). Sie hatten keine besondere Gestalt. Ihre Kleidung war alltäglich und unauffällig. Die Kleider haben eine verbergende Funktion. Wie Menschen traten sie auf Abram zu. Abram aber hatte eine große Erwartung. Er rechnete damit, daß Gott die Ferne überbrückt, die Fremdheit beendet und daß Gott ihm, dem Fremden im fremden Land, einen Boten schickt. Nach der Mahlzeit überbringt einer der Fremden die Botschaft Gottes. Er kündigt Abram an, daß er ein Kind von Sarai bekommen wird (1Mo 18,10).

»Gottes Engel brauchen keine Flügel.«[418] Auch die Engel, die Jakob im Traum erscheinen, haben keine Flügel. Sie brauchen eine bis in den

[416] Westermann, Gottes Engel, S. 7f.

[417] a.a.O., S. 9.

[418] So lautet der Titel des Engelbuches von Claus Westermann; vgl. S. 21: Die Uniform der Flügel also hat den Engeln der Menschengeist gegeben, der sie nicht mehr verstand, weil ihm Engel nicht mehr begegneten. Der Bote Gottes bedarf der Flügel nicht.

Himmel reichende Leiter, um hinauf- und herabzusteigen (1Mo 28,12).[419]

Die Boten Gottes begegnen dem Menschen, ohne daß ihre Namen bekannt sind. Der Bote tritt hinter seine Botschaft zurück. In der Begegnung mit einem Engel kommt es nicht auf den Engel an, sondern auf die Botschaft, die dieser im Auftrag Gottes einem Menschen bringt. Aus diesem Grunde weigert sich der Engel, seinen Namen zu nennen.

In der Zeit der Richter - ungefähr 1100 v.Chr. - war ein Engel zu der kinderlosen Frau des Manoach gekommen. Er hatte ihr angekündigt, daß sie ein Kind bekommen werde. Als ihr Mann dazukam, fragte dieser den Engel: »Wie heißt du? Daß wir dich ehren können, wenn dein Wort eintrifft.« Da antwortete der Engel: »Warum fragst du nach meinem Namen? Er ist wunderbar« (Ri 13,18).

Wer den Namen eines Engels weiß, kann ihn bei diesem Namen anrufen. Das aber weisen die Engel Gottes zurück. Über 1000 Jahre waren vergangen, seit Manoach den Engel verehren wollte, als auch der Evangelist Johannes auf Patmos versucht war, vor einem Engel niederzufallen. Johannes war überwältigt von den Gesichten, die ihm der Engel gezeigt hatte. Er warf sich vor dem Engel nieder, »um anzubeten«. Der Engel aber sagte zu ihm: »Siehe zu, tu es nicht! Gott bete an!« (Offb 22,9).

Die Engel Gottes haben keine eigene Existenz. Ihr ganzes Sein ist Botschaft.[420] Gott selbst will den Menschen durch seine Engel ganz nahekommen.

Eine unmittelbare Gottesbegegnung ist auch im Alten Testament das Außerordentliche, das Seltene. Die Boten Gottes aber können jedem begegnen, und zwar nicht nur von oben her, sondern auch auf ebener Erde. Gott begegnet dem Menschen durch seine Boten unversehens und überraschend, wie ein Mensch einem Menschen begegnet.

Der Bote Gottes wird nicht bei seinem Kommen, sondern bei seinem Fortgehen als Engel erkannt. Nicht das Äußere, seine Gestalt, macht ihn zum Boten, sondern seine Botschaft. »Der Engel geht anders fort, als er gekommen ist.«[421]

Der Engel Gottes begegnete dem Gideon wie ein gewöhnlicher Mensch. Gideon hatte sich mit seiner Arbeit versteckt. Da das Land von Feinden besetzt war, konnte er das Getreide nicht auf offener Tenne ausdreschen. Es war zu gefährlich. Vorbeikommende Feinde hätten das

419 v. Rad, Angelos, S. 78. Anm. 27: Die Engel können auch ohne weiteres als Mann (hebräisch: *'isch*) bezeichnet werden (Jos 5,13; Hes 40,3; Dan 10,5).

420 »Denn den Engeln eignet kein Sein, das dem menschlichen Sein, keine Existenz, die der menschlichen Existenz verglichen, mit ihr unter den gleichen Begriff gebracht werde könnte.« Westermann, Gottes Engel, S. 15.

421 a.a.O., S. 84: »Es sind nicht dieselben Augen, die den Engel fortgehen sehen, wie die, die ihn kommen sehen. Das Entscheidende geschah dazwischen: ihre Augen wurden aufgetan.«

Korn stehlen können. Gideon hatte sich mit seiner Arbeit zurückgezogen in die Kelter, in eine aus Stein gehauene enge Mulde im Weinberg. Da trat ein Bote Gottes zu ihm und grüßte den jungen Bauern: »Gott mit dir, du starker Held.« Gideon war skeptisch. Er hinterfragte den Gruß: Was heißt hier »Gott mit dir?« und er verwies auf seine Ohnmacht. Der Gottesbote aber erklärte Gideon, daß dieser dazu bestimmt sei, sein Volk zu retten. Um der bleibenden Kritik Gideons entgegenzuwirken, gab der Engel Gideon ein Zeichen. Der Engel ließ das Opfer verbrennen und verschwand.

Erst beim Entschwinden des Mannes hatte Gideon in dem Fremden den Engel Gottes erkannt und sprach: »Ach, Herr Herr! Habe ich also den Engel des Herrn von Angesicht gesehen!« (Ri 6,22). Gideon waren die Augen geöffnet. Es waren nicht dieselben Augen, mit denen Gideon den Boten kommen sah. Beim Kommen des Engels waren seine Augen »gehalten«, beim Fortgehen waren sie geöffnet. Der Engel Gottes wird beim Fortgehen dadurch erkannt, daß Gott dem Menschen die Augen öffnet. Von Hagar heißt es: Gott öffnete ihr die Augen, und sie sah (1Mo 21,19). Zu Jakob spricht Gott: Erhebe deine Augen und sieh (1Mo 31,12); und in der Bileamsgeschichte heißt es: Da öffnete Jahwe die Augen Bileams (4Mo 22,31).

Die Heilsgeschichte des Alten und Neuen Testaments beginnt mit der Ankündigung eines Kindes (1Mo 18,10; Mt 1,21; Lk 1,31). Ein Kind muß geboren werden, damit Gott sein Werk unter den Menschen tun kann.

Die entscheidende Geburt im Alten Testament ist die Geburt Isaaks. Sie wird von den drei Männern zunächst dem Vater angekündigt (1Mo 18). Auch Hagar, der Nebenfrau Abrams, wird die Geburt eines Sohnes angesagt.

In der Wüste erkundigte sich der Bote nach dem Woher und Wohin Hagars. Er gab ihr eine Verheißung, mit der Hagar leben konnte. Nach dem Fortgehen des Boten sprach Hagar: »Du bist der Gott des Sehens . . ., ich habe dem nachgeschaut, der mich gesehen hat« (1Mo 16,13).[422]

Zur Zeit der Richter wurde den Eltern Simsons, Manoach und seiner Frau, ein Kind angekündigt. Später übernahmen ein Priester und ein Prophet die Aufgaben der Gottesboten. Eli kündet der Mutter Samuels und Elischa der kinderlosen Sunamitin an, daß sie einen Sohn zur Welt bringen werden (1Sam 1,17; 2Kö 4,16).

An der Schwelle zum Neuen Bund ist es wieder der Engel Gottes, der einmal die Geburt des Johannes seinem Vater Zacharias ankündigt (Lk 1,13), zum andern die Geburt Jesu der Maria, der Jungfrau in Nazareth

[422] Zur Gleichsetzung des Boten mit seinem Auftraggeber vgl. 1. Mose 16,13.

(Lk 1,30f). Mit der Geburt Jesu erfüllt sich die Verheißung des Propheten Jesaja: »Uns ist ein Kind geboren, ein Sohn ist uns gegeben, und die Herrschaft liegt auf seinen Schultern« (Jes 9,5).

»Das ist das Geheimnis der Erlösung der Welt, alles Vergangene und alles Zukünftige ist hier umschlossen. Die unendliche Barmherzigkeit des allmächtigen Gottes kommt zu uns, läßt sich zu uns herab in der Gestalt eines Kindes, seines Sohnes. Daß uns dieses Kind geboren, dieser Sohn gegeben ist, daß mir dieses Menschenkind, dieser Gottessohn gehört, daß ich ihn kenne, ihn habe, ihn liebe, daß ich sein bin und er mein ist, daran hängt nun mein Leben. Ein Kind hat unser Leben in der Hand.«[423]

Zum Beginn der Geschichte des neutestamentlichen Gottesvolkes gehört die dreimalige Engelbotschaft, die Josef im Traum empfing. Der Bote Gottes befahl Josef die Flucht nach Ägypten. Er sagte Josef den Tod Herodes des Großen an und die Möglichkeit der Rückkehr. Um dem Zugriff des Herodes Archelaus zu entgehen, veranlaßte er Josef, nicht nach Judäa, sondern nach Galiläa zu ziehen (Mt 2,13.19.22).

Die Botschaft der Engel im Alten und Neuen Testament ist die Ankündigung der Rettung aus der Bedrängnis.

2. Der Engel mit dem Schwert

Es gibt einen Bereich, den Gott für den Menschen bestimmte. Der Mensch sollte im Paradies leben. Es war Gottes Schöpferabsicht, den Menschen in seiner unmittelbaren und direkten Nähe zu haben. Der Mensch jedoch wollte nicht Mensch bleiben. Er strebte danach, zu werden wie Gott. Gott wies den Menschen aus seiner Nähe. Gleichzeitig befahl er seinem Engel, den Menschen von dem Gottesbereich fernzuhalten. Der Engel mit dem feurigen Schwert in der Hand hindert den Menschen daran, wieder in den Gottesbereich einzudringen, unsterblich zu werden und damit zu sein wie Gott.

Der Engel mit dem Schwert hat ein Wächteramt auszuüben, damit der Mensch die von Gott bestimmte Grenze nicht mehr überschreitet. Der Bote mit dem Schwert ist dazu da, den Menschen zu schützen. Er bewacht den Bereich Gottes und hindert den Menschen vor dem Eindringen und damit vor dem ewigen Tod. Dem Menschen ist die Göttlichkeit verwehrt. Der Mensch muß darauf warten, bis Gott ihn selbst umgestal-

[423] Bonhoeffer, Gesammelt Schriften, Bd 4, S. 571.

tet in sein Ebenbild. Es wird einmal die Zeit kommen, in der der Mensch Gott sehen wird, wie er ist. Dann wird der Mensch Gott gleich sein (1Jo 3,2). Bis zu jener Zeit des Eingangs in die ewige Herrlichkeit bewacht der Engel den Garten für den Menschen. Der Engel mit dem Schwert ist der Wächterengel. Er bewahrt den Menschen vor dem Untergang und bewacht das Paradies, den unzerstörbaren Bereich Gottes. Jesus ist der Weg ins Paradies. Seit seiner Geburt gilt:

»Heut schleußt er wieder auf die Tür
zum schönen Paradeis;
der Cherub steht nicht mehr dafür.
Gott sei Lob, Ehr und Preis!«[424]

3. Der Engel des Gerichtes

Die Engel Gottes künden den Menschen nicht nur Heil und Rettung, sie sind nicht nur die Wächter, die für die Menschen das Paradies bewachen, sondern sie können auch Boten des Gerichtes sein! Der Engel Gottes kann auch Vernichtung bringen. Als David sein Vertrauen auf die Zahl und Macht seiner Soldaten statt auf Gottes Eingreifen setzte, sandte Gott den Gerichtsengel. Dieser streckte seine Hand aus, und das Volk »von Dan bis gen Beerscheba« starb, 70000 Mann, bis Gott sprach: »Es ist genug! Laß nun deine Hand ab!« (2Sam 24,15f).

Der Tod der 185000 Assyrer war die Tat des Gerichtsengels Gottes (2Kö 19,35). Der Gerichts- und Todesengel ist der Bote des Zornes Gottes (Ps 78,49). Da der Mensch um die Möglichkeit weiß, daß Gottes Engel Gerichts- und Todesengel sein kann, fürchtet er sich, wann immer ihm ein Engel Gottes begegnet. »Wenn sie (die Engel) kommen, kommt der Heilig-Furchtbare und Schreckensvoll-Herrliche.«[425]

Zu den Kennzeichen der Engel gehört die Unheimlichkeit. Es geht von den Engeln ein furchterregender Glanz aus. Wenn Engel den Menschen die Botschaft des Heils und der Errettung bringen, lauten ihre ersten Worte: »Fürchtet euch nicht!« (Lk 1,30; 2,10)

4. Der Schutz- und Geleitengel

Gott gebietet seinen Engeln, die Menschen auf ihren »Wegen zu behüten«, er trägt den Engeln auf, seine Menschen »auf Händen zu tragen«, damit ihr »Fuß nicht an einen Stein stoße« (Ps 91,11f). Um die, die Gott fürchten, lagert sich der Engel Gottes wie ein Schutzwall (Ps 34,8).

[424] Nikolaus Hermann (1560), EKG, 21, 6.
[425] Guardini, R.; zitiert nach Nigg/Gröning, S. 2.

Der Engel Gottes wird den schützen und leiten, der sich aufmacht, um für Isaak eine Frau zu werben (1Mo 24,7.40). Rückblickend konnte Jakob sagen: Der Engel Gottes erlöste mich von allem Übel (1Mo 48,16). In seiner Verzagtheit wurde Elia von einem Engel angerührt und ermutigt, getrost den »weiten Weg« anzutreten (1Kö 19,5.7). Die Engel Gottes sind die unsichtbaren Begleiter des Lebens. In dem kleinen Buch Tobias tröstet der Vater die Mutter des Tobias, die sich um ihren Sohn sorgt, mit den Worten: »Hab keine Sorge, er wird gesund zurückkehren; denn ein guter Engel wird ihn begleiten« (Tob 5,21f). Nach der Rückkehr des Tobias gibt sich sein Schutz- und Geleitengel, der den Namen Rafael trägt, zu erkennen, und zwar mit den Worten: »Preiset Gott in Ewigkeit, denn nicht aus eigenem Wohlwollen, sondern nach eures Gottes Geheiß bin ich gekommen; darum preiset ihn in Ewigkeit!« (Tob 12,17f).

Gottes Engel geleiten nicht nur einzelne Menschen auf ihren Wegen durchs Leben, sondern auch das von Gott erwählte Volk Israel. Der Engel Gottes zog vor Israel her (2Mo 14,19). Er behütete es auf dem Wege (2Mo 23,20). Er bahnte Mose den Weg, den dieser das Volk führen sollte (2Mo 32,34). Der Engel schlug die Feinde des Volkes zurück (2Mo 33,2). Es war ein Engel, gesandt von Gott, der das Volk aus Ägypten führte (4Mo 20,16).

Der Engel Gottes ist der unsichtbare Begleiter des Lebens eines Menschen und eines Volkes. Der Begleitengel sieht, was Menschen nicht sehen. Er ist stets gegenwärtig. Über die Verbindung des Engels Gottes mit einzelnen Menschen sagt Jesus im Blick auf die Geringsten und Kleinsten: »Seht zu, daß ihr nicht eines von diesen Kleinen geringschätzt, denn ich sage euch: Ihre Engel in den Himmeln sehen allezeit das Antlitz meines Vaters« (Mt 18,10).

Martin Luther, der unter Bezug auf Paulus (Kol 2,18) jede Engelverehrung zurückweist, lehrt in seinem Morgen- und Abendsegen beten: »Dein heiliger Engel sei mit mir, daß der böse Feind keine Macht an mir finde.«[426] Martin Luther praktizierte und lehrte dieses Gebet in der Gewißheit: »Wo zwanzig Teufel sind, da sind auch hundert Engel. Wo das nicht so wäre, da wären wir schon längst wie in einem Hui zugrunde gegangen ... Wer einen Engel zum Freund hat, braucht die ganze Welt nicht mehr zu fürchten. Die Engel Gottes sind eine Wagenburg um uns her.«[427]

Die Engel sind von Gott zum Schutz und zur Begleitung des Menschen gesandt. Sie sind Boten des Dreieinigen Gottes. Die Engel begleiten die Apostel Jesu Christi auf ihren Wegen. Der Engel Gottes führt die Apostel aus dem Gefängnis heraus (Apg 5,19; 12,7). Ein Engel weist Phi-

[426] Luther, Katechismus, S. 621f.
[427] Luther; zitiert nach Glaser, S. 31f.

lippus den Weg zum Kämmerer aus Oberägypten (Apg 8,26ff) und gibt Kornelius den Rat, Petrus zu holen (Apg 10,3.7.22; 11,13). Ein Engel erscheint Paulus auf der Fahrt nach Rom (Apg 27,23). Die Schutz- und Begleitengel Gottes sind »dienstbare Geister«. Sie sind »ausgesandt zum Dienst derer, die das Heil erwerben sollen« (Hebr 1,14).

Johan Sebastian Bach wußte um den Auftrag der Engel und schrieb eine Kantate zum Michaelisfest mit der Überschrift: »Es erhub sich ein Streit.« In ihr heißt es:

»Es lagert sich so nah, als fern
Um uns der Engel unsers Herrn ...
Bleibt, ihr Engel, bleibt bei mir!
Führet mich auf beiden Seiten,
Daß mein Fuß nicht möge gleiten.
Aber lernt mich auch allhier
Euer großes Heilig singen
Und dem Höchsten Dank zu bringen.«[428]

5. Der Deute-Engel

Es gibt Offenbarungen Gottes, die nur einer deuten kann, der selbst zu Gottes Welt gehört: ein Engel.

Als Hesekiel - in Gottesgesichten enthüllt - den neuen Tempel sieht, redet ihn ein »Mann« an mit den Worten:

»Menschensohn! Schaue mit deinen Augen und höre
mit deinen Ohren und achte auf alles, was ich
dir zeigen werde!« (Hes 40,4)

Für den Propheten Sacharja ist der Engel, der mit ihm redet, der ständige und unentbehrliche Erklärer. Sacharja steht dem Geschauten hilflos gegenüber wie ein Mann in einem fremden Land, der die Sprache des Landes nicht versteht. 17mal wird in den ersten sechs Kapiteln des Propheten Sacharja der Deute-Engel genannt. Ihn fragt Sacharja: »Mein Herr, was bedeutet dies?« und der Engel antwortet: »Ich will dich schauen lassen.«

Der Prophet Daniel versteht das Geschaute nur mit Hilfe des Deute-Engels. Der Engel ließ ihn wissen, was die Dinge bedeuteten (Dan 7,16).

Der Deute-Engel tritt noch einmal in Erscheinung, und zwar auf der Insel Patmos. Da Johannes die große prophetische Schau der Offenbarung nicht hätte verstehen können, sandte Jesus seinen Engel, um Johannes die Geheimnisse durch Zeichen zu erklären (Offb 1,1).

Seit Jesu Kommen ist der Deute-Engel Bote Jesu Christi. Allein Jesus

[428] Bach, J.S., Es erhub sich ein Streit. Kantate, BWV 19.

hat die Macht, den Deute-Engel zu senden. Jesus »ist viel höher geworden als die Engel« (Hebr 1,4). Gott hat, »nachdem er zu vielen Malen und auf vielerlei Weise zu den Vätern geredet hat durch die Propheten, in der Endzeit zu uns geredet im Sohn« (Hebr 1,1f).

Alles gegenwärtige Reden von Gott, von Jesus und vom Heiligen Geist ist nichts anderes als ein auslegendes Nachzeichnen dessen, was seine Boten im Alten und Neuen Testament gesehen haben und bezeugen. Es gibt ein Erleuchten durch den Engel Gottes. Dies ist in der Regel unauffällig und ohne wunderbare Begleitumstände. »Nicht jeder, der von einem Engel erleuchtet wird, erkennt, daß er von einem Engel erleuchtet wird.«[429] Es ist jedoch ausgeschlossen, daß der Engel, der Jesus untergeordnet ist, neue Offenbarungsinhalte, die über die Botschaft Jesu hinausgehen, den Menschen mitteilt. Wo ein Mensch meint, eine Engelbotschaft zu vernehmen, die anderes enthält als die Worte der Heiligen Schrift, muß er damit rechnen, daß dies eine Offenbarung des bösen, widergöttlichen Engels ist. »Der Engel, der gute wie der böse, vermag kraft seiner Natur, die Einbildungskraft des Menschen zu bewegen.«[430] Für den Ausleger der Schrift heißt dies, daß er sich in seinen Gebeten bewußt in den Machtbereich des Engels Jesu stellt. »Wenn wir nicht zum Engel eilen, der vor Gott steht, dann eilen wir sicherlich zu jenem Engel, der sich von Gott abgewandt hat, dann nähern wir uns dem Dämon. Denn der Mensch existiert immer so, daß er über sich selbst hinausgeht und sich somit dem Engel oder dem Dämon nähert.«[431]

6. Die Heiligen Gottes

Vom Gesichtskreis des Menschen aus gesehen, sind die Engel Boten Gottes, Engel des Heils, der Rettung und des Gerichtes, Schutz- und Geleitengel und in biblischer Zeit Deute-Engel. In diesen Funktionen sind die Engel die sichtbare Seite Gottes in dieser Welt. Daneben aber kennt das Alte und Neue Testament auch Engel als himmlische Wesen. Gott thront, umgeben von heiligen Engeln[a]. Die Engel im Himmel dienen Gott[b]. Sie loben und ehren ihn[c]. Sie begleiten ihn bei seinem Kommen[d]. Sie sind seine Kämpfer und sein Heer[e]. Zu diesen himmlischen Boten gehören die Serafim und die Cherubim.

Von *Serafim* ist im Alten Testament nur in der Gottesvision des Jesaja die Rede. Jesaja sah die Serafim als sechsflügelige himmlische Wesen, wobei sie mit zweien das Antlitz, mit zweien die Füße bedeckten, während sie mit zwei Flügeln flogen und dabei riefen: »Heilig, heilig, heilig ist der Herr der Heerscharen!« (Jes 6,2f)

[a] 5Mo 33,2 Hi 1; 2 Ps 82; 89 Jes 6 Sach 6,5
[b] Hi 4,18 Ps 104,4
[c] Ps 103,20f 148,1f Jes 6,3
[d] Sach 14,5
[e] Ps 68,18.31 Joe 2,11

429 Aquin, Th. v.; zitiert nach Nigg/Gröning, S. 130.
430 ebd.
431 Peterson, E.; zitiert nach Nigg/Gröning, S. 52.

f 1Mo 3,24 Hes 28,14.16
g 1Sam 4,4 2Sam 6,2 22,11
h 2Mo 25; 26 36; 37 1Kö 6; 7; 8 2Chr 3; 5
i Mt 25,31 26,53
k Mt 24,31 Mk 13,27
l Mt 13,39 vgl. 1Thes 4,16 2Thes 1,7
m Offb 5,11 vgl. Offb 8; 10 19

Zu den *Cherubim* gehört der Engel mit dem Schwert[f]. Die Cherubim sind die Wächter des Gottesgartens, sie umgeben den Herrn der Heerscharen[g]. Wo immer sie auftauchen, bezeugen sie: Der Herr ist nahe! So bekamen sie ihren Platz in der Stiftshütte und im Tempel[h]. Nach Hesekiels Vision haben die Cherubim vier Gesichter und vier Flügel (Hes 1,6).

Die Serafim und Cherubim sind ein Zeugnis für Gottes Majestät. Gott ist umgeben von einem Reich himmlischer Diener. Das Heer der himmlischen Diener wird für die Menschen sichtbar beim Wiederkommen Jesu Christi am Ende der Zeit. Sie werden den Menschensohn umgeben[i], die Erwählten werden sie sammeln[k] und die Verworfenen richten[l].

In der großen Schau vom Ende der Zeit hört Johannes die Stimme vieler Engel um den Thron[m]. Auf Gottes Befehl führen die himmlischen Heerscharen das Jüngste Gericht herbei. Sie heben die Posaunen des Gerichtes (Offb 8), gießen die Schalen des Zornes aus (Offb 16), legen Satan in Fesseln (Offb 20,2) und bewachen das neue Jerusalem (Offb 21,2.10).

Am Ende der Zeit sind die himmlischen Heerscharen als die Diener Gottes die eigentlich Handelnden. Sie werden von Menschen geschaut als himmlische Wesen, die mit ihren Flügeln alle Räume durchmessen.

> »Der Engel ist Geist, nur Geist,
> Nicht dem Leibe feindlich, aber unleiblich.
> Alle Höhe, Tiefe, Weite des Sinnes und der Wesenheit
> ist ihr Bereich.
> Er steigt auf, dringt ein, durchmißt.
> Das drückt sich in den Flügeln aus:
> Der Engel ist der Fliegende.«[432]

Ein Teil dieser fliegenden himmlischen Wesen wurde sichtbar bei der Botschaft auf dem Feld in Bethlehem. Nachdem der Engel des Herrn als Bote den Hirten die Worte zugerufen hatte: »Euch ist heute der Heiland geboren«, heißt es: »Und alsbald war da bei dem Engel die Menge der himmlischen Heerscharen, die lobten Gott und sprachen: Ehre sei Gott in der Höhe« (Lk 2,9-14). Die Hirten begegneten sowohl dem Boten Gottes als auch den himmlischen Heerscharen. Der Bote bedurfte keiner Flügel. Er konnte den Hirten wie jeder alttestamentliche Bote erscheinen, der nur an seiner Botschaft zu erkennen ist. In den himmlischen Heerscharen schauten die Hirten einen Teil der Diener des Himmels.

[432] Guardini, R.; zitiert nach Nigg/Gröning, S. 8.

7. Die Erzengel

Das Alte Testament kennt Engel, die aus den himmlischen Heerscharen herausgehoben sind. Vor der Einnahme Jerichos erscheint Josua ein Erzengel, »ein Fürst (hebräisch: *sar)* über das Heer des Herrn« (Jos 5,14f). Wie bei der Berufungsgeschichte Gott zu Mose sprach, so befiehlt der Erzengel Josua: »Zieh deinen Schuh von deinem Fuß, denn die Stätte, worauf du stehst, ist heiliges Land« (Jos 5,15).

Bei Daniel ist *Michael*, der Erzengel, »der vornehmste Fürst« (Dan 10,13) oder »der große Fürst« (Dan 12,1). Im Buch Daniel hat jedes Volk einen Engel; der Helfer und Vertreter Israels (Dan 10,13) ist der Erzengel Michael. In der Offenbarung des Johannes ist Michael der Engel, der den Drachen, die alte Schlange, das heißt den Teufel, besiegt (Offb 12,7-10). In Bachs Kantate zum Michaelistag heißt es:

»Es erhub sich ein Streit.
Die rasende Schlange, der höllische Drache,
Stürmt wider den Himmel mit wütender Rache.
Aber Michael bezwingt,
Und die Schar, die ihn umringt,
Stürzt des Satans Grausamkeit.

Gottlob! Der Drache liegt.
Der unerschaffne Michael
Und seiner Engel Heer
Hat ihn besiegt.

Dort liegt er in der Finsternis
Mit Ketten angebunden,
Und seine Stätte wird nicht mehr
Im Himmelreich gefunden.

Wir stehen sicher und gewiß,
Und wenn uns gleich sein Brüllen schrecket,
So wird doch unser Leib und Seel
Mit Engeln zugedecket.«[433]

Gabriel ist bei Daniel der Deute-Engel. Er legt Daniel das Gesicht aus, so daß dieser es versteht (Dan 8,15f). Einmal - um die Zeit des Abendopfers - rührte Gabriel Daniel an und sprach: »Ich bin ausgegangen, dich zu unterrichten« (Dan 9,21f).

Im Neuen Testament ist Gabriel der Verkünder und Erklärer des Geheimnisses der Geburt Jesu (Lk 1,26).

[433] Bach, J. S., Es erhub sich ein Streit. Kantate, BWV 19.

Der dritte aus dem Umkreis des Alten Testaments bekannte Name ist *Rafael*, der Schutzengel des Tobias (Tob 5,4; 12,15).

Hesekiel kennt, ohne Namen anzuführen, eine Siebenzahl besonderer Engel. Es waren sechs Männer und ein siebter mit einem Schreibgerät (Hes 9,1ff).

Auch Paulus weiß um die Bedeutung der Erzengel. Jesus wird »mit befehlendem Wort, mit der Stimme des Erzengels und mit der Posaune Gottes herniederkommen vom Himmel, und die Toten in Christus werden auferstehen zuerst« (1Thes 4,16).

In der frühen Darstellung der Engel wurde noch deutlich zwischen den Boten und den himmlischen Heerscharen unterschieden. Die Cherubim im Tempel wurden von Anfang an mit Flügeln dargestellt, die Gottesboten aber wie ganz gewöhnliche Menschen. Die frühe christliche Kunst lehnte die Abbildung von geflügelten Engeln ab. Erst seit etwa 400 n.Chr. wird jeder Bote Gottes - wahrscheinlich nach dem Bild der Serafim und Cherubim - mit Flügeln dargestellt. Die Gestalt der Engel aber blieb dennoch die der Boten. Die Engel in der Kunst waren bis ins 15. Jahrhundert jugendliche Männer, zum Teil mit Bart. Erst seit dem 15. Jahrhundert gibt es Mädchenengel, und in der Renaissance tauchen zum ersten Mal die Putten auf, die trompetenblasenden molligen Kinder. Diese Darstellung der Engel ist ins Dekorative und Ornamentale abgeglitten. Das Vorbild für die nackten Kinderengel sind die antiken Genien und Eroten.[434]

Rembrandts Engelbilder haben zwar Flügel, aber in ihrer Gestalt und in ihrem Ausdruck entsprechen sie dem alttestamentlichen Bild der göttlichen Boten. Ernst Barlach wagte es wieder, Engel ohne Flügel darzustellen. Beispiele dafür sind der »Schwebende« in der Antoniter-Kirche in Köln oder der Güstrower Engel. Mit der Gestalt der flügellos Schwebenden erneuert Barlach die Tradition der flügellosen altchristlichen Engel.[435]

Nicht alle Engel brauchen Flügel. Die biblischen Boten erscheinen wie Menschen. Der Engel ist an seiner Botschaft zu erkennen. Die himmlischen Heerscharen sind die Fliegenden. Sie durchdringen und durchmessen alle Räume. Die Engel als Boten erscheinen im Neuen Testament vermehrt an zwei Stellen: beim Kommen Jesu auf diese Erde und bei der Auferstehung und Erhöhung Jesu. Die himmlischen Heerscharen sind Gottes und Jesu Diener bei der Wiederkunft und beim letzten Gericht.

Sowohl das Judentum als auch das Neue Testament wenden sich gegen die Anbetung und Verehrung von Engeln.

[434] Nigg/Gröning, S. 47.
[435] vgl. Rosenberg, S. 310.

»Wenn über einen Menschen Not kommt, soll er weder
Michael noch Gabriel anrufen, sondern mich soll er anrufen, und ich will ihm antworten.«[436]
»Lasset euch niemand das Ziel verrücken, der sich gefällt in falscher Demut und Verehrung der Engel und sich mit seinen Gesichten rühmt« (Kol 2,18).

In der Alten Kirche und im Mittelalter entwickelte sich eine Engelverehrung, die von Martin Luther nachdrücklich abgelehnt wurde:

»Und wiewohl die Engel im Himmel für uns bitten
(wie Christus selber auch tut) . . . so folget daraus
nicht, daß wir die Engel . . . anrüfen, anbeten,
ihnen fasten, feiern, Messe halten, opfern, Kirchen,
Altar, Gottesdienst stiften und anderweise mehr
dienen und sie für Nothelfer halten . . ., denn das
ist Abgötterei, und solche Ehre gehöret Gott alleine zu.«[437]

Die Ablehnung der Engelverehrung bedeutet jedoch nicht, den Glauben an den Schutz- und Begleitengel Gottes aufzugeben.

»Die Welt ist voller Boten
Mit Botschaft insgemein,
Bei Lebenden und Toten
Soll keiner einsam sein.«[438]

Die Engel Gottes sind Boten »in dem ungeheuren Sinne, daß sie irgendwie den Sendenden selbst bringen«.[439]

In auswegloser Not und schmerzlichem Erleben wußten sowohl Jochen Klepper als auch Dietrich Bonhoeffer von der Nähe der Begleitengel Gottes. In Kleppers Trostlied am Abend heißt es:

»In jeder Nacht, die mich bedroht,
ist immer noch dein Stern erschienen.
Und fordert es, Herr, dein Gebot,
so naht dein Engel, mir zu dienen.
In welchen Nöten ich mich fand,
du hast dein starkes Wort gesandt.«[440]

Zum letzten Neujahrsfest, das Dietrich Bonhoeffer vor seiner Ermordung im KZ Flossenbürg erlebte, schrieb er:

436 jBer 13a; zitiert nach Kittel, mal'ak, S. 81.
437 Luther, Schmalkaldische Artikel, S. 425.
438 Schröder; zitiert nach Onasch, Sp. 1077.
439 Guardini; zitiert nach Nigg/Gröning, S. 25.
440 Klepper, S. 19

»Von guten Mächten treu und still umgeben,
behütet und getröstet wunderbar,
so will ich diese Tage mit euch leben
und mit euch gehen in ein neues Jahr.«[441]

VIII. DER BUND GOTTES MIT ABRAHAM: 17,1-27

Nach jüdischer Auslegung gibt es fünf Bundesschlüsse[442]:

(1) Der Bund mit Noah (1Mo 6,18; 9,9).
Zeichen: der Regenbogen.
(2) Der Bund mit Abraham (1Mo 17).
Zeichen: die Beschneidung.
(3) Der Bund mit Israel (2Mo 24,7ff; 31,13ff).
Zeichen: die Gesetzestafeln und der Sabbat.
(4) Der Bund mit König Joschija (2Kö 23,1ff).
Zeichen: das wiedergefundene Gesetzbuch.
(5) Der durch Jeremia verheißene »neue Bund« (Jer 31,31).
Zeichen: Die Kleinsten und die Größten werden Gott erkennen, und Gott wird ihnen ihre Schuld vergeben.

Nach der Urzeit ist der Gottesbund mit Abram der erste Bundesschluß in der mit Abram beginnenden neuen Geschichtsepoche. Abram ist aus einem Zweig der Menschheitsgeschichte herausgewachsen. Gottes Geschichte mit seiner Welt konzentriert sich auf Abram.

Dreizehn Jahre nach Ismaels Geburt schließt Gott seinen Bund mit Abram. Wie bereits in dem Bund mit Noah[443] ist zunächst Gott allein der Handelnde.

Gott offenbart seinen Namen El Schaddai.
Gott stiftet den Bund.
Gott gibt das Gebot zur Beschneidung.
Gott bestimmt den Erben des Bundes.

Die Antwort auf dieses vierfache Handeln Gottes ist die Tat des Menschen: Abram gehorcht.

1. Gott offenbart seinen Namen El Schaddai: 17,1

1 **Abram war neunundneunzig Jahre alt, da erschien Jahwe dem Abram und sprach zu ihm: »Ich bin El Schaddai, wandle vor mir und sei ganz!«**

[441] Bonhoeffer, Widerstand, S. 275.
[442] Kirschner/Joseph, Bund, Sp. 1233.
[443] Siehe die Auslegung zu 1. Mose 6,18; 9,9; Bräumer, 1. Teil, S. 168+191.

Gott offenbart sich Abram mit seinem Namen El Schaddai[a]. El Schaddai ist der herausragende Gottesname des Väterbundes.[444]

Gott wurde seit Set und Enosch, mit denen die neue Menschheitsgeschichte begann, mit dem Namen Jahwe angerufen (1Mo 4,26). Abram war der in der Urzeit geoffenbarte Name Gottes, Jahwe, nicht unbekannt. In dem vor dem König von Sodom abgelegten Schwur spricht Abram: »Ich erhebe meine Hand zu Jahwe, zu El Eljon, dem Schöpfer Himmels und der Erde« (1Mo 14,22). Wie Jetro (2Mo 3,1), so wußte auch Abram um den Gottesnamen Jahwe, auch wenn Gott sich mit diesem Namen Abram nicht direkt bekannt gemacht hatte.[445]

Unmittelbar vor Beginn der Herausführung aus Ägypten sprach Gott zu Mose: »Ich bin Jahwe. Ich bin dem Abraham, Isaak und Jakob als El Schaddai erschienen, aber mit meinem Namen Jahwe habe ich mich ihnen nicht bekannt gemacht« (2Mo 6,2f). Abram kannte den Namen Jahwes nur durch die Offenbarung Gottes in der Urzeit.

Die Vorgeschichte des Gottesnamens El Schaddai und seine ursprüngliche Wortbedeutung können bis heute nicht abschließend erklärt werden.[446]

Schon die alten Bibelübersetzer verstanden offensichtlich den Gottesnamen El Schaddai nicht mehr. Die griechische Übersetzung des Alten Testaments (Septuaginta) gibt den Namen mehrfach mit »Allherrscher« (griechisch: *pantokrator)* wieder; danach richtet sich die lateinische Übersetzung (Vulgata) und überträgt El Schaddai mit »allmächtiger Gott« (lateinisch: *deus omnipotens).* Die Unsicherheit der griechischen Übersetzung (Septuaginta) ist daran zu erkennen, daß sie El Schaddai nicht nur mit »Allherrscher« wiedergibt, sondern auch mit »der Himmlische« (griechisch: *ep ouranios:* Ps 68,15)[447] und an mehreren Stellen mit »der Genügende« (griechisch: *hikanos:* Hi 21,15; 31,2; 40,2; Hes 1,24).

In zeitgenössischen Übersetzungen finden sich folgende acht Erklärungsvorschläge, zwischen denen keine Verbindung herzustellen ist: (1) der Gewaltige und Starke, (2) der Herr, (3) die Mutterbrust, (4) der Blitzeschleuderer, (5) der Aller-Höchste, (6) der Herzenskenner, (7) der Gott des Feldes, (8) der Genügende.[448]

Für die sich bereits an einigen Stellen der Septuaginta findende Übersetzung »der Genügende« entscheiden sich Aquila (um 130

[a] 1Mo 17,1
28,3; 35,11
43,14; 48,3
49,25
2Mo 6,3
4Mo 24,4.16
Hi 5,17
6,4.14; 8,5
11,7; 13,3
15,25;
21,15.20
22,3.23.26
24,1;
27,10f.13
31,2; 32,8
33,4; 34,10
37,23; 40,2
Ps 68,15
91,1
Jes 13,6
Hes 1,24
10,5
Joe 1,15

444 Dillmann, S. 259.

445 Zum Gottesnamen Jahwe vgl. Bräumer, 1. Teil. S. 22f, ferner die Auslegung zu 1. Mose 4,26, a.a.O., S. 137-139; siehe auch die Auslegung zu 1. Mose 14,22.

446 v. Rad, Mose, S. 167.

447 Traub, S. 539.

448 Weippert, THAT, Bd II, Sp. 875-880.

n.Chr.), Symmachos (um 170 n.Chr.) und Theodotion (Ende des 2. Jahrhunderts).[449]

Aquila war Proselyt und ein Schüler Rabbi Akibas. Es war sein Ziel, eine sklavisch-wörtliche Übersetzung zu schaffen. *Symmachos,* ein zum Judentum übergetretener Samaritaner, wollte wörtlich und gut griechisch übersetzen; und *Theodotion,* ebenfalls Proselyt, legte eine revidierte griechische Übersetzung nach dem hebräischen Text vor.[450]

Für die Übertragung El Schaddais mit »der Genügende« entschieden sich nicht nur Aquila, Symmachos und Theodotion, sondern das gesamte antike Judentum. Sie zerlegten das Wort *schaddai* in *schä* (= Abkürzung des Relativpronomens) und *daj* (= genug). Dieser Übersetzung schlossen sich die jüdischen Exegeten bis ins 19. Jahrhundert an.

Die gegenwärtige jüdische Forschung ist zurückhaltender. Umberto Cassuto nennt unabhängig von der etymologischen Erklärung El Schaddai den Gott, der alle Gesetze der Natur in der Hand hat. Er gibt Fruchtbarkeit und Vermehrung und erfüllt die Verheißung der Nachkommenschaft.[451] Ganz ähnlich nennt Nehama Leibowitz El Schaddai den Urheber, der hinter allen Ereignissen der Natur steht.[452] Diese zeitgenössischen jüdischen Erklärungen sind aber letztlich nichts anderes als das Bekenntnis: Gott ist genug! El Schaddai heißt demnach: »Ich bin genug. Ich bin der, der spricht: Gott ist genug!« In dieser Übersetzung ist der »spezifische Charakter der den Vätern gewordenen Gottesoffenbarung . . . enthalten«.[453]

Für das alttestamentliche Denken ist ein Name nicht Schall und Rauch. Die Kundgabe eines »neuen Gottesnamens bedeutet zugleich einen neuen Offenbarungsinhalt«.[454]

Mit der Selbstoffenbarung in dem Namen El Schaddai sagt Gott zu Abram: Sieh dich in meiner Welt um, und du siehst überall - im großen und im kleinen - ein »Genug!« Himmel und Erde würden sich fort- und fortentwickeln, hätte ihnen Gott nicht einmal zugerufen: »Genug!« Gott hat aber auch dem kleinsten mit Kraft begabten und in Form gekleideten Atom sein »Genug« (hebräisch: *daj)* zugerufen. Dieses »Genug« ist der »Sabbat-Stempel« der Schöpfung, das Gottessiegel an Himmel und Erde. Die Welt ist nicht das Produkt blinder, ungebundener Kräfte, sondern das freie Werk des Schöpfers. Das Geschaffene kann sich nicht willkürlich fortentwickeln. Gott hat dem Größten und dem Kleinsten

449 Rengstorf, hikanos, S. 294, bes. Anm. 3.
450 Würthwein, S. 44.
451 Cassuto, Exodus, S. 78f.
452 Leibowitz, Bd I, S. 135.
Zur weiteren Diskussion in der gegenwärtigen jüdischen Exegese vgl. ebd., S. 139.
453 Hirsch, Genesis, S. 276.
454 Noth, 2. Mose, S. 44.

seine Grenzen gesetzt. »Des Schöpfers *daj* (Genug!) ist's, das Alles zugewogen und zugemessen, das sich in jedem Maß, jeder Größe, jedem Gesetz und jedem Ziel offenbart.«[455]

Das Ruhen Gottes am siebten Tag der Schöpfung ist das Ziel seines Schaffens. Gott ruhte nicht aus Erschöpfung, sondern er beendete mit der Ruhe sein eigenes Schaffen.

Auch über dem Menschen spricht Gott sein »Genug«; ihm setzt Gott seine Grenzen: Grenzen des Schaffens und Denkens, Grenzen der Freude und des Leides. Gott, der zur Welt, zum Himmel und zur Erde sprach: »Genug!«, spricht auch zum menschlichen Leiden »Genug!«[456]

El Schaddai heißt: Ich bin der Gott, der zu der Welt und zu den Menschen spricht: »Gott ist genug!« El Schaddai ist der Gott, der alles und alle in seine Grenzen weist und der für jedes und jeden genug ist. »Ihr habt genug, wenn ihr Ihn habt, und habt ihr Ihn nicht, so habt ihr nichts.«[457]

Die Worterklärung von El Schaddai mit »Gott ist genug« hat Auswir-
kungen auf das Verständnis der an Abram gerichteten Weisung: **Wand-** 1
le vor mir und sei ganz!« Von Henoch und Noah heißt es: »Sie wandelten *mit* (hebräisch: *ēth*) Gott (1Mo 5,22.24; 6,9). Abram aber soll *vor* (hebräisch: *liphne*) Gott wandeln. Das Wandeln *vor* Gott ist ein Leben »unter Gottes Augen«[458], ein »Leben im Gegenüber zu Gott«[459]. Wörtlich übertragen lautet das Gebot Gottes: »Führe dich vor meinem Angesicht«[460], das heißt: Abram soll seinen Lebenswandel nicht von äußeren Umständen abhängig machen, sondern er soll aus freiem Entschluß bei jedem Schritt die Gegenwart Gottes vor Augen haben. Der Wandel vor Gottes Angesicht ist nur dann echt, wenn er vorbehaltlos und unbedingt ist, deshalb fügt Gott hinzu: **»und sei ganz!«**

Das mit »ganz« übersetzte Wort (hebräisch: *tamim)* hat die Bedeutung von »vollendet, fertig sein, vollzählig vorhanden sein, vollkommen und unsträflich sein«. (Zu vergleichen sind die hebräischen Worte *tam* und *tamam).* Im Gemeinschaftsverhältnis unter Menschen wird »ganz« (hebräisch: *tam*) im Sinn von »ohne Hintergedanken«, »rückhaltlos« (1Mo 20,5) gebraucht. Im Gottesverhältnis bedeutet »ganz« (hebräisch: *tamim)* »das Völlige, Ungeteilte der Hingabe«.[461]

Das im Zusammenhang mit den Opfertieren häufig gebrauchte »ganz« oder »ohne Tadel« (hebräisch: *tamim*)[462] bezeichnet ein Opfer-

[455] Hirsch, Genesis, S. 277.
[456] Hoschoja, R. (um 200 n.Chr.); zitiert nach Kittel, autarkeia, S. 467.
[457] Hirsch, Genesis, S. 277.
[458] Dillmann, S. 260.
[459] Westermann, Genesis I/2, S. 311.
[460] Hirsch, Genesis, S. 278.
[461] v. Rad, Mose, S. 168.
[462] Procksch, S. 426; vgl. auch die Auslegung zu 1. Mose 6,9, Bräumer, 1. Teil, S. 162.

tier, »dem nichts fehlt«, das heißt, »an dem nichts zu viel und nichts zu wenig ist.«[463]

Das »Ganzsein« des Menschen vor Gott ist keine Eigenschaft, die der Mensch erarbeiten oder erringen kann, um sie Gott vorzuweisen, sondern das Leben in einem von Gott ermöglichten und begrenzten Raum. Derjenige ist »ganz«, der »in all seinen Beziehungen bis an die Grenzen des Gestatteten und Gebotenen geht und dort stille steht . . ., der den Kreis, das Gebiet, das Gott ihm angewiesen, völlig ausfüllt und in ihm aufhört«.[464]

Wenn El Schaddai zu Abram sagt: **»Wandle vor mir und sei ganz«**, so fordert er ihn dazu auf, innerhalb der Welt zu leben, in der gilt: Gott ist genug! Der Gottesname El Schaddai, vom Menschen ausgesprochen, beinhaltet ein dreifaches Bekenntnis:

(1) Gott ist genug in jedem Los, bei allem Leid

Wenn Gott sich Abram mit dem Namen El Schaddai offenbart, sagt er damit: Was immer, Abram, auf dich zukommt, an einem sollst du festhalten: El Schaddai, Gott ist genug! In der vorköniglichen Zeit des Alten Testaments mußte eine Frau durch schweres Leid gehen. Sie wollte nicht mehr Noomi, »die Liebliche«, heißen, sondern Mara, »die bitter Betrübte«. Ihr Gesicht war vom Leid gezeichnet. In der Tiefe ihrer Not aber konnte sie sagen: Er war es, El Schaddai. Er hat mir viel Bitteres bereitet. Er hat mich ins Leid gestürzt (Rt 1,20f). Sein Name ist El Schaddai: Gott ist genug!

Auch dem Glaubenden des Neuen Testaments ist der Gottesname El Schaddai, Gott ist genug, nicht unbekannt. Philippus sagt zu Jesus: »Herr, zeige uns den Vater, das ist *genug* für uns« (Joh 14,8). Paulus berichtet angesichts seines Leidens, daß Gott ihm zwar den Dorn im Fleisch belassen hat, aber über sein Leid die Worte spricht: »Meine Gnade ist *genug* für dich, denn meine Kraft gelangt in der Schwachheit zu voller Auswirkung« (2Kor 12,9).[465] Der alttestamentliche Gottesname El Schaddai ist aufgenommen in der neutestamentlichen Zusage: »Gott kann machen, daß alle Gnade unter euch reichlich sei, damit ihr in allen Dingen allewege *volle Genüge* habt« (2Kor 9,8).

(2) Gott ist genug: Er setzt die Grenze

Im Paradies wies Gott dem Menschen einen bestimmten Raum zu und gliederte zugleich zwei Bereiche, den Baum der Erkenntnis von Gut

463 Hirsch, Genesis, S. 278.
464 ebd S. 278f.
465 Zur Auslegung von 2Kor 12,9 vgl. Bräumer, Ich werde für euch dasein, S. 120.

und Böse und den Baum des Lebens, aus (1Mo 2,9). In der Geschichte nach dem Sündenfall umgrenzt Gott den für den Menschen bestimmten Raum mit zehn Grenzpflöcken, mit den heiligen Zehn Geboten. Gott weist dem Menschen einen bestimmten Raum zu. Wann immer jedoch der Mensch den von Gott gesetzten Raum überschreitet, verfällt er der Sünde. Das rabbinische Judentum nennt Sünde Übertretung (hebräisch: *ʿaberah)*.[466] Sünde ist Grenzüberschreitung (hebräisch: *ʿabar)*. Davon abgeleitet ist das schrankenlose Sich-Überheben, die Hybris[b].

[b] Spr 21,24 Jes 16,6 Jer 48,30

Abgesehen vom Menschen können alle die von Gott geschaffenen Wesen nur bis zu der ihnen von Gott gesetzten Grenze gehen. Für sie ist die ihnen von Gott zugewiesene Grenze unüberschreitbar. Allein der Mensch kann die Grenze durchbrechen. Der Mensch aber, der aus freien Stücken den ihm von Gott gewiesenen Raum bejaht, ist innerhalb der gesetzten Grenzen frei. »Innerhalb des von Gott gesteckten Spielraumes ist alles, auch das Sinnlichste, heilig und gut.«[467] In der Entschlossenheit, die von Gott gesetzten Grenzpflöcke nicht zu überrennen, kann der Mensch auch dem stärksten Trieb entgegentreten mit dem Wort: Gott ist genug!

(3) Gott ist genug: Gott bestimmt das Maß

Nicht allein die Grenzüberschreitung ist Schuld vor Gott, sondern auch das Nichtausfüllen des von Gott dem Menschen zugewiesenen Raumes. Der Mensch soll mit all seiner Kraft, mit seinem Denken und Handeln den gesamten ihm übertragenen Raum verantwortlich gestalten.

Bereits im Paradies gab Gott dem Menschen den Auftrag: Beherrsche, bebaue, bewahre (1Mo 1,28; 2,15). Ein Leben ohne den Einsatz der ganzen Kraft ist kein menschenwürdiges Dasein. Der Glaubende darf sich nicht in einen Winkel privater Frömmigkeit und Untätigkeit zurückziehen. Er kann nicht das Maß seiner Arbeit und seiner Leistung bestimmen. Gott ist das Maß. El Schaddai heißt: »Gott ist genug«, und sein Gebot lautet: **»Wandle vor mir und sei ganz.«** Damit wehrt Gott jeder Verkümmerung oder Vernichtung einer Anlage. Gott will, daß sich der Mensch innerhalb des ihm zugewiesenen Raumes entfaltet. Er will, daß er »den Kreis, das Gebiet, das Gott ihm angewiesen, völlig ausfüllt und in ihm aufhört«.[468]

[466] Lewkowitz, Sp. 279.
[467] Hirsch, Genesis, S. 279.
[468] ebd.

2. Gott stiftet den Bund: 17,2-8

2 **»Ich will meinen Bund zwischen mir und dir geben, ich will dich**
3 **überaus zahlreich machen.« * Da warf sich Abram auf sein Ange-**
4 **sicht nieder. Und Gott redete mit ihm und sprach: * »Ich bin es. Sie-**
he, mein Bund ist nun mit dir, und du wirst zum Stammvater vieler
5 **Völker. * Und man soll dich nicht mehr Abram nennen, sondern du**
sollst Abraham heißen; denn ich habe dich zum Vater vieler Völker
6 **gesetzt. * Und ich will dich überaus fruchtbar machen, und ich will**
dich zu Völkern werden lassen, und Könige werden von dir abstam-
7 **men. * Und ich werde meinen Bund als einen ewigen Bund aufrich-**
ten zwischen mir und dir und der Nachkommenschaft nach dir in
ihren Geschlechtern. So werde ich dein Gott sein und der Gott dei-
8 **ner Nachkommen. * Und ich werde dir und deiner Nachkom-**
menschaft das Land deiner Fremdlingschaft geben, das ganze Land
Kanaan zu ewigem Besitze, und ich will ihr Gott sein.«

Die Stiftung des Bundes wird mit zwei verschiedenen Zusagen be-
2 schrieben: **»Ich will meinen Bund zwischen mir und dir geben, ich will**
7 **dich überaus zahlreich machen.« * »Ich werde meinen Bund als einen**
ewigen Bund aufrichten zwischen mir und dir und der Nachkom-
menschaft nach dir in ihren Geschlechtern.«

Das Schließen eines Bundes mit dem Zeitwort »geben« (hebräisch: *nathan)* findet sich bei der Bundeszusage an Noah (1Mo 9,12) und dann noch einmal bei der Zusage des »ewigen Priestertums« an Pinhas, den Sohn Aarons: »Ich schließe (hebräisch: *nathan)* hierdurch mit ihm meinen Bund, daß ihm Heil widerfahren soll, und zwar soll ihm und seinen Nachkommen das Priestertum auf ewige Zeit zustehen« (4Mo 25,12f).
2 Die jüdische Auslegung deutet die Formulierung **»Ich *gebe* meinen Bund zwischen mir und dir«** als die Übertragung des einmal mit Noah geschlossenen Bundes auf Abram. Gott hat seinen Bund mit der Gesamtmenschheit geschlossen, als er dieser die Erde zum zweitenmal schenkte. In Abram hat Gott den Menschen gesucht und gefunden, zu dem er sprechen konnte: »Ich möchte gerne durch *dich* jenen mit der Menschheit geschlossenen Bund zur Verwirklichung bringen, mit dir beginnen und dich zum Grundstein der wieder mir zu gewinnenden Gesamtmenschheit setzen.«[469] Der mit Pinhas geschlossene Bund, in dem es noch einmal heißt: »Ich gebe dir den Bund«, ist eine weitere Über- bzw. Weitergabe des Bundes, und zwar jetzt der Generationenfolge der Priester mit dem besonderen Auftrag, den Bund zu wahren.[470] Die Zu-

[469] Vgl. Hirsch, Genesis, S. 280.
[470] ebd.

sage Gottes, Abram seinen Bund zu übertragen (zu geben!), wird verstärkt durch die Zusicherung: »Ich will einen ewigen Bund aufrichten (hebräisch: *kum*)[c]. Zwischen Gott und Abram soll ein Bund aufgerichtet, [c] 1Mo 6,18
gegründet und eingerichtet sein, der für immer Bestand hat. Die Aufrichtung des Bundes ist »ganz und gar Gottes Tat«.[471] »Der Bund gründet allein auf Gottes gnädiger Herablassung.«[472] Dieser Grundstruktur
des Bundes entspricht die erste Reaktion Abrams: **Da warf sich Abram** 3
auf sein Angesicht nieder.

Das Sich-Niederwerfen auf die Erde, so daß das Gesicht im Sand liegt, ist »ein Ausdruck tiefer Beugung und hingebenden Vertrauens«, aber auch »der überwältigenden Freude«.[473] Wer sich auf sein Angesicht wirft, »hört auf, sehend zu sein, wird bloß hörend, gibt also die materielle und geistige Selbständigkeit dem andern gegenüber auf.«[474] Wenn der Mensch vor Gott niederfällt, bejaht er Gottes Weg. Das Niederfallen ist der körperliche Ausdruck, das bestätigende »Amen«, mit dem der Mensch die Verheißung Gottes annimmt.[475]

Daß die Aufrichtung des Bundes allein Gottes Tat ist, kommt auch in
der neuen Namengebung durch Gott zum Ausdruck: **»Man soll dich** 5
nicht mehr Abram nennen, sondern du sollst Abraham heißen; denn ich habe dich zum Vater vieler Völker gesetzt.« Der Satzname Abram bedeutet: »Gott, der Vater, ist erhaben«[476] und ist ein Bekenntnis zu Gott. Die Umbenennung Abrams in Abraham beinhaltet ein Bekenntnis Gottes zu Abraham.[477] Der durch die Silbe *ham* erweiterte Name bedeutet soviel wie »Vater einer großen Menge«. Die Silbe *ham* ist vermutlich die Abkürzung des Wortes »Getöse, Menge« (hebräisch: *hamon*).[478] Interessant ist, daß es bis heute im Arabischen ein Wort gibt, das dem zweiten Teil des Namens Abraham entspricht und das soviel bedeutet wie »Menge« (arabisch: *raham*).[479] Mit der Umbenennung des Namens Abram in Abraham bekennt sich Gott zu Abraham. Im Leben Abrahams beginnt damit ein neuer Lebensabschnitt. Gott macht den Vater einer Familie zum Vater eines Volkes, ja noch mehr, zum Stammvater
vieler Völker: **»Du wirst zum Stammvater vieler Völker. * Ich habe** 4/5b
dich zum Vater vieler Völker gesetzt. * Und ich will dich überaus 6
fruchtbar machen, und ich will dich zu Völkern werden lassen, und

471 Westermann, Genesis I/2, S. 316.
472 Siehe die Auslegung zu 1. Mose 6,18, Bräumer, 1. Teil, S. 168.
473 Lange, S. 232.
474 Hirsch, Genesis, S. 280.
475 Westermann, Genesis I/2, S. 312.
476 Siehe die Auslegung zu 1. Mose 11,26-30, Bräumer, 1. Teil, S. 229f.
477 Delitzsch, Genesis S. 292.
478 Westermann, Genesis I/2, S. 314.
479 Hertz (Hg.), S. 58.

Könige werden von dir abstammen.« Durch die Umbenennung machte Gott aus Abram, dem Vater einer Familie in der Urzeit, Abraham, den Vater des Volkes Israel und den Stammvater vieler Völker.

Der Bund ist allein Gabe und Geschenk Gottes. Gott spricht den Bund zu, Abram nimmt durch sein Niederfallen die Verheißung an. Gott gibt Abram einen neuen Namen, und schließlich spricht Gott die
4/7b große Verheißung: **»Ich bin es. Siehe, mein Bund ist nun mit dir. * So**
8b **werde ich dein Gott sein und der Gott deiner Nachkommen. * Ich will**
ihr Gott sein.«

Das »Ich bin«, das »Ich werde« und das »Ich will sein« im Munde Gottes ist die Zusage der bleibenden Gegenwart. Gottes Bund ist nichts anderes als die unerschütterliche Verheißung seiner Gegenwart. Im Hebräischen gibt es kein besonderes Wort für Verheißung. Wesen und Inhalt der Verheißung stehen in dem Wort »Bund« (hebräisch: *berit),* das soviel bedeutet wie »bindende Versicherung«.[480] Wer die »bindende Versicherung« Gottes gehört, wer die Bundesverheißung empfangen hat, der kann auch das an ihn ergehende Gebot Gottes vernehmen und verstehen.

3. Gott gibt das Gebot der Beschneidung: 17,9-14

9 **Weiter sprach Gott zu Abraham: »Aber auch du mußt meinen**
Bund halten, du und deine Nachkommenschaft, Geschlecht für
10 **Geschlecht. * Das ist mein Bund, den ihr halten sollt, der zwischen**
mir und euch und deiner Nachkommenschaft besteht: Alles, was
11 **männlich unter euch ist, soll beschnitten werden. * An dem**
Fleisch eurer Vorhaut sollt ihr beschnitten werden. Das soll das
12 **Zeichen des Bundes zwischen mir und euch sein. * Im Alter von**
acht Tagen soll alles Männliche bei euch beschnitten werden, Geschlecht für Geschlecht, auch der im Haus geborene und der von
Fremden mit Geld gekaufte Sklave, der nicht von deiner Sippe ist,
13 *** beschnitten, ja beschnitten soll der im Haus geborene und der**
mit Geld gekaufte Sklave werden. So soll mein Bund an eurem
14 **Fleisch ein ewiger Bund sein. * Ein Unbeschnittener aber, ein**
Mann, der nicht beschnitten ist am Fleisch seiner Vorhaut, ein solcher Mench soll ausgerottet werden aus seinen Volksgenossen; er hat meinen Bund gebrochen.«

Gott ordnet die Beschneidung als *Zeichen* seines Bundes mit Abraham an. Durch den Akt der Beschneidung sollen Abraham und seine

[480] Westermann, Genesis I/2, S. 313.

Nachkommen den von Gott gestifteten Bund bejahen, anerkennen und annehmen. Die von Gott angeordnete Beschneidung soll von Geschlecht zu Geschlecht immer neu als Zeichen der Zugehörigkeit zu Gott an allen, die männlich geboren sind, vollzogen werden. Abraham und seine Sippe kamen aus dem Zweistromland, und so waren sie wie alle Ostsemiten unbeschnitten.[481] Die Beschneidung wurde in der Antike in nahezu allen Kontinenten praktiziert: in Vorderasien, Afrika, Amerika, Australien, sie fehlt bei den Indogermanen und Mongolen. In der Umgebung Israels war die Beschneidung bekannt in Ägypten, Kanaan und bei den westsemitischen Völker. Nicht praktiziert wurde sie in Babylon, in Assyrien und bei den Philistern.[482] Wie es zur Entstehung der Beschneidung unter so vielen Völkerschaften kam, ist nicht mit Sicherheit zu sagen. Vielleicht entstand die Beschneidung aus ähnlichen Gründen wie die überall verbreiteten Opferhandlungen. »Wie das Opfer aus dem Gefühl der Sühnebedürftigkeit, so ist die Beschneidung aus dem Gefühl der Unreinheit menschlicher Natur hervorgegangen.«[483] Bei den Völkern außerhalb der Welt des Alten Testaments hat die Beschneidung hygienische, physische, medizinische, gesellschaftliche und bei manchen auch religiöse Gründe. Sie diente zur Reinerhaltung, Förderung der Fruchtbarkeit und Verhütung von Krankheiten. Durch sie wurde der Mann ein vollberechtigtes Mitglied des Stammes und zugleich heiratsfähig. Sehr häufig vollzog man die Beschneidung in der Pubertät zwischen dem 6. und 14. Lebensjahr. In manchen Religionen besteht ein Zusammenhang zwischen dem Ahnen- und Fruchtbarkeitskult; bei anderen wird die Beschneidung als eine Art Opfer verstanden.[484]

Das der Praxis der Religionen gegenüber *unterscheidend* Alttestamentliche ist, daß Gott selbst die Beschneidung durch ein Gebot anordnet, ferner, daß Gott die Beschneidung auf alle männlich Geborenen beschränkt und zugleich den Beschneidungstermin festlegt, außerdem, daß nach Gottes Gebot auch die Sklaven beschnitten werden.

(1) Das Gebot der Beschneidung

Nachdem Gott seinen Namen geoffenbart und die Bundesstiftung
mitgeteilt hatte, wendet er sich Abraham zu, und zwar mit dem Erlaß
eines Gebotes: **»Alles, was männlich unter euch ist, soll beschnitten** 10
werden!« Mit der Bundesstiftung eröffnet Gott dem Abraham ein Gemeinschaftsverhältnis. Mit dem Gebot weist Gott Abraham seine Rolle

[481] v. Rad, Mose, S. 170.
[482] Westermann, Genesis I/2, S. 319.
[483] Delitzsch, S. 288f.
[484] Westermann, Genesis I/2, S. 319.

innerhalb der Gemeinschaft zu.[485] Der Bund ist die Verheißung Gottes, »das Gebot ruht auf der *Verheißung*«.[486] Es ist müßig zu diskutieren, ob bei der Annahme der Beschneidung Einflüsse von den Kanaanitern, den Ägyptern oder den Midianitern wirksam waren, das Wesentliche für Abraham und seine Nachkommen ist *der Befehl Gottes zur Beschneidung.* Obgleich die Beschneidung bei zahllosen anderen Völkern üblich war, bezeichnen sich die Nachkommen Abrahams als die einzig »wirklich Beschnittenen«, und zwar »weil diese allein die Beschneidung auf ein Gottesgebot zurückführen konnten«.[487]

(2) Die Beschneidung aller männlich Geborenen im Alter von acht Tagen

11 **»An dem Fleisch eurer Vorhaut sollt ihr beschnitten werden. Das**
12a **soll das Zeichen des Bundes zwischen mir und euch sein. * Im Alter**
von acht Tagen soll alles Männliche bei euch beschnittenen werden, Geschlecht für Geschlecht.«

Bei vielen Indianerstämmen werden die Säuglinge am achten Tag nach der Geburt beschnitten, allerdings die Säuglinge beiderlei Geschlechts.[488] Im Alten Testament gibt es kein Gebot für die Beschneidung von Mädchen, beschnitten werden nur die männlich Geborenen.

Christliche Ausleger erklären in der Regel den Vorgang der Beschneidung nicht und verzichten auch weithin darauf, die Bedeutung der Beschneidung für das alttestamentliche Gottesvolk zu erläutern. Manche qualifizieren die Beschneidung unsachlich ab. Für sie ist die Beschneidung nicht anders zu beurteilen »als die mannigfachen körperlichen Entstellungen, die sich bei ungezählten barbarischen und wilden Völkerschaften finden«.[489]

Die Beschneidung selbst umfaßt das Abschneiden der Vorhaut (hebräisch: *milah,* von *mûl,* beschneiden), das Entblößen der Eichel (hebräisch: *peri'ah),* das Entfernen von Fleischfasern, die bei der Beschneidung etwa zurückgeblieben sind, das Aussaugen des Blutes und das Verbinden der Wunde.[490]

Das dem Wort für Beschneidung (hebräisch: *milah)* zugrundeliegende Wort (hebräisch: *mûl*) heißt, wie die jüdischen Ausleger betonen, nicht nur abschneiden (2Mo 4,25), sondern auch entgegentreten, beschränken. In Psalm 118,10 heißt es: »Ich trete den Heidenvölkern ent-

485 v. Rad, Mose, S. 170.
486 Westermann, Genesis I/2, S. 306.
487 Strack/Billerbeck, IV/1, S. 32.
488 Delitzsch, S. 288.
489 Stade; ihm schließt sich Gunkel an; vgl. Gunkel, S. 269.
490 Strack/Billerbeck, IV/1, S. 28.

gegen (hebräisch: *mûl*) im Namen Gottes.« Für die jüdischen Ausleger ist das Abschneiden der Vorhaut nur der äußere Vorgang. Sinn und Ziel der Beschneidung ist es, der Grenzenlosigkeit des Menschen entgegenzutreten, ihn in die Schranken zu weisen und ihn Gott unterzuordnen. Die Beschneidung ist ein Zeichen der Unterordnung des Leibes unter Gottes Gebot. Sie ist ein symbolischer Ausdruck dafür, daß der Mensch sich Gott verpflichtet weiß und Gott als den anzuerkennen hat, der den Namen trägt: Gott ist genug! Inhalt der Beschneidung ist nicht Vernichtung, sondern Unterordnung unter Gott. »Zölibat und Kastrierung sind dem jüdischen Gottesbund ebenso fragwürdige Auswüchse wie Wollust und Ausschweifung. Das Sinnlichste, sittlich umschränkt, Gott heilig machen, heißt: Jude sein.«[491]

In die Richtung dieser Deutung weist auch der Termin der Beschneidung; der achte Tag nach der Geburt[d]. Nach alttestamentlichem Gesetz sind Mutter und Kind sieben Tage nach der Geburt unrein. Die Unreinheit des männlich Geborenen endet am achten Tag mit der Beschneidung (3Mo 12,2f), die der Mutter am vierzigsten Tag (3Mo 12,5f). Damit ist die Beschneidung nicht nur ein Zeichen der Unterordnung unter Gottes Willen, sondern auch ein Zeichen der Reinheit. Von hier aus sind die alttestamentlichen Worte zu verstehen, in denen eine »Herzensbeschneidung« gefordert wird[e]. In späterer Zeit, als die Nachkommen Abrahams als Verbannte und Fremdlinge unter Völkern lebten, die die Beschneidung nicht übten, wurde die Beschneidung zum Bekenntnisakt. Die Juden - von babylonischen Exil an bis heute - verstehen die Beschneidung als Zeichen ihres Bekenntnisses zu El Schaddai, dem Bundesgott Abrahams.

[d] 3Mo 13,2 Lk 1,59 2,21 Phil 3,5
[e] 3Mo 26,41 5Mo 10,16 Jer 4,4 9,25 Hes 44,7

(3) Die Beschneidung der Sklaven

»Beschnitten, ja beschnitten soll der im Haus geborene und der mit 13
Geld gekaufte Sklave werden. So soll mein Bund an eurem Fleisch ein
ewiger Bund sein. * Ein Unbeschnittener aber, ein Mann, der nicht be- 14
schnitten ist am Fleisch seiner Vorhaut, ein solcher Mensch soll aus-
gerottet werden aus seinen Volksgenossen; er hat meinen Bund ge-
brochen.«

Mit der Beschneidung verliert der Sklave seine ursprüngliche Volks- und Religionszugehörigkeit. Das »Haus«, in dem Gott dem Menschen begegnet[492], fordert seine Beschneidung. Der Sklave wird ein Glied des Hauses. Der ganze alttestamentliche Hausstand war eine gottesdienstliche Einheit. Durch die Beschneidung des Sklaven wurde der Kreis de-

[491] Hirsch, Genesis, S. 286.
[492] Procksch, S. 520.

rer erweitert, die den Bundesgott El Schaddai anerkannten und so am Familiengottesdienst teilnehmen konnten. Abschließend stellt Gott in dem für Abraham und seine Nachkommen erlassenen Gebot fest: »Das Verweigern des Bundeszeichens bedeutet den Bruch des Bundes.«[493] Der, der sich der Beschneidung entzieht, soll aus dem Volksverband ausgerottet werden. Dieselbe Drohung steht später beim Sabbatgebot[f] und schließt dort die von der Gemeinde zu vollstreckende Todesstrafe ein. Beim Übertreten des Beschneidungsgebotes ist nicht ausdrücklich von der Todesstrafe die Rede. Es handelt sich hier um den »Ausschluß aus der sakralen Gemeinschaft«, um eine »Art von Bann«, der aber für den Betreffenden auch den Untergang zur Folge haben kann.[494]

[f] 2Mo 31,14 35,2 4Mo 15,32-36

Im späteren Judentum gilt: Wer die Beschneidung ablehnt und sich von seiner Vergangenheit trennt, löst sich heraus aus der Nachkommenschaft Abrahams. Er bringt sich um die Zukunft, da er nicht mehr zu den Nachkommen Abrahams gerechnet wird. Der, der die Beschneidung zurückweist, kann dadurch den Gottesbund weder zerstören noch vernichten, aber er »macht ihn für sich unwirksam«.[495] Die Beschneidung ist das Zeichen des Alten Bundes. Erst im Neuen Bund mit seinen Zeichen verliert die Beschneidung ihre Bedeutung.

Jesus und Paulus waren beschnitten (Lk 2,21; Phil 3,5). Paulus trat dafür ein, daß Timotheus um der Juden willen beschnitten wurde (Apg 16,3). Den unbeschnittenen Nichtjuden Titus aber, seinen vertrauten Begleiter, nötigte er nicht, sich beschneiden zu lassen (Gal 2,3).

Jesus stand mit Maria und Josef unter dem Gesetz: »Gott sandte seinen Sohn, von einer Frau geboren, dem Gesetz unterstellt« (Gal 4,4). Maria und Josef machen aus Jesus »nichts Besonderes, sondern überlassen es Gott, aus ihm zu machen, was verheißen ist«.[496] So halten sie streng die vom Gesetz vorgeschriebenen Tage der Beschneidung und Reinigung ein. Alles vollzieht sich wie bei jedem jüdischen Kind.[497]

Bei der Beschneidung war Josef der Handelnde. Die Mutter mußte noch weitere 33 Tage im Hause bleiben, durfte nichts Heiliges anrühren und das Heiligtum nicht betreten.[498] Erst nach dieser Zeit kam sie entsprechend der gesetzlichen Vorschrift (3Mo 12,6) in den Tempel und brachte die Brand- und Sündopfer für ihre Reinigung dar. Bei diesem Tempelgang trafen Maria und Josef mit Jesus auf Simeon und Hanna (Lk 2,22-38). Zur Beschneidung kam Josef allein mit Jesus in den Tempel. Damit übernahm Josef in aller Öffentlichkeit die Vaterschaft. Der

493 Westermann, Genesis I/2, S. 321.
494 v. Rad, Mose, S. 170.
495 Hirsch, Genesis, S. 287.
496 Gollwitzer, S. 30.
497 Schweizer, S. 40.
498 Vgl. Grundmann, Lukas, S. 88.

Gottessohn, von Maria geboren, galt von diesem Augenblick an als Sohn Josefs.[499] Mit der Beschneidung verbunden war die Namengebung (Lk 2,21).

Die Beschneidung war nicht von Anfang an mit der Namengebung verbunden. Nach einer rabbinischen Überlieferung beginnt der Brauch erst bei den Enkeln Esras.[500] Die Hauptzeugnisse für die zur Zeitenwende praktizierte Sitte, dem Kind den Namen bei seiner Beschneidung zu geben, sind die Beschneidung Johannes des Täufers und die Beschneidung Jesu (Lk 1,59; 2,21).

Paulus wurde in einer Familie im damals jüdischen Ausland, in Tarsus in Kleinasien, geboren. Seine Familie jedoch hatte eine lange Tradition. Sie konnte sich zurückführen auf Benjamin, den jüngsten Sohn Jakobs. Der Stamm Benjamin genoß bei den Rabbinern besonderes Ansehen, da Benjamin nach jüdischer Überlieferung als erster durch das Rote Meer gegangen ist.[501] Als Sohn aus einer angesehenen Familie mit einer Tradition, die bis in die Patriarchenzeit reicht, wurde Paulus nach der Bestimmung des Gesetzes am achten Tag beschnitten (Phil 3,5).

Timotheus wurde beschnitten, nachdem er bereits Christ war. Timotheus war der Sohn eines griechischen Vaters und einer Jüdin, die Christin geworden war (Apg 16,1). Da im Judentum die Herkunft der Mutter für die Volkszugehörigkeit ausschlaggebend ist, war Timotheus Jude. In den Augen der Juden aber war er ohne Beschneidung nicht vollwertig! Die Mission des Paulus begann in der Regel in den Synagogen. Hier war Timotheus mit seiner jüdischen Mutter für Juden nur dann ein akzeptabler Gesprächspartner, wenn er beschnitten war.[502] Paulus ließ Timotheus beschneiden, damit dieser den Juden ein Jude wurde (vgl. 1Kor 9,20).

Titus dagegen war der Sohn hellenistischer Eltern. Er war ein Heidenchrist. Ließ Paulus Timotheus beschneiden um des Evangeliums willen, so konnte er einer Beschneidung des Titus nicht zustimmen, und zwar ebenfalls um des Evangeliums willen.[503] Hätte Paulus für den Heidenchristen Titus die Beschneidung befürwortet oder gar angeordnet, so hätte er der damals aus dem Alten Testament abgeleiteten Lehre zugestimmt, die besagt: Gesetzesleistung ist der Weg zum Leben. Demgegenüber bezeugt Paulus die Botschaft Jesu Christi: Der Mensch wird nicht gerecht durch des Gesetzes Werke, sondern durch den Glauben an Jesus Christus (Gal 2,16).

[499] Vgl. Rengstorf, Lukas, S. 45.
[500] Strack/Billerbeck, Bd II, S. 107.
[501] Vgl. Friedrich, S. 117.
[502] Vgl. Schille, S. 333.
[503] Vgl. Stählin, S. 213.

Die Juden hoffen, durch die Werke des Gesetzes gerecht zu werden. Der Christ weiß: Gerechtigkeit gibt es nur durch *den Glauben.* Das Gerechtwerden gründet allein im Erlösungsgeschehen. Jesus vergoß sein Blut auf Golgatha, so daß alle ohne Verdienst gerecht werden können (vgl. Röm 3,24f). Paulus mußte die Beschneidung der Heidenchristen ablehnen, um zu zeigen, daß der Mensch nicht durch des Gesetzes Werke gerecht werde, sondern allein aus Glauben.[504]

Für den Christen hat die Beschneidung die Bedeutung der zeichenhaften Zugehörigkeit zum Bund Gottes verloren. An die Stelle der Beschneidung sind für den Christen nach Martin Luther neutestamentliche Zeichen getreten: »Gleichwie Abraham gehabt hat die Beschneidung . . ., also haben wir vielmehr sichtbare Zeichen, als nämlich zuerst die Taufe, so mit einer sehr trefflichen und lieblichen Verheißung geziert und begnadet ist, nämlich daß wir selig werden sollen, *so wir glauben.* Dieweil wir in dieser unserer schwachen und gebrechlichen Natur oft in Sünden fallen und straucheln, so sind an die Taufe gebunden die Schlüssel oder das mündliche Predigtamt . . . Wenn du nun *solches Wort im Glauben ergreifst und annimmst,* so wirst du wiederum zu Gnaden angenommen und kommst wieder zu dem Leben, das durch die Sünde verloren war. Solches geschieht auch im Gebrauch des Sakraments des Altars. Denn diese Worte: Das ist mein Leib, für euch gegeben, und mein Blut, für euch vergossen zur Vergebung der Sünden (Mt 26,26.28), sind gar nicht vergebliche Worte, *sondern stärken und versichern gewaltig die Hoffnung von der Vergebung der Sünden.*[505]

4. Gott bestimmt den Erben des Bundes: 17,15-22

15 Und Gott sprach zu Abraham: »Deine Frau Sarai sollst du nicht
16 mehr Sarai nennen, sondern ihr Name soll Sara sein. * Ich werde
sie segnen und werde dir einen Sohn von ihr geben. Ich werde sie
segnen, und sie soll zu Völkern werden, und Könige von Völkern
17 werden von ihr abstammen.« * Da fiel Abraham auf sein Ange-
sicht und lachte. Er sagte in seinem Herzen: »Einem Hundertjäh-
rigen soll noch ein Sohn geboren werden, und Sara, die Neunzig-
18 jährige, soll noch gebären?« * Und Abraham sprach zu Gott:
19 »Möchte doch Ismael vor deinem Angesicht leben.« * Da sprach
Gott: »So nicht. Deine Frau Sara wird dir einen Sohn gebären, und
du sollst ihn Isaak nennen. Ich aber werde meinen Bund mit ihm
aufrichten als einen ewigen Bund für seine Nachkommenschaft.

[504] Vgl. Schlier, S. 72+87+229.
[505] Luther, Ersten Moses, Bd I, S. 339.

20 *** Was aber Ismael betrifft, habe ich dich erhört; siehe, ich segne
ihn und werde ihn fruchtbar und überaus zahlreich machen.
Zwölf Fürsten wird er zeugen, und ich werde ihn zum großen Volk
21 machen. * Meinen Bund aber richte ich mit Isaak auf, den dir Sara
22 um diese Zeit im nächsten Jahr gebären wird.« * Nachdem er sei-
ne Rede mit ihm beendet hatte, fuhr Gott auf von Abraham.**

Noch einmal wendet sich Gott mit seiner Verheißungsrede an Abra-
ham. Dieses Mal jedoch bezieht er Sarai mit ein. Auch Sarai bekommt
einen neuen Namen, das heißt, Gott bekennt sich nicht allein zu Abra-
ham, sondern gleichermaßen zu Sarai. Auch in ihrem Leben soll ein
neuer Abschnitt beginnen. **»Deine Frau Sarai sollst du nicht mehr Sa-** 15
rai nennen, sondern ihr Name soll Sara sein. * Ich werde sie segnen 16
**und werde dir einen Sohn von ihr geben. Ich werde sie segnen, und sie
soll zu Völkern werden, und Könige von Völkern werden von ihr ab-
stammen.«**

Sarai heißt im Hebräischen soviel wie Fürstin oder Herrin.[506] Sprachlich ist Sarai »nur eine archaische Form gegenüber der jüngeren Bildung Sara«.[507] Auch wenn die Namensänderung Sarai in Sara nicht mehr mit Sicherheit erklärt werden kann, so ist es dennoch möglich, daß der Name Sara eine umfassendere Bedeutung hat als Sarai. Durch einen Vergleich des Namens mit ähnlich lautenden und verwandten hebräischen Worten findet sich in der jüdischen Auslegung folgende Deutung: Aus Sarai, der überragenden Fürstin, wird Sara, die maßhaltende, maßgebende und maßsetzende Herrin. »Das reine weibliche Geschlecht, wenn es von Sara stammt, bedarf nicht des äußeren Erinnerungszeichens des Bundes mit El Schaddai, mit Gott, dem Maßsetzenden, es trägt von selbst diese Mahnung in sich.«[508] Diese Deutung des Namens Sara ist eine indirekte Erklärung dafür, warum es im Alten Testament keine Beschneidung von Mädchen und Frauen gibt. Sara, die Maßsetzende, vermittelt durch ihr ganzes Sein die Mahnung, allein Gott zu gehören.

In der Gottesverheißung für Sara begegnet innerhalb des Bundesschlusses zum erstenmal und dann gleich zweimal hintereinander die Zusage des Segens. Das erste »Ich will dich segnen« heißt: Du sollst ein Kind bekommen; das zweite: Du wirst die Stammutter vieler Völker. Der Segen Gottes wirkt sich in der Mehrung aus.[509] Segnen und Mehren gehören zusammen[g].

[g] 1Mo 1,22.28; 9,1; 5Mo 7,13

[506] Siehe die Auslegung zu 1. Mose 11,29, Bräumer, 1. Teil, S. 231f.
[507] v. Rad, Mose, S. 171f.
[508] Hirsch, Genesis, S. 289.
[509] Westermann, Genesis I/2, S. 322.

17 **Da fiel Abraham auf sein Angesicht und lachte. Er sagte in seinem Herzen: »Einem Hundertjährigen soll noch ein Sohn geboren werden, und Sara, die Neunzigjährige, soll noch gebären?«**

Abraham fällt nieder und lacht. Das Niederfallen bedeutet nichts anderes als das ehrfürchtige Annehmen des Gotteswortes. Im Lachen Abrahams verbergen sich ganz verschiedene Momente: »überwältigende Freude«[510], »Wonne des Staunens«[511], »Zweifel, daß zwei so alte Menschen ein Kind bekommen können«[512], »Verwunderung«[513] und »Unglaube«[514].

Die Zusage Gottes beinhaltete einen solchen Kontrast, »daß Abraham bei allem seinem durch das Fallen auf sein Angesicht sich kundgebenden Vertrauen unwillkürlich lachen mußte, und dieses Lachen ist so bedeutsam, daß es bei Sara wiederholt hervorgehoben wird und in dem Namen des verheißenen Kindes für alle Folgegeschlechter Verewigung finden sollte«.[515] Das Lachen Abrahams und später das der Sara (1Mo 18,12) sind sowohl Ausdruck der Freude als auch Zeichen des Zweifels. »An das Hören einer überwältigenden Freudenbotschaft schließt sich nicht selten ein doppelsinniges Lachen, das der Freude und das des Zweifels, an.«[516] Das Lachen Abrahams ist ein Zeichen dafür, wie in seinem Inneren Glaube und Unglaube hart miteinander ringen. Sein Lachen ist verbunden mit der großen Gebärde der Anbetung. Es ist ein staunendes Lachen und Lachen aus verzweifelter Enttäuschung nach jahrelangem vergeblichen Warten: »Nicht aufgegebene Anbetung, nicht aufgegebener Glaube, aber jetzt, vor dieser Zusage Gottes: Lachen!«[517]

In diesem inneren Zerrissensein versucht Abraham, dem Unfaßlichen auszuweichen. Er »kann das Ausmaß der Verheißung noch nicht fassen«[518] und versucht, »Gottes Interesse auf das schon Gegebene und Sichere, das heißt auf Ismael, abzulenken«.[519]

18/19 **»Möchte doch Ismael vor deinem Angesicht leben.« * Da sprach Gott: »So nicht. Deine Frau Sara wird dir einen Sohn gebären, und du sollst ihn Isaak nennen. Ich aber werde meinen Bund mit ihm aufrichten als einen ewigen Bund für seine Nachkommenschaft.«**

510 Lange, S. 232; vgl. auch Hertz (Hg.), S. 59.
511 Delitzsch, S. 298.
512 Westermann, Genesis I/2, S. 322.
513 Dillmann, S. 263.
514 v. Rad, Mose, S. 172.
515 Hirsch, Genesis, S. 291.
516 König, Genesis, S. 512.
517 Bours, S. 22.
518 Westermann, Genesis I/2, S. 323.
519 v. Rad, Mose, S. 172.

Gott geht in seinem majestätischen Weg über das Lachen Abrahams hinweg. Er stellt der Wunschbitte Abrahams für Ismael sein göttliches »So nicht« entgegen. Die Partikel des Gegensatzes »So nicht!« (hebräisch: *'abal*) bricht eine vorhandene Gedankenreihe ab und weist das menschliche Denken und Planen in seine Schranken.[520] Die Zurückweisung mit den Worten »So nicht!« geschieht nicht ohne Schroffheit.[521]

In einer Bestimmtheit, die jeden Zweifel ausschließt, erklärt Gott: Der Erbe meines Bundes ist Isaak, der Sohn, den dir Sara zur Welt bringen wird. Der Name Isaak, für den es keine außerbiblischen Belege gibt, kann als Name übersetzt werden: »Gott lacht« oder aber: »Er lacht« (der Vater oder das Kind selbst).[522] Da der Name Isaak nur in biblischen Texten vorkommt, kann bei seiner Deutung nicht von der Verheißung der Geburt Isaaks (1Mo 17+18) und dem Bericht über die Geburt selbst (1Mo 21) abgesehen werden. Der Name Isaak erinnert einmal an das Lachen Abrahams und Saras, als sie in so hohem Alter von der Geburt eines Sohnes hörten. Für Abraham und für Sara war die Ankündigung »so gewaltig paradox«[523], daß sie unwillkürlich lachen mußten. Zum andern klingt in dem Namen Isaak das »dankbare jubelnde Lachen«[524] der mit einem Sohn beschenkten Mutter nach. Isaak ist am besten mit »das Kind des Lachens«[525] zu übersetzen.

Zu der alttestamentlichen Deutung des Namens Isaak kommt eine neutestamentliche hinzu. Nach einem Wort Jesu hat Gott Abraham bei der Bundesschließung zugleich die fernste Zukunft offenbart (Joh 8,56). In der jüdischen Überlieferung findet sich die Deutung: »Euer Vater Abraham lachte (hebräisch: *zachak;* griechisch: *hagalliasthai*), daß er meinen Tag sehen sollte, und er sah ihn und freute sich.«[526] Zweifellos ist dies »die großartigste Deutung«[527] des Namens Isaak.

»Was aber Ismael betrifft, habe ich dich erhört; siehe, ich segne ihn 20
und werde ihn fruchtbar und überaus zahlreich machen . . .* Meinen 21
Bund aber richte ich mit Isaak auf, den dir Sara um diese Zeit im nächsten Jahr gebären wird.« * Nachdem er seine Rede mit ihm beendet 22
hatte, fuhr Gott auf von Abraham.

Auch wenn der Bund allein Isaak und seinen Nachkommen gilt, so erfüllt sich doch auch an Ismael die Verheißung von Segnen und Mehren. Ismael wird zu einem großen Volk werden.[528] »Wenn auch der

520 Vgl. Hirsch, Genesis, S. 91+292.
521 Vgl. v. Rad, Mose, S. 172.
522 Westermann, Genesis I/2, S. 324f.
523 Delitzsch, Genesis S. 295.
524 Stamm, J.J.; zitiert nach Westermann, Genesis I/2, S. 324.
525 Odelain/Séguineau, S. 145.
526 Strack/Billerbeck, Bd II, S. 525.
527 Procksch, S. 522.
528 Vgl. v. Rad, Mose, S. 172.

Bund nur in Isaak weitergeht, so bedeutet das noch nicht, daß Gott an den Völkern außerhalb Israels nicht mehr wirkt; er segnet, mehrt und verleiht Größe auch andern Völkern.«[529] Gottes Segen erstreckt sich über die Nachkommen Isaaks hinaus. Ismael bleibt Abrahams Sohn. Auch in dem Augenblick, als Gott mit einem Volk den Gottesbund schließt, verliert er die andern Völker nicht aus den Augen. Er bleibt, wie in der Schöpfung begründet (1Mo 1) und in der Völkertafel entfaltet (1Mo 10), der Gott aller Völker; »der Segen Gottes ist nicht an die Grenzen Israels gebunden.«[530]

Nachdem Gott Abraham versichert hatte, daß bereits im nächsten Jahr Isaak geboren werden wird, kehrte er zurück in das Reich der Himmel. »Seit dem Fall ist Gott dem Menschen fern, und seit der Flut ist seine Throngegenwart überirdisch geworden.«[531] Wenn Gott direkt wie mit Abraham mit einem Menschen redet, steigt er »herab« und nach dem Gespräch wieder »empor«.

5. Abraham gehorcht: 17,23-27

23 Da nahm Abraham Ismael, seinen Sohn, und alle Sklaven, die in
seinem Hause geboren waren, auch alle, die von ihm mit Geld ge-
kauft worden waren, alle männlich Geborenen unter den Leuten
im Hause, und beschnitt das Fleisch ihrer Vorhaut noch am selben
24 Tag, wie ihm Gott befohlen hatte. * Abraham war neunundneun-
zig Jahre alt, als er am Fleisch seiner Vorhaut beschnitten wurde.
25 * Ismael, sein Sohn, war dreizehn Jahre alt, als er am Fleisch seiner
26 Vorhaut beschnitten wurde. * An diesem Tage wurden Abraham
27 beschnitten und Ismael, sein Sohn. * Und alle Männer seines Hau-
ses, die im Haus geborenen wie die fremden um Geld gekauften
Sklaven, wurden mit ihm beschnitten.

Auf das vierfache Handeln Gottes beim Bundesschluß antwortet Abraham mit dem Bundesgehorsam. *Gott* offenbart seinen Namen El Schaddai. *Gott* stiftet den Bund. *Gott* gibt das Gebot der Beschneidung, und schließlich bestimmt *Gott* den Erben des Bundes. Und Abraham gehorcht.

Die von Gott gebotene Beschneidung wird noch an demselben Tag vollzogen. Abraham gehorcht sofort - ohne Zögern! Die Formulierung »an demselben Tag« (hebräisch: *be^{ec}äzäm hajjom hassäh*) übersetzen jüdische Gelehrte mit »in der Macht des Tages«, das heißt am hellen Tage.

529 Westermann, Genesis I/2, S. 325.
530 ebd., S. 325f.
531 Delitzsch, S. 295.

Die Beschneidung wird nicht heimlich, sondern offen vollzogen. Sie ist ein Akt des Bekennens.[532]

Gehorsam ist der, der seine Entscheidung nicht auf den nächsten Tag verschiebt und der durch umgehendes Handeln alle Erwägungen abschneidet, die dem Gehorsam entgegenstehen.

Abrahams »Gesinde glich fast einem ganzen Volk, und nicht ohne die größten Schwierigkeiten war der Befehl Gottes durchzuführen. Aber auf Gottes Wort hin nimmt er das Werk in Angriff«.[533]

Wenn Gott dem Menschen ein Gebot gibt, dann bleibt dem Glaubenden nur eines zu tun: zu gehorchen - ohne Widerrede und ohne Diskussion. »Denn wer da diskutiert, warum Gott dieses oder jenes gebietet, der zweifelt wahrhaftig an dem, ob Gott weise, gerecht und gut sei.«[534] Gehorsam und Bekenntnis gehören zusammen. Gehorsam ist keine Sache für das abgeschlossene »Kämmerlein«; jeder, der einem Glaubenden begegnet, muß erkennen, dies ist einer, der Gott gehorsam ist.

Die Beschneidung ist für den Glaubenden des Alten Testaments der zeichenhafte Ausdruck für sein Bleiben bei Gott und das Festhalten an seinem Gott.[535]

Die Frage, was für den Glaubenden des Neuen Bundes an die Stelle der Beschneidung getreten ist, wird sehr verschieden beantwortet. Martin Luther entscheidet sich für die Taufe, die Absolution (Zuspruch der Vergebung) und das Heilige Abendmahl.[536]

Folgt man der Gedankenführung der jüdischen Ausleger, so ergibt sich noch eine weitere Möglichkeit. Für die Juden ist die Beschneidung der »zweite, höhere Geburtstag, der Eintritt des Menschen in die göttliche Höhe«[537], das heißt in die Gemeinschaft mit Gott.

An die Stelle der Beschneidung ist für den Christen Bekehrung und Wiedergeburt getreten: »Ist jemand in Christus, so ist er eine neue Kreatur. Das Alte ist vergangen, siehe, es ist alles neu geworden« (2Kor 5,17).

IX. DIE GOTTESBOTEN IN MAMRE: 18,1-16

Abraham hatte sich für die halbnomadische Lebensform entschieden. Er kehrte immer wieder zurück zum Terebinthenhain in Mamre.[538] Mamre wird für Abraham zum Höhepunkt der Verheißung. In Mamre erlebt Abraham eine Gotteserscheinung.

532 Vgl. Hirsch, Genesis, S. 293.
533 Calvin, S. 185.
534 Luther, Ersten Moses, Bd I, S. 361.
535 Westermann, Genesis I/2, S. 327f.
536 Siehe die Auslegung zu 1. Mose 17,13+14.
537 Hirsch, Genesis, S. 294.
538 Zu Mamre vgl. die Auslegung zu 1. Mose 13,18.

1. Die drei Gottesboten: 18,1-3

1 **Und Jahwe erschien ihm bei den Terebinthen von Mamre, als er**
2 **um die heiße Tageszeit am Eingang des Zeltes saß.* Als er aufblick-**
te und sich umsah, siehe, da standen drei Männer vor ihm. Kaum
hatte er sie erblickt, lief er ihnen entgegen vom Eingang des Zeltes,
3 **verneigte sich zur Erde * und sagte: »Herr, habe ich Gnade gefun-**
den in deinen Augen, so gehe nicht an deinem Knecht vorüber.«

Auch in alttestamentlicher Zeit begegnet Gott dem Menschen selten unmittelbar. In der Regel erscheint er in der Gestalt eines Boten, eines Engels. Ein Engel begegnet ganz selbstverständlich einem Menschen in seinem Alltag. Als Bote kommt er wie ein Mensch zu einem Menschen. An seiner Gestalt ist er nicht als Engel Gottes zu erkennen. Sichtbar und vernehmbar wird er allein durch seinen Auftrag.[539] Einzigartig im ganzen Alten Testament ist die Gotteserscheinung in der Gestalt von drei Boten.[540]

Abraham sah drei Männer. Es wird nicht gesagt, daß einer durch irgendeine Besonderheit herausstach. Es besteht kein Anlaß anzunehmen, daß nur einer der drei Jahwe repräsentierte, während die beiden anderen nur begleitende Boten waren.[541] Jahwe erscheint in der Gestalt von drei Boten, die alle drei auftreten wie ganz gewöhnliche Männer: »drei wegen der Dreifaltigkeit ihres Berufes, der nicht bloß ein verheißender, sondern auch ein strafender und rettender ist«.[542] Diese alttestamentliche Auslegung der Dreiheit der Boten ergibt sich aus dem im folgenden geschilderten dreifachen Handeln Gottes: Abraham und Sara gilt die Verheißung; die Leute in Sodom trifft die Strafe; und Lot wird gerettet.

Die Deutung der Dreiheit der Besucher auf die Trinität findet sich bei den Kirchenvätern und besonders bei Luther. Martin Luther geht davon aus, wenn nach einem Wort Jesu (Joh 8,56) Abraham prophetisch den Tag Christi gesehen hat, »so hat er auch ohne Zweifel seine Gottheit gesehen. Hat er nun seine Gottheit gesehen, so hat solches ohne Erkenntnis der Dreifaltigkeit nicht können zugehen«.[543] Für Luther ist es nicht zufällig, daß Gott Abraham in drei und nicht in der Gestalt von zwei oder vier Boten erschienen ist. Er sieht darin einen Hinweis darauf,

[539] Siehe Exkurs I: Die Engel Gottes.
[540] v. Rad, Mose, S. 173.
[541] Keil (Genesis, S. 193) meint, es war der »Herr mit zwei Engeln«; Dillmann (Genesis, S. 264) spricht von zwei Begleitern Jahwes; ebenso nimmt Strack (Genesis, S. 59) an, daß einer Jahwe war, die beiden anderen Engel.
[542] Delitzsch, S. 299.
[543] Luther, Ersten Moses, Bd I, S. 368.

»daß ein Gott sei, in drei Personen geteilt, sintemal Abraham ihrer drei siehet und nur einen anbetet«.[544]

Auch bei der Erscheinung Jahwes in den drei Gottesboten in Mamre bleibt Jahwe *ein* Gott, so daß der Text da, wo er Jahwe selbst nennt, singularisch ist.[545] Die Erscheinung der Gottesboten war unerwartet und unvermittelt, so überraschend, wie Gott auch sonst im Alten Testament erscheint[a]. Der Mensch kann das Geheimnis Gottes nur ahnen, vom Handeln Gottes erkennt der Mensch nur das wenige, das er ihm offenbart, »das meiste bleibt dunkel«.[546] Dennoch muß Abraham von Anfang an geahnt haben, daß Gott ihm durch die drei Männer begegnen will. Er läuft ihnen entgegen, verneigt sich zur Erde und bedrängt sie, seine Gäste zu sein.

[a] 1Mo 21,19 22,13 2Mo 3,2 Jos 5,13 Sach 2,1.5 5,1; 6,1

Die Mittagshitze ist die Zeit, zu der der Wanderer einkehrt, um Schatten und Ruhe zu suchen. Die Fremden suchen einen Ort, an dem sie willkommen sind. Sie bleiben vor Abraham stehen. »Das Stehenbleiben war der Sitte nach bescheidene Anrufung der Gastfreundlichkeit.«[547] Das Stehenbleiben entspricht dem bittenden Anklopfen. Abraham verneigt sich bis auf die Erde. Er weiß nicht, wer die Fremden sind, »aber er kann und er will nicht ausschließen, daß sie der Ehrerbietung würdig sind«.[548] Erstaunlich ist die Anrede »Herr« (V. 3). Sie ist nur so zu erklären, daß es in alttestamentlicher Zeit höher zu bewerten ist, »Wanderer gastfrei aufzunehmen, als vor dem Angesicht Gottes zu stehen«.[549] Abraham lädt die drei Männer, die für ihn zunächst nichts anderes als Fremde sind, so ein, als hätte Gott selbst darum gebeten, sein Gast zu sein. So nur ist die Gottesanrede »Herr« (hebräisch: *'adonai)* zu verstehen. Der Besuch des Fremden war für den Halbnomaden nicht nur eine willkommene Abwechslung, um etwas aus einer anderen Welt zu hören, Abraham rechnete von Anfang an damit, daß er, ohne es zu wissen, mit den Fremden Engel[b], ja Gott selbst beherbergen kann. Er spricht die
Bitte aus: **»Herr, habe ich Gnade gefunden in deinen Augen, so gehe** 3
nicht an deinem Knecht vorüber.«

[b] Hebr 13,2

2. Die Einladung zum Beduinenmahl: 18,4-8

4 **»Man soll euch doch ein wenig Wasser bringen, damit ihr eure Füße**
5 **waschen könnt; dann ruht euch unter dem Baum aus. * Ich aber will**

[544] ebd.
[545] v. Rad, Mose, S. 173. Zum Wechsel von Singular und Plural vgl. Singular: V. 10.13-15; Plural: V. 2.4.5.8.9.16.
[546] Gunkel, S. 193.
[547] Delitzsch, S. 296.
[548] Westermann, Genesis I/2, S. 336.
[549] Hirsch, Genesis, S. 295.

einen Bissen Brot bringen, damit ihr euch erquickt; danach mögt
ihr weiterziehen, wozu wärt ihr sonst bei eurem Knecht vorbeige-
6 kommen.« Sie antworteten: »Tu so, wie du gesagt hast!« * Da eilte
Abraham ins Zelt zu Sara und sagte: »Nimm schnell drei Maß Mehl,
7 knete es und backe Brotfladen!« * Dann lief Abraham zu den Rin-
dern, nahm ein zartes, schönes Kalb und gab es dem Knecht, der be-
8 reitete es schnell zu. * Danach holte er Dickmilch und frische Milch
und das Kalb, das er bereitet hatte, und setzte es ihnen vor. Er selbst
aber bediente sie unter dem Baum, während sie aßen.

[c] 1Mo 19,2 24,32; 43,24 Lk 7,44
[d] 1Mo 27,19 Ri 19,6 1Sam 20,5 1Kö 13,20
[e] Am 6,4 Mt 9,10 26,7 Joh 12,2 13,23; 21,20
[f] 3Mo 26,26 Ri 19,5 1Kö 13,7 Jes 3,1

Mit den höflichsten Worten fordert Abraham die Fremden auf, ihm die hohe Ehre zu erweisen, bei ihm einzutreten. Sie können sich die staubigen, brennenden Füße waschen, im Schatten ausruhen und eine Mahlzeit empfangen. Das erste ist das Angebot des Füßewaschens[c]. Danach sollen sie sich ausruhen, indem sie sich anlehnen bzw. aufstützen. Das sich aufstützende, entspannte Halb-Sitzen und Halb-Liegen (hebräisch: *hischschaʿen*) ist uralte Beduinenhaltung bei den Mahlzeiten. Der israelitische Bauer dagegen sitzt beim Essen[d]. Erst zur Zeit des Amos setzte sich zunächst unter den Vornehmen die Sitte durch, »halbliegend« zu essen[e]. Abraham lädt die Fremden zu einem Beduinenmahl ein. Die Untertreibung »ein wenig Wasser« und »einen Bissen Brot« ist Sprache der Höflichkeit. Abraham will »die eigene Anstrengung des Bewirtens möglichst geringmachen«.[550] Mit Speise und Trank sollen die Fremden sich erquicken, wörtlich: »ihre Herzen stärken«[f]. »Speise und Trank gelten nach alttestamentlicher Anschauung als Herzensstärkung.«[551] Sie sind die »Stützen der Lebenskraft«.[552] Im Unterschied zu der redseligen Höflichkeit Abrahams ist die Zustimmung der drei Män-
5 ner knapp und fast feierlich: **»Tu so, wie du gesagt hast!«** Obgleich es sonst in den Vätergeschichten nie jemand eilig hat, setzt Abraham mit seiner Eile - er sah, lief, neigte sich, sagte - alle Zeltbewohner in Bewegung. Abrahams Eile ist »die Eile, die anderen dient«.[553] Es ist unhöflich, andere warten zu lassen.[554] Schnell bereitete Abraham zusammen mit Sara und mit der Hilfe seines Knechtes ein »echtes Beduinenmahl, äußerst reichlich«.[555] Die Frau hatte für das Brot zu sorgen, der Mann für das Fleisch und die Getränke.

Sara bereitete frisches Brot. Von drei Maß Mehl - ein Maß war für

[550] Westermann, Genesis I/2, S. 337.
[551] Delitzsch, S. 297.
[552] Dillmann, S. 267.
[553] Westermann, Genesis I/2, S. 336.
[554] Vgl. Gunkel, S. 195.
[555] Dillmann, S. 267.

drei Männer überreichlich[556] - formte sie einen Berg dünner, runder, ungesäuerter Fladen[g]. Diese wurden auf heißen Steinen gebacken.[557]

Den Knecht beauftragte Abraham, ein junges Kalb, das er zuvor selbst ausgesucht hatte, zu schlachten.

Zum Trinken wählte *Abraham* zwei Arten Milch, Dickmilch und frische Milch. Als Halbnomade lebte Abraham noch wie ein Beduine. Obgleich die Umgebung von Mamre der klassische Ort für den Weinbau ist, reichte Abraham keinen Wein, sondern nach Beduinenart zwei Sorten Milch.[558]

[g] 2Mo 12,39 4Mo 11,8 1Kö 17,13 19,6 Hes 4,12 Hos 7,8

Das dienstwillige Eilen Abrahams, in das er Sara und den Knecht mit einbezog, mündete ein in »die aufmerksame Ruhe des Aufwartenden, der seinen Gästen gegenübersteht, so wie sie ihm gegenübergestanden haben, als er unter dem Baum sitzend zu ihnen aufblickte«.[559] Bedeutete bei den drei Männern das Stehenbleiben soviel wie Anklopfen, so war es bei Abraham die abwartende Bereitschaft zu hören, was die Gäste wünschten oder sagten. Wie es zum Teil bis heute bei den Beduinen üblich ist, bewirtete Abraham selbst die Gäste, stehend abwartend, ohne Fragen zu stellen oder das Gespräch zu beginnen. Als die Gäste das Schweigen brachen, steuerten sie zielbewußt auf den Zweck ihres Besuches zu. Sie waren gekommen, um noch einmal die Verheißung zu erneuern, daß Sara einen Sohn bekommen wird.

3. Das wunderbare Handeln Jahwes: 18,9-16

9 Danach aber fragten sie ihn: »Wo ist Sara, deine Frau?« Er sagte:
10 »Hier im Zelt.« * Da sprach er: »Nach einem Jahr zu dieser Zeit
werde ich ganz sicher wieder zu dir kommen. Dann wird deine
Frau Sara einen Sohn haben.« Sara aber hörte es an der Öffnung
11 des Zeltes hinter ihm. * Abraham und Sara aber waren alt und
hochbetagt; und es hatte aufgehört, der Sara zu gehen nach der
12 Art der Frauen. * Darum lachte Sara bei sich und sagte: »Nun, da
ich verbraucht bin, soll ich noch Liebeslust empfinden? und mein
13 Herr ist alt!« * Da sprach Jahwe zu Abraham: »Warum lacht denn
Sara und sagt: ›Sollte ich denn wirklich noch Mutter werden, da
14 ich doch alt bin?‹ * Ist denn etwas zu wunderbar für Jahwe? Nach
einem Jahr zu dieser Zeit werde ich zu dir zurückkehren, dann hat

[556] Delitzsch, S. 297.
[557] Keil, Genesis, S. 193; Gunkel, S. 196.
[558] Gunkel, S. 196.
[559] Westermann, Genesis I/2, S. 338.

15 **Sara einen Sohn.« * Da leugnete Sara: »Ich habe nicht gelacht«,**
denn sie fürchtete sich. Er aber sprach: »Nein, du hast gelacht.«
16 *** Danach erhoben sich von dort die Männer und brachen auf in**
Richtung Sodom. Abraham aber ging mit ihnen, um sie zu begleiten.

Die Fremden kennen nicht nur den Namen Saras, sondern sie wissen auch um ihre Kinderlosigkeit. Als sie den Namen Sara nennen, wird diese aufmerksam und hört zu. Zelte sind hellhörig, und der Hinweis, daß sich Sara an der Öffnung des Zeltes unmittelbar hinter den Gästen befand, erlaubt nicht die Beschuldigung, Sara hätte gelauscht. Sara hörte, ob sie wollte oder nicht, das Gespräch Abrahams mit den Gästen an, und sie lachte.[560] Auch den Gästen, die ja ausdrücklich nach Saras augenblicklichem Aufenthaltsort gefragt hatten, war bewußt, daß Sara mithörte. Da das alttestamentliche Wort »lachen« (hebräisch: *zachak*) wie das deutsche Wort eine Äußerung bezeichnet, ist die Annahme, es handle sich um ein »innerliches Lachen«, konstruiert, »ein solches Lachen gibt es nicht.«[561] Daß Sara bei sich selbst lachte, muß deshalb nicht notwendig bedeuten, daß dieses Lachen unhörbar war. Ihre Worte, mit denen sie ihr Lachen begründete, waren in jedem Fall außerhalb des Zeltes hörbar.

Als Frau nahm Sara am Gastmahl nicht teil. Noch im späten Judentum gab es die Vorschrift, daß es einer Frau verboten ist, bei einem Gastmahl zu Tisch zu dienen, »man läßt sich nicht von einer Frau bedienen« (Rabbi Schmuel, † 254).[562] Sara konnte sich nur so an dem ihre Person betreffenden Gespräch beteiligen, daß sie vom Zelt aus sprach,
12 ohne daß sie gesehen wurde. Ihre Worte sind holperig und derb. **»Nun,**
da ich verbraucht bin, soll ich noch Liebeslust empfinden? und mein Herr ist alt!« Verbraucht sein (hebräisch: *balah*) wird von Kleidern gebraucht (Jos 9,13) oder von Knochen, die morsch geworden sind (Ps 32,3). Auf eine Frau bezogen, stehen diese Worte ebenso wie der Begriff »Liebeslust« (hebräisch: *ʿädnah*) nur an dieser Stelle.[563] Die Gottesboten
13 setzen beim Lachen Saras ein: **»Warum lacht denn Sara?«** Dabei wiederholen sie Saras Worte, indem sie diese zugleich der »Derbheit entkleiden«.[564] **»Sollte ich denn wirklich noch Mutter werden, da ich doch alt bin?«** Danach zeigen die Gottesboten Sara den Weg auf, ihre Zweifel

[560] Zum Lachen Saras vgl. die Auslegung zu 1. Mose 17,17.
[561] Jacob, B., Genesis; zitiert nach Westermann, Genesis I/2, S. 341.
[562] Strack/Billerbeck, Bd I, S. 300+480; Bd II, S. 99.
[563] Westermann, Genesis I/2, S. 341.
[564] v. Rad, Mose, S. 176.
[565] Bours, S. 23.

zu überwinden. Sie fragen: **»Ist denn etwas zu wunderbar für Jahwe?«** 14
Die zweite Frage der Gottesboten ist das »Rettungswort«.[565] Dieses Rettungswort »ruht in der Geschichte wie ein Edelstein in kostbarer Fassung, und es steigt in seiner Bedeutung hoch hinaus über das traulich patriarchalische Milieu der Erzählung als ein richtungweisendes Zeugnis von der Allmacht des göttlichen Heilswillens«.[566]

Das Rettungswort: **»Ist denn etwas zu wunderbar für Jahwe?«** enthält den an Sara gerichteten Vorwurf, daß sie Gottes Vermögen mit menschlichen Begriffen messen will und so Gottes unermeßliche große Macht nicht erkennt. Aus diesem Verhalten folgert Calvin: »Der tiefe Grund unseres Unglaubens ist nämlich der Zweifel an Gottes Macht. Seine Verheißung mutet uns an wie ein Märchen, und dann kommt alsbald die verkehrte Erwägung: Wie kann es zugehen? Wer sich in solche engen Gedanken verwickelt und verstrickt, schaltet Gottes Macht aus, deren Erkenntnis ihn über tausend Welten erheben müßte.«[567]

Das Rettungswort der Gottesboten wendet sich gegen das Denken des Menschen, das der Allmacht Gottes mißtraut. Das Wort: **»Ist denn etwas zu wunderbar für Jahwe?«** ist ein Edelstein, der dem Menschen angeboten wird. Der Preis für diesen Edelstein ist: »sich loslassen im Vertrauen in Gott hinein«.[568]

Nachdem Sara das Rettungswort aus dem Munde der Gottesboten gehört hatte, erschrickt sie und unternimmt einen verzweifelten Versuch, ihr Lachen wieder zurückzunehmen. Mit ihrem Lachen wollte sich Sara nicht grundsätzlich gegen Gott wenden oder sich im bewußten Unglauben gegen Jahwes Wort auflehnen. Ihr Lachen war Ausdruck innerer Zerrissenheit. Sara war hin- und hergerissen zwischen Hoffnung und Glaube.

Mit ihrer Lüge: **»Ich habe nicht gelacht«** versucht Sara, ihre Verwir- 15
rung und ihre innere Zerrissenheit zuzudecken. Die Antwort Gottes durch seinen Boten lautet: **»Nein, du hast gelacht.«** Der Bote sagt: Dein Lachen, Sara, bleibt bestehen, und du wirst noch einmal daran denken, wenn du nach Jahresfrist Isaak, »das Kind des Lachens«, in deinen Armen halten wirst.

»Der Gegensatz zwischen dem jetzt hervorgeschlüpften, furchtsam gewordenen Weiblein, das es mit einer Lüge versucht, und dem schroffen, abweisenden Nein des Herrn ist ein wirksamer, ernster Abschluß der Szene.«[569]

566 v. Rad, Mose, S. 176.
567 Calvin, S. 191.
568 Bours, S. 23.
569 Procksch, S. 120.

Die Gottesboten, die von Anfang bis Ende ihre Würde bewahrt haben, stehen auf und drängen fort. Abraham, der Gastgeber, tut ein Letztes: Er begleitet sie auf dem von ihnen eingeschlagenen Weg in Richtung Sodom.

X. DAS GERICHT ÜBER SODOM UND GOMORRA UND DIE RETTUNG LOTS: 18,17-19,38

Sodom lag zusammen mit mehreren Städten südlich des Toten Meeres. Der Geschichtsschreiber Strabo (63 v.Chr. bis 26 n.Chr.) kennt noch dreizehn Städtenamen aus diesem Gebiet, fünf von ihnen hatten sich zu einem Städtebund zusammengeschlossen. Der Name »Sodom« kann soviel bedeuten wie »die Befestigte«. Vielleicht ist der Name ein Hinweis darauf, daß Sodom die führende Macht im damaligen Städtebund war.[570] Die Gegend südlich vom Toten Meer war vermutlich so fruchtbar wie heute noch das Gebiet um Jericho. Lot hatte sich bei der Trennung von Abraham für diese Gegend entschieden. Ihm kam dieses Stück Land wie ein Paradies vor! Zu seinem Wohnsitz wählte er die sichere Stadt Sodom. Im Gegensatz zur Schönheit des Landes aber war die Bevölkerung Sodoms durch und durch verdorben; sie waren »sündig und böse vor Jahwe« (1Mo 13,13).

Die Gottesboten, die Abraham und Sara in Mamre besuchten, waren entschlossen, nach Sodom zu gehen. Abraham begleitete sie bis zu einem Punkt, von dem man auf Sodom herabsehen konnte (1Mo 18,16).

1.Gott macht Abraham zum Mitwisser: 18,17-22

17 Jahwe aber hatte gesprochen: »Sollte ich Abraham geheimhalten,
18 was ich tun will? * Abraham soll doch ein großes und starkes Volk
werden. Durch ihn sollen gesegnet werden alle Völker der Erde.
19 * Denn ich habe mich mit ihm vertraut gemacht, daß er seine Söh-
ne und sein Haus nach ihm verpflichtet, daß sie den Weg Jahwes
beachten, Gerechtigkeit und Recht zu üben, damit Jahwe das über
20 Abraham bringen kann, was er ihm verheißen hat.« * Und Jahwe
sprach: »Das Geschrei über Sodom und Gomorra ist groß, und ih-
21 re Sünde ist sehr schwer. * Ich will hinabsteigen und sehen, ob sie
ganz dem Geschrei entsprechend, das vor mich gekommen ist, ge-
22 tan haben, und wenn nicht, will ich es erfahren.« * Hierauf wand-
ten sich die Männer von dort weg und gingen nach Sodom. Jahwe
aber blieb noch vor Abraham stehen.

[570] Keel/Küchler, Bd 2, S. 254; siehe auch die Auslegung zu 1. Mose 14,1-7.

Angesichts der Stadt Sodom macht Gott Abraham zum Mitwisser seiner Absicht. Der Beschluß Gottes, Abraham ins Vertrauen zu ziehen, war längst gefallen. Gott wollte nicht, »daß Abraham das schreckliche Ereignis von Sodom sozusagen nur von außen wahrnimmt.«[571] Abraham soll verstehen, was sich in Sodom ereignen wird. Gott begründet diese seine Absicht mit vier Aussagen, die Abraham charakterisieren:

(1) Abraham ist der Träger der Verheißung: »Er soll **ein großes und starkes Volk werden.«** **18a**

(2) Abraham ist der »Segensquell, von dem der Segen, dessen er selbst voll ist, weiter ausströmt.«[572] Der persönliche Segen, der Abraham zuteil wird, ist auch ein Segen für andere: **»Durch ihn sollen gesegnet werden alle Völker.«** **18b**

(3) Abraham ist der Vertraute Gottes: **»Ich habe mich mit ihm vertraut gemacht.«** Gott hat ein Vertrauensverhältnis zu Abraham geschaffen. Im Urtext steht hier das Wort: erkennen, lieben (hebräisch: *jada*ᶜ)[a]. In der Verbindung zwischen Gott und Mensch begegnet dieser Begriff in der Vätergeschichte nur hier.[573] Es ist eine »Liebesgemeinschaft«[574], in die Gott Abraham zu sich gesetzt hat. **19a**

(4) Abraham hat ein »Lehramt an seinen Nachkommen«.[575] »Er wird **seine Söhne und sein Haus nach ihm** verpflichten, **daß sie den Weg Jahwes beachten, Gerechtigkeit und Recht zu üben.«** **19b**

[a] Am 3,2

Gerechtigkeit und Recht[b] sind keine Ideen oder eigenständigen Größen, sondern »die am Baum des ›Wandelns vor Gott‹ gezeitigte Frucht«.[576] Wenn der Mensch vor Gott wandelt, wenn das ganze Leben Gott gehört, werden Gerechtigkeit und Recht, das heißt »innere und äußere Gerechtigkeit«[577], verwirklicht. Abraham wird seine Nachkommen verpflichten den Weg Jahwes zu gehen. »Weg« wurde später zum Lieblingswort alttestamentlicher Frömmigkeit[c]. Gott macht Abraham nicht nur zu einem »reichen, mächtigen Emir«, sondern zum »Erzieher«, zum Lehrer des erwählten Volkes.[578]

Abraham ist der Träger der Verheißung, der Segensquell, der Vertraute Gottes und der Lehrer des Volkes.

In der griechischen Übersetzung des Alten Testaments (Septuaginta)

[b] 5Mo 33,21 Ps 33,5 Spr 21,3

[c] Hi 4,6 13,15; 17,9 22,3.15.28 23,10.11 Ps 1,6 16,11; 25,4 26,11 119,3.9.14f 26f.30.32. 101.104 143,8 Apg 2,28

571 v. Rad, Mose, S. 178.
572 Delitzsch, S. 250.
573 Westermann, Genesis I/2, S. 351.
574 Delitzsch, S. 300.
575 v. Rad, Mose, S. 178.
576 Hirsch, Genesis, S. 304.
577 Procksch, S. 122.
578 Vgl. Hirsch, Genesis, S. 301.

und in der syrischen Übertragung heißt die Absichtserklärung Gottes: »Sollte ich Abraham, *meinem Knecht*, geheimhalten, was ich tun will?« Es ist durchaus denkbar, daß dieser Text der ursprüngliche ist. Abraham ist Gottes Freund (1Mo 26,24; Jak 2,23), der Geliebte Gottes (2Chr 20,7; Jes 41,8). »Vor einem Freund hat man kein Geheimnis.«[579]

20 **Und Jahwe sprach: »Das Geschreí über Sodom und Gomorra ist**
21 **groß, und ihre Sünde ist sehr schwer. * Ich will hinabsteigen und sehen, ob sie ganz dem Geschrei entsprechend, das vor mich gekommen ist, getan haben, und wenn nicht, will ich es erfahren.«**

Wie Abels Blut (1Mo 4,10), so schrie die »vergewaltigte Umgebung«[580] zum Himmel. Der Begriff »Geschrei« (hebräisch: *s*^{e}*ʿakah*) »ist ein Fachausdruck der Rechtssprache und bezeichnet den Hilferuf, den der in einem Recht gewaltsam Benachteiligte ausstößt«.[581] Der Klage-, Hilfe- oder Notruf kann einfach gelautet haben: Gewalttat (hebräisch: *chamas*)![d] Gott hört das Rufen der Vergewaltigten und schreitet als Richter ein. »Das Einschreiten beginnt mit einem Nachprüfen, der richterlichen Untersuchung, ob es sich den Klageschreien entsprechend verhält.«[582] Jahwe selbst, der in Gestalt der drei Boten zusammen mit Abraham von einer Erhöhung aus in den sogenannten Jordankreis[583] hinabsieht, ist entschlossen, nach Sodom hinabzusteigen. Er will untersuchen, ob die Sodomiter sich wirklich ganz so verhalten, wie die Vergewaltigten in ihren Hilferufen klagen.

[d] Hi 19,7 Jer 20,8 Hab 1,2

22 **Hierauf wandten sich die Männer von dort weg und gingen nach Sodom. Jahwe aber blieb noch vor Abraham stehen.**

Wie aus dem späteren Bericht zu erfahren ist, trennen sich die Boten Gottes: Zwei gehen nach Sodom (1Mo 19,1), einer bleibt bei Abraham zurück. Die drei Gottesboten repräsentieren das dreifache Handeln Gottes: Verheißung, Strafe und Rettung.[584] Der die in Sodom zu führende Untersuchung vornimmt, ist der Gott der Strafe und der Rettung. Deshalb machen sich zwei Boten nach Sodom auf. Der Gott der Verheißung aber bleibt vor Abraham stehen. Daß Jahwe vor Abraham stehenblieb, erschien jüdischen Gelehrten der nachchristlichen Zeit mit der Würde Jahwes unvereinbar. Sie haben den Text, allerdings nicht ohne es zu vermerken, eigenwillig geändert und schreiben: Abraham bleibt vor Jahwe stehen. Sie wollten damit sagen: Abraham hält an Gott fest. Der ursprüngliche Text jedoch besagt: Gott hält an Abraham fest! Die jüdischen Gelehrten haben »die zögernde Geste, die doch eine

[579] Delitzsch, S. 300.
[580] König, Genesis, S. 520.
[581] v. Rad, Mose, S. 179.
[582] Westermann, Genesis I/2, S. 353.
[583] Siehe die Auslegung zu 1. Mose 13,8-13.
[584] Siehe die Auslegung zu 1. Mose 18,1.2.

stumme Aufforderung, sich auszusprechen, enthielt, ihrer religiösen Scheu zum Opfer gebracht«.[585] Das Stehenbleiben vor einem Gegenüber bedeutet in alttestamentlicher Zeit das bittende Anklopfen und das ruhige Abwarten, ob der andere etwas sagen möchte.[586] Wenn Jahwe in Gestalt des einen Boten wie zuvor bei der Erscheinung der drei Boten vor Abraham stehenbleibt, dann wartet er auf die Reaktion Abrahams. Er fordert Abraham, seinen Freund und Geliebten, auf, zu ihm zu reden. Gott will, daß Abraham mit ihm über das, was sich in Sodom ereignen wird, spricht. Gott macht Abraham zu einem Mitwisser, der sein Handeln verstehen soll.

2. Abraham bittet für Sodom: 18,23-33

23 **Abraham trat dicht heran und sprach: »Willst du wirklich den Ge-**
24 **rechten mit dem Gottlosen hinraffen? * Vielleicht gibt es fünfzig**
Gerechte in der Stadt; willst du sie wirklich umkommen lassen
und nicht dem Ort vergeben um der fünfzig Gerechten willen, die
25 **in ihm sind? * Fern sei von dir, so zu handeln, den Gerechten mit**
dem Gottlosen zu töten, daß es dem Gerechten ergehe wie dem
Gottlosen; fern sei es von dir! Muß nicht der Richter der ganzen
26 **Erde recht tun?« * Da sprach Jahwe: »Wenn ich in Sodom fünfzig**
Gerechte in der Stadt finde, so will ich dem ganzen Ort um ihret-
27 **willen vergeben.« * Da antwortete Abraham und sprach: »Siehe,**
ich habe es gewagt, zu meinem Herrn zu reden, obgleich ich nur
28 **Staub und Asche bin. * Vielleicht sind es fünf weniger als fünfzig**
Gerechte; willst du wegen dieser fünf die ganze Stadt verderben?«
Er sprach: »Nein, ich werde sie nicht vernichten, wenn ich dort
29 **fünfundvierzig finde.« * Und noch einmal redete er zu ihm und**
sprach: »Vielleicht sind nur vierzig in ihr zu finden.« Er sprach:
30 **»Ich will es nicht tun um der vierzig willen.« * Und er sagte: »Mein**
Herr, bitte zürne nicht, wenn ich weiterrede: Vielleicht sind nur
dreißig dort zu finden.« Er sprach: »Ich will es nicht tun, wenn ich
31 **dort dreißig finde.« * Und er sagte: »Siehe doch, ich habe es ge-**
wagt, zu meinem Herrn zu reden: Vielleicht finden sich dort zwan-

585 v. Rad, Mose, S. 180.
In der Massora werden 18 »Verbesserungen der Schreiber«, die sogenannte Tiqqune Sopherim, genannt. Sie wurden alle vorgenommen, um anstößige Aussagen über Gott zu vermeiden. Da »vor jemandem stehenbleiben« auch »dienend vor jemandem stehen« bedeuten kann, änderten »die Schreiber« den ursprünglichen Text. Weitere »Verbesserungen der Schreiber« finden sich in 4Mo 11,15; 12,12; 1Sam 3,13; 2Sam 16,12; Hi 7,20; 32,3; Ps 106,20; Kla 3,20; Jer 2,11; Hes 8,17; Hos 4,7; Hab 1,12; Sach 2,12; Mal 1,13; vgl. Würthwein, S. 20.

586 Siehe die Auslegung zu 1. Mose 18,1-3.8.

zig.« Und er sprach: »Ich will nicht vernichten um der zwanzig wil-
32 **len.« * Und er sagte: »Mein Herr, zürne nicht, wenn ich noch ein-**
mal rede: Vielleicht finden sich dort zehn.« Er sprach: »Ich will
33 **nicht vernichten um der zehn willen.« * Da ging Jahwe hinweg, als**
er mit Abraham zu Ende geredet hatte; Abraham aber kehrte an
seinen Ort zurück.

Nachdem Jahwe »anklopfend« und abwartend vor Abraham stehen-
23 geblieben war, **trat** Abraham **dicht heran und sprach.** Abraham hatte die Aufforderung Jahwes verstanden »und trat an sein Gegenüber dicht heran wie einer, der etwas ebenso Dringliches wie Diskretes vorbringen möchte«.[587] Das Gespräch Gottes mit Abraham ist kein allgemeines Fürbittgebet. Es fehlen die ausformulierten Momente der klassischen Fürbitte[e], das Eintreten für das Flehen um Erbarmen und schließlich die Mitteilung über das Gewähren oder Versagen Gottes.[588] Aber wenn auch die einzelnen Teile der Fürbitte im Text nicht entfaltet sind, so sind sie dennoch enthalten. Abraham weiß um die Macht der Fürbitte[589], er ringt mit Gott.

[e] Jer 11,14ff Am 7-9

(1) Die Bitten Abrahams

Abrahams Haltung »ist nicht das gelassene Sich-Fallen-Lassen in Gott hinein, im großen Vertrauen«. Abraham drängt zu Gott hin. Er ist »mit der ganzen Kraft seines Herzens ganz zur Bitte geworden«.[590] Die Haltung Abrahams und seine mit Kühnheit vorgebrachten Bitten sind in der Geschichte der Deutung Gegenstand der Mißdeutung, des Spottes, aber auch der großen Bewunderung. Einige Ausleger sehen in ihnen nur ein Zeugnis für die jüdische Art, mit Gott zu handeln.[591]

Voltaire reizte das Gespräch Abrahams mit Jahwe zum Lachen, während Lavater in großer Bewunderung schreibt: »Das ganze Gespräch - ich rufe so laut ich kann - wo ist in aller Welt etwas seines Gleichen an Einfalt und Größe.«[592] Abrahams Gespräch mit Jahwe ist kein allgemeines Fürbittgebet, sondern das »Beten der großen Fürbitte«.[593]

Abraham bittet nicht für seine Angehörigen, sondern für die ganze Stadt. Es geht Abraham nicht »um die Herauslösung der Unschuldigen aus der Stadt und um ihre gesonderte Bewahrung; es geht ihm um etwas

[587] v. Rad, Mose, S. 180.
[588] Westermann, Genesis I/2, S. 354.
[589] v. Rad, Mose, S. 182.
[590] Bours, S. 24.
[591] Procksch, S. 124; Hausrath und Gesenius sprechen vom »jüdischen Handelsgeist«; vgl. Delitzsch, S. 302.
[592] Zitiert nach Delitzsch, S. 302.
[593] Bours, S. 25.

anderes und viel Größeres, nämlich von Anfang bis zum Ende um das ganze Sodom!«[594]

Abraham setzt mit seinen Bitten sechsmal an. Er rechnet damit, daß der überwältigenden Mehrheit der Schuldigen nur eine verschwindend kleine Minderheit von Unschuldigen gegenübersteht, vielleicht fünfzig, fünfundvierzig, vierzig, dreißig, zwanzig, zehn. Mit der Zahl zehn bricht Abraham sein Bitten ab. Die Zahl zehn bezeichnet die kleinste Gruppe. »Sind weniger als zehn Gerechte in der Stadt, dann sind das einzelne, und sie können als einzelne vor der Vernichtung bewahrt werden.«[595]
Die Bitten Abrahams haben an der Zahl zehn ihre natürliche Grenze. [f] Hi 30,19
Abraham steht nicht fordernd vor Jahwe. Seine Bitten sind unter- 42,6
würfige Fragen, »in großer Herzensnot vor Gott ausgesprochen«.[596] [g] Hi 9,12
Abraham ist sich der Kühnheit seiner nicht nachlassenden Fragen und Dan 4,32 Sir 10,9
Bitten bewußt. Er weiß, daß er nur Staub und Asche ist[f], daß er kein 18,7-9
Recht dazu hat, Gottes Gerechtigkeit zu hinterfragen[g], und bittet des-
halb wiederholt: **»Mein Herr, zürne nicht.«** **30/32**

(2) Die Gerechtigkeit Gottes

Abraham soll in dem Gespräch mit Jahwe die Gerechtigkeit Gottes in seinem Geschichtswalten erkennen, um es danach seinen Nachkommen zu erklären. Gottes Gerechtigkeit steht für alle Zeiten unumstößlich fest. Ein Zweifel an Gottes Gerechtigkeit bringt den Glaubenden ins Wanken.[597] Gott ermöglichte es Abraham, sein Handeln mit Sodom zu verstehen, und Abraham als Lehrer seiner Nachkommen sorgte dafür, daß das »Ereignis von Sodom für alle Zeiten eine beispielhaft mahnende Bedeutung« behielt.[598] Gott hat »die Städte Sodom und Gomorra in Asche gelegt und sie dem Untergang geweiht und sie dadurch als warnendes Beispiel für künftige Gottlose hingestellt« (2Petr 2,6). Abraham, den Gott zum Mitwisser seines Handelns machte, konnte Gottes Wege verstehen.

Gottes Gerechtigkeit ist zu erkennen an seinem Umgehen mit einer Gemeinschaft. Sodom war eine Stadt, deren Bürger durch und durch verdorben waren. Abraham aber glaubte »an das Vorhandensein von Gerechten«.[599] Gott hatte ein »Gemeinschaftsverhältnis mit Sodom«.[600] Dieses Gemeinschaftsverhältnis drohte durch die Sünde zu zerbrechen.

594 v. Rad, Mose, S. 181.
595 Westermann, Genesis I/2, S. 356.
596 v. Rad, Mose, S. 181.
597 Vgl. Westermann, Genesis I/2, S. 348+352.
598 v. Rad, Mose, S. 178.
599 Delitzsch, S. 302.
600 v. Rad, Mose, S. 181.

Die Sodomiter waren schuldig geworden. Unklar war, wie groß die Minderheit derer war, die sich an den in Sodom ortsüblichen Vergehen nicht mitschuldig gemacht hatten. Die bangen Fragen Abrahams konzentrieren sich darauf: Wird eine Gruppe von Gerechten gefunden? Dabei ist sich Abraham gewiß, daß für Gottes gerechtes Handeln nicht die Bosheit der vielen, sondern die kleine Gruppe der Gerechten den Ausschlag gibt. Aus dieser Erkenntnis der Gerechtigkeit Gottes leiten jüdische Gelehrte ab: Gerechte dürfen eine Gemeinschaft nicht verlassen! Nur Gott allein kann sie aus der Gemeinschaft der Gottlosen herauslösen. »Beim Untergang Jerusalems - lehren die Weisen - wurden gerade die ›Gerechten‹, die das Gesetz von Anfang bis Ende erfüllt hatten, zuerst dem Untergang geweiht, weil sie eben nicht in der Mitte der Stadt gewesen sind und sich um die Besserung ihrer Mitbrüder bemüht haben.«[601]

Gottes Rettungswille hat das Übergewicht über seinem Willen zu strafen. Eine ganz kleine Zahl von Gerechtfertigten ist imstande, das Gericht aufzuhalten. Diese Welt besteht, weil es immer noch eine Gruppe von mindestens zehn Gerechten gibt. Das Hineingeborenwerden in eine Gemeinschaft, und sei sie noch so heidnisch wie die Stadt Sodom, ist keine Zufälligkeit. Gott will kein »Auswandern«. Er sucht die kleine Zahl der Gerechten, die das Gericht aufhält.

Gottes Gerechtigkeit ist seine Bereitschaft zur Vergebung. Gottes Antwort auf die sechsfache Bitte Abrahams lautet sechsmal Nein. Gottes Absicht ist es nicht zu zerstören! Gott will vergeben! - Wenn nur die geringste Zahl derer gefunden wird, die eine Gruppe bilden, ist Gott bereit, um der wenigen Unschuldigen willen eine ganze Stadt vor der Vernichtung zu bewahren. Gottes Gerechtigkeit ist seine Bereitschaft zu vergeben. Die Vergebung ist aber nie von der Gerechtigkeit trennbar, das heißt, bei Gott gibt es keine billige Vergebung, keine »verschleuderte Gnade«.[602] Als Abraham die Zahl zehn, das heißt die kleinste Anzahl, erreicht hatte, die eine Gruppe bezeichnet, brach er sein Bitten ab. Gott selbst aber fand einen Weg, der noch weit hinter diese Zahl zurückführt: »Es ist die Einzigartigkeit und das Wunder der Botschaft für den Einen, der für die ›Vielen‹ Heilung und Sühne schafft«[603], der Gottesknecht (Jes 53,11), für die Christen der Heiland und Erlöser Jesus Christus. Der rettende Gerechte aber ist hier nicht ein Mensch, sondern Gott selbst. Seit der Erlösung auf Golgatha braucht kein Mensch verlorenzugehen, unabhängig davon, in welcher Umgebung und Gemeinschaft er lebt.

601 Hirsch, Genesis, S. 308.
602 Bonhoeffer, Nachfolge, S. 13-15.
603 v. Rad, Mose, S. 182.

Die einzige Grenze der Vergebung ist die Mißachtung des Angebots der durch Jesus vollbrachten Erlösung.

Gottes Gerechtigkeit wird sichtbar in der Antwort auf die Gebete. Abrahams Bitten bleiben nicht ohne Antwort. Gott geht auf jede der sechs Bitten Abrahams ein. Gottes Gerechtigkeit und Bereitschaft zur Vergebung sind so groß, daß er sich immer wieder herabläßt, um den Vorschlag Abrahams aufzunehmen. Auf dieser Herablassung Gottes beruhen alle Gebetserhörungen. »Denn indem Gott freie Wesen geschaffen hat, hat er zugleich die Möglichkeit gesetzt, durch ihr Verhalten sein Handeln zu bestimmen, und ihr Gebet, das ist ihre Anrufung seiner Güte und Gnade, auf sich einwirken zu lassen.«[604] Gott erhört die Gebete um der »Hartnäckigkeit« willen (Lk 11,8). Abraham trat mit seinen Bitten dicht an Gott heran. Im Neuen Testament wird diese Art des Bittens inständiges Beten genannt. Jesus praktizierte dieses Gebet: »Und als er in die Todesangst kam, betete er immer inständiger« (Lk 22,44). Das griechische Wort, das mit »inständiger« übersetzt wird, heißt wörtlich übertragen: »angespannter«, »heftiger«. Die Urkirche kannte noch das Gebet mit der ganzen Kraft des Herzens, »das Beten der großen Fürbitte«.[605] Als Petrus gefangengesetzt war, heißt es: »Von der Gemeinde wurde inständig für ihn gebetet« (Apg 12,5).

3. Die Sodomiter halten an ihrer Sünde fest: 19,1-11

1 Die beiden Boten trafen am Abend in Sodom ein, Lot saß gerade
im Tore Sodoms. Lot sah sie, erhob sich, ging ihnen entgegen und
2 verneigte sich mit dem Gesicht zur Erde. * Er sprach: »Ach, meine
Herren, kehrt doch zum Übernachten in das Haus eures Knechtes
ein. Wascht euch die Füße, morgen könnt ihr dann euren Weg wei-
terziehen.« Sie aber sagten: »Nein und nochmals Nein, wir wollen
3 auf der Straße übernachten.« * Als er aber sehr in sie drang, kehr-
ten sie bei ihm ein und kamen in sein Haus. Er aber bereitete ih-
4 nen ein Mahl, buk ungesäuerte Brotfladen, und sie aßen. * Sie hat-
ten sich aber noch nicht schlafen gelegt, da umringten Männer
der Stadt, die Männer von Sodom, das Haus, Alte und Junge, das
5 ganze Volk von jedem äußersten Ende. * Und sie riefen nach Lot
und sagten: »Wo sind die Männer, die am Abend zu dir gekommen
6 sind? Gib sie uns heraus, wir wollen sie erkennen.« * Da trat Lot zu

[604] Delitzsch, Genesis, S. 303.
[605] Bours, S. 25.

7 **ihnen heraus vor die Tür und verschloß sie hinter sich * und**
8 **sprach: »Ach, meine Brüder, tut doch nichts Böses! * Seht, ich habe**
zwei Töchter, die noch keinen Mann erkannt haben; ich will sie
euch herausgeben, tut an ihnen, was euch beliebt. Nur diesen
Männern tut nichts, denn sie sind nun einmal in den Schatten
9 **meines Daches getreten.« * Sie aber schrien: »Weg mit dir!« und**
sagten weiter: »Da kommt ein einzelner als Fremder und spielt
sich als Richter auf! Wir wollen dir Schlimmeres antun als jenen!«
Dann drangen sie heftig auf den Mann, auf Lot, ein und machten
10 **sich daran, die Tür aufzubrechen. * Aber die Männer streckten ih-**
re Hand heraus, zogen Lot zu sich ins Haus hinein und schlossen
11 **die Tür zu. * Die Männer aber vor der Tür schlugen sie mit Blind-**
heit, klein und groß, so daß sie sich vergeblich bemühten, die Tür
zu finden.

In Sodom traf Lot »im Tor« auf zwei Männer. Es waren die beiden Boten Gottes, die sich von Abraham und dem bei Abraham bleibenden Boten getrennt hatten. Der Platz »im Tor« ist der geräumige Durchgang der turmartigen Torbefestigungen orientalischer Städte (vgl. 2Sam 18,24). Hier wurde tagsüber Recht gesprochen und Markt gehalten[h]. Abends pflegten sich die Männer im Torturm zu treffen. Lot war an jenem Abend dabei. Er war ein typischer »Städter« geworden mit einem eigenen Haus, seine Töchter waren mit Söhnen der einheimischen Bevölkerung verheiratet.[606]

[h] 1Mo 34,20 5Mo 21,19 Rt 4,1 2Kö 7,1

Der Platz »im Tor« war der Ort, an dem Fremde empfangen wurden. Als die beiden Gottesboten in der Gestalt gewöhnlicher Sterblicher im Tor eintrafen, ging Lot auf sie zu, um sie in sein Haus einzuladen. »Die Stadt selbst konnte Reisende bergen, aber die Aufnahme in ein Haus bietet mehr Schutz.«[607] Lot begrüßte die Fremden »nicht minder ehrerbietig tief als Abraham«.[608] Diese lehnten »stolz und recht einsilbig«[609] ab. Das Nein der Boten ist im Urtext mit einem so harten Wort umschrieben, daß es mit »Nein und nochmals Nein« oder mit »Auf keinen Fall, das kommt gar nicht in Frage«[610] übersetzt werden muß. »Eine dunkle Besorgnis aber läßt Lot dringlich werden, und da willigen sie ein.«[611]

Nach dem einfachen Begrüßungsmahl mit ungesäuerten Brotfladen

[606] v. Rad, Mose, S. 185.
[607] Westermann, Genesis I/2, S. 367.
[608] Delitzsch, S. 303.
[609] v. Rad, Mose, S. 185.
[610] Delitzsch: Das hebräische Nein hat ein »Nachdruck-Dagesch« wie 1Sam 8,19 und 1Kö 11,22; vgl. Delitzsch, S. 304.
[611] v. Rad, Mose, S. 185.

und noch bevor die Fremden sich schlafen legten, bestürmten die Sodo-
miter das Haus. Es war nicht fremdes Gesindel. Es waren die Einheimi-
schen, die Männer von Sodom, Alte und Junge, Männer von hohem und
niedrigem Stand. Die Formulierung **das ganze Volk von jedem äußer-** 4
sten Ende heißt soviel wie »die niedrigsten und die obersten Stände«.[612]

Lot sollte die Männer zu ihnen herausbringen, damit sie sie erkennen
(V. 5). Erkennen (hebräisch: *jadaʿ*) heißt eindeutig soviel wie sexuellen
Umgang haben (vgl. 1Mo 4,1.17). Die Sodomiter beabsichtigten, die bei-
den Männer für ihre homosexuellen Praktiken zu benutzen. Lot aber
wollte die beiden, denen er seine Gastfreundschaft erwies, beschützen.
Er trat vor die Tür und setzte sich selbst, da er die Tür hinter sich zu-
schloß, den Angreifern schutzlos aus. Er »appelliert an ihre Verantwor-
tung und warnt vor dem Frevel«.[613] Dabei redete er die Bürger Sodoms
mit **Brüder** an. Mit der Anrede »Brüder« wollte Lot »eine Situation der 7
Rechtsgleichheit andeuten«.[614] Er sagte damit: Ich bin doch ein Bürger
Sodoms wie ihr. Nehmt ein schlichtendes Wort an! Sie aber nannten Lot
einen **einzelnen**, einen **Fremden** und machten ihm den Vorwurf, daß er 9
sich als **Richter** aufspiele. Die Sodomiter waren entschlossen zu han-
deln, und sie wollten sich - wie die Gewalttäter aller Zeiten - in ihrem
Handeln nicht hinterfragen lassen. Sie wollten das Gefühl behalten, im
Recht zu sein! Lot war für sie nicht mehr Mitbewohner, sondern einzel-
ner, Fremder. Der Besuch der Gottesmänner deckte den Zwiespalt auf,
in dem Lot die ganze Zeit gelebt hatte. Lot war für die Bewohner von So-
dom nichts anderes als ein »hergelaufener Fremdling«.[615] Lot machte
das verzweifelte Angebot: **»Ich habe zwei Töchter, die noch keinen** 8
Mann erkannt haben; ich will sie euch herausgeben, tut an ihnen, was
euch beliebt.« Das »Angebot der Verzweiflung und Ausweglosig-
keit«[616] gehört einer solch fernen Zeit an, daß zeitgenössische Bibelleser
dieses nicht mehr verstehen können. Wollte Lot seine Vaterpflicht der
Pflicht der Gastfreundschaft zum Opfer bringen, und beging er deshalb
die »Sünde, der Sünde durch Sünde wehren zu wollen«?[617] Oder aber
bot Lot der homosexuellen Meute seine Töchter in der Hoffnung an,
daß Homosexuelle sich nicht an Mädchen vergreifen?[618]

Das Angebot Lots bleibt unerklärbar! Es ist unverständlich, warum
Lot bereit war, seine Töchter preiszugeben.

612 Hirsch, Genesis, S. 313.
613 Westermann, Genesis I/2, S. 368.
614 v. Rad, Mose, S. 186.
615 Frey, S. 120.
616 Westermann, Genesis I/2, S. 368.
617 Delitzsch, S. 304.
618 Jacob, B.; zitiert nach Westermann, Genesis I/2, S. 368.

Homotrope Ausleger[619] versuchen, den Bericht über die Sünde der Sodomiter zu entsexualisieren, und zwar dadurch, daß sie das hebräische Wort für »erkennen« (*jada*ʿ), wie es sprachlich auch möglich ist, mit »kennenlernen« wiedergeben.[620] Das Vergehen der Männer von Sodom ist nach ihrer Meinung allein die Mißachtung des Gastrechtes. Unerklärt lassen die homotropen Ausleger die Angst Lots. Warum sollte Lot ängstlich sein, wenn die Männer Sodoms nur nachprüfen wollten, wer die Engel waren? Warum hätte er sie ermahnt, nichts Böses zu tun (1Mo 19,6f), oder gar seine Töchter angeboten, damit sie diese »erkennen« (hebräisch: *jada*ʿ)? Das Verlangen der Männer in Sodom war eindeutig »ein homosexueller Unzuchtsversuch«.[621]

Es ist unglücklich, daß in der deutschen Sprache das Wort »Sodomie« zur Bezeichnung für den geschlechtlichen Umgang mit Tieren geworden ist. Dies entspricht nicht dem alttestamentlichen Tatbestand. Für den Umgang mit Tieren steht im Alten Testament das Wort »beischlafen« (hebräisch: *schakhabh;* vgl. 3Mo 18,23; 20,15f). In Sodom geht es eindeutig um den Versuch einer homosexuellen Vergewaltigung.

In seinem Verhandeln mit den homosexuellen Sodomitern drohten
diese, Lot zu vergewaltigen. Im letzten Augenblick griffen die Gäste
10 Lots ein und führten die Wendung herbei: **Aber die Männer streckten
ihre Hand heraus, zogen Lot zu sich ins Haus hinein und schlossen die
11 Tür zu. * Die Männer aber vor der Tür schlugen sie mit Blindheit,
klein und groß, so daß sie sich vergeblich bemühten, die Tür zu
finden.**

Nachdem die Männer Lot hereingezogen und die Tür verschlossen hatten, war es keinem der Sodomiter möglich, die Tür aufzubrechen. Die Sodomiter waren »mit Blindheit geschlagen«. Das hier gebrauchte

[619] Der Begriff Homotropie wurde von Spijker geprägt (Spijker, S. 25), während Homosexualität zuerst von dem ungarischen Arzt K. M. Benkert im Jahre 1968 in die Diskussion eingeführt wurde. Gegen den Begriff Homosexualität wird von den Betroffenen heute der Vorwurf erhoben, als sei die gleichgeschlechtliche Veranlagung bloß eine Frage des Sexualverhaltens. Die Bezeichnung »Homophilie« lehnen die Betroffenen ab, da durch sie der Eindruck erweckt wird, als spiele die Sexualität bei gleichgeschlechtlichen Partnern keine Rolle. Den abschätzigen Ausdruck »schwul« benutzen nur einige gesellschaftskritisch engagierte Betroffene für ihr eigenes Verhalten, um dem Wort »schwul« die diskriminierende Spitze zu nehmen.
Einen Ausweg aus dem Ringen um die angepaßte Begrifflichkeit fand 1968 Herman van de Spijker mit seiner Wortbildung »Homotropie«. Das aus dem Griechischen abgeleitete Wort bedeutet ganz allgemein »auf das gleiche gerichtet sein« (griechisch: *homoion* = das gleiche; *tropon* = das Gerichtetsein). Entsprechend wird die geschlechtliche Zuneigung zwischen den Geschlechtern als »Heterotropie« bezeichnet (griechisch: *heteron* = das andere). Sowohl der homotrope als auch der heterotrope Zustand umfaßt drei Ebenen: die personale, die erotische und die sexuelle. In der Homotropie ist die personale Ebene die Homophilie, die erotische die Homoerotik und die sexuelle die Homosexualität. Homotropie »schließt nichts aus, sondern alles ein« (Looser, S. 16). Der Begriff Homotropie umfaßt sowohl die Beziehungen zwischen zwei Männern als auch zwischen zwei Frauen. Zur Frage der Homotropie und des seelsorgerlichen Umgangs mit den Homotropen vgl. Bräumer, Lieben wagen, S. 169-190.

[620] Wirz, C.; Barton, G. A.; Bailey, D.S.; Williamson, H. R.; zitiert nach Spijker, S. 70.

[621] ebd.

Wort für »blind« (hebräisch: *sagar*) beschreibt ein zeitlich begrenztes Versagen der Sehfähigkeit (vgl. 2Kö 6,18). Es handelte sich demnach nicht um ein vollkommenes Erblinden der Angreifer, sondern um ein Geblendetsein, ein »Irresehen«[622]. Die Angreifer tappten draußen nur noch hilflos herum und zogen sich schließlich zurück.

4. Die Katastrophe und die Rettung Lots: 19,12-29

12 Dann sagten die Männer zu Lot: »Wen hast du noch hier - einen
Schwiegersohn und Töchter? Und wer in der Stadt dir angehört,
13 schaffe sie aus dem Ort hinaus. * Denn wir werden diesen Ort ver-
nichten, weil das Geschrei über sie, das vor Jahwe kam, groß ist.
14 Jahwe hat uns gesandt, um sie zu zerstören.« * Da ging Lot hinaus
und sprach mit seinen Schwiegersöhnen, die seine Töchter gehei-
ratet hatten, und sagte: »Auf, verlaßt diesen Ort, denn Jahwe wird
die Stadt zerstören.« Lot aber kam seinen Schwiegersöhnen vor
15 wie ein Spaßmacher. * Als aber die Morgenröte heraufzog, dräng-
ten die Boten Lot zur Eile und sagten: »Auf, nimm deine Frau und
deine beiden Töchter, die bei dir sind, damit du nicht im Strafge-
16 richt der Stadt mit umkommst.« * Als er aber immer noch zögerte,
griffen die Männer ihn, seine Frau und seine zwei Töchter bei der
Hand, denn Jahwe wollte ihn verschonen. Sie brachten ihn hinaus
17 und ließen ihn draußen vor der Stadt. * Während sie sie hinaus-
brachten, sprach er: »Rette dich, es geht um dein Leben! Sieh dich
nicht um, bleib nirgends stehen im ganzen Umkreis! Rette dich ins
18 Gebirge, daß du nicht umkommst!« * Da sagte Lot zu ihnen: »Nicht
19 doch, Herr! * Dein Knecht fand Gnade in deinen Augen, und du
hast mir die große Barmherzigkeit erwiesen, mich am Leben zu
erhalten; aber ich kann mich nicht ins Gebirge retten, das Verder-
20 ben könnte mich einholen, und ich müßte sterben. * Siehe doch,
jene Stadt ist nah, so daß ich dahin fliehen könnte, und sie ist ja
nur klein. Ich könnte mich dorthin retten - sie ist ja nur so klein -,
21 daß ich am Leben bleibe.« * Da sprach er zu ihm: »Siehe, auch in
dieser Sache will ich auf dich eingehen. Ich werde die Stadt, von
22 der du sprichst, nicht vernichten. * Rette dich schnell dorthin,
denn ich kann nichts tun, bevor du dort angekommen bist.« Dar-
23 um nennt man den Namen der Stadt Zoar. * Die Sonne war eben
aufgegangen über dem Land, und Lot war gerade nach Zoar ge-
24 kommen, * da ließ Jahwe über Sodom und Gomorra Schwefel und
25 Feuer regnen, von Jahwe, vom Himmel herab. * Und so vernichte-

[622] Jacob, B.; zitiert nach v. Rad, Mose, S. 186.

te er diese Städte und den ganzen Umkreis und alle Bewohner der
26 **Städte und alles, was auf den Feldern wuchs. * Als aber seine Frau**
27 **sich umsah, wurde sie zur Salzsäule. * Abraham aber machte sich**
früh am Morgen auf an den Ort, wo er vor Jahwe gestanden hatte.
28 *** Und als er auf das Gebiet von Sodom und Gomorra und auf die**
ganze Fläche des Kreises hinuntersah, da stieg der Qualm vom
29 **Lande auf wie der Qualm von einem Schmelzofen. * Als Gott die**
Städte des Jordangaus zerstörte, da dachte Gott an Abraham. Er
ließ Lot aus der Zerstörung entkommen, als er die Städte, in denen
Lot gewohnt hatte, vernichtete.

Nachdem die zum Himmel schreiende Sünde[623] der Sodomiter erwiesen war, begannen die beiden Gottesboten ihren Auftrag, zu retten und zu vernichten, auszuführen. Die Sodomiter hatten ihre »viehische Wollust«[624] gezeigt. Wie wilde Tiere waren sie hinter Lots Besuchern her. Sie gebärdeten sich wie eine hemmungslose, wilde Bande: »gierig wie Hyänen nach einem Stück Fleisch«.[625] Der Vernichtungsbeschluß Sodoms stand unabänderlich fest. Die Boten verhandelten mit Lot um die, die gerettet werden konnten. Es waren Lot und seine Angehörigen. Die erste Frage galt den Töchtern und Söhnen, die bereits einen eigenen Hausstand hatten, das heißt den Familien der Schwiegersöhne und der Söhne Lots. Das im Urtext stehende Wort für Schwiegersohn (hebräisch: *chathan*) kann nicht ein »künftiger Schwiegersohn sein«.[626] Lot hatte Töchter, die mit den Sodomitern verheiratet waren. Diese suchte Lot in der Nacht auf, um sie zu veranlassen, mit ihm Sodom zu verlassen. Lot aber erntete nur Spott und Hohn. Die Schwiegersöhne machten sich
14 über die lächerliche Botschaft der Gäste im Hause Lots lustig. **Lot aber**
kam seinen Schwiegersöhnen vor wie ein Spaßmacher. Von den Söh-
nen Lots wird nichts Näheres berichtet. Übrig blieben nur noch Lot, sei-
15 ne Frau und zwei Töchter, von denen es im Unterschied zu den verheira-
teten Töchtern heißt, **deine beiden Töchter, die bei dir sind.** Die Boten
drängten zur Eile. Lot aber zögerte, so daß die Männer Lot, seine Frau
17 und seine Töchter ergriffen und aus der Stadt hinauszogen. **Während**
***sie* sie hinausbrachten, sprach *er:* »Rette dich, es geht um dein Leben!**
Sieh dich nicht um, bleib nirgends stehen im ganzen Umkreis! Rette
dich ins Gebirge, daß du nicht umkommst!«

Der Wechsel der Personen, *sie* brachten hinaus und *er* sprach, besagt: »Bei der Errettung aus dem Gericht ist Gott allein zuständig!«[627] »Rette

[623] Siehe die Auslegung zu 1. Mose 18,20; vgl. auch 1. Mose 4,10, Bräumer, 1. Teil, S. 121.
[624] Hirsch, Genesis, S. 314.
[625] Ridderbos, S. 55.
[626] Ehrlich, S. 79.
[627] v. Rad, Mose, S. 187.

dich!« ist der »Zuruf in äußerster Krise ... im Augenblick höchster Gefahr«.[628] Das Verbot, sich umzudrehen, geht noch darüber hinaus. »Da wo Gott in unmittelbarem Handeln eingreift, kann der Mensch keine Zuschauerhaltung einnehmen. Vollends einem Gottesgericht gegenüber gibt es nur die Möglichkeit des Betroffenwerdens oder die des Entkommens, aber nicht jenes Dritte.«[629] Lots Frau sah zurück! Wollte sie dem Vernichtungsgericht Gottes zusehen? Auf jeden Fall ereilte sie ein merkwürdiger Tod. Dabei ist nicht die Art und Weise ihres Todes merkwürdig, sondern dessen Begründung. Die Frau Lots erstarrte, überzogen von der brennenden Schwefel- und Asphaltmasse, in der die anderen untergingen. Ganz ähnliche Schicksale sind von Menschen bekannt, die versuchten, aus dem untergehenden Pompeji zu flüchten.[630] Lots Frau hatte keinen legendären Tod.[631] Ihr Körper wurde umkrustet von einer Schwefel-, Asphalt- und Salzsubstanz. Sie wurde buchstäblich zur Salzstatue. »Indem sie stille stand, war sie von dem ihr auf der Ferse fol-
genden Tod erreicht.«[632] Die Begründung für ihren Tod lautet: **Als aber** 26
seine Frau sich umsah, wurde sie zur Salzsäule. Das Zurückschauen bedeutet, von der Katastrophe verschlungen zu werden. Zurückschauen heißt, der Vergangenheit verhaftet und in Positionen festgesetzt sein, »verhärtet im bisher Gewordenen ... Wer sich festsetzt, verliert das Leben. Leben gibt es nur auf dem Wege in der Bewegung«.[633] In seinen Worten zur Nachfolge sagt Jesus: »Niemand, der die Hand an den Pflug gelegt hat und dann noch rückwärts blickt, ist geschickt zum Reiche Gottes« (Lk 9,62).

Überraschend ist, daß Lot seinen beiden Gästen, obgleich er sie als Boten Gottes erkannt hatte, nicht rückhaltlos vertraute. Er redete die
Boten an, wie der Beter zu Gott spricht: **»Herr! * Dein Knecht fand Gna-** 18/19
de in deinen Augen, und du hast mir die große Barmherzigkeit erwiesen, mich am Leben zu erhalten; aber ich kann mich nicht ins Gebirge retten, das Verderben könnte mich einholen, und ich müßte sterben.
*** Siehe doch, jene Stadt ist nah, so daß ich dahin fliehen könnte, und** 20
sie ist ja nur klein.«

Lot war erschrocken vor der Zumutung Gottes, ins Gebirge, das heißt, in die östlichen Moabiterberge, zu fliehen. Mit vielen Worten stellte er Gott das »Aber« seiner Angst entgegen. Er bat, in die kleine

628 Bours, S. 26.
629 v. Rad, Mose, S. 189.
630 Hertz (Hg.), S. 68.
631 Erst späte Schriftsteller machen Lots Weib zur legendären Figur. Der Verfasser der Weisheit will sie als Salzstatue gesehen haben (Weish 10,7). Josephus beschreibt sie in einem Gedicht. Tertullian weiß von ihr, daß, wenn sie verstümmelt wurde, sie sich selbst ergänzte und daß monatliche Zeichen eines lebendigen Organismus an ihr zu beobachten waren; vgl. Delitzsch, S. 308.
632 Hirsch, Genesis, S. 321.
633 Bours, S. 26.

Stadt Zoar fliehen zu dürfen, da er befürchtete, den Aufstieg ins Gebirge nicht zu überleben. Indirekt bat Lot damit Gott zugleich, Zoar vor dem Untergang zu bewahren, und begründete seine Bitte mit der Kleinheit der Stadt, **»sie ist ja nur so klein.«** Die Lage des Ortes Zoar (hebräisch: *misʿar* = Kleinigkeit) ist noch nicht eindeutig ermittelt.[634] Ohne weitere Begründung ging Gott auf Lots Bitten ein. Kaum war Lot in Zoar in Sicherheit, brach über Sodom und den gesamten Umkreis die Katastrophe herein.

Die Katastrophe war der Beschreibung nach ein tektonisches Erdbeben. Gasen (Schwefelwasserstoff), Asphalt und Petroleum wurde der Weg nach oben freigegeben. Durch das Entzünden dieser Mineralien »konnte die ganze Luft über dem geöffneten Spalt leicht plötzlich in
24 Flammen stehen«.[635] **Da ließ Jahwe über Sodom und Gomorra Schwefel und Feuer[i] regnen.** Spuren dieser Katastrophe sind bis heute in Form der Ablagerungen von Asphalt und Schwefel am Rande des Toten Meeres[636] zu finden. Sie weisen darauf hin, daß hier einmal Erdgase in Brand geraten waren.

[i] 5Mo 29,22 Ps 11,6 Jes 30,33 34,9 Hes 38,22

Im Bericht vom Untergang Sodoms fehlt jede Erwähnung des Toten Meeres. Die Vernichtung von Sodom hat mit der Entstehung des Toten Meeres nichts zu tun. Diese fällt erdgeschichtlich in eine viel frühere Zeit. Es ist aber möglich, daß sich das Tote Meer durch die Katastrophe, die Sodom und den ganzen Umkreis vernichtete, durch einen Landeinbruch nach Süden vergrößerte.[637] Der südliche Teil des Toten Meeres ist nur ein bis sechs Meter tief, während der nördliche eine Tiefe bis zu vierhundert Meter erreicht.[638] Die Sodomkatastrophe zerstörte ein ehemals reiches Kulturland mit mehreren Städten. Für die Gesamtfläche der Zerstörung stehen die beiden Namen »Sodom und Gomorra«[k]. Der hebräische Name »Gomorra« ist vielleicht von dem arabischen Wort *ghmr,* »überdecken«, abgeleitet. Gomorra heißt dann die »Zugedeckte«. Ein Hinweis auf die Katastrophe ist außer dem südlichen Teil des Toten Meeres der Berg von Sodom. In den Schriften des Arztes Galenus im 2. Jahrhundert n.Chr. wird dieser zum ersten Mal erwähnt. Im Innern des Sodom-Berges (hebräisch: *Har Sedom*) sind ca. dreihundert Meter lange Höhlen. Über den Höhlen ist eine isolierte Zacke aus Salzgestein zu sehen, die heute als die versteinerte Frau des Lot gilt.[639]

[k] 1Mo 18,20 19,24.28 Jes 1,9 Am 4,11 Zeph 2,9

Geht man davon aus, daß die Städtenamen »Adma« und »Zebojim« nichts anderes sind als »nordisraelitische Varianten« für Sodom und

[634] Zu Zoar vgl. die Auslegung zu 1. Mose, 13,10.
[635] Blankenhorn; zitiert nach v. Rad, Mose, S. 188.
[636] Westermann, Genesis I/2, S. 374.
[637] v. Rad, Mose, S. 188; zum Toten Meer siehe die Auslegung zu 1. Mose 14,8-12.
[638] Keel/Küchler, Bd 2, S. 253.
[639] a.a.O., S. 248, 254, 257.

Gomorra[640], so gibt es im ganzen ersten Buch Mose keinen Text, der in der Heiligen Schrift so häufig erwähnt wird wie der Untergang von Sodom und Gomorra[l]. Sodom und Gomorra sind geradezu sprichwörtlich für das Gottesgericht in der Zeit der Erzväter. Der Grund ist die generelle Verderbtheit. Außer dem Versuch der homosexuellen Vergewaltigung der Gottesboten (1Mo 19) gab es in Sodom soziale Vergewaltigung (Jes 1,10), Ehebruch, Lüge und Ermutigung des Übeltäters (Jer 23,14), Anmaßung, Überfluß und sorglose Ruhe (Hes 16,49). Der »unmittelbare Anlaß«[641] für die Zerstörung Sodoms und Gomorras war jedoch die homosexuelle Begierde. Sie führte zur Verletzung des Gastrechtes und war beispielhaft für die grundsätzliche Verderbtheit der Bewohner Sodoms. Der Gipfel der »totalen Degeneration«[642] der Sodomiter war das in den damaligen Städten der Kanaanäer nicht unbekannte homosexuelle Treiben.

[l] 1Mo 19,24 5Mo 29,22 Ps 11,6 Jes 1,9f 13,19 Jer 49,18 50,40 Kla 4,6 Hes 16,46-50. 53-55 Hos 11,8 Am 4,11 Zeph 2,9 Mt 10,15 11,23f Lk 10,12 17,29 Röm 9,29 2Petr 2,6 Jud 7 Offb 11,8

Nach der Katastrophe steht Abraham noch einmal an derselben Stelle, wohin er damals die drei Boten geleitet hatte. Er hatte durch sein Beten der großen Fürbitte die Stadt nicht vor dem Untergang bewahren können. Es fand sich in ihr auch nicht die kleinste Gruppe von Gerechten.[643] Einzelne aber, Lot und zwei seiner Töchter, wurden »um der Fürbitte Abrahams willen«[644] gerettet. Jetzt sieht »der alte Mann auf der Bergeshöhe, der sich vorbeugt, um hinunterzuspähen«, im Tal über der Stelle des einst fruchtbaren Kulturkreises »nur eine schwärzliche Rauchwolke«.[645]

5. Die Töchter Lots: 19,30-38

30 Lot zog von Zoar hinauf und ließ sich im Gebirge zusammen mit
seinen zwei Töchtern nieder, denn er fürchtete sich, in Zoar zu
bleiben. So wohnte er in einer Höhle, er und seine zwei Töchter.
31 * Da sprach die ältere zu der jüngeren: »Unser Vater ist alt, und es
ist kein Mann im Lande, der zu uns eingehen könnte, wie es in al-
32 ler Welt Brauch ist. * Komm, wir wollen unseren Vater mit Wein
trunken machen und uns zu ihm legen, um so von unserem Vater
33 Nachkommenschaft zu erhalten.« * So gaben sie in jener Nacht ih-
rem Vater Wein zu trinken, und die ältere kam und legte sich zu
ihrem Vater; er aber merkte weder, wie sie sich hinlegte, noch wie

640 Zimmerli, W.; Wolff, H.W.; zitiert nach Westermann, Genesis I/2, S. 365.
641 Spijker, S. 73.
642 Ridderbos, S. 54.
643 Vgl. die Auslegung zu 1. Mose 18,23-33.
644 Delitzsch, S. 308.
645 v. Rad, Mose, S. 189.

34 **sie aufstand. * Am andern Tag sprach die ältere zur jüngeren:**
»Sieh, ich habe gestern nacht mit meinem Vater geschlafen, wir
wollen ihm auch heute nacht Wein zu trinken geben; dann gehe
du und lege dich zu ihm, so werden wir durch unseren Vater Nach-
35 **kommenschaft erhalten.« * Und sie gaben auch in jener Nacht ih-**
rem Vater Wein zu trinken, und die jüngere erhob sich und legte
sich zu ihm; er aber merkte weder, wie sie sich zu ihm hinlegte,
36 **noch wie sie aufstand. * So wurden die beiden Töchter Lots von ih-**
37 **rem Vater schwanger. * Und die ältere gebar einen Sohn und**
nannte ihn Moab, der ist der Vater der Moabiter bis auf diesen
38 **Tag. * Und die jüngere gebar einen Sohn und nannte ihn Ben-Am-**
mi, der ist der Vater der Ammoniter bis auf diesen Tag.

Die Geschichte Lots im Alten Testament schließt mit dem bis heute unerklärbaren Bericht der Blutschande, der sich die Töchter Lots schuldig machten. Die bekannten Etappen des Lebensweges Lots begannen, als Lot zum Zeitpunkt der Trennung von Abraham dem Reiz des üppigen Jordangaues erlag.[646] Trotz des Einsatzes seiner Persönlichkeit konnte Lot sich gegen die Sodomiter und deren Versuch der homosexuellen Vergewaltigung nicht durchsetzen. Seine Entschlußkraft war schwach. Es war ihm nicht möglich, sich rückhaltlos den Gottesboten anzuvertrauen. Diese mußten ihn an der Hand aus der Stadt führen. Er traute sich das Leben in den Moabiterbergen nicht zu, sondern sehnte sich danach, in einer Stadt zu wohnen, und sei diese noch so klein. Gott verschonte Zoar um der Bitten Lots willen. Lot aber hielt es in Zoar nicht aus. Er hatte sich dort »nicht geborgen gefühlt und ist auf dieser seiner Bahn des Zagens und Zauderns weiter und weiter von dem Wege abgetrieben worden, den Gott mit ihm gegangen war«.[647] Jetzt zieht er ins Gebirge Moab, wohin er zuerst nicht gewollt hatte. Der frühere Nomade und spätere Städter wird zum »Höhlenbewohner«.[648] Dort wird er »in der Besinnungslosigkeit des Rausches ein willenloses Werkzeug seiner beiden unverheirateten kinderlosen Töchter«.[649] War es »schlechthin passive Bewußtlosigkeit« oder »tierisches Unbewußtsein«, so daß er sich hingab »ohne sittliche Überlegung«, nur einem »dunklen Trieb« folgend?[650] Der biblische Text gibt auf diese Fragen keine Antwort. Lot wird in den Schriften des Alten Testaments nie wieder erwähnt, nicht einmal seines Todes wird gedacht.

646 Siehe die Auslegung zu 1. Mose 13,8-13.
647 v. Rad, Mose, S. 190.
648 Delitzsch, S. 310.
649 v. Rad, Mose, S. 190.
650 Delitzsch, S. 311.

Die beiden unverheirateten Töchter Lots aber handelten nicht im Rausch, sondern in vollem Bewußtsein. Sie hatten nur das eine Ziel, Kinder zu bekommen. »Es geht um das eigene Kind und darin um die den Frauen einzig mögliche Zukunft.«[651] Um dieses Ziel zu erreichen, war ihnen jedes Mittel recht. Die verzweifelte Tat der beiden jungen Frauen wird von den Auslegern nicht nur unterschiedlich, sondern widersprüchlich bewertet.

Die einen sehen darin nur einen »israelitischen Volkswitz«, um ihren Widerwillen gegen die Moabiter und Ammoniter, die Nachkommen der beiden Söhne der Töchter Lots, abzureagieren. Sie nennen den Bericht eine »unglaubliche« und eine »häßliche Geschichte«.[652]

Andere entschuldigen die Töchter Lots, indem sie sagen: »Sie waren in dem Irrtum befangen, die einzig überlebenden Menschen auf Erden zu sein.« Mit ihrem Verhalten wollten sie das Fortbestehen der Menschen retten. »Ihr Motiv war jedoch ein sittliches, und sie glaubten nicht nur, nicht unrecht, sondern sogar recht zu handeln.«[653]

Wieder andere Ausleger halten eine solche Argumentation für völlig unannehmbar. Schließlich wohnten die Töchter Lots kurz vor jenem Höhlenereignis in der kleinen Stadt Zoar. Sie nennen deshalb die Töchter Lots »wahre Kinder Sodoms«.[654]

Der unbefangene Ausleger muß auf eine erklärende Antwort der Blutschande der Töchter Lots verzichten. Er kann nur auf zwei Dinge hinweisen:

(1) Gott läßt auch die, die das Haus Abrahams verlassen und von seinem Weg abbiegen, nicht aus den Augen. »Wie schon in der Hagargeschichte, fällt das teilnehmende Interesse auf an dem Weg der Herausgehenden, das heißt an denen, die das Haus Abrahams verlassen und von seinem Weg abbiegen.«[655] Die Moabiterin Rut bildet ein Glied im Stammbaum Davids (Rt 4,18-22; Mt 1,5).

(2) Die Vätergeschichten berichten mehrfach über rebellierende Taten von Frauen: Hagar (1Mo 16), Rebekka (1Mo 27) und Tamar (1Mo 38) lehnen sich gegen Sitte und Gebräuche auf mit dem einen Ziel, ein eigenes Kind zu bekommen. Schon in der Vorzeit Israels konnte in bestimmten Situationen die Initiative von Frauen ausgehen: »Auf jeden Fall aber hatten die Frauen in der Väterzeit eine größere Bedeutung, als allgemein angenommen wird.«[656]

651 Westermann, Genesis I/2, S. 384f.
652 Dillmann, S. 276-278.
653 Hirsch, Genesis, S. 322.
654 Hertz (Hg.), S. 69.
655 v. Rad, Mose, S. 191.
656 Westermann, Genesis I/2, S. 385.

XI. ABRAHAM IM LANDE GERAR: 20,1-21,34

Abrahams Lebensweise war, auch wenn er sich für längere Zeit an einem Ort oder in einer Gegend aufhielt, noch die eines Halbnomaden.[657] Die folgenden aus dem Leben Abrahams bekannten Begebenheiten ereigneten sich zwischen Kadesch, dem Oasengebiet in den südlichen Negebbergen[658], und Schur.[659]

1 Abraham brach von dort auf ins Südland und siedelte zwischen Kadesch und Schur. Er war ein Fremder im Lande Gerar.

Das Südland (hebräisch: *Negeb*) war zur Zeit des Alten Testaments geographisch noch kein fest umrissenes Gebiet.[660] Die Gegend zwischen Kadesch und Schur war damals bekannt unter dem Namen »Land Gerar«.

1 **Gerar** ist zunächst der Name einer Stadt, dann aber auch der einer ganzen Region. Gerar wird als typische Kanaanäerstadt zusammen mit Gaza genannt (1Mo 10,19) und repräsentiert so ein Stück der damaligen Städtekultur[a]. Der Name Gerar bedeutet wahrscheinlich soviel wie »abgeschabtes, kahles Land«.[661] Gerar wurde nie ausgegraben. Der sogenannte Tell Haror (arabisch: *Tell Abu Hurere*) bedeckt eine Fläche von ca. 14 ha und ist damit der größte Tell im westlichen Negeb. Allein die Oberstadt umfaßt 1,8ha. Gerar war eine bedeutende Grenzstadt zwischen Palästina und Ägypten.

[a] 1Mo 26,1.6 2Chr 14,8-1

Gleichzeitig wurde mit dem Namen Gerar eine ganze Region des Negeb bezeichnet. In den Amarnabriefen (ca. 1350 v.Chr.) ist die Rede davon, daß das Land Gari (= Gerar) von Pharao abgefallen war. Das Land Gari war im 2. Jahrtausend v.Chr. kein zwerghafter Stadtstaat, dessen politische Grenzen mit den Rändern der Ortsflur zusammenfielen. Gerar war gleichzeitig die Bezeichnung einer Region, in der der Fürst von Gerar Herrschaftsrechte beanspruchen konnte.[662]

1. Erneute Gefährdung und Bewahrung der Ehe Abrahams und Saras: 20,2-18

2 Abraham sagte von Sara, seiner Frau: »Sie ist meine Schwester.«
Da sandte Abimelech, der König von Gerar, und ließ Sara holen.
3 * Gott aber kam zu Abimelech in der Nacht im Traum und sprach

[657] Siehe die Auslegung zu 1. Mose 18,4-8.
[658] Zu Kadesch vgl. En-Mischpat-Kadesch, siehe die Auslegung zu 1. Mose 14,7.
[659] Zu Schur siehe die Auslegung zu 1. Mose 16,7.
[660] Zum Negeb siehe die Auslegung zu 1. Mose 12.9.
[661] Keel/Küchler, Bd 2, S. 135.
[662] ebd.

zu ihm: »Siehe, du mußt sterben um der Frau willen, die du ge-
4 nommen hast, denn sie ist eine Ehefrau.« * Abimelech aber hatte
sie noch nicht berührt und sagte: »Herr, willst du wirklich einen
5 Stamm, auch wenn er unschuldig ist, umbringen? * Hat er nicht zu
mir gesagt: ›Sie ist meine Schwester?‹ Und auch sie hat gesagt: ›Er
ist mein Bruder.‹ Ich habe dies getan mit aufrichtigem Herzen
6 und mit reinen Händen.« * Da sprach Gott zu ihm im Traum:
»Auch ich weiß, daß du dies mit aufrichtigem Herzen getan hast,
deshalb habe ich dich selbst davon abgehalten, dich gegen mich zu
versündigen. Darum habe ich es nicht zugelassen, sie zu berühren.
7 * Nun aber gib dem Mann die Frau zurück. Er ist ein Prophet. Er
soll für dich beten, so daß du am Leben bleibst. Wenn du sie aber
nicht zurückgibst, so sollst du wissen, daß du mit all den Deinen
8 sterben mußt.« * Früh am andern Morgen rief Abimelech alle sei-
ne Diener zusammen und brachte ihnen die ganze Sache zu Ge-
9 hör. Die Männer aber fürchteten sich sehr. * Dann rief Abimelech
Abraham und sagte zu ihm: »Was hast du uns angetan? Womit ha-
be ich mich an dir versündigt, daß du über mich und mein Reich
eine so große Sünde gebracht hast? Dinge, die nicht getan werden
10 dürfen, hast du an mir getan.« * Und Abimelech sagte weiter zu
11 Abraham: »Was hattest du im Sinn, als du dieses getan hast?« * Da
antwortete Abraham: »Ich dachte, an diesem Ort gibt es gewiß
keine Gottesfurcht. Sie werden mich um meiner Frau willen ums
12 Leben bringen. * Dazu kommt, daß sie auch wirklich meine
Schwester ist. Sie ist die Tochter meines Vaters, nur nicht die
13 Tochter meiner Mutter. So konnte sie meine Frau werden. * Als
mich Gott aus dem Haus meines Vaters in die Fremde führte, da
sagte ich zu ihr: ›Die Liebe mußt du mir erweisen: Sage, wo immer
14 wir hinkommen, von mir, er ist mein Bruder.‹« * Da nahm Abime-
lech Schafe und Rinder und Knechte und Mägde und schenkte sie
15 Abraham. Sara aber, seine Frau, gab er ihm zurück. * Außerdem
sagte Abimelech: »Siehe, mein Land steht dir offen. Bleibe, wo es
16 dir gefällt!« * Zu Sara sagte er: »Siehe, ich gebe deinem Bruder tau-
send Schekel Silber. Dies bedeutet für dich und alle, die bei dir
sind, Ehrenrettung (wörtlich: einen Augenschleier). Du bist in al-
17 lem gerechtfertigt.« * Dann betete Abraham zu Gott. Gott aber
heilte Abimelech, seine Frau und seine Mägde, so daß sie wieder
18 Kinder zur Welt bringen konnten. * Denn Jahwe hatte dem Haus
Abimelechs jeden Mutterschoß verschlossen um Saras, der Frau
Abrahams, willen.

Als Abraham wegen der Hungersnot nach Ägypten gezogen war, um zu überleben, war er dort ein Fremder, das heißt ein Mensch ohne angestammte Rechte. Bereits damals gab er seine Frau als seine Schwester aus.[663] Ein Fremder ohne Rechtsanspruch war Abraham auch im Lande Gerar. Alles, was Abraham in Ägypten erlebt hatte und in Sodom mit ansehen mußte, ließ ihn die Befürchtungen der damaligen Kleinviehnomaden teilen. Die Nomaden hatten Angst vor den Stadtbewohnern. Städter waren von den Nomaden als zuchtlose Menschen gefürchtet, die vor nichts zurückscheuten. So war den Nomaden jede List willkommen, mit der sie sich vor der skrupellosen Gier der Städter schützen konnten.[664] Abraham entschied sich aus diesem Grunde zum zweiten Mal für die Halb- und damit für die Unwahrheit. Er fiel in einer ähnlichen Situation in dieselbe Schuld zurück.

Sünde und Schuld behält für den Menschen immer etwas Verlockendes. Es muß nur weniges anders sein als in der ersten Situation, und der Mensch vergißt alle mit der Umkehr und Reue verbundenen Entschlüsse und Vorsätze. Dazu kommt die Fähigkeit des Menschen, sich zu entschuldigen und durch immer erneutes Nachdenken die Unschuld seiner Gesinnung zu beteuern. »Eine schlechte, das heißt Gott mißfällige Tat wird durch die Unschuld der Gesinnung keine gute.«[665]

Abraham lädt erneut eine doppelte Schuld auf sich. Er verliert sein Gottvertrauen, das heißt er verfällt dem Kleinglauben und greift wieder zur Lüge.[666] »Abraham kann sich zwar entschuldigen, von seiner Schuld freigesprochen werden kann er nicht.«[667]

(1) Abimelech, der Betrogene

Scherbenfunde auf dem Tell Haror bezeugen eine Besiedlung Gerars schon in der Frühen Bronzezeit.[668] Abimelech war ein kanaanäischer Stadtkönig. Abimelech kann übersetzt werden: »Mein Vater ist König«[669] und ist ein Würdetitel. Seine Residenz hatte Abimelech in der Stadt Gerar. Sein Herrschaftsanspruch aber erstreckte sich auf das ganze Land Gerar, das Gebiet zwischen Kadesch und Schur. Nach damaligem Recht konnte der Herrscher eines Landes jede beliebige unverheiratete Frau in seinen Harem eingliedern.[670] Warum Abimelech Sara in seinen Harem holen ließ, wird nicht gesagt. War es immer noch - wie bei Pharao - die Schönheit der betagten Sara (1Mo 12,14)? Oder beabsichtigte Abimelech, sich mit Abraham, dem reichen Nomadenscheich, zu

663 Siehe die Auslegung zu 1. Mose 12,10-20.
664 Keel/Küchler, Bd 2, S. 135f.
665 Hirsch, Genesis, S. 326.
666 Siehe die Auslegung zu 1. Mose 12,10-13.
667 Westermann, Genesis I/2, S. 397.
668 Keel/Küchler, Bd 2, S. 136.
669 Odelain/Séguineau, S. 5.
670 Siehe die Auslegung zu 1. Mose 12,14-16.
671 Delitzsch, S. 313.

verschwägern?[671] Auf jeden Fall beging er nach dem in seinem Herr-
schaftsgebiet geltenden Gesetz nichts Unrechtes. Er hatte sich doppelt
abgesichert und beide, Abraham und Sara, befragt. Die Antwort war
unzweideutig. Abraham hatte erklärt: **»Sie ist meine Schwester«**, und 5
Sara hatte bestätigt: **»Er ist mein Bruder.«** Abimelech konnte guten Ge-
wissens erklären: **»Ich habe dies getan mit aufrichtigem Herzen und
mit reinen Händen.«** Das Hebräische hat für das Wort »Hand« zwei
verschiedene Begriffe: die gestreckte und tätige Hand (hebräisch: *jad*)
und die gebogene, etwas Errungenes festhaltende Hand (hebräisch:
kaph). In seiner Unschuldsbeteuerung wählte Abimelech den zweiten
Begriff (hebräisch: *kaph*) und sagte damit: Das, was ich in meiner Hand
festhalte, ist keine unrechte Beute, es ist alles rein und sauber zugegan-
gen.[672]

(2) Abimelech, der Gehorsame

Im Gegensatz zu den beiden Lügnern, Abraham und Sara, ist Abimelech persönlich unschuldig. »Die persönliche Tadellosigkeit des heidnischen Königs wird von dem Erzähler bis zur tiefen Beschämung Abrahams herausgearbeitet.«[673] Gott offenbart sich dem Heiden Abimelech. Er spricht zu ihm im Traum und bewahrt ihn vor einem Verbrechen, das seinen Tod zur Folge gehabt hätte.

Das Reden Gottes im Traum[b] ist letztlich das Erleben eines Schlafenden und somit »die niedrigste Offenbarungsstaffel«.[674] Im Traum sprach Gott zu dem Heiden Laban (1Mo 31,24) und zu dem heidnischen Seher Bileam (4Mo 22,9.20). Das erste Wort, mit dem sich Gott an Abimelech wendet, ist ein Urteilsspruch. In einem zweiten Wort spricht Gott Abimelech frei von Schuld und knüpft daran die Bedingung, die Frau unberührt Abraham zurückzugeben. Für den Fall, daß Abimelech nicht bereit ist, darauf einzugehen, tritt die zuerst ausgesprochene To-
desdrohung in Kraft: **»Siehe, du mußt sterben um der Frau willen, die** 3
du genommen hast, denn sie ist eine Ehefrau ... * Auch ich weiß, daß 6
**du dies mit aufrichtigem Herzen getan hast, deshalb habe ich dich
selbst davon abgehalten, dich gegen mich zu versündigen. Darum ha-
be ich es nicht zugelassen, sie zu berühren. * Nun aber gib dem Mann** 7
**die Frau zurück. Er ist ein Prophet. Er soll für dich beten, so daß du am
Leben bleibst. Wenn du sie aber nicht zurückgibst, so sollst du wissen,
daß du mit all den Deinen sterben mußt.«**

[b] 1Mo 28,12; 31,11.24; 37,5; 4Mo 22,9.20; Mt 2,12; 27,19

In unüberhörbarer Eindeutigkeit erklärt Gott dem heidnischen König, daß jede Ehe unter seinem persönlichen Schutz steht. Die Ehe zwei-

[672] Hirsch, Genesis, S. 326.
[673] v. Rad, Mose, S. 194.
[674] Delitzsch, S. 314.

er Menschen darf nicht ungestraft von einem dritten angetastet werden. Was immer auch die Motive für einen Ehebruch sind, Gott läßt die Ehebrecher nicht aus dem Auge.

Gott bewahrte Abimelech davor, als Betrogener und Unwissender in die Ehe Abrahams einzubrechen. Zugleich forderte er von Abimelech, nachdem dieser den wahren Sachverhalt kannte, Sara unverzüglich zurückzugeben. Gott hatte Abimelech davon zurückgehalten, die Sünde des Ehebruchs zu begehen und so dem Tod zu verfallen.

8 Abimelech handelte **früh am andern Morgen.** Er unterrichtete seinen Hof. Er gab Sara zurück an ihren Mann, beschenkte Abraham und Sara und erlaubte Abraham, sich als Nomade in seinem ganzen Herrschaftsgebiet aufzuhalten.

14 **Da nahm Abimelech Schafe und Rinder und Knechte und Mägde**
und schenkte sie Abraham. Sara aber, seine Frau, gab er ihm zurück.
15 *** Außerdem sagte Abimelech: »Siehe, mein Land steht dir offen. Blei-**
16 **be, wo es dir gefällt!« * Zu Sara sagte er: »Siehe, ich gebe deinem Bruder tausend Schekel Silber. Dies bedeutet für dich und alle, die bei dir sind, Ehrenrettung (wörtlich: einen Augenschleier). Du bist in allem gerechtfertigt.«**

Anders als in Ägypten sind die Geschenke Abimelechs keine Gegengabe an den vermeintlichen Bruder. Pharaos Geschenke waren die Bezahlung für eine schöne Frau.[675] Abimelech dagegen war, nachdem er Sara zurückgegeben hatte, Abraham zu nichts verpflichtet. Die Anerkennung, die in den Geschenken zum Ausdruck gebracht wird, gilt nicht Abraham, sondern »dem Gott, der zu ihm sprach«.[676] Die Geschenke, die Abraham an Gottes Statt empfing, bestanden aus Naturalien, Dienerschaft und Geld. Sie sind ein Zeugnis für die damals noch bestehende Mischung von Naturalien- und Geldwirtschaft. Außerdem geben sie Auskunft über die Rechtsstellung der Frau: »Man kann sie beleidigen und ihre Ehre wiederherstellen, die Sühne aber empfängt der Ehemann, denn das Weib kann nicht Besitz erwerben.«[677]

Das Geld, das Abimelech Abraham für Sara aushändigt, ist »eine märchenhaft hohe Summe«.[678] Sinn dieser Gabe ist die Ehrenrettung Saras. Der Begriff »Ehrenrettung» (wörtlich: Augenschleier) ist ein nicht mehr eindeutig erklärbarer Ausdruck aus dem damaligen Rechtsleben. Der Augenschleier oder die Decke der Augen[c] soll den Betrachter »wie blind gegen das Vorgefallene machen«.[679] Unerklärt bleibt, ob es

[c] Hi 9,24

[675] Siehe die Auslegung zu 1. Mose 12,14-16.
[676] Westermann, Genesis I/2, S. 401.
[677] Gunkel, S. 294.
[678] Westermann, Genesis I/2, S. 401.
[679] Delitzsch, S. 216.

Sara ist oder deren Umgebung, deren Augen durch das Geschenk verhüllt werden sollen. Vermutlich ist mit dem Bildwort beides gemeint. »Die Leute sollen nicht geringschätzig von ihr denken«[680]; sie sollen mit ihren Augen »nichts Mißfälliges an Sara entdecken können«[681]; und für Sara selbst soll die Sache sein, als wäre sie nie geschehen. Auf das letztere deutet das an Sara gerichtete Wort: **»Du bist in allem gerechtfertigt.«**

(3) Abraham, der schuldige Mittler

Abrahams Lüge wird mit keinem Wort verharmlost. Gott spricht
zwar Abimelech, aber nicht Abraham frei von Schuld. Abrahams Ver-
schuldung wird nicht vertuscht. Seine Verteidigungsrede bleibt ohne
jegliche Stellungnahme Gottes. Abimelech hatte Abraham aufgefor-
dert, sich zu erklären, und zwar mit der Frage: **»Was hattest du im Sinn,** 10
als du dieses getan hast?« Mit einer Reihe Entschuldigungen begrün-
det Abraham sein Verhalten. Seine Rede aber führt nicht zum Frei-
spruch, sondern sie macht das Ausmaß seiner Schuld erst offenbar.

Abraham rechnete Abimelech zu den gott- und zuchtlosen Heiden. Er sah in Abimelech nicht nur einen von skrupelloser sexueller Gier getriebenen Herrscher, sondern auch einen Menschen ohne jede Gottesfurcht (V. 11). Unter Gottesfurcht versteht Abraham in diesem Zusammenhang die »ehrfürchtige Einstellung«, die auch dem Fremden und Rechtlosen entgegenzubringen ist.[682] Ohne Abimelech zu kennen, hatte Abraham Angst vor dessen Schlechtigkeit. Er rechnete Abimelech zu den verkommenen Stadtbewohnern, die damals von den Nomaden gefürchtet wurden.[683] Abrahams Denken und Handeln waren bestimmt von einem »beschränkten Freund-Feind-Denken«.[684]

Abraham verteidigt seine Lüge als Halbwahrheit. Mit großem Nachdruck weist Abraham darauf hin, daß Sara nicht nur seine Ehefrau ist, sondern auch seine Halbschwester (V. 12).[685] Die Ehe mit einer Halbschwester wurde zwar später im Gesetz verboten[d], war aber, wie aus der Geschichte von Amnon und Tamar zu ersehen ist, noch in der Zeit der Könige denkbar. Tamar wehrte sich gegen die Entehrung durch Amnon mit den Worten: »Rede doch lieber mit dem König: er wird mich dir gewiß nicht versagen« (2Sam 13,13).

[d] 3Mo 18,9.11 20,17

Die Halbwahrheit ist seit dem Sündenfall[686] das immer wieder mit

[680] Jacob, B.; zitiert nach Westermann, Genesis I/2, S. 401.
[681] v. Rad, Mose, S. 195.
[682] Westermann, Genesis I/2, S. 398.
[683] Keel/Küchler, Bd 2, S. 135f.
[684] Westermann, Genesis I/2, S. 402.
[685] Siehe die Auslegung zu 1. Mose 11,29; Bräumer, 1. Teil, S. 231, außerdem zu 1. Mose 12,10-13.
[686] Siehe die Auslegung zu 1. Mose 3,1-7; Bräumer, 1. Teil, S. 82-89.

Erfolg eingesetzte Mittel Satans, um einen Menschen zu Fall zu bringen.

Die Verführungskunst der Schlange, der sprechenden Kreatur, kann durch die Umstellung eines einzigen Wortes innerhalb eines Satzes verdeutlicht werden, wobei der Wortbestand derselbe bleibt: »*Nicht* von allen Bäumen dürft ihr essen!« ist eine Anweisung Gottes. »Von allen Bäumen dürft ihr *nicht* essen!« ist die Verdrehung des Gotteswortes zur Halbwahrheit und damit zur Lüge.

Abrahams Halbwahrheit besteht im Verschweigen eines Halbsatzes. Die Wahrheit lautet: »Sara ist meine Schwester *und meine Frau.*« Das Verschweigen der zweiten Satzhälfte macht die erste zur Lüge. Der an sich wahre Sachverhalt wird durch Verkürzung zur Lüge. Viele Halbwahrheiten entstehen einfach durch das Verschweigen einer zweiten Aussage.

Die Halbwahrheit ist in jedem Fall weichenstellende Lüge, mit der der Mensch die Gemeinschaft mit Gott verliert.

Abraham hatte von Anfang an einen »kleinen Glauben«. Abrahams
13 Kleinglaube ist so alt wie seine Berufung: **»Als mich Gott aus dem Haus
meines Vaters in die Fremde führte, da sagte ich zu ihr: ›Die Liebe
mußt du mir erweisen: Sage, wo immer wir hinkommen, von mir, er
ist mein Bruder.‹«**

Abraham hatte von Anfang an Angst vor der Fremde. Die Fremde ist das Ungewisse. Das hebräische Wort, das Abraham an dieser Stelle »für in die Fremde schicken« wählt, heißt wörtlich übersetzt: »in die Irre gehen lassen« (hebräisch: *hith^{e}ʿah).* Buber überträgt die Stelle: »Als Gottesmächte mich vom Hause meines Vaters abirren ließen.«[687] Dabei sind die Gottesmächte, auch wenn das Zeitwort an dieser Stelle ebenfalls in der Mehrzahl steht, nicht »dunkle Mächte«, von denen Abraham zuerst getrieben wurde, bis er allmählich zur wahren Gottheit fand[688], sondern mit Gottesmächten (hebräisch: *Elohim*) ist niemand anderes gemeint als der Eine Allmächtige Herr und Gott, von dem auch sonst im Alten Testament in der Mehrzahl[e] gesprochen wird.[689]

[e] 1Mo 35,7; Jos 24,19; 1Sam 17,26; 2Sam 7,23; Ps 58,12

Die Fremde aber ist für Abraham das Ungewisse. Es ist das »unstete Umherwandern«[690], das Getriebensein »von Ort zu Ort«.[691] Das Leben Abrahams ist vergleichbar mit dem eines verirrten Wanderers. Er ist, wie es später von Jakob heißt, ein »abgeschweifter Aramäer«[692], den Gott »ohne bestimmtes Ziel auf die Wanderung schickte«.[693] Gott stieß

687 Buber, Fünf Bücher der Weisung, S. 54.
688 Gegen Procksch, S. 304.
689 Vgl. Delitzsch, S. 314.
690 Keil, Genesis, S. 204.
691 Lange, S. 257.
692 Buber, Fünf Bücher der Weisung, S. 540.
693 Dillmann, S. 281.

Abraham vom festen, gesicherten Stand hinweg »hinaus in das Ungefähre«.[694] Abraham aber hatte Angst vor dem Umherirren. Die Stationen auf der weiten Strecke seines Weges waren Zweifel und Einsamkeit, Ungewißheit und ständig abverlangtes Wagnis. Abraham, der erste Glaubende, kannte die bangen Fragen der Glaubenden aller Zeiten:

Wo bist Du, Gott?
Bist Du da?
Kannst Du das alles zulassen?
Siehst Du mich?
Hilfst Du mir?
Hat es noch Sinn weiterzugehen?[695]

Abraham hatte Angst, aber er wanderte weiter (1Mo 12,8). Gott war für ihn immer wieder auch »ein Gott, der sich verbirgt« (Jes 45,15), und so fiel es ihm schwer, sich ganz und rückhaltlos Gott anzuvertrauen. Er war entschlossen, sich selbst zu retten, wenn Gott zu lange zögerte. Deshalb bat er Sara bereits am Anfang ihres gemeinsamen Weges, in allen Gefahrensituationen die Halbwahrheit zu sagen. Wenn Gott versagte - so hoffte er -, wollte er sich mit Hilfe einer Halbwahrheit aus der Schlinge ziehen. Er plante die Halbwahrheit und damit die Lüge von Anfang an ein.

Gott aber handelte nicht entsprechend der »Missetat« Abrahams (vgl. Ps 103,10). Trotz aller Schwachheit und Schuld Abrahams verließ Gott ihn nicht. Abraham hatte einen festen Platz in der Geschichte Gottes.

Abraham ist ein Prophet.

An dieser Stelle taucht zum ersten Mal in der Bibel das Wort »Prophet« auf.[696] Folgt man der jüdischen Auslegung, daß das Wort »Prophet« (hebräisch: *nabij'*) mit dem Zeitwort »hervorquillen« (hebräisch: *naba'*) verwandt ist, so ist der Prophet nicht der »Vorher-Sager«, sondern das »Gottes-Organ, durch welches das Gotteswort zu Tage quillt, das Organ, durch welches der Geist Gottes zum Menschen spricht . . ., der Prophet ist das Gefäß und das Organ, durch welches der Gottesgeist und das Gotteswort an die Menschen gelangt, nicht aus ihm, sondern zu ihm spricht Gott, um sein Wort weiterzutragen«.[697] Entsprechend dieser jüdischen Erklärung des Begriffes »Prophet« überträgt Martin Buber in seiner Verdeutschung der Schrift Prophet mit »Künder«. Der Prophet ist der »Kundgeber zwischen Himmel und Erde, der ›Künder‹,

694 Hirsch, Genesis, S. 331.
695 Vgl. Bours, S. 30f.
696 Hertz (Hg.), S. 70.
697 Hirsch, Genesis, S. 328.

er ›prophezeit‹ nicht, er hatte nicht eine feststehende Zukunft anzusagen, sondern seine Hörer vor die Alternative zu stellen«.[698] Der Prophet ruft zur Entscheidung.

Abraham kann beten.

7 **»Er ist ein Prophet. Er soll für dich beten.«** Bei der Suche nach der Grundbedeutung des Wortes »für jemanden beten« (hebräisch: *palal*) ist vermutlich von dem Begriff »Einschätzung« (hebräisch: *p^elilim*) auszugehen. Für jemanden beten heißt: »einschätzen, Schiedsrichter sein, vermitteln, eintreten für«.[699] Das fürbittende Eintreten zugunsten eines anderen (hitpallel *b^{e}ʿad*)[f] gibt Buber wieder mit »sich einsetzen«, sich Gott gegenüber für jemanden, dem Gott zürnt, mit der eigenen Person verwenden.[700]

[f] 1Mo 20,7
4Mo 21,7b
5Mo 9,20
1Sam 7,5
12,19.23
1Kö 13,6
Hi 42,10
Ps 72,15
Jer 7,16
11,14; 29,7
37,3; 42,2.20

Der fürbittende Beter wirft seine Person in die Waagschale. Die traditionelle jüdische Auslegung kommt aufgrund von Sprach- und Lautvergleichen (hebräisch: *palal* und *balal*) zu der Erklärung: Beten heißt »ein neues Element in eine Masse bringen«.[701] Das Gebet Abrahams war kein Aussprechen von Gedanken, die bereits in ihm lebendig waren. Abraham hatte vermutlich überhaupt nicht daran gedacht, für Abimelech zu beten. Das Gebot, sich für Abimelech einzusetzen, kam von Gott. Dieser sprach zu Abimelech: Abraham **soll für dich beten.** Fürbitte aber, auch Beten überhaupt, ist nicht der Ausdruck dessen, wovon das Herz voll ist, sondern beten heißt, das von außen ergehende Wort Gottes aufnehmen. Dieses Gotteswort ist das »neue Element«, das das ganze Wesen und Sein des Menschen durchdringt. Der Beter heute kann mit den Worten der Bibel beten oder die Gebete des Alten Testaments nachsprechen. Die Psalmen enthalten viele neue Momente, die die Welt des engen Herzens eines Menschen sprengen. Das Nachbeten der Psalmen durchdringt und bestimmt das Reden und Leben des Beters.

Abraham war, nachdem er als Lügner vor Abimelech stand, bestimmt nicht von sich aus dazu gestimmt und bereit, für Abimelech zu beten. Das Gebot, fürbittend für Abimelech einzutreten, kam *von außen,* von Gott. »Je weniger wir uns zum Gebet gestimmt fühlen, um so größer muß das Bedürfnis zu beten sein, um so wichtiger und rettender ist die Arbeit an uns, die wir im Gebet an uns zu vollbringen haben.«[702]

[698] Buber, Zu einer neuen Verdeutschung der Schrift, S. 25.
[699] Stähli, palal, Sp. 427.
[700] Buber, Zu einer neuen Verdeutschung der Schrift, S. 22.
[701] Hirsch, Genesis, S. 329: Beten ist »ein erneutes Aufnehmen und Durchdringen mit Wahrheiten, die *von außen gegeben* sind«.
[702] ebd.

Abrahams Gebet wird erhört.

Dann betete Abraham zu Gott. Gott aber heilte Abimelech, seine 17
Frau und seine Mägde, so daß sie wieder Kinder zur Welt bringen
konnten. * Denn Jahwe hatte dem Haus Abimelechs jeden Mutter- 18
schoß verschlossen um Saras, der Frau Abrahams, willen.

Abraham, der Prophet, der »Künder Gottes«, war einer, der die Sprache Gottes verstand und der Zugang hatte zu Gott. Seine Fürsprache für Abimelech wurde von Gott gehört. Eine Krankheit hatte Abimelech und seine Frau, das heißt Mann und Frau, befallen. Im Haus Abimelechs gab es von der Stunde an, in der Sara aufgenommen wurde, weder die Möglichkeit, Nachkommen zu zeugen, noch die, bereits im Mutterleib gewachsenen Kinder zur Welt zu bringen. Die ausgebrochene Krankheit war die »Hemmung sowohl der Empfängnis als auch des Gebärens«.[703] Das Wort für »gebären« (hebräisch: *jalad*) heißt nicht nur Kinder zur Welt bringen, sondern auch Nachkommen zeugen.[704] Die Erhörung des Gebetes Abrahams war die Wiederherstellung der Zeugungs- und Geburtsfähigkeit im Reich Abimelechs.

2. Die Geburt Isaaks: 21,1-8

1 **Jahwe aber suchte Sara heim, wie er gesprochen hatte, und tat an**
2 **Sara, wie er geredet hatte. * Sara wurde schwanger und gebar dem**
Abraham in seinem Alter einen Sohn um die Zeit, die ihm Gott ge-
3 **sagt hatte. * Und Abraham nannte seinen Sohn, der ihm geboren**
4 **war, den ihm Sara geboren hatte, Isaak. * Und Abraham beschnitt**
seinen Sohn Isaak, als er acht Tag alt war, so wie es ihm Gott gebo-
5 **ten hatte. * Abraham aber war hundert Jahre alt, als ihm sein Sohn**
6 **Isaak geboren wurde. * Und Sara sagte: »Ein Lachen hat mir Gott**
7 **bereitet; jeder aber, der es hört, wird über mich lachen.« * Weiter**
sagte sie: »Wer hätte je Abraham gesagt, Sara stillt Kinder? Ich
8 **aber habe ihm einen Sohn in seinem Alter geboren.« * Das Kind**
aber wuchs heran und wurde entwöhnt; und Abraham veranstalte-
te ein großes Festmahl am Tag der Entwöhnung Isaaks.

Gott hatte seine Zusage erfüllt. Sara erhielt den verheißenen Sohn.
Jahwe aber suchte Sara heim. Die Breite des Wortes »heimsuchen« (he- 1
bräisch: *paqad*) ist noch im Akkadischen zu erkennen, dort bedeutet es soviel wie »übergeben, anvertrauen, versorgen, betreuen, mustern, überprüfen, in ein Amt einsetzen«.[705] Die Heimsuchung Saras ist Gottes

[703] Delitzsch, S. 216.
[704] Kühlewein, THAT, Bd I, Sp. 732f.
[705] Schottroff, THAT, Bd II, Sp. 467+476.

[g] 1Sam 1,19f
Lk 1,24f

[h] Mt 1,21.25
Lk 1,13.63
1,31
2,21

Zuwendung. Gott beendet die Not ihrer Unfruchtbarkeit[g]. Er vertraut ihr ein Kind an, holt sie aus dem Stand der Verachteten heraus und macht ihre Ehe mit Abraham ganz.[706] Gott eröffnet Sara eine neue Zukunft. Martin Buber überträgt die Stelle: »Er ordnete es Sara zu, wie er gesprochen hatte.«[707] Das Leben und Los Saras ist verändert. Abraham gibt dem Neugeborenen den vorgeschriebenen Namen[h] Isaak und beschneidet das Kind am achten Tag.[708] Von Freude überwältigt, ruft Sara aus: Wer hätte gedacht, daß ich noch einmal ein Kind bekomme? Ich habe wirklich in meinem Alter meinem Mann einen Sohn geboren! **»Ein**
6 **Lachen hat mir Gott bereitet; jeder aber, der es hört, wird über mich**
lachen.«

Bei der Verheißung des Sohnes lachten Abraham und Sara. Ihr damaliges Lachen war bestimmt von einer inneren Zerrissenheit. Es war der Ausdruck der Freude und des Zweifels zugleich.[709] Es war ein Lachen, bei dem das Herz nicht frei war von Kummer und nicht weit weg vom Weinen. »Sogar beim Lachen kann das Herz Kummer empfinden« (Spr 14,13).

Jetzt aber war das Lachen Saras ein Lachen aus überwältigender Freude, ein Lachen in staunendem Glück und aus tiefer Dankbarkeit. Jeder Zweifel und jeder Kummer war geschwunden. Der ersehnte Sohn lag in ihren Armen.

Neben dem Lachen, bei dem das Herz Kummer empfindet, und dem Lachen vor Glück weiß Sara aber auch um die dritte Möglichkeit des Lachens: Es ist das spöttische Lachen, dem sie als alte Frau mit ihrem neugeborenen Kind ausgesetzt sein wird. Sie weiß, unter den Nachbarn wird »Gelächter und Gerede«[710] entstehen. Die, die nicht um die Gottestat wissen, die alles menschliche Begreifen übersteigt, werden in spöttisches, höhnisches Lachen ausbrechen.[711] Mitten in ihrem Glück weiß Sara: Das Belächeltwerden durch alle, die es hören, bleibt ihr nicht erspart.

8 Isaak aber **wuchs heran und wurde entwöhnt; und Abraham veranstaltete ein großes Festmahl am Tag der Entwöhnung Isaaks.** Die Lebensabschnitte des Kindes wurden in alttestamentlicher Zeit eingeteilt in: die neun Monate im Mutterleib, drei Jahre des Stillens an der Brust der Mutter, danach die Zeit des Pflegens und Ernährens (2Makk 7,27).

[706] Erst mit der Geburt eines Kindes wird »eine Familie ganz, eine wirkliche Familie«; Westermann, Genesis I/2, S. 409.
[707] Buber, Fünf Bücher der Weisung, S. 55.
[708] Zur Beschneidung Isaaks am achten Tag und zur Namengebung vgl. die Auslegung zu 1. Mose 17,1-14.19.
[709] Siehe die Auslegung zu 1. Mose 17,17 und 1. Mose 18,9-16.
[710] v. Rad, Mose, S. 197.
[711] Die im Urtext stehende hebräische Form (piel *zachak*) ist das »willkürlich spottende Lachen«; Hirsch, Genesis, S. 333.

Die sogenannte Entwöhnung war der festlich begangene Abschluß des ersten Lebensabschnittes eines Kindes nach dessen Geburt. Das Kind hatte den ersten Lebensabschnitt überstanden, nun konnte man auch in einer Zeit der großen Kindersterblichkeit erwarten, daß es am Leben blieb.[712] Der Begriff für »entwöhnen« (hebräisch: *gamal*) wird ursprünglich vom Baum, der seine Früchte zur Vollreife bringt, gebraucht. Wenn die Früchte reif geworden sind, brauchen sie den Saft des Baumes, der sie ernährte, nicht mehr.[713] Vom Fest der Entwöhnung selbst wird nur berichtet, daß es im Rahmen eines großen Festmahles begangen wurde.

3. Die Verstoßung und Rettung Ismaels: 21,9-21

9 Als aber Sara den Sohn der Ägypterin Hagar, den jene dem Abra-
10 ham geboren hatte, sah, wie er spottete, * sagte sie zu Abraham:
»Vertreibe diese Sklavin und ihren Sohn, denn es darf der Sohn
11 dieser Sklavin nicht mit meinem Sohn Isaak erben!« * Abraham
12 aber mißfiel dies um seines Sohnes willen. * Gott aber sprach zu
Abraham: »Laß es dir nicht leid sein um den Knaben und um dei-
ne Sklavin. In allem, was Sara zu dir sagt, höre auf sie, denn nach
13 Isaak wird dein Geschlecht benannt werden. * Doch auch den
Sohn der Sklavin werde ich zu einem großen Volk machen, denn
14 er ist dein Nachkomme.« * Da machte sich Abraham früh am Mor-
gen auf, nahm Brot und einen Schlauch mit Wasser und gab es Ha-
gar; dann legte er das Kind auf ihre Schulter und schickte sie fort.
15 Sie aber ging und irrte umher in der Wüste von Beerscheba. * Als
aber das Wasser aus dem Schlauch ausgegangen war, warf sie den
16 Knaben unter einen Strauch, * ging weg und setzte sich gegen-
über, etwa einen Bogenschuß weit entfernt, denn sie dachte: »Ich
kann den Tod des Knaben nicht mit ansehen.« So saß sie ihm ge-
17 genüber, erhob ihre Stimme und weinte. * Gott aber hörte die
Stimme des Knaben, und der Engel Gottes rief Hagar vom Him-
mel zu und sprach zu ihr: »Was ist dir, Hagar? Fürchte dich nicht,
denn Gott hat die Stimme des Knaben gehört, dort, wo er liegt.
18 * Stehe auf, nimm den Knaben, umfasse ihn mit deiner Hand,
19 denn ich werde ihn zu einem großen Volk machen.« * Dann öffne-
te Gott ihre Augen, und sie sah einen Wasserbrunnen, ging und
füllte den Schlauch mit Wasser und gab dem Knaben zu trinken.
20 * Gott aber war mit dem Knaben, und er wuchs heran, wohnte in

[712] Westermann, Genesis I/2, S. 414.
[713] Hirsch, Genesis, S. 334.

21 der Wüste und wurde ein Bogenschütze. * Er wohnte in der Wüste Paran, und seine Mutter nahm ihm eine Frau aus dem Land Ägypten.

Wie bereits im ersten Konflikt zwischen Hagar und Sara[714], so geht es auch im zweiten um Ismael und seine Zukunft. Im ersten Bericht heißt es: Ismael wird wie ein »Zebra« bzw. wie ein »Wildpferd«[715] sein, das heißt, sein Leben wird vom Krieg aller gegen alle bestimmt sein; im
20 zweiten: er **wurde ein Bogenschütze,** das heißt, Ismael wird von Jagd
und Raub leben. »Es ist das erste und fast einzige Mal, daß in der Vätergeschichte eine Waffe genannt wird.«[716]

Mittelpunkt bei den biblischen Berichten ist Ismael; die handelnden Personen sind Sara, Abraham und Hagar.

Ismael war bei der Flucht Hagars noch nicht geboren, bei Hagars Vertreibung war er ca. siebzehn Jahre alt. Mit dreizehn Jahren wurde er von Abraham beschnitten (1Mo 17,25). Nach der Entwöhnung Isaaks, das heißt im dritten Lebensjahr Isaaks, beobachtete Sara, wie Is-
9 mael, der ältere, mit seinem jüngeren Halbbruder umging. Sara **sah,**
wie er spottete. Buber überträgt: er »spottlachte«.[717] Das hier gewählte Wort für »spotten« (hebräisch: *zachak*) heißt zunächst einfach »spielen«, dann aber auch »mutwillig mit einem andern umgehen« (vgl. 1Mo 39,14; Hes 23,32). Die jüdischen Ausleger entscheiden sich für die zweite Bedeutung.[718] Paulus spricht sogar davon, daß der nach dem Fleisch erzeugte Sohn dem nach der göttlichen Verheißung erzeugten nachstellte, ihn verfolgte, und sieht darin den Grund für die Verstoßung Hagars und Ismaels (Gal 4,29f). Es ging also nicht um das harmlose Spielen zweier Kinder, sondern um gezielten und bewußten Mutwillen im Umgang des älteren mit dem jüngeren.[719] Die Bezeichnung Ismaels als Kna-
14 ben (hebräisch: *jäläd*) und die Formulierung, Abraham **legte das Kind**
auf ihre Schulter, sind keine zwingenden Hinweise für die Annahme, Ismael müsse bei der Flucht noch ein Kleinkind gewesen sein. Auch der siebzehnjährige Josef wird im Alten Testament »Knabe« (hebräisch: *jäläd)* genannt (1Mo 37,30).[720] Der Ausdruck: »auf die Schulter legen« ist ein Bildwort, das ausdrücken soll: Hagar muß von nun an allein die Verantwortung für Ismael übernehmen. Schließlich kann das Werfen des Knaben unter einen Strauch (V. 15) soviel bedeuten wie jemanden

[714] Siehe die Auslegung zu 1. Mose 16.
[715] v. Rad, Mose, S. 164; vgl. die Auslegung zu 1. Mose 16,7-14.
[716] Westermann, Genesis I/2, S. 420.
[717] Buber, Fünf Bücher der Weisung, S. 55.
[718] Jacob, B.; zitiert nach Westermann, Genesis I/2, S. 415; Hertz (Hg.), S. 72.
[719] Delitzsch, S. 310.
[720] Vgl. Hirsch, Genesis, S. 337.

schnell hinlegen. Ismael war erschöpft - er konnte sich nicht weiterschleppen -, deshalb legte ihn seine Mutter Hagar im »plötzlichen Entschluß hoffnungsloser Resignation«[721] in den Schatten eines Strauches.
Am Ende heißt es dann, **er wuchs heran,** das heißt, er erreichte das 20
Mannesalter. Da die Verantwortung für Ismael allein bei seiner Mutter lag, wählte sie für ihn eine Frau, und zwar aus Ägypten, ihrem eigenen Geburtsland.

Das Entscheidende aber für Ismael ist die bleibende Gottesverhei-
ßung. Gott wird ihn **zu einem großen Volk machen.**[722] Ismael fällt nicht 13/18
aus dem »Schutz- und Segensverhältnis zu Jahwe« heraus.[723] Mit einer eigenen Verheißung geht »der Segen Gottes auch mit Ismael«.[724]

Sara forderte von Abraham die Verstoßung Hagars und Ismaels. Ihre Motive waren nicht nur wie im ersten Konflikt mit Hagar Eifersucht und verletzte Ehre[725], sondern die Sorge um die Zukunft Isaaks. »Der Sohn Hagars, ›den sie Abraham geboren hatte‹, bedroht, eben weil er auch Abrahams Sohn ist, die Zukunft ihres Sohnes und damit ihre
eigene.«[726] Sara befürchtete, daß Isaak mitIsmael das Erbe teilen
mußte[727], **»denn es darf der Sohn dieser Sklavin nicht mit meinem** 10
Sohn Isaak erben!« Unerbittlich forderte sie die Verstoßung Hagars und Ismaels. Sara »lenkt ihren Blick auf die Zukunft«.[728] Sie sieht in Ismael den gefährlichen Rivalen ihres Sohnes. Ihr Entschluß steht fest: Ismael muß weg!

Abraham erschien dieses Ansinnen Saras »außerordentlich böse
und hart«.[729] **Abraham aber mißfiel dies um seines Sohnes willen.** 11
Wörtlich übersetzt heißt dies: Abraham fand das Urteil schlecht (hebräisch: *ra'a).*[730] Die knappe Formulierung und das Schweigen des Erzählers lassen eine schwere Auseinandersetzung zwischen Abraham und Sara vermuten. Abraham wußte sich seinem Sohn Ismael verpflichtet und fühlte sich Hagar verbunden. Abraham wehrte sich gegen Saras
Pläne und willigte erst auf die ausdrückliche Weisung Gottes hin ein:
»In allem, was Sara zu dir sagt, höre auf sie, denn nach Isaak wird dein 12
Geschlecht benannt werden.« Das Gebot, auf Saras Stimme zu hören,

[721] Delitzsch, S. 320.
[722] Siehe die Auslegung zu 1. Mose 16,12.
[723] v. Rad, Mose, S. 200.
[724] Westermann, Genesis I/2, S. 421.
[725] Siehe die Auslegung zu 1. Mose 16,1-16.
[726] Westermann, Genesis I/2, S. 415.
[727] Nach babylonischem Erbrecht kann der Vater die Söhne der Magd anerkennen und sie am Erbe beteiligen; Gesetz des Hammurabi, § 170; zitiert nach Gunkel, S. 228.
[728] Gunkel, S. 228.
[729] Hirsch, Genesis, S. 336.
[730] Stoebe, THAT, Bd II, Sp. 796.

heißt soviel wie: »Verlaß dich auf ihr Urteil; sie fühlt es tiefer heraus.«[731] Was Sara erahnt, begründet die Gottesstimme. Obgleich Ismael wie Isaak Abrahams Sohn ist, »hängt die echte Nachkommenschaft an Isaaks Namen«.[732] Die, die Abrahams Namen führen, werden von Isaak abstammen.[733] Amos nennt in seiner prophetischen Schau Israel »Haus Isaaks« (Am 7,16). Jakob, Isaaks Sohn, ist der »erwählte Sprößling Abrahams« (Jes 41,8). Das von Gott erwählte Volk hat seinen Ausgangspunkt in Isaak[i]. Sara plante die Zukunft Isaaks, aber »Gottes Pläne gehen in noch viel größere geschichtliche Fernen«.[734] Schweigend nimmt Abraham Brot, einen Ziegenschlauch, gefüllt mit Wasser, legt die Geschicke Ismaels in die Hand der ägyptischen Sklavin Hagar und schickt sie weg. Da es in der Vorzeit Israels keine Entlassung ohne ein Segenswort gab, ist es denkbar, daß Abraham Hagar und Ismael dem Gott anbefiehlt, der ihm das Gebot gab, sie wegzuschicken.[735]

[i] Röm 9,7 Hebr 11,18

Hagar war beim ersten Konflikt mit Sara übermütig und trotzig geflohen und war damals mitschuldig an ihrem Geschick.[736] Jetzt aber wird sie »ganz unschuldig und wider ihren Willen fortgejagt«.[737] Sie irrte ziellos mit ihrem Sohn durch den Negeb, südlich von Beerscheba[738], bis das Wasser aufgebraucht und ihr Sohn völlig erschöpft war. Sie legte ihren Sohn unter einen Strauch, das heißt, sie gab ihn auf, da sie keine Hoffnung mehr hatte, daß er überlebte.[739] Da Hagar den Anblick des verdurstenden Jungen nicht ertragen konnte, entfernte sie sich ein Stück weit. Sie verlor ihn aber nicht aus den Augen. Während sie auf
17 den Tod ihres Jungen wartete, schrie sie zu Gott und weinte. **Gott aber
hörte die Stimme des Knaben, und der Engel Gottes rief Hagar vom
Himmel zu und sprach zu ihr: »Was ist dir, Hagar? Fürchte dich nicht,**
18 **denn Gott hat die Stimme des Knaben gehört, dort, wo er liegt. * Stehe
auf, nimm den Knaben, umfasse ihn mit deiner Hand, denn ich werde
ihn zu einem großen Volk machen.«** Es wird nicht gesagt, daß Ismael sich mit Worten an Gott wandte; doch die verdurstende Gestalt schrie zum Himmel von dort aus, wo er lag, wörtlich übersetzt: »wo er ist«. Gott hatte Ismael keinen Augenblick verlassen. Er weiß um den Zustand Ismaels, sieht den Ort seiner Qual und greift genau an der Stelle ein, wo sich Ismael befindet. Gott trifft den Menschen immer da, wo er ist.[740]

[731] Hirsch, Genesis, S. 336.
[732] Procksch, S. 311.
[733] Vgl. Dillmann, S. 285.
[734] v. Rad, Mose, S. 198.
[735] Westermann, Genesis I/2, S. 417.
[736] Siehe die Auslegung zu 1. Mose 16,1-16.
[737] Gunkel, S. 232.
[738] Zum Negeb vgl. 1. Mose 12,9; zu Beerscheba siehe die Auslegung zu 1. Mose 21,22-34.
[739] Ehrlich, S. 89.
[740] Hertz (Hg.), S. 72.

Hagar hörte die Stimme des Gottesboten aus dem Himmel. Nur noch einmal wird im Alten Testament berichtet, daß ein Gottesbote aus dem Himmel herabruft, und zwar bei der Rettung Isaaks (1Mo 22,11.15).[741] Der verdurstende und von seiner Mutter aufgegebene Junge soll, so hörte es Hagar aus dem Mund des Gottesboten, »zum großen Volk« werden. Die Zusagen Gottes erweckten in Hagar neue Hoffnung. Ihre tiefe Resignation und die Angst, die sie blind machte, verschwanden. Sie entdeckte einen Brunnen, den sie in ihrer Angst übersehen hatte[742], holte Wasser und gab es ihrem Jungen.

Entschlossen übernahm sie den ihr vom Gottesboten übertragenen Auftrag: **»umfasse ihn mit deiner Hand«**; wörtlich: »laß deine Hand fest an ihm sein«, das heißt, sprich ihm Mut zu, unterstütze ihn.[743] »Werde ihm eine kräftige Stütze und Leiterin.«[744] Ismael wuchs heran, das heißt, er erreichte das Mannesalter[745], wählte den Beruf des Bogenschützen und bestimmte die Wüste Paran zu seinem Wohngebiet. Paran ist der Teil des Negeb westlich der Araba, der im Süden an Ägypten grenzt.[746] So entstand der den Nachkommen Isaaks verwandte und doch zugleich von ihnen getrennte Nomadenverband mit seinen zwölf Untergliedern (1Mo 25,12-16). Isaak und Ismael waren getrennt, über ihren Wegen standen verschiedene Verheißungen, beide jedoch waren Söhne Abrahams. »Der Vater Abraham hat trotz der Betonung der legitimen Isaak-Linie eine zu andern Völkern überbrückende Bedeutung.«[747]

4. Der Vertrag Abrahams mit Abimelech: 21,22-34

22 In jener Zeit sagten Abimelech und Pichol, sein Feldhauptmann,
23 zu Abraham: »Gott ist mit dir in allem, was du tust. * So schwöre
mir jetzt bei Gott, daß du weder mich noch meine Kinder und
Kindeskinder betrügen wirst. Wie ich dir Freundschaft erwiesen
habe, so sollst du auch an mir handeln und an dem Land, in dem
24 du als Fremdling wohnst.« * Da sprach Abraham: »Ich werde
25 schwören.« * Abraham aber stellte Abimelech wegen eines Was-
serbrunnens, den die Knechte Abimelechs an sich gerissen hat-

741 Vgl. Ehrlich, S. 90.
742 Hertz (Hg.), S. 73.
743 Vgl. Ehrlich, S. 91
744 Hirsch, Genesis, S. 339.
745 Delitzsch, S. 321.
746 Zur Paranhochfläche siehe die Auslegung zu 1. Mose 12,9.
747 Westermann, Genesis I/2, S. 421.

26 ten, zur Rede. * Da sagte Abimelech: »Ich weiß nicht, wer dies ge-
tan hat, weder du hast es mir gemeldet, noch habe ich bis heute et-
27 was davon gehört.« * Da nahm Abraham Schafe und Rinder, gab
28 sie Abimelech; und beide schlossen einen Vertrag. * Dann stellte
29 Abraham sieben Schaflämmer beiseite. * Da sagte Abimelech zu
Abraham: »Was bedeuten die sieben Lämmer, die du beiseite ge-
30 stellt hast?« * Er antwortete: »Die sieben Lämmer mußt du von
mir annehmen, damit mir das zum Zeugnis sei, daß ich diesen
31 Brunnen gegraben habe.« * Deswegen nennt man diesen Ort
32 Beerscheba, weil sie sich dort einander geschworen haben. * So
schlossen beide einen Vertrag in Beerscheba. Dann machten sich
Abimelech und Pichol, sein Feldhauptmann auf, und sie kehrten
33 in das Land der Philister zurück. * Abraham pflanzte eine Tama-
riske in Beerscheba und rief dort den Namen Jahwes, des ewigen
34 Gottes, an. * Und Abraham wohnte noch lange Zeit als Fremder
im Land der Philister.

Abimelech, König der Philister[748], bittet Abraham um einen Vertrag bleibender Freundschaft. Er wird begleitet von seinem Feldhauptmann Pichol. Abimelech kommt mit dem Anführer seiner Bewaffneten, um zu zeigen, daß er mächtiger ist als Abraham. Abimelech wünscht einen »Nichtangriffspakt; jeder soll dem andern nur Freundliches erweisen«.[749] Der hohe Offizier soll Zeuge der Abmachung sein. Der Name Pichol[k] ist nicht eindeutig erklärbar. Es ist vermutlich ein aus dem Ägyptischen übernommener Würdetitel und beschreibt das Amt des obersten Heerführers.[750] Der von Abimelech angestrebte Vertrag ist kein Bundesschluß[751], sondern eine gegenseitige Verpflichtung unter Ablegung eines Eides. Die einzelnen Schritte des Vertragsabschlusses finden ihren Niederschlag in dem Namen Beerscheba.

[k] 1Mo 26,26

Beerscheba (hebräisch: *beʾer schebaʿ*) kann einmal mit »Brunnen der Sieben (Lämmer)«[752] oder aber mit »Brunnen (hebräisch: *beʾer*), an dem ein Schwur (hebräisch: *nischbaʿ*) geleistet wurde«[753], übersetzt werden. Die Übersetzung »Schwur- oder Eidbrunnen« hat ihren Ursprung nicht in erster Linie in der Sprache, das heißt in den beiden in Beerscheba enthaltenen hebräischen Wörtern, sondern vielmehr in dem Ereignis des unter Eid geschlossenen Vertrages zwischen Abraham und Abimelech.

[748] Zur Bezeichnung Abimelech, König der Philister, und zur Region Gerar als Land der Philister siehe die Auslegung zu 1. Mose 26,1-6; vgl. auch Bräumer, 1. Teil, S. 208f.
[749] Westermann, Genesis I/2, S. 426.
[750] Procksch, S. 161; Gunkel, S. 304; Westermann, Genesis I/2, S. 522.
[751] Zur Erklärung der hebräischen Formulierung *karat berit* siehe die Auslegung zu 1. Mose 15,18.
[752] Odelain/Séguineau, S. 59.
[753] v. Rad, Mose, S. 202.

Dennoch findet sich diese Übersetzung von Beerscheba bereits in der Übertragung des Alten Testaments in das Griechische, in der sogenannten Septuaginta.[754] Es gibt eine Möglichkeit, einen Zusammenhang zwischen den beiden verschiedenen Übersetzungen von Beerscheba, »Brunnen der Sieben« oder »Schwurbrunnen«, herzustellen, und zwar durch die Annahme eines Zusammenhangs zwischen dem Zeitwort »schwören« und der Zahl »Sieben«.[755]

Auch wenn in der neueren Forschung die Verbindung von »schwören« und dem Zahlwort »Sieben« als »spekulativ« und »unwissenschaftlich« abgelehnt wird[756], so bleibt sie aufgrund der biblischen Berichte über die Ereignisse an jenem Brunnen beachtenswert.

Wenn schwören (hebräisch: *schaba'*) mit dem Zahlwort Sieben (hebräisch: *schiba'*) in Verbindung gebracht wird, dann bedeutet einen Schwur ablegen: »sich vor andern besiebenen, das heißt die Wahrheit einer Aussage göttlichen Einsehens unterstellen«.[757] Für das jüdische Denken ist die Zahl Sieben ein Merkzeichen, das auf Gott, den Schöpfer, hinweist, der in sieben Tagen die Welt erschaffen hat. Schwören heißt dann »sich der Sieben hingeben . . ., sich Gott preisgeben, wenn der Inhalt eines Wortes unwahr ist«.[758]

Beim Schwur Abrahams fällt auf, daß Abraham »nicht ohne ein
Aber«[759] schwört. Abraham sagt nicht: »Ich schwöre hiermit«, sondern
es heißt: **»Ich werde schwören.«** Darauf folgt die Vorbereitung der 24
Schwurhandlung. Abraham machte seinen Rechtsanspruch auf den von ihm gegrabenen Brunnen geltend. Abimelech antwortete ausweichend, stellte aber der Forderung Abrahams nichts entgegen. Darauf übergab Abraham Abimelech die Tiere, die beim Vertragsschluß zerschnitten werden mußten. Es gehörte zum Schwurritus, daß die beiden Vertragspartner durch die zerschnittenen, einander gegenüberliegenden Tierhälften hindurchgingen. Dabei sprachen sie eine Selbstverfluchung aus: Den Vertragschließenden soll es bei einem Vertragsbruch wie den auseinandergeschnittenen Tieren ergehen.[760] Abraham übergab die zu schlachtenden Tiere Abimelech als der höher gestellten Person.[761] So weit folgte Abimelech ohne Einwand. Als aber Abraham sie-
ben Lämmer zur Seite stellte, fragte Abimelech erstaunt: **»Was bedeu-** 29
ten die sieben Lämmer, die du beiseite gestellt hast?« * **Er antwortete:** 30

[754] Die LXX übersetzt Beerscheba mit *phrear o'rkismou* (1Mo 21,31).
[755] Zuletzt von M. R. Lehmann, Biblical Oaths, ZAW 81, 1969, S. 74-92; zitiert nach Keller, scheba', Sp. 856.
[756] Keller, scheba', Sp. 856.
[757] Delitzsch, S. 323.
[758] Hirsch, Genesis, S. 341.
[759] Delitzsch, S. 322.
[760] Siehe die Auslegung zu 1. Mose 15,7-21.
[761] Ehrlich, S. 93.

»Die sieben Lämmer mußt du von mir annehmen, damit mir das zum
31 **Zeugnis sei, daß ich diesen Brunnen gegraben habe.« * Deswegen**
nennt man diesen Ort Beerscheba, weil sie sich dort einander ge-
32 **schworen haben. * So schlossen beide einen Vertrag in Beerscheba.**

Abraham machte die Sicherung des für seine Sippe lebensnotwendigen Brunnens zum Bestandteil des Vertrages mit Abimelech. Er erweiterte den aus dem mesopotamischen Raum bekannten Ritus des Vertragsabschlusses, zu dem die zerschnittenen Tiere gehörten[762], durch das dem Abimelech nicht bekannte Zeichen der sieben Lämmer. Damit forderte er Abimelech auf zu schwören, daß er bei Vertragsbruch der Strafe des Gottes anheimfiele, der die Welt in sieben Tagen erschuf.

Nach dieser Auslegung des Vertragsschlusses zwischen Abraham und Abimelech hat der Name Beerscheba die Bedeutung: »Brunnen, an dem im Zeichen der sieben Lämmer der Schwur abgelegt wurde.«

XII. DIE »FESSELUNG« ISAAKS: 22,1-24

Der Bericht von den schwersten Stunden im Leben Abrahams und Isaaks heißt in der jüdischen Auslegung »die Fesselung (hebräisch: *ʿakeda*) Isaaks«.[763] Abraham band Isaak auf dem Altar fest (hebräisch: *ʿakad),* und Isaak ließ sich »fesseln« (1Mo 22,9). Mit der Überschrift »Die Fesselung Isaaks« halten die jüdischen Ausleger zwei Beobachtungen aus dem Text fest. Isaak wird nicht geopfert, sondern gefesselt. Außerdem geht es nicht um eine Geschichte Gottes mit Abraham allein, sondern mit Abraham und Isaak.[764]

Die Gespräche im Text unterstreichen zwar immer wieder eine »Zweisamkeit«.[765] Sie spielen sich jeweils zwischen zwei Personen ab: Zwischen Gott und Abraham; zwischen Abraham und Isaak; zwischen dem Engel und Abraham. Im Verlauf des Berichtes von der Fesselung Isaaks aber wird der Ton »von Abraham weg auf seinen Sohn und weiter auf Gott gelenkt«.[766] Ausgangspunkt und Mitte alles Handelns bleibt Gott.

Die Schilderung von der Fesselung Isaaks zeigt eine dritte Möglichkeit des Wirkens Gottes:

762 Siehe die Auslegung zu 1. Mose 15,7-21.
763 Hertz (Hg.), S. 201.
764 Westermann, Genesis I/2, S. 483.
765 Voigt, Geliebte Welt, S. 170.
766 Reventlow, S. 132.

(1) Gott wird von den Glaubenden erlebt als der, der sich einem Menschen zuwendet, ihn rettet und bewahrt.
(2) Gott wird erfahren als der, der sich von einem Menschen abwendet, so daß diesen Schläge und Unheil treffen.
(3) Gott kann einen Menschen prüfen: »Das Erfahren von Unheil kann durch etwas anderes bewirkt sein als durch Gottes Abwendung im Zorn; es kann dahinter Gottes Absicht stehen, einen Menschen zu erproben.«[767]

Das Kapitel über die Fesselung Isaaks ist »in tiefem Sinne Theologie«[768], da dieser Bericht darauf abzielt, etwas über Gott auszusagen. Es geht zwar auch in 1. Mose 22 um das Leben und das Weiterbestehen der Familie Abrahams, und dennoch ist der Bericht einzigartig. Er hat eine neue Funktion: »die Gestaltung theologischer Fragen und Aussagen«.[769] Diese sind nicht auf einen einfachen Nenner zu bringen. Es gilt deshalb, »darauf zu verzichten, einen Grundgedanken als den Sinn des Ganzen auszuforschen«.[770] Die Fesselung Isaaks ist die »abgründigste aller Patriarchengeschichten«.[771] Der Bericht von Isaaks Fesselung »hat viele Sinnschichten, und wer ihnen auf den Grund gekommen zu scheinen meint, muß alsbald entdecken, daß darunter noch mehr Böden sind«.[772] Die Unbegreiflichkeit des Berichtes von der Fesselung Isaaks hat am deutlichsten Martin Luther ausgesprochen. Zehn Jahre, von 1535-1545, legte Luther seinen Studenten das 1. Buch Mose aus.[773] Die Ausleger, das heißt alle nicht an dem biblischen Bericht unmittelbar Beteiligten, vergleicht Luther drastisch mit dem Esel, der unten am Berg zurückgelassen wurde. In seinen abschließenden Gedanken zu 1. Mose 22 heißt es:

»Dies sei nun genug gesagt von dieser Historie, die da recht geistlich ist, welches zwar ich als ein Fleischlicher und einer von den Eselsfüßen, welcher nicht mit auf den Berg gehet, nicht vollkömmlich verstehen oder auslegen kann. Ich habe aber soviel lehren und anzeigen wollen, wieviel ich nach meiner Schwachheit und geringem Verstande habe gedenken und verstehen können . . . Derhalben befehle ich diesen Text allen frommen Christen, als der voller reicher und mannigfaltiger geistlicher Lehre und Weisheit ist. Und wenn ja in der Auslegung nicht alles nach seiner Würde von mir gehandelt wäre, soll solches ein christlicher Leser meinem geringen Verstande zurechnen.«[774]

767 Westermann, Arten der Erzählungen, S. 72.
768 Reventlow, S. 130.
769 Westermann, Arten der Erzählungen, S. 72.
770 v. Rad, Mose, S. 208.
771 v. Rad, 1. Mose 22,1-19, GPM 1947, Heft 4, S. 56.
772 v. Rad, Mose, S. 208.
773 Zu Luthers Auslegung vgl. v. Rad, Das Opfer, S. 42-57.
774 Martin Luther; zitiert nach v. Rad, Das Opfer, S. 56+57.

1. Die Prüfung: 22,1+2

1 **Es geschah nach diesen Ereignissen, daß Gott selbst Abraham prüfte. Er sprach zu ihm: »Abraham!« Er antwortete: »Da bin ich!«**
2 *** Da sprach er: »Nimm doch deinen Sohn, deinen einzigen, den du lieb hast, Isaak, und geh für dich allein in das Land Morija, dort bring ihn als Brandopfer dar auf einem Berge, den ich dir zeigen werde!«**

1 Mit den überleitenden Worten **Es geschah nach diesen Ereignissen** wird der Bericht von der Fesselung Isaaks in den großen Geschehenszusammenhang der Abrahamgeschichte eingefügt. Nachdem Isaak geboren war, wurde Ismael, der älteste Sohn Abrahams, um Isaaks willen verjagt. Isaak war die einzige Zukunft Abrahams. Die Abraham in Isaak verheißene Zukunft hatte »bereits in der damaligen Gegenwart Wurzel geschlagen«.[775] Da kommt die Prüfung Gottes! Der Name »Gott« ist dem Zeitwort »prüfen« vorangestellt, das heißt »Gott selbst« stellt Abraham auf die Probe.[776]

Das Wort »prüfen« oder »auf die Probe stellen« (hebräisch: *nisah*)[777] richtet im Unterschied zu den anderen hebräischen Begriffen für »prüfen« die Aufmerksamkeit ganz auf den, der geprüft werden soll. Wie wird sein Verhalten sein? Wird er sich bewähren? Der Gedanke des Auf-die-Probe-Stellens Abrahams ist, auch wenn der Begriff selbst in andern Texten fehlt, nicht neu. Schon im Bericht von der göttlichen Verheißung bei der Wegführung Abrahams aus Mesopotamien (1Mo 12,1ff) ist das Motiv der Versuchung enthalten. Die Hungersnot war zweifellos eine Prüfung. Abraham hatte sie nicht bestanden (1Mo 12,10ff). Auch der Besuch der drei Boten war eine Prüfung Abrahams (1Mo 18).[778] Die rabbinischen Ausleger sprechen von zehn Prüfungen Abrahams und nennen das Gebot Gottes, Isaak zu opfern, die »Krone aller Versuchungen«.[779] Neu ist nicht das Auf-die-Probe-Stellen des Glaubens Abrahams, sondern die Formulierung: **daß Gott selbst Abraham prüfte.** Mit der Angabe des Gottesnamens als des bei der Prüfung Handelnden kommt das Wort »prüfen« im 1. Mosebuch nur hier vor[a]. Gott selbst verlangt von Abraham, seinen Sohn als Opfer darzubringen. So schrecklich und unmenschlich sich der Inhalt der Prüfung für Abraham anhört, »es ist doch das Wort des ihm vertrauten Gottes, der Gott, mit dem Abraham zusammengehört, muß in diesem Wort sein«.[780]

[a] 2Mo 15,25; 16,4; 5Mo 8,2.16; 13,4; 33,8; Ri 2,22; 3,1.4; 2Chr 32,31; Ps 26,2

[775] Hirsch, Genesis, S. 347.
[776] Vgl. Voigt, Geliebte Welt, S. 170.
[777] Vgl. Gerlemann, nisah, versuchen, Sp. 69.
[778] v. Rad, Mose, S. 204.
[779] Hertz (Hg.), S. 74.
[780] Westermann, Genesis I/2, S. 436.

Abrahams Glaube wird von Gott persönlich und direkt auf die Probe gestellt. Ähnliches wird im Buch Hiob geschildert: Satan, der von Gott abgefallene und zu Gottes Widersacher gewordene Engel, hatte im Himmel Zweifel über die Echtheit der Frömmigkeit Hiobs geäußert. Daraufhin befahl *Gott*, Hiob durch Leiden zu erproben (Hi 1+2). Der Gedanke der Erprobung durch Gott beschäftigte immer wieder die Lehrer der Weisheit:

»Wen der Herr lieb hat, den weist er zurecht,
und läßt leiden den Sohn, den er gern hat« (Spr 3,12), oder:
»Mein Sohn, wenn du dich nahst, dem Herrn zu dienen,
so mache dich auf Versuchungen gefaßt« (Sir 2,1).

Bei den Glaubenden im Alten Testament lag auch bei schweren Schlägen mindestens die Vermutung nahe, daß Gott sie deshalb geschehen ließ, um das Festhalten an Gott zu prüfen. Das Unbegreifliche - so ahnte zumindest der Glaubende in alttestamentlicher Zeit - konnte »eine Veranstaltung Gottes sein, auf die der Mensch sich immer gefaßt machen sollte ... Aber die Versuchung Abrahams übersteigt bei weitem alles, was man sonst in Israel unter Versuchung oder Prüfung verstehen mochte«.[781]

Hinter der Prüfung Abrahams stand nicht der Widersacher, sondern allein Gott. Martin Luther nennt sie eine »wahrhaft patriarchalische Anfechtung, die die späteren nicht hätten ertragen können«.[782] Die Prüfung Abrahams geht weit über das hinaus, was an Anfechtungen vom Fleisch oder vom Teufel herkommt, das heißt, hinter der Prüfung Abrahams standen nicht die fremden Götter, die ihn zum Abfall verlocken wollten, sie ereignete sich auch nicht auf dem Gebiet des Geschlechtlichen. Hinter der Prüfung Abrahams steckte nicht der Gedanke göttlicher Erziehung, wie ihn die Lehrer der Weisheit kannten, auch handelte es sich nicht um körperliche Leiden wie bei Hiob. Sie war ein »direkter Befehl Gottes, an dem es schlechterdings nichts zu deuten gab«.[783]

Der Befehl Gottes war ein dreifacher: Nimm - Geh - Opfere!

(1) »Nimm doch deinen Sohn, deinen einzigen, den du lieb hast, Isaak!«

Gott spricht unmittelbar zu Abraham, wie ein Mensch zu einem Men- 2
schen. Die Formulierung: »Nimm *doch!*« (hebräisch: *kach-na'*) ist ein gemilderter Befehl. Gott wünscht das Opfer als ein freiwilliges.[784] Der Befehl: »Nimm!«, zusammen mit dem Wörtchen »doch«, bedeutet soviel

781 v. Rad, Das Opfer, S. 25.
782 Luther: »vere patriarchales tentationes, quas posteri non potuissent ferre«; zitiert nach v. Rad, 1. Mose 22,1-19, GPM 1947, Heft 4, S. 58.
783 v. Rad, Das Opfer, S. 25.
784 Lange, S. 272.

wie: »Ich bitte dich.« Gott spricht zu Abraham wie ein Freund zu einem Freund![785] Die ganze Schwere der erbetenen Forderung wird deutlich durch die dreimalige Kennzeichnung des Sohnes Abrahams[786]: **deinen einzigen, den du lieb hast, Isaak.**

Isaak ist der einzige, der Abraham nach der Verstoßung Ismaels geblieben ist, zugleich der einzige aus seiner Ehe mit Sara.[787] Er ist der *geliebte*, das heißt, der unersetzliche[788], der, »der die ganze väterliche Liebe besitzt«.[789] Isaak, »der von Gott geschenkte und mit herrlichen Gottesverheißungen geschmückte«[790], ist die Zukunft Abrahams.

Gott spricht zu Abraham: Ich fordere und erbitte von dir deinen einzigen Sohn, »an dem deine ganze Seele hängt, es ist Isaak, an dessen Leben der ganze Inhalt deines Lebens geknüpft ist«.[791]

Die Bezeichnung Isaaks als des einzigen (hebräisch: *jachid*) wird ergänzt mit den Worten, »den, den du lieb hast«.[792] Die griechische Übersetzung des Alten Testaments (Septuaginta) überträgt an einigen Stellen die Formulierung »der einzige« (hebräisch: *jachid*) mit »der geliebte« (hebräisch: *jadid*, griechisch: *agapetos*)[b].

[b] Am 8,10 Sach 12,10

Bei der Taufe Jesu im Jordan spricht die Stimme aus dem Himmel: »Dies ist mein *geliebter* Sohn« (Mt 3,17; Mk 1,11; Lk 3,22). Der Evangelist Johannes nennt Jesus den »eingeborenen Sohn« (das heißt den einzigen; hebräisch: *jachid*, griechisch: *monogenes*)[c].

[c] Joh 1,14.18 3,16.18 1Jo 4,9

(2) »Geh für dich allein in das Land Morija!«

Die Aufforderung »Geh!« ist so formuliert wie beim Beginn der Berufung Abrahams (1Mo 12,1) und muß wie dort mit »Geh für dich allein« übersetzt werden. »Mit einer solchen isolierenden, Abraham nur in Verbindung mit Gott hinrufenden Aufgabe beginnt sein Leben; mit derselben, aber höchst potenzierten, gipfelt sein Ende.«[793] Abraham steht allein vor Gott!

Der Bericht, wie Gott allein mit Abraham handelt und Abraham allein vor ihm steht, erinnert an Jesu Gebet im Garten Getsemane[d], »das eigentlich von niemandem miterlebt ist, auch nicht von den drei Jüngern, die als seine Zeugen aber doch schlafende Zeugen genannt werden«.[794]

[d] Mt 26,36-46 Mk 14,32-42 Lk 22,40-46

[785] Hertz (Hg.), S. 74.
[786] Vgl. Dillmann, S. 291.
[787] Vgl. Delitzsch, S. 325.
[788] Vgl. Lange, S. 272.
[789] Dillmann, S. 291.
[790] Delitzsch, S. 325.
[791] Hirsch, Genesis, S. 348.
[792] Zur Verbindung von »der einzige« und »der geliebte« vgl. Procksch, S.315.
[793] Hirsch, Genesis, S. 348.
[794] Harder, GPM 1962/63, S. 105.

Abraham muß einen ungewöhnlich einsamen Weg gehen, »für sich allein«. Er muß die Entscheidung allein fällen, die Last allein tragen und die Konsequenzen allein durchstehen. Wie er damals in Haran aufbrechen mußte, ohne sich mit den Seinen zu beraten und sie zu befragen[795], so soll er auch jetzt den Weg allein gehen, ohne Sara davon zu berichten.

Die jüdische Auslegung unterstreicht die Ungewöhnlichkeit des Gottesauftrages: »Geh für dich allein«, indem sie ein Nachspiel erdichtete. Nach der Rückkehr berichtete Isaak seiner Mutter über seine Fesselung auf dem Opferaltar. Sara soll auf das hin, was sie von Isaak hörte, sechs Schreie ausgestoßen haben und gestorben sein.[796] Es ist ein erdichtetes Nachspiel, und doch zeigt es die Tragweite des Gottesbefehles: »Geh für dich allein!«

Das von Gott angegebene Ziel des einsamen Weges Abrahams ist das Land Morija. Da die Formulierung »Land Morija« im Alten Testament nur hier vorkommt, machte der Name bereits den alten Übersetzern Schwierigkeiten. Die einen nahmen ein Land namens Marom an. Die syrischen Übertragungen lesen *haamori,* Land der Amoriter. Das von Gott angegebene Ziel wäre demnach die Gegend von Sichem. Dies entspricht der samaritanischen Tradition, die die Fesselung Isaaks auf dem Garizim geschehen läßt.[797] Die Septuaginta übersetzt Morija mit »das hochgelegene Land«, Symmachos und Hieronymus mit »Land der Erscheinung«.[798]

Der Name Morija wird in leicht veränderter Schreibweise noch einmal im Alten Testament genannt, in 2Chr 3,1: »Hierauf begann Salomo den Tempel des Herrn in Jerusalem zu bauen auf dem Berg Morija, wo der Herr seinem Vater David erschienen war, auf dem Platz, den David dazu bestimmt hatte, nämlich auf der Tenne des Jebusiters Ornan.« Hier bezeichnet Morija eindeutig die Stelle des Tempelberges.

Der Name Morija findet sich auf einer Inschrift bei Lachisch, in der Nähe eines alten ägypto-kanaanäischen Zentrums, 18 km westlich von Hebron.[799] Hier ist er auf Jerusalem zu deuten.[800]

»Das Land Morija« (1Mo 22,2) bedeutet soviel wie »die Gegend um den Berg Morija«.[801]

Der Berg Morija lag zur Zeit Abrahams außerhalb der alten Je-

795 Siehe die Auslegung zu 1. Mose 12,1-3.
796 Vgl. Strack/Billerbeck, Bd IV, S. 182.
797 Harder, GPM 1962/63, S. 104.
798 Vgl. Voigt, Weinstock, S. 139.
799 Zu Lachisch vgl. Keel/Küchler, Bd 2, S. 881-923.
800 H. Bartke, Bibel, Spaten und Geschichte, S. 94; zitiert nach Voigt, Geliebte Welt, S. 170.
801 Dillmann, S. 291. Als Belege für seine Übersetzung verweist Dillmann auf die Formulierung »Land Jaser, Land Gilead« (4Mo 32,1) sowie auf »Ai und sein Land« (Jos 8,1) und »Land Gosen« (Jos 10,41); vgl. auch die Argumentation bei König, Genesis, S. 547-549.

busiterstadt. Abraham mußte, aus dem Negeb kommend, das Salem des Königs Melchisedek zunächst umwandern. Abraham näherte sich Jerusalem aus einer Richtung, die es ihm ermöglichte, den Berg Morija von weitem auszumachen (1Mo 22,4).

Für die jüdische Überlieferung gibt es keinen Zweifel daran, daß das Land Morija die Gegend um den späteren Tempelberg ist.[802] Für die Christen geht der Blick weiter. Wie Morija damals »draußen vor der Stadt« lag, so wurde Jesus »draußen vor dem Tor« (Hebr 13,12) gekreuzigt. Die Schädelstätte lag zur Zeit Jesu außerhalb der Stadtmauern. »Nur wenige hundert Meter von der Stätte Morija hat das Kreuz gestanden.«[803]

(3) »Dort bring ihn als Brandopfer dar auf einem Berge, den ich dir zeigen werde!«

Die dritte Aufforderung Gottes, den Sohn zu opfern, versetzt den heutigen Leser in eine Zeit, in der Menschen- bzw. Kinderopfer keine Seltenheit waren. Kinderopfer waren bei den Nachbarn Israels ein Bestandteil ihrer Religion, bei den Ammonitern und Moabitern, bei den Phöniziern, den Kanaanäern und in Ägypten.[804] Während der gesamten Zeit des Alten Bundes war Israel angefochten durch das Kinder- bzw. Menschenopfer in den anderen Religionen[e]. In der Umwelt Israels wurden beide Arten von Menschenopfern, das wiederholte und das einmalige, praktiziert: Zu den regelmäßig wiederholten Menschenopfern gehörte zum Beispiel das kanaanäische Bauopfer (vgl. 1Kö 16,34). Einmalige Menschenopfer gab es in besonderen Notsituationen (vgl. 2Kö 3,27; Mi 6,7). Jeftah verfiel der Versuchung und opferte seine Tochter (Ri 11). Bekannt sind auch Menschenopfer von Gefangenen im Krieg.[805]

[e] 3Mo 18,21 20,2ff 5Mo 12,31 2Kö 3,27 16,3; 21,6 23,10 Jer 7,31 32,35 Hes 16,20 20,26 Mi 6,7

Das Volk des Alten Bundes mußte sich immer neu mit Menschen- und Kinderopfern auseinandersetzen. Kinderopfer wurden hart verurteilt (5Mo 12,31; 1Kö 16,34; 2Kö 16,3; 17,17). Das Kinderopfer für Moloch wurde bei Todesstrafe verboten (3Mo 18,21; 20,2-5). Das Moloch-Opfer kann im Alten Testament mit »durchs Feuer gehen lassen« (5Mo 18,10; 2Kö 16,3; 2Chr 28,3) umschrieben werden.[806] Auf das Kinderopfer für Moloch weisen zahlreiche Kinderskelette, die bei Ausgrabungen von phönizisch-punischen Kultbezirken gefunden wurden. Es ist anzunehmen, daß an diesen Orten ein Totenkult stattfand, da der geopferte Mensch wie ein Gott angesehen wurde.[807]

[802] Hertz (Hg.), S. 74.
[803] Voigt, Geliebte Welt, S. 175.
[804] Belege bei Gunkel, S. 241f und Dillmann, S. 290.
[805] Westermann, Genesis I/2, S. 437.
[806] Stolz, THAT, Bd I, Sp. 244.
[807] Soggin, THAT, Bd I, Sp. 918+919.

In Israel wurden Menschen- und Kinderopfer verabscheut und waren verboten. Stellen im Gesetz, die ein Kinderopfer vermuten lassen könnten, wurden sofort näher erläutert. Beim Gebot: »Du sollst dem Herrn alles *weihen*, was zuerst aus dem Mutterschoß ans Tageslicht hervortritt« (2Mo 13,1.12) heißt es im Blick auf »die Erstgeburt von Menschen«: Du sollst sie »loskaufen« (2Mo 13,13). Die Anweisung: »Deinen Erstgeborenen sollst du mir geben« (2Mo 22,28) wird durch die Bestimmung des Auslösens erfüllt: »Jeden Erstgeborenen von deinen Söhnen sollst du lösen« (2Mo 34,20). Nach dem Gesetz ist »der faktische Vollzug eines Menschenopfers nicht möglich«.[808]

Es ist ein »ganz oberflächliches Urteil«[809], wenn Ausleger annehmen, daß es in Israel einmal eine Zeit gab, in der »auch im Dienste Jahwes der Kindermord als wohlgefällig galt«.[810] Es läßt sich aus dem Alten Testament nicht begründen, daß Gott - in welcher fernen Zeit auch immer - einmal ein Menschenopfer angenommen hätte.[811]

Die Versuchung Abrahams ist nicht damit erklärbar, daß der lebendige Gott von Abraham wie die heidnischen Götter ein Kinderopfer erwartet habe. Das Gebot: »Bring ihn als Brandopfer dar!« war eine Prüfung Gottes. Brandopfer heißt soviel wie Ganzopfer, die totale Verbrennung, der Holocaust, die gänzliche Vernichtung.[812] Hatte sich Abraham bei seiner Berufung und seinem Auszug von seiner Vergangenheit getrennt, so soll er jetzt »seine ganze Zukunft mit Gott opfern«.[813]

Die bittende Forderung Gottes, Isaak zu opfern, war für Abraham ein Widerspruch zu den im Blick auf Isaak empfangenen Verheißungen. Aus der Sicht Abrahams ging es nicht darum, den einzigen Sohn zu opfern, sondern die Spannung durchzuhalten, daß Gott mit seinem Gebot in »Widerstreit« zu seinen eigenen Verheißungen tritt.[814] »Darin besteht die eigentliche Versuchung, daß Wort Gottes gegen Wort Gottes steht ... Das Fleisch kann diesen Widerspruch nicht ertragen, es denkt: Gott lügt, oder er haßt mich.«[815] Abraham soll nicht nur den Sohn opfern, sondern mit ihm die ihm zugesagte Zukunft. Abrahams ganzes Leben war »ausgerichtet auf Gottes Heil, und dieses Heil muß Abraham hier opfern«.[816] Die Prüfung, die Gott Abraham auferlegte, bestand darin, die Spannung durchzuhalten, ob Gott zu seiner Verheißung steht

[808] Westermann, Genesis I/2, S. 438.
[809] König, Genesis, S. 552.
[810] Gerson, A.: Die Scham, 1919, S. 33; zitiert nach König, Genesis, S. 552, Anm. 2.
[811] Hertz (Hg.), S. 74.
[812] Vgl. Westermann, Genesis I/2, S. 438.
[813] v. Rad, Das Opfer, S. 31.
[814] v. Rad, 1. Mose 22,1-19, GPM 1947, Heft 4, S. 57.
[815] Harder, GPM 1962/63, S. 109.
[816] Voigt, Geliebte Welt, S. 173.

oder aber seine Verheißung liquidiert. Es ist verhängnisvoll, wenn Ausleger die Prüfung Abrahams nur darauf beschränken wollen, daß Abraham seinen einzigen Sohn opfern soll. Dies führt zu folgenden drei Fehldeutungen:

a) Die Identifikation mit Abraham

Menschen, die sich in Abraham wiederzuerkennen glauben, sich mit ihm gleichsetzen, das heißt, sich ganz mit Abraham identifizieren, können so weit gehen, daß sie ihren eigenen Sohn schlachten und dabei meinen, ihn zu opfern. Das jüngste aus der Welt des Islam bekanntgewordene Beispiel ist das Opfer des Türken Mümin in den 60er Jahren unseres Jahrhunderts.[817] Mümin war ohne Verschulden inhaftiert worden. Im Gefängnis legte er das Gelübde ab: »Wenn ich frei werde und noch einmal einen Sohn bekomme, soll er Ismael heißen. Wie Abraham seinen Sohn, so werde ich meinen Ismael zum Opfer darbringen.« In sein Heimatdorf zurückgekehrt, wurde ihm nach Jahresfrist ein Sohn geboren. Er nannte ihn Ismael. Über sein Gelübde sprach er nicht. Er blieb mit seinem Versprechen allein bis nach der Tat. Jedes Unglück im Dorf brachte er mit »seiner Schuld«, Ismael noch nicht geopfert zu haben, in Verbindung. Der letzte Anstoß zu Mümins Tat war eine Predigt über Gelübde, in der der islamische Geistliche ausführte: »Die Nichteinhaltung eines Gelübdes belastet die Gemeinschaft eines ganzes Dorfes.«

1962 schlachtete Mümin seinen Ismael. Er schächtete ihn wie ein Schaf. Mümin wurde zum Tode verurteilt. Das Todesurteil wurde in lebenslängliche Haft abgewandelt. In der Haft sprach Mümin nur von seinem Gelübde. Am 12. Mai 1974 wurde Mümin begnadigt und entlassen. Er ist bald danach gestorben.

b) Die Idealisierung des Martyriums

In der Geschichte des Judentums war der Bericht von der Fesselung Isaaks spätestens seit dem Aufstand der Makkabäer (167-143/42 v.Chr.) die Begründung für die Idealisierung des Martyriums. Der Entschluß Abrahams, Isaak zu fesseln, und seine Bereitschaft, ihn zu opfern, wurde zum Musterbild jüdischen Handelns. In die Geschichte eingegangen ist die Tat Hannas und ihrer sieben Söhne: »Ganz besonders bewunderswert aber und eines ruhmvollen Andenkens würdig war die Mutter, welche sieben Söhne an *einem* Tage sterben sehen mußte und diese Heimsuchung mutvoll ertrug, weil sie ihre ganze Hoffnung auf Gott setzte« (2Makk 7,20). Einer jüdischen Erzählung zufolge soll Han-

[817] Der Weg des Türken Mümin wurde in einem Dokumentarfilm nachgezeichnet, der im Februar 1984 im 3. Deutschen Fernsehen zu sehen war.

na vor dem »Opfer« des jüngsten ihrer sieben Söhne zu diesem gesagt haben: »Geh zu Abraham, unserem Vater, und erzähle ihm, daß ich seinen Weg noch vollkommener gegangen bin. Er opferte ein Kind, ich sieben. Er fesselte Isaak, um ihn zu opfern, ich habe das Opfer vollzogen.«[818]

Im Mittelalter töteten jüdische Väter und Mütter in übermenschlichem Mut ihre Kinder und sich selbst als »Gottesopfer«. Sie wollten damit verhindern, daß sie zum Ableugnen ihres Glaubens und zur Taufe gezwungen wurden. In einem modernen jüdischen Gedicht von J.L. Gordon heißt es:

> »Wir haben alles geopfert.
> Wir gaben: unseren Wohlstand,
> unsere Häuser, unsere Ehre,
> unsere Heimat, unsere Gesundheit,
> unser Leben - wie Hanna ihre sieben Kinder gab -
> nur um des Gesetzes willen, das wir vom Himmel
> empfangen haben.«[819]

Bis heute können die Juden das klassische Volk der Märtyrer genannt werden. Die bleibende Kraft zum Martyrium empfangen die frommen Juden nach wie vor aus dem Bericht von der Fesselung Isaaks.[820]

c) Abraham als Vorbild

Für Sören Kierkegaard (1813-1855) - Martin Buber nennt ihn den »Durchdenker des Christentums«[821] - ist Abraham das Vorbild schlechthin: »Abraham ist ein ewiges Vorbild des Religiösen, wie er aus seiner Väter Land in die Fremde auswandern mußte, so muß der Religiöse freiwillig auswandern, das heißt seine ganze Zeit der Zeitgenossen verlassen, isoliert und fremd für sie, obwohl er unter ihnen bleibt. Das ›fremd zu sein‹, die Verbannung, das ist gerade das eigentümliche Leiden des Religiösen.«[822]

Abraham ist für Sören Kierkegaard das »Urbild«, das ihn bei seinem Entschluß, die Verlobung mit Regine Olsen zu lösen, leitete.[823] Am 10. September 1840 hatte sich Kierkegaard mit Regine Olsen verlobt. Am

818 Hertz (Hg.), S. 201.
819 Gordon, J. L.; zitiert nach Hertz (Hg.), S. 201.
820 Vgl. Hertz (Hg.), S. 201.
821 Buber, M., Die Frage an den Einzelnen, Berlin, 1936, S. 11-14; zitiert nach Gerdes (Hg.), Die Tagebücher, S. 346.
822 Kierkegaard, Die Tagebücher; zitiert nach Schlechta, S. 250.
823 Paulsen, S. 57.

11. Oktober 1841 entlobte sich Kierkegaard. Zwei Jahre später erscheinen seine Schriften »Entweder-Oder«, »Die Wiederholung« und »Furcht und Zittern«.

Mit seinem Werk »Entweder-Oder« nimmt Kierkegaard das Gespräch mit Regine wieder auf. Er hatte zuvor das »Tagebuch des Verführers« geschrieben, um sie abzustoßen. Eine Antwort blieb er jedoch Regine sowohl im »Tagebuch des Verführers« als auch in »Entweder-Oder« schuldig. Er hatte beabsichtigt, wie aus Aufzeichnungen aus seinen Tagebüchern hervorgeht, als Grund der Auflösung der Verlobung seine Schwermut anzugeben: »Das einzige, was diesem Werk fehlt, ist eine Erzählung, die ich begann und dann fortließ . . . Sie sollte ›Unglückliche Liebe‹ heißen. Sie sollte das Gegenbild zum Verführer abgeben. In ihr sollte der Held genau dieselben Bewegungen ausführen wie der Verführer, aber der Grund dafür sollte Schwermut sein.«[823a]

Am ersten Ostertag 1843 kam es zu einer kurzen Begegnung zwischen Sören Kierkegaard und Regine Olsen. Regine nickte ihm im Gottesdienst zu. Kierkegaard schloß daraus, daß sie ihn nicht vergessen hatte, und fragte sich, ob ein neuer Anfang, eine »Wiederholung«, denkbar sei. Er mußte eine Antwort finden. Er fand sie in seinem Buch »Furcht und Zittern«. Er erkannte in dem biblischen Bericht vom Opfer Abrahams seine eigene Geschichte.[824] »Furcht und Zittern« ist eine »Umdichtung des Konfliktes aus Sören Kierkegaards eigenem Leben«.[825] In immer neuen Anläufen dichterischen Denkens sucht er, in dem von Abraham gelegten biblischen Grundmuster seine eigene Existenz wiederzufinden. In einem seiner Erklärungsversuche heißt es:

»Er (Abraham) bestieg den Berg, aber Isaak verstand ihn nicht. Da wandte er sich einen Augenblick von ihm, und als Isaak das Antlitz seines Vaters wieder erblickte, war es verändert. Sein Blick war wild, seine Gestalt Schrecken. Er faßte Isaak an der Brust, warf ihn zu Boden und sagte: ›Dummer Junge, glaubst du, ich sei dein Vater? Ich bin ein Götzendiener? Glaubst du, es sei Gottes Befehl? Nein, es ist meine Lust!‹ Da rief Isaak in seiner Angst: ›Gott im Himmel, erbarme dich meiner! Gott Abrahams, erbarme dich meiner! Hab ich keinen Vater auf Erden, so sei du mein Vater!‹ Und Abraham sprach leise bei sich selbst: ›Herr des Himmels, ich danke dir, es ist doch besser, daß er glaubt, ich sei ein Unmensch, als daß er den Glauben an dich verlieren sollte.‹«[826]

In seinen Tagebüchern hat die Selbstrede Abrahams folgenden Wortlaut: »So soll es sein; denn es ist doch besser, daß er glaubt, ich sei

823a Zitiert nach Paulsen, S. 95.
824 v. Rad, Das Opfer, S. 62.
825 Geismar, S. 172.
826 Kierkegaard, Furcht und Zittern; zitiert nach v. Rad, Das Opfer, S. 64+65.

ein Unmensch, und mich verflucht, daß ich sein Vater war, und doch Gott noch anbetet, als daß er wissen sollte, es sei Gott, der die Versuchung auferlegte, denn dann verlöre er seinen Verstand und verfluchte vielleicht Gott.« - Am Ende der Tagebuchnotiz heißt es: »Das wäre der Abraham-Zwiespalt. - Wer dies Rätsel erklärt hat, der hat mein Leben erklärt.«[827]

Sören Kierkegaard wurde durch seine Trennung von Regine Olsen der Einzelne und Einsame wie kaum einer vor oder nach ihm. Martin Buber bezeichnet die Entlobung Kierkegaards als »sein zentrales Lebensereignis und den Kristallisationskern seines Denkens«. Seine Position als Einzelner und als Einsamer - so folgert Martin Buber - »war von anderer Art als die eines der frühen christlichen Denker, die man mit ihm zusammen nennen möchte, Augustinus etwa oder Pascal. Es ist nicht beiläufig, daß neben Augustinus eine Mutter und neben Pascal eine Schwester stand und die organische Verbindung zur Welt erhielt, wie jeweils nur eine Frau als Abgesandte des Elements es kann.«[828]

Abraham überschreitet in der Sicht Kierkegaards mit seinem Tun den Bereich des Ethischen. Abraham schaltet seine Vaterliebe aus. Kierkegaard will die Liebe zu seiner Verlobten opfern.

Kierkegaard nimmt für die Existenz des Menschen ein Schema von drei Existenzkategorien an, die er als »Stadien«, das heißt als Abschnitte im Sinn von Entwicklungsstufen, sieht: die ästhetische, die ethische und die religiös-christliche. Für Kierkegaard sind die ersten beiden »Vorstufen, in denen dem Menschen zwar manche Erfüllungen zuteil werden, in denen er aber unweigerlich ›strandet‹«.[829] So gibt es für Kierkegaard auch für das Ethische eine Grenze. In diesem Zusammenhang spricht er von einer »Suspension des Ethischen«, das heißt einer zeitweiligen Aufhebung der ethischen Forderungen. Die Suspension des Ethischen ist für Kierkegaard nicht eine grundsätzliche Aufhebung der ethischen Forderungen, sondern »eine von einer letzten Instanz her begründete Außerkraftsetzung der allgemeingültigen Verpflichtung«.[830] Der Mensch kann im Alleinsein vor Gott wie Abraham bei der Absicht, Isaak zu opfern, und wie er selbst bei seiner Entlobung zu einer Überschreitung des Ethischen gezwungen werden. Abraham suspendiert die Liebe zu seinem Sohn und Kierkegaard die Liebe zu Regine, ohne daß ihre Entscheidungen von einer irdisch orientierten Ethik anerkannt werden können. Unter »Suspension des Ethischen« versteht Kierke-

[827] Kierkegaard, Die Tagebücher; zitiert nach Gerdes (Hg.), Die Tagebücher, S. 88.
[828] Buber, M., Die Frage an den Einzelnen, Berlin, 1936, S. 11-14; zitiert nach Gerdes (Hg.), Die Tagebücher, S. 346.
[829] v. Rad, Das Opfer, S. 58.
[830] Paulsen, S. 100.

gaard nicht eine generelle Aufhebung ethischer Verpflichtungen, sondern eine »teleologische Aufhebung« in besonderen Fällen, das heißt, die Aufhebung hat einen ganz bestimmten Zweck, ein höheres Ziel. »Das Suspendierte ist nicht verscherzt, sondern gerade im Höheren, das sein Telos, sein Zweck ist, bewahrt.«[831] Wenn Abraham Isaak, den Sohn der Verheißung, opfert, »dann weiß er, daß Isaak und die Verheißung in Gottes ewiger Liebe geborgen sind, ebenso wie Kierkegaard durch den Verlust Regines zu einem ewigen Verhältnis mit ihr gekommen ist«.[832]

Zu diesem letzten ewigen Verhältnis mit Regine ist Kierkegaard aber erst nach seinem »Bruch mit dem Gottesglauben des Alten Testamentes«[833] gekommen. Bereits im Oktober des Jahres 1843, in dem seine Schriften »Furcht und Zittern« und »Die Wiederholung« erschienen sind, setzt Kierkegaard in seinen »Drei erbaulichen Reden« den alttestamentlichen Gottesglauben dem christlichen scharf entgegen. Der deutliche Beleg für die Wandlung in Kierkegaards Verhältnis zu Abraham ist aber erst seine sogenannte »Retractio«, das heißt die Zusammenfassung der Abrahamgeschichte in seinem Tagebuch von 1853, zwei Jahre vor seinem Tod. Regine Olsen hatte am 3. November 1847 Fritz Schlegel geheiratet. Der Gedanke an eine ewige Verbundenheit mit Regine war zerschlagen. Der Abrahamsglaube war für Kierkegaard nicht mehr »Urbild«, sondern »falscher Glaube«, der allein auf einer Hoffnung auf das Irdische gründete. Seinen Tagebucheintrag 1853 überschreibt Kierkegaard mit den Zeilen: »Neues Furcht und Zittern.« In ihm heißt es:

»Und Abraham bestieg den Berg Morija mit Isaak. Er beschloß, zu Isaak zu sprechen - und es gelang ihm, Isaak zu erheben, da es Gottes Wille sei, so ist denn Isaak bereit, das Opfer zu werden.

Und er spaltete das Holz, und er band Isaak, und er zündete den Scheiterhaufen an - er küßte Isaak noch einmal; nicht wie Vater und Sohn standen sie ja nun zueinander, nein, wie ein Freund zum Freunde, beide als gehorsame Kinder Jehovas. - - - und er zog das Messer - - - und er stieß es Isaak (ins Herz).

Im gleichen Augenblick stand der Herr Jehova in leibhaftiger Gestalt an Abrahams Seite und sprach: Alter Mann, alter Mann, was hast du getan? Hörtest du denn nicht, was ich sagte, hörtest du denn nicht, wie ich rief: Abraham, Abraham, halt ein?

Abraham aber anwortete mit einer Stimme, die halb gehorsame Unterwerfung war, halb Geistesverwirrtheit: Nein, o Herr, das hörte ich nicht. Groß war mein Leid - Du weißt es am besten; denn weißt Du das

[831] Kierkegaard; zitiert nach Geismar, S. 179.
[832] Geismar, S. 179.
[833] Gerdes, Christusverständnis, S. 29.

Beste zu geben, so weißt Du auch das Beste zu fordern - doch wurde es gemildert, denn Isaak verstand mich, und in der Freude darüber, daß wir einander verstanden, habe ich gar Deine Stimme nicht gehört, sondern stieß selber, gehorsam wie ich glaubte, das Messer in das gehorsame Opfer.

So rief denn Jehova Isaak wieder ins Leben. Aber in stiller Trauer sagte Abraham zu sich selbst: Das kann doch Isaak nicht sein; und in gewissem Sinne war er es ja auch nicht, denn da Isaak verstanden hatte, was er verstand auf dem Berge Morija: daß er von Gott ausersehen sei zum Opfer, da war er in *einem* Sinne wie ein Greis geworden, ebenso alt wie Abraham; das war nicht mehr ganz jener Isaak, und nur in der Ewigkeit hätten sie richtig zueinander gepaßt.

Das sah der Herr Jevoha voraus, und er erbarmte sich über Abraham und machte wie alle Zeit alles gut, unendlich besser, als wenn das Verkehrte nicht geschehen wäre, es gibt, sagte er zu Abraham, eine Ewigkeit, bald wirst Du ewig mit Isaak vereint sein, allwo Ihr ewiglich zueinander paßt.

Hättest Du meine Stimme gehört, innegehalten - so hättest Du Isaak für dieses Leben bekommen, aber daß es eine Ewigkeit gibt, wäre Dir nicht deutlich geworden. Du gingst zu weit, Du verdarbest alles - doch ich mache es noch besser, als wenn Du nicht zu weit gegangen wärest ... Es gibt eine Ewigkeit.

Dies ist das Verhältnis zwischen Judentum und Christentum. Christlich wird Isaak wirklich geopfert - dann aber die Ewigkeit; im Judentum war es nur eine Prüfung; Abraham behält Isaak, aber so bleibt das Ganze doch wesentlich innerhalb dieses Lebens.«[834]

Sören Kierkegaard ist an Abraham verzweifelt.

2. Der Weg: 22,3-8

3 Und Abraham machte sich früh am Morgen auf, sattelte seinen
Esel und nahm seine beiden Knechte mit sich und Isaak, seinen
Sohn. Er spaltete Holz zum Brandopfer, brach auf und ging an den
4 Ort, den Gott ihm gesagt hatte. * Als Abraham am dritten Tage sei-
5 ne Augen erhob, da sah er den Ort von ferne. * Und Abraham sagte
zu seinen Knechten: »Bleibt ihr hier mit dem Esel, ich aber und der
Knabe, wir wollen dorthin gehen, um anzubeten; danach werden
6 wir wieder zu euch zurückkommen.« * Da nahm Abraham das Holz
zum Brandopfer und legte es auf Isaak, seinen Sohn; er nahm das
Feuer und das Messer in seine Hand, so gingen die beiden mitein-

[834] Kierkegaard, Die Tagebücher; zitiert nach Gerdes, Christusverständnis, S. 30+31.

7 **ander. * Da sprach Isaak zu Abraham, seinem Vater: »Vater!« Er antwortete: »Da bin ich, mein Sohn!« Und jener fragte: »Da ist nun Feuer und die Hölzer; wo aber ist das Schaf zum Brandopfer?«**
8 *** Abraham antwortete: »Gott wird sich das Schaf zum Brandopfer ersehen, mein Sohn.« So gingen die beiden miteinander.**

Der Leser des biblischen Berichtes weiß: Gott prüft Abraham. Gleichzeitig kennt er den guten Ausgang. So erwartet er keine »gräßliche Sensation«[835], sondern seine Spannung ist allein darauf gerichtet, wie sich Abraham im einzelnen in der Erprobung verhalten wird.

(1) Die Entschlossenheit Abrahams

Nachdem Gott geredet hatte, ging Abraham ohne Wenn und Aber an die Ausführung des für ihn unverständlichen und lebensbedrohen-
3 den Auftrages.[836] Er bereitete alles für den Aufbruch vor: Er **machte sich früh am Morgen auf, sattelte seinen Esel und nahm seine beiden Knechte mit sich und Isaak, seinen Sohn. Er spaltete Holz zum Brandopfer** (und) **brach auf.**

Abraham fehlte zwar die Einsicht, das heißt, er konnte Gottes Absicht nicht verstehen, dennoch ist sein Handeln bestimmt von Entschiedenheit und Kompromißlosigkeit.[837] Daß Isaak als letzter, das heißt nach den Knechten genannt wird, ist nicht zufällig und bedeutungslos. Isaak war damals ein siebenunddreißigjähriger Mann. Abraham wollte weder ihn noch Sara einweihen. Er mied solange wie möglich das Alleinsein mit Isaak, um seine Gefühle zu »verbarrikadieren«.[838] Das Ziel des Aufbruchs war das Land Morija, der **Ort, den Gott ihm gesagt hatte.** Abraham wußte um die Gegend, aber nicht um den genauen Platz, an dem er seinen Sohn opfern sollte. Die Formulierung, der **Ort, den Gott ihm gesagt hatte,** kann auch den Sinn haben: der Ort, den Gott ihm nennen würde.[839] Das genaue Ziel ist für Abraham wie für jeden Menschen, der Angst hat, einen bestimmten Weg zu gehen, unbekannt. Abraham war gehorsam und »ging in die Nacht, die Gott vor ihm auftat, hinein«.[840]

[835] v. Rad, Das Opfer, S. 23.
[836] Vgl. Westermann, Genesis I/2, S. 438.
[837] Vgl. Doppelfeld, S. 11: »Meist fehlt uns ja nicht das Wissen und die Einsicht in die Erfordernisse des geistlichen Lebens, sondern die Entschiedenheit und Kompromißlosigkeit.«
[838] Hirsch, Genesis, S. 350f.
[839] Westermann, Genesis I/2, S. 439.
[840] v. Rad, Das Opfer, S. 28.

(2) Das Schweigen

Drei Tage war die kleine Karawane unterwegs. Die Frist von drei Tagen[f] ist auch sonst im Alten Testament die Vorbereitungszeit für wichtige Ereignisse.[841] In den drei Tagen bewährten sich die Entschiedenheit und Kompromißlosigkeit Abrahams, Gottes Auftrag auszuführen. Sein Gehorsam war »fest und nicht nur eine kurze Aufwallung«.[842] Die drei Tage und drei Nächte des Wanderns waren gehüllt in Schweigen. Es fiel kein einziges Wort. Abraham hatte nicht wie Hiob Gott seine Not ins Angesicht geschrien. Abraham schwieg und stand das Schweigen durch. Es gibt »Dinge, die immer noch besser in einem Schweigen aufgehoben sind als in den bestgemeinten Worten ... Situationen, in denen das Schweigen besser redet als Worte es vermögen«.[843]

f 1Mo 31,22 34,25; 40,20 42,18 2Mo 3,18 5,3; 8,23

Am dritten Tag brach Abraham das Schweigen. Er hatte den Berg
gesehen. Die Formulierung »er erhob seine Augen« (hebräisch: *nasa'* 4
'ajin) beschreibt im Alten Testament ein absichtliches Auf- und Umschauen.[844] Abraham hatte sich bewußt umgesehen. Er hatte davor gezittert, den Ort zu sehen, den Gott für das Opfer bestimmt hatte. Am dritten Tag war es so weit. Die kleine Karawane trennte sich in zwei Gruppen. Abraham befahl seinen beiden Knechten, am Fuß des Berges zurückzubleiben. »Was Abraham zu tun geboten ist, muß er allein
tun.«[845] Zu den Knechten gewandt, sagte er: **»Ich aber und der Knabe,** 5
wir wollen dorthin gehen, um anzubeten; danach werden wir wieder zu euch zurückkommen.« Da Abraham das Holz zum Brandopfer und das Feuer bereits drei Tage mit sich führte, wußten die Knechte von Abrahams Absicht, ein Brandopfer darzubringen. Abraham aber nannte das, was er im Begriff war zu tun, »Anbetung«. Für Abraham ist das Opfer Anbetung. Zugleich verschweigt er den Knechten das, was ihm bevorstand, und erklärt: »*Wir* werden wieder zu euch zurückkommen.« Steckt in dieser Formulierung eine Notlüge, oder will Abraham »ein wahres Vorhaben ungut verschleiern«?[846] Für die rabbinischen Ausleger ist eine Lüge oder Notlüge in Abrahams Mund undenkbar. Sie gehen davon aus, daß es der Geist Gottes war, der Abraham diese Worte aussprechen ließ. So sprach Abraham die Wahrheit, ohne daß er sie in dem Augenblick schon selbst erkennen konnte.[847]

841 Vgl. Westermann, Genesis I/2, S. 439.
842 v. Rad, Mose, S. 205.
843 v. Rad, Das Opfer, S. 30.
844 Hirsch, Genesis, S. 350.
845 Westermann, Genesis I/2, S. 439.
846 Kilian, S. 102.
847 Hertz (Hg.), S. 74.

(3) Das Gespräch

Abraham hatte sich mit Isaak auf den schwersten Weg gemacht, den
je ein Vater mit seinem Sohn gegangen ist. Die Stille ist erfüllt von unge-
sagten Worten, aber auch von offenen Gesten. Obgleich Isaak ein Mann
war, verteilte der Vater die Lasten so, daß er selbst die gefährlichen Ge-
genstände, das Feuerbecken und das Messser, trug.[848] Isaak aber war an
die Grenze des Schweigens gekommen, der Weg der Ungewißheit wur-
de ihm zu lang. Er brach das bedrückte Schweigen und begann mit dem
7 Anruf **»Vater!«** ein Gespräch. »Aus der Stille, in der jeder allein ist,
schafft der Anruf die Verbindung, die ein Gespräch ermöglicht.«[849] Die
Antwort des Vaters: **»Da bin ich, mein Sohn!«** bekundet die Bereit-
schaft zum Hören. Das Gespräch selbst besteht nur aus einer Frage und
einer Antwort: **»Da ist nun Feuer und die Hölzer; wo aber ist das Schaf
8 zum Brandopfer?« * . . . »Gott wird sich das Schaf zum Brandopfer er-
sehen, mein Sohn.«**

Isaak erwartet von seinem Vater eine Erklärung des ihm Unverständlichen. Abraham aber gibt keine direkte Antwort. Abraham weicht aus. Die Antwort Abrahams »führt bis dicht an die Lösung«[850], sie ist voll »schonender Liebe«.[851] »Sie enthält eine Wahrheit, die Abraham selbst noch nicht bewußt ist.«[852] Sie ist ein Hinweis auf Gott! Abraham gibt auf die Frage seines Sohnes »gewissermaßen Gott die Initiative zurück: ›Gott ersieht sich.‹«[853] In freier Wiedergabe lautet die Antwort: »Gott sorgt selber«[854] oder: »Wir wollen das Gott überlassen.«[855]

Die Antwort Abrahams »in höchster Seelennot . . . in herbster Qual
und doch in wandellosem Gehorsam«[856] wird später in dem Namen,
den er dem Berg gibt, bestätigt (1Mo 22,14). »Es ist selten in der Bibel so
stark und klar gesagt, daß Gott ein lebendiger Gott ist.«[857] Das letzte
Wort, das Abraham im Gespräch mit Isaak sagt, ist: **»mein Sohn«.** Ein-
6+8 gebettet ist das Gespräch in die wiederholte Feststellung: **So gingen die
beiden miteinander.** In Bubers Übertragung heißt es: »So gingen die
beiden mitsammen.«[858] Die letzte Strecke des Weges wurde wieder

[848] Vgl. v. Rad, Mose, S. 205.
[849] Westermann, Genesis I/2, S. 440.
[850] Jacob, B.; zitiert nach v. Rad, Mose, S. 206.
[851] Delitzsch, S. 326.
[852] v. Rad, Mose, S. 206.
[853] Westermann, Genesis I/2, S. 440.
[854] Gunkel, H.; zitiert nach Voigt, Geliebte Welt, S. 170.
[855] Hirsch, Genesis, S. 352.
[856] Gunkel, S. 238+239.
[857] Westermann, Genesis I/2, S. 440.
[858] Buber, Fünf Bücher der Weisung, S. 58.

schweigend gegangen.[859] Das Gespräch war offen geblieben. Die Antwort Abrahams konnte Isaak kaum befriedigt haben. Er aber fragte nicht weiter. »Er hat wohl aus der Antwort seines Vaters gespürt, daß er nicht mehr sagen kann.«[860]

Mit dem Schweigen Abrahams finden sich nicht alle Ausleger der Bibel ab. Der jüdische Historiker Josephus (37/38 n. - ca. 100 n.Chr.) - er war unter anderem einer der Feldherren und Verteidiger Galiläas im jüdisch-römischen Krieg (66 n.Chr.) - erdachte sich eine erregte Rede Abrahams. Nach Josephus legte Abraham Isaak dar, wie lange er auf die Verheißung hatte warten müssen und wie unbegreiflich es für ihn ist, den von Gott geschenkten Sohn jetzt opfern zu müssen. Von Isaak heißt es bei Josephus, daß er die Worte des Vaters *freudig* aufnahm.[861]

Auch Luther beklagt, daß die weiteren Gespräche zwischen Abraham und Isaak nicht überliefert sind, »daran aber zweifle ich nicht, es wird der Vater seinem Sohn eine treffliche Rede gethan haben, welcher Inhalt und Hauptstück vornehmlich wird gewesen sein: das Gebot Gottes und die Auferstehung der Toten«.[862]

Auch der niederländische Maler Rembrandt (1606-1669) geht in einer Radierung von 1645 davon aus, daß es zwischen Abraham und Isaak spätestens an der Opferstätte ein Gespräch gegeben hat. Hinter Abraham steht das Feuerbecken, das Messer hängt an seiner Seite. Isaak steht vor einem Abgrund. Das auf die Erde abgesetzte Holzbündel hält er mit beiden Händen fest. Auf seinem Gesicht liegt ein dunkler Schatten. Hinter seiner jugendlichen Gestalt baut sich eine bedrohliche, schwarze Wolke auf. In der Mitte des Bildes und zugleich in der Mitte zwischen den Augen der beiden steht Abrahams Hand. Mit dem Zeigefinger weist er nach oben.[863] Abraham appelliert nicht an die Tapferkeit Isaaks. Er spricht auch nicht von seiner Entschlossenheit oder seinem unerschütterlichen Glauben. Er zeigt mit dem Finger nach oben. Das sorgenvolle Gesicht Abrahams und seine rechte Hand, mit der er sich ans Herz greift, sind vielmehr ein Hinweis darauf, daß sein Glaube erschüttert ist. Es gibt keinen Glauben, der so fest ist, daß sich ein Mensch an seinem eigenen Glauben festhalten könnte. Abraham weist mit dem Zeigefinger auf Gott.[864]

Unter dem Bild Rembrandts könnten die folgenden Worte des Psalmbeters stehen:

[859] Vgl. v. Rad, Mose, S. 206.
[860] Westermann, Genesis I/2, S. 440.
[861] Vgl. v. Rad, Das Opfer, S. 29+30.
[862] Luther, M.; zitiert nach v. Rad, Das Opfer, S. 53.
[863] Hoekstra (Hg.), Bd IV, S. 28+29.
[864] Vgl. v. Rad, Das Opfer, S. 88+89.

»Da mirs im Herzen gor,
Es mir in meinen Nieren bohrte,
War ich ein Tor und wußte nichts,
Ein Vieh war ich vor dir.
Und bin doch stets bei dir.
Du hältst mir meine rechte Hand!
Du leitest mich nach deinem Rat
Und bringst mich auf der Ehre Spur.
Wen hab ich noch im Himmel,
Und neben dir begehr ich nichts auf Erden!
Mein Fleisch, mein Herz vergeht,
Doch meines Herzens Fels und Teil,
Gott, bleibt in Ewigkeit.« Psalm 73,21-26[865]

3. Das Opfer: 22,9-14

9 **Und sie kamen an den Ort, den Gott ihnen genannt hatte, und**
Abraham baute dort den Altar. Er schichtete die Holzscheite zu-
recht, fesselte Isaak, seinen Sohn, und legte ihn auf den Altar,
10 **oben auf das Holz. * Und Abraham streckte seine Hand aus und**
11 **ergriff das Messer, um seinen Sohn zu schächten. * Da rief ihm der**
Engel Jahwes vom Himmel her zu und sprach: »Abraham, Abra-
12 **ham!« und er antwortete: »Da bin ich.« * Und er sprach: »Strecke**
deine Hand nicht gegen den Knaben aus und tu ihm nichts; denn
nun weiß ich, daß du Gott fürchtest, da du mir deinen Sohn, dei-
13 **nen einzigen, nicht verweigert hast.« * Und Abraham erhob seine**
Augen und sah, und siehe: Ein Widder hatte sich mit seinen Hör-
nern im Gestrüpp verfangen. Und Abraham ging, nahm den Wid-
14 **der und opferte ihn als Brandopfer anstatt seines Sohnes. * Und**
Abraham gab diesem Ort den Namen: Jahwe sieht, so daß man
heute noch sagt auf dem Berg: Jahwe läßt sich sehen.

Auf dem Berg angekommen, beginnt Abraham, ohne ein Wort zu sprechen, das auszuführen, was Gott ihm aufgetragen hatte. Abraham ist entschlossen, Isaak, seinen Sohn, zu opfern. Ohne das Vertrautsein mit den biblischen Aussagen vom Opfer steht der Leser in Gefahr, mit zweierlei Maß zu messen. Er empfindet auf der einen Seite Abscheu bei dem Gedanken an das grausige Geschehen, das Abraham im Begriff ist zu vollziehen; zum andern aber nimmt er es hin, daß in der Geschichte und in der Gegenwart Menschenleben für sogenannte »große Sachen«

[865] Nach der Übersetzung von Emil Bernhard-Cohn; in: Torczyner (Hg.), S. 1377.

oder »höhere Notwendigkeiten« geopfert werden. Zu denken ist hier sowohl an die grausamen Kriege, die zahllose Menschenleben fordern, als auch an die in manchen Ländern noch geltende Todesstrafe. So kann ein und derselbe Mensch beim Lesen des Berichtes von der Fesselung Isaaks Abscheu empfinden und zugleich mit Genugtuung die Hinrichtung eines Verbrechers zur Kenntnis nehmen. Zu dieser »doppelten Moral« - Abscheu auf der einen, Genugtuung auf der anderen Seite - kommt es immer dann, wenn außerbiblische Vorstellungen in die Bibel hineingelesen werden. Im gesamtbiblischen Zeugnis vom Opfer gibt es keine Forderung eines Opfers um einer höheren Sache willen und schon gar keine Rechtfertigung eines Menschen- oder Kinderopfers. Die biblische Lehre setzt sich von den Opferforderungen der außerbiblischen Welt scharf ab.

In der Umwelt Israels war das Opfer die Hingabe eines wertvollen Besitzes an eine Gottheit, um dieser zu danken oder um sie gnädig zu stimmen.

Bereits die Begriffe für Opfer im Alten Testament zeigen, daß das biblische Opfer mit derartigen heidnischen Opfern *nichts* gemeinsam hat. Um dies unüberhörbar deutlich zu machen, verzichtet Martin Buber in seiner Verdeutschung der Schrift konsequent auf die vertrauten Begriffe »Opfer« und »opfern«, ebenso auf die Fachbezeichnungen, wie zum Beispiel: »Brandopfer« oder »Speisopfer«. Der Übertragung der alttestamentlichen Begriffe für »Opfer« legt Martin Buber den Begriff »Korban« zugrunde. Korban ist für Buber die umfassende Bezeichnung für alle alttestamentlichen Opfer, da mit diesem Begriff das Verhältnis des Opfernden zu seinem Gott beschrieben wird. Im Wort Korban steckt das Zeitwort »nahen, sich nähern« (hebräisch: *karab).* »Der Sinn des Opfers ist es, nun darin sich selbst Gott zu nähern; daher deutsch: Nahung, Darnahung, nahen, darnahen.«[886] Die Erinnerung an die allen Opfern gemeinsame Urbedeutung des Sich-Näherns beabsichtigt Buber in der Übertragung der einzelnen Opferbegriffe anklingen zu lassen. So verdeutscht er »Brandopfer« (hebräisch: *ʿolah*) mit »Darhöhung« und »Speisopfer« (hebräisch: *mincha*) mit das »Hingeleitete«. Durch das Opfer nimmt der Mensch Kontakt mit Gott auf. Mit seiner Opfergabe will der Opfernde nichts anderes zum Ausdruck bringen als seine Sehnsucht, mit Gott Gemeinschaft zu haben. Das Opfer ist weder ein Dankesgeschenk noch eine Versöhnungsgabe, sondern ein Ersatz dafür, daß sich der Mensch Gott schuldig bleibt.[867] Alles, was ein Mensch ist und besitzt, hat er Gott zu verdanken. Durch die Sünde aber hat er sich Gott entzogen. Mit dem Opfer will er zum Ausdruck bringen,

866 Buber, Zu einer neuen Verdeutschung der Schrift, S. 19.
867 Vgl. Voigt, Geliebte Welt, S. 175.

daß er bereit ist, sich Gott hinzugeben.[868] Der Opfernde zeigt, daß er mit Gott wieder Gemeinschaft haben möchte.

Den Begriff »Schlachtopfer« überträgt Buber mit »Schlachtspende« und erklärt: »Man schlachtet ein Tier, opfert einen Teil davon und ißt den Rest mitsammen: Gemeinschaft wird mit Gott und unter den Menschen mit einem gestiftet, und jedes Gemeinschaftsmahl schließt ein Opfer ein. Daß häufig das Wort ›Dank‹ und ein stark an ›Frieden‹ anklingendes Wort damit verknüpft werden, gehört in den gleichen Zusammenhang.«[869]

Wenn vom »Duft des Opferrauches« (hebräisch: *reach nichoach*) die Rede ist, so übersetzt Buber nicht »Rauch der Beruhigung«, sondern »Rauch des Geruhens« (2Mo 29,18).[870] Der Opferrauch will nicht Gott beruhigen, sondern er ist ein Zeichen dafür, daß der Mensch in Gott zur Ruhe kommt. Die Übertragung der Opferbegriffe durch Buber ist keine bloße Wortakrobatik. Sie ist eine Hilfe zum Verstehen der im Alten Testament praktizierten Opfer.

Das Opfer im Sinne der Wiederherstellung der Gemeinschaft mit Gott ist auch die Grundlage für das Verstehen des neutestamentlichen Opferbegriffes. Die Vielzahl der Opfergaben, mit denen Menschen die Gemeinschaft mit Gott erbaten, konnte diese nicht wiederherstellen. Die menschlichen Opfergaben blieben Ausdruck der Sehnsucht. Sie waren keineswegs imstande, »Sünden wegzuschaffen« (Hebr 10,11). Jesus aber »hat nur ein einziges Opfer für die Sünden dargebracht und sich dann für immer zur Rechten Gottes gesetzt; hinfort wartet er, bis seine Feinde hingelegt sein werden zum Schemel seiner Füße. Denn durch eine einzige Darbringung hat er die, die sich (von ihm) heiligen lassen, für immer ans Ziel gebracht« (Hebr 10,12-14).

Nach der Botschaft des Neuen Testaments sind die Opfer des Alten Testaments »nur Schatten, nicht die Sache selbst«.[871] Sie sind menschliche Ersatzversuche, die auf den von Gott selbst in Jesus gegebenen *Ersatz* hinweisen. Gott opferte das Kostbarste, was es im Himmel und auf Erden gibt, seinen einzigen Sohn. Es war mehr als ein Menschenopfer. Es war der »Herr der Herrlichkeit«, der ans Kreuz geschlagen wurde (1Kor 2,8).

Die alttestamentlichen Opfer sind Vorabschattungen des Opfers Jesu. Jesus ist das Passahopfer, »das Osterlamm, für uns geopfert« (1Kor 5,7). Jesus ist das Opferlamm (vgl. Jes 53,7), »das der Welt Sünde trägt« (Joh 1,29). Nicht das Blut der Opfertiere (vgl. 3Mo 16), sondern »das Blut

[868] Voigt, Weinstock, S. 139.
[869] Buber, Zu einer neuen Verdeutschung der Schrift, S. 20.
[870] Buber, Fünf Bücher der Weisung, S. 232.
[871] Voigt, Geliebte Welt, S. 175.

Jesu Christi, seines Sohnes, macht uns rein von allen Sünden« (1Jo 1,7). Jesus ist das geschlachtete Lamm Gottes[g]. Gott hat durch Jesu Opfer den Weg zur Gemeinschaft mit ihm geebnet. Jetzt können - durch die »Barmherzigkeit Gottes« - die Nachfolger Jesu ihr ganzes Leben »als ein lebendiges, heiliges und Gott wohlgefälliges Opfer« darbringen (Röm 12,1). In dem Opfer derer, die Jesus nachfolgen, wird deutlich, daß Gottes Anspruch auf das ganze Leben des Menschen bestehen bleibt. »Gott kann in der Tat alles fordern.«[872] Abraham ahnte noch nichts von dem einzig wahren Ersatz, den nur Gott selbst geben kann. Wie sollte er das Gebot Gottes: »Geh doch und opfere deinen Sohn« verstehen? Er sah nur die eine Möglichkeit, seinen Sohn zu schlachten.

[g] Offb 5,6.12.13 6,1; 7,9.10.14 12,11; 13,8 14,1; 15,3 19,7.9 21,22.23 22,1.3

(1) Die Vorbereitung zum Opfer

Mit erschreckender Genauigkeit werden Einzelheiten geschildert: Abraham baut selbst den Altar, schichtet das Holz darauf, er fesselt Isaak und legt ihn auf die Hölzer. Dann streckt er seine Hand aus und nimmt das Messer. Die einzelnen Zeitwörter, mit denen die Handlungen Abrahams beschrieben werden, sind keine Fachausdrücke der Opfersprache. Das Wort »fesseln« (hebräisch: *ʿakad*) begegnet nur an dieser Stelle.[873] Abraham war im Begriff, Isaak zu »schächten« (hebräisch: *schachat*), das heißt, ihm die Halsschlagader aufzuschneiden, so daß das Blut herausfließt.[874] Auf diese Weise werden bis heute in vielen Ländern des Orients die zum Verzehr bestimmten Tiere geschlachtet.

Abraham war entschlossen, alles zu opfern. Er war beseelt von dem einen Ziel, um keinen Preis die Gemeinschaft mit Gott zu verlieren. Wie weit Abraham in seinem Ringen, Gott treu zu bleiben, geht, ist festgehalten in einem der »Bilder zur Bibel« von Marc Chagall (1887-1985).

In Chagalls Bild »Die Fesselung Isaaks«[875] liegt Isaak bereits auf dem Holzstoß. Seine Arme sind auf dem Rücken gefesselt, sein Kopf hängt nach hinten, so daß die Halsschlagader frei liegt. Sein nackter Körper leuchtet schneeweiß. Abraham dagegen ist ganz im Dunkeln. Im Vergleich zu Isaak hat der alte Mann einen riesigen Kopf, von dem jedoch nur wenige Züge zu erkennen sind: ein Auge - die Nase - einige Barthaare. Hell sind die Finger, mit denen er das Schlachtmesser umklammert, und die Hand, die Isaak an einem Bein festhält. Es ist eine gelöste Hand, so daß der Eindruck entsteht, als streichle er Isaak. Seine Augen sind von Isaak abgewandt. Er sieht nach oben. Von dort fährt der Gottesbote auf Abraham zu wie ein weißer Blitz. Deutlich erkennbar sind ein Auge

[872] Voigt, Weinstock, S. 139.
[873] Westermann, Genesis I/2, S. 441.
[874] Vgl. Gunkel, S. 238.
[875] Bible 10, WVZ Nizza 266; abgedruckt bei Goldmann, S. 25.

des Boten und der Mund. Das leuchtende Weiß des Engels entspricht der Farbe Isaaks. Er kommt, um Isaak zu retten. Mitten im Dunkel - zwischen dem Engel und Isaak - ist ein kleiner, weißer Fleck, ein Widder. Die Spitze des Messers Abrahams, mit dem er bereit war, Isaak zu schächten, weist in diese Richtung. Gott hat im letzten Augenblick eingegriffen. »Gott mag lange schweigen, aber in der letzten Not wird er reden.«[876]

Die Fesselung Isaaks ist auch ein Thema in der Kunst Barlachs. In Barlachs Darstellung knien Abraham und Isaak nebeneinander. Isaaks Hände liegen hinter seinem Kopf. Sie sind gefesselt. Abrahams Gesicht ist verzerrt. Seine Hände sind die Hände des Beters, nach oben geöffnet. Es sind leere Hände, Hände der Ergebung und der Erwartung.[877]

(2) Der Widerruf

Die Opferhandlung Abrahams wird durch den Anruf aus dem Him-
11 mel: **»Abraham, Abraham!«** unterbrochen. Der doppelte Namensruf ist »das lauteste Wort in der Erzählung ...«[878] Es ist die Stimme des Engels Jahwes. Gott spricht nicht wie in Vers 1 direkt zu Abraham, sondern durch seinen Boten. »Hätte ihm ein Engel die Aufforderung gebracht: opfere deinen Sohn, er hätte ihm nicht geglaubt ... Zum Innehalten genügt die Sendung eines Engels.«[879] Gott sprach direkt zu Abraham, als dieser etwas völlig Neues tun sollte (1Mo 12,1; 22,1). Da aber, wo Gott in einen Handlungsablauf eingreift, sendet er seinen Boten. Wenn Gott durch seinen Engel redet, »ist immer schon etwas vorausgegangen«.[880] Die Botschaft des Engels lautet:

12 **Strecke deine Hand nicht gegen den Knaben aus und tu ihm nichts; denn nun weiß ich, daß du Gott fürchtest, da du mir deinen Sohn, deinen einzigen, nicht verweigert hast.«**

Gott, so vernimmt Abraham, steht zu Isaak. Er nimmt seine Verheißung nicht zurück, er »liquidiert sie nicht«.[881] Isaak soll leben!

Abraham wird das »Ehrenprädikat«[882] ›gottesfürchtig‹ zugesprochen. Die Gottesfürchtigen sind die »Jahwetreuen«[h], die, die Jahwe treu bleiben von Jugend an bis zu ihrem Tod[i]. Dabei besteht ein enger Zusammenhang zwischen Gottesfurcht und dem Gehorsam gegenüber dem Willen Gottes.[883] Die Gottesfurcht Abrahams ist sein völliger Ge-

[h] Ps 25,14; 33,18; 34,8.10; 103,11.13.17; 111,5; 119,74.79; 147,11
[i] 1Kö 18,3.12; 2Kö 4,1; Neh 1,11; Jer 32,39f

876 Gunkel, S. 238.
877 Barlach, Abraham und Isaak, Kohle, 1918; vgl. Barlach, Abb. 43.
878 Westermann, Genesis I/2, S. 442.
879 Hirsch, Genesis, S. 352.
880 Westermann, Genesis I/2, S. 442.
881 v. Rad, 1. Mose 22,1-19, GPM 1947, Heft 4, S. 59.
882 v. Rad, Das Opfer, S. 33.
883 Vgl. Stähli, jara', fürchten, Sp. 774-777.

horsam, »der sich in einer überschweren Probe erweist«.[884] Abraham hat die Prüfung Gottes bestanden. Er hat den »Selbstwiderspruch Gottes ausgehalten«.[885] Sein Gehorsam war höher geachtet als der Vollzug des Opfers. Abraham hat Gott seinen einzigen Sohn nicht verweigert, das heißt, er hat ihn »so gut wie bereits geopfert«.[886] Abraham schrie nicht gegen Gott an. »Er hat nicht, wie Hiob es tat, Gott einfach das Recht bestritten, derart an ihm zu handeln, sondern auch in dem äußersten Dunkel, das es für ihn geben konnte, an Gott festgehalten.«[887] Bereits an Abraham wird sichtbar, was David in seinem großen Bußgebet bekennt: »Opfer, die Gott gefallen, sind ein zerbrochener Geist, ein zerbrochenes und zerschlagenes Herz wirst du, Gott, nicht verachten« (Ps 51,19). Anders als für Saul stand für Abraham der Gehorsam an erster Stelle. Samuel mußte Saul entgegenhalten: »Hat der Herr etwa an Brandopfern und Schlachtopfern das gleiche Wohlgefallen wie am Gehorsam gegen seine Befehle? Wisse wohl, Gehorsam ist besser als Schlachtopfer, Folgsamkeit besser als das Fett von Widdern« (1Sam 15,22).

Gott erkannte den Gehorsam Abrahams, der seinen Sohn nicht verweigerte, als Opfer an. Das Zeitwort »nicht verweigern« wird »im gleichen Sinn«[888] von Paulus im Blick auf das Opfer Gottes gebraucht: »Er, der seinen eigenen Sohn *nicht verweigert,* sondern ihn für uns alle in den Tod gegeben hat, wie sollte er uns mir ihm nicht alles schenken?« (Röm 8,32).

Das durch die Stimme des Engels deutlich ausgesprochene Anerkennen des Opfers Abrahams führt dazu, daß im Hebräerbrief Abrahams Opfer so beschrieben wird, als hätte Abraham Isaak buchstäblich geschächtet: »Durch den Glauben *hat* Abraham, als er versucht wurde, den Isaak zum Opfer *dargebracht,* ja seinen einzigen Sohn *brachte er dar,* der die Verheißung empfangen hatte« (Hebr 11,17). Den Glauben, der Abraham zu dieser Tat befähigte, kann sich der Schreiber des Hebräerbriefes nicht anders denken als den Glauben an den Gott, »der die Macht hat, aus den Toten zu erwecken« (Hebr 11,19). Den »Glauben an Gott, der vom Tode erweckt« (hebräisch: *m^{e}chajjeh metim),* bekennen auch die Juden in ihrem Hauptgebet, dem sogenannten Achtzehngebet.[889]

Die Zusammengehörigkeit von Gottesfurcht und Gehorsam ist für Jakobus in seinem Brief die Begründung für seine Zusammenschau von

884 Westermann, Genesis I/2, S. 443.
885 v. Rad, Das Opfer, S. 31.
886 Delitzsch, S. 327.
887 v. Rad, Das Opfer, S. 31.
888 Westermann, Genesis I/2, S. 443.
889 Das Achtzehngebet, in: Sidur Sefat Emet, S. 40-49; vgl. auch Leipoldt/Grundmann (Hg.), Bd II, S. 231-233.

Glauben und Werken: »Ist nicht unser Vater Abraham *aus Werken* gerechtfertigt worden, da er seinen Sohn Isaak auf dem Opferaltar *darbrachte*?« (Jak 2,21). Mit dieser zugespitzten Aussage scheint Jakobus in unversöhnlichem Widerspruch zu Paulus zu stehen: »Wenn Abraham nämlich aufgrund von Werken gerechtfertigt worden ist, so hat er allerdings Grund, sich zu rühmen, freilich nicht nicht vor Gott. Dennn was sagt die Schrift? (1Mo 15,6): Abraham glaubte Gott, und das wurde ihm zur Gerechtigkeit gerechnet« (Röm 4,2.3).

Die Unterschiede zwischen Jakobus und Paulus ergeben sich einmal durch die jedem eigene Art, aus dem Alten Testament zu zitieren, zum andern aus der jeweils anderen Zielsetzung ihrer Aussagen.

Paulus beruft sich allein auf 1. Mose 15,6; Jakobus dagegen stellt eine Verbindung zwischen 1. Mose 15,6 und 1. Mose 22,9-14 her. Paulus handelt von der Rechtfertigung, die auch durch einen noch so großen Glauben nicht verdient werden kann. Jakobus aber legt dar, daß ein wahrer Glaube sich in Werken auswirkt, das heißt in Entscheidungen, im Verhalten und im Tun des Menschen. Einen Glauben ohne Konsequenzen - so Jakobus - haben auch die Teufel (Jak 2,19). Die Formulierung »aus Werken« (Jak 2,21) läßt schließlich auch die Deutung zu: Der Glaube erweist sich *von den Werken her* als vollendet.[890] Unter diesen Gesichtspunkten sind die Berufungen auf Abraham bei Paulus und Jakobus keine Gegensätze; im Gegenteil, sie ergänzen sich gegenseitig.

(3) Das Tier-Opfer

Das Dunkel der Nacht war zerrissen. Abraham konnte wieder aufse-
13 hen. Die Formulierung **Abraham erhob seine Augen** ist auch hier ein bewußtes Aufschauen und ein gezieltes Sich-Umschauen.[891] Da sieht Abraham einen Widder. Dieser war vermutlich vorher schon da, aber jetzt steht er Abraham greifbar zur Verfügung.[892] Im Dunkel der Nacht hatte Abraham die Verantwortung für sein Handeln Gott zurückgegeben: »Gott wird sich das Schaf zum Brandopfer ersehen, mein Sohn« (V. 8). In der äußersten Dunkelheit blieb Abraham keine andere Möglichkeit, als Gott handeln zu lassen, und Gott selbst sorgte für das Tier zum Brandopfer.

Abraham opferte anstatt seines einzigen Sohnes einen gefundenen Widder. Das Entscheidende dabei aber ist nicht der geringere Wert des Ersatzes[893], sondern daß Gott selbst für den Ersatz sorgte.

[890] Vgl. Harder, GPM 1962/63, S. 108.
[891] Siehe die Auslegung zu 1. Mose 22,4; vgl. Hirsch, Genesis, S. 350.
[892] Vgl. v. Rad, Mose, S. 207.
[893] Hirsch, der in seiner Auslegung hierauf besonderen Wert legt, beschreibt diesen Vorgang mit folgendem Bild: »Es hat uns jemand großmütig eine Million gelassen - wir greifen eine zufällig daliegende Stecknadel auf und bitten: dies wenigstens dafür zu nehmen!« Vgl. Hirsch, Genesis, S. 354.

Gott hat den ihm von Abraham dargebotenen Isaak dem Leben zurückgegeben.[894] Er sorgte auch für den Widder im Gestrüpp.

»Was Gott dem Abraham im letzten Augenblick erspart hat, das hat er sich selbst nicht erspart.«[895] Gott hat seinen Sohn nicht »verschont« (Röm 8,32). Auf Golgatha »fand sich kein Widder im Gestrüpp, und er hätte auch nicht genügt«.[896]

(4) Das Gotteslob

Der Bericht von Isaaks Fesselung endet zwar nicht mit einem Freudengeschrei[897], aber mit einem Gotteslob. »Abraham erinnert sich dankbar der Worte, die er in höchster Seelennot zu seinem Sohn gesprochen: ›Gott ersieht sich.‹«[898] Abraham gibt dem ihm von Gott für das
Opfer gezeigten Ort den Namen: **Jahwe sieht.** »Dieser Name ist Aus- 14
druck seiner aus tiefer Not befreiten Freude; Gotteslob ist im Alten Testament zu Gott hingewandter Ausdruck der Freude.«[899]

Das Gotteslob Abrahams, »Jahwe sieht«, gab dem Opferberg seinen Namen: **Jahwe läßt sich sehen,** oder Jahwe »ersieht sich immer wieder«.[900] Das Sehen Gottes ist für Abraham Segen. »Es eröffnet die Zukunft bis an den Horizont der Zeit! Was der Glaubende in Gott hinein losläßt, empfängt er gesegnet und für immer zurück.«[901]

Der dreifache Gebrauch des Wortes »sehen«: Gott »ersieht« (V. 8), »er sieht« den Gehorsam Abrahams (V. 14a) und »er läßt sich auch in Zukunft sehen« (V. 14b), ist eine Umschreibung der Bedeutung des im einzelnen nicht genau übersetzbaren Namens Morija.[902] Der Berg und sein Name sollen die Glaubenden aller Zeiten daran erinnern: Gott *sieht* das Leid und die Verzweiflung[k].

[k] 2Mo 3,7

Die jüdische Auslegung erkennt in der Namengebung des Berges einmal einen Hinweis auf den Tempel, der später an diesem Ort errichtet wurde[903], zum andern eine Erklärung der Bedeutung des Tempelgottesdienstes. Jeder Sohn Abrahams und Isaaks soll sich dreimal im Jahr auf diesem Berg einstellen, »zur prüfenden Anschauung und Durchschauung«.[904]

894 v. Rad, 1. Mose 22,1-19, GPM 1947, Heft 4, S. 59+60.
895 Voigt, Weinstock, S. 140.
896 Voigt, Geliebte Welt, S. 176.
897 Procksch, S. 319.
898 Gunkel, S. 239.
899 Westermann, Genesis I/2, S. 444.
900 Gunkel, S. 239.
901 Bours, S. 32.
902 Vgl. Harder, GPM 1962/63, S. 105.
903 Hertz (Hg.), S. 75.
904 Hirsch, Genesis, S. 355.

Im biblischen Bericht selbst sind das Gotteslob Abrahams und der Name des Berges eine Bestätigung der Gewißheit Abrahams: Gott ist und bleibt ein lebendiger Gott.[905] Abraham hatte es nicht mit einem erdachten, sondern mit dem wirklichen Gott zu tun. Für Abraham ist Gott kein unwandelbares »Prinzip«, sondern der ganz andere, der lebendigen Gott, der in seinem Anderssein ernst genommen werden muß.[906]

Es gibt Gottesvorstellungen - in großer Weisheit und Gelehrsamkeit entfaltet -, in denen Gott nur eine Theorie, ein festgelegtes Prinzip ist. Von einem solchen Gott wird nichts anderes erwartet, als daß er die vom Menschen entwickelten Grundsätze und Überzeugungen garantiert.

Einem solchen erdachten Gott schreibt der Mensch dann vor, wie dieser zu handeln hat. So ist zum Beispiel Immanuel Kant (1724-1804), der Philosoph der Aufklärung, davon überzeugt, daß der Befehl: »Geh und opfere deinen Sohn!« nicht von Gott gekommen sein kann: »Daß es aber nicht Gott sein könne, dessen Stimme er (der Mensch) zu hören glaubt, davon kann er sich wohl in einigen Fällen überzeugen; denn wenn das, was ihm geboten wird, dem moralischen Gesetz zuwider ist, so mag die Erscheinung ihn noch so majestätisch und die ganze Natur überschreitend dünken; er muß sie doch für Täuschung halten.« In einer Anmerkung erläutert Kant seinen Grundsatz: »Zum Beispiel kann die Mythe von dem Opfer dienen, das Abraham auf göttlichen Befehl durch die Abschlachtung seines einzigen Sohnes (das arme Kind trug unwissend noch das Holz hinzu) bringen wollte. Abraham hätte auf diese vermeintliche göttliche Stimme sagen müssen: Daß ich meinen Sohn nicht töten solle, ist ganz gewiß; daß aber du, der du mir erscheinst, Gott seist, davon bin ich nicht gewiß und kann es auch nicht werden, wenn die Stimme auch vom sichtbaren Himmel herabschallete.«[907]

Für Kant ist Gott nicht der lebendige, der wirkliche, sondern ein erdachter. In der Begegnung aber mit dem lebendigen Gott geht es nicht darum, »daß sich ein Gottesbegriff bewahrheitet, sondern daß zwischen Gott und uns ein Geschehen stattfindet, in dem alles Selbstverständliche zerbricht und weicht, wir aber desto fester an Gott gebunden werden«.[908]

Die Anerkennung des Opfers Abrahams zeigt, daß Gott zwar in die Krise führt, daß er aber in dieser Krise den Menschen nicht zugrunde

[905] Vgl. die Auslegung zu 1. Mose 22,8.
[906] Vgl. Voigt, Geliebte Welt, S. 173.
[907] Kant, I.; zitiert nach Westermann, Genesis I/2, S. 432+433.
[908] Voigt, Geliebte Welt, S. 173.

richtet, sondern aufrichtet.[909] Gott prüft Abraham nicht mit der Absicht, ihn zu vernichten. »Niemand sage, wenn er zum Bösen versucht wird: ›Von Gott werde ich versucht‹, denn Gott kann nicht zum Bösen versucht werden, versucht aber auch seinerseits niemanden« (Jak 1,13). Die Versuchung, von der Jakobus spricht, ist »die Versuchung zum Bösen«.[910] Die Erprobung Abrahams aber ist keine Versuchung zum Bösen. Gott will nicht die Vernichtung Abrahams, sondern sein »absolutes Sichausliefern«.[911] Abraham bestand die Erprobung zum Guten. Er gab sich selbst und Isaak ganz in Gottes Hand. Das ist das Opfer Abrahams.

In der Auslegung des Opfers Abrahams muß der Verkündiger drei Schritte bedenken. Er kann das Opfer Abrahams typologisch und seelsorgerlich deuten. Zugleich aber muß er immer auf die Einmaligkeit des Opfergangs Abrahams hinweisen.

a) Die typologische Deutung

Die typologische Deutung geht ihrem Namen und ihrer Sache nach zurück auf eine Formulierung des Apostels Paulus. Seit seiner Bekehrung war für Paulus das Alte Testament vornehmlich »Zeugnis der zu Christus führenden Heilsgeschichte«.[912] Das Alte Testament »ist jenen vorbildlich (griechisch: *typikos!*) geschehen, aufgeschrieben aber ist es zur Vermahnung für uns, über die das Ende der Zeiten gekommen ist« (1Kor 10,11).

Typos heißt wörtlich übersetzt »Hohlform«, mit deren Hilfe ein »Abbild« (griechisch: *antitypos*) gegossen werden kann. Der Typos ist das geschichtliche Faktum, der Antitypos das, was sich zukünftig in Vollkommenheit ereignen wird. Die typologische Deutung geht davon aus, daß sich die Geschichte von der Fesselung Isaaks genauso zugetragen hat, wie es der biblische Bericht bezeugt. Zugleich sind in ihr wie in einer Hohlform Züge eingeprägt, die erst durch den Ausguß, den »Antitypos«, in ihrer Vollkommenheit zu erkennen sind. Das vollkommene Abbild, der Antitypos, zum Bericht der Fesselung Isaaks ist der Weg Jesu, sein Wirken, Sterben und Auferstehen. Dabei ist die Hohlform nicht gleichzusetzen mit einer einzelnen Gestalt, etwa mit Abraham oder mit Isaak, sondern mit dem Bericht als Ganzem. Wie die Hohlform Einprägungen erkennen läßt, so sind deutlich verschiedene Ereignisse aus dem Leben Jesu im Bericht von der Fesselung Isaaks vorabgeschattet.

Vom »geliebten Sohn« spricht die Himmelsstimme bei der Taufe Jesu (Mt 3,13-17; Mk 1,9-11; Lk 3,21.22). Wie bei der Prüfung Abrahams,

909 Vgl. Kilian, S. 168.
910 Harder, GPM 1962/63, S. 108.
911 Kilian, S. 166.
912 Goppelt, S. 153; vgl. auch S. 18f; vgl. Bräumer, 1. Mose 1-11, 1. Teil, S. 100-102.

so steht auch bei der Versuchung Jesu Gotteswort gegen Gotteswort (Mt 4,1-11; Mk 1,12.13; Lk 4,1-13). »Darin besteht die eigentliche Versuchung, daß Wort Gottes gegen Wort Gottes steht.«[913] Die Versuchung beginnt immer da, wo Wort gegen Wort steht!

Der Abraham gebotene einsame Weg erinnert an den Kampf Jesu in Getsemane (Mt 26,36-46; Mk 14,32-42; Lk 22,39-46). Der Gang Isaaks auf den Berg, beladen mit den Hölzern, ist eine Vorabschattung des Tragens des Kreuzesbalkens auf der Via Dolorosa (Mt 27,31.32; Mk 15,20.21; Lk 23,26-32; Joh 19,16.17). Über dem ganzen Opfergang liegt »das Dunkel des Karfreitags«.[914] Die Rettung Isaaks ist ein verhaltener Hinweis auf die Auferstehung Jesu (Mt 28,1-10; Mk 16,1-8; Lk 24,1-12; Joh 20,1-18). Der Weg Jesu ist jedoch im Gegensatz zur alttestamentlichen »Hohlform« der vollkommene und ganze Heilsweg. Gott hat seinen Sohn nicht verweigert (Röm 8,32). Jesus ist auferstanden!

b) Die seelsorgerliche Deutung

Der Opfergang Abrahams ist für zahllose Menschen, die wissen, was es bedeutet, ein Kind hergeben zu müssen, eine Geschichte des Trostes. Sie sind nicht »Zuschauer«, sondern »Teilnehmende«.[915] Zu den sogenannten »Teilnehmenden« können aber auch die gezählt werden, die einen Partner verloren haben, die auf ihren Beruf, ihre Arbeitskraft oder auf ihre Gesundheit verzichten müssen.

Die seelsorgerliche Deutung kann eine Hilfe sein, ein nicht zu begreifendes Lebenslos von Gott her zu verstehen. Dabei bleiben zwischen Abraham und dem Leidenden der Gegenwart folgende Unterschiede:

(1) Gott verlangt von Abraham, sich selbst für den Opfergang zu entschließen. Der Leidende heute muß sich nachträglich in Gottes Willen fügen. Er muß Ja sagen zu dem, was ihm unbegreiflich hart und grausam erscheint. Er muß Gott seine Sehnsucht und seinen Schmerz aufopfern. Er kann wie Hiob sprechen lernen: »Der Herr hat's gegeben, der Herr hat's genommen; der Name des Herrn sei gelobt« (Hi 1,21).[916]

(2) So gewiß der Opfergang Abrahams auch zum Trost aufgeschrieben ist, bleibt dennoch ein letztes Unvergleichbares. Abraham soll nicht nur das Persönliche, das Werteste und Liebste opfern, bei Abraham geht es »um das Ganze der göttlichen Verheißung, um die ganze Hoffnung, um das ganze Heil der Welt, das Abraham in Isaak versprochen war«.[917]

[913] Harder, GPM 1962/63, S. 109.
[914] Vischer, S. 176.
[915] Vgl. Westermann, Genesis I/2, S. 447.
[916] Vgl. Rupprecht, S. 98.
[917] Vischer, S. 176.

(3) Bei Abraham, vor allem aber bei Jesus handelte es sich um ein eigenes selbständiges Leiden. Der Jesus Nachfolgende aber kann nicht leiden *wie* Abraham und schon gar nicht *wie* Jesus. Jesus hat alles Leid stellvertretend getragen. Dem Nachfolgenden bleibt allenfalls die Möglichkeit des »Leidens mit Jesus« (vgl. Röm 8,17; 2Kor 1,5; Phil 3,10; Kol 1,24; 2Tim 2,3).

c) Die Einmaligkeit des Opferganges

Sören Kierkegaard zog - wie er es zwei Jahre vor seinem Tod erkannte - aus dem Bericht vom Opfergang Abrahams falsche Konsequenzen. Er hatte sich Abraham zum Vorbild genommen und versucht, gemäß diesem »Urbild« zu handeln. Kierkegaard nahm für sich und die Entscheidung seiner Entlobung von Regine Olsen unter Berufung auf Abraham eine Außerkraftsetzung einer allgemein gültigen ethischen Verpflichtung in Anspruch. Er sprach in diesem Zusammenhang von der »teleologischen Suspension des Ethischen«.[918]

Der positive Ansatz Kierkegaards war der Kampf gegen Immanuel Kants Absolutsetzen des Ethischen. Kierkegaard wußte, daß es nur eines einzigen Beispiels bedarf, um die Universalität des ethischen Prinzips zu erschüttern. Gäbe es dieses nicht, so müßte der Glaube in der Philosophie untergehen. Kierkegaard fand dieses Beispiel in Abraham. Mit Abraham zieht Kierkegaard »gegen die von der Aufklärung geübte Einordnung des Religiösen in das Ethische zu Felde«.[919]

Der Fehler, den »der große Erzprüfer der Christenheit«[920] machte, war, daß Kierkegaard die Erzählung der Bibel in eine Sphäre hineinzog, die der Eindeutigkeit, die zwischen Gott und Abraham herrschte, entbehrte. Martin Buber wird zwar in seiner Kritik Kierkegaards Gedanken in »Furcht und Zittern« nicht gerecht[921], aber er weist zu Recht darauf hin, daß der Opfergang Abrahams von niemandem in direkter Weise nachempfunden oder gar nachgeahmt werden kann: »Aus der Situation zwischen Abraham und Gott, der die von ihm selber gesetzte ethische Ordnung durchbricht, ist der Vorgang in eine Sphäre gerückt, in der (= in Kierkegaards Sphäre) es weit weniger eindeutig als in der biblischen Erzählung zugeht.«[922]

Martin Buber sah die Front nicht, gegen die Sören Kierkegaard ankämpfte, nämlich die Philosophie Immanuel Kants. Buber aber fürchtete zu Recht, Kierkegaard könne seinerseits in unguter Weise Nachah-

918 Siehe die Auslegung zu 1. Mose 22,1+2, XII. 1. (3) c) Abraham als Vorbild.
919 Perkins, S. 311.
920 Buber, Gottesfinsternis, S. 138.
921 Perkins, S. 306-312.
922 Buber, Gottesfinsternis, S. 140.

mer finden. Kein Mensch hat - so Buber - wie Abraham ein so unverwechselbares direktes Gottesgebot empfangen. Folglich kann kein Mensch handeln unter Verweis auf einen höheren Zweck und damit auch nur zeitweilig »das Ethische« außer Kraft setzen. Buber dachte bei dieser seiner Begründung an die Unmöglichkeit einer Rechtfertigung von Mord, Erpressung, Konzentrationslagern und allen anderen Greueln seiner Zeit.[923] Wer in solchen Fällen meint, Gebote Gottes außer acht lassen zu können, handelt nicht im Namen des lebendigen Gottes, sondern des Götzen Moloch: »Im Bereich des Moloch lügen die Aufrichtigen und foltern die Barmherzigen und meinen wirklich und wahrhaftig, der Brudermord werde der Brüderlichkeit den Weg bereiten.«[924]

Auf die Einmaligkeit von Abrahams Opfergang wies Martin Luther vier Jahrhunderte vor Martin Buber hin. Den Opfergang Abrahams nach Morija kann man nur »wie aus der Ferne sehen«. Von sich selbst sagt Luther: »Ich hätte hier nicht Zuschauer sein können, geschweige denn Täter und Schlächter.«[925] An diese Auslegung Luthers muß auch der denken, der mit Ernst und Überzeugung das Lied des Reformators »Ein feste Burg ist unser Gott« singt, in dem es heißt:

»Nehmen sie den Leib,
Gut, Ehr, Kind und Weib:
laß fahren dahin,
sie haben's kein Gewinn,
das Reich muß uns doch bleiben.«[926]

4. Die neue Zukunft: 22,15-24

15 Und der Engel Jahwes rief Abraham ein zweites Mal vom Himmel
16 her zu * und sprach: »Ich schwöre bei mir selbst« - so lautet der
Ausspruch Jahwes -, »weil du dieses getan und mir deinen Sohn,
17 deinen einzigen, nicht verweigert hast, * darum will ich dich reich
segnen und deine Nachkommenschaft überaus zahlreich machen
wie die Sterne am Himmel und wie den Sand am Ufer des Meeres;
und deine Nachkommen sollen das Tor ihrer Feinde besitzen.
18 * Und mit deiner Nachkommenschaft sollen sich segnen alle Völ-
19 ker der Erde, weil du auf meine Stimme gehört hast.« * Dann kehr-
te Abraham zu seinen Knechten zurück. Sie brachen auf und gin-

923 Perkins, S. 308.
924 Buber, Gottesfinsternis, S. 144.
925 Luther; zitiert nach v. Rad, 1. Mose 22,1-19, GPM 1947, Heft 4, S. 58.
926 Luther, Ein feste Burg, EKG 201, V.4.

gen miteinander nach Beerscheba; und Abraham blieb in Beer-
20 scheba wohnen. * Und es geschah nach diesen Ereignissen, siehe,
da erhielt Abraham die Nachricht: »Auch Milka hat deinem Bru-
21 der Nahor Söhne geboren: * Uz, seinen Erstgeborenen, dessen
22 Bruder Bus und Kemuël, den Vater von Aram, * und Kesed sowie
23 Haso, Pildasch, Jidlaf und Betuël.« * Betuël zeugte Rebekka. Diese
acht Söhne hatte Milka dem Nahor, dem Bruder Abrahams, gebo-
24 ren. * Und seine Nebenfrau, ihr Name war Rëuma, hatte auch Söh-
ne geboren, nämlich Tebach, Gaham, Tahasch und Maacha.

Die zweite Rede des Engels Gottes beschreibt die neue Zukunft Abrahams. Gott hatte Abraham noch einmal - wie damals in Mesopotamien - einen einsamen Weg abverlangt. Abraham mußte den Opfergang für sich allein gehen (vgl. 1Mo 12,1; 22,1). Für Abraham war dies wie ein Neuanfang mit Gott: »Anfang wie Neu-Anfang sind Stationen des geistlichen Lebens.«[927] Gott bestätigte den Neuanfang Abrahams mit einer Verstärkung seiner Verheißungen. Abrahams Zukunft ist eine »gesegnete und segenspendende Zukunft«.[928]

l 1Mo 24,7 2Mo 32,13 Jes 45,23 Jer 11,5 Lk 1,73 Apg 7,17

Der Engel überbringt Abraham den Ausspruch Jahwes. Jahwe beschwört[l] die Verheißung bei sich selbst[929], so berichtet der Bote. Außerdem fügt Gott zu der Segens- und Mehrungsverheißung[m] noch die Ver-
heißung des Sieges hinzu. Abrahams **Nachkommen sollen das Tor ih- 17**
rer Feinde besitzen. Das Tor ist der bedeutendste Platz einer Stadt (vgl. 1Mo 19,1). Wer das Tor einnimmt, der hat die Macht über die Stadt.[930] Den Nachkommen Abrahams werden sich Feinde entgegenstellen, der Sieg aber wird auf der Seite der Nachkommen Abrahams sein. Sie werden die feindlichen Städte erobern und besetzen.[931]

m 1Mo 12,1-3.7 13,14-16 15,5 16,10; 17 18,18 21,13-18

In der Mehrungsverheißung heißt es: Sie werden sein wie der **Sand am Ufer des Meeres.** Das Bild vom Sand wird von Jeremia aufgenommen und als Grenze des Meeres gedeutet: »der ich dem Meer den Sand zur Grenze gesetzt habe als ewige Schranke, die es nicht überschreiten darf, so daß seine Wogen, wenn sie auch branden, doch ohnmächtig sind und, wenn sie auch brausen, doch nicht ungebührlich vordringen« (Jer 5,22). Die nicht zählbare Nachkommenschaft Abrahams wird von keinem noch so bedrohlichen Ansturm überwältigt oder vernichtet werden.[932]

927 Doppelfeld, S. 10.
928 Hirsch, Genesis, S. 356.
929 Zum Gottesschwur vgl. die Auslegung zu 1. Mose 15,7-21.
930 Hertz (Hg.), S. 75.
931 Dillmann, S. 294.
932 Vgl. Hertz (Hg.), S. 75.

n 1Mo 12,3 18,18; 26,4 Apg 3,25 Gal 3,8

Die Segensverheißung[n] hat auch hier zugleich segenspendende Bedeutung.[933]

Nach der zweiten Engelrede kehren Abraham und Isaak zu den un-
19 ten am Berg wartenden Knechten zurück; und sie **gingen miteinander nach Beerscheba.**

Zweimal heißt es von Abraham und Isaak, sie gingen »miteinander« (1Mo 22,6.8). Jetzt ist die kleine Karawane, die ins Land Morija zog, wieder vereint. Alle, Abraham, Isaak, die Knechte und der Esel, kehren zurück nach Beerscheba. Abraham und Isaak waren vom Gipfel des Berges zurückgekehrt, als wäre nichts geschehen. Gott hatte sich dem Abraham bestätigt und die Verheißung erweitert. Die Rückkehr aber war kein Siegeszug, ihr schloß sich auch keine Siegesfeier am Fuß des Berges an; Abraham und Isaak gliederten sich ganz selbstverständlich in die kleine Karawane ein. Damit prägt Abraham ein weiteres Grundmuster für das Leben des Glaubenden: »Je höher er geistig und sittlich steht, je weniger überhebt er sich, je weniger weiß er von der eigenen Größe.«[934]

In Beerscheba angekommen, erreichte Abraham die Nachricht von
20 den Nachkommen seines Bruders Nahor.[935] Die Formulierung, **siehe, da erhielt Abraham die Nachricht,** kann so gedeutet werden, daß die Nachricht, die ihn in Beerscheba erwartete, die Antwort auf eine Erkundigung Abrahams war.[936] Bis zur Fesselung Isaaks wußte Abraham nichts von seinen Verwandten. Jetzt erfährt er, daß Nahor zwölf Söhne hat, acht von seiner Frau Milka und vier von seiner Nebenfrau Rëuma. Milka wird bereits in Mesopotamien neben Sara genannt.[937] Rëuma, die Nebenfrau Nahors, ist im Alten Testament nur an dieser Stelle erwähnt. Ihr Name ist nicht eindeutig übersetzbar. Vielleicht bedeutet er soviel wie »die von Gott geliebte«.[938]

Die zwölf Söhne Nahors heißen[939]:

o Hi 1,1 Jer 25,20 Kla 4,21
p Jer 25,23

(1) Uz[o]
(2) Bus[p]
(3) Kemuël (= »Gott richtet auf«), Ahnherr der Aramäer
(4) Kesed, Ahnherr der Chaldäer
(5) Haso
(6) Pildasch

933 Siehe die Auslegung zu 1. Mose 12,3; I. 7.: »In dir werden gesegnet alle Geschlechter der Erde.«
934 Hirsch, Genesis, S. 357.
935 Vgl. die Auslegung zu 1. Mose 11,26; Bräumer, 1. Mose 1-11, 1. Teil, S. 229f.
936 Hirsch, Genesis, S. 358.
937 Zu Milka siehe die Auslegung zu 1. Mose 11,29; Bräumer, 1. Mose 1-11, 1. Teil, S. 231.
938 Vgl. Westermann, Genesis I/2, S. 450.
939 Die meisten der Namen sind nicht eindeutig übersetzbar. Zu den Übersetzungen vgl. Odelain/Séguineau, S. 157 Jakim; S. 34 Aram; S. 211 Kesed; S. 346 Tebach; S. 108 Gaham; S. 344 Tahasch; S. 227 Maacha.

(7) Jidlaf
(8) Betuël[q], der Vater Rebekkas
(9) Tebach (= »geboren zur Zeit eines Massakers«)
(10) Gaham (= »Flamme«)
(11) Tahasch (= »Delphin«)
(12) Maacha, Stammvater der Maachatiter[r].

Die Namen der Söhne sind überwiegend reine Personennamen. Auf das geographische Gebiet, in denen einzelne Stämme, die sich auf die Söhne Nahors zurückführten, lebten, weisen nur Uz, Bus und Maacha. Uz lag in Edom, Bus wahrscheinlich in der Nähe Edoms. Hiob kam aus dem Lande Uz (Hi 1,1-3), Elihu aus Bus, und Maacha war ein Gebiet am Hermon.[940]

[q] 1Mo 24,50-51 28,2.5

[r] 5Mo 3,14 Jos 12,5 13,11.13 2Sam 10,6.8 1Chr 19,6.7

Das Zahlenverhältnis der Söhne Nahors ist das gleiche wie bei den Söhnen Jakobs: acht von Milka - wie bei Jakob acht von Lea und Rahel - und je vier von der Nebenfrau Rëuma bzw. von den Nebenfrauen Bilha und Silpa.[941] Auch Ismael hatte zwölf Söhne (1Mo 25,13-16).

Die Aufzählung der Nachkommen Nahors will nicht in erster Linie auf die Entstehung der aramäischen Stämme hinweisen. Es ist ein alter Stammbaum, bei dem »der familiäre Charakter noch stark ausgeprägt ist«[942], eine Nachricht von den Verwandten Abrahams. Abraham hatte sich aufgrund des Befehls Gottes: »Geh für dich allein« (1Mo 12,1) vollständig von seinen Verwandten getrennt. Die Frage, wie sich die Mehrungsverheißung erfüllen kann, legt eine Verbindung mit der Verwandtschaft nahe. Isaaks Frau wird Rebekka, die Tochter Betuëls.

XIII. SARAS TOD UND DER KAUF EINES GRUNDSTÜCKS BEI HEBRON: 23,1-20

Abraham und seinen Nachkommen war der Besitz des Landes Kanaan verheißen worden[a]. Noch aber gehörte ihm nichts von diesem Land. Er war ein Halbnomade geblieben, der sich für längere oder kürzere Zeit an verschiedenen Orten aufhielt. Er lebte zwar schon in dem ihm verheißenen Land, aber »noch nicht im Stand der Erfüllung«.[943] Nach dem Tod Saras kaufte Abraham ein Grab als ersten Grundbesitz.[944] Das Grabgrundstück ist ein kleines Stück des verheißenen Lan-

[a] 1Mo 12,1.5.7 13,15 15,18 17,8

940 Vgl. Westermann, Genesis I/2, S. 450f+476.
941 Delitzsch, S. 331.
942 Westermann, Genesis I/2, S. 449.
943 v. Rad, Mose, S. 214.
944 Vgl. Delitzsch, S. 335.

des. Außer Sara wurden später hier Abraham (1Mo 25,9), Isaak (1Mo 35,29), Rebekka und Lea (1Mo 49,31) und schließlich auch Jakob (1Mo 50,13) beigesetzt. Abraham und seine Nachkommen, denen die Landverheißung galt, mußten nicht in fremder Erde ruhen. »Im Tode waren sie schon Erben und keine ›Fremdlinge‹ mehr.«[945] Sie waren »im Tode noch Bekenner des Glaubens an die Verheißung«.[946]

Für die Christen, die im Alten Testament »das schattenhafte Abbild der zukünftigen Heilsgüter« sehen (Hebr 10,1), ist der Erwerb des Grabgrundstückes bei Hebron ein Hinweis auf Christi Grab, den Anfang des Lebens.

»Ein Grab wird für den Fremdling
der erste Erbbesitz,
wird Anfang des Gelobten Landes!
Aus Fremdlingen werden Erben -
durch ein Grab!
Ein Grab ist der Anfang!

Das Ostergrab wird
der Anfang des Gelobten Landes.
Durch das Ostergrab werden wir,
die Kinder Abrahams,
aus Fremdlingen Erben!

Die Grabhöhle wird zur Stätte des Beginns,
der Geburt!
Gottes Verheißung läßt den Tod
zum Anfang werden.
Christi Grab wird zum Anfang des Lebens.«[947]

1 Die Lebenszeit Saras betrug hundertsiebenundzwanzig Jahre.
2 Dieses waren die Lebensjahre Saras. * Sara starb in Kirjat-Arba,
das ist Hebron, im Lande Kanaan. Da ging Abraham hinein, Sara
3 zu beklagen und sie zu beweinen. * Danach stand Abraham auf
4 von seiner Toten und redete zu den Hetitern: * »Als Fremdling
und Gast bin ich bei euch. Gebt mir einen Grabbesitz bei euch, daß
5 ich meine Tote hinausbringe und begrabe.« * Da antworteten die
6 Hetiter Abraham: * »Höre uns an, Herr! Du bist in unserer Mitte
als ein Fürst Gottes. Begrabe deine Tote in dem vornehmsten un-

[945] v. Rad, Mose, S. 214.
[946] Delitzsch, S. 336.
[947] Bours, S. 34+35.

serer Gräber. Keiner von uns wird dir seine Grabstätte verwei-
7 gern, begrabe deine Tote.« * Da stand Abraham auf, verneigte sich
8 vor den Leuten des Landes, den Hetitern, * und sagte weiter zu ih-
nen: »Ist es denn euer Wille, daß ich meine Tote hinausbringe und
begrabe, so höret auf mich und tretet für mich bei Efron, dem Soh-
9 ne Zohars, ein, * daß er mir die Höhle Machpela lasse, die ihm ge-
hört, am Rande seines Feldes. Er möge sie mir zu eigen geben zum
10 vollen Kaufpreis als Grabbesitz.« * Efron aber saß unter den Heti-
tern, und Efron, der Hetiter, antwortete vor den Hetitern, vor al-
11 len, die ins Tor der Stadt gekommen waren: * »Höre mich an, Herr!
Das Feld schenke ich dir, und die Höhle, die darauf ist, schenke ich
dir; im Beisein meiner Landsleute schenke ich sie dir. Begrabe
12 deine Tote!« * Da verneigte sich Abraham vor den Leuten des
13 Landes * und sprach zu Efron, daß die Leute des Landes es hör-
ten: »Ach, möchtest du mich doch nur anhören! Ich gebe den Preis
für das Grundstück. Nimm ihn von mir an, so will ich dort meine
14 Tote begraben.« * Darauf antwortete Efron dem Abraham:
15 * »Höre mich an, Herr! Ein Stück Land, vierhundert Schekel Silber
wert, was ist das zwischen mir und dir? Begrabe nur deine Tote!«
16 * Und Abraham nahm die Forderung Efrons an und wog Efron
den Kaufpreis dar, den er vor den Hetitern angegeben hatte: vier-
hundert Schekel Silber nach dem im Handel üblichen Gewicht.
17 * So fiel das Grundstück Efrons, Machpela gegenüber Mamre, das
Grundstück und die Höhle darauf und alle Bäume, die auf dem
18 Grundstück ringsum in seinem ganzen Umfang waren, * an Abra-
ham als Eigentum, im Beisein aller Hetiter, die in das Tor der
19 Stadt gekommen waren. * Danach begrub Abraham seine Frau
Sara in der Höhle auf dem Grundstück Machpela gegenüber von
20 Mamre, das ist Hebron, im Lande Kanaan. * So wurde das Grund-
stück und die Höhle darauf von den Hetitern Abraham als Grab-
besitz überlassen.

Sara starb im Alter von hundertsiebenundzwanzig Jahren in **Kirjat-Arba,** im späteren Hebron. **2a**

Der alte Name Kirjat-Arba kann soviel bedeuten wie: »Stadt der Vier (Sippen oder Bezirke)«[b] oder aber wie »Stadt des Arba«[c]. Der spätere Name Hebron ist von dem Wort »sich verbünden« (hebräisch: *chabar*) abgeleitet und heißt soviel wie »Ort des Bundes« oder »Bündnisort«. Der alte Name Kirjat-Arba ist in seiner ersten Übersetzungsmöglichkeit ein Hinweis darauf, daß in dieser Gegend ursprünglich vier Sippen wohnten; die zweite Übertragung besagt: Hebrons Stammvater war Arba, der größte der Anakiter (vgl. Jos 14,15). Auf die sogenannten Anakiter (übersetzt: »Halskettenleute«) stießen die von Mose in das Land ge-

[b] 1Mo 35,27 Neh 11,25
[c] Jos 14,15 15,13

schickten Kundschafter (4Mo 13,22). Die Anakiter kamen den Israeliten vor wie ein Geschlecht von Riesen (4Mo 13,28-33; 5Mo 9,2).[948]

Zur Zeit des zweiten Jüdischen Krieges (132-135 n.Chr.) bekam Hebron den Namen *ha-baruch*, der Gesegnete. So hieß Hebron in der frühjüdischen Zeit »Stadt des Gesegneten«, das heißt Stadt Abrahams. Die Stadt Abrahams blieb Hebron auch für die Araber. Ihre Bezeichnung *el-chalil*, »der Freund«, geht auf Jesaja 41,8 zurück, wo Gott Abraham seinen Freund nennt.[949]

Zur Zeit Abrahams war Kirjat-Arba im Besitz der Hetiter. Die kleine Volksgruppe der Hetiter im Gebiet von Hebron steht in keinem Zusammenhang mit dem alten Hetiterreich oder den jüngeren Hetiterstaaten in Syrien.[950] Die Hetiter von Kirjat-Arba gehörten zu den sieben Völkerschaften des Landes Kanaan[d].

[d] 5Mo 7,1; Jos 3,10; 24,11

Archäologen stießen in der Gegend von Hebron auf Funde aus der Kupfersteinzeit (4500-3150 v.Chr.), die auf Siedlungen schließen lassen.[951] Die Wohnhöhlen dieser Epoche wurden zu Beginn der Frühen Bronzezeit (3150-2200 v.Chr.) als Gräber verwendet. Wie aus ägyptischen Texten zu schließen ist, gab es bereits in der Mittleren Bronzezeit (2200-1550 v.Chr.) eine Stadt Hebron. Erst zur Zeit der Hyksos (ab 1750-1550 v.Chr.) wurde Hebron zu einer befestigten Stadt mit 9,5 m dicken Mauern ausgebaut. Die Ruinen aus der Blütezeit des alten Hebron standen sicher noch zur Zeit der Landnahme (um 1160 v.Chr.). Für David wurde Hebron Königsstadt und Sprungbrett zum Königtum über Gesamtisrael (vgl. 1Sam 30,31; 2Sam 2,1-7). Nach der Eroberung Jerusalems baute David Jerusalem als Königsstadt aus. Abschalom, der noch in Hebron geboren wurde (2Sam 3,3), zettelte von Hebron aus eine Verschwörung gegen seinen Vater an. Nach dem Scheitern des Aufstandes Abschaloms gegen David verlor Hebron seine Bedeutung. Es wurde still um Hebron; die Stadt aber verschwand nie aus dem Gesichtskreis der Israeliten. Auch nach dem Exil siedelten sich wieder Juden in Hebron an (Neh 11,25), obgleich dieses damals außerhalb der persischen Provinz Jehud lag. Judas Makkabäus eroberte zu Beginn der Befreiungskriege (164-161 v.Chr.) »Hebron und seine Tochterstädte«, er »verbrannte ringsum seine Türme« (1Makk 5,3.65). Unter Johannes Hyrkan (135-104 v.Chr.) wurde das Land Idumäa, in dem Hebron damals lag, zwangsjudaisiert. Seit jener Zeit zeigte man die Höhlen des Feldes von Machpela an der heutigen Stelle in Hebron.

Der Idumäerkönig Herodes der Große baute um die Höhlen der Pa-

948 Odelain/Séguineau, S. 213 Kirjat-Arba; S. 132 Hebron; S. 27+28 Anak.
949 Vgl. Keel/Küchler, Bd 2, S. 672+673.
950 Siehe Einleitung, III. 3. Das Reich der Hetiter.
951 Zur Geschichte der Stadt Hebron vgl. Keel/Küchler, Bd 2, S. 673-686.

triarchengräber eine prächtige Umfassungsmauer, deren Reste bis heute zu sehen sind.

Als letzte Festung im Vorfeld Jerusalems verwüstete der römische Kaiser Vespasian 68 n.Chr. Hebron. Er legte Feuer. Die herodianischen Mauern, der »Haram«, blieben unversehrt.

Wie lange die eigentlichen Grabhöhlen von Machpela zugänglich waren, ist unbekannt. Bereits im zweiten Jahrhundert aber konnten sie nicht mehr begangen werden. Pilgerberichten zufolge wurde über den Gräbern eine Basilika gebaut. Sie wurde im 7. Jahrhundert zerstört. Seit jener Zeit ist Machpela jüdisches, christliches und muslimisches Heiligtum.

Die Kreuzfahrer errichteten über den Gräbern noch einmal eine Kirche. Die Bausubstanz der Kreuzfahrerkirche und die Spuren der Basilika sind noch in der heutigen Moschee zu erkennen.

Seit dem 13. Jahrhundert n.Chr. ist der Grabplatz eine Moschee. Die Judengemeinde, die während des Mittelalters um die Patriarchengräber entstand, wurde 1929 von arabischen Fanatikern ermordet oder vertrieben. Nach dem Sechstagekrieg 1967 kehrte eine jüdische Gemeinde nach Hebron zurück; 1 km nördlich vom alten Hebron gründeten sie eine Siedlung und gaben ihr den alten Namen »Kirjat-Arba«.

Sara starb in Kirjat-Arba im Land Kanaan. **Da ging Abraham hinein, Sara zu beklagen und sie zu beweinen.** Die Zeitwörter - er geht hinein, er beklagt und beweint - beschreiben die Grundzüge des Trauerritus.[952] Für Abraham ist die Trauer eine familiäre Angelegenheit, es treten keine Klagefrauen (vgl. Jer 9,16) auf. Es wird auch nichts berichtet vom Fasten, vom Entblößen des Kopfes und von der Verhüllung des Bartes, ebenso fehlt das Ausziehen der Schuhe (vgl. Hes 24,15-17.22.23). Abraham trauert im stillen und alleine. Das Hineingehen kann soviel bedeuten wie das Sich-Zurückziehen aus dem Freien ins Zelt, aus der Öffentlichkeit in einen abgeschlossenen Raum. »Abraham trägt seinen Schmerz nicht zur Schau, er macht kein Gepränge damit.«[953] Abraham erfüllt in der Stille »alle Gerechtigkeit an Sara«.[954] Der Vorgang des Beklagens ist nach jüdischer Auslegung die Ehrung des Toten. Beklagen heißt soviel wie »jemandem das von ihm im Leben Errungene zuerteilen, seinen Wert aussprechen«; und beweinen heißt dem Inneren freien Lauf lassen: »In der Träne strömt das Gemüt aus.«[955] 2b

952 Westermann, Genesis I/2, S. 456.
953 Hirsch, Genesis, S. 360.
954 Gunkel, S. 275.
955 Hirsch, Genesis, S. 360.

3/4 Nachdem Abraham seine Trauer beendet hatte, die er im Sitzen oder Liegen vollzog[e], stand er auf, um **seine Tote** zu begraben.[956]

[e] Jes 47,1-5 Jer 6,26

Seit dem Sündenfall ist der Mensch, »vom Erdboden« genommen und gebildet, dazu bestimmt, wieder »zum Erdboden zurückzukehren« (1Mo 3,19). Er kehrt wieder »zurück zum Staub, wovon er genommen ist« (Ps 104,29; vgl. Pred 3,19.20). Um seine Tote begraben zu können, braucht Abraham einen Grabplatz. Abraham verhandelt ganz offiziell mit den Hetitern, und zwar im Tor der Stadt, das heißt, an dem Ort, an dem Verträge geschlossen werden.[957] Die Verhandlung selbst ist nur auf dem Hintergrund orientalischer Gespräche zu verstehen.[958]

In demütiger Selbstbezeichnung nennt sich Abraham **Fremdling und Gast,** das heißt einen aus »der Fremde gekommenen, zugewanderten Siedler«.[959] Er tritt als »bodenloser«[960], als Mann ohne eigenen Besitz vor die Hetiter. Die Bitte Abrahams ist klar formuliert: **»Gebt mir einen Grabbesitz.«** Er bittet von Anfang an um ein eigenes Stück Land. Die Hetiter schwächen die demütige Selbstbezeichnung Abrahams ab

6-11 und betiteln ihn mit **Fürst Gottes.** Sie hatten beobachtet, daß Abraham in einem Vertrauensverhältnis zu seinem Gott und »unter göttlichem Schutz und Segen steht«.[961] Der hohe Würdentitel, mit dem sie Abraham ehren, hindert die Hetiter nicht daran, Abrahams Bitte auszuweichen. Sie geben ihm keine konkrete Antwort, sondern eine höflich verkleidete Absage. Abraham bat um eigenen Grundbesitz, sie stellen ihm großzügig frei, das beste von ihren Gräbern auszusuchen und Sara in einem fremden Grab beizusetzen. Höflich - er steht auf und verneigt sich -, aber bestimmt präzisiert Abraham seine Bitte: »Steht bei Efron, dem Besitzer, für mich ein, daß er mir zum vollen Kaufpreis die Höhle Machpela am Rande seines Feldes abgibt.« Die nähere Beschreibung der Höhle mit der Formulierung »am Rand des Grundstücks« weist auf die Möglichkeit der Abtrennung hin.[962] Mit verbindlichen Worten erklärt Efron, er wolle Abraham nicht nur die Höhle, sondern das ganze Feld *schenken.* Das Vermeiden des Wortes »verkaufen« ist typisch orientalisch. Man befürchtet, mit einem solchen Angebot einen reichen, vornehmen Käufer zu beleidigen.

Efron sagt: »Ich schenke dir nicht nur die Grabhöhle, sondern das ganze Feld; begrabe deine Tote!« »Aus dieser edlen Geste kann Abra-

956 Das Begräbnis Saras ist der erste biblische Bericht von einer Beerdigung. Die Beisetzung Saras liefert für die Juden bis heute die Begründung für die Bestattung des Verstorbenen und für ihre Zurückweisung der Verbrennung einer Leiche. Hertz (Hg.), S. 80.

957 Zum Begriff »Tor« (V. 10) vgl. die Auslegung zu 1. Mose 19,1.

958 Zum Verlauf des Gesprächs vgl. v. Rad, Mose, S. 212f.

959 Westermann, Genesis I/2, S. 457.

960 Hirsch, Genesis, S. 360.

961 Westermann, Genesis I/2, S. 457.

962 Westermann, Genesis I/2, S. 458.

ham schon entnehmen, daß die Sache viel kosten wird.«[963] Dennoch bleibt er bei seiner Bitte, das Grundstück zu kaufen. Ganz beiläufig nennt Efron den Kaufpreis, 400 Schekel Silber; und um alle weiteren
Verhandlungen auszuschließen, fährt er fort: **»Was ist das zwischen** 15
mir und dir? Begrabe nur deine Tote!« Anders als in orientalischen Verhandlungen üblich nimmt Abraham sofort die erste Forderung Efrons an und wiegt die gesamte Summe in Silber, wie es damals im Handel war, auf.

Die Kaufsumme war immens. Nach dem auch im palästinischen Raum bekannten Gesetzbuch des Hammurabi (1792-1750 v.Chr.) betrug der Jahresverdienst eines Arbeiters 6-8 Schekel.[964] In späterer Zeit konnte Jeremia einen Acker für 17 Schekel kaufen (Jer 32,9); und das ganze Gelände, das Omri für den Bau Samarias erwarb, kostete 6000 Schekel. »Abraham ist der unantastbare Erwerb des Grabplatzes so wichtig, daß er jede Summe dafür hergibt.«[965]

Nachdem der Handel abgeschlossen war, wird das Ergebnis noch einmal in allen Einzelheiten vor den Zeugen festgehalten. Eigentum Abrahams ist das gesamte Grundstück, die Höhle Machpela und alle Bäume, die sich auf dem Grundstück befinden.

Machpela heißt soviel wie »Doppelhöhle«. Zu denken ist an zwei 9
Höhlen übereinander oder an zwei Höhlen hintereinander.[966]

Das erste Eigentum Abrahams, der Grabplatz Saras, liegt im heutigen Hebron - gegenüber von Mamre, dem Ort der Verheißung Isaaks.[967]

Der Grabplatz Machpela, der erste Grundbesitz in dem Abraham und seinen Nachkommen verheißenen Land Kanaan, »war das Band, welches die Nachkommen Abrahams in Ägypten fort und fort an das Verheißungsland knüpfte«.[968]

XIV. DIE LETZTEN LEBENSJAHRE ABRAHAMS: 24,1-25,18

Nach dem Tod Saras und ihrer Bestattung in der Doppelhöhle von Machpela werden von Abraham nur noch wenige Erlebnisse und Verfügungen berichtet. Über seinen letzten Lebensjahren stehen die Worte:

[963] Vgl. v. Rad, Mose, S. 212.
[964] Hertz (Hg.), S. 81.
[965] Westermann, Genesis I/2, S. 459.
[966] Keel/Küchler, Bd 2, S. 681.
[967] Zu Mamre vgl. die Auslegung zu 1. Mose 13,14-18.
[968] Delitzsch, S. 336.

1 **Abraham war alt und hochbetagt, und Jahwe hatte Abraham in allem gesegnet.**

Am Ende seines Lebens stand fest: Gott hatte Abraham in allem gesegnet. Die Formulierung »in allem« (hebräisch: *bakol*) »faßt den ganzen Lebenssegen zusammen«.[969] Von Abraham selbst heißt es: Er »war alt und hochbetagt«. »Hochbetagt« heißt: »vorgerückt an Jahren« (vgl. 1Mo 18,11), »alt«: »in der Erfahrung gereift« (vgl. Jes 3,2; 9,14). Während der junge Mann noch versucht, alles aus sich selbst heraus zu entwikkeln, ist der »alte« durch seine Erfahrung geprägt. Alt (hebräisch: *saken*) bezeichnet »den durch die Lebensarbeit errungenen Gewinn, die Reife der Persönlichkeit«.[970] Auf das mit dem Alter zusammenhängende Nachlassen der Kräfte, das Erschlaffen, und das bedrohliche Dunkel des Alters weist allenfalls das Wort »hochbetagt« hin, letzteres wird im Alten Testament aber mit einem eigenen Wort für »alt« (hebräisch: *j^{a}schen*) angesprochen. Bei Abraham heißt das Wort »alt« (hebräisch: *saken*) soviel wie: er stand in hohem Ansehen.[971] Von Erfahrungen geprägt war er ein Mann, der in seiner Umgebung geachtet war (vgl. 1Mo 23,6).

Zu den letzten Erlebnissen, Verfügungen und »testamentarischen Schritten«[972] des Alten und Hochbetagten gehört der seinem Knecht erteilte Auftrag, für Isaak um eine Frau zu werben.

1. Die Werbung um Rebekka: 24,2-67

Das vordergründige Ziel des Berichtes von der Werbung um Rebekka ist es, zu erzählen, wie Isaak Rebekka zur Frau bekommt. Es ist die längste Erzählung der Vätergeschichte, vielleicht auch die »freundlichste und anmutigste«.[973] Das Besondere des Berichtes aber, das weit über den Inhalt einer reinen Familiengeschichte hinausreicht, sind die Gebete des Knechtes und der mehrfache Hinweis auf Gottes Fügung. Die Werbung um Rebekka ist eine »Führungsgeschichte«[974], eine Geschichte des Gebets und ein Zeugnis, wie Gott dem Menschen in seinem persönlichen Leben begegnet. Die Erzählung selbst kann in vier Szenen gegliedert werden:

969 Procksch, S. 148.
970 Hirsch, Genesis, S. 365.
971 Strack, S. 76.
972 Delitzsch, S. 31.
973 v. Rad, Mose, S. 21.
974 Westermann, Genesis I/2, S. 468-470+480.

(1) Der Eid und das erste Gebet des Knechtes: 24,2-14

**2 Da sprach Abraham zu seinem Knecht, dem ältesten seines Hau-
ses, der alles verwaltete, was ihm gehörte: »Leg doch deine Hand
3 unter meine Hüfte! * Ich will dir einen Eid abnehmen bei Jahwe,
dem Gott des Himmels und dem Gott der Erde, daß du für meinen
Sohn keine Frau von den Töchtern der Kanaanäer nehmen wirst,
4 in deren Mitte ich jetzt wohne; * sondern du sollst in mein Land
und zu meiner Verwandtschaft ziehen, um eine Frau für meinen
5 Sohn, für Isaak, zu holen.« * Da sprach der Knecht zu ihm: »Viel-
leicht wird die Frau mir nicht in dieses Land folgen wollen; soll ich
dann deinen Sohn zurückbringen in das Land, von dem du ausge-
6 zogen bist?« * Darauf sagte Abraham zu ihm: »Hüte dich davor,
7 meinen Sohn dorthin zurückzubringen! * Jahwe, der Gott des
Himmels, der mich aus meines Vaters Haus und aus dem Land
meiner Verwandtschaft geholt hat, der zu mir geredet und der
mir geschworen hat: ›Deinen Nachkommen will ich dieses Land
geben‹, der wird seinen Engel vor dir hersenden, daß du dort eine
8 Frau für meinen Sohn holen kannst. * Wenn die Frau dir aber
nicht folgen will, so bist du von diesem mir geleisteten Eid entbun-
den; auf keinen Fall darfst du meinen Sohn dorthin zurückfüh-
9 ren.« * Da legte der Knecht seine Hand unter die Hüfte Abrahams,
seines Herrn, und schwor ihm, nach diesem Wort zu handeln.
10 * Dann nahm der Knecht zehn von den Kamelen seines Herrn,
und von allem Gut seines Herrn nahm er mit sich, brach auf und
11 zog nach Aram-Naharajim in die Stadt Nahors. * Dort ließ er die
Kamele niederknien außerhalb der Stadt am Wasserbrunnen um
die Abendzeit, um die Zeit, da die Frauen herauskommen, um
12 Wasser zu schöpfen. * Und er sprach: »Jahwe, du Gott meines
Herrn Abraham, laß es mir doch heute gelingen und erweise mei-
13 nem Herrn Abraham Huld! * Siehe, ich stehe jetzt am Wasser-
brunnen, und die Töchter der Stadtbewohner werden heraus-
14 kommen, um Wasser zu schöpfen. * Das Mädchen, zu dem ich sa-
gen werde: ›Neige doch deinen Krug, daß ich trinke!‹ und das dann
antwortet: ›Trinke! und auch deine Kamele will ich tränken!‹ - die-
ses hast du bestimmt für deinen Knecht, für Isaak, und daran will
ich erkennen, daß du meinem Herrn Huld erwiesen hast.«**

Abraham ruft seinen **Knecht, den ältesten seines Hauses.** Das altte- 2a
stamentliche Wort Knecht (hebräisch: *ʿäbäd*) hat eine größere Bedeu-
tungsbreite als das deutsche Wort Knecht. Die »Knechte des Königs«
sind seine Minister und Generäle. Zum Knecht besteht, wie die Formu-
lierung »mein Knecht, der Gerechte« (Jes 53,11) zeigt, ein großes Ver-

trauensverhältnis. Knecht kann »jeden Dienstgrad und Rang bezeichnen, sofern sich der Betreffende nur in einem beruflichen Abhängigkeitsverhältnis befindet«.[975] Der Knecht Abrahams ist sein »Gutsverwalter«.[976] Er genießt bei Vater und Sohn größtes Vertrauen. Da er dennoch Abhängiger ist, ist es nicht nötig, daß sein Name genannt wird.[977] Mit großer Wahrscheinlichkeit handelt es sich bei dem Knecht, dem ältesten im Haus Abrahams, um Eliëser (= mein Gott ist Helfer) aus Damaskus.[978]

2b Abraham nimmt seinem Knecht den Eid ab. Er fordert ihn auf: **»Leg doch deine Hand unter meine Hüfte!«** Nach Auffassung vieler Ausleger fordert Abraham einen »körperlichen Eid«[979], wobei der Schwörende beim Schwur das Zeugungsglied dessen berühren mußte, vor dem er den Schwur ablegte.[980] Ein solcher Ritus setzt aber die besondere Heiligkeit des männlichen Gliedes voraus. Ähnlich wie beim Phalluskult wäre dann das Zeugungsglied das Göttliche im Menschen. Demnach bestünde das »eigentliche Wesen der Gottheit in der Zeugung und der Fruchtbarkeit«.[981] Eine solche Vorstellung ist dem ganzen Alten Testament fremd. Es ist auch nicht zu denken an die Berührung des beschnittenen Gliedes, um etwa damit den Schwörenden »aufgrund des Beschneidungsbundes zu verpflichten«.[982] Die Formulierung **»Leg doch deine Hand unter meine Hüfte!«** ist eine Bildrede. »Hüfte« ist das Symbol der Nachkommenschaft[983]: »Die Gesamtzahl der Seelen, die mit Jakob nach Ägypten kamen, seine leiblichen Nachkommen (wörtlich: alle, die aus seinen Hüften kamen)[a], ungerechnet die Frauen der Söhne Jakobs, betrug sechsundsechzig« (1Mo 46,26). Die Hüfte ist das Symbol der ganzen Nachkommenschaft, »während das Zeugungsglied nur die nächste Generation symbolisieren würde«.[984]

[a] 2Mo 1,5 Ri 8,30 Hebr 7,5

Wenn es vom Knecht Abrahams (V. 9) und später von Josef (1Mo 47,29) heißt, »er legte die Hand unter die Hüfte«, so bedeutet dies nichts anderes als: der Knecht Abrahams und Josef mußten bei der Nachkommenschaft schwören. Letzteres hat zwei Bedeutungen, zunächst: »Der Schwur soll den Nachkommen gelten und darum ihnen gehalten werden«[985], dann aber auch: Die Nachkommen werden beim Schwur ange-

[975] v. Rad, Mose, S. 218.
[976] Westermann, Genesis I/2, S. 470.
[977] Gunkel, S. 250.
[978] Siehe die Auslegung zu 1. Mose 15,2.
[979] Delitzsch, S. 338.
[980] Westermann, Genesis I/2, S. 219; v. Rad, Mose, S. 218; Procksch, S. 148.
[981] Gunkel, S. 251.
[982] Hirsch, Genesis, S. 368; gegen Delitzsch, S. 338.
[983] Hertz (Hg.), S. 82+174.
[984] Lange, S. 284.
[985] König, Genesis, S. 561.

rufen, »zu Hütern des geleisteten und zu Rächern des gebrochenen Eides«[986] zu werden.

Es liegt kein Grund vor, weder beim Knecht Abrahams noch bei Josef, einen anderen Schwurgestus anzunehmen als den, mit dem Abraham seinen Eid ablegte. Abraham schwor mit erhobener Hand (1Mo 14,22). »Leg deine Hand unter meine Hüfte« heißt: »Schwöre bei der Nachkommenschaft.«[987]

Den Eid, den Abraham seinem Knecht abverlangt, erläutert er im Gespräch mit seinem Knecht in vier Punkten[988]:

a) Isaak darf keine Kanaanäerin zur Frau nehmen, das heißt, Isaak soll sich auf keinen Fall der Gefahr der religiösen Vermischung (vgl. 2Mo 34,15f; 5Mo 7,3f) aussetzen.

b) Der Knecht soll in das Stammland Abrahams ziehen. Er soll die Frau für Isaak aus dem Kreis der Verwandtschaft Abrahams holen.

c) Auch wenn sich die erbetene Frau weigert, mit in das Land Kanaan zu kommen, so ist es dennoch Isaak nicht erlaubt, in die ursprüngliche Heimat Abrahams zurückzukehren. Auch die ersehnte Ehe darf zu keiner Umkehrung des göttlichen Heilswegs führen (vgl. 5Mo 17,16; 28,68).

d) Sollte wirklich der Fall eintreten, daß keine Frau dem Werben des Knechtes Folge leistet, so wird der Knecht nicht an seinen Eid gebunden sein.

Abraham spricht seinem Knecht Mut zu mit den Worten: **»Jahwe,** 7
der Gott des Himmels, der mich aus meines Vaters Haus und aus dem Land meiner Verwandtschaft geholt hat, der zu mir geredet und der mir geschworen hat: ›Deinen Nachkommen will ich dieses Land geben‹, der wird seinen Engel vor dir hersenden, daß du dort eine Frau für meinen Sohn holen kannst.« Abraham ist gewiß, daß Gottes Schutz- und Geleitengel[989] mit seinem Knecht zieht. Diese »Segenszusage«[990] Abrahams und das Freisprechen seines Knechtes von der Bindung an seinen Eid für den Fall des Nichtgelingens seiner Mission sind die letzten Worte, die in der Abrahamsgeschichte aus dem Munde Abrahams mitgeteilt werden.[991]

Nachdem der Knecht den von Abraham erbetenen Eid abgelegt hatte, rüstete er sich umgehend für die Reise. Die Reiseroute wird nicht beschrieben, nur die Ausrüstung, der Aufbruch und das Ziel der Reise.
Das Ziel der Reise ist **Aram-Naharajim,** übersetzt: »Aram der beiden 10

986 Dillmann, S. 301.
987 Lange, S. 287.
988 Vgl. v. Rad, Mose, S. 218.
989 Vgl. Exkurs I: Die Engel Gottes. 4. Der Schutz- und Geleitengel.
990 Westermann, Genesis I/2, S. 470.
991 Jacob, B; zitiert nach v. Rad, Mose, S. 218.

Ströme«.[992] Es ist das »Gebiet am mittleren Euphrat, das zentrale Mesopotamien«.[993] Der Name der Stadt Nahors ist nicht genannt, vielleicht ist an Haran zu denken.

In Haran hatte Abraham seine Verwandtschaft verlassen, um nach Kanaan zu ziehen.[994] Außerhalb der Stadt Nahors wartet der Knecht mit seiner Begleitung am Brunnen. Der Brunnen war in damaliger Zeit »der Ort, an dem Frauen und Mädchen zusammenkamen«.[995] Die Männer versammelten sich im Tor der Stadt (1Mo 19,1; 23,18). Die erste Handlung des Knechtes war ein Bittgebet. Der Knecht wird nicht sofort aktiv, »sondern betet und legt mit diesem Gebet alles in Jahwes Hand«.[996] Der Knecht bittet Gott, die Angelegenheit, die ihn hierhergeführt hat, in die Hand zu nehmen. Er erklärt damit, daß er auch unter Einsatz aller seiner Kräfte und seiner Möglichkeiten den ihm übertragenen Auftrag nicht zum Ziel bringen kann.[997] Er bittet Gott um ein Zeichen. Das Zeichen, das der Knecht von Gott erfleht, ist nicht ein kleineres oder größeres Naturwunder, wie etwa die von Gideon erbetenen Zeichen (vgl. Ri 6,17ff.36ff). Es ist kein Zeichen »aus der Unterwelt drunten oder oben aus der Höhe« (Jes 7,11). In solchen Zeichen liegt die Gefahr, Gott den Herrn zu versuchen (Jes 7,12). Das Zeichen ist eine sich ganz im natürlichen Bereich abspielende »berechnende Prüfung«[998] des Mädchens. Das Mädchen soll seine Bitte »Laß mich etwas trinken« weit überbieten. Ihre Probe soll darin bestehen, daß sie ihm satt zu trinken gibt und außerdem freiwillig auch alle seine Kamele tränkt.[999] Mit diesem natürlichen Zeichen, so bittet der Knecht, soll Gott sein »Heilshandeln bestätigen«.[1000]

Das Denken an die Tiere muß damals keine Selbstverständlichkeit gewesen sein. Noch im Talmud findet sich die Anweisung: Ein Mann darf sich nicht zum Mahl niedersetzen, bevor er seine Tiere getränkt und gefüttert hat.[1001]

Das erbetene Zeichen soll aber dem Knecht nicht dazu dienen, den Charakter des Mädchens zu prüfen, sondern der Knecht will den Willen
12 Gottes erkennen.[1002] Er bittet: **»Laß es mir doch heute gelingen!«** Wörtlich übersetzt: »Füge es doch heute vor mir!« Er will seine Mission nicht

992 Odelain/Séguineau, S. 242.
993 Westermann, Genesis I/2, S. 472.
994 Siehe Bräumer, 1. Mose 1-11, 1. Teil: 1. Mose 11,31+32; siehe auch 1. Mose 12,5.
995 Westermann, Genesis I/2, S. 472.
996 v. Rad, Mose, S. 219.
997 Hirsch, Genesis, S. 373.
998 v. Rad, Mose, S. 219.
999 Vgl. Lange, S. 288.
1000 Westermann, Genesis I/2, S. 473.
1001 Vgl. Hertz (Hg.), S. 83.
1002 Vgl. v. Rad, Mose, S. 219.

dem Zufall überlassen.[1003] Er will gewiß sein, daß es wirklich die Frau ist, die Gott für Isaak »bestimmt« hat (vgl. V. 14+44).

Das Gebet des Knechtes und das von ihm erflehte Zeichen sind kein Grundmuster für zukünftige Beter, sondern zunächst »etwas für die Beteiligten unbedingt Einmaliges«.[1004] Bereits in der sogenannten Fastenrolle, einer Schrift aus der talmudischen Zeit, wird davor gewarnt, in Eliësers Methode eine »mustergültige Weise« zu sehen, »um eine Frau zu wählen«.[1005] Grundsätzlich aber ist das Verhalten des Knechtes ein biblisches Grundmuster: Der Knecht betet, bevor er handelt. Das Zeichen, das er erbittet, ist kein übernatürliches Wunder, sondern ein Geschehen, das sich ganz alltäglich zutragen kann. Das Zeichen soll nicht zur »Stärkung seines Glaubens, sondern zur Erkenntnis des Willens Gottes« dienen.[1006]

(2) Die Gespräche am Brunnen und das zweite Gebet des Knechtes: 24,15-31

15 Kaum hatte er zu Ende geredet, da kam Rebekka heraus, die Toch-
ter Betuëls, des Sohnes Milkas, der Frau Nahors, des Bruders
16 Abrahams, mit ihrem Krug auf der Schulter. * Und das Mädchen
war von großer Schönheit, eine Jungfrau; noch kein Mann hatte
sie berührt. Sie stieg zum Brunnen hinab, füllte ihren Krug und
17 stieg wieder herauf. * Da lief der Knecht ihr entgegen und sprach:
18 »Laß mich doch ein wenig Wasser aus deinem Krug trinken!« * Sie
sprach: »Trinke, mein Herr!« und nahm ohne Zögern den Krug
19 auf ihre Hand herunter und ließ ihn trinken. * Als sie ihm genug
zu trinken gegeben hatte, da sagte sie: »Auch deinen Kamelen will
20 ich schöpfen, bis sie sich satt getrunken haben.« * Und sie leerte
ihren Krug ohne Zögern aus in die Tränkrinne, lief noch einmal
zum Brunnen, um zu schöpfen, und schöpfte für alle seine Kame-
21 le. * Der Mann aber sah ihr schweigend zu, um zu erkunden, ob
22 Jahwe seine Reise würde gelingen lassen oder nicht. * Als sich die
Kamele satt getrunken hatten, da nahm der Mann einen goldenen
Nasenring, einen Halben Schekel schwer, und zwei Spangen für
23 ihre Arme, zehn Goldschekel schwer, * und er sprach: »Sag mir
doch, wessen Tochter bist du? Ist in deines Vaters Haus Platz für
24 uns zum Übernachten?« * Sie antwortete: »Ich bin die Tochter Be-

[1003] Vgl. Hirsch, Genesis, S. 373.
[1004] Westermann, Genesis I/2, S. 480.
[1005] Vgl. Hirsch, Genesis, S. 374.
[1006] v. Rad, Mose, S. 219.

25 **tuëls, des Sohnes der Milka, den sie Nahor geboren hat.« * Und**
weiter sagte sie zu ihm: »Wir haben reichlich Stroh als Futter,
26 **auch Platz zum Übernachten.« * Da verneigte sich der Mann, warf**
27 **sich vor Jahwe nieder * und sprach: »Gelobt sei Jahwe, der Gott**
meines Herrn Abraham, der seine Huld und Treue meinem Herrn
nicht entzogen hat! Jahwe hat mich wahrhaftig den Weg in das
28 **Haus der Brüder meines Herrn geführt.« * Das Mädchen aber lief**
29 **und erzählte diese Dinge im Haus ihrer Mutter. * Und Rebekka**
30 **hatte einen Bruder, der hieß Laban; * und als Laban den Nasen-**
ring und die Spangen an den Armen seiner Schwester sah und
hörte, wie seine Schwester erzählte: »So hat der Mann zu mir gere-
det«, da lief Laban hinaus an den Brunnen zu dem Mann, der
31 **stand noch bei den Kamelen am Brunnen. * Und er sagte zu ihm:**
»Komm, du Gesegneter Jahwes! Warum bleibst du draußen ste-
hen? Ich habe schon Raum gemacht im Hause und Platz für die
Kamele.«

Kaum hatte der Knecht sein Gebet beendet, erlebte er die Erhörung seiner Bitte.[1007] Still und angespannt beobachtete er das Mädchen, das zum Brunnen gekommen war. Er bemerkte die Schönheit des Mädchens. Im Alten Testament wird die Schönheit »im Alltag und den alltäglichen Verrichtungen wahrgenommen«.[1008] Das Mädchen steigt zum Brunnen hinab. Der Brunnen war vermutlich eine Quelle mit einer ausgemauerten Fassung und hinabführenden Stufen.[1009] Das Mädchen ist nicht nur ohne Zögern bereit, die Bitte des Knechtes zu erfüllen, sie tränkt auch die Kamele. Der Knecht wußte nun, daß Gott seine Mission gelingen ließ, und beschenkte das Mädchen, noch bevor er die Frage nach ihrer Herkunft stellte. Die Geschenke »spiegeln das Übermaß seiner Freude«.[1010] Der goldene Schmuck, den er überreichte, bestand aus einem Nasenring und zwei Armspangen. Der Nasenring war ein »von Indien bis Ägypten üblicher und noch jetzt bei den Arabern als Verlobungsgeschenk gebräuchlicher Frauenschmuck«.[1011] Er wurde an einem der Nasenflügel befestigt.

23 Danach fragte er das Mädchen: **»Wessen Tochter bist du? Ist in dei-**
nes Vaters Haus Platz für uns zum Übernachten?« Aus der Antwort:
24 **»Ich bin die Tochter Betuëls, des Sohnes der Milka, den sie Nahor ge-**
boren hat«, erkannte er, daß Gott in der Erhörung seines Gebetes über

[1007] König, Genesis, S. 563.
[1008] Westermann, Genesis I/2, S. 473.
[1009] Delitzsch, S. 340.
[1010] Westermann, Genesis I/2, S. 473.
[1011] Delitzsch, S. 340.

das Erbetene hinausging. »Daß das Mädchen aus dem Hause Nahors war, durfte der Knecht wirklich nicht erwarten.«[1012] Die spontane Antwort des Knechtes war ein Dankgebet. **Da verneigte sich der Mann,** 26
warf sich vor Jahwe nieder * und sprach: »Gelobt sei Jahwe, der Gott 27
meines Herrn Abraham, der seine Huld und Treue meinem Herrn nicht entzogen hat! Jahwe hat mich wahrhaftig den Weg in das Haus der Brüder meines Herrn geführt.«

Das Dankgebet ist »das spontane, aus dem Geschehen erwachsene Reden zu Gott«.[1013] Die Gebetshaltung wird mit zwei Zeitwörtern beschrieben, die zusammen soviel bedeuten wie: »sich huldigend neigen, niederknien«.[1014] Das Sich-Verneigen und das Niederknien vor Jahwe »ist selbst schon Ausdruck des Dankes«.[1015] Die Worte, mit denen er seinen Dank zum Ausdruck bringt, sind der Ausruf des Gotteslobes: »Gelobt sei Jahwe, der Gott meines Herrn Abraham!« Wörtlich: Gesegnet sei Jahwe (hebräisch: *baruch Jahwe*)! Gesegnet (hebräisch: *baruch*) ist der, der das Heil bringt. Im Ausruf der Bewunderung und Dankbarkeit sagt der Knecht: Du, Jahwe, hast deine heilschaffende Kraft wirksam werden lassen. Der Knecht hat die wohltätige Gotteskraft erlebt, sein Gebet war erhört. Er dankt Gott, indem er spricht: »Gesegnet sei Jahwe!«[1016] Im Alten Testament wurde üblicherweise laut gebetet.[1017] Das stille Gebet des Knechtes wird ausdrücklich als solches bezeichnet (1Mo 24,45); und Hannas stilles Gebet in Schilo erregt Aufsehen (1Sam 1,12f). Beim zweiten Gebet des Knechtes aber war das Mädchen Zeuge, und zwar nicht nur der Gebetshaltung, sondern auch der Gebetsworte.

Rebekka verläßt den Brunnen, läuft in das **Haus ihrer Mutter,** um al- 28
les, was sie erlebt hatte, zu erzählen.

Der Name des Mädchens ist bereits bei ihrem Gang zum Brunnen genannt worden. Rebekka - der Name ist nicht sicher zu deuten[1018] - läuft in das Zelt ihrer Großmutter. Die Frauen hatten damals ihr eigenes Zelt[b], das sie bis zu ihrem Tode bewohnten.[1019]

[b] 1Mo 24,67 31,33

Für die verwandtschaftliche Zuordnung der erwähnten Personen sind die Worte des Knechts wichtig. Dieser sagte: **»Jahwe hat mich** 27
wahrhaftig den Weg in das Haus der Brüder meines Herrn geführt.«

[1012] v. Rad, Mose, S. 220.
[1013] Westermann, Genesis I/2, S. 480.
[1014] Stähli, chawah, sich niederwerfen, Sp. 531.
[1015] Westermann, Genesis I/2, S. 474.
[1016] Keller, barach, segnen, Sp. 355+358.
[1017] Stähli, palal, beten, Sp. 432.
[1018] Vgl. v. Rad, Mose, S. 220. Manche versuchen, den Namen zu deuten durch eine Umstellung der Buchstaben. Sie lesen statt Ribkah Bikrah (= Kuh). Odelain/Séguineau, S. 292.
[1019] Strack, S. 80.

»Haus der Brüder« ist eine Bezeichnung für die Verwandtschaft Abrahams.

Milka, die Tochter Harans, gebar Nahor, dem Bruder Abrahams, acht Söhne, darunter Betuël (1Mo 22,20-23). Ein weiterer Sohn Nahors - ohne daß seine Mutter genannt wird - war Laban. »Kennt ihr Laban, den Sohn Nahors?« fragte Jakob später die Leute aus Haran (1Mo 29,5). Milka war die Stammutter, Laban - nach unserer heutigen Erklärungsweise der Verwandtschaftsverhältnisse - der Onkel Rebekkas. Nach alttestamentlichem Familiendenken kann er aber auch »Bruder Rebekkas« genannt werden (1Mo 24,29f; 27,43). Abraham, der Onkel Lots, nennt zum Beispiel seinen Neffen Lot »Bruder« (1Mo 14,16). Sowohl die Bezeichnung des Neffen als auch die des Onkels mit »Bruder« ist aufgrund der alttestamentlichen Bedeutung des Wortes »Bruder« möglich. »Bruder« (hebräisch: *'ach*) heißt nicht nur der direkte Bruder, wie zum Beispiel der Voll- oder Stiefbruder, sondern auch der nahe Verwandte, zum Teil sogar der Stammes- und Volksgenosse.[1020]

Rebekka läuft also in das Zelt der Stammutter ihres Geschlechtes, Milka. Laban, der Onkel[1021] Rebekkas, »ihr Bruder« - im Sinne von naher Verwandter -, kommt zum Brunnen und lädt den Knecht und seine Karawane ein mit den Worten: »Es ist schon alles für euch vorbereitet.« Die Gespräche im Zusammenhang mit der Heirat eines Mädchens führte in alttestamentlicher Zeit nicht in jedem Fall der Vater. Bei Dina zum Beispiel waren es ihre leiblichen Brüder (1Mo 34).

Laban muß von Rebekka den Inhalt des Gebetes, das der Knecht Abrahams an Jahwe gerichtet hatte, erfahren haben. Die Worte »Gesegnet sei Jahwe« nimmt Laban zum Anlaß, den Knecht einen »Gesegneten Jahwes« zu nennen[c]. Der Knecht, der von dem Erweis der Gotteskraft überwältigt war, dankte mit den Worten: »Gesegnet sei Jahwe!« Jetzt wird er selbst ein »Gesegneter Gottes« genannt: »Gesegnet ist, wer dich segnet« (4Mo 24,9).

[c] 1Mo 26,29
27,33
4Mo 23,11
1Kö 2,45
Jes 65,23

(3) Die Bitte um Rebekka und das dritte Gebet des Knechtes: 24,32-61

32 Da kam der Mann in das Haus, und er zäumte die Kamele ab, gab
ihnen Stroh und Futter, ihm aber und seinen Leuten Wasser, um
33 ihre Füße zu waschen. * Dann setzte er ihm zu essen vor, er aber
sprach: »Ich werde nicht essen, bis ich meinen Auftrag ausgerich-
34 tet habe.« Jener erwiderte: »So rede!« * Er aber sprach: »Ich bin
35 der Knecht Abrahams. * Jahwe hat meinen Herrn außerordent-

[1020] Jenni, 'ach, Bruder, Sp. 99.
[1021] Vgl. Hertz (Hg.), S. 84; und König, Genesis, S. 563, Anm. 1.

lich gesegnet, so daß er reich wurde. Er hat ihm Schafe und Rin-
der, Silber und Gold, Knechte und Mägde, Kamele und Esel gege-
36 ben. * Und Sara, die Frau meines Herrn, hat ihm noch im Alter ei-
nen Sohn geboren, dem hat er alles übergeben, was er besitzt.
37 * Und mein Herr ließ mich schwören: ›Du darfst meinem Sohn kei-
ne Frau von den Töchtern der Kanaaniter nehmen, in deren Land
38 ich wohne, * sondern du sollst zum Haus meines Vaters reisen und
zu meiner Verwandtschaft, um eine Frau für meinen Sohn zu ho-
39 len.‹ * Da sprach ich zu meinem Herrn: ›Vielleicht wird die Frau
40 mir nicht folgen.‹ * Darauf sagte er zu mir: ›Jahwe, vor dessen An-
gesicht ich gewandelt bin, wird seinen Engel mit dir senden, er
wird deine Reise gelingen lassen, so daß du für meinen Sohn eine
Frau bringst aus meinem Geschlecht und aus meines Vaters Haus.
41 * Dann wirst du von dem Eid, den du mir gegeben hast, entbunden
sein. Auch dann, wenn du zu meinem Geschlecht kommst und
man sie dir nicht gibt, wirst du von deinem Eid entbunden sein.‹
42 * So kam ich denn heute zum Brunnen und sprach: ›O Jahwe, du
Gott meines Herrn Abraham! wenn du doch gelingen ließest die
43 Reise, auf der ich mich befinde! * Siehe, ich stehe hier am Wasser-
brunnen. Das Mädchen, das herauskommt, um zu schöpfen, und
zu der ich sage: Gib mir doch ein wenig Wasser aus deinem Krug
44 zu trinken! * und die dann zu mir spricht: Trinke du, und auch für
deine Kamele will ich schöpfen! - die sei die Frau, die Jahwe für
45 den Sohn meines Herrn bestimmt hat.‹ * Ich hatte kaum zu Ende
geredet in meinem Herzen, siehe, da kam Rebekka heraus mit
dem Krug auf der Schulter, stieg zum Brunnen hinab und schöpf-
46 te. Da sagte ich zu ihr: ›Gib mir doch zu trinken!‹ * Da nahm sie oh-
ne Zögern ihren Krug herunter und sagte: ›Trinke, und auch deine
Kamele will ich tränken!‹ Da trank ich, und sie tränkte auch die
47 Kamele. * Da fragte ich sie: ›Wessen Tochter bist du?‹ Sie antwor-
tete: ›Die Tochter Betuëls, des Sohnes Nahors, den ihm Milka ge-
boren hat.‹ Da legte ich ihr den Ring an die Nase und die Spangen
48 an die Arme; * und ich verneigte mich und fiel nieder vor Jahwe
und lobte Jahwe, den Gott meines Herrn Abraham, der mich den
richtigen Weg geführt hatte, um die Tochter des Bruders meines
49 Herrn für seinen Sohn zu bringen. * Und nun, wenn ihr Liebe und
Treue meinem Herrn erweisen wollt, so sagt es mir; wenn aber
nicht, so sagt es mir auch, daß ich mich zur Rechten oder zur Lin-
50 ken wenden kann.« * Da antworteten Laban und Betuël: »Das ist
von Jahwe gefügt. Wir können nichts zu dir sagen, weder Böses
51 noch Gutes. * Rebekka steht ja vor dir, nimm sie und geh, daß sie
die Frau des Sohnes deines Herrn werde, wie Jahwe es bestimmt
52 hat.« * Und als der Knecht Abrahams ihre Worte gehört hatte, fiel

53 er nieder zur Erde vor Jahwe. * Dann holte der Knecht hervor sil-
berne und goldene Geräte, auch Kleider, und gab sie der Rebekka.
Auch ihrem Bruder und ihrer Mutter gab er Kostbarkeiten.
54 * Dann aßen und tranken sie, er und die Männer, die mit ihm wa-
ren, und blieben zur Nacht. Als sie aufgestanden waren am Mor-
gen, sprach er: »Entlaßt mich, daß ich zu meinem Herrn ziehe!«
55 * Aber ihr Bruder und ihre Mutter sagten: »Laß doch das Mäd-
chen noch etliche Tage, etwa zehn, bei uns bleiben, dann mag sie
56 gehen.« * Er aber sprach zu ihnen: »Haltet mich nicht auf, da doch
Jahwe meine Reise hat gelingen lassen. Entlaßt mich, daß ich zu
57 meinem Herrn ziehe!« * Da sagten sie: »Wir wollen das Mädchen
58 herbeirufen und sie selbst fragen.« * Und sie riefen Rebekka her-
bei und sagten zu ihr: »Willst du ziehen mit diesem Mann?« Sie
59 antwortete: »Ich will ziehen.« * Darauf entließen sie Rebekka, ihre
Schwester, und ihre Magd und den Knecht Abrahams und seine
60 Leute. * Und sie segneten Rebekka und sprachen zu ihr: »Du, un-
sere Schwester, werde zu tausendmal Tausenden, deine Nach-
61 kommen sollen das Tor ihrer Feinde gewinnen.« * Da brachen Re-
bekka und ihre Mägde auf. Sie bestiegen die Kamele und folgten
dem Mann; und der Knecht nahm Rebekka und zog davon.

Im Hause der Brüder seines Herrn Abraham (1Mo 24,27) angekommen, läßt der Knecht Abrahams nur das Nötigste geschehen: Die Tiere werden versorgt, die Gäste waschen sich die Füße. Bevor aber der Knecht und seine Begleiter Nahrung zu sich nehmen, bittet er, den ihm von Abraham übertragenen Auftrag ausführen zu können.[1022] Er entledigt sich seines Auftrags mit einer langen Rede (V. 34-49), die damit beginnt, daß er sich selbst vorstellt. Dann berichtet er ausführlich von den Vorgängen, von Abrahams Auftrag bis zur Begegnung mit Rebekka. »Die Tatsachen sollen für sich reden und die gewünschte Entscheidung herbeiführen.«[1023] In seiner Rede, in der der Knecht das Geschehene wiederholt, sind feine und gezielte Nuancen zu beobachten. Taktvoll verschweigt er das Gebot Abrahams, daß Isaak unter keinen Umständen in die Sippe Nahors zurückkehren darf. Gezielt spricht er vom Reichtum Abrahams und daß Abraham Isaak bereits seine Güter übertragen hat. Bewußt verweist er auch auf seine beiden Gebete. Die Bitte um das Zeichen wiederholt er wörtlich, »damit auch die Familie Rebekkas an der Gewährung dieser Bitte erkennen soll, daß Gott gesprochen
45 hat«.[1024] Der ausdrückliche Hinweis, es war ein Gebet **in meinem Her-**

[1022] Vgl. v. Rad, Mose, S. 221.
[1023] Dillmann, S. 304.
[1024] Westermann, Genesis I/2, S. 476.

zen, das heißt ein stilles Gebet, soll unterstreichen, daß niemand von dem erbetenen Zeichen wissen konnte, sondern daß Gott allein gehandelt hat.

Die Rede des Knechtes verfehlte auch ihre Wirkung nicht. Laban, der
Sprecher der Familie bei der Angelegenheit der Verheiratung Rebek-
kas, und Betuël, ihr Vater, antworteten: **»Das ist von Jahwe gefügt. Wir** 50
können nichts dazu sagen, weder Böses noch Gutes. * Rebekka steht ja 51
**vor dir, nimm sie und geh, daß sie die Frau des Sohnes deines Herrn
werde, wie Jahwe es bestimmt hat.«** »Das ist von Jahwe gefügt« heißt
wörtlich: Die Sache ist von Jahwe ausgegangen. Laban und Betuël be-
kennen sich zu der »sichtbaren göttlichen Führung«.[1025] Sie selbst kön-
nen deshalb nichts mehr dazu sagen[d], weder Gutes noch Böses. Darauf [d] 1Mo 31,24.29 2Sam 13,22
folgt die feierliche Übergabeformel: Nimm sie - geh - und gib sie zur
Frau.[1026]

Die erste Reaktion des Knechtes war ein drittes Gebet: Er fiel **nieder** 52
zur Erde vor Jahwe. Das ganze Gebet bestand nur in der Geste. Der
Knecht fiel nicht nur auf die Knie wie beim Dankgebet (V. 26), sondern
er warf sich mit dem Gesicht auf die Erde (hebräisch: *chawah ʾarzah*).[1027]
Beim Niederfallen, bei der sogenannten Proskynese, legt der Kniende
die Hände auf die Erde und berührt mit dem Gesicht den Boden. »Es ist
die Gebärde der völligen Unterwerfung«[1028] und gleichzeitig das »Zuge-
botestellen des ganzen leiblichen Wesens«.[1029] Ein Gebet, dem das Nie-
derwerfen voraufgeht, ist in den meisten Fällen Anbetung.[1030]

Nach der Anbetung überreicht der Knecht Rebekka Geschenke und der Familie den Brautpreis.

Das kostbare Geschenk für die Braut, Silber- und Goldschmuck sowie Kleider, ist das sogenannte »Ehegut« (hebräisch: *matan*). Es ist das Zeichen der Bekräftigung der Verlobung.[1031] Der sogenannte »Brautpreis« (hebräisch: *mohar*)[e] ist das Heiratsgeld, das die Familie bekommt.[1032] [e] 1Mo 34,12 2Mo 22,16 1Sam 18,25

Jetzt erst hat der Knecht seinen Auftrag erfüllt und kann sich mit seinen Leuten zur Mahlzeit niederlassen und im Haus seiner Gastgeber übernachten. Am andern Morgen drängt der Knecht - »sehr im Gegensatz zum orientalischen Brauch«[1033] -, sofort die Heimreise antreten zu

[1025] v. Rad, Mose, S. 221.
[1026] Vgl. Westermann, Genesis I/2, S. 476.
[1027] Stähli, chawah, niederwerfen, Sp. 531.
[1028] Westermann, Gebet, Sp. 1213.
[1029] Hirsch, Genesis, S. 378.
[1030] Herrmann, Das Gebet im AT, S. 786.
[1031] Vgl. Delitzsch, S. 343.
Geschenke für die Braut sind auch im Gesetz des Hammurabi erwähnt. Gunkel, S. 258.
[1032] Westermann, Genesis I/2, S. 657.
[1033] v. Rad, Mose, S. 221.

[f] Tob 8,20

können. Die Familie bittet darum, Rebekka noch eine Zeit bei sich zu be-
halten[f], zumindest einige Tage, vielleicht zehn, das heißt, eine gute Wo-
56 che.[1034] Der Knecht aber drängt zum Aufbruch mit den Worten: **»Haltet
mich nicht auf, da doch Jahwe meine Reise hat gelingen lassen. Ent-
laßt mich, daß ich zu meinem Herrn ziehe!«**

Die Angehörigen hatten Gottes Führung erkannt (V. 50), sie wollten sie aber mit ihren eigenen Wünschen verbinden.[1035] Der Knecht will jedoch, wo Gott so sichtbar am Werk ist, keine Verzögerung dulden. Er »drängt so, um seinen Herrn noch am Leben anzutreffen«.[1036] Er wollte ihm den Erfolg seiner Mission mitteilen. »Kein Aufenthalt und keine Erhörung soll ihn beirren; das sind Züge seiner treuen und bewährten Unterordnung.«[1037] Martin Luther sieht in dem Verhalten des Knechtes »ein merkliches Exempel«, das heißt ein biblisches Grundmuster, an dem sich die Glaubenden aller Zeiten ausrichten können.

»Dadurch werden wir vermahnt, daß man in Gottes Werken nicht lange verziehen oder darinnen säumig sein soll, sondern alle Verbindungen und alles, was uns sonst an dem Werk, das wir angefangen haben, aufhalten kann, aus dem Wege schaffen soll. Wer nicht aufsieht in der Stunde oder Augenblick, wenn ihn der Heilige Geist ruft, der wird ihn nimmermehr ergreifen. Denn wo er einmal hinwegzieht, kommt er nicht wieder.«[1038]

Nach dem Willen der Familie sollte in der Frage der ungewöhnlich
schnellen Abreise Rebekka das letzte Wort haben. Rebekka war mit
dem plötzlichen Aufbruch einverstanden. Jetzt willigte auch die Fami-
60 lie ein und erteilte Rebekka den Abschiedssegen: **»Du, unsere Schwe-
ster, werde zu tausendmal Tausenden, deine Nachkommen sollen das
Tor ihrer Feinde gewinnen.«**

[g] Rt 4,11
Tob 10,11-14

Der Abschiedssegen[g] ist die älteste Form des Segens. Er bestand aus einer Handlung; zu denken ist an die Umarmung oder das Auflegen der Hände und die Segensworte.[1039] Obgleich die Familie nichts von dem Inhalt der Abraham und seinen Nachkommen gegebenen Verheißungen wußte[1040], sind die Segensworte die Bitte um Mehrung und um Sieg. Der Mehrungswunsch ist Bestandteil des Hochzeitssegens, der Zuspruch des Sieges aber geht über die Familie hinaus.[1041]

Nach dem Abschiedssegen bricht die Karawane auf. Im Gefolge Re-

[1034] Vgl. Dillmann, S. 305.
[1035] Vgl. v. Rad, Mose, S. 221.
[1036] Gunkel, S. 258.
[1037] Calvin, S. 256.
[1038] Luther, Ersten Moses, Bd II, S. 200.
[1039] Vgl. Westermann, Genesis I/2, S. 477.
[1040] Vgl. v. Rad, Mose, S. 221.
[1041] Vgl. Westermann, Genesis I/2, S. 478.

bekkas ist außer einer Reihe Mägde (V. 61) auch **ihre Magd**, das heißt, 59
ihre Amme, die Frau, die ihr »von frühester Kindheit an, nächst der Mutter, die Liebste und Vertrauteste gewesen ist«.[1042] Der Name der Amme Rebekkas war Debora (1Mo 35,8).

(4) Die Begegnung mit Isaak und die Heirat: 24,62-67

62 **Isaak aber kam von einem Gang zum »Brunnen des Lebendigen,**
63 **der nach mir schaut«; er wohnte nämlich im Südland. * Als nun**
Isaak herausgegangen war auf das Feld, um zur Abendzeit zu kla-
64 **gen, da erhob er seine Augen und sah Kamele kommen. * Und als**
Rebekka ihre Augen erhob und Isaak sah, ließ sie sich vom Kamel
65 **herab * und sagte zu dem Knecht: »Wer ist dieser Mann da, der**
uns auf dem Feld entgegenkommt?« Der Knecht antwortete: »Es
66 **ist mein Herr.« Da nahm sie den Schleier und verhüllte sich. * Der**
67 **Knecht aber erzählte Isaak alles, was er ausgerichtet hatte. * Dann**
führte Isaak Rebekka in das Zelt Saras, seiner Mutter, und er
nahm Rebekka zur Frau, und Isaak gewann sie lieb. So tröstete
sich Isaak über den Verlust seiner Mutter.

Der damalige Aufenthaltsort Isaaks war der Negeb, das Südland, und zwar die Gegend um den »Brunnen des Lebendigen, der nach mir schaut« (hebräisch: *Beer-Lahai-Roi).* Die Lage des Brunnens ist nicht mehr genau auszumachen. Er lag zwischen Kadesch und Bered und spielte bereits in der Geschichte Hagars eine Rolle.[1043]

Am Abend, in der Zeit, in der man im Orient ausgeht, pflegte Isaak zu klagen. Die Bedeutung des hier im Text gebrauchten Wortes (hebräisch: *sut)* ist unsicher.[1044] Die alten Übersetzer (LXX, Aquila, Symmachos und die Vulgata) gehen von der Bedeutung »sich befassen, bedenken, reden, klagen« (hebräisch: *sit)* aus. Danach war der abendliche Gang Isaaks seine Zeit des Gebets, bzw. der Meditation.[1045] Im Blick auf Saras Tod und die Trauer Isaaks um seine Mutter (V. 67) ist es naheliegend, an ein Klagegebet zu denken.[1046] Isaak betet[1047], er klagt und trauert um Sara.[1048]

Isaak und Rebekka »erhoben ihre Augen«, das heißt, sie schauten sich bewußt und gezielt um.[1049] Isaak sah die sich nahende Karawane,

1042 Gunkel, S. 259.
1043 Siehe die Auslegung zu 1. Mose 16,7-14.
1044 Westermann, Genesis I/2, S. 478; Gunkel, S. 259.
1045 Vgl. Delitzsch, S. 344.
1046 König, Genesis, S. 569. Nach König heißt *sut* auch in Psalm 55,18; 77,4; 143,5 und in Hiob 7,11 »klagen«.
1047 Hirsch, Genesis, S. 386.
1048 Dillmann, S. 306; Procksch, S. 154.
1049 Zu dem Begriff »die Augen erheben« siehe die Auslegung zu 1. Mose 22,4.

Rebekka einen Mann auf dem Feld. Rebekka ließ sich vom Kamel herab und fragte den Knecht, wer jener Mann, der ihnen entgegenkam, sei. Die Sitte des Herabsteigens vom Kamel[h] war ein Zeichen der Ehrerbietung.[1050] Als Rebekka erfuhr, daß es Isaak war, bedeckte sie ihr Gesicht. Der Schleier war damals nicht der spätere arabische Gesichtsschleier. Im Alltag bewegten sich die Frauen (1Mo 12,11; 26,7) und die Mädchen (1Mo 24,15) unverschleiert.[1051] Zu denken ist an einen leichten Überwurf, der den Körper bedeckte und mit dem auch der Kopf verhüllt werden konnte.[1052] Das Sich-Verschleiern hängt mit den damaligen Hochzeitsbräuchen zusammen, »die Braut begegnet dem Bräutigam verschleiert«.[1053] Rebekka verschleiert sich, da Isaak sie erst bei der Hochzeit sehen darf.[1054] Im Assyrischen heißt die Nacht »verhüllte Braut«.[1055]

[h] Jos 15,18 1Sam 25,23

Nachdem die Reisenden aufgenommen waren - die Reise selbst wird auch hier nicht beschrieben (vgl. 1Mo 24,10f) -, führt Isaak Rebekka in das Zelt seiner Mutter. Er überträgt ihr die Herrschaft über das Haus.[1056] Danach nimmt er Rebekka zur Frau. Jetzt erst heißt es: Isaak gewann sie lieb.

Die Reihenfolge, er führte sie in das Zelt seiner Mutter - nahm sie zur Frau - und gewann sie lieb, »ist nicht die uns aus den Romanen bekannte«.[1057] Da sich beide vorher nicht kannten, liegt das Gewicht nicht auf der der Eheschließung vorausgegangenen Liebe, sondern »auf dem Wachsen der Liebe zwischen Mann und Frau«.[1058] Die Hochzeit ist nicht »der Blütegipfel, sondern der Wurzelkeim der Liebe«.[1059] Während heute das Hauptgewicht *der* Liebe, die zur Eheschließung führt, zugeschrieben wird, ist hier von der ein Leben durchhaltenden Liebe die Rede. »Wie bedeutend auch die Liebe ist, die zur Eheschließung führt, bedeutender ist es, daß sie auch nach der Hochzeit wächst.«[1060]

Mit seiner Verheiratung war die Lücke geschlossen, die durch Saras Tod gerissen war.[1061] Isaak tröstete sich, heißt, er hörte jetzt auf mit seinen Klagegebeten (V. 63), in denen er Sara beweinte.[1062]

[1050] Dillmann, S. 307.
[1051] Procksch, S. 155.
[1052] Delitzsch, S. 345.
[1053] Westermann, Genesis I/2, S. 478.
[1054] Dillmann, S. 307.
[1055] Procksch, S. 154.
[1056] Hertz (Hg.), S. 87.
[1057] Jacob, B.; zitiert nach v. Rad, Mose, S. 222.
[1058] Westermann, Genesis I/2, S. 479.
[1059] Hirsch, Genesis, S. 387.
[1060] Hertz (Hg.), S. 87.
[1061] Delitzsch, S. 345.
[1062] Dillmann, S. 307.

2. Abraham und Ketura: 25,1-6

1 Abraham aber nahm noch einmal eine Frau, die hieß Ketura.
2 * Sie gebar ihm Simran und Jokschan, Medan und Midian, Jisch-
3 bak und Schuach. * Jokschan zeugte Scheba und Dedan, und die
Söhne Dedans waren die Aschuriter, die Letuschiter und die
4 Lëummiter. * Und die Söhne Midians waren Efa, Efer, Henoch,
Abida und Eldaga. Alle diese sind Nachkommen der Ketura.
5/6 * Seinen ganzen Besitz aber gab Abraham Isaak. * Den Söhnen,
die er von den Nebenfrauen hatte, gab er nur Geschenke und
schickte sie noch zu seinen Lebzeiten fort. Er ließ sie von seinem
Sohn Isaak weg ostwärts in das Land des Ostens ziehen.

Abraham - zehn Jahre älter als Sara (1Mo 17,17) - lebte nach Saras Tod noch nahezu vierzig Jahre (1Mo 23,1; 25,7). In diese Zeit fällt seine Ehe mit Ketura. Ketura wird hier wie vor ihr auch Hagar (1Mo 16,3) Abrahams Frau (hebräisch: *'ischa*) genannt. Dennoch standen weder Hagar noch Ketura auf der gleichen Stufe wie Sara. Obgleich nach dem biblischen Bericht die Ehe mit Ketura eine Wiederverheiratung nach dem Tode Saras ist, werden Hagar und Ketura die »Nebenfrauen« (hebräisch: *pilagschim*) Abrahams genannt (V. 6).[1963] Bei der Aufzählung der Nachkommen Keturas im Buch der Chronik heißt Ketura »die Nebenfrau Abrahams« (1Chr 1,32).

Mit Ketura hatte Abraham sechs Söhne. Außerdem werden sieben Enkel (zwei Söhne Jokschans und fünf Midians), ferner drei Stämme, die auf einen Enkel Abrahams (Dedan) zurückgehen, genannt.

So ergibt sich folgender Stammbaum der Söhne Abrahams mit Ketura:

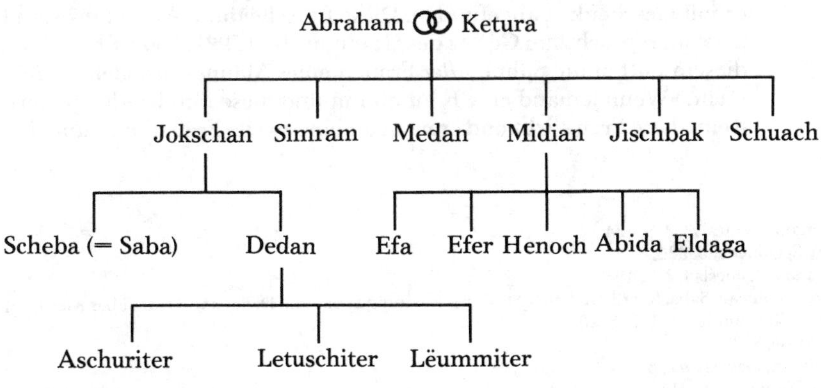

[1063] Delitzsch, S. 246.

[i] 1Mo 37,28.36
2Mo 2,15-18
4Mo 22
25,6-18
31,1-12
Ri 6,33
7,1-8,3
Ps 83,10-12
Jes 9,3
10,26

[k] Hi 6,19
Hes 27,22f
Joe 4,8

Von den Namen der sechs Söhne sind vier (Simram, Jokschan, Medan, Jischbak) unbekannt, das heißt, sie kommen im Alten Testament nur an dieser Stelle vor.[1064] *Midian* begegnet häufig[i], und zwar als Name eines Stammes. Die sechs Söhne Midians sind die Häupter von Nomadenstämmen der Sinaihalbinsel (vgl. 1Kö 11,18; Hab 3,6f).[1065] Schuach kommt im Alten Testament noch einmal als Ortsname vor. Einer der Freunde Hiobs, Bildad, kommt aus Schuach (Hi 2,11). Zu denken ist an eine Gegend in der Nähe des Landes Uz im Steppengebiet Edom-Midian.[1066]

Auf den Enkel Abrahams, Scheba (= Saba), geht vermutlich das Händlervolk der Sabäer[k] zurück. Die Sabäer wohnten in Südarabien, einem Gebiet, das bekannt war wegen seines Goldes und seiner Edelsteine, aber auch wegen seiner Duftstoffe und Gewürze.[1067]

Die drei Stammesgruppen, die auf Söhne Dedans zurückgehen (die Aschuriter, Letuschiter und Lëummiter), kommen im Alten Testament nur hier vor und sind unbekannt. Es sind vermutlich arabische Stämme. Die Aschuriter haben nichts mit den Assyrern zu tun.[1068]

Das Wohngebiet aller auf die Söhne Keturas zurückzuführenden Stämme ist die syrisch-arabische Wüste östlich des Jordan.[1069] Auf diesen Raum deutet bereits der Name Ketura hin, aber auch die von Abraham verfügte Landzuweisung (V. 6).

Der Name Ketura geht auf dieselbe Wurzel zurück wie das Wort
»Weihrauch« (hebräisch: *ketoret).* Ketura ist die Stammutter der arabi-
6 schen Völker.[1070] Das **Land des Ostens** ist Arabien im weitesten
Sinn.[1071]

Zu seinen Lebzeiten hatte Abraham Isaak nicht nur zu seinem Universalerben bestimmt, sondern er hatte ihm bereits allen Besitz übertragen (1Mo 24,36). Die Söhne seiner beiden »Nebenfrauen« (V. 6) hatte er mit Geschenken abgefunden. Diese Entscheidung Abrahams stand im Widerspruch zum Gesetz des Hammurabi (1792-1750 v.Chr.). Nach diesem hätten die Söhne *aller* Frauen eines Mannes das gleiche Erbrecht. »Wenn jemand eine Frau nimmt und diese ihm Kinder gebiert, wenn diese Frau stirbt und er nach ihr eine zweite Frau nimmt und die-

[1064] Westermann, Genesis I/2, S. 484.
[1065] Odelain/Séguineau, S. 224.
[1066] Westermann, Genesis I/2, S. 484.
[1067] Odelain/Séguineau, Saba, S. 229; Dedan, S. 80. Zur Herleitung Sabas und Dedans von Ham über Kusch vgl. 1. Mose 10,7; Bräumer, 1. Teil, S. 207.
[1068] v. Rad, Mose, S. 224.
[1069] Westermann, Genesis I/2, S. 484.
[1070] Odelain/Séguineau, S. 211.
[1071] Delitzsch, S. 348.

se ihm Kinder gebiert, wenn dann der Vater stirbt ... das Eigentum sollen sie miteinander teilen.«[1072]

Abraham sah in Isaak seinen einzigen rechtmäßigen Sohn. Die Söhne der »Nebenfrauen«, also auch die der Ketura, behandelte er nicht als Erben. Ihnen gab er Geschenke, daß heißt, er fand sie bei Lebzeiten durch Schenkungen ab.

3. Abrahams Tod und Bestattung: 25,7-11

7 **Dieses aber ist die Zeit der Lebensjahre, die Abraham gelebt hat-**
8 **te: hundertfünfundsiebzig Jahre. * Dann verschied Abraham. Er**
starb in gutem Alter, alt und satt, und wurde zu seinen Stammes-
9 **genossen versammelt. * Es begruben ihn seine Söhne Isaak und Is-**
mael in der Höhle Machpela auf dem Felde Efrons, des Sohnes Zo-
10 **hars, des Hetiters, gegenüber von Mamre, * auf dem Feld, das**
Abraham von den Hetitern gekauft hatte. Dort sind Abraham
11 **und seine Frau Sara begraben. * Nach dem Tod Abrahams segnete**
Gott seinen Sohn Isaak. Isaak wohnte bei dem »Brunnen des Lebendigen, der nach mir schaut«.

Beim Auszug aus Haran war Abraham fünfundsiebzig Jahre alt (1Mo 12,4). Er starb, nachdem er hundert Jahre als Halbnomade im Land Kanaan gelebt hatte, im Alter von hundertfünfundsiebzig Jahren.
Alt (hebräisch: *saken*) **und satt** (hebräisch: *sabeaʿ*) heißt alles andere als 8
hochbetagt und lebensmüde.[1073] Alt (hebräisch: *saken*) bedeutet nicht vorgerückt an Jahren, sondern »durch Erfahrungen geprägt«.[1074] Satt beschreibt nicht eine Lebensphase, in der »der Leib matt, die Augen trübe, die Hände zittrig und die Glieder unsicher werden«[1075], sondern »alt und satt« heißt »reif und erfüllt«.[1076]

»Satt« ist der Gegensatz von »hungrig«. Der Satte hat keinen Hunger mehr.[1077] Der satte Mensch ist »befriedigt«.[1078] Er konnte alles voll genießen[1079], er hat »die Erfüllung dessen erlebt, was von Gott her in seinem Leben angelegt war«[1080], er hatte ein »erfülltes Leben«.[1081]

[1072] Zitiert nach König, Genesis, S. 571, Anm. 4.
[1073] Gegen Luther, Ersten Moses, Bd II, S. 206.
[1074] Siehe die Auslegung zu 1. Mose 24,1.
[1075] Gegen Calvin, S. 261.
[1076] Hirsch, Genesis, S. 390.
[1077] Gerlemann, sabaʿ, sättigen, Sp. 819+820.
[1078] König, Genesis, S. 572.
[1079] Procksch, S. 532.
[1080] v. Rad, Mose, S. 225.
[1081] Westermann, Genesis I/2, S. 486.

Abraham **verschied** nach Vollendung eines durch Erfahrungen geprägten und erfüllten Lebens, **er starb in gutem Alter** und **wurde zu seinen Stammesgenossen versammelt.**

Das Sterben Abrahams wird mit drei verschiedenen Worten beschrieben: Er verschied (hebräisch: *gawa*ʿ*)*, er starb (hebräisch: *mut)*, und er wurde versammelt (hebräisch: ʾ*asaph*).

Das hier mit »verscheiden« übersetzte Wort heißt wörtlich »umkommen« und bezeichnet zunächst das »gewaltsame Sterben«.[1082] Das menschliche Leben ist begrenzt, es wird einmal abgebrochen.[1083] Der Tod, der das Leben beendet, ist »Unnatur«, »Katastropheneinbruch in die Schöpfung Gottes«.[1084]

Das allgemeine Wort für Sterben (hebräisch: *mut)* wird im Alten Testament fast ausschließlich vom Menschen ausgesagt.[1085] Der Mensch ist zum Sterben bestimmt. Jeder Mensch geht, indem er lebt, auf seinen Tod zu. Der Tod ist eine Folge der Entfernung des Menschen von Gott (1Mo 3,3)[l]. Den Tod muß jeder Mensch alleine sterben. Keiner kann einem andern das Sterben abnehmen. Im Sterben erlebt sich der Mensch als einmalig, einzeln und unvertretbar. Dabei bricht der Tod alle Beziehungen zu den Lebenden ab. Zugleich aber ist der Tod ein Versammeltwerden mit den Vorangegangenen. Nach seinem Tod gehört Abraham zu den Verstorbenen. Abraham war von Gott zugesagt: »Du sollst in Frieden zu deinen Vätern eingehen« (1Mo 15,15). Dies ist mit seinem Sterben geschehen. In Frieden zu seinen Vätern eingehen oder zu seinen Stammesgenossen versammelt werden ist »nicht nur eine Vereinigung der Leichen, sondern der Personen«.[1086] Das Versammeltwerden zu den Vätern ist das Eingehen in die Unsterblichkeit.[1087] Mit dem Sterben geht der Mensch »zu den Seinen ... in seine ursprüngliche Heimat«.[1088] »Versammelt werden zu den Stammesgenossen oder zu den Vätern« wird im Alten Testament immer nur von einem friedlichen Sterben gesagt.[1089] Die jüdische Lehre vom Jenseits geht von dem Begriff »versammelt werden zu den Vätern« aus. Das Jenseits ist demnach »die eigentlich wirkliche Heimat des Menschen und das Diesseits die prüfungsvolle Fremde der Wanderjahre, aus welcher nach zurückge-

[l] Röm 6,23

[1082] Gerlemann, mut, sterben, Sp. 894.
[1083] v. Rad, Mose, S. 225.
[1084] Thielicke, Tod, S. 106.
[1085] *Mut* kommt ca. tausendmal im Alten Testament vor, bezeichnet jedoch nur zwanzigmal das Verenden der Tiere und einmal das Eingehen einer Pflanze, sonst immer das Sterben des Menschen. Gerlemann, mut, sterben, Sp. 894.
[1086] Delitzsch, S. 348f.
[1087] Hertz (Hg.), S. 88.
[1088] Hirsch, Genesis, S. 391.
[1089] Jenni, ʾab, Vater, Sp. 11.

kehrter Wanderschaft der Geist wiederkehrt und Aufnahme findet in dem seiner harrenden Kreis der Seinen«.[1090]

Das »Versammeltwerden zu den Stammesgenossen« ist die »Ankündigung oder Kundgabe der Unsterblichkeit«.[1091] Es ist das Zurückkehren des Geistes zu Gott im Unterschied zum Begräbnis, bei dem der Leib der Erde zurückgegeben wird. »Der Staub kehrt zur Erde zurück als das, was er vorher gewesen ist, und der Odem kehrt zu Gott zurück, der ihn gegeben hat« (Pred 12,7).

Begraben wurde Abraham in der Höhle von Machpela, in der er seine Frau Sara beigesetzt hatte.[1092] Zur Bestattung hatte sich auch Ismael eingefunden. Es wird nicht berichtet, ob er bereits nach Saras Tod zu Abraham zurückgekehrt war[1093], oder ob es angesichts des Sterbens Abrahams - ähnlich wie später bei Jakob und Esau (1Mo 35,29) - zu einer Aussöhnung zwischen Isaak und Ismael gekommen ist.

Nach dem Begräbnis Abrahams wird noch einmal hervorgehoben, daß die den Nachkommen Abrahams gegebene Verheißung allein Isaak gilt (V. 11). Der Ort, an dem sich Isaak in jener Zeit als Halbnomade aufhielt, war »der Brunnen des Lebendigen, der nach mir schaut«.[1094]

4. Die Nachkommen Ismaels: 25,12-18

12 Dies ist der Stammbaum Ismaels, des Sohnes Abrahams, den
die Ägypterin Hagar, Saras Magd, dem Abraham geboren hat-
13 te. * Und dies sind die Namen der Söhne Ismaels nach ihrer Ge-
burtsfolge: Der Erstgeborene Ismaels war Nebajot; dann
14 folgten Kedar, Adbeel und Mibsam, * Mischma, Duma und
15/16 Massa, * Hadad und Tema, Jetur, Nafisch und Kedma. * Dies
sind die Söhne Ismaels und dies ihre Namen in ihren Nieder-
17 lassungen und Zeltlagern: zwölf Fürsten ihrer Stämme. * Und
dies ist die Lebensdauer Ismaels: hundertsiebenunddreißig
Jahre. Dann verschied er, starb und wurde zu seinen Stammes-
18 genossen versammelt. * Sie wohnten von Hawila bis Schur, öst-
lich von Ägypten, in Richtung Assyrien. Allen seinen Brüdern
saß er auf der Nase.

1090 Hirsch, Genesis, S. 391.
1091 Hertz (Hg.), S. 88, »intimation of immortality«.
1092 Siehe die Auslegung zu 1. Mose 23.
1093 So die Annahme von Strack, S. 82.
1094 Siehe die Auslegung zu 1. Mose 16,7-14 und 1. Mose 24,62.

Die zwölf Söhne Ismaels entsprechen zwölf Fürsten, das heißt zwölf politisch-sakralen Stammesoberhäuptern.[1095] Diese standen an der Spitze der zwölf ismaelischen Stämme. Die Stämme waren teils seßhaft, teils lebten sie nomadisch (V. 16). Einige hatten feste Niederlassungen, sie lebten in Dörfern, andere zogen in beweglichen Beduinenlagern umher.[1096]

Die Grenzpunkte ihres Lebensraumes sind Hawila und Schur.[1097] Schur ist ein Ort an der Grenze Ägyptens, mit Hawila ist hier vermutlich der Persische Golf gemeint.[1098]

[m] 1Chr 1,29-31
[n] 1Mo 28,9; 36,3; Jes 60,7
[o] Ps 120,5; Hl 1,5; Jes 21,16f; 42,11; 60,7; Jer 49,28; Hes 27,21

Die zwölf Namen der Söhne, Fürsten und Stämme[m], sind folgende[1099]:

(1) Nebajot[n] der Erstgeborene Ismaels. Sein Stamm ist berühmt wegen seiner Widder.

(2) Kedar[o] (= »schwarzbraungefärbt«). Der Stamm ist bekannt für seine tapferen Bogenschützen und seine großen Herden.

(3) Adbeel (= »Diener Gottes«). Über den Stamm ist nichts Näheres bekannt.

(4) Mibsam Der Stamm ist unbekannt. Den Namen Mibsam trägt einer der Nachkommen Schauls, der Ahnherr Schimis (1Chr 4,25).

(5) Mischma (= »Hörensagen, Gerücht«). Ebenso wie Mibsam trägt ein Nachkomme Schauls den Namen Mischma (1Chr 4,25).

(6) Duma (= »Schweigen?«), ein Edom benachbarter nordarabischer Stamm (Jes 21,11). Der Name kommt noch einmal vor als Name einer Stadt im Gebirge Judas (Jos 15,52).

(7) Massa (= »Orakel«), ein nordarabischer Stamm (Spr 30,1).

(8) Hadad (unbekannt).

[p] Hi 6,19; Jes 21,14; Jer 25,23

(9) Tema[p] ein Karawanenvolk. Tema ist auch der Name einer Oase in Südarabien. Vielleicht war Tema ein kultischer Mittelpunkt.[1100]

(10) Jetur arabischer Stamm im Ostjordanland. Bekannt ist ein Bündnis Jeturs mit den Hagaritern gegen die transjordanischen Stämme Israels (1Chr 5,19).

(11) Nafisch (= »großer Reichtum«). Der ostjordanische arabische

[1095] v. Rad, Mose, S. 225.

[1096] Gunkel, S. 279.

[1097] Zu Hawila, für das es mehr als zehn Deutungsvorschläge gibt, siehe die Auslegung zu 1. Mose 2,11, Bräumer, 1.Teil, S. 72; zu Schur siehe die Auslegung zu 1. Mose 16,7.

[1098] Vgl. Westermann, Genesis I/2, S. 488.

[1099] Zu den einzelnen Namen vgl. Odelain/Séguineau, Nebajot, S. 257; Kedar, S. 208; Adbeel, S. 2; Mibsam, S. 243; Mischma, S. 246; Duma, S. 84; Massa, S. 235; Hadad, S. 121; Tema, S. 347; Jetar (Jetur), S. 179; Nafisch, S. 254; Kedma, S. 209.

[1100] v. Rad, Mose, S. 225f.

Stamm lag im Streit mit israelischen Stämmen jenseits des Jordans (1Chr 5,19).

(12) Kedma — Kedma wird als der Ahnherr der sogenannten Söhne des Orients angesehen[q]. [q] Hi 1,3

Auf den Stammbaum Ismaels folgt die Nachricht von seinem Tod. Ismael starb im Alter von hundertsiebenunddreißig Jahren. Von seinem Sterben wird genau wie vom Sterben Abrahams mit den drei Zeitwörtern berichtet: er verschied – starb – und wurde zu seinen Stammesgenossen versammelt.[1101] Die letzte Nachricht von Ismael, seinen Söhnen und Stämmen, denen diese als Fürsten vorstanden, lautet:
Allen seinen Brüdern saß er auf 18
der Nase. **Die Stämme Ismaels - so wurde bereits vor der Geburt Ismaels vom Boten Gottes vorausgesagt - führen mit allen Stämmen und Völkern, mit denen sie in Berührung kommen, Krieg.[1102] Allen ihren Gegnern werden sich die Ismaeliter immer wieder vor die Nase setzen, das heißt, sie werden Gegenden und Länder erobern und in Besitz nehmen.**

Die Abrahamgeschichte schließt mit diesem zweiten zwölfgliedrigen Stammbaum. Der Bruder Abrahams, Nahor, hatte zwölf Söhne, die Ahnherren von zwölf aramäischen Stämmen. Durch die Heirat Isaaks und Rebekkas wurden die verwandtschaftlichen Bande neu gefestigt.[1103]

In seiner Ehe mit Ketura hatte Abraham sechs Söhne, Ahnherren von sechs arabischen Stämmen. Die verwandtschaftlichen Bindungen Abrahams zu den arabischen Stämmen erstrecken sich auch auf seine sieben Enkel, die Söhne Midians und Jokschans, außerdem auf die drei Völkerschaften, die sich auf Abrahams Enkel Dedan zurückführen.[1104]

Die Stammbäume Nahors und Ismaels sowie die Aufzählungen der Söhne Keturas und ihrer Nachkommen zeigen die verwandtschaftlichen Verbindungen zwischen Abraham, dem Vater Israels, mit den aramäischen und arabischen Stämmen und Völkern.

Wie jede Verwandtschaftsbeziehung, so hat auch die zwischen den Nachkommen Abrahams mit den aramäischen und arabischen Völkern einen hoffnungsvollen und einen verhängnisvollen Aspekt. Die verwandtschaftliche Bindung bleibt auch trotz aller immer wieder aufkeimenden Feindschaften. »Die menschlich-familiäre Verbindung hat tiefere Wurzeln als die politischen Sonderungen.«[1105] Zugleich aber gilt: Kein Haß sitzt tiefer und wirkt sich verhängnisvoller aus als der Bruderhaß.

[1101] Vgl. dazu die Auslegung zu 1. Mose 25,8.
[1102] Siehe die Auslegung zu 1. Mose 16,12.
[1103] Siehe die Auslegung zu 1. Mose 22,20-24; 1. Mose 24.
[1104] Siehe die Auslegung zu 1. Mose 25,1-6.
[1105] Westermann, Genesis I/2, S. 489.

C. Jakob und Esau

Die Geschichte der Väter begann mit der Aussonderung Abrahams aus der Völkermasse. Ihr folgte die Erwählung Isaaks aus Abrahams Nachkommenschaft. Isaak wurde gesegnet um Abrahams willen und segnete mit dem Segen Abrahams. Unter den Vätern Abraham, Isaak und Jakob ist Isaak »der passivste«.[1106] Am Anfang des Lebens der beiden Zwillingssöhne Isaaks und Rebekkas steht die göttliche Wahl. »Gott hat es mit Jakob zu tun; er soll der Ahnherr des Gottesvolkes werden, und deshalb wird er ihn führen, wo immer er hingeht.«[1107]

In dem Bericht von Jakob und Esau (1Mo 25-36) geht es um die Beziehung des Bruders zum Bruder.[1108] Die Konflikte zwischen den Brüdern erscheinen in weiten Strecken wie ein »Dickicht unerbaulicher Menschlichkeiten«.[1109] Sie führen bis an den Rand kriegerischer Auseinandersetzungen. Dennoch kommt es nicht zum Krieg, »Esau bleibt Jakobs Bruder«.[1110] Dabei wird die Familie, die Urzelle jeder menschlichen Gemeinschaft, weder verherrlicht noch idealisiert. Betrügerische Handlungen werden nicht entschuldigt, und der Kampf der Frauen um den Mann wird ausführlich geschildert. Das Eigentliche der Berichte über die Lebensführungen von Jakob und Esau sind aber nicht die menschlichen Machenschaften, sondern das Handeln Gottes. Eingezeichnet in das Dickicht der Menschlichkeiten sind die großen Themen: Erwählung und Glaube, Friede und Segen, Gotteserscheinung und Gottesbegegnung, das Dunkel der Anfechtung, aber auch die Geschichte der zwölf Stämme Israels, die mit den zwölf Söhnen Jakobs, den Ahnherren des gesamten Israels, ihren Anfang nimmt.

I. DIE GEBURT ESAUS UND JAKOBS: 25,19-28

19 Dies ist der Stammbaum Isaaks, des Sohnes Abrahams: Abraham
20 zeugte Isaak. * Isaak aber war vierzig Jahre alt, als er Rebekka, die
Tochter des Aramäers Betuël von Paddan-Aram, die Schwester
21 des Aramäers Laban, zur Frau nahm. * Und Isaak betete zu Jahwe
für seine Frau, denn sie war unfruchtbar. Und Jahwe ließ sich von

[1106] Delitzsch, S. 356.
[1107] v. Rad, Theologie, Bd I, S. 175.
[1108] Westermann, Genesis I/2, S. VI und S. 1ff.
[1109] v. Rad, Theologie, Bd I, S. 175.
[1110] Westermann, Genesis I/2, S. 699.

22 ihm erbitten: Rebekka, seine Frau, wurde schwanger. * Es stießen
sich aber die Kinder in ihrem Leib. Da sprach sie: »Wenn es so ist,
warum lebe ich dann?« Und sie ging hin, um Jahwe zu befragen.
23 * Da sprach Jahwe zu ihr:
»Zwei Völker sind in deinem Leib.
Zwei Stämme scheiden sich in deinem Schoß.
Ein Stamm wird stärker als der andere sein.
Der Ältere wird dem Jüngeren dienen.«
24 * Als nun die Zeit kam, da sie gebären sollte, siehe, da waren Zwil-
25 linge in ihrem Leib. * Und der erste kam heraus, rotbraun, seine
Haut war wie ein haariger Mantel, und man nannte ihn Esau.
26 * Hierauf kam sein Bruder zum Vorschein, der hielt mit seiner
Hand die Ferse Esaus fest, und man nannte ihn Jakob; Isaak aber
27 war sechzig Jahre alt, als die beiden geboren wurden. * Als nun
die Knaben heranwuchsen, da wurde Esau ein jagdkundiger
Mann, ein Mann des freien Feldes. Jakob aber war ein friedlicher
28 Mann, der in Zelten wohnte. * Isaak aber liebte Esau, denn er aß
gerne Wildbret; Rebekka dagegen liebte Jakob.

Die nochmalige Erwähnung der Heirat Isaaks und Rebekkas zeigt, daß mit diesen Versen ein neues Kapitel in der Geschichte der Erzväter beginnt.[1111] Genau beschrieben wird die Herkunft Rebekkas. Abraham hatte seinen Knecht beauftragt, aus seiner Verwandtschaft für seinen Sohn Isaak eine Frau zu holen. Der Knecht war in das zentrale Mesopotamien gezogen, in ein Gebiet mit dem Namen »Aram der beiden Ströme«.[1112] Diese Gegend, die Heimat Betuëls, des Vaters der Rebekka, heißt auch Paddan-Aram[a]. Es ist das »Land der Aramäer« (hebräisch: *sadah 'aram*; vgl. Hos 12,13).

[a] 1Mo 28,2.5-7 31,18; 33,18 35,9.26; 46,15 48,7

Vierzig Jahre alt war Isaak bei seiner Heirat, und erst in seinem sechzigsten Lebensjahr wurden Esau und Jakob geboren. Zwanzig Jahre war seine Ehe mit Rebekka kinderlos geblieben. Zwei Jahrzehnte mußte Isaak auf die Erfüllung der ihm zugesprochenen Verheißung warten. Es ist nicht ausgeschlossen, daß Isaak in dieser Zeit manches Mal daran zweifelte, ob Rebekka wirklich die Stammutter war. Die Hoffnung aber hatte er nie aufgegeben. Er betete für seine Frau. **Und Jahwe ließ sich** **21**
von ihm erbitten. Das Gebet Isaaks wird mit einem Begriff umschrieben, der hineingehört in die Gruppe der Zeitwörter des Klagens. Isaak klagte Gott sein Leid und trat gleichzeitig fürbittend für Rebekka ein. Das klagende Fürbitten (hebräisch: *'atar*) ist ein machtvolles Einwirken

[1111] Hertz (Hg.), S. 93.
[1112] Siehe die Auslegung zu 1. Mose 24,10.

[b] 2Mo 8,4.5.24-26 9,28; 10,17.18

auf Gott.[1113] Jakob bedrängte Gott in der Weise, wie später Mose mit seinem Gebet für Pharao auf Gott einwirkte (hebräisch: *ʿatar*)[b].

Die jüdische Auslegung verweist auf die Klangähnlichkeit der beiden Zeitwörter »klagendes, machtvolles Bitten« (hebräisch: *ʿatar*) und »einbohren« (hebräisch: *chatar*).[1114] Fürbitte ist demnach ein Einbruch in Gottes Reich, ein Vorstoßen zu seinem Herzen. In einem Gleichnis Jesu wird der bittende Freund erhört um seiner Beharrlichkeit, um »seines unverschämten Geilens willen« (Lk 11,8). Jesus ermuntert mit diesem Gleichnis seine Jünger zu »unablässiger Dringlichkeit«.[1115] Sie sollen »Gott immer wieder, ohne zu verzagen, bitten«.[1116]

Eindringlich betete Isaak für seine Frau. Zur Zeit der Erzväter hatte der Ehemann und Vater noch die Rolle des Vermittlers zwischen Gott und seiner Familie.[1117] Bis zur Einsetzung des Priestertums unter Aaron übte der Vater die Rechte des Priesters aus.[1118] Gott erhörte die Bitte Isaaks. Rebekka wurde schwanger. Die Kinder Rebekkas wurden wie der Sohn Saras und später die beiden Söhne Rahels erst nach vielen Jahren des Wartens und Betens geboren.[1119] Hier wird wie kaum an irgendeiner anderen Stelle deutlich: Kinder sind ein Geschenk, eine Gabe Gottes.[1120]

Als sich die Kinder in ihrem Leib stießen, erschrak Rebekka. Das
Sich-Stoßen im Mutterleib wird mit dem Zeitwort »laufen«, »eilen« um-
schrieben (hebräisch: *ruz*). Es kann soviel heißen wie: »Einer ließ den an-
22a dern nicht in Ruhe.«[1121] Rebekka klagt Gott ihr Leid. **»Wenn es so ist,
warum lebe ich dann?«** Der Ausruf Rebekkas ist die »uralte Warum-
Klage, in der es um den Sinn des Lebens geht«.[1122] Er ist ein Ausdruck
des Leidens, der in der ganzen Menschheitsgeschichte immer wieder
laut wird[c].

[c] 1Mo 27,46 Jer 20,18 Tob 3,15 1Makk 2,7.13 4Esr 5,35

Rebekka ist verzweifelt. Hat sie Angst vor dem Schicksal der noch
Ungeborenen; befürchtet sie eine Fehlgeburt oder aber ihren Tod bei
der Geburt der Kinder? Was immer Rebekka bewegt haben mag, sie
22b breitet ihre Angst vor Jahwe aus: **Sie ging hin, um Jahwe zu befragen.**

Aus der Königszeit Israels ist bekannt, daß ein König Gott durch einen Propheten befragen läßt, und zwar in Zeiten der Krankheit (2Kö

[1113] Albertz, Bd II, Sp. 386.
[1114] Hirsch, Genesis, S. 396.
[1115] Gollwitzer, S. 130.
[1116] Ernst, S. 249.
[1117] Vgl. Westermann, Genesis I/2, S. 504.
[1118] Scofield, S. 38, Anm. 3.
[1119] Zu Sara vgl. die Auslegung zu 1. Mose 21,1.2 und zu Rahel die Auslegung zu 1. Mose 29,31; 30,22.23.
[1120] Vgl. Hertz (Hg.), S. 93.
[1121] Hirsch, Genesis, S. 396.
[1122] Westermann, Genesis I/2, S. 504; siehe auch die Auslegung zu 1. Mose 27,46.

8,7-15) oder in Kriegsnot (1Kö 22; 2Kö 3).[1123] Wie später der König, so befragte in der Zeit der Erzväter Rebekka Jahwe. Da zu dieser Zeit Abraham noch am Leben war, ist es durchaus denkbar, daß Rebekka Jahwe durch Abraham befragen ließ.[1124] Das Befragen Gottes nach dem Ausgang einer Not durch einen Mann Gottes schließt das Ersuchen um Fürbitte ein.[1125] Rebekka kam zu Abraham mit der Bitte: Tritt für mich vor Gott ein!

Die Antwort Gottes ist die Voraussage einer Zwillingsgeburt und das Aufzeigen der getrennten Wege, die ihre beiden Söhne gehen werden:

»Zwei Völker sind in deinem Leib. 23
Zwei Stämme scheiden sich in deinem Schoß.
Ein Stamm wird stärker als der andere sein.
Der Ältere wird dem Jüngeren dienen.«[1126]

Als die Zeit gekommen war[d], brachte Rebekka Zwillinge zur Welt. Eine Zwillingsgeburt hatte zur Zeit der Erzväter »eine besondere Bewandtnis«.[1127] Welcher von den beiden soll die Rechte des Erstgeborenen haben? Der Erstgeborene galt damals als der beste und tüchtigste unter seinen Brüdern (1Mo 49,3; 5Mo 21,17). Er trat an die Stelle seines Vaters und wurde »Herr seiner Brüder« (1Mo 27,29; 49,8).

[d] Lk 1,57
2,6

Anders als im babylonischen Recht blieb nach dem bereits in der Väterzeit praktizierten hebräischen Familienrecht das Besitztum zum größten Teil in der Familie. Die Gesetze Hammurabis schrieben vor, nach dem Tod der Eltern »Hab und Gut des Vaterhauses gleichmäßig zu teilen«.[1128] Nach dem hebräischen Familienrecht fielen dem Erstgeborenen zwei Drittel des Gesamterbes zu (5Mo 21,15-17), oder aber der Vater bestimmte bei seinem Tod einen der Söhne[e] zum Universalerben.[1129] Wie aber verhält es sich bei Zwillingsbrüdern? Wer soll der beste und tüchtigste unter seinen Brüdern sein? Wem soll das Haupterbe zufallen? Können nicht beide, da sie an einem Tag geboren sind, das gleiche Recht beanspruchen? Diese und ähnliche Fragen bestimmten seit der Geburt Esaus und Jakobs das Familienleben Isaaks und Rebekkas. Dazu kam die von Geburt an offenkundige Verschiedenheit der beiden Brüder.

[e] 1Mo 27
48,13ff

Der zuerst geborene Sohn war **rotbraun,** und seine Haut war wie ein 25
haariger Mantel. Er bekam den Namen Esau.

Rötliches bzw. rotbraunes Aussehen findet sich im Alten Testament

[1123] Vgl. Gerlemann/Ruprecht, darasch, Bd I, Sp. 462f.
[1124] Hertz (Hg.), S. 93.
[1125] Vgl. Gerlemann/Ruprecht, darasch, Bd I, Sp. 463.
[1126] Zum Geheimnis der Erwählung Gottes vgl. Exkurs II, Erwählung und Glaube.
[1127] Westermann, Genesis I/2, S. 505.
[1128] Die Gesetze des Hammurabi, § 167, Greßmann, Altorientalische Texte und Bilder, Bd I, S. 159.
[1129] Vgl. Gunkel, S. 298.

[f] Sach 13,4 2Kö 2 Mt 3,4

nur noch bei der Schilderung der Schönheit Davids (1Sam 16,12; 17,42). Das Bild vom »haarigen Mantel«[f] besagt: »Esau war so behaart, als wäre er von Natur bepelzt gewesen.«[1130]

Die haarige Haut des Neugeborenen war der Anlaß, diesen Sohn Esau zu nennen. Esau heißt soviel wie der »Struppige«, der »Behaarte«.[1131]

Bis heute kann die Namengebung in der orientalischen Welt in Zusammenhang mit Ereignissen oder mit Beobachtungen bei der Geburt des Kindes stehen. Der bevorzugte Name eines Beduinenmädchens, das bei Nacht geboren wird, ist Lêla (Nacht). Wird sie bei Schneefall geboren, so heißt sie Thelga (Schnee). Fällt der Blick der Mutter bei der Geburt auf einen Ameisenhaufen, so bekommt sie den Namen Nimla (Ameise).[1132]

[g] Jer 49,8.10 Ob 6.8.9. 19.21
[h] 5Mo 2,4.8.12. 22.29 1Makk 5,3.65
[i] 1Mo 32,4 33,14.16 36,6-9 5Mo2,4f.8.29 Jos 24,4

Der Name Esau wird später gleichgesetzt mit Edom. Edom ist ein zwischen dem Toten Meer und dem Golf von Aqaba wohnhaftes Volk (Jos 15,1.21; Ri 1,36). Esau[g], der Ahnherr dieses Volkes, wird auch Edom genannt.[1133] Die Edomiter heißen Söhne Esaus[h]. Esau bzw. Edom läßt sich später im Land Seïr nieder[i]. Eine Anspielung auf das Land Edom, das Gebirge Seïr, findet sich bereits in dem Wort »haarig« (hebräisch: *seʿar*), mit dem Esau bei seiner Geburt charakterisiert wird.

Der als zweiter geborene Sohn bekommt den Namen Jakob. Als Personenname ist Jakob auch in der Umwelt der Erzväter bekannt. Es ist ein Name, der einen Gotteswunsch enthält. Er lautete ursprünglich entweder Jahkub-ila[1134] oder Jaʿakobʿel[1135]. Jeder der beiden Namen heißt übersetzt: »Gott möge beschützen.«[1135]

Der Name Jakob war ein Stoßgebet, das seine Eltern bei seiner Geburt zum Himmel schickten.

Mit einer Beobachtung, die Isaak und Rebekka bei der Geburt Jakobs machen konnten, hängt die Namensdeutung, »Fersenhalt«[1136] oder »Fersenhalter«[1137], zusammen. Jakob kam aus dem Mutterleib zum Vorschein, »indem er mit der über den Kopf gelegten Hand die Ferse des Bruders hielt«.[1138] Diese Deutung knüpft an die Klangähnlichkeit des Namens Jakob mit dem Begriff »Ferse« (hebräisch: *ʿakeb*) an.

Eine weitere Deutung erfährt der Name Jakob im Zusammenhang

1130 v. Rad, Mose, S. 231.
1131 Odelain/Séguineau, S. 100.
1132 Vgl. Delitzsch, S. 358, Anm. 2.
1133 Zu Edom und der Geschichte der Edomiter siehe die Auslegung zu 1. Mose 27,30-40.
1134 Noth, Mari und Israel, Bd II, S. 235.
1135 Odelain/Séguineau, S. 157.
1136 Buber, Fünf Bücher der Weisung, S. 70.
1137 Menge, zur Stelle, 1. Mose 25,26.
1138 Delitzsch, S. 358.

mit dem durch Betrug erlangten Erstgeburtssegen. Esau klagt seinen Bruder als Betrüger an und ruft, er heißt mit Recht Jakob, »Fersenschleicher«[1139], »Überlister«[1140], denn er hat mich schon zweimal betrogen. Ausgangspunkt dieser zweiten Umdeutung ist die Lautähnlichkeit des Namens Jakob mit dem Zeitwort »verdrängen«, »betrügen« (hebräisch: *ʿakab*).

Die Zwillingsbrüder Jakob und Esau lebten sich als Heranwachsende völlig auseinander. **Esau wurde ein jagdkundiger Mann, ein Mann** 27
des freien Feldes. Jakob aber war ein friedlicher Mann, der in Zelten wohnte.

Die syrisch-palästinische Landbrücke war zur Zeit der Erzväter noch reich bewaldet. Jäger schweiften in den Wäldern umher. In den Steppen oder im kultivierten Land lebten die Hirten. Sie zogen mit ihren Herden von Weideplatz zu Weideplatz. War ein Gebiet fruchtbar, so blieben sie länger an einem Ort. Hirten und Jäger hatten aufgrund ihrer verschiedenen Bedürfnisse kaum Gemeinsames. Das Verhältnis zueinander war gespannt.[1141]

Esau, der Jäger, übernachtete meist draußen im Freien, er war unabhängig und führte wie der Ahnherr, der Jäger Nimrod[k], ein rauhes Leben. Er war ein **Mann des freien Feldes.**

[k] 1Mo 10,8-10; 1Chr 1,10; Mi 5,5

Jakob war eingebunden in die »kultivierte Lebensweise«.[1142] Wie sein Vater Isaak war er Halbnomade. Er war ein **friedlicher Mann.** »Friedlich« (hebräisch: *tam*) kann auch mit »ordentlich« und »anständig« übersetzt werden, meint aber hier »das Hineingebundensein in ein Gemeinschaftsleben mit seinen moralischen Ordnungen, die das Leben des viel mehr auf sich alleingestellten Jägers nicht kennt«.[1143]

Bereits in der Urgeschichte lebten Brüder gleicher Eltern in unterschiedlichen Kulturformen und, wie das Beispiel von Kain und Abel zeigt[l], im »Neben- und Gegeneinander«.[1144] Zu dem Besorglichen des Auseinanderlebens von Esau und Jakob kommt noch die Parteinahme ihrer Eltern hinzu. Rebekka liebte den in die Gemeinschaft eingebundenen Jakob. Für Isaak war der Ertrag der Jagd das ausschlaggebende Moment. Er bevorzugte Esau.

[l] 1Mo 4,1-16; Mt 23,35; 1Jo 3,12; Jud 11

[1139] Buber, Fünf Bücher der Weisung, S. 77.
[1140] Menge, zur Stelle, 1. Mose 27,36.
[1141] Vgl. v. Rad, Mose, S. 231.
[1142] Westermann, Genesis I/2, S. 506.
[1143] v. Rad, Mose, S. 231.
[1144] Westermann, Genesis I/2, S. 506.

EXKURS II: Erwählung und Glaube

»Darin wird die Gerechtigkeit offenbart, die vor Gott gilt, welche kommt aus Glauben in Glauben, wie geschrieben steht: Der Gerechte wird aus Glauben leben.« Römer 1,17

»Niemand wird vor Gott als gerecht erkannt werden aufgrund von Gesetzeswerken.« Römer 3,20

»Ehe sie (die Kinder Rebekkas) geboren waren, noch etwas Gutes oder Böses getan hatten, schon da wurde - damit Gottes Vorherbestimmung aus freier Wahl bestehen bliebe, abhängig nicht von Werken, sondern von dem Berufenden - der Rebekka gesagt (1Mo 25,23): ›Der Ältere wird dem Jüngeren dienstbar sein‹; wie auch geschrieben steht (Mal 1,2.3): ›Jakob habe ich geliebt, Esau aber habe ich gehaßt.‹«

Römer 9,11-13

»Gott hat alle ins Gefängnis des Ungehorsams eingeschlossen, damit er sich aller erbarme.« Römer 11,32

Eine Antwort auf die Frage nach dem Zusammenspiel von Erwählung und Glauben gibt Paulus in seinem Brief an die Römer. Der Römerbrief ist ein »ausgesprochener Lehrbrief«.[1145] Paulus stand nicht wie bei den anderen Briefen vor der Aufgabe, auf Fragen, Anliegen und Probleme der Gemeinde eingehen zu müssen. Im Römerbrief entfaltet Paulus zusammenhängend die Botschaft von Jesus Christus, wie sie ihm vom auferstandenen und erhöhten Herrn übertragen wurde.

Diese Botschaft ist nicht unabhängig vom Handeln Gottes zur Zeit des Alten Bundes. In seiner einleitenden Zusammenfassung des gesamten Lehrbriefes knüpft Paulus an ein Wort aus dem Alten Testament an: »Der Gerechte wird aus Glauben leben« (Hab 2,4). Menge übersetzt: »Der Gerechte wird durch seinen Glauben leben.«

Die Beziehung auf das Alte Testament und auf das Gottesvolk des Alten Bundes durchzieht den gesamten Römerbrief. Paulus sucht seine Antwort *allein in der Schrift* (vgl. Martin Luther: »sola scriptura«).

1. Gottes Vorbestimmung aus freier Wahl

Paulus fragt nach dem Weg und dem Schicksal Israels und setzt sich in seinen israeltheologischen Überlegungen (Röm 9-11) ausführlich mit der Erwählung durch Gott auseinander.

Die Erwählung, das heißt die freie Gnade Gottes, begegnet bereits in

[1145] Michel, Römer, S. 5.

der Urgeschichte. Gott übersieht das Opfer Kains, Abels Geschenk aber nimmt er an. Wie viele Einzelzüge auch erklärbar sein mögen[1146], es liegt weder am Opfer des Menschen[a] noch an »seinem Wollen oder Laufen, sondern an Gottes Erbarmen« (Röm 9,16).

[a] Apg 10,34 Röm 2,11 Eph 6,9

Gott ist in seinem Erwählen frei, er ist nicht an die Geburts- oder Erbfolge gebunden. Er kann den Erstgeborenen übergehen und seine Gnade einem anderen zuwenden. Ismael und Isaak sind Söhne Abrahams. Die Verheißung Gottes gilt jedoch nicht Ismael, dem Erstgeborenen, dem Sohn Abrahams und Hagars, sondern Isaak, dem Sohn Saras. Jakob und Esau stammten von *einer* Mutter ab. Dennoch trat die Verheißung nicht für beide in Kraft. Die göttliche Wahl machte den Älteren zum Knecht des Jüngeren. Die Verheißung für Jakob erging *vor* seiner Geburt. Gott entschied sich für Jakob, bevor dieser selbst verantwortlich handeln konnte. Gott wandte sich einem Sohn in Liebe zu, den anderen überging er. »Esau habe ich gehaßt« (Mal 1,3) heißt: Esau habe ich mich nicht in Liebe zugewandt. Ihn habe ich übergangen. Der Vorgang der Zuwendung zu Jakob war eine Entscheidung für die Nachkommen Jakobs. Sie wurden die Erben der an Abraham ergangenen Verheißung. Damit wandte sich Gott einem Volk zu, das den Namen Jakob (= Israel, vgl. 1Mo 32,29) tragen wird. Er tut dies unter »Übergehung und Beiseitelassung«[1147] Esaus.

Die Zuwendung der Gnade gilt primär nicht Jakob als einer Einzelperson, sondern Jakob als dem Bindeglied zum Volk Israel. Abraham, Isaak und Jakob sind Träger der Gnade als Väter des von Gott erwählten Volkes Israel[b].

[b] 4Mo 16,5 5Mo 7,6 Ps 65,5 105,6.43 106,5 Jes 41,8f 43,10.20ff 44,1f.21.24 48,12; 49,7 54,10 65,9.15.22

In der Geschichte des Alten Bundes geht Gott getrennte Wege. *Isaak und Jakob* sind die Nachkommen ihrer Väter, denen Gott eine Aufgabe in seiner Geschichte mit den Menschen überträgt. *Ismael und Esau* sind Söhne ihrer Väter ohne besondere heilsgeschichtliche Aufgabe.

Kain, Ismael, Esau und Saul stehen »im dunklen Schatten«[1148]. Aus der Linie Abel, Isaak, Jakob und David kommt der Messias.

Die Beobachtung der uneingeschränkt freien Gnade Gottes ist die Grundlage der Lehre von der Erwählung. Johannes Calvin (1509-1564) hat diese Gedanken in eigener Konsequenz zu Ende geführt. Es hängt nicht an der Geburts- oder Erbfolge des Menschen, aber auch nicht an dessen Glauben oder Unglauben. Des Menschen Weg ist vorausbestimmt, ehe der Mensch geboren wurde. Wenn aber Gott vor der Geburt eines Menschen festlegt, ob ein Mensch einmal glauben kann, dann muß Gott letztlich auch für den Unglauben verantwortlich sein. Calvin

[1146] Bräumer, 1. Teil, S. 114+115.
[1147] Weber, Dogmatik, Bd II, S. 490.
[1148] Vgl. ebd.

schreckt vor dieser Schlußfolgerung nicht zurück. Seine Erwählungslehre ist die der doppelten Vorherbestimmung. Gott selbst bestimmt im voraus, welcher Mensch glauben und das Heil erlangen, und welcher im Unglauben der Verdammnis anheimfallen wird. Diese Lehre der doppelten Erwählung übersieht jedoch entscheidende Inhalte, die sich ebenfalls in der Heiligen Schrift finden. Calvin hat das Gesamtzeugnis der Heiligen Schrift aus den Augen verloren. Er hat folgende Inhalte der Schrift außer acht gelassen:

a) Gott ist kein Tyrann, »der dem einen seine Gunst zuwendet, sie dem andern aber entzieht, als ob er Launen und Willkür über sich regieren ließe«.[1149]

b) Gott bestimmt nicht die einen Söhne Abrahams zum ewigen Leben und verdammt die andern in alle Ewigkeit, sondern Gott überträgt Isaak und Jakob andere Aufgaben als Ismael und Esau: »Es geht nicht darum, daß Gott durch ein unabänderliches Dekret den einen das ewige Leben, den andern die ewige Verdammnis vorherbestimmt hätte, es geht vielmehr um ihre Stellung und ihre geschichtliche Aufgabe, um die Frage, wie Gott vorgehe bei der Durchführung seines Heilsplanes mit der ganzen Welt.«[1150]

c) Gott greift noch einmal direkt in die Weltgeschichte ein. Jesus, der Sohn Gottes, stirbt den Fluchtod am Kreuz. Er erleidet stellvertretend das Schicksal aller Verdammten. Deshalb schließt Paulus seine israeltheologischen Erwägungen im Römerbrief mit der Feststellung: »Gott hat *alle* ins Gefängnis des Ungehorsams eingeschlossen, damit er sich *aller* erbarme« (Röm 11,32).

2. Jesus, der erwählte Mensch und der erwählende Gott

In Jesus Christus kommt Gott lebendig, konkret und als Herr in diese Welt. »Der erwählende Gott ist der Vater Jesu Christi.«[1151] Durch Jesus, vom Vater vor Grundlegung der Welt erwählt, soll allen Menschen Heil und Leben zuteil werden (vgl. Eph 1,3-14). Der von Gott Erwählte ist Jesus Christus, wahrer Gott und wahrer Mensch. Jesus ist der »erwählte Mensch« und der »erwählende Gott« zugleich.[1152] Nach Jesu Sterben auf Golgatha gibt es nicht mehr zwei getrennte Wege, den Weg der Erwählung und den Weg im Schatten der Erwählung. Da Jesus am Kreuz die Schuld der gesamten Menschheit sühnte, hat jeder einzelne die Chance, ein Erwählter Gottes zu sein. Die Zeit der abwartenden Geschichte Gottes ist zu Ende. Gott hat in Jesus Christus alle Menschen

[1149] Iwand, 1. Mose 4,1-16, S. 412.
[1150] Gaugler; zitiert nach Michel, Römer, S. 235, Anm. 1.
[1151] Weber, Dogmatik, Bd II, S. 491.
[1152] Barth, K.; zitiert nach Weber, Dogmatik, Bd II, S. 491+492.

zum Heil erwählt. Diese Erwählung Gottes ist keine doppelte, das heißt, Gott bestimmt nicht die einen zum Heil, die andern zur Verdammnis. Die in Jesus sichtbare Erwählung ist »die Bestimmung aller Menschen zum Heil«.[1153]

Bei dieser Botschaft aber bleibt Paulus nicht stehen. Der Mensch ist zwar ohne jede eigene Mitwirkung ein von Gott Gerechtgesprochener! Der von Gott zum Gerechten Erklärte aber lebt aus Glauben in Glauben (Röm 1,17). Ohne den im Leben des Gerechten notwendigen Glauben führt die Botschaft von der Erwählung aller in die verführerische Richtung einer Allversöhnung.

Allversöhnung ist die Lehre, daß nach Ablauf der Geschichte Gottes mit dieser Welt alle Kreaturen errettet werden. Am Ende - so meinen die Vertreter der Allversöhnung - ist das ganze von Gott geschaffene All mit Gott versöhnt.[1154] Die Lehre von der Allversöhnung hat eine verhängnisvolle Auswirkung auf den Auftrag Jesu zur Mission und Evangelisation. Sie ist die Aushöhlung des Missionsbefehles und eine Nivellierung der persönlichen Entscheidung für Jesus. Der Glaube des einzelnen ist in der Heiligen Schrift gefordert und vorausgesetzt. Martin Luther stellt deshalb neben sein reformatorisches Bekenntnis: »Allein aus Gnade« (»sola gratia«) seinen zweiten Lehrsatz: »Allein aus Glauben« (»sola fide«). Dabei hat der Glaube in keiner Weise die Bedeutung eines verdienstbringenden Werkes. Der Mensch kann unter keinen Umständen mit Hilfe seines Glaubens sein Heil verdienen oder auch nur etwas dazu beitragen, um vor Gott als gerecht zu gelten. Der Glaube kann nur das anerkennen, was Gott in Jesus Christus getan hat: »Der Glaube macht nicht gerecht wie ein Werk, sondern deswegen macht er gerecht, weil er die Barmherzigkeit ergreift, die in Christus Jesus dargeboten wird.«[1155]

Die Versöhnungstat Jesu ist völlig unabhängig von jedem menschlichen Handeln. Gott hat Jesus zur Sünde gemacht. Christus ist gestorben heißt: Vor Gott gelten alle als gestorben und durch Jesus gerecht gemacht (2Kor 5,14.21). Das Sterben Jesu hängt nicht von einer Bedingung ab, die der Mensch erbringen müßte. Es ist ein Handeln Gottes in der Freiheit der Gnade. Zum Sterben Jesu und damit zu seiner Erlösung kann der Mensch nichts hinzusetzen. Der Glaube ist kein Werk, das gerecht macht.

Glauben heißt: Gott recht geben.
Gottes Tat anerkennen.
Gottes Gabe dankbar empfangen.

[1153] Vorländer, S. 61.
[1154] Zur Widerlegung dieser Spekulation vgl. Symank und Hansen.
[1155] Luther, M.; zitiert nach Aland (Hg.), S. 269.

ERWÄHLUNG UND GLAUBE IM ZEUGNIS DER SCHRIFT

Gott Vater,
Sohn und
Heiliger Geist

Kreaturen Gottes

Getrennte Wege in der Zeit des Alten Testaments

Das erwählte Volk	*Die beiseite gestellten Völker*
Abel	Kain
Isaak	Ismael
Jakob	Esau
David	Saul

Gott hat alle in das Gefängnis des Ungehorsams geschlossen, damit er sich aller erbarme (Röm 11,32).
Gott hat Jesus vor Grundlegung der Welt erwählt (Eph1,4).

Jesus, der erwählte Mensch	Jesus, der erwählende Gott

Alle sind zum Heil erwählt:
Juden und Heiden

Der von Gott Gerechtgesprochene, der in Jesus Erwählte, lebt aus Glauben in Glauben (Röm 1,17).

Kreuzweg	Befehl zur Mission
Die Geretteten leben in der Herrlichkeit. Sie haben auf Gottes Gnade (»sola gratia«) mit ihrem Glauben geantwortet. Es sind Juden und Heiden.	Die Verdammten sind ewig verloren. Sie haben Gottes Gnade abgelehnt. Sie haben den Glauben verweigert. Es sind Juden und Heiden.

Der Zusammenklang von Erwählung und Glauben ist nur aus dem Gesamtzeugnis der Hl. Schrift zu verstehen. (Vgl. Luthers Wort: »sola scriptura« und seine Grundregel: Die Schrift legt die Schrift aus!)

Johannes Calvin isolierte aus dem Gesamtzeugnis der Schrift die Erwählung aus freier Gnade und geriet in die Sackgasse der doppelten Vorherbestimmung.

Die Botschaft: »Allein aus Gnade« (»sola gratia«) bedarf des zweiten Lehrsatzes: »sola fide«, »allein aus Glauben« (vgl. Luther).

Ein Absolutsetzen der Gnade ohne Glauben führt auf den Irrweg der Allversöhnung. Sie ist ein Todesstoß für Mission und Evangelisation.

Der persönliche Glaube und die Befolgung des Missionsbefehls sind Antworten auf die Gnade Gottes.

Am Ende dieser Zeit wird es Menschen geben aus Juden und Heiden, die gerettet sind »allein aus Gnade und allein aus Glauben«, außerdem solche, die verdammt sind, weil sie den Glauben verweigert haben.

Der Mensch ergreift im Glauben die Barmherzigkeit Gottes. Der Unglaube ist kein Schicksal, sondern Tat des Menschen. Unglaube ist aktiver Widerstand gegen die Versöhnung. Der Mensch verläßt den Raum der Versöhnung. Er kehrt dem Gekreuzigten den Rücken zu und verspielt die Gnade Gottes. »Glaube ist passives Empfangen, Unglaube aktives Verspielen«.[1156] Seit Golgatha hängt es von der persönlichen Entscheidung eines jeden Menschen ab, ob er Erwählter Gottes bleibt oder ein Verworfener wird. Die freie Gnade Gottes manifestiert sich am Kreuz von Golgatha. Sie geht jeder menschlichen Entscheidung voraus. Die menschliche Entscheidung ist Antwort auf Gottes Angebot. Die ewige Herrlichkeit ist das Angebot. Wer es im Glauben annimmt, ist der Gerechte, der aus Glauben lebt. Wer sich im Unglauben abwendet, begeht den zweiten Sündenfall und verfällt der ewigen Verdammnis. Das Nein zur Versöhnungstat Jesu ist die Entscheidung für die Trennung von Gott.

Im Paradies machte der Mensch das Undenkbare und Unmögliche möglich. Er ließ Gott nicht mehr Gott sein. Er verließ seine Freiheit bei Gott und machte sich zum Sklaven der Sünde.

Golgatha ist der Raum der bereits begonnenen neuen Bundeswirklichkeit. Obgleich es völlig unverständlich ist, erklären Menschen: Ich brauche keine Versöhnung, ich verweigere mich, ich lehne ab! Eine solche Entscheidung ist eine Tat wider den Heiligen Geist. Das bewußte Nein zu Gott ist der zweite Sündenfall.

Den zweiten Sündenfall kann nur der begehen, der die Botschaft von Jesu Errettung gehört hat.

Auf dem Hintergrund der noch nicht erfolgten Missionierung der gesamten Welt gibt es zwei Arten des Unglaubens:

a) Da ist einmal der Unglaube der Völker und Menschen, die nichts von Jesus gehört haben! Ihr Unglaube ist ein schuldhaftes Verhängnis. Die eigentlich Schuldigen dabei sind die, die Jesu Auftrag nicht in die Tat umsetzten. Jesu Gebot lautet: Gehet hin in alle Welt! Machet zu Jüngern alle Völker! (Mt 28,19). Wie Gott die Völker richten wird, weiß niemand. Daß Gott die richten wird, die Jesu Auftrag nicht ausführten, ist sicher! Das Stagnieren der Missionierung der Welt und die wachsende Zahl derer, die nichts von Jesus wissen, obgleich sie in Ländern wohnen, in denen die Christusbotschaft gehört werden kann, ist Folge des Unglaubens derer, die Jesu Gnade nicht verkündigen.

b) Die zweite Art des Unglaubens ist verhängnisvolle Schuld. Es ist das bewußte Nein zu Gott.

Die zwei getrennten Geschichtswege, die Gott im Alten Testament geht, führen nach dem Tod und der Auferstehung Jesu auf einen neuen

[1156] Vorländer, S. 64.

Kreuzweg zu. Die Wege der Heiden und der Juden mit und ohne besondere heilsgeschichtliche Aufgaben kreuzen sich! Nach der Kreuzung geht die Trennung quer durch alle Juden und Heiden hindurch.

Abraham wird zum Vater der Beschnittenen und der Unbeschnittenen. *Die einen* wandeln in den Fußtapfen des Glaubens, den Abraham schon im unbeschnittenen Zustand besessen hat (Röm 4,12). Sie sind von Jesus gerechtgesprochen und gehen den Weg der Erlösten. *Die andern* lehnen die Erlösungstat Jesu ab. Sie bleiben unter dem Gesetz und steuern auf ihrem Weg ins Verderben. Juden und Heiden ohne Glauben gibt es sowohl unter den Söhnen Isaaks und Jakobs als auch unter den Söhnen Ismaels und Esaus.

II. DER ERSTE BETRUG: 25,29-34

29 Eines Tages kochte Jakob ein Gericht. Da kam Esau vom Feld, und
30 er war erschöpft. * Esau sprach zu Jakob: »Laß mich doch schlin-
gen von dem Roten, dem Roten da, denn ich bin erschöpft.« Dar-
31 um nannte man ihn Edom. * Jakob aber sprach: »Verkaufe mir
32 zuerst dein Erstgeburtsrecht!« * Esau antwortete: »Ach, ich gehe
ja doch dem Tod entgegen, was soll mir da das Erstgeburtsrecht?«
33 * Da sprach Jakob: »Schwöre es mir doch zu.« Da schwor er es ihm
34 zu und verkaufte Jakob sein Erstgeburtsrecht. * Jakob aber gab
Esau die Mahlzeit. Es war ein Linsengericht. Und er aß und trank,
stand auf und ging seines Weges. So mißachtete Esau sein Erstge-
burtsrecht.

Als unbekümmerter Jäger lebte Esau von der Hand in den Mund. Er tötete die Tiere, die er fand. Gelang ihm kein Fang, dann mußte er hungern.[1157] Eines Tages kam Esau von der Jagd nach Hause und traf seinen Bruder an, wie dieser ein Gericht kochte. Heißhungrig verlangte er, dieses zu verschlingen. Dabei wußte er nicht, wie das Gericht hieß. Er war ein »roher Mensch mit grober Sprache«[1158] und sagte deshalb einfach:
30 **»Laß mich doch schlingen von dem Roten, dem Roten da.«** Mit seinen »tölpelhaften Worten . . . karikierte er dabei unbewußt seinen eigenen Namen«.[1159] Edom heißt der »Rothaarige«.[1160]

1157 Gunkel, S. 297.
1158 Westermann, Genesis I/2, S. 510.
1159 v. Rad, Mose, S. 232.
1160 Odelain/Séguineau, S. 86.
Zu Esau/Edom siehe die Auslegung zu 1. Mose 25,25.

Esau verlangte danach, »das Rote« zu verschlingen. Das Wort »schlingen« bedeutet soviel wie gierig hinunterschlucken. Es ist kein menschliches Essen, sondern ein animalisches Verschlingen.[1161]

Erst nachdem Esau den Schwur abgelegt hatte, sein Erstgeburtsrecht
abzutreten, heißt es: **Jakob aber gab Esau die Mahlzeit. Es war ein Lin-** 34
sengericht. Linsen sind seit früher Zeit bekannt. Man fand Reste von Linsen in Tontöpfen.[1162] Die späte Feststellung, »es waren Linsen«, läßt annehmen, daß Esau ein ganz anderes Gericht erwartet hatte. Vermutlich hielt er »das Rote da« für eine Blutsuppe.[1163] Jakob ließ ihn in seinem Glauben. Erst bei der Mahlzeit merkte Esau, daß er sich getäuscht hatte. Später nennt Esau das bewußte Schweigen Jakobs Betrug (1Mo 27,36). Der Verkauf des Erstgeburtsrechtes war ein Handel, bestätigt durch einen Schwur. List und Betrug war die Mahlzeit. Esau erwartete eine Blutsuppe und bekam ein Linsengericht. In seiner Gier verschlang Esau auch die Linsen, trank das Getränk, das Jakob ihm dazu reichte, und verschwand. Sein Verhalten charakterisiert Esau als einen »Mann von kurzsichtigem Leichtsinn«.[1164] Er läßt sich vom Augenblick beherrschen, verzichtet mit einem Schwur auf sein Erstgeburtsrecht und verschlingt die Linsen. Nach der Mahlzeit tut er so, als wäre nichts geschehen.

Jakob war Esau in mancherlei Hinsicht überlegen.[1165] Er war ein Hirte. Hirten leben nicht auf Kosten ihrer Herden. Sie ziehen sie auf, so daß sie immer Tiere zur Verfügung haben. Daneben bauen sie kleine Ackerstücke an und haben so Brot und Früchte. Hirten denken nicht nur an das Heute, sondern auch an das Morgen und Übermorgen. Sie treffen Vorsorge.

Jakob ist aber nicht nur im Blick auf die Versorgung mit Lebensmitteln weitblickend. Er denkt auch bereits darüber nach, was einmal werden soll, wenn sein Vater Isaak nicht mehr am Leben ist. Der Erstgeborene wird der Herr, das Haupt der Familie.[1166]

Jakob war entschlossen, das Erstgeburtsrecht unter allen Umständen zu erlangen. Er war klug und weitblickend[1167], aber auch eigennützig und skrupellos.[1168] Er nützte den Heißhunger Esaus aus und ließ seinen gierigen Bruder im ungewissen über die Art des roten Gerichtes. Erst nachdem Esau unter Schwur das Erstgeburtsrecht abgetreten hat-

1161 Vgl. Hirsch, Genesis, S. 401 und Hertz (Hg.), S. 94.
1162 Vgl. Westermann, Genesis I/2, S. 510.
1163 v. Rad, Mose, S. 232.
1164 Dillmann, S. 321.
1165 Vgl. Gunkel, S. 297.
1166 Vgl. Delitzsch, S. 359.
1167 Vgl. Gunkel, S. 298.
1168 Vgl. Dillmann, S. 321.

te, servierte er die Mahlzeit. Jakob »denkt an die Zukunft und ergreift eine sich ihm bietende Möglichkeit des Vorwärtskommens«.[1169]

Der Schacher um das Erstgeburtsrecht ist ein Ereignis, bei dem keiner der beiden Brüder von Schuld freizusprechen ist.

Esau ging mit seinem Erstgeburtsrecht leichtfertig um. Er ließ sich von seiner Gier bestimmen und dachte »nur an die nächste halbe Stunde«.[1170]

Jakob war entschlossen, seinem Bruder das Erstgeburtsrecht abzujagen. Er nützte die Schwäche seines Bruders aus und betrog ihn, indem er ihn im unklaren über die Art des Gerichtes ließ.

Das Verhältnis unter Brüdern ist von Anfang an nicht allein bestimmt durch gegenseitige Liebe. Zum Brudersein gehört auch »das Bejahen und Austragen von Konflikten«.[1171] Unter Brüdern gibt es nicht nur Miteinander, sondern auch Neben- und Gegeneinander, Rivalität und Kampf. Es wird auch immer wieder Konflikte geben, die einen weiteren gemeinsamen Weg unmöglich machen, das heißt, an deren Ende die Trennung steht.

Abraham trennte sich von seinem Neffen Lot[1172], Paulus von seinen Mitarbeitern Johannes Markus und Barnabas. Dieser Konflikt war dadurch entstanden, daß Paulus entschlossen war, Johannes Markus, den Vetter des Barnabas, der sie in Perge verlassen hatte (Apg 13,13), nicht mehr auf eine weitere Missionsreise mitzunehmen. Paulus reiste mit Silas nach Kleinasien, Barnabas und Markus nahmen ein Schiff nach Zypern (Apg 15,36-40).

Dennoch hatte Abraham Lot nie aus den Augen verloren.[1173] Jakob und Esau blieben Brüder[1174], und Paulus verweist die Korinther auf das Gemeinsame, das ihn nach wie vor mit Barnabas verbindet (1Kor 9,6).

III. ISAAK, DER ERBE DER VERHEISSUNG: 26,1-35

Die Entfaltung der Geschichte Abrahams und Jakobs nimmt im ersten Buch Mose einen breiten Raum ein. Herausragende Ereignisse aus dem Leben Isaaks sind eingebunden in die großen Darstellungen der Lebensführungen Abrahams und Jakobs.

1169 Westermann, Genesis I/2, S. 510.
1170 Calvin, S. 270.
1171 Westermann, Genesis I/2, S. 511.
1172 Siehe die Auslegung zu 1. Mose 13,5-18.
1173 Siehe die Auslegung zu 1. Mose 14,13-16.
1174 Siehe die Auslegung zu 1. Mose 33,1-11.

Abraham war hundert Jahre alt und Sara neunzig, als Isaak geboren wurde (vgl. 1Mo 17,17). Isaak wuchs mit seinem Halbbruder Ismael auf, bis Hagar und ihr Sohn von Abraham fortgeschickt wurden (1Mo 21,9-14). Mit seinem Vater Abraham zog Isaak auf den Berg Morija (1Mo 22). Er wartete auf seine Frau, bis diese ihm durch den Knecht Abrahams zugeführt wurde (1Mo 24). Abraham setzte Isaak zum Universalerben ein (1Mo 25,5). Zusammen mit Ismael begrub Isaak seinen Vater in der Höhle von Machpela (1Mo 25,9).

Die Geschichte Jakobs und Esaus beginnt mit dem Stammbaum Isaaks (1Mo 25,19.20). Trotz der zwanzigjährigen Unfruchtbarkeit Rebekkas lebte Isaak - anders als sein Vater Abraham - in einer monogamen Ehe. Gott erhörte Isaaks Gebete für seine Frau. Rebekka brachte Zwillinge zur Welt (1Mo 25,19-34). Alt geworden, segnete Isaak Jakob und Esau (1Mo 27,1-40). Dem auswandernden Jakob erteilte Isaak den Abschiedssegen (1Mo 28,1-9). Isaak starb mit hundertachtzig Jahren (1Mo 35,27-29) und wurde von seinen Söhnen Jakob und Esau in der Höhle von Machpela begraben (1Mo 49,31). Das Gedächtnis an Isaak lebt fort in den Gottesbezeichnungen »Gott Isaaks« (1Mo 46,1) und »Schrecken« bzw. »Verwandter« oder »Zuflucht Isaaks« (1Mo 31,42.53). Paulus bezeichnet Isaak als »unseren Vater« (Röm 9,10).

Isaak war eine Persönlichkeit mit einer eigenen Geschichte. Dies wird besonders im 26. Kapitel des ersten Mosebuches sichtbar. Dieses handelt allein von Isaak. Es ist ein Mosaik von sieben Ereignissen aus seinem Leben.[1175]

1. Die Hungersnot zur Zeit Isaaks: 26,1-6

1 Es kam aber eine Hungersnot ins Land, wie sie schon früher einmal
in den Tagen Abrahams geherrscht hatte. Da zog Isaak nach Gerar
2 zu Abimelech, dem König der Philister. * Denn Jahwe war ihm er-
schienen und hatte zu ihm gesprochen: »Ziehe nicht hinab nach
Ägypten, sondern wohne in dem Lande, das ich dir sagen werde.
3 * Halte dich als Fremdling in diesem Lande auf, so werde ich mit dir
sein und dich segnen, denn ich will dir und deinen Nachkommen al-
le diese Länder geben und will den Schwur, den ich deinem Vater
4 Abraham geschworen habe, erfüllen. * Ich will deine Nachkom-
menschaft so zahlreich machen wie die Sterne des Himmels, und
deinen Nachkommen will ich alle diese Länder geben, und segnen
5 sollen sich mit deinen Nachkommen alle Völker der Erde, * dafür
daß Abraham auf meine Stimme gehört, meine Gebote, meine Sat-
6 zungen und meine Lehren bewahrt hat.« * So blieb Isaak in Gerar.

[1175] Vgl. Delitzsch, S. 360+366; v. Rad, Mose, S. 235.

Das Abraham und seinen Nachkommen verheißene Land, »das dazu bestimmt war, von Milch und Honig überzufließen«[1176], wurde wiederholt von Hungersnöten heimgesucht. Ursache waren ausbleibende Regenfälle.

In Hungersnöten zogen Nomaden und Halbnomaden nach Ägypten. Das vom Nil durchzogene Land war durch die regelmäßigen Nilüberschwemmungen viel gleichmäßiger fruchtbar als die syrisch-palästinische Landbrücke. Ägypten war die Kornkammer der damaligen Zeit. Ganz selbstverständlich war Isaak - wie Jahre zuvor Abraham - entschlossen, hinab nach Ägypten zu ziehen.

Gott aber durchkreuzte die Pläne Isaaks. Gott führte Isaak einen Weg, der allen Erfahrungswerten der Nomaden widersprach. Isaak sollte die Region Gerar nicht nur durchziehen, sondern er sollte dort bleiben. *Gerar* ist einmal die Bezeichnung des Gebietes zwischen Kadesch und Schur, zum andern der Name einer Stadt, die in der Gegend des heutigen Tell Haror lag.[1177]

Die Fürsten, bzw. Könige Gerars führten den Titel *Abimelech*, ähnlich wie die Herrscher in Ägypten die Ehrenbezeichnung Pharao.[1178] Es besteht damit keine Notwendigkeit für die Annahme, der Herrscher in Gerar sei noch derselbe wie etwa achtzig Jahre zuvor, als Abraham mit dem Abimelech von Gerar einen Vertrag schloß.[1179]

1b Der Abimelech zur Zeit Isaaks wird **König der Philister** genannt. Die Philister gehören zu den Seevölkern, die von Kaftor[a] abstammen. Planmäßig wurden die Philister erst unter Ramses III. um 1200 v.Chr. an der palästinischen Küste angesiedelt.[1180] Schon Jahrhunderte zuvor aber gab es unter den im Negeb angesiedelten Völkerschaften »Philister«, Nachkommen der Kaftoriter.[1181]

[a] 1Mo 10,14 1Chr 1,12 Am 9,7

2b/3a Das an Isaak ergangene Gebot Gottes lautet: **»Wohne in dem Lande . . . Halte dich als Fremdling in diesem Lande auf.«** Die Aufforderung »Wohne« (hebräisch: *schachan*) bedeutet soviel wie »sich vorübergehend niederlassen« im Gegensatz zu »sich einen festen Wohnsitz nehmen« (hebräisch: *jaschab*). Isaak bleibt ein Fremder im Lande Gerar. Er wohnt dort auf Zeit und ohne Bürgerrechte.[1182] Das Gebot, in Gerar zu bleiben, verbindet Gott mit einer Verheißung. Gott spricht Isaak die Land- und Mehrungsverheißung zu, außerdem die Verheißung des Segens für die Völker[b]. »Isaak wird zum Erben der Abrahamsverhei-

[b] 1Mo 12,1-3 13,14-17 15,18 22,15-18

[1176] Hirsch, Genesis, S. 402.
[1177] Siehe die Auslegung zu 1. Mose 20,1.2.
[1178] Delitzsch, S. 362. Siehe auch die Auslegung zu 1. Mose 20,1.2.
[1179] Vgl. die Auslegung zu 1. Mose 21,22-34.
[1180] Vgl. Einleitung II.1.(3), Sandbewohner.
[1181] Mittmann, S. 218; vgl. auch Grintz; zitiert und ausgewertet von Cassuto, siehe Bräumer, 1. Teil, S. 208+209.
[1182] Schmidt, S. 842.

ßung.«[1183] Die Landverheißung ist gesteigert. Sie lautet jetzt: **»Ich will dir und deinen Nachkommen *alle* diese Länder geben.«** 3b

Begründet wird die Isaak zugesprochene Verheißung mit dem Gehorsam Abrahams: »Abraham hat **auf meine Stimme gehört, meine** 5
Gebote, meine Satzungen und meine Lehren bewahrt.« »Bewahren«, bzw. »hüten« (hebräisch: *schamar*) heißt sowohl »lernen« als auch »schützen«. Dem, der die Worte Gottes gelernt hat, sind diese immer gegenwärtig. Er schützt sie, indem er sie mit einem Schutzzaun umgibt. Schützen ist die »Gewissenhaftigkeit, die sich nicht nur vor dem Unrecht, sondern auch vor allem hütet, was an das Unrecht grenzt und leicht zu ihm führt«.[1184] Die Worte Gottes (Stimme!) gliedern sich in Gebote, Satzungen und Lehren. Nach jüdischer Schriftauslegung (Mischna) sind die *Gebote* (hebräisch: *mizwot)* die Verbote jeder Kriminalität und die Gebote der Barmherzigkeit, Milde und Liebe; *Satzungen* (hebräisch: *chukim*) sind die von Gott erlassenen Gesetze der Sittlichkeit und der Heiligung des Lebens, und die *Lehren* (hebräisch: *torot)* sind die von Generation zu Generation mündlich überlieferten Worte des Wahren und Guten.[1185]

In der Zeit der Hungersnot mußte Isaak lernen: Gott streicht Selbstverständlichkeiten durch und steht zu seiner Verheißung! Isaak durfte nicht, wie es für Nomaden in Hungersnöten üblich war, nach Ägypten ausweichen, er mußte in Gerar bleiben. Die Verheißungen wurden Isaak nicht aufgrund seiner eigenen Verdienste zuteil, sie waren *eine Folge davon,* daß Abraham gehorsam war. Das kleine Wort **dafür** oder »in Folge davon« (hebräisch: *ʿekeb*) beschreibt »die nicht erwartete Folge, den nicht angestrebten Lohn«.[1186] Die Verheißungen wurden Isaak zugesprochen aus Gnade!

2. Die Halblüge Isaaks: 26,7-11

7 **Als sich nun die Bewohner des Ortes nach seiner Frau erkundigten, sagte er: »Sie ist meine Schwester«, denn er fürchtete sich zu sagen: »Sie ist meine Frau«. »Denn« so dachte er, »es könnten mich die Männer des Ortes um Rebekkas willen umbringen, denn sie ist**
8 **von großer Schönheit.« * Als er dort längere Zeit zugebracht hatte, blickte einmal Abimelech, der König der Philister, durch das Fenster und sah, wie Isaak und seine Frau, Rebekka, sich liebhatten.**

[1183] Westermann, Genesis I/2, S. 524.
[1184] Hirsch, Genesis, S. 404.
[1185] Vgl. Hertz (Hg.), S. 95; Hirsch, Genesis, S. 404.
[1186] Hirsch, Genesis, S. 398.

9 *** Da ließ Abimelech Isaak rufen und sagte zu ihm: »Sie ist ja doch
deine Frau. Wie konntest du sagen: ›Sie ist meine Schwester?‹« Da
antwortete Isaak: »Ich befürchtete, daß ich um ihretwillen ster-**
10 **ben müßte.« * Da sprach Abimelech: »Was hast du uns da angetan!
Wie leicht hätte es geschehen können, daß einer meiner Leute mit
deiner Frau geschlafen hätte. Damit hättest du Schuld auf uns ge-**
11 **laden.« * Darauf gab Abimelech dem ganzen Volk die Weisung:
»Wer sich an diesem Mann oder an seiner Frau vergreift, der soll
getötet werden.«**

Abraham hatte in Ägypten Sara als seine Schwester ausgegeben. Sara war Abrahams Halbschwester (1Mo 20,12). Mit seiner Halblüge hatte Abraham sein eigenes, aber auch das Wohl seiner Frau im Auge. Dennoch war er nicht frei von Schuld. Er meinte in seinem Kleinglauben, mit Hilfe einer Halblüge Gott nachhelfen zu müssen.[1187] Wie sein Vater Abraham, so hatte auch Isaak Angst, um seiner Frau willen umgebracht zu werden. Um diesem Schicksal zu entgehen, greift auch er zur Lüge bzw. Halbwahrheit. Rebekka war seine Verwandte. Er konnte sie Schwester nennen. In Wirklichkeit aber war sie seine Frau. Isaak wurde in derselben Weise schuldig wie sein Vater Abraham.

Anders als Sara wird Rebekka nicht entführt. Abimelech aber wird Zeuge des Umgangs zwischen Isaak und Rebekka. Isaak muß sich bei jener Begebenheit in der Stadt Gerar aufgehalten haben. Die Anlage der Städte damals ermöglichte den Einblick in niedriger gelegene Häuser. In Jerusalem konnte einige Jahrhunderte später David vom Dach seines Palastes aus Batseba beim Baden beobachten (2Sam 11,2). Abimelech, der Fürst von Gerar, sah von seinem Fenster aus, wie sich Isaak und Rebekka liebhatten, das heißt, wie sie Liebkosungen austauschten (hebräisch: *zachak'et*).[1188] Welcher Art die Liebkosungen waren, wird nicht berichtet. Sie sind jedoch als »solche zu denken, aus denen das eheliche Verhältnis der beiden unzweifelhaft hervorging«.[1189]

Der Abimelech von Gerar verhielt sich zu Isaak genauso korrekt wie
der Herrscher von Gerar zur Zeit Abrahams.[1190] Er erläßt das Gebot:
11 **»Wer sich an diesem Mann oder an seiner Frau vergreift, der soll getötet werden.«**

1187 Siehe die Auslegung zu 1. Mose 12,10-20.

1188 Delitzsch, S. 361.

1189 Gunkel, S. 301. Gerson nimmt an, daß Abimelech Zeuge einer intimen Beziehung zwischen Isaak und Rebekka wurde; vgl. König, Genesis, S. 581.

1190 Siehe die Auslegung zu 1. Mose 20,2-18.

3. Der Neid der Philister: 26,12-17

12 Isaak säte in jenem Land, und er erntete in demselben Jahr das
13 Hundertfältige, denn Jahwe segnete ihn. * So wurde er mächtig
14 und immer mächtiger, bis er sehr mächtig war. * Er besaß Klein-
viehherden und Rinderherden und eine große Dienerschaft, so
15 daß die Philister auf ihn neidisch wurden. * Daher verschütteten
die Philister alle Brunnen, welche die Knechte seines Vaters
Abraham in den Tagen seines Vaters Abraham gegraben hatten.
16 Sie füllten sie mit Schutt an. * Da sprach Abimelech zu Isaak:
17 »Zieh weg von uns, denn du bist uns zu mächtig geworden.« * Da
zog Isaak von dort weg und schlug sein Lager im Tale Gerar auf.
Dort nahm er seinen Wohnsitz.

Ermutigt durch die göttliche Verheißung, hatte Isaak festen Fuß im Lande Gerar gefaßt. Er war entschlossen, dem Getreidemangel selbst Abhilfe zu schaffen, und wandte sich dem Ackerbau zu. Bereits im ersten Jahr brachten seine Felder einen hundertfältigen Ertrag.[1191] Die Formulierung »hundertfältiger Ertrag« kann auch übersetzt werden: »Er erreichte hundert Märkte.«[1192] Nach dieser Übertragung ist Isaak in einer Zeit, in der im syrisch-palästinischen Raum eine Hungersnot herrschte, zum Besitzer von hundert Umschlagplätzen für Getreide geworden. In jedem Fall aber war er ein mächtiger Mann. Mächtig heißt soviel wie wohlhabend[1193], aber auch einflußreich.[1194]

Der Segen Jahwes machte Isaak zu einem mächtigen Mann. Die Größe und der Einfluß, den Isaak gewonnen hatte, erregten den Neid der Philister. Da Abimelech, ihr Herrscher, tatenlos zusah, griffen die Bewohner von Gerar zur Selbsthilfe. Sie kippten Schutt in die Brunnen, die bereits Abraham gegraben hatte. Sie waren entschlossen, Isaak um seinen Reichtum, um seine Stellung und um sein Ansehen zu bringen. Der in Haß und Aggressivität umgeschlagene Neid der Philister veranlaßte Abimelech, Isaak des Landes zu verweisen. Für Isaak begann eine neue Zeit des Wanderns im fremden Land.

In der jüdischen Auslegung werden drei Typen der Fremdlingschaft der Erzväter unterschieden:

Abraham war ein unter den Völkerstämmen geachteter »Fürst« (1Mo 23,6).

Isaak war der mächtige und beneidete Herr (1Mo 26,12-17), und
Jakob wurde zum Knecht unter der Fron der Ägypter (2Mo 1-15).

1191 Nach Dalman ist dies keine Übertreibung, vgl. v. Rad, Mose, S. 236.
1192 Hirsch, Genesis, S. 406.
1193 Jenni, gadol, Sp. 405.
1194 Bertram, hypsoo, S. 605.

Die Fremdlingschaft Abrahams, Isaaks und Jakobs sind Abbilder der gesamten jüdischen Existenz. Das Volk der Juden lebt wie Jakob in Sklaverei und Elend. Sobald es ihnen besser geht, haben sie gegen Neid und Eifersucht anzukämpfen. Wenn sie sich jedoch als Fremde bewähren, werden sie einmal wie Abraham die Anerkennung und Achtung aller Völker gewinnen, und zwar nicht, »obgleich sie Juden, sondern gerade weil sie Juden sind«.[1195]

4. Die Brunnen zwischen Gerar und Beerscheba: 26,18-22

18 Isaak ließ die Wasserbrunnen wieder aufgraben, welche man in
den Tagen seines Vaters Abraham gegraben hatte und die die Phi-
lister nach Abrahams Tod zugeschüttet hatten. Er gab ihnen die-
19 selben Namen, die sein Vater ihnen gegeben hatte. * Die Leute
Isaaks gruben aber auch im Talgrund und fanden dort einen
20 Brunnen mit Quellwasser. * Da fingen die Hirten von Gerar mit
den Hirten Isaaks Streit an, indem sie behaupteten: »Das Wasser
gehört uns«; deshalb nannte er den Brunnen »Esek«, »Zankbrun-
21 nen«, denn sie hatten sich mit ihm herumgezankt. * Dann gruben
sie einen andern Brunnen und gerieten auch über diesen in Streit;
22 deshalb nannte er ihn »Sitna«, »Anschuldigung«. * Danach zog er
von dort weiter und grub wieder einen Brunnen. Um diesen strit-
ten sie nicht; deshalb nannte er ihn »Rehobot«, »Weite Räume«,
und sprach: »Jetzt hat Jahwe uns freien Raum gegeben, daß wir
uns im Lande ausbreiten können.«

Die Leute Isaaks waren zunächst damit beschäftigt, die alten Brunnen Abrahams wieder funktionsfähig zu machen. Den wiederhergestellten Brunnen gab Isaak dieselben Namen wie zuvor Abraham. Das Wiederaufgraben der Brunnen ist nichts anderes als der Kampf um »die nackte Existenz«.[1196]

Auf der unablässigen Suche nach Wasser, um ihre Herden zu tränken, entdeckten die Leute Isaaks eine Wasserader. Sie stießen auf Quellwasser. Das Zeitwort, »sie fanden«, spricht von einem unverhofften Glücksfall.[1197] Sie faßten das Quellwasser in zwei Brunnen. Um diese beiden Brunnen kam es zum Streit mit den Philistern. Der Konflikt mit den Philistern spiegelt sich in den Namen der beiden Brunnen: Esek und Sitna.

1195 Hirsch, Genesis, S. 407.
1196 Westermann, Genesis I/2, S. 524.
1197 Jacob, B.; zitiert nach v. Rad, Mose, S. 236.

Esek heißt »Streitbrunnen«, wörtlich: »Streithandel«.[1198]

Sitna[c] bedeutet soviel wie »Anschuldigung«. Der Name Sitna ist verwandt mit dem Begriff »Satan«, »Ankläger«, »Widersacher«.[1199] Der Brunnen heißt demnach Ort der »Anfeindung«.[1200]

[c] Esr 4,6

Der Name des an anderer Stelle gegrabenen dritten Brunnens, »Rehobot«, ist ein Lobname[1201] und heißt übersetzt: »Weite Räume«.[1202] Das dem Namen Rehobot zugrundeliegende Zeitwort findet sich auch in dem Gotteslob, »der du mir in der Not weiten Raum schaffst« (Ps 4,2).[d] Um den Brunnen Rehobot gab es keinen Streit mehr mit den Leuten Abimelechs. Sein Name, »Weite Räume«, ist der Ausdruck des nomadischen Lebensgefühles, der Wunsch nach weitem Raum.[1203] Es ist der ersehnte Raum »zu freier Bewegung«[1204], in dem der Nomade mit seinen Herden leben konnte.

[d] Ps 31,9 66,12; 118,5

Isaak hatte wieder einen Raum zum Leben. Er war zurückgekehrt zur halbnomadischen Lebensweise seines Vaters Abraham. Neid und Feindseligkeit der Philister hatten ihn zurück in den Negeb getrieben, wo er in seiner Kindheit mit seinem Vater von Weideplatz zu Weideplatz gezogen war.

Diese Geschichte aus dem Leben Isaaks ist für die Juden bis heute eine Anfrage, ob sie der Zwangsghettoisierung dann entgangen wären, wenn sie sich freiwillig und aus eigenen Stücken in ein Ghetto zurückgezogen hätten, um dort allein ihrem Gott zu dienen.[1205]

5. Die Gotteserscheinung in Beerscheba: 26,23-25

23/24 **Von dort zog er hinauf nach Beerscheba. * Da erschien ihm**
Jahwe in jener Nacht und sprach: »Ich bin der Gott deines Va-
ters Abraham. Fürchte dich nicht, denn ich bin mit dir, und ich
werde dich segnen und deine Nachkommenschaft zahlreich
25 **machen um meines Knechtes Abraham willen.« * Da baute er**
dort einen Altar und rief den Namen Jahwes an. Dann schlug
er sein Zelt auf, und die Knechte Isaaks gruben dort einen
Brunnen.

[1198] Delitzsch, S. 363.
[1199] Odelain/Séguineau, S. 338+339.
[1200] Delitzsch, S. 363.
[1201] Westermann, Genesis I/2, S. 521. Das nach dem Brunnen »Rehobot« benannte Wadi Ruhebe liegt südwestlich von Elusa, 30 km südlich von Beerscheba.
[1202] Odelain/Séguineau, S. 294.
[1203] Vgl. v. Rad, Mose, S. 236.
[1204] Delitzsch, S. 362.
[1205] Vgl. Hirsch, Genesis, S. 409.

Zurückgekehrt zur halbnomadischen Lebensweise, kam Isaak mit seinen Leuten nach Beerscheba, an den Ort, an dem Abraham mit dem Abimelech von Gerar einen Vertrag geschlossen hatte.[1206]

In Beerscheba offenbarte sich Gott. Gott bindet sich nicht an einen bestimmten Ort wie Sichem oder Bet-El (1Mo 12,6-8). Er kann dem Menschen an jedem beliebigen Ort erscheinen. Gott geht es nicht um einen Ort, sondern um eine lebendige Beziehung zum Menschen.

In Beerscheba erschien Gott bei Nacht. Die Erwähnung der Gotteserscheinung bei Nacht ist kein Hinweis darauf, daß es sich um einen Traum handelt. »Bei Nacht« heißt: Gott wird nicht gesehen, sondern nur gehört! Die Betonung, daß das Erscheinen Gottes bei Nacht geschieht, »zeigt den Beginn einer Wortoffenbarung bzw. markiert die Gegenwart des sich in seinem Wort offenbarenden Gottes«.[1207]

[e] 1Mo 28,13; 32,10

Gott begegnete Isaak als der Gott seines Vaters Abraham[e]. Abraham war der »erste Offenbarungsempfänger«.[1208] An der Familie Abrahams hatte Gott gehandelt, zu ihr hat er geredet, von ihr wurde er angerufen.[1209] »Abraham war der Empfänger der Verheißung des Landes und eines neuen Gottesverhältnisses für seine Nachkommenschaft.«[1210]

24 Gott sprach zu Isaak: **»Fürchte dich nicht, denn ich bin mit dir.«** »Fürchte dich nicht!« rufen im Alltag Menschen einander zu[f]. Es ist der Zuspruch der Beruhigung und des Beistandes. In Situationen der Not kann auch ein Bote Gottes einem Menschen zusprechen: »Fürchte dich nicht!«[g] Die sogenannte »Beruhigungs- und Beistandsformel«[1211] findet sich im Alten Testament häufig in Situationen, in denen Heil zugesprochen wird[h]. Bei einer Gotteserscheinung kann ein Mensch erschrecken und in Angst geraten[i]. Schrecken und Grauen werden immer dann ausgelöst, wenn innerhalb der Erscheinung Gericht angesagt wird. Eine solche Gotteserscheinung ist in der Regel verbunden mit Sturm, Gewitter oder Feuer.[1212]

Isaak erschien Gott weder zum Gericht, noch war das Offenbarwerden Gottes verbunden mit furchterregenden Zeichen. Dennoch sprach Gott: »Fürchte dich nicht!«[k] Das »Füchte dich nicht!« im Munde Gottes ist hier nicht nur eine Beruhigungsformel, sondern ein Trostwort.[1213] Isaak war ratlos, er wußte nicht, wie alles weitergehen sollte. Gott aber

[f] 1Mo 35,17; 43,23; 50,19; Ri 4,18; Rt 3,11; 1Sam 22,23; 23,17; 2Sam 9,7
[g] 2Mo 14,13; Jer 42,11
[h] Jes 41,10.13f; 43,1.5; 44,2; 51,7; 54,4; Jer 30,10; 46,27f; Kla 3,57
[i] 1Mo 28,17; 2Mo 20,18; Ri 6,22; Dan 10,11.19
[k] 1Mo 15,1; 21,17; 46,3

1206 Siehe die Auslegung zu 1. Mose 21,22-34.
1207 Michaelis, S. 333.
1208 v. Rad, Mose, S. 237.
1209 Vgl. Westermann, Genesis I/2, S. 121.
1210 v. Rad, Theologie, Bd I, S. 239.
1211 Wanke, phobos, S. 199.
1212 Jeremias, Theophanie, S. 1.
1213 Stähli, jara', Sp. 772.

versicherte ihm seine Gegenwart. Das »Fürchte dich nicht, ich bin mit dir« ist eine ermutigende Zusprache.[1214]

Eine solche Zusprache brauchte Abraham, nachdem er sich nach dem Sieg über die östlichen Könige der Gefahr der Rache ausgesetzt hatte (1Mo 15,1). Isaak hatte den Trost nötig angesichts der Bedrohung durch die Leute von Gerar. Sie waren den aus Gerar Vertriebenen gefolgt und stritten mit ihm über die Wasserrechte von Esek und Sitna. Außerdem mußte er damit rechnen, daß ihm Abimelech nachstellte.

Die erste Reaktion auf die Gotteserscheinung war der Bau eines Altars. Den Altar errichtete Isaak, noch bevor er sein Zelt aufschlug.[1215] Wie Abraham, baute auch Isaak den Altar nicht als Opferstätte, sondern als Denkstein; und genau wie sein Vater Abraham begann nun Isaak, den Namen Gottes an- bzw. auszurufen.[1216]

6. Der Friedensschluß mit Abimelech: 26,26-33

26 Abimelech kam zu ihm aus Gerar mit Ahusat, seinem Ratgeber,
27 und mit Pichol, seinem Heerführer. * Isaak fragte sie: »Warum
seid ihr zu mir gekommen, da ihr doch gegen mich feindlich ge-
28 sinnt seid und mich von euch fortgetrieben habt?« * Sie antworte-
ten: »Wir haben nun gesehen, daß Jahwe mit dir ist, und da dach-
ten wir: ›Es müsse eine eidliche Verpflichtung zwischen uns und
29 dir bestehen.‹ Wir wollen mit dir einen Vertrag schließen, * daß
du uns nichts Böses tust, so wie auch wir uns nicht an dir vergrif-
fen und dir nur Gutes getan haben. Wir ließen dich in Frieden
30 fortziehen. - Du bist nun einmal ein Gesegneter Jahwes.« * Dar-
aufhin bereitete er ihnen ein Mahl, und sie aßen und tranken.
31 * Am andern Morgen aber machten sie sich früh auf und schwu-
ren einer dem andern. Dann ließ sie Isaak ziehen, und sie gingen
32 von ihm in Frieden. * An jenem Tage kamen die Knechte Isaaks
und meldeten von dem Brunnen, den sie gegraben hatten, und
33 sagten ihm: »Wir haben Wasser gefunden.« * Da nannte er ihn
»Schiba«, »Schwur«; darum heißt die Stadt Beerscheba bis auf den
heutigen Tag.

Abimelech war zusammen mit Ahusat und Pichol Isaak nach Beerscheba gefolgt.

1214 Vgl. Lange, S. 312.

1215 Vgl. Noah. Sein erstes Werk nach der Errettung war ein Gottesdienst; siehe die Auslegung zu 1. Mose 8,20.21, Bräumer, 1. Teil, S. 184f.

1216 Siehe die Auslegung zu 1. Mose 12,7.8.

Ahusat heißt soviel wie »Vertrauter«, »Freund«, meint aber hier nicht in erster Linie ein persönliches, sondern ein »amtliches« Verhältnis. Ahusat war der persönliche Berater Abimelechs.[1217] –

Pichol war sein Heerführer. Pichol kann übersetzt werden mit »der Mund aller« und ist der Titel der Heerführer im Reich Gerar.[1218] Die Befehlshaber über das Heer waren später unter den ersten Königen Israels die höchsten Würdenträger.[1219]

Ahusat und *Pichol* sind keine Eigennamen. Wie Abimelech der Titel für die Könige von Gerar ist[1220], so sind auch Ahusat und Pichol »amtliche Namen«.[1221]

Nach dem Grund ihres Kommens gefragt, mußte Abimelech feier-
28 lich bekennen: **»Wir haben nun gesehen, daß Jahwe mit dir ist.«** Gott
hatte Isaak gesegnet (1Mo 26,3-3.12.13) und Abimelech erkannte diesen Segen an (V. 28+29). Die Lage seit der Ausweisung Isaaks hatte sich geändert. Abimelechs Wunsch war es jetzt, »sich zu sichern vor Unberechenbarkeiten von seiten eines Mannes, den ein so mächtiger Gott segnet«.[1222] Abimelech bat Isaak um einen Friedensvertrag[1223]: »Wir dach-
ten: **›Es müsse eine eidliche Verpflichtung zwischen uns und dir beste-**
29 **hen.‹ Wir wollen mit dir einen Vertrag schließen, * daß du uns nichts**
Böses tust, so wie auch wir uns nicht an dir vergriffen . . . haben.« Der Vertrag selbst wurde geschlossen durch einen von beiden Seiten abgelegten Eid, verbunden mit einem nächtlichen Festmahl.[1224] Nach dem Friedensvertrag trennten sich die beiden Parteien, und die Knechte Isaaks gruben einen neuen Brunnen. Der Brunnen, den die Leute Isaaks gegraben hatten, ist nicht gleichzusetzen mit dem Brunnen Abrahams in Beerscheba. In der Gegend von Beerscheba gibt es fünf, vielleicht sogar sieben Brunnen, deren Benutzung in die Zeit der Väter zurückreichen kann.[1225] Da Isaak eine Vorliebe für alte Brunnennamen hatte[1226], ist es nicht erstaunlich, daß er dem neuen Brunnen denselben Namen gab, mit dem Abraham seinen Brunnen in Beerscheba bezeichnete. Mit dem alten Namen erinnert Isaak an die Geschichte Gottes mit seinem Vater Abraham.

Der Vertrag Abrahams mit Abimelech (1Mo 21,22-34) und der Friedensschluß zwischen Abimelech und Isaak sind zwei verschiedene Er-

[1217] Vgl. Hertz (Hg.), S. 96; Gunkel, S. 303f.
[1218] Hirsch, Genesis, S. 411.
[1219] Vgl. Procksch, S. 161.
[1220] Siehe die Auslegung zu 1. Mose 26,1-6.
[1221] Hirsch, Genesis, S. 411.
[1222] v. Rad, Mose, S. 237.
[1223] Zum Begriff »Friede« vgl. Exkurs III, Friede.
[1224] Zum Mahl vor dem Schwur vgl. die Auslegung zu 1. Mose 31,46.52.
[1225] Vgl. König, Genesis, S. 546.
[1226] Siehe die Auslegung zu 1. Mose 26,18.

eignisse.[1227] Das beiden Verträgen Gemeinsame ist der Schwur (hebräisch: *schibaʿh*). Es ist die sogenannte »Besiebenung«, das heißt die Beteuerung der Vertragschließenden, in jedem Fall zu ihrem eidlichen Versprechen zu stehen.[1228] Die später an dieser Stelle erbaute Stadt erhielt aufgrund der beiden Ereignisse den Namen Beerscheba.[1229]

Der Konflikt zwischen Isaak und Abimelech endete mit einem Friedensvertrag. Es ist das erste Mal, daß in der Vätergeschichte von einem förmlichen Friedensschluß berichtet wird.[1230]

EXKURS III: Friede

Gideon baute Jahwe einen Altar und nannte ihn: »Jahwe ist Friede.« Richter 6,24

Sein Name lautet »Friedefürst«. Jesaja 9,5

Er ist unser Friede. Epheser 2,14

Selig sind die Friedensstifter, denn sie werden Gottes Kinder heißen. Matthäus 5,9

Meint ihr, ich sei gekommen, Frieden auf Erden zu geben? Nein, sage ich euch, sondern gerade Entzweiung. Lukas 12,51

Friede ist sowohl der Name Gottes als auch der des Messias. Kinder Gottes sind Friedensstifter. Das Kommen des Messias bewirkt nicht nur Friede, sondern auch Entzweiung.

1. Friede, der Name Gottes und des Messias

Friede im Vollsinn des Wortes gibt es nicht ohne Gott. Gott ist Friede! Dieses uralte Bekenntnis veranlaßte Gideon, seinem Altar den Namen »Jahwe ist *schalom*« zu geben (Ri 6,24). Im Reich der Himmel, das heißt hoch über allen menschlichen Möglichkeiten, »schafft Gott Friede« (Hi 25,2). Dem großen Herrn liegt das Heil (= Friede) seines Knechtes am Herzen (Ps 35,27). Gott allein kann bewirken, »daß Gnade und Treue einander begrüßen und Gerechtigkeit und Friede sich küssen« (Ps 85,11). Friede (hebräisch: *schalom*) bedeutet »Ganzheit, Unversehrtheit«.[1231] Im Blick auf Gott heißt dies, ein ganzes, heiles, unversehrtes

1227 Vgl. Lange, S. 88; Hirsch, Genesis, S. 412.

1228 Vgl. Delitzsch, S. 365.

1229 Zu dem Vertrag Abrahams mit Abimelech und der Ortsbezeichnung Beerscheba vgl. die Auslegung zu 1. Mose 21,22-34.

1230 Vgl. Jacob, B.; zitiert bei Westermann, Genesis I/2, S. 524.

1231 Gerlemann, schalam, Sp. 922+927.

Verhältnis zu Gott haben. Zum Volk Israel spricht Gott: »Ach daß du meine Gebote geachtet hättest, dann wäre dein Friede geworden wie ein Strom und deine Gerechtigkeit wie die Wellen des Meeres« (Jes 48,18). Der Mensch kann den Frieden, das ganze, heile Verhältnis zu Gott, und damit auch den Friedenszustand nicht aus eigenen Kräften schaffen.

Deshalb schickt Gott seinen Messias, der mit einem seiner Namen »Fürst des Friedens« heißt (Jes 9,5). Wie Gideon den Altar »Jahwe ist Friede« nennt, so sagt Micha vom Messias: »Dieser ist Friede« (Mi 5,4), nämlich der Herrscher, der die Herde in der Kraft des Herrn, das heißt »im hoheitsvollen Namen des Herrn, seines Gottes«, weiden wird (Mi 5,3). Friede kommt allein von Jahwe.[1232] Der Messias Gottes ist der Friede (Eph 2,14).

Abimelech von Gerar suchte um einen Friedensschluß mit Isaak nach mit der Begründung: »Du, Isaak, bist ein Gesegneter Jahwes« (1Mo 26,29). Der »Friede wird allein durch den Segen Jahwes ermöglicht«.[1233] Überall wo das Wort Friede (hebräisch: *schalom*) im Alten Testament »in seinem Vollgehalt verwendet wird, ist es ein religiöser Begriff«.[1234] Gott allein kann Frieden wirken und geben.

2. Die Friedfertigen

Die Friedfertigen, die Jesus selig preist (Mt 5,9), sind die, »die Frieden stiften«, und die, »die duldend Frieden halten«.[1235] Jesus beruft seine Nachfolger zum Frieden. Als Jesus sie rief, fanden sie ihren Frieden. Ihr Verhältnis zu Gott war wieder heil und ganz. »Nun sollen sie den Frieden nicht nur haben, sondern auch schaffen.«[1236]

Das von Jesus gebrauchte Wort »friedfertig« (griechisch: *eirenopoios*) knüpft an den rabbinischen Begriff »Frieden machen« (hebräisch: *ʿasah schalom*) an. Friedensstifter sind Menschen, »die da, wo Menschen entzweit sind, Versöhnung und Frieden zwischen ihnen schaffen«.[1237] Zugleich aber halten die Nachfolger Jesu Frieden, »indem sie lieber selbst leiden, als daß sie einem anderen Leid tun, sie bewahren Gemeinschaft, wo der andere sie bricht, sie verzichten auf Selbstbehauptung und halten dem Haß und Unrecht stille. So überwinden sie Böses mit Gutem.«[1238] Die Friedfertigen sind nicht nur Aktivisten in Sachen Friede,

[1232] v. Rad, schalom, S. 402.
[1233] Westermann, Genesis I/2, S. 524.
[1234] v. Rad, schalom, S. 401.
[1235] Schniewind, Matthäus, S. 48.
[1236] Bonhoeffer, Nachfolge, S. 87.
[1237] Grundmann, Matthäus, S. 131.
[1238] Bonhoeffer, Nachfolge, S. 88.

sondern immer zugleich solche, die bereit sind, um des Friedens willen Unrecht zu leiden.

Isaak war durch Abimelech und dessen Leute Unrecht zugefügt worden. Die Einwohner von Gerar hatten die Existenz Isaaks bedroht. Sie füllten seine Brunnen mit Schutt an (1Mo 26,14f). Als Abimelech, Ahusat und Pichol zu Isaak gekommen waren, um Frieden zu vereinbaren, lud sie Isaak zu einer gemeinsamen Mahlzeit ein. Isaak rechnete das ihm geschehene Unrecht nicht auf, sondern gab ein »Friedensfest«.[1239] Danach legte jede der beiden Parteien einen Eid ab. »Sie schwuren einer dem andern« (1Mo 26,31) kann übersetzt werden: »Jeder schwur seinem Bruder bzw. seinem Nächsten« (hebräisch: *'ischle 'achiw).*[1240] Der Friede unter Menschen gründet auf einer gegenseitigen Vereinbarung.[1241] Wie später Salomo und Hiram von Tyrus (1Kö 5,26), so begannen Abimelech und Isaak mit ihrem Schwur »ein Verhältnis friedlichen Einvernehmens«.[1242] Isaak schloß die Friedensverhandlungen ab, indem er seine Gäste mit dem Friedensgruß »Schalom« entließ. Es ist der erste Friedensgruß in der Vätergeschichte.[1243]

Nach seiner Auferstehung grüßte Jesus seine Jünger, die ihn im Leiden allein gelassen hatten, mit den Worten: »Friede sei mit euch!«[l] »Das Reich Christi ist ein Reich des Friedens, und die Gemeinde grüßt sich mit dem Friedensgruß.«[1244]

[l] Lk 24,36 Joh 20,19. 21.26

3. Friede und Entzweiung

Der Glaube an Jesus, den Fürst des Friedens (Jes 9,5; Eph 2,14), führte bereits zu seinen Lebzeiten zur Entzweiung. Die Stellung zur Person Jesu hatte »Zerspaltung«[1245] zur Folge. »Engste Familienbande werden zerrissen.«[1246] Jesus beabsichtigte durch seine Heilsbotschaft nicht, »Krieg und Gewalttaten auszulösen«.[1247] Zum Unfrieden kam es durch das Bekenntnis zu Jesus, das die Familien spaltete.[1248]

Jesus brachte nicht das »Schwert«, wie Luther übersetzt, sondern »Zerspaltung« (griechisch: *diamerismos*). »Sein Kommen spaltet die engsten Gemeinschaften.«[1249] Da zur Zeit Jesu der überlieferte Glaube

[1239] Lange, S. 312.
[1240] Vgl. Procksch, S. 162; Jenni, 'ach, Sp. 101+103.
[1241] Vgl. Gerlemann, schalam, Sp. 929.
[1242] v. Rad, schalom, S. 401.
[1243] Jacob, B.; vgl. Westermann, Genesis I/2, S. 524.
[1244] Bonhoeffer, Nachfolge, S. 88.
[1245] Grundmann, Lukas, S. 271.
[1246] Schweizer, S. 140.
[1247] Lamsa, S. 132.
[1248] Vgl. Ernst, S. 281.
[1249] Gollwitzer, S. 151.

das ganze Leben umfaßte, »mußte ein orthodoxer Vater seinen Sohn, der Jesu Lehre angenommen hatte, aus tiefstem Herzen hassen und als Verräter am Glauben seiner Väter betrachten. Ebenso heftig haßte eine Tochter ihre Mutter, wenn sie sich zu Christus bekannte. Jesus erklärte unmißverständlich, die Annahme seiner neuen, umwälzenden Lehre werde notgedrungen viele Verfolgungen und viel persönliches Leid verursachen.«[1250]

Daran hat sich bis heute nichts geändert, und zwar nicht nur, wenn sich ein Glied einer jüdischen Familie zu Jesus bekennt, sondern auch dann, wenn einer aus einer Familie zum Glauben an Jesus Christus findet und andere Familienmitglieder mit Jesus nichts zu tun haben wollen.

Auch der Friedensschluß Isaaks mit Abimelech endete mit Zerspaltung, das heißt Trennung. Es kam nicht zur Aufhebung der Ausweisung Isaaks aus Gerar (vgl. 1Mo 26,16). Isaak und Abimelech verbrüderten sich nicht. Sie hatten keinen gemeinsamen Gott. Isaak kehrte nicht in das Reich Abimelechs zurück.

Der Friedensschluß zwischen Abimelech und Isaak begrenzte sich auf das Versprechen, sich gegenseitig keinen Schaden zuzufügen. »Friede bedeutet also durchaus nicht in jedem Fall ›Verbrüderung‹. Das Verhältnis zwischen Menschen kann auch dann heil sein, wenn der eine den andern ›in Frieden ziehen läßt‹, zufrieden läßt.«[1251]

In dem Bericht vom Friedensschluß zwischen Isaak und Abimelech kommt an einer Stelle das Wort »Friede« fast wie ein abgegriffenes Schlagwort vor. Rückblickend auf die Ereignisse in Gerar, sagte Abimelech zu Isaak: »Wir ließen dich in Frieden ziehen« (1Mo 26,29). In Wirklichkeit aber war Isaak ausgewiesen worden (1Mo 26,16). Friede bedeutet in diesem Zusammenhang soviel wie Freundlichkeit im Gegensatz zu Krieg, Wohlergehen, Gedeihen und Glück im Gegensatz zum Abjagen der erworbenen materiellen Güter.[1252] Isaak konnte sein Hab und Gut behalten, aber er mußte gehen! Friede ist hier ein ganz allgemeiner Begriff. Es ist ein Schlagwort, wie es bis heute gebraucht wird, »von allerweitestem Radius«, dem etwas »Schillerndes anhaftet«.[1253]

Friedfertige im Sinne Jesu (Mt 5,9) sind nur die, die durch Jesus Frieden fanden und so zu Friedensstiftern wurden. »Wirklich Frieden zu stiften, ist ebenso schwer, wie es leicht ist, Kampf zu entfesseln. Den Kampf bringt die Enge und Widersprüchlichkeit des Daseins selbst; um

[1250] Lamsa, S. 132.
[1251] Westermann, Genesis I/2, S. 523.
[1252] Vgl. Gerlemann, schalam, Sp. 922.
[1253] v. Rad, schalom, S. 400.

Frieden aufzubauen - den echten, wesenhaften -, bedarf es einer tiefen, lösenden und überwindenden Kraft.«[1254]

Die, die Frieden stiften können, sind Kinder Gottes, Menschen, die Jesus als Herrn haben. »Er ist unser Friede« (Eph 2,14).

---

7. Der Kummer Isaaks und Rebekkas: 26,34+35

34 Als Esau vierzig Jahre alt war, da nahm er sich zur Frau Judit, die
Tochter des Hetiters Beeri, und Basemat, die Tochter des Hetiters
35 Elon. * Diese waren ein schwerer Kummer für Isaak und Rebekka.

Esau, der erstgeborene Sohn Isaaks und Rebekkas, setzte sich in seinem vierzigsten Lebensjahr bewußt von seinen Eltern ab. Mit vierzig Jahren hatte ein Mann in alttestamentlicher Zeit die vollkommene Mannesreife erlangt. Als Isaak heiratete, war er vierzig Jahre alt (1Mo 25,20), und Kaleb wurde als Vierzigjähriger von Mose als Kundschafter in das verheißene Land gesandt (Jos 14,7). Der jüdische Philosoph Philon von Alexandria (13 v.Chr. bis 45/50 n.Chr.) nennt den Vierzigjährigen einen »vollkommenen Mann« (griechisch: *teleios anēr*). Nach seiner Auslegung war der »Reiche Jüngling«, der mit Jesus diskutierte (Mt 19,16-22), zwischen vierundzwanzig und vierzig Jahre alt.[1255] Zu diesem sagte Jesus: »Wenn du vollkommen (griechisch: *teleios*) sein willst«, das heißt, ein ganzer und vollständiger Mann (vgl. Eph 4,13), ein Vierzigjähriger, der frei und souverän handeln kann, »dann gehe hin, verkaufe deinen Besitz und gib ihn den Armen« (Mt 19,21).

Mit vierzig Jahren handelte Esau bewußt und entschlossen gegen den Willen seiner Eltern. Er heiratete zwei Hetiterinnen, das heißt, Frauen aus einem Stamm der kanaanäischen Urbevölkerung.[1256] Die Namen der Frauen Esaus waren Judit und Basemat.

Judit kann mit dem Stadtnamen Jehud im späteren Gebiet von Dan zusammenhängen (Jos 19,45). Basemat ist auch als Name einer Prostituierten aus Gaza bekannt. Auch von dieser Basemat heißt es, daß sie die Tochter eines Hetiters war.[1257]

Die eigenwillige Heirat Esaus steht ganz im Gegensatz zum Willen Abrahams. Er hatte seinem Knecht den Eid abgenommen, unter keinen Umständen für seinen Sohn Isaak eine Frau mit kanaanäischer Herkunft zu wählen (1Mo 24,3).

1254 Guardini, Der Herr, S. 79.
1255 Vgl. Grundmann, Matthäus, S. 431.
1256 Zu dem kanaanäischen Stamm der Hetiter vgl. Einleitung. III. 3. Das Reich der Hetiter.
1257 Vgl. König, Genesis, S. 585.

Mit seiner Entscheidung, zwei Hetiterinnen zu heiraten, löste sich
Esau bewußt vom »Haus Abrahams« und verscherzte somit endgültig,
»Erbe des Abrahamssegens zu werden«.[1258] Für Isaak und Rebekka wa-
35 ren die beiden Schwiegertöchter ein **schwerer Kummer.** Wörtlich über-
setzt heißt es: »eine Verbitterung des Geistes«[1259], das heißt »Gegen-
stand schmerzlichen Unmuts und Herzeleids«.[1260]

Isaaks und Rebekkas »Geistes-Bitterkeit« (hebräisch: *morra*) erklärt die jüdische Schriftauslegung dadurch, daß sie diesen Begriff zurückführt auf das Zeitwort »entgegenfahren«. Wie ein Schermesser (hebräisch: *morra*) im rechten Winkel gegen das Haar fährt, so stellen sich Esau und seine beiden Frauen Judit und Basemat trotzig Isaak und Rebekka entgegen. Sie wollen gerade darum etwas, weil es der andere nicht will.[1261] Der Protest um des Protestes willen war der Anlaß zur Verbitterung Isaaks und Rebekkas.

An wen soll nun die Verheißung weitergegeben werden, nachdem der Erstgeborene die Weiche für seine Familie in die Richtung der kanaanäischen Urbevölkerung gestellt hatte? Vielleicht liegt hier eines der Motive, die Rebekka veranlaßten, Jakob zu seinem zweiten Betrug zu überreden.[1262]

IV. DER ZWEITE BETRUG: 27,1-46

Isaak, inzwischen altersblind, rechnete mit einem baldigen Tod. Er war entschlossen, Esau, den Erstgeborenen, zu segnen. Rebekka dagegen wollte dem von ihr »geliebten Sohn« den Erstgeburtssegen sichern. Sie ergriff die Initiative und gewann Jakob für ihren Betrugsplan.

Jakob hatte keine Bedenken, seinen Vater zu belügen! Nur ein Gedanke beunruhigte ihn: Was mag es für Folgen haben, wenn der von Rebekka erdachte Plan mißglückt?[1263] Es war die »Furcht vor Entdekkung«[1264] und die Angst davor, statt des Segens einen Fluch über sich zu bringen.[1265] Rebekka zerstreute die Bedenken Jakobs. Sie erklärte sich bereit, jedes Risiko auf sich zu nehmen, selbst einen etwaigen Fluch Isaaks: »Den Fluch, der dich treffen könnte, nehme ich auf mich, mein Sohn; höre nur auf meinen Rat« (1Mo 27,13).

[1258] Gunkel, S. 386.
[1259] Lange, S. 313.
[1260] Dillmann, S. 328.
[1261] Vgl. Hirsch, Genesis, S. 412.
[1262] Vgl. Westermann, Genesis I/2, S. 545.
[1263] Vgl. Gunkel, S. 310.
[1264] Strack, S. 92.
[1265] Vgl. Delitzsch, S. 367.

Jakob befolgte den Rat seiner Mutter. Er betrog seinen Vater und seinen Bruder. Die eigentlich Leidtragende aber war Rebekka. Sie verlor beide Söhne. Esau verließ das Haus, und Jakob mußte fliehen. Die Rückkehr Jakobs erlebte Rebekka nicht mehr. Der Bericht über den zweiten Betrug Jakobs ist »straff, ganz in Handlung bestehend, ohne Reden«.[1266]

1. Jakob erschleicht den Segen: 27,1-29

1 **Als Isaak alt geworden und sein Augenlicht erloschen war, rief er**
Esau, seinen älteren Sohn, und sprach zu ihm: »Mein Sohn!« Die-
2 **ser antwortete: »Hier bin ich.« * Er aber sprach: »Sieh doch, ich bin**
3 **alt geworden und weiß nicht, wie bald ich sterben werde. * Nimm**
deshalb dein Jagdzeug, deinen Köcher und deinen Bogen, geh
4 **hinaus auf das Feld, und jage mir ein Wild. * Dann bereite mir ein**
schmackhaftes Mahl, wie ich es liebe, und bringe es mir herein,
5 **daß ich esse, damit meine Seele dich segne, bevor ich sterbe.« * Re-**
bekka aber hatte zugehört, wie Isaak mit seinem Sohn Esau rede-
te. Und Esau war aufs Feld gegangen, um ein Stück Wild zu jagen,
6 **um es heimzubringen.* Da sagte Rebekka zu ihrem Sohn Jakob:**
»Siehe, ich habe gehört, wie dein Vater mit Esau redete und zu ihm
7 **sagte: * ›Bring mir ein Stück Wild, und mache mir ein schmackhaf-**
tes Mahl, damit ich esse und dich vor dem Angesicht Jahwes noch
8 **vor meinem Tod segne.‹ * So höre nun, mein Sohn, auf den Rat, den**
9 **ich dir jetzt gebe: * Geh hin zur Herde, und hole mir von dort zwei**
schöne Ziegenböckchen, daraus werde ich ein schmackhaftes
10 **Mahl für deinen Vater zubereiten, wie er es liebt. * Dann sollst du**
es deinem Vater bringen, daß er es ißt, damit er dich segnet, bevor
11 **er stirbt.« * Da sprach Jakob zu seiner Mutter Rebekka: »Siehe,**
Esau, mein Bruder ist stark behaart, während ich eine glatte Haut
12 **habe. * Vielleicht wird mein Vater mich betasten, dann würde ich**
als Betrüger vor ihm stehen und einen Fluch statt einen Segen
13 **über mich bringen.« * Aber seine Mutter antwortete ihm: »Den**
Fluch, der dich treffen könnte, nehme ich auf mich, mein Sohn;
14 **höre nur auf meinen Rat, geh hin und hole es mir!« * Da ging er**
hin, holte die Böckchen und brachte sie seiner Mutter. Seine Mut-
ter aber bereitete ein schmackhaftes Mahl, wie es sein Vater lieb-
15 **te. * Hierauf nahm Rebekka die guten Kleider Esaus, ihres älteren**
Sohnes, die sie bei sich im Zelt verwahrte, und zog sie Jakob, ihrem
16 **jüngeren Sohn, an. * Mit den Fellen der Ziegenböckchen bekleide-**

[1266] Westermann, Genesis I/2, S. 529.

17 te sie seine Arme und seinen glatten Hals. * Dann gab sie das
schmackhafte Mahl und das Brot, das sie gebacken hatte, ihrem
18 Sohn Jakob in die Hand. * So ging er denn zu seinem Vater und
sprach: »Mein Vater!« Dieser antwortete: »Hier bin ich, wer bist
19 du, mein Sohn?« * Jakob erwiderte seinem Vater: »Ich bin Esau,
dein erstgeborener Sohn, ich habe getan, was du mir aufgetragen
hast. Richte dich auf, setz dich und iß von meinem Wild, damit dei-
20 ne Seele mich segne!« * Da sagte Isaak zu seinem Sohn: »Wie hast
du denn so schnell etwas gefunden, mein Sohn?« Er antwortete:
21 »Jahwe, dein Gott, hat es mir über den Weg laufen lassen.« * Da
sprach Isaak zu Jakob: »Komm doch her, damit ich dich betaste,
22 mein Sohn, ob du wirklich mein Sohn Esau bist oder nicht.« * Da
trat Jakob zu seinem Vater Isaak hin. Dieser betastete ihn und
sagte: »Die Stimme ist Jakobs Stimme, aber die Arme sind Esaus
23 Arme.« * Und er erkannte ihn nicht, denn seine Arme waren wie
24 die Arme seines Bruders Esau behaart, und er segnete ihn. * Noch
einmal aber sprach er: »Du bist doch wirklich mein Sohn Esau?«
25 Er erwiderte: »Ich bin's.« * Und er sprach: »Bring mir her, daß ich
esse von dem Wild meines Sohnes, damit meine Seele dich segne.«
Da reichte er es ihm hin, und er aß, und er brachte ihm auch Wein,
26 und er trank. * Hierauf sagte sein Vater Isaak zu ihm: »Tritt doch
27 heran, und küsse mich, mein Sohn!« * Als er nun herantrat und
ihn küßte, da roch er den Duft seiner Kleider, und er segnete ihn
und sprach:

»Siehe, meines Sohnes Duft ist wie der Duft eines Feldes,
das Jahwe gesegnet hat.
28 * So gebe dir Gott vom Tau des Himmels
und vom Fett der Erde
und Überfluß an Korn und Wein.
29 * Völker sollen dir dienen,
und Nationen sollen sich vor dir neigen.
Sei ein Herr über deine Brüder.
Neigen sollen sich vor dir die Söhne deiner Mutter.
Wer dir flucht, ist verflucht,
und wer dich segnet, ist gesegnet!«

Die eingetretene Altersblindheit ließ Isaak befürchten, daß er bald sterben werde.[1267] So entschloß er sich, »in der Furcht, der Tod könne

[1267] Nach Luther war Isaak damals hundertsiebenunddreißig Jahre alt (Luther, Ersten Moses, Bd I, S. 290). Zur bibelkundlichen Berechnung dieser Altersangabe vgl. Keil, Genesis, S. 231, Anm. 1. Sein Halbbruder Ismael war vierzehn Jahre zuvor im Alter von hundertsiebenunddreißig Jahren gestorben. Die Erinnerung des hundertsiebenunddreißigjährigen Isaak an das Todesdatum seines Halbbruders könnte neben der Alters-

ihn überraschen«[1268], Esau, seinen erstgeborenen Sohn, zu segnen.

Seinen Entschluß zu segnen faßte Isaak zweimal in die Worte: **»damit** 4/25
meine Seele dich segne.«

»Seele« (hebräisch: *näphäsch*) hat im Alten Testament sieben Bedeutungen: Speiseröhre, Luftröhre, Sitz des Begehrens, der vitalen Bedürfnisse, der seelischen Empfindungen und der Gemütszustände und schließlich Personkern, das Ich des Menschen.[1269] Seele meint den Menschen ganzheitlich mit Leib und Seele.[1270] Der Mensch lebt als Seele, das heißt, der Mensch hat nicht eine Seele, »er ist Seele«.[1271] Wenn Isaak
sagt, **»damit meine Seele dich segne, bevor ich sterbe«,** so heißt dies, 4
»damit vor meinem Sterben mein Leben dich segne«.[1272] Der beabsichtigte Segen war ein Abschieds-, ein Sterbebettsegen mit dem ganzen Gewicht, das die letzten Worte eines Menschen haben[a].

Aus dem Bericht Rebekkas[1273] über die Absicht Isaaks sind die Wor-
te bekannt: »damit ich **dich vor dem Angesicht Jahwes segne.**« Isaak 7
wollte den Segen »unter Anrufung des Jahwenamens« erteilen.[1274]

Die von Isaak erbetene Mahlzeit gehörte wie die guten Kleider (V. 15) zu dem festlichen Rahmen der Segenshandlung.[1275]

[a] 1Mo 24,1ff; 48,10-15; 50,24f; 5Mo 33; Jos 23; 2Sam 23; 1Kö 2,1-3; Tob 14

Jakob erschlich sich den Segen Isaaks. Es war der zweite Betrug in Jakobs Leben. Angestiftet und unterstützt wurde er dieses Mal durch seine Mutter Rebekka. Rebekka überredete Jakob, zerstreute seine Bedenken, bereitete das Mahl, das wie Wildfleisch schmeckte, und besorgte die guten Kleider Esaus.

Jakob betrog seinen Vater. Er verstrickte sich in ein Geflecht voller Lüge und Täuschung.

Zweimal antwortete Jakob seinem Vater unverfroren: »Ich bin Esau«
(V. 19+24). Dazwischen lag die »schreckliche Lüge«[1276]: **»Jahwe, dein** 20
Gott, hat mir das **Wild über den Weg laufen lassen.«** Jakob log, indem er den Namen Gottes mißbrauchte.[1277]

blindheit ein weiterer Grund für Isaak gewesen sein, seinen baldigen Tod zu befürchten (vgl. Lange, S. 316). Isaak lebte jedoch nach der Erschleichung des Segens durch Jakob noch dreiundvierzig Jahre.

1268 Gunkel, S. 309.

1269 Wolff, S. 19-32.

1270 Westermann, Genesis I/2, S. 532.

1271 Wolff, S. 19.

1272 Vgl. Westermann, Genesis I/2, S. 532.

1273 Rebekka war Zeuge des Zwiegesprächs zwischen Isaak und Esau. Da ihr Zelt neben dem ihres Mannes stand, konnte sie ohne Anstrengung mithören. Es besteht kein Grund für die Annahme eines gezielten Lauschens oder Horchens; vgl. die Auslegung zu 1. Mose 18,10.

1274 König, Genesis, S. 587; vgl. Procksch, S. 167.

1275 Zur Bedeutung der Segenshandlung Isaaks für die Theologie des Segens im Alten Testament vgl. Exkurs IV, Segen.

1276 v. Rad, Mose, S. 241.

1277 Gunkel, S. 311.

Schamlos täuschte Jakob seinen Vater, indem er dessen Blindheit ausnützte. Er übertrat das Gebot, das später mit folgendem Wortlaut Eingang in das Gesetz fand: »Du sollst einem Blinden keinen Anstoß in den Weg legen, sondern dich vor deinem Gott fürchten: ich bin der Herr!« (3Mo 19,14).

Der blinde Isaak war auf sein Gehör und auf seinen Tast- und Geruchssinn angewiesen. Rebekka hatte jedoch alle Eventualitäten berücksichtigt.

Als Isaak meinte, die Stimme Jakobs zu erkennen, konnte dieser seinen Vater durch die auf Arme und Hals gelegten Felle täuschen. So sag-
22 te Isaak: **»Die Stimme ist Jakobs Stimme, aber die Arme sind Esaus Arme.«** Nachdem er durch seinen Tastsinn getäuscht war, eröffnete er
23 die Segenshandlung mit einem Begrüßungssegen[1278]: **und er segnete ihn.** Obgleich das Mahl genau wie Wild schmeckte, waren die Bedenken Isaaks noch nicht völlig zerstreut. Er bat Jakob um einen Kuß und wollte so mit Hilfe seines Geruchssinns ganz sicher gehen.[1279] Als er aber den Geruch der Kleider Esaus roch, waren seine Zweifel überwunden. Jetzt sprach er die Segensworte.

Der von Isaak erteilte Segen ist ein »Fruchtbarkeits- und Herrschaftssegen«.[1280] Der Tau des Himmels soll die Erde benetzen. In der regenlosen Zeit des Sommers ist der Tau[b] von höchster Bedeutung. Er ist ein Zeichen göttlichen Segens.[1281] Der Ertrag der fetten und fruchtbaren Erde soll ein Überfluß an Korn und Wein sein. »Himmel und Erde sollen ihr Bestes geben.«[1282] Der Herr der fruchtbaren Erde wird auch ein »nationales Übergewicht haben«.[1283] Dem Gesegneten werden Völker dienen, und Nationen sollen sich vor ihm neigen. Wer ihn segnet, ist ein Gesegneter; und wer ihm flucht, ein Verfluchter. Der Gegenfluch soll einen etwaigen Fluch unschädlich machen.[1284]

[b] 1Mo 49,25 5Mo 33,13.28 Hos 14,6 Sach 8,12

2. Esaus Schreckensausbrüche und der »Nachsegen« Isaaks: 27,30-40

30 Als Isaak gerade den Segen über Jakob zu Ende gesprochen hatte
und Jakob eben von seinem Vater Isaak hinweggegangen war, da
31 kam sein Bruder Esau von der Jagd zurück. * Auch er bereitete
ein schmackhaftes Mahl, brachte es seinem Vater und sprach zu

[1278] Vgl. Lange, S. 316.
[1279] Vgl. Gunkel, S. 312.
[1280] Westermann, Genesis I/2, S. 536f.
[1281] Vgl. Hertz (Hg.), S. 99.
[1282] Vgl. Gunkel, S. 312.
[1283] Procksch, S. 168.
[1284] Speiser, vgl. Westermann, Genesis I/2, S. 538.

ihm: »Richte dich auf, mein Vater, und iß von dem Wild deines
32 Sohnes, damit deine Seele mich segne.« * Da sprach sein Vater
Isaak zu ihm: »Wer bist du?« Er antwortete: »Ich bin dein erstge-
33 borener Sohn Esau.« * Da erschrak Isaak über alle Maßen und sag-
te: »Wer war also dann jener, der ein Wild erjagt und gebracht hat-
te, daß ich von allem aß, ehe du kamst? Ihn habe ich gesegnet; er
34 wird nun auch gesegnet bleiben.« * Als Esau die Worte seines Va-
ters gehört hatte, erhob er ein Geschrei, laut und bitter über die
Maßen, und bat seinen Vater: »Segne doch auch mich, mein Va-
35 ter!« * Er aber sprach: »Dein Bruder ist mit List gekommen und
36 hat deinen Segen weggenommen.« * Da sagte Esau: »Mit Recht hat
man ihn Jakob genannt, denn er hat mich nun schon zweimal
überlistet. Er hat mir zuerst mein Erstgeburtsrecht und jetzt auch
noch meinen Segen genommen.« Dann fragte er: »Hast du denn
37 für mich keinen Segen zurückbehalten?« * Da antwortete Isaak
und sprach zu Esau: »Ich habe ihn zum Herrn über dich gesetzt,
und alle seine Brüder habe ich ihm zu Knechten gegeben. Mit
Korn und Wein habe ich ihn versorgt! Was kann ich da noch für
38 dich tun, mein Sohn?« * Da sprach Esau zu seinem Vater: »Hast du
denn nur einen Segen, mein Vater? Segne doch auch mich, mein
39 Vater!« Und Esau begann laut zu weinen. * Da antwortete Isaak,
sein Vater, und sprach zu ihm:

»Siehe, deine Wohnung sei fern vom fetten Erdboden
und fern vom Tau des Himmels droben!
40 * Von deinem Schwert wirst du leben
und deinem Bruder dienen.
Aber es wird geschehen, wenn du rüttelst,
wirst du sein Joch von deinem Hals reißen.«

Die Szene ist gezeichnet von den »Schreckensausbrüchen«[1285] Esaus. Auch Isaak ist erschüttert. Er hätte sich auf sein Gehör verlassen müssen, war aber durch seinen Tast- und Geruchssinn getäuscht worden. Ohne weiteres Nachprüfen wußte er: Jetzt stand Esau vor ihm.[1286] Nun aber war alles zu spät. Er hatte sich festgelegt und Jakob mit seinem Segen zum Universalerben eingesetzt.[1287] Die Segensworte konnte er nicht mehr zurücknehmen.[1288]

Esaus Schreie des Entsetzens waren **laut und bitter über die Maßen,** **34**
gleichzeitig aber durchzogen von Hoffnung. Ein Vatersegen muß mehr

1285 v. Rad, Mose, S. 244.
1286 Vgl. Gunkel, S. 313.
1287 Zum Erstgeburtssegen im hebräischen Familienrecht siehe die Auslegung zu 1. Mose 25,23.
1288 Vgl. Exkurs IV, Segen, 5. Der Segen ist unwiderruflich.

sein »als das, was der Vater schon weggegeben hat und was ihm unwiderruflich verloren ist«.[1289] Als ihm Isaak aber erklärte, daß er Jakob alles gegeben hatte und damit für Esau nichts übrigblieb, klagte Esau sei-
36 nen Bruder des doppelten Betrugs an: **»Er hat mir zuerst mein Erstgeburtsrecht und jetzt auch noch meinen Segen genommen.«** Er war, wie es bereits in seinem Namen Jakob anklingt, ein Betrüger.[1290] Dennoch konnte es Esau immer noch nicht fassen, daß sich sein Vater »ausgesegnet« hatte.[1291] In einem weiteren Ausbruch der Klage und des Entsetzens fragte Esau: **»Hast du denn für mich keinen Segen zurückbehalten?«** Als Antwort wiederholte Isaak den Wortlaut des Jakob erteilten Segens. Esau aber gab nicht auf. Aus seiner Klage wuchs die »flehentli-
38 che Bitte«[1292], die er seinem Vater unter Tränen vortrug: **»Hast du denn nur einen Segen, mein Vater? Segne doch auch mich!«** Unter dem Ansturm der Entsetzensschreie, der Klagen und der Bitte rang sich Isaak Segensworte für Esau ab. Sie waren ein »Schatten des Segens Jakobs«[1293], ein »Nachsegen«[1294]. Dem Segen für Jakob und dem für Esau ist ein kleines Wort gemeinsam, das jedoch beim »Nachsegen« Esaus einen gegenteiligen Sinn hat. Es ist das hebräische Wort *min*! Jakob bekam teil an den Gütern des Himmels und der Erde (hebräisch: *min* in der Bedeutung »ein Teil von« = partitiv). Esaus Leben aber wird sich abspielen »fern von« (hebräisch: *min* in der Bedeutung »weg von« = privativ) der fetten Erde und dem Tau des Himmels.[1295]

Esau muß in der Steppe wohnen. Sein Bruder wird sein Herr sein. Nur eines hat er seinem Bruder voraus, das Schwert. Esau kann sich durchkämpfen. Er kann seine Existenz behaupten und das ihm von seinem Bruder auferlegte Joch abwerfen. »Esau wird ein hartes Leben haben, aber er soll leben.«[1296]

Isaak hatte mit seinem ersten Segen die Welt weggegeben. Esau blieb nur das traurige Los, sich mit seinem Schwert zu behaupten. Sein Schicksal war das eines Räubers, der von Mord und Raub lebte.[1297]

Esau und seine Nachkommen, die Edomiter[1298], werden ihr Leben als Krieger verbringen.[1299] Das Land Edom wird seine Krieger nicht ausrei-

[1289] Westermann, Genesis I/2, S. 539.
[1290] Zur Namensdeutung Jakob vgl. die Auslegung zu 1. Mose 25,26.
[1291] Vgl. Procksch, S. 169.
[1292] Westermann, Genesis I/2, S. 538.
[1293] Delitzsch, S. 371.
[1294] Westermann, Genesis I/2, S. 538.
[1295] Vgl. v. Rad, Mose, S. 243.
[1296] Westermann, Genesis I/2, S. 539.
[1297] Gunkel, S. 314.
[1298] Zu Esau als Ahnherr Edoms siehe die Auslegung zu 1. Mose 25,25-27.
[1299] Vgl. Procksch, S. 169.

chend ernähren. Den Edomitern bleibt nur das Rauben und Blutvergießen.[1300]

Bis zur Zeit des Einzugs der Stämme Israels in das verheißene Land war Edom ein unabhängiger und mächtiger[c] Stamm. Unter den Richtern in Israel versuchten sich die Edomiter im Süden Judas festzusetzen. Saul führte Krieg gegen Edom (1Sam 14,47). David eroberte Edom und machte es zu einem seiner Verwaltungsbezirke[d].

[c] 4Mo 20,14-21.23; 21,4; 33,37; Ri 11,17.18; 2Chr 20,10

[d] 2Sam 8,13.14; 1Kö 11,15.16; Ps 60,2

Salomo heiratete Edomiterinnen (1Kö 11,1). Edom erlangte eine gewisse Unabhängigkeit (1Kö 11,14.17-25), verlor sie jedoch bald wieder (1Kö 22,48). Unter Joschafat von Juda wurden die Edomiter, die sich mit den Moabitern und Ammonitern verbündet hatten, geschlagen (2Kö 3,8.9.12). Edom befreite sich unter Joram von der Vorherrschaft Judas (2Kö 8,20-22), wurde aber bereits wieder von Amazja geschlagen (2Kö 14,7-10). Im syro-efraimitischen Krieg eroberte Edom die Stadt Elat (2Kö 16,6).

Eine verhängnisvolle Rolle spielte Edom bei der Eroberung Jerusalems und der Zerstörung des Ersten Tempels (587 v.Chr.). Edom drang in Juda ein und plünderte die Bevölkerung aus[e]. Die Feindschaft zwischen Edom und seinem Brudervolk Israel hatte ihren Höhepunkt erreicht. Die Propheten riefen über den Erzfeind Edom das rächende Gericht Gottes herab[f].

[e] Ps 137,7; Kla 4,21.22; Hes 35,5.12.15; 36,5; Joe 4,19; Ob 10-16; Mal 1,3-5

[f] Jes 63,1-6; Jer 49,7-22; Hes 25,12-14

Nach dem Fall Jerusalems (587 v.Chr.) hielten die Edomiter den Süden bis Hebron besetzt. In dieser Zeit bürgerte sich der griechische Name für Edom, »Idumäer«, ein.[1301] Judas Makkabäus kämpfte in verschiedenen militärischen Unternehmungen gegen die Idumäer (1Makk 5,3.65; 2Makk 10,15-23; 12,32-37). Johannes Hyrkan besiegte die Idumäer, zwang sie zur Beschneidung und verleibte sie dem jüdischen Staat ein.[1302]

Die verhängnisvolle Rolle, die die Edomiter bzw. Idumäer spielten, war damit nicht zu Ende. König Herodes der Große war der Sohn eines Idumäers und einer arabischen Prinzessin. Herodes Antipas, ein Sohn Herodes des Großen, ließ Johannes den Täufer enthaupten[g]. Außerdem hatte er den Plan, Jesus zu töten (Lk 13,31). Jesus nannte Herodes Antipas einen Fuchs (Lk 13,32; vgl. Mk 8,15). Herodes Agrippa I., ein Enkel Herodes' des Großen, bekämpfte die ersten christlichen Gemeinden. Die Enthauptung des Jakobus und die Gefangennahme des Petrus gingen auf sein Konto (Apg 12,1-11.19). Herodes Agrippa II., ein Sohn des Herodes Agrippa I., ließ sich den gefangenen Paulus vorführen. Nach

[g] Mt 14,3-11; Mk 6,17-28; Lk 3,19.20

[1300] Vgl. Gunkel, S. 314.

[1301] Odelain/Séguineau, S. 87.

[1302] Josephus, Ant. XIII 9,1 XV 7,9; zitiert nach Lange, S. 318.

Anhörung des Paulus aber trat er für dessen Freilassung ein (Apg 25,13-26,32).[1303]

Die Geschichte Edoms ist ein unaufhörlicher Wechsel von Unterwerfung, Befreiung und Wiederunterwerfung. Die Nachkommen Esaus waren bis hinein in das Römische Reich beteiligt am Untergang des jüdischen Staates. Die Worte Isaaks über Jakob und Esau waren prophetische Worte, die sich im Laufe der Geschichte verwirklichten.[1304]

Der Verfasser des Hebräerbriefes faßt dies so zusammen: »Durch den Glauben segnete Isaak auch den Jakob und Esau im Hinblick auf zukünftige Geschicke« (Hebr 11,20).

Durch Lüge und Täuschung wurde Jakob, der jüngere Bruder Esaus, zum Träger der Verheißung. Wie immer die Geschichte Jakobs und Esaus gedeutet wird, es bleibt ein Rest Unerklärbares. »Die Wege Gottes sind dunkel, sie wollen schweigend hingenommen werden.«[1305]

EXKURS IV: Segen

Im Bericht vom Segen, den der altersblinde Isaak seinen Söhnen weitergibt, finden sich Spuren der »reichen, verzweigten Geschichte des Segens in einer vorgeschichtlichen Zeit im Bereich der Sippe«.[1306] Es sind sieben Züge, die für das Verständnis des Segens im Alten Testament entscheidend sind:

1. Der Segen ist ein von einer Handlung begleitetes Wort

Zur Übertragung des Segens auf den Sohn gehört eine Reihe von Handlungen. Vorrang hat das Segenswort, die Handlungen bereiten den Segen vor und schaffen den Kontakt.[1307] Isaak läßt eine Mahlzeit vorbereiten. Er berührt Jakob und bittet ihn um einen Kuß. Mit Hilfe des Tast- und Geruchssinns will der Altersblinde sichergehen, daß er seinen Segen dem Erstgeborenen erteilt. Die beiden in der besonderen Situation der Altersblindheit begründeten Handlungen konzentrieren sich in späterer Zeit auf die Handauflegung bzw. auf das Erteilen des Segens mit erhobenen Händen.

Jakob segnet die Söhne Josefs, indem er die Hände auf den Kopf der

[1303] Zur Dynastie der Idumäer vgl. Odelain/Séguineau, S. 135+136.

[1304] Vgl. Delitzsch, S. 373.

[1305] Procksch, S. 168.

[1306] Vgl. Westermann, Der Segen, S. 56ff. Im Zusammenhang mit dem Segen Isaaks findet sich sechsmal der Begriff »segnen«. In der Verhandlung zwischen dem betrogenen Esau und seinem Vater kommt das Wort »segnen« zehnmal vor.

[1307] Westermann, Segen und Fluch, Sp. 916.

zu Segnenden legt (1Mo 48,14.18). Die Handauflegung als Geste des Segens wurde von Jesus praktiziert. Eltern brachten ihre Kinder zu Jesus, »damit er ihnen die Hände auflege« (Mt 19,13). Jesus nahm die Kinder in seine Arme (Luther: »er herzte sie«), und er segnete sie (Mk 10,16). Die Herzlichkeit, mit der Jesus die Kinder segnete, ist möglicherweise verbunden mit einem Segenskuß. Bevor Jakob seine beiden Enkel, die Söhne Josefs, segnete, umarmte er sie und küßte sie (1Mo 48,10).

Das Erheben der Hände findet sich zuerst bei Mose: »Solange Mose seine Arme hochhielt, hatten die Israeliten die Oberhand« (2Mo 17,11). Seit es Gottesdienste gibt, gehört es zur Aufgabe der Priester, alle Mitfeiernden zu segnen. Am Sinai hatte es Gott Mose übertragen, den Bau des Zeltes der Begegnung zu veranlassen (2Mo 25). In das Priesteramt wurden Aaron und seine Söhne eingesetzt (3Mo 8). Vor dem ersten großen Opfer *»erhob Aaron seine Hände und segnete das Volk«* (3Mo 9,22). Die erhobenen Hände sind ein Hinweis auf Gott, der den Segen verheißen hat! Die Hände des Priesters können nicht segnen. Sie richten sich nach oben. Sie weisen auf Gott hin. Der Priester kann keinen eigenen Segen erteilen.[1308] Segnen heißt, den Namen Gottes auf einen Menschen legen (4Mo 6,27). Der Segnende ist nicht der Mensch, sondern Gott.

Jesus segnete vor seiner Himmelfahrt seine Jünger mit erhobenen Händen (Lk 24,50f).

2. Der Segen ist ein Handeln Gottes

Isaak ist entschlossen, seinen erstgeborenen Sohn »vor dem Angesicht Jahwes« zu segnen (1Mo 27,7). Das Angesicht Jahwes ist die dem Menschen zugewandte Seite Gottes.[1309] In dem von Gott in späterer Zeit den Priestern übertragenen Segen heißt es:

> »Es segne dich Jahwe, und er behüte dich.
> Es lasse leuchten Jahwe sein Gesicht zu dir.
> Es erhebe Jahwe sein Angesicht zu dir, und
> Er lege auf dich Schalom.« (4Mo 6,24-26)

Segen bedeutet: Er, Jahwe, ist der Schutz in allen Gefahren. Das Leuchten des Angesichts Jahwes gibt Orientierung. Der Gesegnete Jahwes tappt nicht im dunkeln. Für den Gesegneten gibt es keine ausweglose Situation. Das Erheben des Angesichts Jahwes ist seine Zuwendung. Er kümmert sich persönlich um den Gesegneten, und zwar bis hinein in seinen konfliktbeladenen Alltag.[1310] Der Segen Isaaks »vor dem Angesicht Jahwes« und der spätere gottesdienstliche Segen zeigen, daß Gott

[1308] Hirsch, Leviticus, S. 190.
[1309] Vgl. Link, Segen, S. 1123.
[1310] Vgl. Hofius, Segen, S. 318.

allein für den Segen zuständig ist. Der segnende Mensch ist Handlanger Gottes. Er gibt den Segen Gottes weiter.

Segen ist »eine Ausstrahlung der Herrlichkeit Gottes«.[1311] Gott, der Schöpfer, segnet den Menschen und die lebendige Kreatur (1Mo 1,22.28). Außerdem segnet Gott den siebten Tag (1Mo 2,3). Mit diesem Handeln des Schöpfers ist einmal »die gewaltige Spannbreite des Segens Gottes beschrieben«[1312], zum andern ist deutlich: Der Segnende ist allein Gott! Gott ist der Handelnde, wenn ein Mensch einen andern »vor dem Angesicht Gottes« segnet!

3. Der Segen ist eine heilschaffende Kraft

Die Segenskraft, die Isaak entschlossen ist weiterzugeben, soll sich nicht nur auf den Erstgeborenen selbst, sondern auch auf seinen Besitz auswirken. Sein Sohn soll in den Genuß der fruchtbaren Erde kommen. Er wird Korn und Wein im Überfluß haben (1Mo 27,28). Die mit dem Segen übermittelte Kraft ist zugleich »Kraft der Fruchtbarkeit und des Gedeihens«.[1313] Dabei erwartet Isaak nicht, daß sich die Kraft des Segens von selbst entfaltet. Sein Segenswort ist ein Bittgebet: »Gott gebe dir vom Tau des Himmels und vom Fett der Erde und Überfluß an Korn und Wein« (1Mo 27,28).

Die im Segen vermittelte Kraft ist heilschaffende Kraft. Sie hat ihren Ursprung in Gott, und Gott allein kann sie zur Entfaltung bringen. »Segnen ist das Mitteilen, das Weitergeben von Kräften, die in der himmlischen Herrlichkeit ihren Ursprung und ihr Ziel haben, an andere.«[1314] Segen ist heilschaffende Kraft, und der Gesegnete ist einer, der mit heilschaffender Kraft beschenkt ist.[1315] Segnen kann nur der, der am Segen Gottes teilhat.

Gott sprach zu Abraham: »Ich will dich segnen, und du sollst ein Segen sein« (1Mo 12,2). »Dieses Wort an Abraham ist und bleibt das Grundwort alles Segnens. Wir können nicht mehr geben, als wir von Gott empfangen haben.«[1316]

4. Der Segen stiftet Gemeinschaft

Isaak wußte nicht, wie lange er noch zu leben hatte. Der Segen, den er entschlossen war, dem Erstgeborenen zu erteilen, war ein Abschiedssegen. Jeder Abschiedssegen schafft eine Verbindung. Die voneinander

1311 Schick, S. 7.
1312 Westermann, Der Segen, S. 61.
1313 Westermann, a.a.O., S. 57.
1314 Schick, S. 9.
1315 Keller, Segnen, Sp. 355.
1316 Schick, S. 11.

Entfernten oder durch den Tod Getrennten bleiben durch die Kraft des Segens miteinander verbunden.[1317] Der mit dem Segen Verabschiedete trägt den Segen weiter. Für den Fall, daß der Vater stirbt, ist der gesegnete Sohn der Träger des einmal dem Hause verliehenen Segens.

Gemeinschaft aber wird nicht nur durch den Abschiedssegen, sondern durch jede Art des Segens hergestellt. Im Segenswort, das Isaak Jakob zuspricht, heißt es: »Gesegnet sind die, die dich segnen« (1Mo 27,29). Segnen »hat den Charakter der Gegenseitigkeit«.[1318]

Wird im Alten Testament ein Mensch von Gott gesegnet, so ist seine Antwort ebenfalls ein Segnen. In diesem Fall wird das Wort »segnen« (hebräisch: *barach*) mit »preisen« wiedergegeben. Der vom Menschen an Gott gerichtete Segen ist das »lobende Dankwort«.[1319] Das Bußgebet am großen Bußtag zur Zeit Nehemias beginnt mit dem Aufruf: »Preiset (wörtlich: Segnet) den Herrn, euren Gott . . ., und meine Seele preise (wörtlich: segne) deinen herrlichen Namen, der über allen Lobpreis (wörtlich: Segen) und Ruhm erhaben ist« (Neh 9,5).

Auch im zwischenmenschlichen Bereich begründet der Segen Gemeinschaft. Dies kommt zum Ausdruck in der alten Grußformel mit dem Wort: »Gesegnet bist du« (1Sam 15,13; 23,21; 25,33; 26,25). Wird ein Ankommender mit diesem Wort begrüßt, dann genießt er den Schutz der Gemeinschaft und bekommt Anteil an ihren Gütern. Wird er mit dem Segensgruß verabschiedet (1Mo 24,60; 28,1.6), kann er auf allen seinen Wegen mit der Zuwendung und Hilfe dessen, der ihn gesegnet hat, rechnen.[1320] Im Lauf der Geschichte bekam der Segen seinen wichtigsten Ort im Gruß. Die häufigste Form ist der Friedenswunsch »Schalom«, das heißt, der Zuspruch des Heilseins, der Gemeinschaft, der Ruhe und der Sicherheit.[1321]

5. Der Segen ist unwiderruflich

Esau mußte nach seiner Rückkehr von der Jagd erleben: Isaak, sein Vater, kann den erteilten Segen nicht zurücknehmen.[1322] Der Segen ist unwiderruflich, er wirkt unbedingt und zeitlich unbegrenzt.[1323] Esau bleibt nur die verzweifelte Frage: »Hast du nur einen Segen?« (1Mo 27,38).

Warum Isaak nur einen Segen hatte, ist im einzelnen nicht erklärbar.

1317 Westermann, Der Segen, S. 86.
1318 Westermann, Segen und Fluch, Sp. 917.
1319 Keller, Segnen, Sp. 366.
1320 Hofius, Segen, S. 318.
1321 Westermann, Segen und Fluch, Sp. 919.
1322 Vgl. Westermann, Der Segen, S. 59.
1323 Vgl. Westermann, Segen und Fluch, Sp. 917.

War es nur ein »früheres Verständnis des Segens«[1324], oder hängt es zusammen mit der Frage der Erwählung?[1325] Tröstlich für alle Geschlechter nach Isaak ist es, daß Jakob für jeden seiner Söhne (1Mo 49; vgl. 5Mo 33), auch für die beiden Söhne Josefs, einen persönlichen Segen hatte (1Mo 48).

Wie der Segen Isaaks so ist jedes Segenswort unwiderruflich. Es kann weder zurückgenommen noch unwirksam gemacht werden. Obgleich Jakob seinen Vater schamlos belogen und betrogen hatte, muß Isaak sagen: »Jakob wird gesegnet bleiben« (1Mo 27,33). Die Gewißheit von der Unwiderruflichkeit des Segens kommt auch in Davids Dank- und Bittgebet zum Ausdruck: »Es möge dir gefallen, das Haus deines Knechtes zu segnen . . ., denn du selbst, mein Gott, hast es verheißen. So wird denn das Haus deines Knechtes durch deinen Segen auf ewig gesegnet sein« (2Sam 7,29).

In Abraham werden alle Geschlechter der Erde gesegnet sein (1Mo 12,3; 18,18; 28,14). Dieses Versprechen zielt weit über Abraham und das Volk Israel hinaus. Gott kündigt für die ganze Menschheit die Aufhebung des Fluches an. Er wendet sich dem Menschen neu zu. Jeder wird die Chance haben, ein Gesegneter des Herrn zu sein. Jesu Kommen und Wirken zeigt: Gottes erste Absicht ist immer das Segnen.

6. Bedingungen für den Segen

Isaak kannte nur eine Bedingung für den Segen: Der zu Segnende mußte der Erstgeborene sein. In der Sippe Jakobs war die Bedingung für den Vätersegen die leibliche Abstammung oder die Generationenfolge. Jakob segnete alle seine Söhne und die beiden Söhne Josefs (1Mo 48+49; vgl. 5Mo 33).

Außerhalb eines Familien- oder Stammesverbandes gibt es eine andere Bedingung für den Segen: den Gehorsam gegenüber den Geboten Gottes. In dem von Gott auserwählten Volk des Alten Bundes ist der Segen gebunden an den Gehorsam. Der Segen ist ein Bestandteil des Bundes zwischen Gott und seinem Volk[1326]:

»Wenn du nun diesen Verordnungen gehorchst und sie in deinem ganzen Tun beobachtest, so wird der Herr, dein Gott, dir dafür den Bund und die Gnade bewahren . . ., und wird dich lieben und segnen und dich zahlreich werden lassen, dir Kindersegen bescheren . . .« (5Mo 7,12f nach Menge).

Innerhalb des erwählten Volkes ist das Segenswirken nicht unbe-

[1324] Westermann, Der Segen, S. 57.

[1325] Siehe Exkurs II, Erwählung und Glaube.

[1326] Vgl. Westermann, Der Segen, S. 51.

dingt und unbegrenzt. Es ist gebunden an den Gehorsam des Volkes; »den Gottes Geboten Gehorsamen wird der Segen zugesagt, die Ungehorsamen werden mit dem Fluch bedroht«.[1327] Israel kann und muß wählen zwischen Segen und Fluch (vgl. 5Mo 11,26ff; 27,11-13; 28).

Jesus knüpft schließlich den Gedanken der leiblichen Sohnschaft und den damit verbundenen unwiderruflichen Segen an. Zu Jesu Familie mit allen Konsequenzen einer Familienzugehörigkeit aber gehören alle, »die den Willen des himmlischen Vaters tun« (Mt 12,50). Dabei ist für Jesus die Bedingung des Segens nicht das Befolgen der Gesetze, sondern die Annahme des Friedensgrußes. Die Jünger Jesu brachten den Segensgruß »Schalom«: Ganzheit, Heil, Friede. Wird dieses Angebot ausgeschlagen, kehrt der Segen zu den Jüngern zurück. Die aber, die sich gegen den Segen entscheiden, verfallen dem Fluch, der Sodom und Gomorra getroffen hat (Mt 10,12-15).

7. Die Grenze des Segens

Isaak hat seinen erstgeborenen Sohn Esau nicht verflucht. Das Segenswort aber für Esau war ein eingeschränktes. Isaak konnte Esau nur das zusprechen, was er nicht zuvor bereits Jakob zugesagt hatte. So blieb für Esau das Schwert, die Knechtschaft und die Möglichkeit, sich dieser Knechtschaft zu entziehen.

Die Worte, die Isaak über Esau spricht, sind keine Fluchworte. Es sind keine schlechten oder bösen Worte, die Esau Schaden zufügen sollen.[1328] Auch findet sich nicht die geringste Andeutung einer Fluchhandlung. Im Alten Testament war nicht nur das Segnen, sondern auch das Fluchen mit einer Handlung verbunden. Die den Fluch begleitenden Handlungen sind Stein- oder Lanzenwurf, Pfeilschießen, Fingerzeigen oder Anspucken.[1329] Ein tatsächlich ausgestoßener Fluch hätte für Esau wie für alle andern Verfluchten Untergang, Grauen und Vernichtung bedeutet (vgl. 5Mo 28,15-68). Esau aber soll weiterleben, seine Geschichte bleibt mit der seines Bruders Jakob verbunden. Der beste Segen Esaus wäre es, seinem Bruder Jakob zu dienen.[1330] Das gewaltsame Herauslösen aus der Verbindung zu Jakob hatte Krieg und gegenseitige Vernichtung zur Folge.

Auch in der Verkündigung Jesu wird eine Grenze des Segens sichtbar. Korazim, Kapernaum und Betsaida waren Zeugen der großen Heilstaten Jesu. Die Bewohner dieser Orte aber konnten sich nicht dazu entschließen, sich zu Jesus als dem Sohn Gottes zu bekennen. Sie brach-

[1327] Westermann, Segen und Fluch, Sp. 918.
[1328] Hofius, Fluch, S. 106.
[1329] Westermann, Segen und Fluch, Sp. 916.
[1330] Vgl. Lange, S. 317.

ten sich um den Segen. Jesus hatte für diese Städte nur noch die Klagerufe: »Wehe dir, Chorazim! Wehe dir, Betsaida!... Und du, Kapernaum, ... wirst bis in die Totenwelt hinabgestoßen« (Mt 11,21-23).

---

3. Die Mordabsicht Esaus und der Plan Rebekkas: 27,41-45

41 **Esau aber befeindete Jakob um des Segens willen, mit dem diesen**
sein Vater gesegnet hatte; und Esau dachte bei sich: »Bald werden
die Tage der Trauer um meinen Vater kommen, danach will ich
42 **meinen Bruder Jakob erschlagen.« * Als nun Rebekka die Worte**
Esaus, ihres älteren Sohnes, hinterbracht wurden, da ließ sie Ja-
kob, ihren jüngeren Sohn, rufen und sprach zu ihm: »Siehe, dein
Bruder Esau sinnt auf Rache gegen dich und will dich totschlagen.
43 *** Darum höre, mein Sohn, was ich dir sage: Mach dich auf, flieh zu**
44 **meinem Bruder Laban nach Haran. * Bleib bei ihm einige Zeit, bis**
45 **sich der Groll deines Bruders gelegt hat. * Wenn der Zorn deines**
Bruders gegen dich geschwunden ist und er vergessen hat, was du
ihm getan hast, dann will ich dich von dort holen lassen. Warum
soll ich euch beide an einem Tag verlieren?«

Esau war Jakobs Feind geworden. Die Formulierung, er »befeindete« (hebräisch: *satam*) Jakob, heißt soviel wie: Esau wurde für Jakob zum »Satan«.[1331]

Eine Generation später hatten elf Söhne Jakobs Angst davor, daß ihr Bruder Josef ihnen zum Satan werden könnte: Wie nun, wenn Josef »feindselig gegen uns aufträte«? (hebräisch: *satam*, 1Mo 50,15). Dieser Furcht seiner Brüder trat Josef mit den Worten entgegen: »Stehe ich etwa an Gottes Statt?« (1Mo 50,19). Anders war es bei Esau. Er bekannte sich zu seiner Feindseligkeit. Er war entschlossen, seinem Bruder gegenüber die Rolle des Widersachers, des Satans, zu übernehmen und diesen, sobald sich ihm eine Gelegenheit bot, zu töten. Er rechnete mit dem baldigen Ableben seines Vaters Isaak. Dann brauchte er nur noch die Trauerzeit von sieben Tagen (1Mo 50,10) einzuhalten, danach hatte er freie Hand.

Esau, gepackt von »wilder Rache gegen seinen Bruder«, war zu einem kurzen Aufschub seiner Pläne bereit aus »Ehrfurcht vor seinem Vater«.[1332] Die Tötungsabsicht Esaus wird mit einem Zeitwort beschrieben

[1331] Das hebräische Zeitwort *satam* ist eine Nebenform von *satan* und heißt soviel wie »anfeinden«, »befeinden«. Vgl. Wanke, satan, Sp. 822.

[1332] Procksch, S. 170.

(hebräisch: *harag*), das den Totschlag als gewaltsame und blutige Handlung erwarten läßt.[1333]

Esau konnte seinen tödlichen Haß nicht für sich behalten.[1334] Sein Entschluß, Jakob zu ermorden, wurde Rebekka hinterbracht.

Rebekka zog eine nüchterne Bilanz.[1335] Sie riet ihrem Lieblingssohn Jakob zur Flucht, um ihn vor den Mordabsichten Esaus zu schützen.[1336] Da auch sie mit dem baldigen Tod Isaaks rechnete, hoffte sie, Jakob bald zurückrufen zu können. Sie wollte nur abwarten, bis sich der Groll Esaus gelegt hatte (V. 44). Auf diese Weise wollte sie verhindern, an einem Tag ihre beiden Söhne zu verlieren.

Jakob war in Gefahr, von Esau erschlagen zu werden. Esau aber würde als Mörder der Blutrache verfallen (vgl. 1Mo 9,6).

Rebekkas Rechnung ging nicht auf. Aus den wenigen Wochen oder Monaten, die sie für die Flucht Jakobs ansetzte, wurden zwanzig Jahre. Rebekka starb, bevor Jakob zurückkehrte (1Mo 35,27). Alles, was ihr blieb, waren der Haß Esaus und der Kummer, den ihr die beiden Frauen Esaus zufügten (1Mo 26,34.35).

4. Die Klage Rebekkas: 27,46

46 Hierauf sagte Rebekka zu Isaak: »Mein Leben ist mir verleidet wegen der Hetiterinnen. Wenn auch Jakob sich eine Frau nimmt von den Töchtern des Landes, von den Hetitern, warum lebe ich dann?«

Rebekka erinnerte Isaak an den Kummer, den ihnen die Frauen Esaus bereiteten.[1337] Im Blick auf die ungewisse Zukunft Jakobs wiederholte sie die bekannte Klage: **»Warum lebe ich dann?«**[1338] Es ist die »Ur- **46**
klage« des Menschen und die bis heute aktuelle Frage nach dem Sinn des Daseins.[1339]

Mit ihrem Klageruf beabsichtigte Rebekka, ihren Mann Isaak für einen Plan zu gewinnen, der ihr wieder Hoffnung gab.

1333 Vgl. Gerlemann, mut, Sp. 895.
1334 Vgl. Dillmann, S. 332.
1335 Vgl. v. Rad, Mose, S. 242.
1336 Das Ziel der Flucht ist Haran. Zu Haran vgl. 1. Mose 11,31. 32, Bräumer, 1. Teil, S. 232+233.
1337 Siehe die Auslegung zu 1. Mose 26,34.35.
1338 Siehe die Auslegung zu 1. Mose 25,22a.
1339 Vgl. Westermann, Lob und Klage, S. 150.

V. JAKOBS FLUCHT UND RÜCKKEHR: 28,1-33,20

Der Anlaß für die Flucht Jakobs war die Mordabsicht Esaus. Als Ziel der Flucht nannte Rebekka das Haus ihres Bruders Laban (1Mo 27,43). Für diesen Plan hatte sie mit ihrer Klage (1Mo 27,46) Isaak gewonnen. Rebekka und Isaak wollten Jakob davor bewahren, eine Frau mit heidnischer Abstammung zu heiraten. Esau hatte zwei Hetiterinnen zu Frauen genommen (1Mo 26,34.35; 27,46). Eine weitere Fremdheirat hätte das Ende des Hauses Isaaks bedeutet.

Vor Beginn der Volkwerdung Israels, gleicherweise aber auch nach dem Aufhören eines israelitisch-jüdischen Staates ist die Familie die einzige Gemeinschaftsform, die die Kontinuität des erwählten Volkes und ihren Glauben bewahrt.[1340]

Allein die Juden, die durch die Jahrtausende das strenge Gebot, keinen »Fremden«, das heißt keinen Nichtjuden, zu heiraten, befolgten, ermöglichten völkisch und religiös die Staatsgründung Israels im Jahr 1948.

Jakob zog, dem Gebot seiner Eltern gehorchend, in den mesopotamischen Raum. Die Entlassung Jakobs endet mit den Worten: Er machte sich auf zu Laban, dem Bruder Rebekkas, der Mutter Jakobs und Esaus (1Mo 28,5). Beim Abschied Jakobs werden noch einmal die Namen beider Söhne Isaaks und Rebekkas genannt. Dies ist ein Hinweis darauf, daß sich die Wege der Zwillingsbrüder Esau und Jakob nicht im ungewissen verlieren werden. Beide bleiben für alle Zeiten Söhne Isaaks und Rebekkas. Ihre Wege werden sich erneut kreuzen.

1. Der Abschiedssegen für Jakob und die Reaktion Esaus: 28,1-9

1 Da ließ Isaak Jakob rufen und segnete ihn. Er gab ihm den Befehl
und sprach zu ihm: »Du darfst dir keine Frau von den Kanaanite-
2 rinnen nehmen. * Mach dich auf, geh nach Paddan-Aram zum
Haus Betuëls, des Vaters deiner Mutter, und hole dir von dort eine
Frau, eine von den Töchtern Labans, des Bruders deiner Mutter.
3 * Und El Schaddai segne dich, er mache dich fruchtbar und lasse
dich zahlreich werden, daß du zu einer Menge von Völkern wer-
4 dest. * Und er gebe dir den Segen Abrahams, dir und deiner Nach-
kommenschaft, daß du das Land deiner Fremdlingschaft, das Gott
5 Abraham gegeben hat, in Besitz nimmst.« * So entließ Isaak Jakob,
und dieser machte sich auf den Weg nach Paddan-Aram zu Laban,
dem Sohne Betuëls, dem Aramäer, dem Bruder Rebekkas, der

[1340] Vgl. Westermann, Genesis I/2, S. 547.

6 **Mutter Jakobs und Esaus. * Als nun Esau sah, daß Isaak den Jakob**
gesegnet und ihn nach Paddan-Aram entlassen hatte, damit er sich
von dort eine Frau hole, indem er ihn gesegnet und dabei die Ver-
pflichtung auferlegt hatte: »Du darfst dir keine Frau nehmen von
7 **den Kanaaniterinnen«, * und daß Jakob auf seinen Vater und seine**
8 **Mutter gehört hatte und nach Paddan-Aram gegangen war; * da**
merkte Esau, daß die Kanaaniterinnen seinem Vater Isaak mißfie-
9 **len. * Darum zog Esau zu Ismael und nahm zu seinen Frauen noch**
eine weitere Frau hinzu, die Mahalat, eine Tochter Ismaels, des
Sohnes Abrahams, die Schwester Nebajots.

Mit ihrer Klage (1Mo 27,46) hatte Rebekka ihren Mann Isaak dafür gewonnen, Jakob in ihr Elternhaus zu schicken, damit dieser sich dort eine Frau nehme.[1341]

Isaak entläßt seinen Sohn. Er segnet ihn und gibt ihm ein Gebot mit auf den Weg. Die Abschiedsworte Isaaks sind Segen und Auftrag zugleich.[1342]

Eine mit dem Abschiedssegen verbundene Segenshandlung wird nicht ausdrücklich erwähnt. Die Segensworte bestätigen Isaak noch einmal als den Erben des Abrahamssegens.[1343] Isaak erbittet für Jakob den Segen des El Schaddai.[1344] Mit dem Gottesnamen El Schaddai, »Ich bin genug«, spricht Isaak seinem Sohn Jakob zu: »Du brauchst nichts mit dir zu nehmen als Gott, der wird dich segnen.«[1345] Jakob wird zu einem »einsamen Wanderer«.[1346] Er zieht den Weg zurück, den Abraham einmal gekommen war. Die beiden Wanderungen aber unterscheiden sich in wesentlichen Punkten. *Abraham* wurde ein Einsamer aufgrund des Gottesgebotes: »Geh für dich allein.«[1347] Er verließ seine Heimat zusammen mit seiner Frau und einem Teil seiner Sippe und zog in ein ihm damals noch nicht bekanntes Land. Dabei führte er sein ganzes Vermögen mit sich. *Jakob* mußte wegen der Mordabsichten seines Bruders sein Vaterhaus verlassen. Das Ziel seines Weges war Paddan-Aram[1348], die Heimat seiner Mutter. Er wurde von niemandem begleitet und nahm nicht das Geringste seines Besitzes mit.[1349]

1341 Vgl. Hertz (Hg.), S. 101.
1342 Vgl. Dillmann, S. 333.
1343 Vgl. Gunkel, S. 386.
1344 Zu El Schaddai siehe die Auslegung zu 1. Mose 17,1.
1345 Hirsch, Genesis, S. 424.
1346 v. Rad, Mose, S. 247.
1347 Siehe die Auslegung zu 1. Mose 12,1.
1348 Zu Paddan-Aram siehe die Auslegung zu 1. Mose 25,20.
1349 Rückblickend sagte Jakob später: »Ich hatte nicht mehr als diesen Stab« (1Mo 32,11). Die jüdische Auslegung folgert daraus: »Er ließ alles dem älteren Bruder zurück, damit dieser erkennen konnte, es habe sich bei dem Segen um keinen materiellen Vorteil gehandelt.«
Hirsch, Genesis, S. 426.

1 Das Gebot, das Isaak seinem Sohn mit auf den Weg gab, lautete: **»Du**
2 **darfst dir keine Frau von den Kanaaniterinnen nehmen . . . * hole dir**
. . . eine Frau . . . von den Töchtern Labans.«

Die äußere Form des Gebotes entspricht den Zehn Geboten. Es ist eine indikativische Aussage und heißt wörtlich übersetzt: »Du wirst dir keine Frau von den Kanaaniterinnen nehmen.«[1350] Dennoch hat dieses Gebot weder in die Zehn Gebote noch in eine andere Gebotsreihe Eingang gefunden. Es handelt sich also um kein Gebot, das für alle Völker und Menschen, unabhängig von ihrem Glauben, gilt. Es ist ein Gebot für Glaubende. In der späteren Geschichte des erwählten Volkes wurde die Übertretung dieses Gebotes mit erschreckender Härte bestraft. Mischehen zwischen den Rückwanderern aus der babylonischen Gefangenschaft und Frauen aus den inzwischen in ihrem Heimatland ansässigen Nachbarvölkern wurden getrennt (Esr 10,1-4.17).

Das Verbot der Mischehe zwischen einem Glaubenden und einem Nichtglaubenden behält auch für die neutestamentliche Gemeinde seine Gültigkeit. An die Korinther schreibt Paulus: »Gebt euch nicht dazu her, mit Ungläubigen (= Heiden) an einem fremdartigen Joch zu ziehen! Denn was haben Gerechtigkeit und Gesetzlosigkeit miteinander gemein?« (2Kor 6,14). Bereits bestehende Mischehen aber wurden nicht auseinandergeschlagen (vgl. 1Kor 7,12-16).

Das an Jakob ergangene Gebot ist ein Schutzgebot. Der Glaube an den lebendigen Gott darf nicht durch die Heirat heidnischer Frauen aufs Spiel gesetzt werden. Das Gebot: »Ziehet nicht mit Heiden an einem fremdartigen Joch« (2Kor 6,14) ist kein Verbot, eine Frau aus einem andern Volk oder aus einer anderen Nation zu heiraten, es ist ein Schutzgebot des Glaubens. »Das Interesse an der Herkunft der Ehegefährtin ist also ausschließlich vom Glauben her zu verstehen und nicht etwa von einem völkischen oder gar rassischen Gesichtspunkt.«[1351]

Veranlaßt durch den Abschiedssegen seines Vaters für Jakob und das darin enthaltene Gebot, entschließt sich Esau, eine Frau aus der Nachkommenschaft Ismaels zu heiraten. Sie war eine Schwester Nebajots, des erstgeborenen Sohnes Ismaels.[1352] Ihr Name war Mahalat (V. 9) oder Basemat (1Mo 36,3). Es ist denkbar, daß Mahalat, die dritte Frau Esaus, neben ihrem ersten Namen auch den Namen Basemat führte. Bereits die zweite Frau Esaus, die Tochter des Hetiters Elon, hieß Basemat (1Mo 26,34). Die dritte Heirat Esaus ist nicht als weitere Trotzreaktion[1353] zu verstehen, sondern als Versuch Esaus, die Anerkennung sei-

[1350] Vgl. Bräumer, In Freiheit leben, S. 13.
[1351] v. Rad, Mose, S. 246.
[1352] Zu den Nachkommen Ismaels vgl. die Auslegung zu 1. Mose 25,12-18.
[1353] Siehe die Auslegung zu 1. Mose 26,34.35.

ner Eltern zu gewinnen.[1354] Gegen die Heirat einer Cousine konnten die Eltern keine Einwände haben.[1355] Esau wollte den Kummer, den er seinen Eltern zugefügt hatte, wiedergutmachen. Er heiratete eine Verwandte.[1356]

Die Einheirat in die Linie Abraham-Ismael aber änderte an der heilsgeschichtlichen Stellung Esaus nichts. Der Segen der Verheißung galt Ismael ebensowenig wie Esau.

2. Die Gotteserscheinung in Bet-El: 28,10-22

10 Und Jakob zog aus Beerscheba weg und machte sich auf den Weg
11 nach Haran. * Da traf er auf *die* Stätte und übernachtete dort,
denn die Sonne war untergegangen. Er nahm einen der Steine des
Ortes, machte ihn zu seinem Kopflager und legte sich dort schla-
12 fen. * Da hatte er einen Traum. Er sah eine Rampe, die auf der Er-
de stand und mit ihrer Spitze bis an den Himmel reichte. Und die
13 Engel Gottes stiegen auf ihr hinauf und herab. * Plötzlich stand
Jahwe nahe bei ihm und sprach: »Ich bin Jahwe, der Gott deines
Vaters Abraham und der Gott Isaaks. Ich will das Land, auf dem
14 du liegst, dir und deinen Nachkommen geben. * Und deine Nach-
kommen sollen wie der Staub der Erde werden. Du wirst dich aus-
breiten nach Westen und Osten, nach Norden und Süden, und in
dir und deinen Nachkommen sollen alle Geschlechter der Erde
15 gesegnet werden. * Siehe, ich bin mit dir, und ich werde dich behü-
ten, wo immer du hingehst. Ich werde dich in dieses Land zurück-
führen, denn ich werde dich nicht verlassen, bis ich das ausge-
16 führt habe, was ich dir verheißen habe.« * Da erwachte Jakob aus
seinem Schlaf und sprach: »Wirklich, Jahwe ist an dieser Stätte
17 gegenwärtig, und ich wußte es nicht.« * Und er fürchtete sich und
sprach: »Wie schaurig ist diese Stätte. Ja, hier ist das Haus Gottes,
18 und hier ist die Pforte des Himmels.« * Am Morgen stand Jakob
früh auf, nahm den Stein, den er zu seinem Kopflager gemacht
hatte, und errichtete ihn als Denkstein. Er übergoß ihn mit Öl
19 * und gab der Stätte den Namen Bet-El. Vorher aber war der Na-
20 me des Ortes Lus. * Und Jakob legte ein Gelübde ab und sprach:
»Wenn Gott mit mir sein wird und mich behüten wird auf dem
Weg, den ich ziehe, und mir Brot zu essen gibt und Kleider zum
21 Anziehen * und ich wohlbehalten in meines Vaters Haus zurück-

[1354] Vgl. Dillmann, S. 333.
[1355] Vgl. Procksch, S. 539.
[1356] Vgl. Westermann, Genesis, I/2, S. 547.

22 **kehren werde, dann soll Jahwe mein Gott sein, * und dieser Stein, den ich als Denkstein aufgerichtet habe, soll zum Gotteshaus werden. Von allem, was du mir geben wirst, will ich dir den Zehnten entrichten.«**

Jakob ist auf dem Weg in das von Beerscheba ca. 1250 km weit ent-
11 fernte Haran. Nach einer Tagesreise erreichte er **die** Stätte. Der hebräische Artikel kann auf etwas Bestimmtes hinweisen, das dem Betreffenden im einzelnen noch nicht bekannt ist.[1357] Es ist jedoch anzunehmen, daß Jakob um die Vorgeschichte Bet-Els[1358] aus den Erzählungen seines Vaters wußte.

Um sich auf die Nacht im Freien vorzubereiten, suchte sich Jakob einen der Steine, die an jenem Ort herumlagen. Jakob legte den Stein hinter seinen Kopf, »um während des Schlafes nicht von Menschen oder Tieren betreten zu werden. Es war das erste Haus, das er sich baute.«[1359] Der Stein war für Jakob nicht so etwas wie ein Kopfkissen, sondern er diente zu seinem Schutz[a].[1360]

[a] 1Sam 19,13.16 26,7.11f.16

Im Traum sah Jakob eine Rampe, eine steinerne Aufschüttung.[1361] Das dem Begriff Rampe zugrundeliegende Zeitwort (hebräisch: *salal*) heißt soviel wie »aufschütten«.[1362] Die Rampe begann genau an der Stel-
12 le, an der Jakob schlief, und ihre **Spitze reichte bis an den Himmel.** Das Traumbild der aufgeschütteten Rampe ist mit einem Regenbogen vergleichbar.[1363]

Auf dieser Rampe stiegen die Engel, die den im Heiligtum thronenden Gott umgeben[b], **hinauf und herab.** Das Hinaufsteigen wird an erster Stelle genannt. Die Engel Gottes waren bereits unten auf der Erde.[1364] Das Reich der Himmel reicht herab bis auf den Boden der Erde. Nach einer jüdischen Auslegung ist die Erde sogar die ursprüngliche Stätte der Herrlichkeit Gottes: »Wenn Menschen gottselig ihre Augen himmelwärts drehen und meinen, Gott oben suchen zu müssen, lachen die Engel sie aus und nennen sie Distelköpfe.«[1365]

[b] Jes 6 Hi 1,6 2,1

Das Traumgesicht Jakobs ist »ein ganz stilles und wortloses Traumbild von großer Feierlichkeit«.[1366] Es ist die erste Traumoffenbarung im

[1357] Vgl. Strack, S. 34.
[1358] Zu Bet-El siehe die Auslegung zu 1. Mose 12,8.
[1359] Hirsch, Genesis, S. 427.
[1360] Jacob, B.; vgl. Westermann, Genesis I/2, S. 553.
[1361] Vgl. König, Genesis, S. 596 und Westermann, Genesis I/2, S. 553.
[1362] v. Rad, Mose, S. 247.
[1363] Gunkel, S. 317.
[1364] Dillmann, S. 335.
[1365] Jüdischer Weisheitsspruch; zitiert bei Hirsch, Genesis, S. 426f.
[1366] v. Rad, Mose, S. 248.

Leben eines Erzvaters.[1367] Im ganzen wurden Jakob fünf Gottesoffenbarungen zuteil[c]. Darunter sind zwei Träume und zwei Wortoffenbarungen und außerdem eine Erscheinung, die eingeleitet ist mit den Worten: »Gott erschien Jakob« (1Mo 35,9).

c 1Mo 28,12 31,3; 35,1 35,9; 46,2

Zum Traumgesicht in Bet-El kommt die Wortoffenbarung hinzu. Gott redet nicht vom Himmel oder von der Rampe herab[1368], er steht ganz nahe bei Jakob.[1369] Er offenbart sich als der Gott Abrahams und Isaaks und spricht Jakob die Mehrungs- und Landverheißung zu. Mit der darauf folgenden Zusage des »Mitseins« und des »Beistandes«[1370]
übernimmt Jahwe die Fürsorge für Jakob[d]. Er wird Jakob **behüten, wo** 15
immer er **hingeht.** Behüten heißt beschützen und bewahren.[1371] Gott wird der Wächter Jakobs sein. Er wird ihn bewahren, wenn er schläft, er wird ihn schützen, wenn er überfallen wird, er wird auch gerade dann bei ihm sein, wenn alles um ihn herum dem zu widersprechen scheint.[1372] Gott wird Jakob auch in der Fremde begleiten[1373] und wird ihn einmal in dieses Land zurückführen.

d 1Mo 26,3.24 28,15.20 31,3; 32,10 46,3; 48,15.21 50,24 Ps 23,4 Hebr 13,5

In Bet-El begegnet Jakob dem Gott des Trostes. Er erlebt die ausgestreckte Hand Gottes, er ergreift sie und hält sie fest.[1374]

(1) Jakob betet Gott an

Die ersten Worte nach dem Erwachen Jakobs sind Worte des Staunens und der Anbetung. Obgleich Gott Jakob Trost und Mut zugesprochen hatte, war dieser doch von Furcht bewegt. »Es ist nicht jener Schrecken, der die Gottlosen ergreift, wenn Gott ihnen vor Augen tritt, sondern es ist die Furcht, welche zur frommen Unterordnung anleitet.«[1375] Jakob befiel »ein Gefühl des frommen Schauderns«.[1376] Er wußte sich ganz nah an dem Ort, an dem Gott wohnt und den niemand betreten darf.[1377] Jakob war es zumute »wie einem, der unwissentlich am Rande eines Abgrundes geschlafen hat«.[1378] Er hatte den Platz seiner Nachtruhe erlebt als den Ort, an dem »der Himmel sich dem Menschen öffnet«.[1379]

[1367] Vgl. Delitzsch, S. 376.
[1368] Vgl. Hirsch, Genesis, S. 429.
[1369] Vgl. Delitzsch, S. 348.
[1370] Westermann, Genesis I/2, S. 555.
[1371] Vgl. Sauer, THAT, Bd II, Sp.985.
[1372] Vgl. Bertram, phylasso, S. 232+233.
[1373] Vgl. Delitzsch, S. 378.
[1374] Vgl. v. Rad, Mose, S. 249.
[1375] Calvin, S. 302.
[1376] v. Rad, Mose, S. 248.
[1377] Vgl. Westermann, Genesis I/2, S. 556.
[1378] Zurhellen-Pfleiderer; zitiert nach Gunkel, S. 319.
[1379] Dillmann, S. 335.

17 Jakob konnte sein Traumgesicht nur so deuten, daß er die **Pforte des Himmels** gesehen hatte, das heißt »die Pforte, durch welche wir zu Gott kommen«.[1380] So ist die erste Reaktion Jakobs die Anbetung.

»Gott ist gegenwärtig.
Lasset uns anbeten
und in Ehrfurcht vor ihn treten.
Gott ist in der Mitten.
Alles in uns schweige
und sich innigst vor ihm beuge.
Wer ihn kennt, wer ihn nennt,
schlag die Augen nieder;
kommt, ergebt euch wieder.«[1381]

(2) Jakob errichtet einen Denkstein

Der einzige Zeuge des Traumes Jakobs war der Schutzstein hinter seinem Kopf. Diesen aus Gottes Schöpfung genommenen Stein machte Jakob zum Denkmal.[1382] Er richtete diesen Stein zu einem »Standmal« auf. Das mit »Standmal« übersetzte Wort[1383] heißt im Urtext Mazzebe (hebräisch: *mazzebah*). Eine Mazzebe hatte in alttestamentlicher Zeit folgende Bedeutungen: Sie war das Zeichen für ein Grab, der Erinnerungsstein an einen Vertrag, der Denkstein, mit dem ein Ort bezeichnet wurde, an dem ein weichenstellendes Ereignis geschah, aber auch die Kennzeichnung eines Ortes, an dem ein Mensch den lebendigen Gott anbetete.[1384] Im Gegensatz zum Altar, einer zusammengebauten Erhöhung aus Steinen (hebräisch: *mizbeach*), besteht die Mazzebe aus einem einzigen Stein.

Die Mazzebe ist ein Gedenkstein für »eine im Gedächtnis zu behaltende Tatsache«.[1385] Solche Denksteine gibt es in Mizpa jenseits des Jordans (1Mo 31,45.49), in Eben-Ezer (1Sam 7,12; vgl. 4,1), am Sinai (2Mo 24,4), in Gilgal (Jos 4), in Ofra (Ri 6,24). Auch der Opferstein, über dem der heutige Felsendom in Jerusalem steht, ist seinem Ursprung nach ein Denkstein.[1386]

Wie jedes Zeichen, das aus der Schöpfung entnommen ist, so kann auch ein Denkstein, eine Mazzebe, zum Talisman und zum Ort des Götzendienstes werden. Ein solcher heidnischer Mißbrauch der Mazzeben

[1380] Hirsch, Genesis, S. 431.
[1381] Tersteegen, EKG 128, 1.
[1382] Hirsch, Genesis, S. 431.
[1383] Torczyner (Hg.), zur Stelle, 1. Mose 28,18.
[1384] Westermann, Genesis I/2, S. 557.
[1385] König, Genesis, S. 598.
[1386] Vgl. Gunkel, S. 320.

wird später im Gesetz des Alten Testaments verboten[e]. Zum Götzendienst mißbrauchte Mazzeben müssen niedergerissen werden[f]. Die Propheten halten Strafreden gegen die Entartung der Mazzeben zu Götzensteinen[g]. Ursprünglich ist die Mazzebe nichts anderes als ein Zeichen, das an ein herausragendes Handeln Gottes erinnert. Der Denkstein bzw. das Standmal soll den Menschen davor bewahren, das Handeln Gottes zu vergessen.

e 3Mo 26,1 5Mo 16,22
f 2Mo 23,24 34,13 5Mo 12,3
g Hos 3,4 10,1

(3) Jakob salbt den Denkstein mit Öl

Die Salbung des Standmals mit Öl ist ein Akt der Weihe. Ölweihe ist Aussonderung und Übereignung an Gott[h]. Der von Jakob errichtete Stein soll ausschließlich ein Erinnerungszeichen an Jahwe, den Gott des Himmels und der Erde, sein.[1387] Öl gilt als Flüssigkeit, die sich mit keiner anderen mischt. Der gesalbte Gegenstand ist durch die Salbung mit Öl »aus allen übrigen geschieden und emporgehoben«.[1388] In der Stiftshütte werden der Altar und weitere Geräte mit Öl gesalbt[i].

h 1Mo 31,13 2Mo 30,36ff 3Mo 8,10ff
i 2Mo 29,36 30,26; 40,10 3Mo 8,11 4Mo 7,1

Mit dem Salböl wurden auch Aaron und seine Söhne zu Priestern für den Dienst Jahwes geweiht (2Mo 30,30).

(4) Jakob gibt dem Ort den Namen Bet-El

Bet-El ist im 1. Buch Mose bereits an zwei Stellen erwähnt (1Mo 12,8; 13,3). Hier ist der Name Bet-El »vorgreifend«.[1389] Die Namengebung geht auf Jakob zurück. Bet-El heißt »Haus Gottes«. Seit Jakob ist Bet-El endgültig nicht mehr die Stätte, an dem ein heidnischer Gott namens Bet-El verehrt wurde (vgl. Jer 48,13), sondern Bet-El ist der Offenbarungsort des einen Gottes. Es ist das Haus Jahwes, der Ort, an dem Jahwe die Fürsorge für Jakob übernommen hat. In Bet-El hatte Jakob erlebt: Gottes Reich umfaßt die Welt. Die Rampe, deren Spitze bis an den Himmel reicht, berührte die Erde in Bet-El.

Bereits Abraham hatte in der Gegend von Bet-El - zwischen Bet-El und Ai (1Mo 12,8) - einen Denkstein errichtet. Jakob aber gab dem Ort seinen Namen Bet-El.[1390]

(5) Jakob legt ein Gelübde ab

Das Gelübde Jakobs ist das »Echo der Verheißung«.[1391] Es ist ein bedingtes Gelübde[1392], und zwar das umfangreichste von allen bedingten

1387 v. Rad, Mose, S. 249.
1388 Hirsch, Genesis, S. 432.
1389 Delitzsch, S. 379.
1390 Zur Geschichte Bet-Els vgl. die Auslegung zu 1. Mose 12,8.
1391 Delitzsch, S. 379.
1392 Vgl. Bräumer, Heilige Versprechen, in: Lieben wagen, S. 147-168.

[k] 4Mo 21,2 Ri 11,30 1Sam 1,11 2Sam 15,7-9

Gelübden, die sich im Alten Testament finden[k]. Ein Gelübde will nicht die Zukunft vorwegnehmen, sondern zeigt, daß der »gegenwärtige Moment so bedeutsam ist, daß er in das kommende Leben hinübergetragen werden soll«.[1393]

Die Bedingung, die Jakob für sein Gelübde nennt, ist das Eintreffen der Verheißung Gottes. Wenn Gott ihn auf dem Weg bewahrt, ihn beschützt, ihm Nahrung und Kleidung gibt und wohlbehalten zurückbringen wird, *dann* soll Jahwe sein Gott sein. Das Standmal in Bet-El soll ein Gotteshaus werden, und so wie Abraham an Melchisedek, so wird Jakob an das Heiligtum in Bet-El den Zehnten abführen. Wer den Zehnten entrichtet, erkennt an, daß er die Gesamtheit seines Eigentums Jahwe zu verdanken hat.[1394]

Bet-El war für Jakob zum heiligen Ort geworden. Dennoch blieb Jakob nicht in Bet-El, genausowenig wie später Mose und das Volk am Sinai blieben. Der Glaube des erwählten Volkes war zu keiner Zeit an einen geographisch auszumachenden Ort gebunden. Die Anbetung des lebendigen Gottes hörte auch mit dem Untergang des Tempels von Jerusalem nicht auf. Als Jesus einmal von einer Samariterin nach dem »richtigen Ort« für die Anbetung Gottes gefragt wurde, antwortete er: »Die wahren Anbeter werden den Vater im Geist und in der Wahrheit anbeten« (vgl. Joh 4,23).

3. Die Doppelehe Jakobs: 29,1-30

1 Danach setzte Jakob seine Wanderung fort und zog in das Land
2 der Ostleute. * Als er sich dort umsah, entdeckte er einen Brunnen
auf dem Felde, an dem gerade drei Schafherden lagerten, denn
aus diesem Brunnen pflegte man die Herden zu tränken. Der gro-
3 ße Stein lag aber noch über dem Brunnenloch. * Erst nachdem
sich dort alle Herden versammelt hatten, wälzte man den Stein
vom Brunnenloch und tränkte die Schafe. Danach wälzte man den
4 Stein wieder an seinen Platz über das Brunnenloch. * Jakob eröff-
nete das Gespräch und sagte zu ihnen: »Meine Brüder, woher seid
5 ihr?« und sie antworteten: »Wir sind aus Haran.« * Da sprach er zu
ihnen: »Kennt ihr Laban, den Sohn Nahors?« Sie antworteten:
6 »Wir kennen ihn.« * Da fragte er sie: »Geht es ihm gut?« Sie ant-
worteten: »Es geht ihm gut. Da kommt gerade seine Tochter Rahel
7 mit dem Kleinvieh.« * Darauf sagte er: »Es ist ja noch lange Tag, es
ist noch nicht Zeit, das Vieh einzutreiben. Tränkt das Kleinvieh

[1393] Hirsch, Genesis, S. 433.
[1394] Vgl. Lange, S. 327.

8 und laßt es dann wieder weiden!« * Da antworteten sie: »Das kön-
nen wir nicht, bis alle Herden versammelt sind, dann wälzt man
den Stein vom Brunnenloch, und wir tränken das Kleinvieh.«
9 * Während er noch mit ihnen redete, kam Rahel mit dem Klein-
10 vieh ihres Vaters, denn sie war eine Hirtin. * Als nun Jakob Rahel,
die Tochter Labans, des Bruders seiner Mutter, sah und die Schafe
Labans, des Bruders seiner Mutter, erblickte, da trat Jakob heran,
wälzte den Stein vom Brunnenloch und tränkte die Schafe La-
11 bans, des Bruders seiner Mutter. * Dann küßte Jakob Rahel und
12 weinte laut. * Danach erzählte er Rahel, daß er ein Verwandter ih-
res Vaters sei, und zwar der Sohn Rebekkas. Sie aber lief und er-
13 zählte es ihrem Vater. * Als aber Laban die Nachricht über Jakob,
den Sohn seiner Schwester, hörte, lief er ihm entgegen, umarmte
ihn, küßte ihn und führte ihn in sein Haus. Er aber erzählte Laban
14 seine ganze Lebensgeschichte. * Und Laban sprach zu ihm: »Ja, du
bist mein Fleisch und Blut.« Dann wohnte er etwa einen Monat bei
15 ihm. * Danach sagte Laban zu Jakob: »Sollst du mir umsonst die-
nen, nur weil du mein Verwandter bist? Sag mir, was soll dein
16 Lohn sein.« * Nun hatte Laban zwei Töchter, die ältere hieß Lea
17 und die jüngere Rahel. * Die Augen Leas aber waren matt, Rahel
18 dagegen war schön von Gestalt und von schönem Aussehen. * Da-
her hatte Jakob Rahel liebgewonnen und sagte: »Ich will dir sie-
19 ben Jahre lang um deine jüngere Tochter Rahel dienen.« * Da ant-
wortete Laban: »Es ist besser, ich gebe sie dir als einem Fremden.
20 Bleib bei mir!« * So diente Jakob um Rahel sieben Jahre lang, und
21 sie waren in seinen Augen wie einige Tage, weil er sie liebte. * Da-
nach sprach Jakob zu Laban: »Gib mir meine Frau; denn meine
22 Zeit ist um, ich möchte sie heiraten.« * Da lud Laban alle Einwoh-
23 ner des Ortes ein und gab ein Festmahl. * Am Abend aber nahm er
Lea, seine Tochter, führte sie zu ihm, und Jakob schlief mit ihr.
24 * Seiner Tochter Lea überließ Laban seine Magd Silpa als Leib-
25 magd. * Am Morgen aber, siehe, da war es Lea! Da sprach er zu La-
ban: »Was hast du mir angetan? Habe ich nicht bei dir um Rahel
26 gedient? Warum hast du mich betrogen?« * Da antwortete Laban:
»Es ist bei uns nicht Brauch, die Jüngere vor der Erstgeborenen
27 wegzugeben. * Feiere mit dieser die Brautwoche, dann soll dir
auch die andere gegeben werden, und zwar für den Dienst, den du
28 bei mir weitere sieben Jahre ableisten wirst.« * Jakob willigte ein,
feierte die Brautwoche mit jener, danach gab ihm Laban Rahel
29 zur Frau. * Seiner Tochter Rahel überließ Laban seine Magd Bilha
30 als Leibmagd. * Da schlief Jakob auch mit Rahel, aber er hatte Ra-
hel lieber als Lea. Danach diente er noch weitere sieben Jahre bei
Laban.

Im Lande der Ostleute angekommen, suchte Jakob nach einem Brun-
[l] 1Mo 24,11 nen. Brunnen[l] waren »Brennpunkte des damaligen Lebens«.[1395] Am
2Mo 2,15ff Brunnen, dem »natürlichen Treffpunkt«[1396], begegneten sich Einheimische und Fremde. Als Jakob sich dem Brunnen näherte, lagerten dort bereits drei Herden mit ihren Hirten. Von den Hirten erfuhr Jakob, daß der Brunnen der gesamten Stadtgemeinde Haran gehörte. Das Brunnenloch war mit einem Stein bedeckt. So war das Wasser für Fremde unzugänglich[1397] oder zumindest nicht leicht zu finden. Außerdem wurde durch das Abdecken des Brunnens das Verdunsten und das Verschmutzen des Wassers verhindert.[1398] Da mehrere Parteien gleiche Rechte an dem Brunnen hatten, bestand die Abmachung, den Stein nur gemeinsam zur Seite zu wälzen.

Das Gespräch, das Jakob mit den »reichlich mundfaulen Hirten«[1399]
begonnen hatte, war zäh und schleppend. Auf die Fragen nach Laban
5/6 antworteten die Hirten lakonisch: **»Wir kennen ihn. * Es geht ihm gut.«**

Laban wird von Jakob **Sohn Nahors** genannt. Sohn (hebräisch: *ben*)
[m] 2Kö 9,14.20 kann auch soviel wie Enkel[m] bedeuten.[1400] Die Frage: **»Geht es ihm**
Esr 5,1 **gut?«** wörtlich: »Ist ihm Heil (hebräisch: *schalom*)?« ist die damals übli-
Sach 1,1
[n] 1Mo 37,14 che Frage nach dem Ergehen[n]. Das Heilsein der Gemeinschaft ist die
41,16 »Voraussetzung gemeinsamen friedlichen Lebens«.[1401] Mit ihrer Ant-
43,23.27 wort sagten die Hirten: Die Familie Labans lebt in einem heilen Zustand.

Genau in diesem Augenblick erscheint Rahel. Der Name Rahel heißt übersetzt soviel wie »Schaf«.[1402] Die Hirten zeigen auf die sich nähernde Rahel und erklären Jakob: Rahel weidet das Kleinvieh ihres Vaters Laban. Sie ist eine Hirtin. »Hirtin« ist im Orient kein geringer Beruf. Bis heute können die Herden eines Beduinenscheichs von einer Tochter des Scheichs geweidet werden.[1403]

Da die Herden noch nicht alle zusammengetrieben waren, machte sich keiner der Hirten daran, das Brunnenloch zu öffnen. Deshalb wird Jakob aktiv. Er wälzt den Stein zur Seite und tränkt die Herde Rahels. Danach gibt er sich Rahel zu erkennen. Er begrüßt sie mit »einem Kuß, wie es unter Verwandten üblich ist«.[1404] Wie Bruder und Schwester, so

1395 v. Rad, Mose, S. 252.
1396 Procksch, S. 174.
1397 Vgl. Dillmann, S. 340 und Gunkel, S. 325.
1398 Vgl. Hertz (Hg.), S. 107+108.
1399 v. Rad, Mose, S. 252.
1400 Dillmann, S. 340.
1401 Westermann, Genesis I/2, S. 567.
1402 Odelain/Séguineau, S. 290; Gunkel, S. 331.
1403 Hertz (Hg.), S. 108.
1404 Westermann, Genesis I/2, S. 567.

konnten sich Cousin und Cousine öffentlich küssen.[1405] Im Hohenlied der Liebe heißt es: »Ach, wärst du doch mein Bruder . . ., dann dürfte ich dich auf der Straße küssen, ohne daß mich jemand verachtete« (Hl 8,1). Es gibt deshalb keinen Grund dafür anzunehmen, daß es sich bei dem Begrüßungskuß Jakobs um einen ehrerbietigen Handkuß gehandelt hat.[1406] Jakob weint vor Freude[o] über das glückliche Ende seiner Reise.[1407] [o] 1Mo 45,14 46,29

Die Schilderung der Begegnung zwischen Jakob und Rahel »hat zur Voraussetzung, daß damals die Mädchen bei der Arbeit halfen und sich frei und ungezwungen ohne Schleier unter den Männern bewegen konnten«.[1408] Der erst später aufkommende Gesichtsschleier wurde damals von den Mädchen noch nicht getragen. Wenn im Alten Testament von einem Schleier die Rede ist, handelt es sich um einen leichten Überwurf über die Kleidung. Mit diesem Überwurf konnte in ganz bestimmten Situationen auch der Kopf bedeckt werden, und zwar im Zusammenhang der Hochzeitsbräuche, wenn die Braut ihrem Bräutigam begegnete[1409] oder wenn sie in der Hochzeitsnacht von ihrem Vater dem Bräutigam zugeführt wurde.[1410]

Nachdem Rahel die Ankunft des nahen Verwandten erlebt hatte, ging die Erregung, die Jakob ergriffen hatte, auf sie über. Sie rannte zu ihrem Vater und erzählte ihr Erlebnis.

Laban eilt seinem Neffen Jakob entgegen, begrüßt ihn mit Umarmung und Kuß und führt ihn in sein Haus. Die Begrüßung und die Gastfreundschaft Labans sind unmittelbar und echt. Sie sind noch frei von jeder Betrugsabsicht. Im Hause Labans erzählt Jakob seine Geschichte. Jetzt erst erfährt Laban, daß Jakob mit leeren Händen gekommen ist.
Dennoch überwiegt die verwandtschaftliche Bindung. **»Ja, du bist** 14
mein Fleisch und Blut«, wörtlich: »Fleisch und Bein«. Fleisch und Bein[p] ist der alttestamentliche Ausdruck für direkte Blutsverwandtschaft.[1411] [p] 1Mo 2,23 Ri 9,2 2Sam 5,1 19,13

Dennoch war Laban in einer schwierigen Lage: Kam ein Fremder in sein Haus, so wurde diesem Unterhalt und Schutz gewährt. Er arbeitete mit, aber grundsätzlich ohne Entgelt. Daneben gab es die Lohnarbeiter, zum Beispiel die Hirten. Sie waren in einem festen Dienstverhältnis und wurden entlohnt (vgl. Sach 11,12).

Jakob war weder ein Fremder noch ein Lohnarbeiter. Er war ein naher Verwandter. Wie sollte ihn Laban behandeln? Wie konnte er in die-

[1405] Dillmann, S. 340.
[1406] So Ibn Ezra; zitiert bei Hertz (Hg.), S. 108.
[1407] Vgl. Dillmann, S. 340.
[1408] Westermann, Genesis I/2, S. 567.
[1409] Vgl. die Begegnung Rebekkas und Isaaks; siehe die Auslegung zu 1. Mose 24,62-67.
[1410] Vgl die Hochzeitsnacht mit Lea; siehe die Auslegung zu 1. Mose 29,24.25.
[1411] Vgl. König, Genesis, S. 601.

sem Fall die Dienstleistungen des dazu noch mittellosen Jakob entgelten? Laban überläßt es Jakob, in dieser Situation eine Lösung zu finden. Jakob schlägt Laban die damals übliche »Dienstehe« vor.[1412] Er bietet Laban seine Dienste an. Um Rahel als Frau zu bekommen, ist er bereit, statt eines Brautpreises ein hohes Maß an Arbeitsleistungen zu erbringen. Er will sieben Jahre um Rahel dienen. Die Antwort Labans ent-
19 sprach dem damaligen Brauch und Recht: **»Es ist besser, ich gebe sie dir als einem Fremden. Bleib bei mir!«** Ein Verwandter galt als bevorzugter Freier.[1413]

Noch vor der Antwort Labans aber wird erwähnt, daß Rahel eine ältere Schwester mit Namen Lea hatte. Lea heißt übersetzt »Kuh«.[1414] Von
17 ihr wird gesagt: Ihre Augen **waren matt.** Das im Urtext stehende Wort »matt« (hebräisch: *rach*) heißt sowohl »schwach« als auch »zart«.[1415] Die beiden Übersetzungsmöglichkeiten lassen zwei Auslegungen zu: Lea hatte matte, glanzlose Augen, das heißt, die Augen Leas hatten nichts von der damals besonders geschätzten »Lebhaftigkeit und Glut«[1416], oder aber: Lea hatte »zarte und milde Augen«.[1417] Im Gegensatz zu Rahel, die im ganzen schön war, war Lea demnach nur ausgezeichnet durch die Feinheit ihrer schönen, zarten Augen.

Mit seiner Entscheidung für Rahel und damit gegen Lea ist der Konflikt vorbereitet, in den Jakob geriet. Er erstreckte sich nun nicht mehr allein auf den wirtschaftlichen, sondern auch auf den persönlichen Bereich.[1418] Jakob liebte Rahel, und seine siebenjährige Dienstzeit er-
20 schien ihm aufgrund seiner Liebe kurz, **sie waren in seinen Augen wie einige Tage, weil er sie liebte.** Im Urtext stehen hier nur sechs Worte. Sie sind das Bekenntnis tiefer und inniger Liebe, Worte der Liebe, die bis heute unübertroffen sind.[1419]

Nach Ablauf der sieben Jahre mußte Jakob Laban an die getroffene Vereinbarung erinnern. Laban lud zur Hochzeit ein. In der Brautnacht aber führte er Jakob Lea zu. Dieser Betrug gelang Laban aufgrund der damaligen Sitte, die Braut dem Bräutigam verschleiert zuzuführen.[1420] Erst am andern Morgen erkannte Jakob: Es ist nicht Rahel, es ist Lea (V. 25). Laban, der die Geschichte Jakobs mit den Etappen des Betruges kannte, hatte nun seinerseits Jakob betrogen. Von Jakob zur Rede ge-

1412 v. Rad, Mose, S. 273.
1413 Vgl. Westermann, Genesis I/2, S. 568.
1414 Odelain/Séguineau, S. 221.
1415 Dillmann, S. 341.
1416 v. Rad, Mose, S. 253.
1417 Hirsch, Genesis, S. 439.
1418 Vgl. Westermann, Genesis I/2, S. 571.
1419 Vgl. Hertz (Hg.), S. 109.
1420 Vgl. die Auslegung zu 1. Mose 24,62-67.

stellt, verteidigte er seinen Betrug mit dem Hinweis auf die Sitte des
Landes: **»Es ist bei uns nicht Brauch, die Jüngere vor der Erstgebore-** 26
nen wegzugeben.« Jetzt erst erkennt Jakob, daß Laban ihm seine jün-
gere Tochter Rahel vor sieben Jahren nicht vorbehaltlos versprochen
hatte. Die damalige Antwort: **»Es ist besser, ich gebe sie** (Rahel) **dir als** 19
einem Fremden« ließ Raum für einen »verschwiegenen Vorbehalt«.[1421]
Von einer Sitte, die Ältere zuerst zu verheiraten, hatte jedoch Jakob noch nichts gewußt. Jakob, der Betrüger seines Bruders und seines Vaters, war von Laban betrogen worden. In seiner Selbstrechtfertigung zeigte sich Laban kalt und berechnend.[1422]

Jakob schwieg. Er hatte keine Handhabe gegen Laban. Es blieb ihm nichts anderes übrig, als in die von Laban vorgeschlagene neue Abmachung einzuwilligen. Nach Einhaltung der Brautwoche - die Hochzeitsfeierlichkeiten dauerten damals sieben Tage[q] - soll er Rahel gleichsam als Vorauszahlung bekommen. Der Preis dafür waren weitere sieben Jahre der Abhängigkeit von Laban. So wurde Jakob von Laban in eine »unfreiwillige Doppelehe« gedrängt.[1423] Der Betrug Labans war zur Zeit der Festlegung der Gesetze mit ein Anlaß dafür, daß eine Ehe mit zwei Schwestern strikt verboten wurde (3Mo 18,18).

[q] Ri 14,12 Tob 11,19 3Makk 4,8

Auf Bitten Labans hatte Jakob die Brautwoche mit Lea nicht abgebrochen. Jakob wies die Ehe mit Lea nicht zurück.[1424] Der Friede aber in der ursprünglich heilen Gemeinschaft Labans (V. 6) war zerbrochen. Jakob stand nicht mehr in einem selbstgewählten, sondern in einem erzwungenen Arbeitsverhältnis. Laban hatte aber nicht nur Jakob, sondern gleichermaßen seine beiden Töchter Rahel und Lea betrogen. Labans Betrug war ein »nicht minder schändliches Unrecht« gegen Rahel.[1425] Auch Lea war in einer unglücklichen Lage. Später beklagten sich beide Schwestern darüber, daß Laban, ihr Vater, sie wie Ware behandelt hatte: »Sind wir für ihn nicht wie Fremde? Er hat uns verkauft und hat unser Kaufgeld für sich selbst aufgebraucht« (1Mo 31,15).

Jakob hatte nun zwei Frauen. Dazu kamen nach der Sitte der damaligen Zeit die »Mägde« Leas und Rahels.

Beiden Töchtern hatte Laban je nur eine Magd mit in die Ehe gegeben. Rebekka hatte weit mehr bekommen (1Mo 24,61). Die *eine* Magd, die sogenannte »Leibmagd«, war das mindeste, was eine Tochter erwarten konnte. Sie wurde ihr mitgegeben für den Fall, daß ihre Ehe kinderlos blieb.[1426] Die von der Leibmagd geborenen Kinder, die sie zusam-

1421 v. Rad, Mose, S. 253.
1422 Westermann, Genesis I/2, S. 570.
1423 Delitzsch, S. 380.
1424 Vgl. Hertz (Hg.), S. 109.
1425 Delitzsch, S. 383.
1426 Procksch, S. 178.

men mit dem Ehemann der Herrin bekam, galten als Kinder der Herrin.[1427]

Der Name der Magd Leas war Silpa und bedeutet soviel wie »Frau mit einer kleinen Nase«.[1428] Rahels Magd hieß Bilha. Ihr Name ist nicht übersetzbar.

Eines jedoch konnte Laban mit seinem Betrug nicht zerstören: die Liebe zwischen Jakob und Rahel. Jakob hatte Rahel lieber als Lea (V. 30). Durch Labans Betrug war Jakob in einen »unverschuldeten und unvermeidlichen Konflikt geraten«.[1429] Dieser neue Konflikt bestimmte das weitere Leben Jakobs.

4. Die Kinder Jakobs: 29,31-30,24

29,31 Als aber Jahwe sah, daß Lea ungeliebt war, machte er sie
32 fruchtbar, Rahel aber blieb kinderlos. * Lea wurde schwanger
und gebar einen Sohn und nannte ihn Ruben, »denn«, sagte sie,
»Jahwe hat mein Elend gesehen, nun wird mein Mann mich
33 liebgewinnen.« * Und sie wurde wieder schwanger und gebar
einen Sohn. Da sprach sie: »Weil Jahwe gehört hat, daß ich un-
geliebt bin, darum hat er mir auch diesen Sohn gegeben.« Und
34 sie nannte ihn Simeon. * Als sie nun wieder schwanger gewor-
den war und einen Sohn geboren hatte, sprach sie: »Jetzt end-
lich wird mir mein Mann zugetan sein, denn ich habe ihm drei
35 Söhne geboren.« Darum nannte sie ihn Levi. * Hierauf wurde
sie noch einmal schwanger und gebar einen Sohn. Da sprach
sie: »Dieses Mal will ich Jahwe preisen.« Darum nannte sie ihn
Juda. Danach bekam sie keine Kinder mehr.
30, 1 Als Rahel sah, daß sie dem Jakob keine Kinder zur Welt brach-
te, wurde Rahel eifersüchtig auf ihre Schwester und sagte zu
2 Jakob: »Schaffe mir Kinder, oder ich sterbe.« * Da wurde Jakob
zornig über Rahel und sprach: »Stehe ich etwa an Gottes Stelle,
3 der dir die Frucht des Leibes versagt hat?« * Da sagte sie: »Hier
ist meine Magd Bilha, gehe zu ihr, daß sie auf meinen Knien ge-
4 bäre und ich so durch sie zu Kindern komme.« * Und sie gab
5 ihm Bilha, ihre Magd, zur Frau, und Jakob ging zu ihr. * Da
wurde Bilha schwanger und gebar dem Jakob einen Sohn.
6 * Rahel aber sagte: »Gott hat mich mein Recht finden lassen
und auch mich erhört. Er hat mir endlich einen Sohn gegeben.«

[1427] Vgl. die Auslegung zu Sarai und Hagar, 1. Mose 16,1-16.
[1428] Odelain/Séguineau, S. 334.
[1429] Westermann, Genesis I/2, S. 570.

7 Darum nannte sie ihn Dan. * Hierauf wurde Bilha, Rahels
Magd, noch einmal schwanger und gebar Jakob einen zweiten
8 Sohn. * Da sagte Rahel: »Kämpfe mit Gottes Hilfe habe ich ge-
gen meine Schwester gekämpft, und ich habe gesiegt.« Darum
9 nannte sie ihn Naftali. * Als Lea sah, daß sie nicht mehr
schwanger wurde, da nahm sie Silpa, ihre Magd, und gab sie
10 dem Jakob zur Frau. * Und Silpa, Leas Magd, gebar Jakob ei-
11 nen Sohn. * Da sprach Lea: »Glück ist gekommen!« und gab ihm
12 den Namen Gad. * Und Silpa, Leas Magd, gebar Jakob einen
13 zweiten Sohn. * Da sagte Lea: »Ich Glückliche! Ja glücklich wer-
den mich die Töchter des Volkes preisen!« Darum nannte sie
ihn Ascher.
14 * Als Ruben einmal in den Tagen der Weizenernte ausging,
fand er auf dem Feld Liebesäpfel und brachte sie Lea, seiner
Mutter. Da sagte Rahel zu Lea: »Gib mir doch von den Liebes-
15 äpfeln deines Sohnes!« * Aber sie antwortete ihr: »Ist es nicht
genug, daß du mir meinen Mann genommen hast? Willst du
mir auch noch die Liebesäpfel meines Sohnes nehmen?« Dar-
auf sagte Rahel: »Nun, so mag er diese Nacht bei dir verbringen
16 für den Preis der Liebesäpfel deines Sohnes.« * Als nun Jakob
abends vom Feld kam, ging Lea ihm entgegen und sagte: »Zu
mir mußt du kommen, denn ich habe dich für einen vollen
Preis mit den Liebesäpfeln meines Sohnes erkauft.« So ver-
17 brachte er die Nacht bei ihr. * Und Gott erhörte die Bitte Leas.
Sie wurde schwanger und gebar Jakob einen fünften Sohn.
18 * Da sagte Lea: »Gott hat mir meinen Lohn dafür gegeben, daß
ich meine Magd meinem Mann überlassen habe.« Darum gab
19 sie ihm den Namen Issachar. * Hierauf wurde Lea noch einmal
20 schwanger und gebar Jakob einen sechsten Sohn. * Da sagte
Lea: »Gott hat mich mit einem schönen Geschenk bedacht.
Diesmal wird mich mein Mann ehren, denn ich habe ihm sechs
21 Söhne geboren.« So nannte sie ihn Sebulon. * Danach gebar sie
eine Tochter, die nannte sie Dina.
22 * Nun dachte Gott aber auch an Rahel. Gott erhörte sie und
23 machte sie fruchtbar. * Sie wurde schwanger und gebar einen
Sohn. Da sagte sie: »Gott hat meine Schmach weggenommen.«
24 * Darum gab sie ihm den Namen Josef, indem sie sagte: »Jahwe
gebe mir noch einen anderen Sohn.«

Die Geburt der Kinder Jakobs steht ganz unter dem Vorzeichen des Streites der beiden Frauen, Lea und Rahel.

Beim Streit der Männer ging es in der Zeit der Väter um »Lebensraum und Lebensmittel«, bei dem der Frauen um »die Stellung und Gel-

[r] 1Mo 16,1f 25,21

tung in der Gesellschaft«[1430]. Eine kinderlose Frau hatte keine Zukunft[r]. Rahel konnte sich zwar der Liebe ihres Mannes rühmen, Leas Stellung aber zählte in der Väterzeit mehr. Sie hatte ihre Anerkennung als Mutter vieler Söhne. Verzweifelt kämpfte Rahel um ihre Zukunft. »Gott aber« - so erfährt Rahel - »wird der Segner und Tröster der zurückgesetzten Frau.«[1431]

Bevor Rahel selbst Mutter wurde, hatte sie ihren Mann Jakob dazu aufgefordert, mit Bilha, ihrer Leibmagd, Kinder zu bekommen. Nach der Sitte der damaligen Zeit mußte die Leibmagd ihre Kinder auf den Knien ihrer Herrin zur Welt bringen, »so daß die Kinder der Sklavin als Kinder ihres eigenen Schoßes erscheinen«.[1432] Es galt damals das Recht: »Auf wessen Knien ein Neugeborenes zu liegen kommt[s], der bekennt sich zu diesem als seinem Kind«.[1433] Nach diesem Recht waren Dan und Naftali Söhne Rahels.

[s] 1Mo 50,23 Hi 3,12

Lea hatte inzwischen vier Söhne zur Welt gebracht: Ruben, Simeon, Levi und Juda. Da es aber auch einer kinderreichen Mutter zustand, mit Hilfe ihrer Leibmagd den Kindersegen zu vermehren[1434], übergab auch Lea Jakob ihre Leibmagd. Silpa brachte Gad und Ascher zur Welt.

Noch bevor Josef, der erste Sohn Jakobs und Rahels, geboren wurde, konnte Lea mit Stolz auf zwei weitere Söhne, auf Issachar und Sebulon,

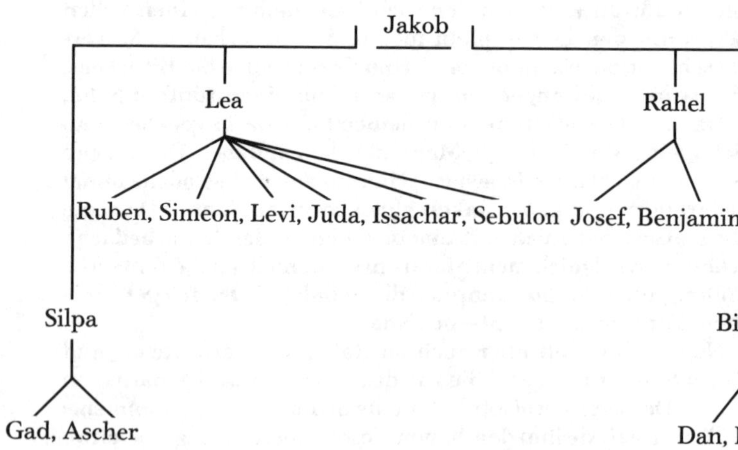

1430 Westermann, Genesis I/2, S. 582.
1431 v. Rad, Mose, S. 256.
1432 Gunkel, S. 333.
1433 Delitzsch, S. 385.
1434 Procksch, S. 178.

verweisen. So wurden Jakob noch, solange er im Haus Labans war, elf Söhne geboren. Benjamin, der jüngste Sohn Jakobs mit Rahel, kam erst nach der Rückkehr Jakobs in das Land seiner Väter zur Welt (1Mo 35,16). Jakob hatte zwölf Söhne[1435]: acht Söhne von seiner Frau Lea und deren Leibmagd Silpa, vier zusammen mit Rahel und ihrer Magd Bilha.

Dramatischer Mittelpunkt des Streites der beiden Frauen, Lea und Rahel, ist der Bericht vom Kampf um die begehrten »Liebesäpfel« (V. 14-17).

Ruben, der älteste Sohn Jakobs und Leas, fand zur Zeit der Weizenernte auf dem Feld »Liebesäpfel«. Er brachte sie seiner Mutter Lea. »Liebesäpfel« nannte man damals die gelbroten Früchte eines Nachtschattengewächses, der sogenannten *mandragora officialis* oder *mandragora autumnalis*. Diese Früchte galten als fruchtbarkeitsfördernd.[1436]

Die Mandragora aus der Familie der Nachtschattengewächse hat dicke verzweigte Wurzeln und wächst wie eine Rosette. Im Winter trägt sie dunkelviolette Blüten. Die Früchte reifen vom Frühling bis in den frühen Sommer. Aus ihnen wurde auf der Basis von Wein ein Liebestrunk gebraut. Außerdem gewann man aus diesen Früchten Sedativa, Gewürze und Parfums.[1437] Als Rahel sah, daß Ruben seiner Mutter Lea vom Feld »Liebesäpfel« mitbrachte, feilschte sie mit ihrer Schwester um die Mandragorafrüchte. Sie hoffte, mittels eines Liebestrunkes doch noch schwanger zu werden. Sie war bereit, dafür jeden Preis zu bezahlen. Noch immer liebte Jakob Rahel mehr als Lea. Er bevorzugte es, in ihrem Zelt zu wohnen. Rahel erklärte sich bereit, Jakob vorübergehend an Lea abzutreten. Lea willigte in den Handel ein.

Es dauerte noch lange, bis Rahel schwanger wurde. Die Zauberfrüchte hatten ihr nichts genützt. Rahel bekam ihren Sohn Josef nicht »durch ihre menschlichen Mittel, sondern durch Gottes Gnade«.[1438] Gott dachte an Rahel. Er **erhörte sie und machte sie fruchtbar.** Gott antwortete 22
auf Rahels »langes, scheinbar unbeachtetes Gebet«.[1439]

Zuvor hatte Lea Jakob zwei weitere Söhne zur Welt gebracht: Issachar und Sebulon, außerdem Dina, eine Tochter. Um auszuschließen, daß die drei weiteren Geburten Leas einem Liebestrunk zu verdanken waren - Rahel hatte sie ja nur um einen Teil der Liebesäpfel gebeten
(V. 14) - wird ausdrücklich berichtet: **Gott erhörte die Bitte Leas.** 17

[1435] Zum Lebensweg der Söhne Jakobs und der auf sie zurückgehenden zwölf Stämme Israels siehe Exkurs V, Die Söhne Jakobs und die Stämme Israels.

[1436] Vgl. Westermann, Genesis I/2, S. 580.

[1437] Zohary, S. 188+189.

[1438] Dillmann, S. 345.

[1439] Delitzsch, S. 388.

Dina ist das zwölfte der Kinder Jakobs, das mit Namen bekannt ist. Dina heißt übersetzt »Prozeß«.[1440] Es ist ein von dem Zeitwort »richten« (hebräisch: *din*) abgeleiteter Name.[1441] Jakob hatte außer seinen zwölf Söhnen eine nicht genannte Anzahl von Töchtern. Zusammen mit ihren Brüdern waren »alle Töchter Jakobs« (1Mo 37,35) darum bemüht, ihren Vater Jakob über den vermeintlichen Verlust Josefs zu trösten. Das Schicksal Dinas und die Rache für ihre Schändung bestimmten das Los ihrer Brüder Simeon und Levi.[1442]

EXKURS V: Die Söhne Jakobs und die Stämme Israels

Jakob hatte zwölf Söhne. Ihre Namen sind Personennamen.[1443] Erst an zweiter Stelle bezeichnen sie jeweils einen Stamm oder ein Stammesgebiet der Nachkommen Jakobs.

1. **Ruben** kann übersetzt werden: »Sehet, ein Sohn« (*r*^{e}*'uben*).[1444] Lea, die Mutter Rubens, deutete den Namen aus ihrer Situation. Angeregt durch »den fernen Anklang an die Konsonanten des Wortes Ruben«[1445], überträgt sie den Namen mit den Worten: »Jahwe hat mein Elend gesehen« (hebräisch: *ra'ah be ʿonji*).

Nach der Geburt Josefs befürchtete Ruben, sein Erstgeburtsrecht zu verlieren. Um dieses zu behaupten, schlief er mit Bilha, der Nebenfrau seines Vaters (1Mo 35,22). Die Schandtat Rubens in Migdal-Eder aber ist für Jakob Anlaß, Ruben das Erstgeburtsrecht zu entziehen und auf Josef zu übertragen (1Mo 49,3f; 1Chr 5,1f).

Trotz der von Anfang an bestehenden Rivalität zwischen Ruben und Josef ließ es Ruben nicht zu, daß Josef von seinen Brüdern getötet wurde (1Mo 37,21f.29; 42,22). Als Jakob sich weigerte, Benjamin nach Ägypten mitziehen zu lassen, bot Ruben seine Söhne als Geiseln an (1Mo 42,37).

Obgleich Ruben sein Erstgeburtsrecht verspielt hatte, wird er von Jakob als erster gesegnet (1Mo 49,3). Auch im Abschiedssegen Moses steht Ruben an erster Stelle. Der Mosesegen lautet: »Ruben lebe, er sterbe nicht, und seine Mannen seien eine große Zahl« (5Mo 33,6).

[a] 1Mo 46,9; 2Mo 6,14; 4Mo 1,21; 26,5-7; 1Chr 5,3-10

Durch seine vier Söhne[a] entwickelte sich Ruben zu einem repräsentativen Stamm. Männer aus dem Stamm Ruben waren beteiligt beim Auf-

[1440] Odelain/Séguineau, S. 82.
[1441] Vgl. die Namenserklärung Dans; s. Exkurs V, Die Söhne Jakobs und die Stämme Israels, 5. Dan.
[1442] Vgl. Simeon und Levi, Exkurs V, 2.+3. sowie die Auslegung zu 1. Mose 34.
[1443] Westermann, Genesis I/2, S. 575; vgl. Noth, Mari und Israel, S. 213-233.
[1444] Westermann, Genesis I/2, S. 577.
[1445] v. Rad, Mose, S. 256.

ruhr der »Rotte Korachs«. Die Rubeniter Datan und Abiram waren entschlossen, zusammen mit der levitischen Gruppe der Korachiter die Ausübung des Priestertums zu erstreiten (4Mo 16,1f; 26,9). Der Aufstand scheiterte. Das Priesteramt blieb Vorrecht der Nachkommen Aarons[b].

Bei der Landnahme bekam Ruben als erster seinen Gebietsanteil im Ostjordanland. Bei der Eroberung des Westjordanlandes leistete der Stamm Ruben Waffenhilfe (4Mo 32,16-33; Jos 4,12). Nach Rückkehr in das Ostjordanland errichtete der Stamm Ruben zusammen mit den Stämmen Gad und Ostmanasse Jahwe einen Altar als Zeichen der Zugehörigkeit zum Bundesvolk Jahwes. Ruben wird häufig zusammen mit Gad[c] oder gemeinsam mit Gad und Halb-Manasse genannt[d].

Eine Spur der Nachkommen Rubens findet sich auch im Westjordanland. Bohan - aus dem Stamm Ruben - hatte an der Grenze zwischen Juda und Benjamin einen Stein aufgerichtet (Jos 15,6; 18,17).

Der Stamm Ruben war ständig bedroht durch die Einfälle der Moabiter und Midianiter[e]. Zur Zeit Sauls errang Ruben einen großen Sieg über die Hagariter (1Chr 5,10.18-22).

Tiglat-Pileser III. führte Ruben in die assyrische Gefangenschaft (1Chr 5,25f).

[b] 4Mo 17,5.14 26,9-11; 27,3 Ps 106,16f Sir 45,18 Jud 11
[c] 4Mo 32,1. 6.25.29.31 Jos 22,25. 32-34
[d] 4Mo 32,33-39 34,14.15 5Mo 3,12-16 4,43; 29,7 Jos 1,12 4,12; 12,6 13,8; 18,7 22,1-21 2Kö 10,33 1Chr 5,18.26 26,32
[e] Jos 13,15-21 2Kö 10,32f Jes 15,5 Jer 48,2

2. **Simeon** (hebräisch: *schimʿon*) heißt übersetzt: »Er hat erhört.«[1446] Der zweite[a] Sohn Jakobs und Leas überfiel zusammen mit seinem Bruder Levi den Hiwiter Sichem. Um ihre Schwester Dina zu rächen, töteten sie alle männlichen Einwohner des kanaanäischen Stammes Sichem (1Mo 34,25-31).

[a] 1Mo 35,23 2Mo 1,2 1Chr 2,1

Auf der ersten Reise der Jakobssöhne nach Ägypten ließ Josef Simeon als Geisel gefangensetzen, bis ihm Benjamin zugeführt wurde (1Mo 42,24.36; 43,23). Als Jakob mit seiner Familie nach Ägypten zog, hatte Simeon sechs Söhne: Jemuël, Jamin, Ohad, Jachin, Zohar und Schaul. Schaul war der Sohn einer Kanaaniterin (1Mo 46,10; 2Mo 6,15).

In seinem Abschiedssegen sagt Jakob seinem zweitältesten Sohn Simeon vorher, daß seine Nachkommen wie die Nachkommen Levis kein eigenes Stammesgebiet haben werden (1Mo 49,5-7). Bereits in der Wüstenzeit verlor der Stamm Simeon an Bedeutung und Größe. Bei der ersten Zählung waren es 59 300 (4Mo 1,23), bei einer späteren nur noch 22 200 streitbare Männer (4Mo 26,14). Die im Segen Jakobs enthaltene Prophezeiung der Zerteilung und Zerstreuung Simeons und die abnehmende Zahl der Simeoniter sind vermutlich die Ursache, daß Mose in seinem Segen den Stamm Simeon nicht ausdrücklich erwähnt.[1447] Der

[1446] Odelain/Séguineau, S. 334; vgl. v. Rad, Mose, S. 256.
[1447] Vgl. Schrader, S. 297.

bei der Landnahme den Simeonitern zugewiesene Anteil war mitten im Stammgebiet Judas plaziert (Jos 19,1-9). Von den siebzehn dem Stamm Simeon zugewiesenen Städten lagen vier im westlichen Teil des judäischen Gebietes, dreizehn im judäischen Negeb. Die Mehrzahl der Simeoniter zog als Nomaden im Negeb umher (1Chr 4,39.40). Zur Krönung Davids als König von Israel kamen 7 100 Simeoniter nach Hebron (1Chr 12,26). Zur Zeit Hiskijas und Joschijas verlieren sich die Spuren des Stammes Simeon.

In die Geschichte eingegangen sind die Simeoniter Schelumiël, Simri, Judit und Usija.

[b] 4Mo 1,6 2,12; 7,36-41 10,19

Schelumiël[b] war zur Zeit der Wüstenwanderung verantwortlich für den Stamm Simeon. Er leitete die Musterung seines Stammes und brachte die Opfergabe für die Altarweihe.

Simri wurde zusammen mit der Midianiterin Kosbi getötet, als diese sich ihm gerade zur kultischen Prostitution hingab (4Mo 25,6-18).

[c] Jdt 8,1 9,1.2

[d] Jdt 6,15-21 7,23.30 8,9.28.35 10,6; 13,18 14,6; 15,4

Judit[c] rettete als junge Witwe das Volk vor der Bedrohung Nebukadnezars. Sie hatte sich Eingang beim Heerführer Holofernes verschafft und diesem den Kopf abgeschlagen.

Usija[d] war zur Zeit Judits »Bürgermeister« der Stadt Betulia. Er unterstützte den Plan Judits.

Obgleich der Stamm Simeon kein eigenes Landgebiet hatte und im Mosesegen unerwähnt bleibt, verschwindet Simeon nicht aus dem Bewußtsein des Volkes Israel. Nach der Schau Hesekiels wird Simeon einmal ein Land zwischen Benjamin und Issachar bekommen (Hes 48,24.25). Unter den 144000 Versiegelten am Ende der Zeit werden 12000 aus dem Stamm Simeon genannt (Offb 7,7).

3. **Levi,** der dritte Sohn Jakobs und Leas, bekommt den Namen von seinem Vater. Jakob knüpft an den Ausruf Leas an: »Jetzt wird mein Mann mir zugetan sein« und nennt seinen Sohn Levi, das heißt übersetzt: »der Aneinanderschließer«. Indem Jakob diesen Namen aussprach, bekannte er sich zu Lea als Stammutter.[1448]

[a] 1Chr 5,27-29 6; 23-26 vgl. 2Mo 6,16-24 4Mo 3,17-20

Zusammen mit Simeon überfiel Levi den Stadtstaat Sichem, um Dina zu rächen (1Mo 34,25). Die Strafe, die Levis Nachkommen zu tragen haben, entspricht der des Stammes Simeon. Sie werden zerteilt und zerstreut in Israel (1Mo 49,5-7). Levi zog mit Jakob nach Ägypten. Dort starb er im Alter von hundertsiebenunddreißig Jahren. Er hatte drei Söhne: Gerschon, Kehat und Merari (1Mo 46,11; 2Mo 6,16). Diese sind die Väter der verschiedenen levitischen Linien.[a]

Im Lauf der Geschichte der Nachkommen Levis verwandelt sich die von Jakob angedrohte Strafe in Segen. Die Wende in der Geschichte des

[1448] Hirsch, Genesis, S. 442.

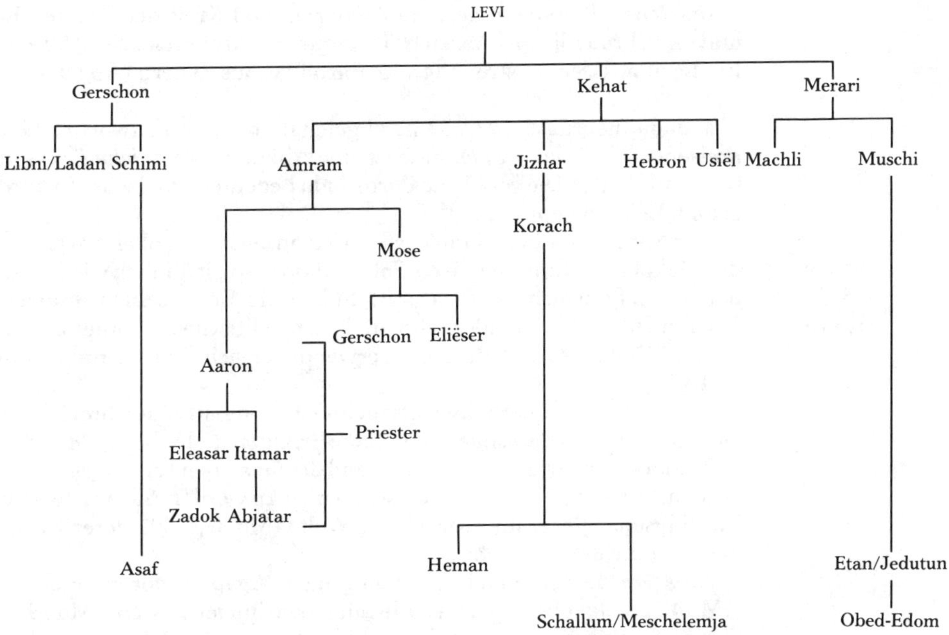

Stammes brachte das konsequente Verhalten der Leviten bei der Erneuerung des Gottesbundes nach dem Tanz um das goldene Kalb. Die Leviten stellten durch die Bestrafungsaktion die Ehre Jahwes wieder her (2Mo 32,26-29).

Gott selbst wählte die Leviten anstelle der Erstgeborenen Israels zu seinem besonderen Eigentum. Sie traten an die Stelle der dem Dienste Jahwes geweihten Erstgeborenen[b].

Eine herausragende Stellung im Stamm nimmt Aaron, der Bruder des Mose, ein. Aaron war der erste Hohepriester, und seine Nachkommen sind die einzig rechtmäßigen Priester[c]. Alle anderen Leviten sind dazu bestimmt, den Priestern und dem Heiligtum zu dienen[d].

Bei der Landnahme wurden den Leviten achtundvierzig Städte, vier in jedem Stammesgebiet, zugewiesen. Außerdem waren sie die Nutznießer des von allen abzuliefernden Zehnten[e].

Zu den Aufgaben der Leviten gehörte die Versorgung der Heiligen Geräte (1Chr 15; 16; 23-26). Sie waren Sänger, Musiker, Torwächter und Verwaltungsbeamte des Tempels[f]. Sie hatten für die Annahme und Lagerung der Opfergaben zu sorgen (2Chr 29,34; 35,11), bekleideten die Ämter von Schreibern und Richtern (1Chr 23,4) und übernahmen die Belehrung des Volkes (2Chr 17,8.9; Neh 8,7.9).

b 2Mo 13,2; 22,28; 4Mo 3,12; 8,16
c 2Mo 28; 29; 39; 4Mo 16-18
d 4Mo 3,6-12; 8,6-26; 18,1-7
e 2Mo 23,19; 3Mo 27,30-33; 4Mo 18,20-24; 35,1-8; Hebr 7,5-11
f 1Chr 9,26; 26,20; 2Chr 24,6.11; 31,11-15; Lk 22,4.52; Joh 7,32.45; 18,3; Apg 4,1; 5,21.24.26f

Im Neuen Testament gehörte Zacharias zum Kreis der Priester. Er und seine Frau Elisabet waren Nachkommen Aarons (Lk 1,5-22.59-64). Ein Levit aus der Zerstreuung war Barnabas aus Zypern (Apg 4,36).

4. **Juda** (hebräisch: *jehuda*) ist abgeleitet von dem Zeitwort »loben, preisen« (hebräisch: *jadah*). Juda ist eine Abkürzung von *jehud'el*: Gott sei gepriesen![1449] Die verkürzte Form Juda bedeutet soviel wie: »Er wird gelobt! Er wird gepriesen!«[1450]

Der Name Juda bzw. Jude wird zur Kennzeichnung aller Nachkommen Jakobs.[1451] Juda, der vierte Sohn Jakobs[a], spielt ähnlich wie Ruben in der Josefgeschichte eine vermittelnde Rolle. Er rät seinen Brüdern, Josef nicht zu töten, sondern ihn an die ismaelitischen Händler zu verkaufen (1Mo 37,25-27). Bei Josef verwendet er sich für Benjamin (1Mo 44,18-34).

[a] 1Mo 29,35 35,22.23 46,8-12 2Mo 1,1.2

Durch die List seiner Schwiegertochter Tamar hatte Juda fünf Söhne. Die Kanaaniterin Batschua gebar Juda: Er, Onan und Schela (1Mo 38,1-5). Tamar, die Witwe geworden war und der Onan den Kindersegen versagt hatte, verstand es, von Juda schwanger zu werden. Sie brachte das Zwillingspaar Perez und Serach zur Welt (1Mo 38,6-30). Perez wurde der Stammvater Davids[b].

[b] Rt 4,18-22 1Chr 2,4.9-15 Lk 3,31-33

Juda wurde von Jakob beim Zug nach Ägypten vorausgeschickt (1Mo 46,28). Jakob vergleicht Juda mit einem jungen Löwen (1Mo 49,9). Der Seher Johannes nennt den erhöhten Jesus den Löwen aus dem Stamm Juda (Offb 5,5).

Die Nachkommen Judas bilden den stärksten Stamm. Bei der ersten Volkszählung in der Wüste werden 74 600 wehrfähige Männer gezählt (4Mo 1,26.27), am Ende der Wüstenzeit 76 500 (4Mo 26,22).

Im Abschiedssegen des Mose wird Juda an zweiter Stelle genannt (5Mo 33,7). Bei der Landnahme bekommt Juda sein Gebiet im Süden. Es erstreckt sich vom Toten Meer über die Wüste Zin bis nach Ägypten. Die Westgrenze ist das Mittelmeer, die Ostgrenze das Tote Meer. Im Norden verläuft die Grenze südlich von Jerusalem. Da Jerusalem jebusitisch blieb (Jos 15,63) und die verschonten Gibeoniter zwischen Juda und den übrigen Stämmen wohnten, zeichnet sich schon bei der Landnahme eine selbständige Geschichte des Stammes ab.

Die Führungsrolle Judas über alle Stämme begann mit dem Judäer David aus Betlehem (1Sam 16,1.18). Die Einheit zerbrach jedoch bereits wieder nach dem Tode seines Sohnes Salomo (931 v.Chr.). Dreiunddreißig Jahre lang hatte David über ganz Israel und Juda geherrscht (2Sam

[1449] Odelain/Séguineau, S. 197.
[1450] König, Genesis, S. 604.
[1451] Hertz (Hg.), S. 110.

5,5). Der Zerfall des »Vereinigten Königreiches« war gleichsam die Rückkehr zur Situation der Landnahme. Das zweihundert Jahre dauernde Nebeneinander der beiden Reiche, Israel im Norden und Juda im Süden, war von zahlreichen Feindseligkeiten geprägt (1Kö 12 bis 2Kö 17).

Das Reich Juda überlebte den Untergang des Nordreiches (2Kö 17,18; 18-25) um hundertvierunddreißig Jahre. Auf den Thron Davids folgten nacheinander in direkter Erbfolge zwanzig Könige, von der Reichstrennung an bis zum Untergang Judas (587 v.Chr.).

5. **Dan** ist ein von dem Zeitwort »richten« (hebräisch: *din*) abgeleiteter Name.

Rahel sieht in dem Sohn ihrer Magd Bilha einen Urteilsspruch Gottes. Gott hat gerichtet, er hat ihr Recht verschafft.[1452] Dan heißt soviel wie: Gott hat das Recht zur Geltung gebracht.[1453]

Dan hatte nur einen Sohn, Schuham. Von ihm stammen die Schuhamiter ab (4Mo 26,42.43).[1454]

In ihren Segensworten kennzeichnen sowohl Jakob als auch Mose Dan und seine Nachkommen als Richter und Krieger (1Mo 49,16.17; 5Mo 33,22). Obgleich von Dan nur ein Sohn bekannt ist, war er in der Wüstenzeit nach Juda der zweitgrößte Stamm (4Mo 1,39; 26,42.43). Der Daniter Oholiab wird zusammen mit dem Judäer Bezalel als Kunsthandwerker erwähnt. Sie arbeiteten gemeinsam bei der Errichtung des Heiligen Zeltes, der Bundeslade und der Herstellung verschiedener Kultgegenstände[a].

[a] 2Mo 31,6 35,34; 36,1.2 38,23

Aus einer danitischen Familie stammt Simson, der letzte der großen Freiheitskämpfer vor der Zeit des Königtums in Israel (Ri 13,2.24).

Bei der Landnahme wird Dan als letztem Stamm sein Gebiet zugewiesen, und zwar westlich von Benjamin zwischen Efraim, Juda und dem Mittelmeer (Jos 19,40-46).

Dan hat das ihm zugeteilte Gebiet nie ganz erobern können. Der Druck der Amoriter (Ri 1,34.35) und der Philister (Ri 13-16) zwang die Daniter, nach Nordpalästina in die Gegend von Lajisch auszuweichen (Ri 18; Jos 19,47). Die von den Danitern eroberte Stadt Lajisch wurde in Dan umbenannt. Nach der Schau Hesekiels hat hier Dan seinen Anteil am Verheißenen Land (Hes 48,1). Auffallend ist, daß vom Seher Johannes unter den 144 000 Versiegelten Dan nicht mehr genannt wird (Offb 7). Ein Grund dafür ist der in Dan früh ausgebildete und bis zur Zeit des

[1452] Liedke, THAT, Bd I, Sp. 447.
[1453] Hirsch, Genesis, S. 443.
[1454] Huschim, der ebenfalls Sohn Dans genannt wird (1Mo 46,23; 1Chr 7,12), ist vermutlich ein Name aus einem nicht mehr bekannten Stammbaum Dans. Odelain/Séguineau, S. 324.

Exils (722 v.Chr.) durchgehaltene Götzendienst. Der Stamm Dan hatte auf seinem Zug in den Norden das geschnitzte Gottesbild des Efraemiters Micha geraubt (Ri 17,3; 18,17). In der neuen Stadt Dan, dem früheren Lajisch, wurde dieses Bild Zentrum des Gottesdienstes. Der Priester am Heiligtum in Dan war kein Nachkomme Aarons, sondern Jonatan, ein Sohn Gerschoms, aus der Linie des Mose (Ri 18,27-31).

6. **Naftali.** Die Deutung des Namens Naftali, des sechsten Sohnes Jakobs, des zweiten von der Rahelmagd Bilha, geht auf das Wort seiner Mutter zurück: »Kämpfe mit Gottes Hilfe habe ich gegen meine Schwester gekämpft, und ich habe gesiegt« (1Mo 30,8). Naftali ist der »Erkämpfte«[1455] oder der »Abgerungene«[1456]. Es war ein »Kampf um Gottes Gnade und Segen«[1457]. Die Kämpfe mit ihrer Schwester hatten »es zugleich auch mit Gott zu tun«[1458]. Es waren Kämpfe, deren Ausgang Rahel als »Gottesurteil«[1459] verstand.

Naftali hatte vier Söhne: Jachzeel, Guni, Jezer und Schillem (1Mo 46,24; 4Mo 26,48.49; 1Chr 7,13). In seinem Segen vergleicht Jakob seinen Sohn Naftali mit einem schnellen Hirsch (1Mo 49,21), und Mose sagt vom Stamm Naftali: »Er ist gesättigt mit Glück und reich bedacht mit Segen des Herrn« (5Mo 33,23).

Das dem Stamm Naftali zugewiesene Gebiet liegt westlich des Sees Gennesaret, östlich von Ascher und nördlich von Sebulon (Jos 19,32-39). Die Geschichte Naftalis ist eng verbunden mit der Sebulons. Gemeinsam siegten die beiden Stämme in Taanach bei den Wassern von Megiddo über Sisera. Der Feldherr der Schlacht war der Naftaliter Barak (Ri 4+5).

Bereits zehn Jahre vor dem Fall Samarias eroberte Tiglat-Pileser III. Naftali (732 v.Chr.). Die Oberschicht der Naftaliter wurde nach Assyrien deportiert[a]. Unmittelbar nach der Wegführung ins Exil verheißt Jesaja Naftali einen neuen Segen. Das Land, in dem jetzt Bedrängnis herrscht, Naftali und Sebulon, wird ein großes Licht sehen (Jes 8,23). Die Weissagung fand ihre Erfüllung im Wirken Jesu in Kapernaum.

[a] 2Kö 15,29 Jes 8,23 Tob 1,4.5 7,3 Mt 4,15

Das Kapernaum der neutestamentlichen Zeit liegt im alten Stammesgebiet Naftali, dem damals verachteten Heidengau: »Galiläa, Galiläa, du hassest das Gesetz, deshalb wird dein Ende das der Räuber sein.«[1460]

1455 Lange, S. 333.
1456 Delitzsch, S. 385.
1457 Dillmann, S. 343.
1458 König, Genesis, S. 605.
1459 Drechsler und Hengstenberg; zitiert nach Delitzsch, S. 385.
1460 Jochanan ben Sakkaj; zitiert nach Grundmann, Markus, S. 37.
Jochanan ben Sakkaj lebte vor und nach der Zerstörung des Tempels. Er war ein Schüler Hillels (30 v. bis 10

Jesus zog mitten in das Land der Verworfenen. Er machte den kleinen Ort im Stammgebiet Naftali, Kapernaum, zu seinem festen Wohnsitz. Kapernaum wurde »seine Stadt« (Mt 9,1). In Kapernaum stand »sein Haus« (Mk 2,15). In der Gegend von Kapernaum berief Jesus seine Jünger. In Kapernaum heilte er den Burschen des Hauptmanns, die Schwiegermutter des Petrus und den Gelähmten. Hier erweckte er die Tochter des Jaïrus.

7. **Gad** ist ein Sohn der Lea-Magd Silpa. Durch die in die Ehe mitgegebene Magd vermehrte auch Lea, die kinderreiche Mutter, ihren Kindersegen.[1461] Bei der Geburt Gads ruft Lea aus: »Glück ist gekommen!« (hebräisch: *ba'gad*; 1Mo 30,11). Der Name Gad bedeutet soviel wie »Glückskind«[1462] oder »unerwartetes Glück«[1463].

In seinem Segen kennzeichnet Jakob Gad als Krieger, der den Feinden auf den Fersen bleibt (1Mo 49,19).

Gad hatte sieben Söhne (1Mo 46,16; 4Mo 26,15).

Noch zu Lebzeiten Moses erhielt Gad sein Stammesgebiet östlich vom Jordan, und zwar zwischen dem Arnon im Süden und dem Jabbok im Norden (4Mo 32,34-36). Das Stammgebiet Gads lag zwischen Ruben und Halbmanasse[a]. Das Land selbst war fruchtbar und zur Schafzucht geeignet, obgleich es am Rand der Wüste lag.

[a] 5Mo 3,12-16; 4,43; 29,7; Jos 1,12; 4,12; 12,6; 13,8; 18,7; 20,8; 22

Die Gaditer waren Nomaden, die sich gegen Raubzüge verteidigen mußten. Die kriegerischen Auseinandersetzungen, in die Gad im Lauf der Geschichte immer wieder verwickelt wurde, sieht bereits Mose in seinem Segen voraus (5Mo 33,20.21).

Einen großen Sieg errang Gad zur Zeit Sauls (1Chr 5,10.18-22). Während der Flucht Davids vor Saul ist eine Reihe Gaditer unter den Begleitern Davids (1Chr 12,8-15).

In Mahanajim, einer Stadt in der Nähe des Jabbok, an der Grenze zwischen Gad und Manasse (Jos 13,26.30) richtete Abner das Königtum Isch-Boschets auf (2Sam 2,8.9). Später flieht David vor Abschalom nach Mahanajim (2Sam 17,24.27-29).

Außer Mahanajim ist aus dem Stammgebiet Gads die Stadt Ramot-Gilead bekannt (5Mo 4,43; Jos 20,8). In Ramot-Gilead wird Joram verwundet, als er, unterstützt von Ahasja, den Aramäern die Stadt abringt (1Kö 22,29; 2Kö 8,28.29). Jehu, von einem Schüler Elischas zum König gesalbt, plant in Ramot-Gilead den Aufstand gegen Joram.

n.Chr.) und empfing von diesem sowie von dessen Kollegen und Gegner Schammai alte Überlieferungen. Hillel sagte voraus, daß Jochanan ben Sakkaj »ein Vater der Weisheit und der künftigen Generation sein werde«, vgl. Albeck, JL, Bd III, Sp. 291.

1461 Vgl. Procksch, S. 178.

1462 Dillmann, S. 343.

1463 Hirsch, Genesis, S. 444.

Der von Kriegen und Aufständen geprägte Stamm Gad wird von Tiglat-Pileser III. in die assyrische Gefangenschaft geführt (2Kö 15,29; 1Chr 5,26). Das Gebiet wird von den Ammonitern besetzt (Jer 49,1).

Nach der Weissagung des Propheten Hesekiel wird Gad einmal seinen Anteil am Verheißenen Land ganz im Süden erhalten (Hes 48,27).

8. **Ascher** nennt Lea den zweiten Sohn ihrer Magd Silpa. Der Name ist aus der von Lea erwarteten Beglückwünschung durch andere Frauen zu deuten (1Mo 30,13). Frauen, die eine Schwangere[a], eine Wöchnerin oder eine kinderreiche Mutter besuchen, beginnen ihr Gespräch mit einem Glück- und Segenswunsch.[1464] Ascher bedeutet soviel wie »Glücksspender« oder der »Glückliche«.[1465]

[a] Lk 1,48

Als Ascher mit Jakob nach Ägypten kam, hatte er vier Söhne, eine Tochter und zwei Enkel (1Mo 46,17). Sowohl der Segen Jakobs als auch der des Mose verheißen den Nachkommen Aschers ein fruchtbares Land (1Mo 49,20; 5Mo 33,24.25).

Das Ascher bei der Landverteilung zugewiesene Gebiet reicht im Westen bis zum Mittelmeer, im Norden bis Sidon. Seine östlichen Nachbarn sind Naftali und Sebulon (Jos 19,24-31; Ri 5,17). Ascher ist schon allein wegen des Karmels ein reiches Land.

Der Stamm Ascher beteiligte sich nicht am Kampf Baraks gegen Sisera (Ri 5,17), aber er unterstützte Gideon im Feldzug gegen Midian (Ri 6,35; 7,23).

Zur Krönung Davids nach Hebron kamen 40 000 Männer aus Ascher (1Chr 12,37). Bei der Passahfeier Hiskijas jedoch nahmen nur wenige Leute aus Ascher teil (2Chr 30,11). Sie kamen aus dem Rest des Stammes Ascher, der nach der Wegführung in die assyrische Gefangenschaft noch übriggeblieben war.

Neben Pagiël, der unter anderem die Musterung des Stammes Ascher leitete[b], ist Ahihud, ein Stammesfürst aus Ascher, bekannt (4Mo 34,27).

[b] 4Mo 1,13 2,27; 7,72-77 10,26

Unter den Botschaftern, die Mose aussandte, um das Land Kanaan auszukundschaften, war Setur, ein Mann aus Ascher (4Mo 13,13).

Aus dem Stamm Ascher war die Witwe und Prophetin Hanna. Sie erlebte die Darbringung Jesu im Tempel und stimmte einen Lobpreis Gottes an (Lk 2,36-38).

9. **Issachar,** der Name des neunten Sohnes Jakobs, sein fünfter mit der Stamm-Mutter Lea, ist abgeleitet von einem Zeitwort mit der Be-

[1464] Vgl. Gunkel, S. 334.
[1465] Dillmann, S. 344.

deutung »Lohn zahlen« (hebräisch: *sakar).*[1466] Lea betrachtete diesen Sohn als Belohnung (1Mo 30,18).[1467] Issachar kann übersetzt werden: »Es gibt einen Lohn.«[1468]

Mit Issachar zogen vier Söhne nach Ägypten (1Mo 46,13). Jakob bezeichnet seinen Sohn Issachar als knochigen Esel, der zwischen den Hürden lagert (1Mo 49,14). Mose segnet Issachar gemeinsam mit Sebulon (5Mo 33,18.19).

Bei der zweiten Volkszählung in der Wüste stellte sich heraus, daß Issachar der drittgrößte Stamm war (4Mo 1,29; 26,25). Zur Zeit Davids zählte er 87 000 wehrtüchtige Männer.

Das Issachar zugeteilte Land umfaßt die fruchtbare Ebene Jesreël um den Berg Tabor (Jos 19,17-23). Es war so reich, daß, wann immer es unter Tributpflicht kam, es leicht die auferlegten Steuern tragen konnte. Issachar konnte es sich leisten, ein »dienstbarer Fronknecht« zu sein (1Mo 49,15).

Issachar ist ein Stamm, der Lasten auf sich nimmt, Handel treibt und die Ruhe in seinem reichen Land genießt.

Im Kampf gegen Jabin und Sisera beteiligte sich Issachar auf der Seite Deboras und Baraks (Ri 5,15). Aus Issachar stammt der Richter Tola (Ri 10,1f) und später der König Baësa von Israel (1Kö 15,27).

Der Stamm Issachar gilt als tapfer und klug. Die Leute von Issachar waren »kriegstüchtig« (1Chr 7,5). Die Männer aus Issachar zeichneten sich dadurch aus, daß sie die Zeitverhältnisse deuten konnten. Sie wußten, »was Israel zu tun hatte« (1Chr 12,33).

In der jüdischen Überlieferung wird Issachar gefeiert als Stamm, der sich mit großem Eifer dem Studium des Gesetzes widmete.

10. **Sebulon** ist der jüngste Sohn Leas. Für den Namen des zehnten Sohnes Jakobs gibt es zwei Deutungen: Einmal kann Sebulon zusammenhängen mit dem aramäischen Wort für »Geschenk« bzw. »schenken« (aramäisch: *sebeb*)[1469], zum andern mit einem Wortstamm, der soviel bedeutet wie »(wohnen) bleiben« oder »als Fürstin behandeln, ehren« (hebräisch: *sabal)*[1470]. Beide Grundwörter kommen in dieser Form im Alten Testament sonst nicht vor.[1471] Lea ruft bei der Geburt Sebulons aus: »Gott hat mir ein Geschenk gemacht, mein Mann wird mich ehren« (1Mo 30,20). Lea ist überzeugt, daß ihr Mann nach der Geburt ih-

1466 Odelain/Séguineau, S. 150.
1467 Vgl. Delitzsch, S. 387.
1468 König, Genesis, S. 607.
1469 v. Rad, Mose, S. 257.
1470 Odelain/Séguineau, S. 325.
1471 Westermann, Genesis I/2, S. 581.

res sechsten Sohnes sich uneingeschränkt zu ihr hingezogen fühlt.[1472]

Mit seinen drei Söhnen Sered, Elon und Jachleël zieht Sebulon mit Jakob nach Ägypten (1Mo 46,14).

Sowohl der Segen Jakobs (1Mo 49,13) als auch der des Mose (5Mo 33,18) lassen annehmen, daß der Stamm Sebulon einmal an der Küste wohnen wird. Bei der Landverteilung aber ist das Sebulon zugewiesene Gebiet eingeschlossen von Ascher, Naftali, Issachar und Manasse (Jos 19,10-16.27.34).

Das kleine, sehr fruchtbare Gebiet Sebulon im unteren Galiläa umfaßt einen Teil der Jesreël-Ebene zwischen den Bergen Karmel und Tabor. Vom See Gennesaret war Sebulon jedoch durch Naftali, vom Mittelmeer durch Ascher abgeschnitten. Durch Sebulon aber führte die wichtigste Handelsstraße vom See Gennesaret zu den phönizischen Häfen. Außerdem verdingten sich die Leute von Sebulon als Schiffsknechte.[1473]

Der Stamm Sebulon hatte durch die sein Gebiet durchziehende Handelsstraße Anteil am Seehandel.

In der Richterzeit kämpfte Sebulon mit Barak und Debora gegen Sisera (Ri 4,6-10; 5,14.18), ferner nahm er teil am Feldzug Gideons gegen die Midianiter (Ri 6,35). Der Richter Elon war ein Sebuloniter (Ri 12,11.12). Zusammen mit Naftali gilt dem Stamm der von Jesaja vorhergesagte neue Segen. Er ging mit dem Wirken Jesu in Erfüllung (Jes 8,23, vgl. 9,1; Mt 4,12-16).[1474]

11. **Josef** ist der erstgeborene Sohn der von Jakob bevorzugten Frau. Als Rahel nach langer Unfruchtbarkeit endlich einen Sohn zur Welt brachte, begrüßte sie diesen mit dem Dank- und Bittgebet: »Gott hat meine Schmach weggenommen! Jahwe gebe mir noch einen anderen Sohn!« (1Mo 30,23.24). Die beiden Zeitwörter im Doppelruf Rahels lauten »wegnehmen« (hebräisch: *'asaph*) und »hinzufügen« (hebräisch: *jasaph*). Josef ist für Rahel der »Wegnehmer« ihrer Schmach der Kinderlosigkeit und zugleich der »Mehrer«, das heißt der, der als erster einen zweiten mit sich bringt.[1475] Der Name Josef bedeutet: »Er (Gott) möge hinzufügen (noch andere Kinder).«[1476]

Josef wurde noch während des Aufenthalts Jakobs bei Laban geboren[a], und zwar ca. sechs Jahre vor dem Wegzug Jakobs aus Paddan-Aram (1Mo 37,2).

[a] 1Mo 30,23-25 33,2.7; 48,7

[1472] Vgl. Hirsch, Genesis, S. 446.
[1473] Odelain/Séguineau, S. 325.
[1474] Siehe oben, 6. Naftali.
[1475] Delitzsch, S. 388.
[1476] Vgl. Odelain/Séguineau, S. 195.

Jakob bevorzugte Josef, er liebte ihn mehr als seine anderen Söhne und ließ ihm ein königliches Kleid anfertigen (1Mo 37,3.4.; vgl. 2Sam 13,18.19). Außerdem war Josef ausgezeichnet durch Träume, die ihm eine glänzende Zukunft vorhersagten (1Mo 37,5-11). Dieses alles mußte den Neid und die Mißgunst seiner Brüder hervorrufen. Sie waren entschlossen, Josef zu töten. Ruben verhinderte diesen Plan. Auf den Rat Judas verkauften sie ihren Bruder nach Ägypten.

In Ägypten wurde Josef zunächst als Sklave tief gedemütigt (1Mo 39). Durch seine Gabe, ägyptischen Würdenträgern und dann Pharao selbst Träume zu deuten (1Mo 40; 41,1-36), kam Josef zu hohen Ehren. Er erhielt den Würdenamen Zafenat-Paneach und ging Verbindungen mit dem höchsten ägyptischen Adel ein. Er heiratete Asenat, die Tochter Potiferas, des Priesters von On. Josef und Asenat hatten zwei Söhne: Manasse und Efraim (1Mo 41).

Vom Hunger getrieben, ziehen die Brüder Josefs nach Ägypten und werden beim Ankauf des Korns von Josef auf die Probe gestellt (1Mo 42-44). Josef veranlaßt die Ansiedlung seiner Brüder und seines Vaters im Land Goschen (1Mo 45,9-47,12).

Die beiden Söhne Josefs, Efraim und Manasse, werden von Jakob adoptiert (1Mo 48,1-22). Sowohl im Segen Jakobs als auch in dem des Mose werden Efraim und Manasse unter dem Segensspruch Josefs zusammengefaßt.

Nach dem Tod seines Vaters läßt Josef den Leichnam Jakobs im Land Kanaan beisetzen (1Mo 50,1-14; vgl. 47,29). Josef rechnet damit, daß Gott die Nachkommen Jakobs einmal in das Land Kanaan zurückführen werde. Bevor er im Alter von hundertzehn Jahren starb, nahm er seinen Brüdern den Eid ab, bei einem von Gott geschenkten Auszug aus Ägypten seine Mumie mitzunehmen und im Land Kanaan beizusetzen. Dieses eidliche Versprechen wurde auch erfüllt[b].

Bei der Adoption der beiden Söhne Josefs, Manasse und Efraim, bevorzugte Jakob Efraim (1Mo 48).

[b] 2Mo 13,19 Jos 24,32

Der Stamm **Efraim** ist während der Wüstenzeit einer der kleinsten (4Mo 26,28.35.37). Bei der Verteilung des Landes erhält Efraim ein Gebiet in der Mitte der syrisch-palästinischen Landbrücke. Es reichte vom Jordan bis zum Mittelmeer. Im Süden war es durch Dan und Benjamin, im Norden durch Manasse begrenzt (Jos 16,5-8). Außerdem wurden einige Städte im Gebiet Manasses Efraim zugesprochen (Jos 16,9; 17,8.9). Die Stadt Bet-El konnten die Efraimiter mit Hilfe Manasses erobern (Ri 1,22-25). Im Lauf der Geschichte wird Efraim zum bedeutendsten der Nordstämme. Josua war Efraimiter (4Mo 13,8.16; Jos 19,49.50). Das Wüstenheiligtum wurde in Schilo aufgerichtet (Jos 18,1). Der Efraimiter Jerobeam stand an der Spitze des Aufstandes, der zur Spaltung des

Davidreiches führte. Jerobeam wurde der erste König der zehn Stämme des Nordreiches (1Kö 11,26.31.35; Jes 7,17; Ps 78,67). Zur politischen Trennung kam die religiöse. Eines der goldenen Stierpostamente wurde in Bet-El aufgestellt (1Kö 12,28.29). Die Vorrangstellung Efraims führte dazu, daß die Propheten den Namen Efraim für das gesamte Nordreich verwendeten[c].

[c] Jes 7,5.9 Hos 9,3.11.16 Sach 9,10

Ein Teil Efraims wird von Tiglat-Pileser III. in die assyrische Gefangenschaft geführt. Reste Efraims spielen eine Rolle zur Zeit der religiösen Reformen Hiskijas (2Chr 30,1.10.18; 31,1) und der Reformen Joschijas (2Chr 34,6.9).

Die Propheten weissagen, daß Efraim einmal wie Juda verstoßen (Jer 7,15), zum andern aber, daß Efraim zusammen mit Juda auch wiederhergestellt werden wird (Jer 31,9.18-20; Ps 60,9; Jes 11,13; Hes 37,16.19; Sach 9,10).

Der Stamm **Manasse** ist die Nachkommenschaft des ältesten Sohnes Josefs, den ihm Asenat, die Tochter Potiferas, in Ägypten geboren hatte (1Mo 41,50.51; 46,20.27). Unter Josua teilt sich Manasse in zwei Halbstämme. Der eine Halbstamm bekommt bei der Landverteilung sein Gebiet östlich des Jordans, nördlich von Gad (Jos 13,29-31)[d].

[d] 4Mo 32,33. 39-42 5Mo 3,13f 1Chr 5,23.24

Das Erbteil der anderen Hälfte des Stammes lag im Westjordanland, im Norden von Efraim (Jos 17,5-11).

Aus Manasse stammt Gideon (Ri 6,15). Ostmanasse schlug zur Zeit Sauls zusammen mit Gad und Ruben die Hagariter (1Chr 5,10.18-22).

Ostmanasse kam 732 v.Chr., Westmanasse 722 v.Chr. in assyrische Gefangenschaft. Einzelne Manassiten kehrten in späterer Zeit zurück und wohnten in Jerusalem (1Chr 9,3).

Josefs Nachkommen bekamen im Verheißenen Land drei Gebiete: Efraim, West- und Ostmanasse.

12. **Benjamin,** der zwölfte und letzte Sohn Jakobs, ein Sohn der Rahel, wird als einziger der Jakobssöhne im Verheißenen Land geboren, und zwar bei Bet-El, in der Gegend von Efrata (1Mo 35,16). Mit der Geburt Benjamins erlebt Rahel eine Erhörung ihrer Bitte: »Er (Gott) möge hinzufügen (noch andere Kinder)« (1Mo 30,24). Die Erfüllung ihres Wunsches brachte Rahel den Tod.

In ihrem Todeskampf gibt Rahel dem Neugeborenen den Namen »Schmerzenskind« (hebräisch: *benʿoni*; 1Mo 35,18). Dieser Name sollte die Erinnerung an den frühen Tod Rahels bewahren. In alttestamentlicher Zeit bestand zwischen dem Namen und seinem Träger eine geheimnisvolle Beziehung[a]. Jakob befürchtete daher, daß sein Kind lebenslang unter dem Schatten dieses Namens zu leiden habe. Er »er-

[a] Dan 1,7

kennt diesem Namen keine Existenz zu«[1477] und kehrt seinen Sinn um. Jakob gibt seinem jüngsten Sohn den Namen Benjamin, »Glückskind«. Wörtlich übersetzt heißt Benjamin: »Sohn der Rechten, das heißt des Südens«.[1478] Sohn der Rechten (hebräisch: *ben jamin*) bedeutet zunächst die Himmelsrichtung. Die rechte Seite ist jedoch »nach morgen- und abendländischer Bedeutung die Glücksseite«.[1479] Benjamin ist das »Glückskind«, der »Sohn der rechten Hand«. - Nach dem vermeintlichen Tod Josefs nimmt Benjamin die Stellung des Lieblingssohnes ein. Dies wird deutlich durch die Rolle, die Benjamin bei den beiden Reisen der Jakobssöhne nach Ägypten spielt (1Mo 42-45).

Jakob nennt Benjamin in seinem Segen einen »Wolf, der zerfleischt« (1Mo 49,27). Im Abschiedssegen des Mose heißt Benjamin »der Liebling des Herrn« (5Mo 33,12). Bei der Landverteilung erhält Benjamin das Gebiet zwischen Efraim und Manasse im Norden und Juda im Süden zugeteilt (Jos 18,11-28).

Jerusalem liegt an der Grenze zwischen Juda und Benjamin. Weder von Juda noch von Benjamin konnte Jerusalem bis zur Zeit Davids eingenommen werden (Jos 15,63; Ri 1,21). Das Erbteil Benjamins ist ein Durchzugsland. Sein Boden ist karg. Benjamin, der »Wolf, der zerfleischt« (1Mo 49,27), lebte zum Teil von Raubüberfällen. Benjamin ist ein kämpferischer Stamm mit tüchtigen und grausamen Kriegern (Ri 3,15f; Ri 20,15f). Die Bogenschützen und Schleuderer Benjamins konnten sowohl mit der Linken als auch mit beiden Händen schießen und werfen (1Chr 8,40; 12,2; 2Chr 14,7; 17,17). Aus Benjamin kam der Richter Ehud. Unter ihm gab es achtzig Jahre Ruhe vor den Moabitern (Ri 3,15-30). König Saul stammte aus Benjamin (1Sam 9,1f), und die Benjaminiter hielten auch nach Saul an dessen Sohn Isch-Boschet fest (2Sam 2,8-10; 1Chr 12,23.30).

Bei der Reichsteilung versuchte Rehabeam Juda und Benjamin zu mobilisieren, um ganz Israel wiederzuvereinigen (1Kö 12,21-24; 2Chr 11,5-12.23). Seit dieser Zeit ist das Schicksal Judas und Benjamins eng miteinander verbunden, und zwar sowohl bei militärischen Aktionen[b] als auch bei religiösen Reformen[c].

Nach dem babylonischen Exil besiedelten Judäer gemeinsam mit Benjaminitern das Land, wie es der Prophet Jeremia vorausgesagt hatte (Jer 32,8.44; 33,13)[d]. Der Apostel Paulus ist ein Nachkomme aus dem Stamm Benjamin (Phil 3,5).

b 2Chr 14,7 17,14.17 25,5

c 2Chr 15,1-9 31,1 34,9.29.32

d 1Chr 9,3-9 Esr 1,5 4,1; 10,9 Neh 11,4-8

1477 v. Rad, Mose, S. 298.
1478 Odelain/Séguineau, S. 61.
1479 Delitzsch, S. 422.

5. Die Trennung von Laban: 30,25-32,1

Zwanzig Jahre lebte Jakob in der Abhängigkeit von Laban. Allein vierzehn Jahre mußte er seine Arbeitskraft als Gegenleistung für seine beiden Frauen, Lea und Rahel, einbringen. Trotz der verwandtschaftlichen Bindung und der Einheirat behandelte Laban Jakob wie einen Sklaven. Ein Sklave - so wird es später im Gesetz festgeschrieben - mußte bei seiner Freilassung die Frau, die ihm sein Herr überlassen hatte, und auch deren Kinder im Hause seines Herrn zurücklassen. Wollte er sich von seiner Familie nicht trennen, so blieb ihm nichts anderes übrig, als in seinem alten Dienstverhältnis zu bleiben (vgl. 2Mo 21,4-6). Laban sah in Jakob nichts anderes als einen rechtlosen Sklaven. Er konnte ihm ins Gesicht schleudern: »Die Töchter sind mein, die Söhne sind mein, die Schafe sind mein, und alles, was du siehst, ist mein« (1Mo 31,43).

Laban war entschlossen, Jakob unter keinen Umständen wegziehen zu lassen. Jakob aber befreit sich aus der Abhängigkeit Labans. Er flieht, Laban verfolgt ihn. Es kommt zwischen beiden zu einem Rechtsstreit, bei dem jeder behauptet, der andere hätte ihm Unrecht getan. Dennoch trennen sich Jakob und Laban nicht im Streit. Sie treffen eine Vereinbarung und besiegeln ihren Vertrag mit einem gemeinsamen Mahl.

(1) Das abgebrochene Gespräch: 30,25-36

25 Als Rahel Josef geboren hatte, da sprach Jakob zu Laban: »Entlaß
26 mich, daß ich ziehe an meinen Heimatort und in mein Land. * Gib
mir meine Frauen und Kinder, um die ich dir gedient habe, daß
ich fortziehe; du weißt ja selbst, was der Lohn ist, den ich abge-
27 dient habe.« * Da antwortete Laban: »Möchte ich doch Gnade in
deinen Augen gefunden haben. Ich habe es wohl gemerkt, daß
28 Jahwe mich um deinetwillen gesegnet hat.« * Darauf sagte er:
»Bestimme den Lohn, den du von mir zu bekommen hast. Ich will
29 ihn dir geben.« * Er aber antwortete ihm: »Du weißt ja selbst, wie
ich bei dir gedient habe und was aus deinem Besitz unter meinen
30 Händen geworden ist. * Das wenige, was du vor meiner Zeit hat-
test, hat sich gewaltig vermehrt, und Jahwe hat dich bei jedem
meiner Schritte gesegnet. Nun aber muß ich endlich für meine ei-
31 gene Familie sorgen.« * Darauf sagte er: »Was soll ich dir geben?«
Da antwortete Jakob: »Du sollst mir gar nichts geben, wenn du
mir nur folgendes zugestehst: Ich will wieder deine Herde weiden
32 und hüten. * Ich will heute deine Tiere durchgehen, und ich will
wegschaffen jedes gesprenkelte und gefleckte Schaf und jedes
schwarze Schaf unter den Lämmern und was gefleckt und ge-

33 **sprenkelt ist unter den Ziegen; das soll mein Lohn werden. * Mei-**
ne Redlichkeit wird morgen für mich zeugen: Wenn du kommst,
um meinen Lohn zu sehen, dann soll alles als von mir gestohlen
gelten, was nicht gesprenkelt und gefleckt ist unter den Ziegen
34 **und schwarz unter den Lämmern.« * Da sagte Laban: »Es ist gut.**
35 **Es soll so sein, wie du es gesagt hast.« * So sonderte er noch an dem-**
selben Tage die gestreiften und gefleckten Schafböcke und alle
gesprenkelten und gefleckten Ziegen, alles, woran Weißes war,
und alles Schwarze unter den Lämmern aus und übergab sie sei-
36 **nen Söhnen. * Und er legte einen Weg von drei Tagereisen zwi-**
schen sich und Jakob. Jakob aber weidete das übriggebliebene
Kleinvieh Labans.

Zweimal bittet Jakob seinen Schwiegervater Laban um seine Entlas-
sung: **»Entlaß mich, daß ich ziehe an meinen Heimatort und in mein** 25
Land.« * »Ich muß endlich für meine eigene Familie sorgen.« Dabei 30
geht Jakob davon aus, daß sein Lohn ja bereits vor zwanzig Jahren abgesprochen wurde.

Laban aber will von einem festgelegten Lohn nichts wissen. Er ant-
wortet jedesmal mit Achselzucken: Was heißt Lohn? **»Bestimme den** 28
Lohn, den du von mir zu bekommen hast. Ich will ihn dir geben.« Laban argumentiert wie ein »verschmitzter frommer Schurke«.[1480] Er beruft sich in seinen Antworten auf Gott, der ihn um Jakobs willen gesegnet hat. Was aber den Lohn betrifft, dazu soll sich Jakob erst einmal selbst äußern.

Aus dieser Reaktion Labans geht deutlich hervor: Jakob ist für Laban nur ein Sklave. Was kann er für Lohn fordern? Weder auf seine beiden Frauen, Rahel und Lea, noch auf deren Kinder hat er den geringsten Anspruch (vgl. 1Mo 31,43).

Jakob hatte die Antwort Labans verstanden. So konnte er nur sagen:
»Du sollst mir gar nichts geben.« Er wußte, daß jedes weitere Gespräch 31
sinnlos war. Für seinen Schwiegervater war er ein Mann ohne Rechte! Ein Gespräch aber zwischen zwei so ungleichen Partnern führt zu keinem Ergebnis. So blieb Jakob nichts anderes übrig, als das Gespräch abzubrechen. Er konnte sich nur noch aufs Bitten verlegen.

Er erbittet von Laban eine Chance, sich im Rahmen seiner Dienstleistungen selbst eine Herde erarbeiten zu können.

Die orientalischen Kleinviehherden bestanden damals - wie zum Teil bis heute noch - aus Schafen und Ziegen. Beide sind in der Regel einfarbig: die Schafe weiß, die Ziegen schwarzbraun. Gesprenkelte und ge-

[1480] Hirsch, Genesis, S. 448.

streifte Tiere sind selten.[1481] Jakobs Vorschlag war nun folgender: Er wird die anormal gefärbten Tiere aussondern und wird nur die normal gefärbten Tiere weiden. Wenn die Muttertiere der so »gesäuberten« Herde dennoch gesprenkelte und gefleckte Junge werfen, dann sollen diese sein Lohn sein.

Für Laban war der Vorschlag Jakobs ein klares, kontrollierbares Angebot ohne Risiko. »Er mußte glauben, daß der Lohn Jakobs unter diesen Umständen nur äußerst gering sein kann.«[1482] Um jedoch ganz sicher zu gehen, nahm Laban die »Säuberung« der Herde selbst vor. Die herausgenommenen gesprenkelten und gestreiften Tiere faßte er zu einer eigenen Herde zusammen und übergab diese seinen Söhnen. Außerdem verhinderte er, daß Jakob bei der Zucht auf die gesprenkelte Herde zurückgreifen konnte. Er bestimmte, daß zwischen der Herde seiner Söhne und der Jakobs drei Tagesreisen liegen sollten, daß heißt eine Wegstrecke von drei mal sieben Stunden.[1483]

Für Laban hatte alles eine durchaus günstige Wende genommen. Ja-
33 kob beteuert seine Redlichkeit: **»Meine Redlichkeit wird morgen für mich zeugen.«** »Redlichkeit«, wörtlich »Gerechtigkeit« (hebräisch: *zedakah*), ist ein Verhältnisbegriff; »das Prädikat gerecht wird dem zuerkannt, der sich einem bestehenden Gemeinschaftsverhältnis gegenüber richtig benimmt, der also Ansprüchen gerecht wird, die von diesem Gemeinschaftsverhältnis aus an ihn gestellt werden.«[1484] Wie aber steht es wirklich um diese von Jakob beteuerte Loyalität? War er nicht doch schon bei »seinem merkwürdig bescheidenen, ja scheinbar törichten Vorschlag«[1485] entschlossen, Laban um seinen Besitz zu bringen?

(2) Der dritte Betrug Jakobs: 30,37-43

37 Da nahm sich Jakob frische Stäbe der Storaxstauden, des Mandel-
baumes und der Platane und schälte an ihnen weiße Streifen her-
38 aus, indem er das Weiße an den Stäben bloßlegte. * Dann stellte er
die Stäbe, die er geschält hatte, in die Tränkrinnen, zu denen die
Tiere zum Trinken kamen. Er stellte sie gerade vor die Tiere hin.
39 Diese besprangen sich, wenn sie zur Tränke kamen. * Da sich die
Tiere angesichts der Stäbe besprangen, warfen sie gestreifte, ge-
40 sprenkelte und gefleckte Junge. * Die Lämmer aber sonderte Ja-
kob aus und machte sie zum Vortrab der Herde: das Gestreifte

[1481] Vgl. Delitzsch, S. 389.
[1482] Westermann, Genesis I/2, S. 588.
[1483] Vgl. Delitzsch, S. 390.
[1484] v. Rad, Mose, S. 156.
[1485] Gunkel, S. 339.

und alles Schwarze unter Labans Tieren. So züchtete er sich eine
41 besondere Herde und gab sie nicht zu den Tieren Labans. * Und so
oft sich die kräftigen Tiere besprangen, stellte Jakob die Stäbe vor
die Augen der Tiere in die Rinnen, so daß sie sich vor den Stäben
42 besprangen. * Wenn aber die Tiere schwächlich waren, stellte er
die Stäbe nicht hin. So fielen die Schwächlichen Laban zu, die
43 Kräftigen aber Jakob. * So wurde er ungemein reich. Er gewann
viele Schafe, Mägde, Knechte, Kamele und Esel.

Jakob hatte seinen Bruder Esau um dessen Erstgeburtsrecht und um den dem Erstgeborenen geltenden Segen betrogen.[1486] Im Hause Labans ist er selbst der Betrogene.[1487] Den Betrug Labans aber ist Jakob nicht bereit, einfach hinzunehmen. Er holt zum Gegenschlag aus. Er ist mit allen erdenkbaren Mitteln entschlossen, sich selbst eine gesunde Herde zu züchten und Laban nur die schwachen und degenerierten Tiere zu hinterlassen. Die Umstände, die zu diesem dritten Betrug führten, lassen das Vorgehen Jakobs verstehen. Laban hatte Jakob keine andere Wahl gelassen. Dennoch bleibt das Handeln Jakobs ein gezielter Betrug.

Sein Ziel erreichte Jakob durch einen Kunstgriff und durch Manipulation. Dabei können der Kunstgriff und die Manipulation selbst nicht schon als Betrug bezeichnet werden. Jakob setzt sie in den Grenzen der mit Laban getroffenen Abmachung ein.[1488] Jakob war daran gelegen, sein Laban gegebenes Versprechen einzuhalten.[1489] Kunstgriff und Manipulation aber waren die Mittel, mit deren Hilfe Jakob seine betrügerische Absicht verwirklichte. Der von Laban betrogene Jakob schlug zurück.

Der Kunstgriff, den Jakob anwandte, ist im einzelnen nicht erklärbar. Er ist aber in der alten Welt ein oft angewandter Trick bei der Züchtung.[1490] Er hat auch in die westliche Welt Eingang gefunden. Noch im 19. Jahrhundert gab es unter Schafzüchtern einen Brauch, weiße Steine in die Tränkrinnen der Schafe zu legen oder in den Stallungen weiße Tücher aufzuhängen. Man glaubte, dadurch bei der Zucht weiße Schafe zu erhalten.[1491] Man nahm an, daß sich visuelle Eindrücke im Augenblick der Befruchtung auf die Frucht auswirken.[1492]

1486 Siehe die Auslegung zu 1. Mose 25,29-34 und 1. Mose 27,1-29.
1487 Siehe die Auslegung zu 1. Mose 29,1-30 und 1. Mose 30,25-36.
1488 Vgl. Westermann, Genesis I/2, S. 588.
1489 Vgl. die Auslegung zu 1. Mose 30,33.
1490 Vgl. Gunkel, S. 339 und Dillmann, S. 348+349.
1491 Delitzsch, S. 392.
1492 Vgl. Westermann, Genesis I/2, S. 589 und v. Rad, Mose, S. 263.

Jakobs Vorgehen galt im Orient als »Kunstgriff eines klugen, versierten Hirten«.[1493]

Die Stäbe für seinen Kunstgriff schnitzte Jakob aus Zweigen der Storaxstaude, des Mandelbaums und der Platane. Von der Storaxstaude ist bekannt, daß aus der aufgeritzten Rinde eine wohlriechende Milch fließt, die sich beim Austreten gummiartig verdichtet. Die Platane hat eine glatte Rinde, die sich jährlich ablöst und so die Zweige und Stämme »nackt« erscheinen läßt.[1494]

So rätselhaft der Kunstgriff im einzelnen bleibt, so verständlich ist das weitere Vorgehen des Züchters Jakob. Jakob manipulierte das Zuchtergebnis dadurch, daß er zur Aufzucht seiner Herde nur auf starke Tiere zurückgriff. Die schwächlichen Tiere bestimmte er für die Zucht der Herde Labans.[1495] Die auf diese Weise gezüchteten starken Tiere der Herde Jakobs ermöglichten ihm einen »Tauschhandel«.[1496] Als Gegenwert für seine bunten Schafe und Ziegen erhandelte er Sklaven, Kamele und Esel.[1497] Jakob wurde ein reicher Mann. Die Aufzählung des Besitzes Jakobs erinnert an den Reichtum Abrahams (1Mo 12,16) und Isaaks (1Mo 26,14). Das Vorgehen Jakobs aber wird mit keinem Wort gutgeheißen. Sein Reichtum wird auch nicht als Segen Gottes bezeichnet.[1498]

(3) Die Flucht Jakobs und der Diebstahl der Terafim: 31,1-21

1 Er hörte die Reden, die die Söhne Labans über ihn führten: »Jakob
hat alles an sich gerissen, was unserem Vater gehörte. Vom Eigen-
2 tum unseres Vaters hat er sich diesen Reichtum geschaffen.« * Ja-
kob sah auch Labans Miene. Er war nicht mehr mit ihm wie ge-
3 stern und vorgestern. * Da sprach Jahwe zu Jakob: »Kehre zurück
in das Land deiner Väter, in deine Heimat; ich werde mit dir sein.«
4 * Darauf sandte Jakob und ließ Rahel und Lea auf das Feld zu sei-
5 ner Herde rufen * und sprach zu ihnen: »Ich sehe die Miene eures
Vaters, er steht nicht mehr zu mir wie gestern und vorgestern. Al-
6 lein der Gott meines Vaters war mit mir. * Ihr wißt, daß ich eurem
7 Vater mit meiner ganzen Kraft gedient habe. * Euer Vater aber
hat mich getäuscht und meinen Lohn zehnmal geändert. Gott
8 aber hat es ihm nicht gestattet, mir Schaden zuzufügen. * Sagte er:
›Die Gesprenkelten sollen dein Lohn sein‹, so warf die ganze Her-

1493 Westermann, Genesis I/2, S. 589.
1494 Vgl. Delitzsch, S. 391.
1495 Vgl. Dillmann, S. 349.
1496 Procksch, S. 184.
1497 Vgl. Lange, S. 341.
1498 Vgl. Keil, Genesis, S. 248.

de Gesprenkelte; sagte er: ›Die Gestreiften sollen dein Lohn sein‹,
9 so warf die ganze Herde Gestreifte. * So entzog Gott eurem Vater
10 die Herde und gab sie mir. * Um die Zeit, da sich die Tiere zu be-
springen pflegten, hob ich meine Augen auf und sah im Traum,
wie die Böcke, welche die Schafe besprangen, gestreift, gespren-
11 kelt und gescheckt waren. * Und der Engel sprach zu mir im
12 Traum: ›Jakob!‹ Ich antwortete: ›Hier bin ich.‹ * Da sprach er: ›He-
be deine Augen auf und sieh: Alle Böcke, welche die Schafe be-
springen, sind gestreift, gesprenkelt und gescheckt. Ich habe alles
13 gesehen, was Laban dir antat. * Ich bin der Gott von Bet-El, wo du
einen Denkstein gesalbt und wo du mir ein Gelübde abgelegt hast.
Steh jetzt auf, zieh aus diesem Lande weg, kehre zurück in dein Ge-
14 burtsland!‹« * Da antworteten Rahel und Lea und sprachen: »Ha-
15 ben wir denn noch Teil am Erbe im Hause unseres Vaters? * Sind
wir für ihn nicht wie Fremde? Er hat uns verkauft und hat unser
16 Kaufgeld für sich selbst aufgebraucht. * Der gesamte Reichtum,
den Gott unserem Vater entzogen hat, gehört uns und unseren
17 Kindern. Jetzt handle so, wie es dir Gott gesagt hat!« * Da machte
sich Jakob auf, setzte seine Söhne und seine Frauen auf Kamele
18 * und führte sein Vieh und alle seine Habe, die er erworben hatte,
sein Vieh und seinen Besitz, den er in Paddan-Aram erworben
hatte, weg, um heimzukehren zu seinem Vater Isaak in das Land
19 Kanaan. * Laban aber war weggegangen, um seine Herde zu sche-
20 ren; da stahl Rahel die Terafim ihres Vaters. * Jakob aber stahl
das Herz des Aramäers Laban, indem er ihm seine Flucht ver-
21 heimlichte. * Er floh mit allem, was ihm gehörte. Er machte sich
auf, überschritt den Fluß und schlug die Richtung nach dem Ge-
birge Gilead ein.

Die erste Voraussetzung für die Flucht Jakobs war eigener Besitz, die zweite aber das Einverständnis seiner Frauen.

Jakob läßt Rahel und Lea auf das Feld rufen und versucht, sie für seine Fluchtpläne zu gewinnen. Er verweist sie zuerst auf die veränderte Situation. Da war einmal die gehässige Rederei der Söhne Labans. Sie waren nicht länger bereit, die Machenschaften Jakobs schweigend hinzunehmen. Sie beschuldigten Jakob des Betruges am Eigentum ihres Vaters. Außerdem war es am Mienenspiel Labans abzulesen, daß auch bei ihm eine »Sinnesänderung«[1499] eingetreten war. Laban hatte kein Vertrauen mehr zu Jakob: **Er war nicht mehr mit ihm wie gestern und vorgestern.** 2/5

Danach erklärt Jakob seinen Frauen, wie es kam, daß er so schnell ein

[1499] Dillmann, S. 350.

reicher Mann wurde. Er sieht in allem, was geschah, das Wirken Gottes.
Dabei weiß er sogar von einem Traum zu berichten, in dem ein Engel
12 Gottes zu ihm sprach: **»Sieh: Alle Böcke, welche die Schafe bespringen,
sind gestreift, gesprenkelt und gescheckt.«** Mit keinem Wort erwähnt
Jakob seinen Kunstgriff mit den Stäben und seine Manipulation bei der
Zucht. Er stellt sich selbst als völlig unschuldig dar und berichtet nur
7 von den üblen Tricks Labans: **»Euer Vater aber hat mich getäuscht und
meinen Lohn zehnmal geändert.«**

Laban hatte nichts unversucht gelassen, um die neu gezüchtete Herde Jakobs in seinen Besitz zu bringen. Er »quengelte hin und her«[1500], aber jedesmal war es zum Vorteil Jakobs. Daß er, Jakob, »dauernd auf seinen eigenen Vorteil ausging, verschweigt er seinen Frauen, die sein Geschäftsgeheimnis nicht erfahren«.[1501] Wie Jakob den Weg zu seinem Erfolg seinen Frauen erklärt, entspricht nicht dem tatsächlichen Verlauf der Dinge. Zu jenem Zeitpunkt aber schweigt Gott zu den halbwahren Erläuterungen Jakobs. Er wird ihn später zur Rede stellen und richten.[1502] Der wahre Kern der Rede Jakobs war: Gott wollte die Rückkehr Jakobs und seiner Familie in das Land seiner Väter.

3 Das Gotteswort: **»Kehre zurück in das Land deiner Väter, in deine
Heimat; ich werde mit dir sein«** war auch für Rahel und Lea das Ausschlaggebende. Sie stimmten den Fluchtplänen Jakobs zu und sagten:
16 **»Handle so, wie es dir Gott gesagt hat!«** Zuvor jedoch klagten sie ihrerseits ihren Vater Laban an. Laban hatte nicht nur Jakob betrogen. Er hatte auch seine Töchter und ihre Kinder wie Fremde betrachtet. Er verkaufte sie und verbrauchte ihr Geld (V. 15). Es war in ihren Augen kein Ehevertrag, den Laban mit Jakob abgeschlossen hatte, sondern ein »Schacher«.[1503]

Der Ehevertrag in der damaligen Zeit sah vor, daß der Vater jeder Tochter einen Teil des Brautpreises mit in die Ehe gab.[1504] Der Preis, den Jakob bezahlte, war der Gewinn, den er Laban durch seine Arbeit und sein Können erbrachte. Laban dachte aber nicht daran, seine Töchter an seinem Reichtum zu beteiligen. Er erklärte sich zum Alleinbesitzer und betrog damit auch Rahel und Lea. Laban behandelte seine Töchter wie mittellose Sklavinnen. Für Rahel und Lea gab es nichts mehr, was sie an ihren Vater gebunden hätte. Sie sagten sich von ihm los. »Indem die Töchter sich vom Haus ihres Vaters lossagten, entsteht ein neues ›Haus‹, das Haus Jakobs.«[1505]

[1500] Gunkel, S. 342.
[1501] Procksch, S. 357.
[1502] Vgl. die Auslegung zu 1.Mose 32,23-33.
[1503] Procksch, S. 359.
[1504] Vgl. Gunkel, S. 343.
[1505] Westermann, Genesis I/2, S. 601.

Es war zu erwarten, daß Laban mit allen ihm zur Verfügung stehenden Mitteln versuchen würde, die Flucht Jakobs und seiner Familie zu verhindern. Jakob wählte deshalb den bestmöglichen Termin für eine Flucht, die Zeit der Schafschur. Die Schafschur im Frühjahr war nicht nur mit viel Arbeit verbunden, sondern auch mit einem Fest[a]. Schafschur und Fest dauerten über eine Woche.[1506] Dazu kam, daß Laban durch seine übergroße Vorsicht festgelegt hatte, daß zwischen den Herden Jakobs und denen seiner Söhne drei Tagesreisen liegen mußten (1Mo 30,36). Damit hatte Jakob bei dem von ihm gewählten Fluchttermin einen Vorsprung von mehreren Tagen. »Wie mag sich Laban nachträglich über seine allzu große Schlauheit geärgert haben!«[1507]

[a] 1Sam 25,2ff 2Sam 13,23ff

Jakob hinterging Laban, seinen Schwiegervater: Er stahl ihm sein Herz[b] (V. 20). »Das Herz stehlen« heißt einen Menschen täuschen, indem man das Vertrauen des andern mißbraucht.[1508]

[b] 2Sam 15,6

Der heimliche Aufbruch Jakobs und seiner Familie aber stand unter einer »schweren Belastung«.[1509] Rahel hatte die Terafim ihres Vaters gestohlen. Nicht allein Jakob, sondern auch Rahel nutzte die Abwesenheit Labans aus. Unbeobachtet konnte Rahel das Zelt ihres Vaters betreten und die Terafim stehlen. Die Terafim waren vermutlich eine Darstellung der Ahnengötter Labans. Terafim kann mit »Ahnenpuppen«[1510] übersetzt werden. Die Terafim sind eine plastische Darstellung der Hausgötter, eine Figur oder Figurengruppe von der Größe, daß sie in eine Satteltasche paßte (1Mo 31,34). Götzenbilder bzw. Hausgötzen gab es auch noch zur Zeit Davids. Michal, die Tochter Sauls, eine der Frauen Davids, hatte in ihrem Haus eine solche »Ahnenpuppe« (Terafim, 1Sam 19,13-16). Die Terafim wurden als Schutzgötzen des Hauses betrachtet.[1511]

Mit dem Diebstahl der Terafim wollte Rahel »das Glück des Hauses mitnehmen«.[1512]

(4) Verfolgung und Streit: 31,22-43

22 Am dritten Tage wurde Laban berichtet, daß Jakob geflohen war.
23 * Er nahm seine Verwandten mit sich, jagte ihm nach sieben Tage-
24 märsche weit und holte ihn im Gebirge Gilead ein. * Da kam Gott

[1506] Vgl. Delitzsch, S. 395.
[1507] Gunkel, S. 344.
[1508] Vgl. Procksch, S. 186.
[1509] v. Rad, Mose, S. 286.
[1510] Vgl. Torczyner (Hg.), zur Stelle, 1. Mose 31,19.
[1511] Vgl. Gunkel, S. 344.
[1512] Delitzsch, S. 395.

zu Laban, dem Aramäer, im Traum bei der Nacht und sprach zu
ihm: »Hüte dich, mit Jakob zu sprechen im Guten oder im Bösen.«
25 * Und Laban stieß auf Jakob, da Jakob sein Zelt im Gebirge Gilead
aufgeschlagen hatte. Auch Laban lagerte mit seinen Verwandten
26 im Gebirge Gilead. * Und Laban sprach zu Jakob: »Was hast du ge-
tan, daß du mein Herz gestohlen und meine Töchter wie Kriegsge-
27 fangene weggeführt hast? * Warum bist du heimlich geflohen,
und warum hast du mich getäuscht und mir nichts gesagt? Ich hät-
te dich geleitet mit Jauchzen und Liedern, mit Pauken und mit Zi-
28 thern. * Du hast mich nicht einmal meine Enkel und meine Töch-
29 ter küssen lassen. Du hast töricht gehandelt. * Es steht in meiner
Hand, übel mit euch zu verfahren, aber der Gott eures Vaters hat
in der vergangenen Nacht so zu mir gesprochen: ›Hüte dich, mit
30 Jakob zu sprechen im Guten oder im Bösen.‹ * Nun gut, du bist
weggegangen, weil du dich sehntest nach dem Haus deines Vaters.
31 Doch warum hast du meine Terafim gestohlen?« * Darauf antwor-
tete Jakob und sprach zu Laban: »Ich fürchtete mich, denn ich
32 dachte, du würdest mir deine Töchter entreißen. * Der aber, bei
dem du deine Terafim findest, der soll nicht am Leben bleiben.
Untersuche in Gegenwart unserer Verwandten, was sich bei mir
findet, nimm es dir!« - Jakob wußte aber nicht, daß Rahel sie ge-
33 stohlen hatte. * Darauf ging Laban in das Zelt Jakobs, in das Zelt
Leas, in das Zelt der beiden Mägde und fand nichts. Dann ging er
34 heraus aus dem Zelt Leas und betrat das Zelt Rahels. * Rahel aber
hatte die Terafim genommen und sie in den Kamelsattel gelegt
und sich daraufgesetzt. Laban durchsuchte das ganze Zelt und
35 fand nichts. * Sie aber sagte zu ihrem Vater: »Mein Herr, meine
nicht zürnen zu müssen, weil ich nicht vor dir aufstehe, denn es
geht mir, wie es den Frauen geht.« Er aber suchte und fand die Te-
36 rafim nicht. * Da wurde Jakob zornig und stritt mit Laban. Jakob
sprach zu Laban: »Was ist denn mein Verbrechen, was ist meine
37 Verfehlung, daß du mir nachgejagt bist? * Du hast meinen ganzen
Hausrat durchsucht, was hast du von allen deinen Hausgeräten
gefunden? Leg es her vor meine und vor deine Verwandten, damit
38 sie zwischen uns beiden richten. * Zwanzig Jahre bin ich jetzt bei
dir gewesen. Deine Schafe und deine Ziegen haben nicht fehlgebo-
39 ren. Böcke aus deiner Herde habe ich nicht gegessen. * Was zerris-
sen wurde, habe ich dir nicht heimgebracht; ich mußte es erset-
zen. Von meiner Hand hast du es gefordert: das am Tage und das
40 bei Nacht Geraubte. * Bei Tag verging ich vor Hitze und vor Kälte
41 bei Nacht, und Schlaf floh meine Augen. * Zwanzig Jahre war ich
jetzt in deinem Hause, vierzehn Jahre diente ich dir um deine bei-
den Töchter und sechs Jahre um deine Schafe; und du hast zehn-

42 **mal meinen Lohn geändert. * Hätte ich nicht den Gott meines Va-**
ters, den Gott Abrahams und die Zuflucht Isaaks gehabt, du hät-
test mich jetzt mit leeren Händen ziehen lassen. Gott aber hat
mein Elend, die Mühe meiner Hände gesehen, und er hat dich in
43 **der vergangenen Nacht gewarnt.« * Da antwortete Laban und**
sprach zu Jakob: »Die Töchter sind mein, die Söhne sind mein, die
Schafe sind mein, und alles, was du siehst, ist mein. Was aber
könnte ich meinen Töchtern heute tun und den Kindern, die sie
geboren haben?«

Erst nach drei Tagen erreichte Laban die Nachricht von der Flucht Jakobs, und sieben Tage dauerte es, bis er ihn im Gebirge Gilead eingeholt hatte. Gebirge Gilead heißt das Bergland nördlich und südlich des Jabbok. Das Jabboktal gliedert die Berglandschaft in eine Nord- und Südhälfte. Da Jakob den Jabbok noch nicht überschritten hatte, fand das Zusammentreffen in der Nordhälfte des Gebirges, und zwar zwischen den Flüssen Jarmuk und Jabbok statt.[1513]

Der Einflußbereich des Aramäers Laban reichte damals bis zum Jabbok. Jakob war noch im »Land Labans«. Er hatte den Grenzfluß noch nicht überschritten.[1514] Jakob war vor Laban noch nicht sicher. Laban hatte immer noch die Möglichkeit, sich zu rächen.

In der Nacht vor dem Zusammentreffen Labans und Jakobs erschien Gott Laban im Traum. Gott warnte Laban mit den Worten: **»Hüte dich,** 24/29
mit Jakob zu sprechen im Guten oder im Bösen.« Diese Gotteswarnung bestimmt das weitere Geschehen. Die Formulierung: »Sprich nicht im Guten oder im Bösen« ist eine allgemeine Redensart, die soviel bedeutet wie: »Sprich überhaupt nicht mit ihm«[1515], das heißt, Laban soll sich Jakob gegenüber »rein passiv« verhalten.[1516] Laban darf Jakob weder mit Freundlichkeit noch durch Gewalt zur Rückkehr zwingen.[1517] Auf jeden Fall verwehrt Gott Laban jede Art der »Gewalttätigkeit«.[1518]

Als Laban und Jakob sich gegenüberstehen, verzichtet Laban zwar nicht auf Worte, aber auf Gewaltanwendung. Seine Rede ist freundlich und zeigt eine bisher nicht bekannte Seite Labans.[1519] Hätte Jakob ihn nicht um den Abschied betrogen, dann hätte er wie vor Jahren beim Wegzug Rebekkas ein großes Abschiedsfest veranstaltet (vgl. 1Mo

1513 Vgl. Delitzsch, S. 396.
1514 Vgl. v. Rad, Mose, S. 272.
1515 Vgl. Gunkel, S. 346 und v. Rad, Mose, S. 72+269.
1516 Delitzsch, S. 396.
1517 Hertz (Hg.), S. 115.
1518 Vgl. v. Rad, Mose, S. 265+269.
1519 Vgl. Gunkel, S. 347: »Habsucht und Vaterliebe passen ganz gut zusammen.«

24,60). Er hätte seine Töchter nicht ziehen lassen, ohne sie mit Liedern und mit Musikinstrumenten zu begleiten. Jakob aber hat sich, so wirft es ihm Laban in seinem reichlich spät kommenden Versprechen vor, wie ein Tor benommen. Der Vorwurf der Torheit kommt in der Vätergeschichte nur hier vor.[1520]

Die vermittelnde und freundliche Rede Labans bricht aber in dem
Augenblick ab, als er auf den Diebstahl seiner Terafim zu sprechen
30 kommt: **»Warum hast du meine Terafim gestohlen?«** Für alles andere,
was Jakob tat, konnte Laban nachträglich eine Erklärung bzw. Ent-
schuldigung finden. Der Diebstahl der Hausgötter aber ist in seinen Au-
gen ein nicht wiedergutzumachendes Verbrechen.

Jakob gibt zunächst nur zwei kurze Antworten: Zur heimlichen
Flucht entschloß er sich aus Furcht, seine Frauen zurücklassen zu müs-
sen. Mit dem Diebstahl der Terafim aber hat er nichts zu tun. Er über-
32 läßt Laban die Durchsuchung seines Lagers und erklärt: **»Der aber, bei
dem du deine Terafim findest, der soll nicht am Leben bleiben.«** In sei-
ner Ahnungslosigkeit spricht damit Jakob das Todesurteil über Ra-
hel.[1521]

Laban durchsucht zunächst das Zelt Jakobs, dann das der Lea und danach die Zelte Silpas und Bilhas. Als letztes betritt er Rahels Zelt. Entsprechend dem Eherecht der damaligen Zeit hatte jede Ehe- und Nebenfrau ihr eigenes Zelt.[1522] Im Zelt Rahels wird Laban ein Opfer der List Rahels. Die bei der Verheiratung Leas betrogene Rahel rächt sich an ihrem Vater. Die von Rahel gewählte List zeigt, wie eng List und Betrug miteinander verbunden sind.[1523]

Rahel sitzt auf dem Kamelsattel, in dem sie die Terafim versteckt hat,
35 und erklärt ihrem Vater: **»Mein Herr, meine nicht zürnen zu müssen,
weil ich nicht vor dir aufstehe, denn es geht mir, wie es den Frauen
geht.«** Aus diesen Worten geht hervor, daß bereits damals Sitte und
Brauch war, was später Eingang in das Gesetz fand: Wenn der Vater
eintrat, mußte eine Frau sich erheben (vgl. 3Mo 19,32). Kein Mann durf-
te einer Frau zur Zeit ihrer Unreinheit zu nahe kommen. Alles worauf
sie saß oder lag, war unrein (vgl. 3Mo 15,19-23). Den Sattel Rahels konn-
te Laban nicht durchsuchen. Es bestand für ihn auch kein Grund mehr
dafür. Seine Terafim konnten unmöglich verunreinigt und entheiligt
sein.

Das Götterbild selbst blieb wie jedes Götzenbild aus Holz stumm und ohnmächtig (vgl. Jes 46,1.2). Mit dieser Erzählung ist »in der schärfsten

[1520] Vgl. Westermann, Genesis I/2, S. 603.
[1521] Vgl. v. Rad, Mose, S. 270.
[1522] Vgl. Gunkel, S. 348.
[1523] Vgl. die Auslegung zu 1. Mose 30,37-43: Der dritte Betrug Jakobs.

Weise das Urteil über die Unheiligkeit und Nichtigkeit dieses ›Gottes‹ gesprochen: eine Frau in ihrer Unreinheit (3Mo 15,19) hat auf ihm gesessen!«[1524]

Nachdem sich Labans Anklage des Diebstahls als falsch erwiesen hat, fühlt sich Jakob im Recht und holt zu einer leidenschaftlichen Gegenanklage aus. Erst jetzt kommt es zum offenen Streit zwischen Laban und Jakob. Eine einseitige Beschuldigung und eine darauf folgende Verteidigung ist noch kein Streit. »Ein Streit liegt erst bei Gegenseitig-
keit vor.«[1525] **»Was ist denn mein Verbrechen, was ist meine Verfeh-** 36
lung, daß du mir nachgejagt bist?« Die Anklage des Diebstahls der Terafim hat sich zerschlagen. In den zwanzig Jahren der Dienstzeit aber in Labans Haus leistete Jakob weit mehr als jeder andere Hirte. Nach dem damals im mesopotamischen Raum geltenden Hirtenrecht durften sich die Hirten das zum eigenen Verzehr Nötige aus der Herde nehmen. Ging ein Tier ohne die Schuld eines Hirten verloren, so brauchte er dieses nicht zu ersetzen. Dies galt zum Beispiel für Tiere, die durch Löwen gerissen oder durch einen Blitz erschlagen wurden: »Gesetzt, in eine Viehherde ist eine ›göttliche Berührung‹ eingetreten, oder ein Löwe hat gemordet, so soll der Hirte vor einem Gotte einen Reinigungseid leisten, dann soll den in der Herde entstandenen Schaden der Eigentümer der Herde ihm abnehmen.«[1526]

Jakob hatte das Hirtenrecht für sich weit strenger ausgelegt. Er leistete für sämtliche Tiere Ersatz und wußte sich Tag und Nacht für die ihm anvertraute Herde verantwortlich. Von den großen fetten Böcken hatte er keinen für sich genommen. Er gab Laban keinerlei Anlaß zu Mißtrauen.

Den Besitz, den er bei seiner Flucht mit sich führte, rechtfertigt er mit
folgenden Worten: **»Vierzehn Jahre diente ich dir um deine beiden** 41
Töchter und sechs Jahre um deine Schafe.« Von Laban ist ihm dabei weder Vertrauen noch Verständnis oder gar Hilfe entgegengebracht worden. Sein einziger Trost war der Gott seiner Väter Abraham und Isaak. Den Gott Isaaks nennt Jakob »Zuflucht Isaaks« (V. 42). Die Bedeutung der Kennzeichnung »Gottes Isaaks« (hebräisch: *pachad jizchak*) ist bis heute nicht eindeutig geklärt. Dies liegt nicht zuletzt daran, daß diese Bezeichnung nur in 1. Mose 31,42+53 vorkommt.

Es gibt folgende Übersetzungs- und Deutungsmöglichkeiten:

a) »Schrecken Isaaks«. Gott erscheint in seiner Gewalt und Macht

1524 v. Rad, Mose, S. 270.
1525 Westermann, Genesis I/2, S. 604.
1526 Codex Hammurabi, § 267; zitiert nach Greßmann, Altorientalische Texte und Bilder, Bd I, S. 167; zum Ganzen vgl. ebd, §§ 261-267, und Hertz (Hg.), S. 116.

und ist »das Furchtobjekt Isaaks«.[1527] Er ist »Jizchaks Schrecken«[1528], der Gott, den Isaak fürchtet.[1529] Diese Übersetzung geht von der Erfahrung des Schreckens aus, den ein Mensch befällt, wenn Gott sich offenbart.

b) »Verwandter Isaaks« heißt der Gott Isaaks, wenn dem hebräischen Zeitwort *pachad* eine andere semitische Wurzel zugrunde liegt. Der Name ist dann in Anlehnung an das palmyrenische *pachda*, »Clan und Familie«[1530], gebildet. Es drückt das Erlebnis der Gottesnähe aus.[1531]

c) »Zuflucht Isaaks« ist eine dritte Übersetzungsmöglichkeit des Gottesnamens. Ausgangspunkt ist ein entsprechendes Wort im Arabischen mit der Bedeutung »Zufluchtsort«.[1532] Diese Grundbedeutung findet sich auch in dem Personennamen »Zel Pachad«, »schützender Schatten«.[1533] Der Gott Isaaks heißt »Zuflucht« oder »Schutz Isaaks«.[1534]

Für Jakob wurde der Gott seines Vaters Isaak der Schatten, in dem er in seiner Rechtlosigkeit Zuflucht suchte und Schutz erlebte.

Laban nimmt die Herausforderung Jakobs zum Streit an. Er wider-
43 legt die Darstellung Jakobs aus seiner Sicht und sagt: **»Die Töchter sind mein, die Söhne sind mein, die Schafe sind mein, und alles, was du siehst, ist mein.«** Labans Erregung zeigt sich in dem viermaligen »Mein«.[1535] Er behauptet nach wie vor den Rechtsanspruch über seine Töchter und über den von Jakob erschlichenen Besitz. Dennoch ist Laban bereit einzulenken. Als Grund für sein Nachgeben nennt er die Fürsorge für seine Töchter und für seine Enkel.[1536] Auf dem Höhepunkt des Streites zwischen Laban und Jakob zeichnet sich eine Lösung ab.

(5) Der Vertrag zwischen Laban und Jakob: 31,44-54

44 »Komm, wir wollen einen Vertrag schließen, ich und du, daß er als
45 Zeuge diene zwischen mir und dir.« * Da nahm Jakob einen Stein
46 und stellte ihn als Denkstein auf. * Und Jakob sprach zu seinen
Verwandten: »Sammelt Steine!« Da holten sie Steine und errichteten einen Steinhaufen, und sie aßen dort bei dem Steinhaufen.

[1527] König, Religion, S. 136.
[1528] Vgl. Buber zu 1. Mose 31,42, Fünf Bücher der Weisung, S. 91.
[1529] Vgl. Torczyner (Hg.), zur Stelle, 1. Mose 31,42.
[1530] Albright; zitiert nach Stähli, pachad, Sp. 411.
[1531] Zur Übersetzung »Verwandter Isaaks« vgl. v. Rad, Mose, S. 271.
[1532] Vgl. Kopf; zitiert nach Stähli, pachad, Sp. 411.
[1533] Müller; zitiert bei Westermann, Genesis I/2, S. 607.
[1534] Westermann, Genesis I/2, S. 607.
[1535] Vgl. Gunkel, S. 350.
[1536] Vgl. Westermann, Genesis I/2, S. 608.

47 * Und Laban nannte ihn Jegar-Sahaduta, und Jakob nannte ihn
48 Gal-Ed. * Und Laban sprach: »Dieser Steinhaufe sei heute Zeugnis
49 zwischen mir und dir.« Darum nannte er ihn Gal-Ed * und Ha-
Mizpa, weil er sprach: »Jahwe hat Wacht zwischen mir und dir,
50 wenn wir einer den andern aus dem Gesicht verlieren. * Wenn du
meine Töchter kränkst, oder wenn du Frauen nimmst zu meinen
Töchtern, so ist kein Mensch bei uns. Aber siehe: Gott ist Zeuge
51 zwischen mir und dir.« * Da sprach Laban zu Jakob: »Hier ist der
Steinhaufe und hier dieses Denkmal, die ich zwischen mir und dir
52 aufgerichtet habe: * Zeuge sei dieser Steinhaufe und Zeuge dieser
Denkstein: Weder ich werde über diesen Steinhaufen, noch du
wirst über diesen Denkstein zu mir in böser Absicht hinausgehen.
53 * Der Gott Abrahams und der Gott Nahors, der Gott ihrer Väter,
soll über uns richten.« Da schwur Jakob bei dem Gott mit dem Na-
54 men »Zuflucht Isaaks«. * Dann brachte Jakob ein Schlachtopfer
auf dem Berge dar und lud seine Verwandten ein zu essen. Und sie
aßen und übernachteten auf dem Berg.

Es war Laban, der die Hand zur Versöhnung reichte. Die Liebe zu seinen Töchtern und Enkeln hatte seine Habsucht besiegt.[1537] Laban schlägt vor, einen Vertrag zu schließen.[1538] Jetzt wird Jakob aktiv. Er errichtet zuerst eine Mazzebe, einen Denkstein bzw. ein Steinmal.[1539] Außerdem ruft er seine Leute dazu auf, einen Steinhaufen zusammenzutragen. An diesem Steinhaufen findet dann eine erste Mahlzeit zwischen Jakob und Laban und ihren Leuten statt. Der Steinhaufe ist ein »Tisch der Gemeinschaft«.[1540] »Ehe man ein Bündnis für die Zukunft schließt, muß man erst in der Gegenwart sich befreundet haben, sie aßen daher erst gemeinschaftlich an dieser Stelle.«[1541]

Jeweils in ihrer Sprache gaben Laban und Jakob diesem Ort seinen Namen. Laban nannte ihn »Steinhaufe«, auf aramäisch »Jegar-Sahaduta«, und Jakob auf hebräisch »Gal-Ed«, was nach einer volkstümlichen Übertragung soviel bedeutet wie »Zeugenhügel«.[1542] Laban greift danach den von Jakob ausgesprochenen Namen auf und bestätigt die Bedeutung »Zeugenhügel«, »Gal-Ed«, mit dem Namen »Ha-Mizpa«, übersetzt: »die Wacht«.[1543] Vermutlich ist das hier genannte Mizpa ein drit-

[1537] Vgl. Gunkel, S. 347.
[1538] Die Formulierung »einen Bund schneiden« (hebräisch: *karat berit*) beschreibt auch hier wie in 1. Mose 15,1-21 keinen Bundes-, sondern einen Vertragsschluß; siehe die Auslegung zu 1. Mose 15,1-21; vgl. auch 1. Mose 26,26-33.
[1539] Zur Bedeutung der Mazzeben vgl. die Auslegung zu 1. Mose 28,10-22, (2) Jakob errichtet einen Denkstein.
[1540] Vgl. Lange, S. 347 und Delitzsch, S. 399.
[1541] Hirsch, Genesis, S. 462.
[1542] Odelain/Séguineau, S. 162+109.
[1543] Torczyner (Hg.), zur Stelle, 1. Mose 31,49; vgl. auch Buber, zur Stelle, Fünf Bücher der Weisung, S. 92.

ter Ort neben dem Geburtsort Jeftahs, der späteren Asylstadt im Stam-
me Gad (Ri 10,17; 11,11.34)[1544], und der bekannten Stadt Mizpa im
Stamme Benjamin[c]. Der Name Mizpa, »Wacht« oder »Beobachtungs-
punkt« bzw. »Wachtposten«[1545], ist für Laban der Ort, der Jakob an eine
private Abmachung erinnern soll. Nach all dem, was Laban an seinen
Töchtern versäumt hatte, ist er darauf bedacht, diesen noch zumindest
eine »Wohltat« zu hinterlassen.[1546] Er verlangt Jakob die Zusage ab, sei-
ne Töchter nicht zu kränken bzw. zu demütigen (hebräisch: *ʿinah*). Bei
der damaligen Polygamie ist die Forderung Labans begreiflich. Es ist
die »Sorge, daß eine Frau im Laufe der Jahre durch eine andere in ihrer
Stellung und in ihren ehelichen Rechten verdrängt wurde«.[1547] Da
nichts anderweitiges berichtet ist, ist anzunehmen, daß Jakob vor Got-
tes Angesicht das Versprechen ablegte, die Töchter Labans gut zu be-
handeln und keine weiteren Frauen zu heiraten.[1548]

[c] Jos 18,26 Ri 20,1.3 21,1.5.8 1Sam 7,5-12.16 10,17-27 1Kö 15,22 2Chr 16,6 Neh 3,7.15.19 Jer 41,1

Nachdem die familiäre Abmachung getroffen war, formuliert Laban
einen »Nichtangriffspakt«.[1549] Keiner von beiden soll den Ort des Denk-
steins und des Steinhaufens in böser Absicht überschreiten (V. 52). Da
Laban seinerseits Denkstein und Steinhaufen mit der Namengebung
anerkannte, kann er so reden, als hätte er diese selbst errichtet. Denk-
stein und Steinhaufen sollen jeden von beiden daran erinnern, dem an-
dern kein Leid mehr anzutun.[1550] Jeder soll die Grenze des andern re-
spektieren. Denkstein und Steinhaufen werden zur »Grenzmarkie-
rung«.[1551] Diesen Nichtangriffspakt sollen sie sich einander zuschwö-
53 ren, wobei sie den Gott Abrahams und den Gott Nahors, den **Gott ihrer
Väter,** anrufen. An dem Aufruf zum gegenseitigen Schwur, bei dem je-
der bei »seinem Gott« schwören soll[1552], ist zunächst nichts Anstößiges.

Mit Jakob und Laban treffen nicht nur zwei Kulturkreise aufeinan-
der, sondern auch zwei Repräsentanten verschiedener Religionen.[1553]
Dennoch stellt sich die Frage, ob Labans Vorschlag, beim **Gott ihrer Vä-
ter** zu schwören, eine gewisse Anerkennung der Gottheit mit um-
schließt, die durch den andern Partner verehrt wird.[1554] Ein solches Zu-
geständnis aber wäre der erste Schritt zur »Religionsmischerei« (= Syn-

[1544] Vgl. Delitzsch, S. 400.
[1545] Odelain/Séguineau, S. 247.
[1546] Gunkel, S. 351.
[1547] v. Rad, Mose, S. 273.
[1548] Vgl. Gunkel, S. 358.
[1549] Westermann, Genesis I/2, S. 609.
[1550] Vgl. Gunkel, S. 351.
[1551] Westermann, Genesis I/2, S. 610.
[1552] Menge übersetzt: beim »Gott je ihres Stammvaters«, zur Stelle, 1. Mose 31,53.
[1553] Vgl. die Terafim im Hause Labans und deren Wertschätzung durch Laban; vgl. die Auslegung zu 1. Mose 31,1-43.
[1554] Vgl. v. Rad, Mose, S. 273.

kretismus). Jakob geht diesen Schritt nicht mit.[1555] Er legt seinen Schwur allein beim Gott seines Vaters Isaak ab. Er weist jede Religionsmischerei zurück und erwähnt den Gott Nahors mit keinem einzigen Wort.[1556] Im Blick auf sein Stehen vor Gott gibt es für Jakob kein »Einheitsband« zwischen dem Gott Abrahams und dem Gott Nahors. In Fragen des Glaubens spielt es für Jakob keine Rolle, daß sowohl Abraham als auch Nahor Söhne eines Vaters, Söhne Terachs, waren (1Mo 11,26.27).

Jakob weiß sich allein dem einen wahren Gott verpflichtet. Er hatte gerade im Hause Labans den Schutz und die Hilfe des Gottes erfahren, dessen Name lautet: »Zuflucht Isaaks«.[1557] So schwört Jakob, ohne in seinem Glauben den geringsten Kompromiß einzugehen, allein **bei dem Gott mit dem Namen »Zuflucht Isaaks«.** Laban akzeptiert diese konsequente Haltung Jakobs. Beide besiegeln ihren Vertrag mit einem gemeinsamen Mahl. Jetzt werden alle Teilnehmer des Mahls »Verwandte« genannt (V. 54). In diesem Augenblick sind Verwandte nicht mehr allein die, die sich mit Jakob auf die Flucht gemacht hatten, sondern auch Laban und seine Söhne.[1558] Mit dem gemeinsamen Mahl tritt sowohl die familiäre Abmachung zwischen Jakob und Laban als auch der gegenseitige Nichtangriffspakt in Kraft.

(6) Die Rückkehr Labans: 32,1

1 **Am andern Morgen aber stand Laban früh auf, küßte seine Enkel und Töchter und segnete sie. Dann kehrte Laban zurück an seinen Ort.**

Nach dem zweiteiligen Vertragsabschluß kann sich Laban am folgenden Morgen von seinen Töchtern und Enkeln verabschieden. Durch die von Jakob erhaltenen Garantien weiß er seine Töchter in guten Händen.[1559] Er kann nun das tun, was er sich gewünscht hatte (1Mo 31,28). Er küßt seine Enkel, er küßt seine Töchter. Genau wie er Jahre zuvor seine Schwester Rebekka gesegnet hatte (1Mo 24,60), so segnet er jetzt Rahel, Lea und deren Kinder. Zwischen Jakob und Laban war Friede geworden. »Segen und Frieden gehören zusammen.«[1560] Laban kehrt zurück an seinen Ort. Ein langer Abschnitt im Leben Jakobs ist abge-

[1555] Vgl. Delitzsch, S. 400.
[1556] Hertz (Hg.), S. 117.
[1557] Siehe die Auslegung zu 1. Mose 31,22-43.
[1558] Vgl. Procksch, S. 190.
[1559] Vgl. v. Rad, Mose, S. 273.
[1560] Westermann, Genesis I/2, S. 615.

schlossen. Sein weiterer Weg ist keine Flucht mehr, sondern die Rückkehr in das Land seiner Väter.

6. Die Begegnung der Brüder: 32,2-33,20

Jakob will seinem Bruder Esau nicht unvorbereitet begegnen. Er sendet Boten aus, um Esaus Pläne auszukundschaften. Da die Boten keine direkte Nachricht von Esau bringen, rechnet Jakob mit der Möglichkeit kriegerischer Auseinandersetzungen. Um diese zu vermeiden, schickt Jakob seinem Bruder Esau Geschenke. Jakob hat Angst. Noch bevor sich Jakob und Esau gegenüberstehen, hat Jakob zwei Gotteserscheinungen, eine in Mahanajim, die andere am Jabbok.

(1) Die Gotteserscheinung in Mahanajim: 32,2+3

2 **Auch Jakob zog seines Weges. Da begegneten ihm Engel Gottes.**
3 *** Als er sie sah, sprach er: »Dies ist ein Lager Gottes«, und er nannte jenen Ort Mahanajim.**

Engel Gottes waren Jakob in Bet-El erschienen, als er im Begriff war, das Land seiner Väter zu verlassen. Jetzt, da er sich anschickt, in das Land der Verheißung zurückzukehren, sieht er wieder himmlische Wesen.[1561] Jakob, der sich nach zwanzig Jahren dem Verheißenen Land wieder nähert, kommt auch Gott wieder näher.[1562] Er erlebt erneut, daß Gottes Herrlichkeit nicht nur in den Himmeln, sondern auch auf der Erde bei seinen Menschen ist.[1563]

Anders als in Bet-El ist die Gotteserscheinung in Mahanajim eine reine Vision ohne Wortoffenbarung.[1564] Beim Anblick der Engel ruft Ja-
3 kob aus: **»Dies ist ein Lager Gottes.«** Lager (hebräisch: *machaneh*) hat zunächst eine ganz alltägliche Bedeutung, »jeder nomadische Verband hat ein Lager«.[1565] Auf Jakobs Wanderung war ein solches Lager sein »zeitweiliger Ruhepunkt«.[1566]

»Lager Gottes« aber bedeutet soviel wie »Macht Gottes«.[1567] Das La-

[1561] Zu den Engeln in Mahanajim vgl. Exkurs I, Die Engel Gottes, 6. Die Heiligen Gottes, und die Auslegung zu 1. Mose 28,10-22.
[1562] Vgl. v. Rad, Mose, S. 274.
[1563] Vgl. Hirsch, Genesis, S. 463.
[1564] Vgl. Procksch, S. 369.
[1565] v. Rad, Mose, S. 274.
[1566] Hirsch, Genesis, S. 464.
[1567] Grundmann, dynamis, S. 298, Anm. 9.

ger in der Vision Jakobs ist ein Bild für die Macht Gottes[d]. »Der Gott der Väter ist der Mächtige. *Das* sieht Jakob.«[1568] »Dies ist ein Lager Gottes« ist ein Ausruf »aus Betroffenheit, aus Entsetzen, aus Freude, aus lobpreisender Danksagung«.[1569]

[d] Jos 5,13-15
2Kö 6,17

Den Ort, an dem Jakob nach zwanzig Jahren wieder Boten der himmlischen Herrlichkeit Gottes sah, nannte er Mahanajim: »Doppellager« bzw. »die beiden Lager«.[1570] Für ihn waren jetzt an diesem Ort zwei Lager, der von ihm für sich, seine Familie und Hausgenossen aufgeschlagene Ruheplatz und das Gotteslager.[1571] Zum »Schutzgeleit«[1572] hatte Gott sein Lager dem Lager Jakobs gegenüber errichtet.

Die genaue Lage von Mahanajim ist bis heute nicht sicher.[1573] Unter demselben Namen wurde später eine Stadt bekannt, die aber südlich des Jabbok gelegen ist. Dieses Mahanajim an der Grenze zwischen Gad und Manasse (Jos 13,26.30) wurde dem levitischen Familienverband Merari zugeteilt (Jos 21,38; 1Chr 6,65). Sie wurde zum Zufluchtsort des Saulsohnes Isch-Boschet (2Sam 2,8.12.29) und später des vor seinem Sohn Abschalom fliehenden David (2Sam 17,24.27). Nach der Zeit Salomos (1Kö 4,14) wird auch diese Stadt Mahanajim nicht mehr erwähnt.[1574]

An dem bis heute unbekannt gebliebenen Ort Mahanajim sah Jakob erneut Gottes Macht und Gottes Nähe. Er erlebte die Realität der Verheißungen Gottes.

In jeder Geschichte Gottes mit einem Menschen kann Gottes Nähe in Zeichen sichtbar werden. Für jeden, der seinen Weg mit Gott geht, gilt:

»Das Gespür haben für die Zeichen Gottes.
Für die Verdichtung seiner Zeichen.
Für die Zonen seiner Nähe.
Die Einübung: Auf die kleinen Zeichen achten,
die er immerfort gibt.«[1575]

(2) Das Aussenden der Boten: 32,4-9

4 Und Jakob sandte Boten voraus zu seinem Bruder Esau in das Land
5 Seïr, in das Gebiet der Edomiter. * Er gab ihnen folgenden Auftrag:

[1568] Westermann, Genesis I/2, S. 616.
[1569] Bours, S. 46.
[1570] Odelain/Séguineau, S. 229.
[1571] Vgl. Hertz (Hg.), S. 117.
[1572] Delitzsch, S. 401.
[1573] Vgl. Westermann, Genesis I/2, S. 616.
[1574] Vgl. Procksch, S. 369 und Dillmann, S. 358+359.
[1575] Bours, S. 46.

»So sollt ihr zu meinem Herrn, zu Esau, sprechen: ›So spricht dein
Knecht Jakob: Ich habe als Fremder bei Laban gelebt und mich bis
6 **jetzt dort aufgehalten. * Ich habe mir Rinder, Esel, Kleinvieh sowie**
Knechte und Mägde erworben. Nun sende ich Boten, es meinem
7 **Herrn mitzuteilen, damit ich Gnade finde in deinen Augen.‹« * Die**
Boten kehrten zu Jakob zurück und sprachen: »Wir kamen zu dei-
nem Bruder, zu Esau, und er zieht dir auch schon entgegen, vier-
8 **hundert Mann ziehen mit ihm.« * Da fürchtete sich Jakob sehr, und**
es wurde ihm angst. Deshalb teilte er die Leute, die er bei sich hatte,
und das Kleinvieh und die Rinder und die Kamele in zwei Lager,
9 *** und er sprach: »Wenn Esau auf das eine Lager trifft und es schlägt,**
so kann doch das übriggebliebene Lager entrinnen.«

Bevor Jakob weiterzieht, entschließt er sich, Boten als seine Beauftragten auszusenden. Sie sollen die räumliche Distanz zwischen Mahanajim und dem Land Seïr[1576] überwinden und Esau eine Nachricht Jakobs überbringen.[1577] Jakob beauftragt die Boten und formuliert den Inhalt der Botschaft. Die Aufgabe der Boten wird es sein, vor Esau die Worte Jakobs exakt und in der gleichen Reihenfolge zu wiederholen[1578]:
5 **»So spricht dein Knecht Jakob: Ich habe als Fremder bei Laban gelebt**
6 **und mich bis jetzt dort aufgehalten. * Ich habe mir Rinder, Esel,**
Kleinvieh sowie Knechte und Mägde erworben. Nun sende ich Boten,
es meinem Herrn mitzuteilen, damit ich Gnade finde in deinen
Augen.«

Mit der Einleitung ihres Botenspruches: »So spricht dein Knecht Jakob« sollen sich die Boten ausweisen und ihre Nachricht als Worte Jakobs legitimieren. Die Botschaft selbst besteht aus einem Bericht und aus einer Bitte.[1579] Die Zeit bei Laban - so läßt Jakob seinem Bruder mitteilen - war alles andere als die Erfüllung des Erstgeburtssegens: Ich bin kein Prinz geworden, ich habe mit Mühe überlebt. Für Laban bin ich immer ein Fremder geblieben.[1580] Mit diesen Worten schildert Jakob »das ganze Bittere und Prüfungsvolle seiner Vergangenheit«.[1581] Dann folgt der Hinweis auf seinen erworbenen Reichtum. Er soll bei Esau »die lockende Aussicht auf Geschenke eröffnen«.[1582] Mit diesen wenigen Worten sagt Jakob alles, was er Esau zu berichten hat: »Dieses lange

[1576] Zu Seïr, dem Land der Edomiter, siehe die Auslegung zu 1. Mose 27,30-40.
[1577] Vgl. Ficker, mal'ak, Bote, Sp. 900+901.
[1578] Vgl. Köhler, S. 14f.
[1579] Vgl. Ficker, mal'ak, Bote, Sp. 902.
[1580] Vgl. Hertz (Hg.), S. 122 und Raschi, S. 88.
[1581] Hirsch, Genesis, S. 464.
[1582] v. Rad, Mose, S. 277.

Leid sei eine Sühne für Vergangenes, und mein jetziger Wohlstand selbst ein Fürsprecher bei dir.«[1583]

Auf den Bericht folgt die Bitte um Gnade, in der Jakob Esau seinen Herrn nennt. »Es ist die Sprache, die sich an einen Höhergestellten wendet.«[1584] Jakob rechnet damit, daß Esau das erlittene Unrecht nicht vergessen hat.[1585] Er weiß, daß er mit Esau eine zweifache Schuld bereinigen muß, die »auch nach seiner zwanzigjährigen Abhängigkeit keineswegs verjährt« ist.[1586] Jakob stellt sich zu seinem Betrug und erklärt mit der Anrede »mein Herr«, auf die durch den erschlichenen Segen abgeleiteten Vorrechte zu verzichten und Esau diese Vorrechte zuzuerkennen.[1587]

Um so erstaunlicher ist es, daß Esau auf diese Nachricht seines Bruders nicht direkt antwortet. Die zurückgekehrten Knechte wissen nichts anderes zu berichten, als daß Esau in Begleitung von vierhundert Mann Jakob entgegenzieht. Vierhundert Mann sind eine beachtliche Zahl. Dies mußte Jakob nachdenklich machen.[1588] Esau war zu einem Söldnerführer geworden.[1589] An ihm hatte sich der Nachsegen seines Vaters erfüllt: »Von deinem Schwert wirst du leben« (1Mo 27,40). So mußte Jakob annehmen, daß Esau noch derselbe war wie damals, als er entschlossen war, seinen Bruder totzuschlagen (1Mo 27,41). Jakob war auf das Schlimmste gefaßt. Er schwankte hin und her zwischen dem »Trostbild« des Heerlagers Gottes in Mahanajim und der drohenden Wirklichkeit.[1590] Jakob packte die Angst. Es wurde ihm bange und eng. Das Zeitwort »angst, bange werden« (hebräisch: *zarar*) beschreibt die Beschränkung des Bewegungskreises Jakobs.[1591] Jakob konnte sich nicht mehr frei bewegen.

Er fühlte sich ohnmächtig der bedrohenden Übermacht Esaus ausgeliefert.[1592] Er mußte damit rechnen, daß sich der alte Streit mit seinem Bruder jetzt zu einem Krieg ausweitete.

So traf Jakob eine erste Vorsichtsmaßnahme. Er teilte seinen Zug in zwei Lager. Für den Fall, daß Esau wirklich zuschlug, um sich für das alte Unrecht zu rächen, konnte er so möglicherweise den Verlust der Hälfte seines Besitzes verhindern.[1593] Jakob bereitete sich auf eine krie-

1583 Hirsch, Genesis, S. 465.
1584 Westermann, Genesis I/2, S. 618.
1585 Hertz (Hg.), S. 122.
1586 v. Rad, Mose, S. 277.
1587 Vgl. Westermann, Genesis I/2, S. 618.
1588 Vgl. Hertz (Hg.), S. 122.
1589 Westermann, Genesis I/2, S. 618.
1590 Vgl. Delitzsch, S. 402.
1591 Vgl. Hirsch, Genesis, S. 466.
1592 Vgl. Westermann, Genesis I/2, S. 618+619.
1593 Vgl. v. Rad, Mose, S. 277.

gerische Auseinandersetzung mit seinem Bruder Esau vor. Dies war jedoch nicht der einzige Weg, den er einschlug, um zu überleben. Es standen ihm noch zwei andere Möglichkeiten offen. Er rechnete immer noch mit dem in Mahanajim geschauten »Trostbild«.[1594] Deshalb nahm er seine Zuflucht zum Gebet (1Mo 32,10-13). Außerdem hatte er die Hoffnung noch nicht aufgegeben, Esau durch Geschenke zum Einlenken zu bewegen.[1595] Er stellte Geschenke zusammen und ließ sie Esau überbringen (1Mo 32,14-22).

(3) Gebet in der Angst: 32,10-13

10 **Da sprach Jakob: »Gott meines Vaters Abraham, Gott meines Va-**
ters Isaak, Jahwe, der zu mir gesprochen hat: ›Kehre zurück in
dein Land und zu deiner Verwandtschaft, so will ich dir Gutes
11 **tun‹, * ich bin zu gering für alle Barmherzigkeit und alle Treue, die**
du deinem Knecht erwiesen hast, denn mit meinem Stab über-
schritt ich diesen Jordan, und nun bin ich zu zwei Lagern gewor-
12 **den. * Rette mich aus der Hand meines Bruders, aus der Hand**
Esaus, denn ich fürchte ihn. Er könnte kommen und mich erschla-
13 **gen, Mutter mit den Kindern. * Du aber hast gesprochen: ›Ich will**
dir viel Gutes tun und deine Nachkommen zahlreich machen wie
den Sand des Meeres, den man vor Menge nicht zählen kann.‹«

Jakob hatte weder in der Verworrenheit seines Lebensweges noch in seiner Angst Gott aus den Augen verloren. Er betete zu dem Gott seiner Väter. In seinem Gebet erinnerte er Gott an dessen Führungen, flehte ihn um Rettung an und berief sich auf Gottes Zusagen.[1596]

a) Die Erinnerung an Gottes Führungen

Jahwe hatte Jakob dazu aufgefordert, in das Land seiner Väter zurückzukehren. Er hat ihn, der mit nichts als einem Stab in die Fremde zog, bewahrt und reich werden lassen. Seine Sippe ist inzwischen so groß, daß er sie in zwei Lager teilen kann. Die beiden Lager Jakobs (hebräisch: *mahaloth*) sind eine Anspielung auf das Erleben in Mahanajim.[1597] Alles, was Jakob besitzt, verdankt er »dem gnädigen Walten Gottes«.[1598] Diese Treue Jahwes, so bekennt Jakob, hat er nicht verdient.[1599]

[1594] Delitzsch, S. 402.
[1595] Zu dem dreifachen Vorgehen Jakobs vgl. Hertz (Hg.), S. 122.
[1596] Zur Dreiteilung des Gebets vgl. Zimmerli, S. 268f.
[1597] Vgl. Procksch, S. 192.
[1598] Westermann, Genesis I/2, S. 620.
[1599] Vgl. Dillmann, S. 361.

b) Der Schrei um Rettung

Mit der Wendung des Gebets von der Vergangenheit in die Zukunft »bricht die ganze Ratlosigkeit und Angst Jakobs auf«.[1600] Er sieht sich seinem Bruder schutzlos ausgeliefert. Sein »Angstschrei«[1601] beginnt
mit den Worten: **»Rette mich aus der Hand meines Bruders, aus der** 12
Hand Esaus.« Die Wiederholung des Begriffes Hand ist eine Verstärkung.[1602] Vor Jakobs Augen steht das vernichtende Bild einer kriegerischen Auseinandersetzung. Er weiß, daß er keine Chance hat, wenn er der Rache Esaus ausgeliefert ist. Esau war mächtig genug, um die **Mutter mit den Kindern** zu erschlagen. Die Formulierung **Mutter mit den Kindern** ist eine »sprichwörtliche Bezeichnung schonungsloser Grausamkeit«[1603] und heißt wörtlich übersetzt: »Mutter über den Kindern« (hebräisch: *ʾem ʿal banim*). Es ist die Erfahrung, daß eine Mutter, die schützend ihre Kinder deckt, als erste erschlagen wird und tot auf ihre Kinder fällt.[1604]

c) Die Berufung auf Gottes Zusage

Am Ende seines Gebets wendet sich Jakob noch einmal dem Vergangenen zu. Er appelliert an das ihm gegebene göttliche Versprechen. Gott hatte ihm eine Zukunft versprochen (1Mo 31,3). Er hatte ihm, dem Erben Abrahams (1Mo 16,10; 22,17), eine zahlreiche Nachkommenschaft zugesagt. Jakob »hängte sich an die Verheißung«.[1605]

Mit diesem Gebet »vertrieb sich Jakob das Grauen«.[1606] Jakobs Gebet ist das »Muster eines Gebetes«[1607], frei von jeder Routine. Es ist ein »freies Laiengebet . . ., ganz aus der Stunde und für die Stunde entstanden«.[1608]

(4) Geschenke für Esau: 32,14-22

14 **Er blieb dann in jener Nacht dort und wählte aus dem Vieh, das er**
in seinen Besitz gebracht hatte, ein Geschenk für seinen Bruder
15 **Esau: * zweihundert Ziegen und zwanzig Schafböcke, zweihundert**

[1600] v. Rad, Mose, S. 277.
[1601] Hirsch, Genesis, S. 468.
[1602] Vgl. Westermann, Genesis I/2, S. 621.
[1603] Dillmann, S. 361.
[1604] Hirsch, Genesis, S. 123.
[1605] Lange, S. 353.
[1606] Delitzsch, S. 403.
[1607] Gunkel, S. 358.
[1608] v. Rad, Mose, S. 277.

16 Mutterschafe und zwanzig Widder, * dreißig säugende Kamele
mit ihren Jungen, vierzig Kühe und zehn Stiere, zwanzig Eselin-
17 nen und zehn Eselsfohlen. * Und er übergab sie seinen Knechten,
Herde um Herde besonders, und sprach zu den Knechten: »Zieht
vor mir her, und laßt einen Abstand zwischen den einzelnen Her-
18 den.« * Und er gebot dem ersten und sprach: »Wenn dich mein
Bruder Esau trifft und dich fragt: ›Wem gehörst du, wohin gehst
19 du, und wem gehören die Tiere, die du treibst?‹, * dann antworte:
›Sie gehören deinem Knecht Jakob. Es ist ein Geschenk, das er
meinem Herrn Esau sendet, er selbst kommt hinter uns her.‹
20 * Dieselbe Weisung gab er auch dem zweiten und dem dritten und
allen andern, die die Herden trieben: »Genau dasselbe sollt ihr
21 Esau sagen, wenn ihr ihn trefft. * Weiter sollt ihr sagen: ›Auch
dein Knecht Jakob kommt hinter uns her.‹« Denn er dachte: »Ich
will ihn durch das Geschenk versöhnen, das mir vorauszieht; erst
dann will ich selbst vor ihn treten, vielleicht nimmt er mich
22 freundlich auf.« * So zog das Geschenk ihm voraus, während er
selbst jene Nacht im Lager zubrachte.

Jakob tat alles, was in seiner Macht stand, um sich und die Seinen zu retten. Für den Fall eines Angriffs Esaus hatte er sein Lager aufgeteilt. Jahwe, den Gott seiner Väter, hatte er um Rettung und Bewahrung angerufen. Mit den Geschenken will er den befürchteten Haß Esaus abwenden.[1609] Jakob handelte nach der Weisheit: »Laß vom Streit ab, ehe er zum Ausbruch kommt« (Spr 17,14).

Das Geschenk, das Jakob für seinen Bruder bestimmt, ist ein beachtlicher Teil seines Besitzes[1610], immerhin fünfhundertachtzig Tiere. Die Aufteilung der Tiere in drei Herden hat den Zweck, daß das ohnehin große Geschenk nach noch mehr aussieht.[1611] Die Absicht, die Jakob
21 mit seinen Geschenken verfolgt, spricht er ganz offen aus: **»Ich will ihn durch das Geschenk versöhnen«**, wörtlich: »Ich will sein Angesicht bedecken« (hebräisch: *kaphar panim*). Diese Wendung kann auch übersetzt werden: »Ich will ihm die Augen decken«[1612] oder: »Ich möchte seinen Zorn beschwichtigen.«[1613] Mit dieser Formulierung gesteht Jakob indirekt seine Schuld an Esau ein. Jakob will mit seinen Geschenken seine Schuld sühnen. Er bringt ein »großes Opfer der Buße und Wiedererstattung«.[1614]

[1609] Vgl. Hertz (Hg.), S. 122+123.
[1610] Vgl. Westermann, Genesis I/2, S. 622.
[1611] Gunkel, S. 359.
[1612] Torczyner (Hg.), zur Stelle, 1. Mose 32,21.
[1613] Hirsch, Genesis, S. 469.
[1614] Lange, S. 357.

Die Bedeutung, die Jakob den Geschenken beimißt, wird erst völlig deutlich, wenn man berücksichtigt, daß das alttestamentliche Wort für Segen (hebräisch: *berachah*) auch Geschenk bedeuten kann[e]. »Vor den Folgen des Erlistens des Segens war Jakob geflohen, nun wendet er das Erlistete dem Bruder wieder zu.«[1615] Jakob möchte seinem Bruder erst dann wieder von Angesicht zu Angesicht gegenüberstehen, wenn berechtigte Hoffnung auf eine versöhnliche Begegnung besteht.

[e] 1Mo 33,11
Ri 1,15

(5) Im Dunkel der Anfechtung: 32,23-33

23 **Jakob stand in jener Nacht auf und nahm seine zwei Frauen, seine**
beiden Mägde, seine elf Söhne und seine Habe und durchschritt
24 **die Furt des Jabbok. * Er nahm sie, führte sie über den Fluß und**
25 **brachte auch seinen gesamten Besitz hinüber. * Jakob aber blieb**
allein zurück. Da kämpfte ein Mann mit ihm, bis die Morgenröte
26 **heraufzog. * Als er merkte, daß er ihn nicht überwältigen konnte,**
berührte er ihn an seiner Hüfte, so daß sich das Hüftgelenk Ja-
27 **kobs ausrenkte, als er mit ihm kämpfte. * Da sprach er zu ihm:**
»Laß mich los, denn die Morgenröte bricht an.« Er aber antworte-
28 **te: »Ich lasse dich nicht, es sei denn, du segnest mich.« * Da sprach**
29 **er zu ihm: »Wie heißt du?« Er sagte: »Jakob.« * Der aber sprach:**
»Du sollst nicht mehr Jakob heißen, sondern Israel; denn du hast
mit Gott und mit Menschen gekämpft und bist Sieger geblieben.«
30 *** Da sprach Jakob: »Sag mir doch auch deinen Namen!« Er aber**
sprach: »Warum fragst du nach meinem Namen?« Und er segnete
31 **ihn dort. * Und Jakob nannte den Ort Penuël, »denn«, so sagte er,**
»ich habe Gott von Angesicht zu Angesicht gesehen, doch mein
32 **Leben war gerettet.« * Als er an Penuël vorüberzog, ging ihm die**
33 **Sonne auf. Er aber hinkte an der Hüfte. * Darum essen die Israeli-**
ten bis auf den heutigen Tag nicht den Muskel, der an der Hüfte
liegt; denn er hatte Jakob auf das Hüftgelenk am Hüftnerv ge-
schlagen.

Jakob hatte die Absicht, die Nacht im Lager zu bleiben. Die »Unruhe aber gönnte ihm keine Rast«.[1616] Er brach auf und brachte seine Angehörigen mit seinem Hab und Gut über den Jabbok. Der Jabbok, der »blaue Fluß«, der heutige *ez zerka*, mündet vierzig Kilometer nördlich vom Toten Meer in den Jordan. Er fließt zum Teil durch tiefe Schluchten und ist streckenweise ein reißender Fluß. An den Furten, den Über-

[1615] Westermann, Genesis I/2, S. 621+622.
[1616] Hirsch, Genesis, S. 470.

gängen, reicht das Wasser bis zum Steigbügel der Pferde.[1617] Da Herden und Karawanen in der Regel nachts wandern, ist das nächtliche Überschreiten des Flusses nichts Besonderes.[1618] Doch warum geht Jakob noch einmal zurück? Will er auf versprengte Teile seiner Leute warten und diesen den Weg zeigen?[1619] Oder will er nachsehen, ob bei dem schnellen Aufbruch etwas von seinem Besitz vergessen wurde?[1620] Der Text gibt darüber keine Auskunft. Es heißt nur: Jakob ist allein (V. 25). Jakob steht »eine Art Kampf bevor, bei dem einer nur ganz allein kämpfen kann; es gibt hier keine Hilfe, keine Rettung, die von außen kommen könnte«.[1621]

Vor Jakob liegt die dunkelste Nacht seines Lebens. Die Nacht am Jabbok gleicht dem einsamen Weg Abrahams mit seinem Sohn auf den Berg Morija (1Mo 22) und dem einige Jahrhunderte späteren Überfall auf Mose bei Nacht (2Mo 4,24-26). Diesen drei Ereignissen ist eines gemeinsam: Gott bleibt »ganz im Geheimnis«.[1622] Wie Abraham und später Mose, so ist Jakob am Jabbok hin und her gerissen von der Frage: Ist das wirklich der persönliche und lebendige Gott? Kann Gott das Opfer des Sohnes verlangen? Kann Gott einen Menschen wie ein Gespenst überfallen? Kann Gott einen Menschen bis zum Rande des Todes führen?[1623] Es sind die Fragen der Anfechtung. Sie brechen durch in Stunden der Angst, in Zeiten tiefer Trauer und in der Versuchung des Zweifels und der Verzweiflung. Stunden im Dunkel der Anfechtung bleiben keinem Menschen erspart. Es gibt Anfechtungen und Kämpfe, die jeder allein durchstehen muß, in denen es keine Hilfe von außen gibt und in denen Gott ganz im Geheimnis bleibt. Für solche Stunden ist der Bericht von Jakobs Kampf am Jabbok ein »Prototyp«[1624], das heißt eine Begebenheit, die den Angefochtenen aller Zeiten dazu hilft, nicht an Gott zu verzweifeln. Jakob erlebte Gott am Jabbok als den Fremden und Bekannten, als den Verwechselbaren und doch Offenbaren, als den Verwundenden und den Segnenden zugleich.

a) Gott ist der Fremde und Bekannte zugleich

Jakob wird von einem Mann, genauer übersetzt: von einem Jemand (hebräisch: *'isch*), angefallen. Die allgemein gehaltene Bezeichnung »ein Jemand« läßt alle Möglichkeiten offen. Jakob nimmt nichts anderes

1617 Vgl. Westermann, Genesis I/2, S. 629 und Procksch, S. 194.
1618 Vgl. v. Rad, Mose, S. 279.
1619 Vgl. König, Genesis, S. 629.
1620 Hirsch, Genesis, S. 470.
1621 Westermann, Genesis I/2, S. 629.
1622 Zimmerli, S. 271.
1623 Vgl. Keil, Exodus, S. 388.
1624 Hirsch, Genesis, S. 471.

wahr als ein »auf ihn eindringendes Gegenüber«.[1625] Jakob weiß nicht, wer dieser Jemand ist. Er merkt nur: Dieser Jemand ist stark. Er fällt wie ein Raubmörder über ihn her. Der Kampf ist kein Ringkampf im Sinne eines Messens der Kräfte, sondern ein Kampf um Leben und Tod. Der Jemand ist der Angreifende: »Jakob ringt nur im Verteidigungskampf.«[1626] Jakob wird überrascht und überfallen. Er wehrt sich in »wahnsinniger Kühnheit« *(insana temeritas)*.[1627] Die Absicht dieses Jemand ist es, Jakob »zu Staub« zu machen. Das hier gebrauchte, sonst selten vorkommende Wort »kämpfen« (hebräisch: *'abak*) ist das dem Begriff »Pulver-Staub« zugrundeliegende Zeitwort (5Mo 28,24).[1628] Pulverstaub ist im Gegensatz zu dem Staub des lockeren, aber durchaus noch fruchtbaren Erdbodens (hebräisch: *ʿaphar*) der Staub, der alle Schwere verloren hat und beim leichtesten Wind emporwirbelt. Jemanden zu Pulverstaub machen heißt: »ihm seinen Stand auf der Erde entziehen«.[1629] Der mit Jakob kämpfende Jemand ist entschlossen, Jakobs Existenz auszuradieren. Gleichzeitig ist dieser Jemand darauf aus, seine Identität zu verbergen. Er will sich vor Beginn des Hellwerdens zurückziehen.

Im Verlauf seines Verteidigungskampfes ahnt Jakob, daß Gott mit
ihm ringt, und sagt: **»Ich lasse dich nicht, es sei denn, du segnest mich.«** 27
Der erste Ausleger des Ereignisses in der dunklen Nacht im Leben Jakobs ist der Prophet Hosea. Er nennt diesen Jemand »Engel Gottes« (Hos 12,4.5). Jakob kämpfte mit einem von Gott gesandten Boten, das heißt letztlich nichts anderes, als mit dem allmächtigen Gott selbst.[1630]
So kann Jakob am Ende seines Kampfes sagen: **»Ich habe Gott von An-** 31
gesicht zu Angesicht gesehen, doch mein Leben war gerettet.«[f]

[f] 2Mo 33,20 Ri 6,22.23 13,22

Wie sich der Kampf im einzelnen zugetragen hat, wird nicht berichtet. Es bleibt offen, ob es ein »stummer Kampf in schwarzer Nacht«[1631] war oder gleichzeitig auch ein Kampf mit Worten. Letzteres nimmt Martin Luther an. In einer Predigt über diesen Text läßt Luther den Jemand sagen: »Umkommen mußt du, Jakob. Du mußt herhalten.« Die Antwort Jakobs, die sich Luther vorstellt, war: »Das wollte Gott nicht. Er gab mir schließlich den Namen ›Jakob‹, ›Gott wird dich schützen‹. So werde ich nicht umkommen. Er wird mich schützen.«[1632]

1625 v. Rad, Mose, S. 280.
1626 Hirsch, Genesis, S. 471.
1627 Calvin; zitiert bei v. Rad, 1. Mose 32,22-33, S. 59.
1628 Wanke, ʿaphar, Staub, Sp. 354.
1629 Hirsch, Genesis, S. 471.
1630 Zur Repräsentation Gottes durch seinen Boten vgl. Exkurs I, Die Engel Gottes.
1631 Vgl. Procksch, S. 194.
1632 Luther; zitiert nach Steck, 1. Mose 32,23-32, S. 282.

b) Gott ist der Verwechselbare und doch Offenbare

Jakob hatte bei seinem nächtlichen Überfall am Jabbok den Jemand erlebt wie einen Flußdämon. Sicher kannte Jakob durch Erzählungen aus anderen Religionen die Geschichten von den bösen Mächten, die Menschen überfallen. An Furten der Flüsse - so wußte man damals zu berichten - hausten Nacht- oder Flußgötter. Sie bewachten die Übergangsstellen und überfielen plötzlich und unvermutet Menschen, die den Fluß überqueren wollten. Ihr Unwesen - so sagte man - trieben diese bösen Geister in der Nacht. Ihre Macht verschwand mit dem Anbrechen des neuen Tages. Sie konnten dem Menschen nur schaden, wenn sie im Schutz der Nacht unerkannt blieben.[1633]

Alles, was Jakob erlebte, war zum Verwechseln ähnlich mit einem Überfall durch einen Flußdämon. Es war Nacht, der Jemand wollte nicht erkannt werden. Sein Vorgehen war brutal. Jakob wurde die Hüfte verrenkt.[1634]

Nachdem Jakob den Jemand angefleht hatte: »Ich lasse dich nicht, es
28 sei denn, du segnest mich«, fragte der Jemand: **»Wie heißt du?« Er sagte: »Jakob.«**

Mit dem Nennen seines Namens mußte Jakob seine Vergangenheit offenlegen. Vor Jakob »taucht noch einmal seine ganze verpfuschte Geschichte« auf.[1635] In der Nacht am Jabbok »ist seine Vergangenheit gegen ihn aufgestanden«.[1636] Seine Vergangenheit hatte ihn eingeholt. Von seinen Eltern hatte er den Namen Jakob, das heißt, »Gott möge beschützen«, bekommen. Aufgrund der Umstände bei seiner Geburt und der Klangähnlichkeit seines Namens mit dem Wort Ferse (hebräisch: *ʿakeb*) wurde er auch der »Fersenhalter« genannt. Eine weitere Deutung erfuhr sein Name durch seinen Bruder Esau. Dieser nannte ihn aufgrund der Lautähnlichkeit seines Namens Jakob mit dem Zeitwort »verdrängen, betrügen« (hebräisch: *ʿakab*) »Fersenschleicher«, »Überlister«.[1637] So stand Jakob allein durch das Nennen seines Namens seine ganze Lebensgeschichte vor Augen. Kaum hatte er aber diesen seinen alten Namen ausgesprochen und damit seine Vergangenheit offengelegt, gab ihm der unbekannte Jemand den neuen Namen »Israel«, »Gott herrscht«. »Israel« ist ein Satzname, zusammengesetzt aus dem Gottesnamen (hebräisch: *ʾel*) und dem Zeitwort »herrschen« (hebräisch: *sarah*).[1638] Israel kann auch übertragen werden: »Gott ist der Überra-

[1633] Vgl. Zimmerli, S. 267.
[1634] Vgl. Westermann, Genesis I/2, S. 629.
[1635] Zimmerli, S. 271.
[1636] Bohren, S. 79.
[1637] Zur Namensdeutung Jakob siehe die Auslegung zu 1. Mose 25,26 und 27,36.
[1638] Vgl. v. Rad, Israel, S. 357, Anm. 1.

gende, der alles Andere an Macht und Größe Überwältigende.«[1639] Dieser neue Name steht wie ein Vorzeichen vor der Zukunft Jakobs. Im Alten Testament ist der Name zugleich die Kennzeichnung des Wesens eines Menschen. »Im Namen ruht das Wesen des Benannten.«[1640] Jakob bekommt einen »Ehrennamen, in dem ihn Gott anerkennen und vor sich gelten lassen will.«[1641] Der neue Name ist ein »Lobspruch für Jakob«.[1642]

Für Jakob ist der neue Name ein Denkzeichen für das Geschehen am Jabbok. In seiner Bedeutung geht der neue Name weit über die Bedeutung seines ursprünglichen Namens Jakob, »Gott wird schützen«, hinaus. Von dieser Stunde an soll der Name »Israel«, »Gott herrscht«, Jakob in allen Situationen seines weiteren Lebens an das Wunder am Jabbok erinnern.[1643]

c) Gott ist der Verwundende und Segnende zugleich

Jakob wird im Kampf am Jabbok verletzt. Er geht als »Lädierter«[1644]
aus dem Kampf hervor. Er hat einen Leibesschaden, und zwar »an ganz
vitaler Stelle«.[1645] Um den Kampf zu beenden, **berührte** der Jemand Ja- 26
kob **an seiner Hüfte.** Das Zeitwort »berühren« (hebräisch: *nagaʿ*) kann das einfache Berühren bis hin zum gewaltigen Schlagen[1646] sein. Die Formulierung, jemanden *an* (hebräisch: *b^{e}*) einem Körperteil berühren, bedeutet soviel wie ein »heftiges feindliches Anpacken«.[1647] So heißt es zum Beispiel im Buche Hiob: »Ein Sturm erfaßte das Haus« (hebräisch: *nagaʿ [nagaʿ b^{e}]),* das heißt, das Haus wurde an allen seinen vier Seiten gepackt und umgerissen (Hi 1,19).

Jakob ist verletzt, und zwar am Hüftnervenstrang (*nervus ischiati-
cus*)[1648]: **Er hinkte an der Hüfte.** Jakob kann sich mit einem seiner Beine 32
nicht mehr unbehindert bewegen. Dem Jemand, der darauf aus war, Jakob »den Boden völlig unter den Füßen zu entziehen«[1649], war es zumindest gelungen, Jakob anzuschlagen. Die Erinnerung an die Verletzung
Jakobs beim Kampf am Jabbok wird für die Nachfahren Jakobs durch
ein Gebot lebendig erhalten: **Darum essen die Israeliten bis auf den** 33

[1639] Hirsch, Genesis, S. 473.
[1640] Zimmerli, S. 271.
[1641] v. Rad, Mose, S. 281.
[1642] Seebass; zitiert nach Westermann, Genesis I/2, S. 632.
[1643] Vgl. Elliger; zitiert bei Steck, 1. Mose 32,23-32, S. 279-281.
[1644] v. Rad, 1. Mose 32,22-33, S. 60.
[1645] v. Rad, Mose, S. 282.
[1646] Delcor, THAT, Bd II, Sp. 37+38.
[1647] Hirsch, Genesis, S. 471.
[1648] Vgl. Westermann, Genesis I/2, S. 634.
[1649] Hirsch, Genesis, S. 472.

heutigen Tag nicht den Muskel, der an der Hüfte liegt; denn er hatte Jakob auf das Hüftgelenk am Hüftnerv geschlagen. Anwendung findet dieses Gebot bei den rituellen Schlachtungen der Tiere.[1650] Die Vorschrift selbst hat keinen Eingang in die Gesetzestexte des Alten Testaments gefunden.[1651] Sie ist jedoch ein Brauch, der orthodoxe Juden bis heute an das Ereignis am Jabbok erinnert.[1652]

Jakob ist verletzt. Dem Angeschlagenen aber wird zugesprochen:
29 **»Du hast mit Gott und mit Menschen gekämpft und bist Sieger geblieben.«** Unter dem Gesichtspunkt des Sieges war der Kampf allenfalls unentschieden ausgegangen. »Überall gilt ein Kampf, der vorzeitig abgebrochen wird, als unentschieden.«[1653] Der Sieg Jakobs besteht im Standhalten, im Bleiben in Gottes Nähe, im Durchhalten der Nacht und im Anerkanntwerden durch Gott. Gott rechtfertigt Jakob.[1654] Die Rolle Jakobs in seinem Verteidigungskampf ist nicht das Werk eines Gerechten. Das Zuerkennen des Sieges ist Gnade Gottes, Rechtfertigung des Ungerechten *(iustificatio impii)*. Der Segen, der Jakob erteilt wird, ist Folge der Gnade Gottes. Der Jakob zuerkannte Sieg ist ein »souveräner Akt Gottes«.[1655]

Langsam, erst im Verlauf des Kampfes hatte Jakob gemerkt, mit
wem er es zu tun hatte. Als er den Unbekannten nach seinem Namen
30 fragte, wehrte dieser ab: **»Warum fragst du nach meinem Namen?«** Dann aber heißt es: **Und er segnete ihn dort.** Damit »antwortete er ihm nicht und antwortete doch«.[1656]

Der Segen sagte Jakob deutlich genug, wen er vor sich hatte. Der Allmächtige selbst war gegenwärtig in seinem Boten, der mit Jakob kämpfte. Die direkte Frage Jakobs blieb unbeantwortet. Gott entzog sich dem Zugriff Jakobs. Er verwehrte ihm seine Frage, »denn er läßt sich sein Geheimnis und seine Freiheit nicht antasten. Aber seine Freiheit erweist er darin, daß er Jakob trotzdem segnet«.[1657]

[g] Ri 8,8.9.17 1Kö 12,25

Jakob ging hinkend, aber gesegnet in das Morgenlicht. Der Segen »hat das Dunkel in Jakobs Seele gelichtet«.[1658] Sein Weg führte ihn an Penuël vorbei. Penuël[g], der aus der Übersetzung Luthers unter dem Namen Pniel oder Pnuel bekannte Ort, ist vermutlich das heutige Tulul ed-Dahab. Übersetzt heißt Penuël: »Angesicht Gottes«.[1659] Jakob gab die-

[1650] Vgl. Delitzsch, S. 406.
[1651] Vgl. Strack, S. 107.
[1652] Hertz (Hg.), S. 125.
[1653] Westermann, Genesis I/2, S. 631.
[1654] Vgl. Voigt, Ernte, S. 445.
[1655] Elliger; zitiert bei Steck, 1. Mose 32,23-32, S. 281.
[1656] Delitzsch, S. 405.
[1657] v. Rad, Mose, S. 282.
[1658] Delitzsch, S. 405.
[1659] Odelain/Séguineau, S. 276.

sem Ort seinen Namen mit den Worten: **»Ich habe Gott von Angesicht** 31
zu Angesicht gesehen.« Obgleich Gott sich dem Zugriff Jakobs entzogen und sich dabei sowohl sein Geheimnis als auch seine Freiheit bewahrt hatte, wußte Jakob am Ende seines Kampfes: Der Jemand war kein Flußdämon. Jahwe, der Gott seiner Väter, hatte seinen Boten gesandt. So stand Jakob Gott von Angesicht zu Angesicht gegenüber. Die Namengebung Penuël soll für alle Zeiten an den Kampf Jakobs am Jabbok erinnern.

Das in dem Namen Penuël enthaltene Wort »Angesicht« (hebräisch: *panim*) wird zu einem Schlüsselbegriff in der Begegnung der beiden Brüder. Als Jakob Esau gegenübersteht, sagt er:

»Ich schaue dein Angesicht, wie man Gottes Angesicht schaut: so freundlich hast du mich angesehen« (1Mo 33,10).

Wer aus der letzten Erfahrung von Gefahr und Errettung herauskommt, kann »das Antlitz des andern - Bruder oder Feind - anschauen und in ihm die Züge des Unbekannten suchen: die Spuren Gottes«.[1660]

Der Bericht von der dunklen Nacht am Jabbok ist ein »Prototyp«[1661], das heißt, das Grundmuster einer Begebenheit, aus der ein Angefochtener lernen kann, dunkle Nächte durchzustehen, ohne zu verzweifeln. Zum andern markiert das Ereignis am Jabbok die Wende im Leben Jakobs. Aus dem »Erzschelm« ist ein »Erzvater« geworden.[1662]

In der dunklen Nacht der Anfechtung war Jakob allein. Es gibt Anfechtungen, in denen auch nicht der vertrauteste Mensch dem andern weiterhelfen kann.

Die Ursache der Anfechtungen ist oft eine Verwechslung Gottes. Gott wird verwechselt mit dem Widersacher, mit dem Schicksal, mit dem Lauf der Geschichte. Angst vor dem Teufel und Angst vor dem Schicksal ist für viele Anlaß, in tiefe Anfechtungen zu fallen. »Irgendwo und irgendwann begegnen wir Gott in seinem Gegenteil. Nicht als dem lieben, sondern als dem angreifenden Gott. Wir erfahren ihn nicht als den, der für uns, sondern als den, der gegen uns ist.«[1663]

Jakob hatte im Dunkel der Anfechtung standgehalten. Er hatte Gott erlebt als den, der zwar mit der linken Hand gegen ihn kämpfte, aber mit der rechten für ihn. Seit jener Zeit ist das Wort: »Ich lasse dich nicht, es sei denn, du segnest mich« (1Mo 32,27), ein Wort für schwere Tage. Es ist der Schrei in der Verzweiflung: »wenn die Dunkelheit mich überfällt, wenn Gott zum Rätsel geworden ist, wenn die Sorgen, die Angst, der Zweifel, die Traurigkeiten das Herz zusammenpressen, wenn der Glau-

[1660] Bours, S. 52+53; vgl. die Auslegung zu 1. Mose 33,10.
[1661] Hirsch, Genesis, S. 471.
[1662] Bohren, S. 81.
[1663] a.a.O., S. 82.

be schmal zu werden droht«.[1664] Wer in diesen Zeiten besteht und durchhält, »gelangt zu vollkommener Erkenntnis des göttlichen Willens, daß er sagen kann wie Jakob: ich habe Gott gesehen«.[1665]

Der Kampf am Jabbok war in Jakobs Leben ein Neuanfang. Am Jabbok war die »Skandalchronik von Jakob«[1666] zu Ende. Es war die Nacht seiner Bekehrung. Mit dem Nennen seines Namens »Jakob« mußte er seinen alten Lebensweg offenlegen. Vor Gott gab es auch für Jakob keine »Verpanzerung«[1667] mehr. Jakob stand vor Gott, »bar jeder Gerechtigkeit, in der Wehrlosigkeit des Sünders«.[1668] Gott aber gab ihm einen neuen Namen. Aus Gnade sprach er Jakob den Sieg zu. Jakob war gerecht gemacht. Jakob lebte seit diesem Ereignis in einem neuen Gottesverhältnis!

Jeder Mensch bekommt in der Stunde seiner Bekehrung einen neuen Namen. Es ist kein Eigenname, sondern der Name »Christ«. Vor dem Leben des Bekehrten steht als Vorzeichen der Name Jesus Christus. Jesus ist der Herrscher in Ewigkeit.[1669] Wie Jakob, so hat auch der Bekehrte ein neues Verhältnis zu seinem Bruder. Als Jakob sich aufmachte, um seinem Bruder zu begegnen, wußte er immer noch nicht, ob das Treffen zur Versöhnung oder zur Vernichtung führen würde. Als er ihm gegenüberstand, sagte er: »Ich schaue dein Angesicht, wie man Gottes Angesicht schaut« (1Mo 33,10). Jakob sah in dem Angesicht seines Bruders Spuren des Angesichtes Gottes. Ein neues Gottesverhältnis ist gleichzeitig immer eine neue Einstellung zum Nächsten.

(6) Das Wiedersehen Jakobs und Esaus: 33,1-11

1 Als Jakob aufblickte und seinen Bruder Esau mit vierhundert
Mann kommen sah, da verteilte er die Kinder auf Lea und Rahel
2 und die beiden Mägde. * Und er stellte die Mägde und ihre Kinder
voran, dahinter Lea und ihre Kinder, als letzte dann Rahel und Jo-
3 sef. * Er selbst aber ging vor ihnen her, und er warf sich siebenmal
4 zur Erde, bis er an seinen Bruder herankam. * Esau aber lief ihm
entgegen, umarmte ihn, fiel ihm um den Hals und küßte ihn, und
5 sie weinten. * Als er dann aufblickte, sah er die Frauen und die
Kinder und sprach: »Wer sind diese da bei dir?« Er antwortete:
»Es sind die Kinder, mit denen Gott deinen Knecht begnadet hat.«

[1664] Bours, S. 49.
[1665] Luther; zitiert nach Steck, 1. Mose 32,23-32, S. 278.
[1666] Bohren, S. 81.
[1667] Zimmerli, S. 275.
[1668] ebd.
[1669] Vgl. die Bedeutung des Namens Israel, »Gott herrscht«.

6 *** Da traten die Mägde heran, sie und ihre Kinder, und warfen sich**
7 **nieder. * Dann trat auch Lea mit ihren Kindern heran, und sie**
warfen sich nieder. Zuletzt trat Josef mit Rahel heran, und sie
8 **warfen sich nieder. * Hierauf fragte er: »Was hast du mit diesem**
ganzen Lager, auf das ich gestoßen bin, vor?« Und er antwortete:
9 **»Ich wollte damit Gnade finden in den Augen meines Herrn.« * Da**
sagte Esau: »Ich habe mehr als genug, mein Bruder, behalte, was
10 **dein ist!« * Jakob aber sprach: »Nein! Wenn ich Gnade in deinen**
Augen gefunden habe, dann nimm mein Geschenk aus meiner
Hand. Denn ich schaue dein Angesicht, wie man Gottes Angesicht
11 **schaut: so freundlich hast du mich angesehen. * So nimm doch**
meine Segensgabe, die dir überbracht worden ist. Gott hat mich
begnadet, und ich habe alles.« So drang er in ihn, bis er es annahm.

Kaum hatte Jakob der Gegend den Namen Penuël gegeben, da sah er auch schon Esau herankommen. Die ursprünglich geteilten Lager waren wieder vereinigt, denn bei Jakob waren seine Frauen, die Mägde und alle seine Kinder.[1670] Die Gefahr einer kriegerischen Auseinandersetzung mit seinem Bruder aber war noch nicht aus der Welt. Esau kam in der Begleitung seiner vierhundert Mann. Jakob ließ seine Angehörigen in einer bestimmten Reihenfolge Aufstellung nehmen, und zwar so, daß »die ihm weniger Nahestehenden, also zuerst Silpa und Bilha und dann Lea, der ersten Begegnung ausgesetzt werden«.[1671] Im Falle eines Angriffs hätten zumindest noch Rahel und Josef fliehen können. Jakob selbst führte den Zug an.

Beim Zusammentreffen der beiden Brüder fiel zunächst kein einziges Wort. Alles, was Jakob und Esau bei ihrem Wiedersehen bewegte, drückte sich in ihren Gesten aus. Die Gesten sind von hoher Bedeutung. »Sie sind wesentliche, unentbehrliche Elemente der Kommunikation.«[1672]

Jakob wirft sich siebenmal auf den Erdboden. Das Niederfallen ist ein Ausdruck großer Ehrerbietung[h]. Ein sich siebenmaliges Niederwerfen ist außergewöhnlich. Es wird erst in späterer Zeit üblich, und zwar, wie aus den Amarna-Briefen (14. Jh. v.Chr.) hervorgeht, zwischen den kleinen Stadtfürsten und Pharao, ihrem Oberherrn.[1673] Mit der siebenmaligen Ergebensbezeugung Jakobs steht Jakob zu seiner Schuld und bittet um Versöhnung, und das alles ohne Worte.

[h] 1Mo 18,2 19,1

Esau läuft Jakob entgegen, umarmt und küßt ihn. Auch von seiner

[1670] Vgl. Delitzsch, S. 406.
[1671] v. Rad, Mose, S. 285.
[1672] Westermann, Genesis I/2, S. 639.
[1673] Vgl. v. Rad, Mose, S. 285.

Seite fällt kein Wort über das Vergangene. »In dieser herzlichen Bewillkommnung ist die Vergebung eingeschlossen.«[1674]

Beide weinen! »Einen Kuß kann man heucheln, Tränen, die in solchen Augenblicken ausbrechen, nicht ... Tränen sind Tropfen aus dem Innersten der menschlichen Seele.«[1675]

Esau bricht das Schweigen. Er erkundigt sich nach dem Verhältnis, in dem die anwesenden Frauen und Kinder zu Jakob stehen.

Jakob nennt sie ein Gnadengeschenk Gottes. Jakob sagt nicht: Gott hat mich gesegnet, sondern: Gott war mir gnädig. Das Zeitwort »gnädig sein« (hebräisch: *chanan*) »kann die vergebende Gnade einschließen«.[1676] Jetzt nähern sich die Frauen und die Kinder in der Ordnung, wie Jakob sie aufgestellt hatte, und werfen sich ebenfalls vor Esau auf die Erde.

Esau fragt nun nach dem Sinn der vorausgesandten Geschenke.

Jakob tituliert seinen Bruder immer noch mit der Anrede »mein
8 Herr«: **»Ich wollte damit Gnade finden in den Augen meines Herrn.«**
9 *Esau* lehnt die Geschenke ab mit den Worten: **»Ich habe mehr als genug«** (hebräisch: *jäsch li rab*). Dabei sagt er zu Jakob ganz bewußt: **mein Bruder.** »In diesen Worten ist nichts, das gefärbt oder falsch sei, sondern es ist alles zu verstehen, daß es aufrichtig und von Herzen geredet sei.«[1677]

Jakob nimmt die Ablehnung der Geschenke nicht an. Die Annahme der Geschenke durch seinen Bruder bedeutet für ihn soviel wie die Bestätigung der Versöhnung.

Jakob sieht zwischen der Begegnung mit seinem Bruder und dem nächtlichen Kampf am Jabbok »eine geheimnisvolle Entspre-
10 chung«[1678]: **»Ich schaue dein Angesicht, wie man Gottes Angesicht schaut: so freundlich hast du mich angesehen.«** Damit sagt Jakob, daß er im Gesicht Esaus »Spuren Gottes«[1679] wiederfindet. Die Gesichtszüge Esaus waren für ihn eine »Widerspiegelung«[1680] der Freundlichkeit Gottes. »Darum sagt Jakob, der Anblick des Bruders sei ihm Freude gewesen, gleich als wäre ihm Gott oder ein Engel erschienen.«[1681]

Eine ganz ähnliche Formulierung findet sich später, als Achisch zu David sagte: »Du bist in meinen Augen wie ein Bote Gottes« (1Sam 29,9); und eine der klugen Frauen von Tekoa sprach zu David: »Mein Herr und

[1674] Westermann, Genesis I/2, S. 639.
[1675] Hirsch, Genesis, S. 477.
[1676] Westermann, Genesis I/2, S. 640.
[1677] Luther, Ersten Moses, Bd III, S. 63.
[1678] v. Rad, Mose, S. 286.
[1679] Vgl. Bours, S. 53.
[1680] Strack, S. 107.
[1681] Calvin, S. 346.

König ist wie der Bote Gottes« (2Sam 14,17). Jakob sieht im Gesicht seines Bruders »das Werk Gottes, der Gebete erhört und die Herzen lenkt«.[1682]

Jakob bittet Esau noch ein zweites Mal, die übersandten Geschenke anzunehmen. Die Gnadengeschenke nennt Jakob jetzt «Segensgabe« (hebräisch: *berachah*). Damit spricht Jakob offen aus, was zuvor unausgesprochen im Raum stand. Mit den Geschenken will er seinem Bruder den erschlichenen Segen zurückgeben.[1683] Über den Segen hatten sich vor zwanzig Jahren die beiden Brüder entzweit. Die Annahme der Segensgabe durch Esau soll jetzt die Versöhnung der Brüder besiegeln.[1684]
Hatte Esau bei seiner ersten Ablehnung gesagt: »Ich habe mehr als ge-
nug« (V. 9), so beteuert jetzt Jakob: **»Ich habe alles«** (hebräisch: *jäsch li* 11
kol).

Esau willigt ein. »Weil Esau die Erklärung Jakobs annimmt, kann er nun auch das Geschenk annehmen.«[1685]

7. Getrennte Wege: 33,12-20

12 **Dann sprach Esau: »Laß uns aufbrechen und weiterziehen, ich**
13 **will neben dir hergehen.« * Er aber antwortete: »Mein Herr sieht**
selbst, daß die Kinder noch zart sind, und daß ich auf die säugen-
den Schafe und Kühe Rücksicht nehmen muß. Jagt man sie einen
14 **Tag, so würde die ganze Herde zugrunde gehen. * Mein Herr wolle**
doch seinem Knecht vorausziehen, ich aber werde ganz langsam
weiterziehen hinter dem Besitz her, der vor mir zieht, und hinter
15 **den Kindern, bis ich zu meinem Herrn nach Seïr komme.« * Da**
sprach Esau: »Laß mich doch wenigstens einen Teil meiner Leute,
die mit mir sind, dir zur Seite stellen.« Er aber antwortete:
Wozu das? Mag ich nur Gnade finden in den Augen meines
16 **Herrn!« * So zog Esau an jenem Tag seines Weges zurück nach Seïr.**
17 *** Jakob aber brach auf nach Sukkot, und er baute sich ein Haus**
und Hütten für sein Vieh. Daher nannte man den Namen jenes
18 **Ortes Sukkot. * Danach kam Jakob in Frieden in die Stadt Sichem**
im Land Kanaan. Er kam von Paddan-Aram und schlug sein Lager
19 **vor der Stadt auf. * Das Stück Land aber, auf dem er sein Zelt auf-**
geschlagen hatte, kaufte er von den Söhnen Hamors, des Vaters Si-
20 **chems, und zwar für hundert Kesita. * Und er errichtete dort ei-**
nen Altar und nannte ihn: »Gott ist der Gott Israels«.

1682 Delitzsch, S. 408.
1683 Vgl. Westermann, Genesis I/2, S. 641.
1684 Vgl. Hirsch, Genesis, S. 479.
1685 Westermann, Genesis I/2, S. 641.

Das letzte Gespräch, bevor sich die Lebenswege Esaus und Jakobs völlig trennen[1686], ist bestimmt von einer bewußten Zurückhaltung Jakobs. Jakob tituliert Esau immer noch mit der Anrede: »mein Herr«. Versöhnung bedeutet für Jakob Bewältigung und Beseitigung der alten Schuld, aber nicht zugleich Zusammenleben und Verbrüderung um jeden Preis. »Versöhnung ist auch da möglich, wo die Kontrahenten sich zur Trennung entscheiden.«[1687] Zu der durchaus friedlichen Trennung zwischen Jakob und Esau kommt es durch ein erneutes Gespräch.

Esau schlägt Jakob den gemeinsamen Weiterzug vor. Er will neben Jakob herziehen, das heißt, er erklärt sich bereit, den Zug Jakobs zu schützen.[1688]

Jakob weicht diesem Angebot Esaus aus. Er weist auf die Schwerfälligkeit seines Zuges hin, in Wirklichkeit aber will er nicht von Esau abhängig werden, sondern seine Selbständigkeit wahren.[1689] Jakob schneidet aber die Verbindung zu Esau nicht abrupt ab. Er stellt Esau ein Zusammentreffen in Seïr in Aussicht. »Die vorsichtig gewählten Worte versprechen weder, daß Jakob dauernd, noch daß er mit seiner ganzen Familie und seinem großen Reichtum an Vieh zu Esau kommen wolle, es ist nicht nötig, in ihnen mehr als die Absicht eines persönlichen Besuches zu finden.«[1690]

Esau kommt diese Trennung zu schnell. Er macht Jakob ein weiteres Angebot. Einige seiner Leute sollen mit Jakob als Begleitschutz ziehen.[1691]

15 *Jakob* lehnt auch dieses Angebot ab. Er fragt: **»Wozu das?«** und weist damit darauf hin, daß es ungewöhnlich ist, daß ein Hirtenzug von bewaffneten Leuten eskortiert wird. So erklärt er noch einmal seinem Bruder: »Eine Versöhnung zwischen Brüdern braucht nicht in jedem Fall ein Zusammenleben bedingen; sie kann sich auch darin auswirken, daß sich beide in Frieden trennen und jeder in seiner Welt und auf seine Weise lebt.«[1692]

Esau entschließt sich, nach Seïr zurückzukehren.[1693]

Jakob bricht ebenfalls auf. Er zieht zunächst an einen Ort, der später durch den Aufenthalt Jakobs und seiner Sippe unter dem Namen Sukkot bekannt wird (V. 17).

Sukkot ist der Name für mindestens drei im Alten Testament er-

[1686] Vgl. Hirsch, Genesis, S. 480.
[1687] Westermann, Genesis I/2, S. 646.
[1688] Vgl. Delitzsch, S. 408.
[1689] Vgl. Dillmann, S. 367.
[1690] Strack, S. 108.
[1691] Vgl. Delitzsch, S. 409.
[1692] Westermann, Genesis I/2, S. 642.
[1693] Zu Seïr und dem Land Esaus vgl. die Auslegung zu 1. Mose 25,25 und 27,30-40.

wähnte Orte. Der Aufenthaltsort Jakobs bei seiner Rückkehr aus Paddan-Aram lag östlich des Jordans, vermutlich unmittelbar nördlich des Unterlaufes des Jabbok.[1694] Möglicherweise ist dieser Ort gleichzusetzen mit der im späteren Stamm Gad gelegenen Ortschaft Sukkot (Jos 13,27; Ri 8,5ff). Ein zweiter Ort mit demselben Namen wird westlich des Jordans im Zusammenhang mit den Schmelzöfen und Gießereien Salomos (1Kö 7,46; 2Chr 4,17) genannt.[1695] Das dritte Sukkot war der erste Lagerplatz des Volkes Israel beim Auszug aus Ägypten (2Mo 12,37; 13,20; 4Mo 33,5.6). Es lag auf ägyptischem Gebiet zwischen den Städten Ramses und Etam.[1696]

Der Name Sukkot heißt übersetzt: »Hütten«. Von Jakob wird berichtet, daß er sich ein Haus und für sein Vieh Stallungen (Hütten) baute (V. 17). Jakob setzte die halbnomadische Lebensweise seiner Väter fort. Er zog nicht ständig hin und her, sondern konnte längere Zeit an einem Ort bleiben. Voraussetzung war, daß die Weiden dieser Gegend für sein Vieh ausreichten. Ein Hinweis dafür, daß Jakob längere Zeit in Sukkot blieb, ist, daß seine Kinder, bis er in die Gegend von Sichem kam, bereits erwachsen waren.[1697]

Der erste Ort, an dem Jakob westlich des Jordans sein Lager aufschlug, war vor den Toren der alten Stadt Sichem.[1698] Er zog »wohlbehalten«[1699] oder »in Frieden«[1700] (hebräisch: *schalem*) in diese Gegend. Jakob kam in »harmonischer und ungeschmälerter Ganzheit«.[1701] Er kam ohne irgendwelche Eroberungsgedanken, »arglos und loyal«.[1702] Ähnlich wie Abraham in der Gegend von Hebron[1703], so erwarb Jakob in der Nähe von Sichem ein Stück Land. Er kaufte es von Hamor, dem Vater Sichems[1704], und zwar zu einem Preis von hundert Kesita. Kesita ist ein altes Maß[i], das bis heute nicht umgerechnet werden kann.[1705]

[i] Jos 24,32 Hi 42,11

Jakob war im Land seiner Väter. Dort kaufte er ein kleines Feldstück.
Auf ihm errichtete er einen Altar und gab diesem den Namen: **»Gott ist** 20
der Gott Israels.« Der Altar ist wie der Altar Abrahams bei Sichem kein
»Opferstein«, sondern ein Denkmal.[1706] Der Gottesname, den Jakob an

[1694] Vgl. v. Rad, Mose, S. 287.
[1695] Vgl. Delitzsch, S. 409.
[1696] Odelain/Séguineau, S. 342.
[1697] Vgl. 1. Mose 34 und Strack, S. 108.
[1698] Zu Sichem siehe die Auslegung zu 1. Mose 12,6.7.
[1699] Delitzsch, S. 411+412.
[1700] Torczyner (Hg.), zur Stelle, 1. Mose 33,18.
[1701] Hirsch, Genesis, S. 480.
[1702] v. Rad, Mose, S. 287.
[1703] Siehe die Auslegung zu 1. Mose 23,1-20.
[1704] Siehe die Auslegung zu 1. Mose 34,2.
[1705] Vgl. Westermann, Genesis I/2, S. 644.
[1706] Siehe die Auslegung zu 1. Mose 12,7.

dieser Stelle ausrief und der zum Namen des Altars wurde, ist ein Bekenntnis seines Glaubens.[1707] Mit dem Namen, »Gott ist der Gott Israels«, bekennt sich Jakob zu Gott, der ihm im nächtlichen Kampf den Namen »Israel«, »Gott herrscht«, gab (1Mo 32,29).

VI. STATIONEN IM LAND DER VÄTER: 34,1-35,29

Mit der Rückkehr Jakobs in das Land der Verheißung beginnt eine neue Epoche in der Geschichte der Väter. In Sukkot - östlich des Jordans - war Jakobs Familie zu einer Sippe herangewachsen. Er überquerte den Jordan mit dem Ziel, zu Isaak, seinem Vater, in die Gegend von Hebron zurückzukehren. Wie viele Stationen es für Jakob vor Hebron gab, ist nicht bekannt. Berichtet wird von fünf Lagerplätzen.

Bei Sichem erwirbt Jakob ein Grundstück. Seine Tochter Dina wird von dem Sohn des kanaanäischen Stadtstaatfürsten vergewaltigt. Simeon und Levi nehmen Rache und richten ein Blutbad an. *In Bet-El* baut Jakob einen Altar und begräbt Debora, die Amme Rebekkas. Auch Rahel, für die er vierzehn Jahre gedient hatte, stirbt unterwegs. Ihr Grab ist *in Efrata. In Migdal-Eder* muß Jakob die Schandtat seines ältesten Sohnes Ruben erleben, und *in Hebron* kam Jakob gerade noch rechtzeitig an, um noch einmal Isaak, seinem Vater, vor dessen Tod zu begegnen.

Jakob war von Hebron ausgezogen und ist nach Hebron zurückgekehrt. Sein Weg durch Zeit und Raum war wie der Weg Abrahams und Isaaks ein Weg mit Gott, der bei ihm blieb, der zu ihm sprach und zu dem er in seiner Not rief.[1708]

1. Die Vergewaltigung Dinas und das Blutbad in Sichem: 34,1-31

1 Dina, die Tochter, die Lea dem Jakob geboren hatte, ging aus, um
2 sich unter den Töchtern des Landes umzusehen. * Da sah sie Si-
chem, der Sohn des Hiwiters Hamor, des Landesfürsten; er nahm
3 sie, schlief mit ihr und tat ihr Gewalt an. * Und sein Herz hing an
Dina, der Tochter Jakobs, er liebte das Mädchen und redete dem
4 Mädchen zu. * Und Sichem sprach zu seinem Vater Hamor:
5 »Nimm mir dieses Mädchen zur Frau!« * Als Jakob hörte, daß sei-
ne Tochter Dina vergewaltigt worden war, waren seine Söhne mit

[1707] Hertz (Hg.), S. 126.
[1708] Westermann, Genesis I/2, S. 679.

6 dem Vieh auf dem Feld. So schwieg Jakob, bis sie kamen. * Es kam
aber Hamor, der Vater Sichems, zu Jakob, um mit ihm zu reden.
7 * Als die Söhne Jakobs vom Feld gekommen waren und von dem
Vorfall gehört hatten, fühlten sich die Männer schwer gekränkt
und wurden sehr zornig; denn durch die Vergewaltigung der
Tochter Jakobs hatte Sichem eine Schandtat an Israel verübt; das
8 durfte nicht geschehen. * Da redete Hamor mit ihnen: »Das Herz
meines Sohnes Sichem ist gekettet an eure Tochter. Gebt sie ihm
9 doch zur Frau! * Verschwägert euch mit uns, gebt eure Töchter
10 uns, und nehmt euch unsere Töchter, * und bleibt bei uns wohnen,
das Land soll euch offen sein. Bewohnt und durchzieht es, und
11 setzt euch darin fest!« * Und Sichem sprach zu ihrem Vater und ih-
ren Brüdern: »Laßt mich Gnade in euren Augen finden, und was
12 ihr mir sagen werdet, werde ich geben. * Legt mir viel als Braut-
gabe und Heiratsgeld auf! Ich will es geben, wie ihr es mir sagen
13 werdet. Gebt mir nur das Mädchen zur Frau!« * Da antworteten
die Söhne Jakobs Sichem und seinem Vater mit einer List, weil er
14 ihre Schwester Dina verunreinigt hatte. * Sie sagten zu ihnen:
»Wir können unsere Schwester keinem Unbeschnittenen zur Frau
15 geben, denn das wäre eine Schande für uns. * Nur unter der Bedin-
gung wollen wir euch entgegenkommen, wenn ihr werdet wie wir,
16 indem sich alles Männliche bei euch beschneiden läßt. * Dann
wollen wir euch unsere Töchter geben, und wir werden uns eure
Töchter nehmen. Dann werden wir bei euch wohnen und zu ei-
17 nem Volk werden. * Wollt ihr aber auf unsern Vorschlag, euch be-
schneiden zu lassen, nicht eingehen, so nehmen wir unsere Toch-
18 ter und gehen.« * Ihre Worte aber gefielen Hamor und Sichem,
19 dem Sohn Hamors. * Und der junge Mann zögerte nicht, darauf
einzugehen, denn er liebte die Tochter Jakobs, auch war er der
20 Angesehenste im ganzen Hause seines Vaters. * So kamen denn
Hamor und sein Sohn Sichem zum Tor ihrer Stadt und redeten zu
21 den Männern ihrer Stadt und sprachen: * »Diese Männer sind uns
friedlich gesinnt. Laßt sie bei uns im Lande wohnen und es durch-
ziehen. Das Land ist ja weit genug für sie. Wir wollen ihre Töchter
zu Frauen nehmen, und wir werden ihnen unsere Töchter geben.
22 * Doch nur unter der Bedingung sind die Männer einverstanden,
bei uns zu wohnen und ein Volk mit uns zu werden, wenn wir bei
uns alles Männliche beschneiden lassen, wie sie beschnitten sind.
23 * Ihre Herden und ihr Hab und Gut sowie ihr Lastvieh wird dann
uns gehören. Laßt uns ihre Forderung annehmen, damit sie bei
24 uns wohnen bleiben.« * Da stimmten alle, die zum Tor seiner Stadt
ein- und auszugehen pflegten, Hamor und seinem Sohn Sichem
zu, und sie ließen sich beschneiden, alle Männer, alle, die zum Tor

25 **seiner Stadt ein- und auszugehen pflegten. * Am dritten Tage**
aber, als sie Schmerzen litten, da nahmen die zwei Söhne Jakobs,
Simeon und Levi, die Brüder Dinas, jeder sein Schwert und über-
26 **fielen die sorglose Stadt und erschlugen alle Männer. * Auch Ha-**
mor und seinen Sohn Sichem töteten sie mit der Schärfe des
Schwertes. Dann nahmen sie Dina aus dem Hause Sichems und zo-
27 **gen ab. * Danach fielen die Söhne Jakobs über die Erschlagenen**
her und plünderten die Stadt, weil man ihre Schwester vergewal-
28 **tigt hatte. * Ihre Schafe, ihre Rinder und Esel und alles, was in der**
29 **Stadt und was auf dem Felde war, nahmen sie weg. * Und all ihr**
Gut und alle ihre Kinder und Frauen führten sie gefangen fort
30 **und raubten alles, was in den Häusern war. * Da sprach Jakob zu**
Simeon und Levi: »Ihr stürzt mich ins Unglück, indem ihr mich
verhaßt macht bei den Bewohnern des Landes, den Kanaanitern
und Perisitern. Ich bin ja nur eine zählbare Mannschaft. Wenn sie
sich gegen mich zusammentun, werden sie mich erschlagen, und
31 **ich und mein Haus werden vernichtet.« * Da sprachen sie: »Durfte**
er mit unserer Schwester wie mit einer Dirne umgehen?«

Dina, die Tochter Jakobs, bewegte sich wie Rebekka und Rahel frei und unverschleiert.[1709] Sie suchte den Kontakt zu den Mädchen des in der Nähe ihres Aufenthaltsortes ansässigen kanaanäischen Stammes. Damit »löste sie einen Stein aus, der zur Lawine werden sollte«.[1710] Dina fiel Sichem, dem Sohn des Hiwiters Hamor, auf. Die Hiwiter waren eine kanaanäische Bevölkerungsgruppe. Von Hamor, dem Fürsten des Stadtstaates (1Mo 34,2), hatte Jakob ein Stück Land gekauft (1Mo 33,19). Der Sohn Hamors hatte denselben Namen wie die alte Stadt Sichem (1Mo 12,6).[1711]

2 Sichem, der Sohn Hamors, **nahm** Dina, **schlief mit ihr und tat ihr Gewalt an.** Mit den drei Zeitwörtern, er nahm, er schlief, er tat Gewalt an, wird einmal zum Ausdruck gebracht, daß der Handelnde und damit der Alleinverantwortliche Sichem war. Es gab kein Entgegenkommen von seiten Dinas. Zum andern sind die drei Zeitwörter ein Hinweis auf das dreifache Unrecht, das Sichem nicht nur Dina, sondern gleichzeitig dem Haus Jakobs zufügte.[1712]

(1) Entführung[1713]: Sichem holte Dina von der Straße weg in sein

[1709] Vgl. die Auslegung zu 1. Mose 24,15-21 und 29,6-12.
[1710] v. Rad, Mose, S. 289.
[1711] Odelain/Séguineau, S. 125.139.332.
[1712] Vgl. Arama, S. 237.
[1713] Vgl. Dillmann, S. 372.

Haus. Sie konnte erst nach dem Blutbad in Sichem von ihren Brüdern wieder befreit werden (V. 26).

(2) Entehrung: Durch die Vergewaltigung war Dina moralisch und gesellschaftlich degradiert. Für Dina war »die Anwartschaft auf eine vollgültige Ehe« verlorengegangen.[1714] Später wurde im Gesetz festgeschrieben, daß ein Mann seine Frau nur dann »zeitlebens nicht entlassen kann« (5Mo 22,19), wenn er diese als Jungfrau geheiratet hat (5Mo 22,13-21).

(3) Gewaltanwendung: Es ist »das Recht des Menschen, seinen Leib und insbesondere seine Geschlechtlichkeit in Freiheit zu geben oder zu versagen ... Die Geschlechtlichkeit des Menschen bleibt jedem Zwang entzogen«.[1715] Sichem aber »tat Dina Gewalt« an. Er fügte Dina körperliche Schmerzen zu, um sie gefügig zu machen.[1716] Die Formulierung, »er tat ihr Gewalt an« (hebräisch: *innah*), kann übersetzt werden mit bedrücken, demütigen, erniedrigen, bezwingen und vergewaltigen.[1717]

Die Vergewaltigung Dinas ist wie jede sexuelle Vergewaltigung »der durch unrechtmäßige Gewalt erzwungene Gebrauch eines fremden Leibes«.[1718] Auf Vergewaltigung steht bis heute bei nomadisch bestimmten Gruppen des Mittleren Ostens die Todesstrafe. Das Alter dieses Gesetzes ist nicht mehr feststellbar, es wurde aber bereits im 2. Jahrtausend v.Chr. praktiziert. Es sieht vor, daß der Vergewaltiger hingerichtet wird, das Mädchen aber selbst ungestraft ausgeht.[1719] In dieser Form hat das Gesetz keinen Eingang in das Alte Testament gefunden. Nur wenn ein Mann ein bereits verlobtes Mädchen vergewaltigt, muß er hingerichtet werden. Das Mädchen bleibt nur dann ungestraft, wenn sie auf dem Feld vergewaltigt wurde, das heißt an einem Ort, wo sie niemand hören konnte, wenn sie um Hilfe rief. Sonst wird auch das Mädchen hingerichtet (5Mo 22,23-29). Der unter Anwendung von Gewalt erzwungene Beischlaf mit einem nichtverlobten Mädchen hat zur Folge, daß der Mann dem Vater des vergewaltigten Mädchens eine Geldstrafe von fünfzig Schekel Silber bezahlen muß. Dies gilt auch für den Fall, daß der Vater sich weigert, das Mädchen dem Mann zur Frau zu geben (2Mo 22,15.16).[1720]

Wie es zur Begegnung zwischen Sichem und Dina kam, und was sich zwischen beiden vor der Vergewaltigung zugetragen hat, wird nicht berichtet. Von der Zeit danach aber heißt es: Sichems **Herz hing an Dina** **3**

[1714] Vgl. v. Rad, Mose, S. 289.
[1715] Bonhoeffer, Ethik, S. 195.
[1716] Vgl. Arama, S. 237.
[1717] Martin-Achard, THAT, Bd II, Sp. 342.
[1718] Bonhoeffer, Ethik, S. 195.
[1719] Patai, S. 111+112.
[1720] Cohn, JL, Bd IV/1, Sp. 529 und Bracker, S. 43.

... er liebte das Mädchen und redete dem Mädchen zu, und er bat sei-
4 nen Vater: **»Nimm mir dieses Mädchen zur Frau!«**

Nachdem Sichem Dina mit Gewalt genommen hatte, liebte er das Mädchen. Bei Sichem war es anders als bei Amnon (2Sam 13,15). Nach befriedigter Leidenschaft hatte Amnon Tamar ebenso gehaßt, wie er sie zuvor geliebt hatte.[1721] Sichem redete Dina zu, wörtlich übersetzt: »er redete über das Herz hinein«[1722], das heißt, »er beruhigte das Klopfen ihres Herzens und versprach ihr die Ehe.«[1723] Sichems Herz (hebräisch: Seele, *näphäsch*) hing an Dina. Das Zeitwort »hängen« (hebräisch: *dabaq*) heißt »anhaften, ankleben, sich anschmiegen, festhalten an, sich halten zu«. Es entspricht dem griechischen Wort *kollao*, »anleimen«, und geschieht überall da, wo zwei Menschen ein Fleisch werden. Zum erstenmal taucht dieses Zeitwort auf bei der Stiftung der Ehe: »Ein Mann wird Vater und Mutter verlassen und seiner Frau anhangen (hebräisch: *dabaq*), und sie werden ein Fleisch sein« (1Mo 2,24). Das Einswerden zweier Menschen ist keine belanglose Episode, kein unverbindliches Spiel. Sichem und Dina hängen ebenso zusammen, wie auch der Mann, der zu einer Dirne geht, an diese Frau »angeleimt« (griechisch: *kollao*) ist (1Kor 6,16).[1724]

Sichem ist entschlossen, Dina zu heiraten. Da die Verheiratung der Kinder damals die Sache der Eltern war, bittet Sichem seinen Vater Hamor, bei Jakob um Dina zu werben. Jakob hatte bereits zuvor von der Entführung, Entehrung und Vergewaltigung seiner Tochter gehört. Er wurde jedoch nicht aktiv, sondern war entschlossen abzuwarten, bis seine Söhne vom Feld zurückkamen (V. 5). Bei einer Vergewaltigung war es Sache der Brüder, etwas zu unternehmen.[1725] Tamar, von Amnon vergewaltigt, wurde von ihrem Bruder Abschalom gerächt. Zwei Jahre nach der Schandtat ließ Abschalom Amnon, den er zuvor reichlich mit Wein bedient hatte, erschlagen (2Sam 13,28.29).

Unter den Nomaden des Mittleren Ostens ist noch heute der ältere Vollbruder für seine Schwester verantwortlich. Er steht ihr am nächsten und trägt die Verantwortung für ihre Sicherheit und Keuschheit. Wenn es um Rache für eine Gewalttat an seiner Schwester geht, muß in der Versammlung der Brüder sein Rat ohne Widerstand von seiten der anderen Brüder angenommen werden.[1726] Aufgrund dieser uralten Sitte ist einmal das Schweigen Jakobs verständlich, zum andern, daß spä-

1721 Vgl. Delitzsch, S. 414.
1722 Vgl. König, Genesis, S. 638.
1723 Gunkel, S. 375.
1724 Vgl. Bräumer, 1. Teil, S. 81.
1725 Vgl. Westermann, Genesis I/2, S. 655.
1726 Vgl. Patai, S. 116.

ter von Jakob allein die Vollbrüder Dinas, Simeon und Levi, zur Rechenschaft gezogen werden.

Die Brüder hatten von dem Ergehen Dinas bereits auf dem Feld gehört. Bei ihrer Heimkehr aber war schon Hamor im Gespräch mit Jakob. Die Söhne konnten sich vor der Verhandlung nicht mehr mit ihrem Vater absprechen. Rückblickend war das Blutbad in Sichem für Jakob ein geheimer Plan, von dem er sagt: »Ich will nichts zu schaffen haben mit ihren Ratschlägen, will keine Gemeinschaft haben mit ihren Entschlüssen« (1Mo 49,6).

Die Brüder Dinas stießen zu dem Gespräch hinzu. Hamor war begleitet von seinem Sohn Sichem. Das Gespräch fand im Begegnungs- oder »Beratungszelt«[1727] statt. Hamor verhandelte ruhig und besonnen. Jakob schwieg. Sichem trug seine Absicht stürmisch vor. Die Söhne Jakobs waren gekränkt und zornig.[1728]

Hamor will die Angelegenheit auf diplomatischem Weg lösen. Er schlägt den Interkonnubismus zwischen seinem Stamm und der Fami-
lie Jakobs vor, und zwar mit den Worten: **»Gebt eure Töchter uns, und** 9
nehmt euch unsere Töchter.« Ohne auf die Vergewaltigung Dinas einzugehen, trägt er seinen Plan der Eingliederung der halbnomadischen Gruppe in seinen kleinen Stadtstaat vor.[1729] Außerdem bietet er Jakob das Seßhaftwerden in seinem Hoheitsgebiet an, »ein großes und zu allen Zeiten von den armen Kleinviehnomaden angestrebtes Vorrecht«.[1730]

Jakob schweigt! Sein Schweigen wird nicht begründet und deshalb ganz unterschiedlich gedeutet. Schweigt er aus Klugheit[1731] oder etwa deshalb, weil er das Angebot Hamors und Sichems »angenommen und eine ausreichende Sühne darin gesehen hätte, daß Sichem Dina zu seiner Frau machen und einen hohen Betrag für seine Tat an die Familie zahlen würde«?[1732] Zu einer entgegengesetzten Deutung kommt die jüdische Auslegung. »Jakobs Schweigen zeigt, daß von vornherein vom Recht nichts zu erwarten gewesen und nur ein Weg der Gewalt offen erschien, der der jungen Kräfte bedurfte.«[1733]

Am wahrscheinlichsten ist jedoch, daß Jakob sich in der Verhandlung deshalb zurückhielt, da die letzte Verantwortung für Dina bei deren Vollbrüdern, Simeon und Levi, lag.[1734]

1727 a.a.O., S. 115.
1728 Vgl. v. Rad, Mose, S. 290.
1729 Vgl. Westermann, Genesis I/2, S. 656.
1730 v. Rad, Mose, S. 290.
1731 Gunkel, S. 375.
1732 Westermann, Genesis I/2, S. 662.
1733 Hirsch, Genesis, S. 484.
1734 Vgl. Patai, S. 116.

Sichem bekennt sich schuldig. Er bittet um Gnade. Seine Rede ist ganz von der voraufgegangenen Tat bestimmt. Er ist bereit, »jeden Preis zu zahlen, den die Brüder Dinas von ihm verlangen, um damit das Vergehen zu sühnen«.[1735] Er bietet sowohl ein Heiratsgeld (hebräisch: *mohar*), das die Familie bekommt, als auch das Ehegut für Dina (hebräisch: *matan*) an.[1736] Die Höhe von beiden sollen die Brüder festlegen.

7 **Die Söhne Jakobs** waren **schwer gekränkt und wurden sehr zornig.** Für sie stand fest: Eine **Schandtat,** wie sie Sichem begangen hatte, **durfte nicht geschehen.** Die Entführung, Entehrung und Vergewaltigung Dinas traf nicht nur ihre Schwester, sondern das ganze Haus Jakobs.[1737] Es war eine Schandtat, die ihre Empörung und ihren Zorn hervorrufen mußte. Schandtat[a] (hebräisch: *nebalah*) ist »ein uralter Ausdruck für schwersten sexuellen Frevel«.[1738] Das Zeitwort, »sich gekränkt fühlen«, begegnet nur noch 1. Mose 6,6: »Da reute es Jahwe, daß er Menschen gemacht hatte, und er war *bekümmert* bis in sein Herz hinein.« Beide Zeitwörter, »bekümmert« bzw. »gekränkt sein« und »in Zorn geraten«, zielen auf eine Tat ab, die die Kränkung sühnt und den Zorn löscht.[1739] Die Formulierung, »so etwas durfte nicht geschehen«, ist »eine alte Formel, in der sich die Bindung an unverbrüchliche göttliche Normen aussprach«.[1740] Die Brüder waren von vornherein zur Rache entschlossen. Mit ihrer Antwort wandten sie sich an Sichem, der ihre Schwester »verunreinigt« hatte. Die Vergewaltigung war für sie »Verunreinigung«[1741], auf die keine weitere Verunreinigung folgen durfte. So argumentierten
14 sie: **»Wir können unsere Schwester keinem Unbeschnittenen zur Frau**
15 **geben, denn das wäre eine Schande für uns. * Nur unter der Bedingung wollen wir euch entgegenkommen, wenn ihr werdet wie wir, indem sich alles Männliche bei euch beschneiden läßt.«** Die schlüssig und glaubwürdig vorgetragene Bedingung war bewußt zweideutig formuliert. Die Feststellung »sie antworteten mit einer List« (hebräisch: *bemirmah*) heißt in einer aramäischen Übertragung: »sie antworteten mit Weisheit«![1742] Sichem und Hamor konnten in dieser Antwort ein Angebot zur friedlichen Beilegung des Konfliktes sehen. Die Brüder Dinas hielten sich Sichem gegenüber zu allem berechtigt, um ihre Schwester »aus seinen Klauen zu retten«.[1743] Entgegen der aramäischen Überset-

[a] 5Mo 22,21; Jos 7,15; Ri 19,23; 20,6.10; 2Sam 13,12; Jer 29,23

[1735] Westermann, Genesis I/2, S. 657.
[1736] Vgl. die Auslegung zu 1. Mose 24,53.
[1737] Arama, S. 237.
[1738] v. Rad, Mose, S. 290.
[1739] Vgl. Westermann, Genesis I/2, S. 655.
[1740] v. Rad, Mose, S. 290.
[1741] Maas, tama', unrein sein, Sp. 665.
[1742] Arama, S. 239.
[1743] Hirsch, Genesis, S. 486.

zung war die Antwort der Brüder Dinas nicht eine von betrügerischer
Absicht freie Weisheit, sondern eine List, die wie jede List auf der Gren-
ze zum Betrug liegt und so zur »Arglist« werden kann.[1744] Entsprechend
allgemein gehalten ist auch der zweite Teil der Antwort der Brüder Di-
nas. Wenn die Beschneidung vollzogen ist, werden **»wir euch unsere** 16
Töchter geben, und wir werden uns eure Töchter nehmen«. Dabei
erwähnen sie mit keinem Wort, daß sie Dina Sichem zur Frau geben
wollen.[1745]

Hamor und Sichem akzeptieren den Vorschlag der Beschneidung. Da Sichem Dina liebt, zögert er keinen Augenblick. Beide ziehen in das Tor der Stadt, das heißt an den Versammlungsplatz der Männer.[1746] Auch hier erweist sich Hamor als Diplomat. Er verbindet die Forderung der Beschneidung mit einem Hinweis auf einen für die Städter großen wirtschaftlichen Vorteil. Durch die Verschmelzung zu einer Großfamilie werden die Sichemiter ein Mitbesitzrecht an den Herden und am sonstigen Eigentum Jakobs und seiner Sippe bekommen.[1747] Außerdem beteuert er die friedliche Absicht Jakobs und seiner Söhne.

Die Beschneidung selbst war auch den unbeschnittenen Sichemitern nicht unbekannt. Sie wurde bei den Ägyptern bereits im 4. Jahrtausend v.Chr. geübt und breitete sich von dort auf viele Nachbarvölker aus. Die Beschneidung war üblich u.a. bei den Edomitern, Moabitern und Ammonitern.[1748] Auch wenn die Beschneidung für die Sichemiter weder eine unbekannte noch unerhörte Zeremonie war[1749], so wußten sie, die die Beschneidung nicht am eigenen Leib erfahren hatten, nichts von den Schmerzen, dem einsetzenden Fieber und der Schwächung, die sie bis zu dreißig Tagen bewegungsunfähig machte.[1750]

Dieses Unwissen der Sichemiter nützten Simeon und Levi, um **die**
sorglose Stadt am dritten Tage zu überfallen und alle Männer zu er- 25
schlagen. Der dritte Tag ist entweder der dritte Tag nach der Beschnei-
dung, an dem die im Wundfieber Liegenden kampfunfähig waren[1751],
oder aber der dritte Tag der Woche. Der Überfall hätte dann an einem
Dienstag stattgefunden.[1752] Der Dienstag gilt in der jüdischen Tradition
als ganz besonderer Glückstag, da im Schöpfungsbericht vom dritten

[1744] Vgl. die Auslegung zu 1. Mose 27,35.
[1745] Arama, S. 239.
[1746] Vgl. die Auslegung zu 1. Mose 19,1-11; 23,10.
[1747] Vgl. v. Rad, Mose, S. 291.
[1748] Kirschner/Joseph, Berit Mila, Sp. 862.
[1749] Zum Vollzug der Beschneidung und ihrer Bedeutung für die Nachkommen Abrahams siehe die Auslegung zu 1. Mose 17,9-14.
[1750] Vgl. Patai, S. 117+212+213.
[1751] Vgl. Westermann, Genesis I/2, S. 660 und Delitzsch, S. 416.
[1752] Arama, S. 239.

Schöpfungstag zweimal gesagt ist, »und Gott sah, daß es gut war« (1Mo 1,10.12.13).[1753]

Die Ermordung der Sichemiter, einschließlich Hamors und Sichems, hatte noch ein »grausames Nachspiel«.[1754] Nachdem die durch die Beschneidung bewegungsunfähigen Männer getötet waren, fielen alle Söhne Jakobs in die Stadt ein, raubten und plünderten alles, was ihnen unter die Hände kam, und führten Kinder und Frauen als Gefangene ab (V. 27-29).

In der jüdischen Auslegung wird dieses Nachspiel verschieden gewertet. Rabbi Yitzchak Arama (1420-1493) hält die Gefangennahme der Kinder und Frauen für eine Notwendigkeit, da diese sonst in den Nachbarstädten Alarm geschlagen hätten.[1755] Rabbi Samson Raphael Hirsch (1808-1888) verurteilt den zweiten Überfall. »Nun beginnt das Tadelnswerte, das wir keineswegs zu entschuldigen brauchen. Hätten sie Sichem und Hamor erschlagen, es wäre kaum etwas dagegen zu reden. Allein sie haben die wehrlosen preisgegebenen Menschen nicht geschont, ja, sie haben noch mehr getan, haben geplündert, haben überhaupt die Ortsbewohner das Verbrechen der Gutsherren mit büßen lassen. Das war durch nichts gerechtfertigt.«[1756]

Als Jakob von dem durch seine Söhne angerichteten Blutbad erfährt,
30 bricht er sein Schweigen und sagt zu Simeon und Levi: **»Ihr stürzt mich ins Unglück, indem ihr mich verhaßt macht bei den Bewohnern des Landes, den Kanaanitern und Perisitern. Ich bin ja nur eine zählbare Mannschaft. Wenn sie sich gegen mich zusammentun, werden sie mich erschlagen, und ich und mein Haus werden vernichtet.«**

Die Anklage Jakobs enthält einen schweren Vorwurf.[1757] Er beklagt die unheilvolle Tat seiner Söhne[1758] und weist auf die schlimmen Folgen hin. Die Formulierung »verhaßt machen« heißt wörtlich »stinkend machen«, »in üblen Geruch bringen«.[1759] Jakob vergleicht »den guten Namen mit Salböl und Unbeliebtheit mit Gestank«.[1760] Mit seinem Vorwurf verweist er seine Söhne auf »die Situation der wandernden Väter, deren Gruppen so klein sind, daß sie kriegerischen Konflikten ausweichen müssen«.[1761]

31 Stolz erwidern Simeon und Levi: **»Durfte er mit unserer Schwester**

[1753] Rappaport, JL, Bd III, Sp. 726.
[1754] v. Rad, Mose, S. 292.
[1755] Arama, S. 239.
[1756] Hirsch, Genesis, S. 488.
[1757] Vgl. Westermann, Genesis I/2, S. 662.
[1758] Delitzsch, Genesis S. 418.
[1759] Dillmann, S. 375.
[1760] Gunkel, S. 378.
[1761] Westermann, Genesis I/2, S. 662.

wie mit einer Dirne umgehen?« Damit verweisen Simeon und Levi noch einmal auf die dreifache Schandtat Sichems: die Entführung, die Entehrung und die Vergewaltigung!

Sie behalten das letzte Wort. Das allerletzte aber spricht Jakob in seinem Segen: »Simeon und Levi sind Brüder; Werkzeuge der Gewalttat sind ihre Schwerter, ich will nichts zu schaffen haben mit ihren Ratschlägen, will keine Gemeinschaft haben mit ihren Entschlüssen! Denn in ihrem Zorn haben sie Männer erschlagen und in ihrem Mutwillen Stiere verstümmelt. Verflucht sei ihr Zorn, daß er so gewalttätig ist, und ihre Wut, daß sie sich so grausam zeigt! Ich will sie zerteilen in Jakob und will sie zerteilen in Israel« (1Mo 49,5-7).[1762] Die Verurteilung des Blutbads in Sichem, für das Jakob Simeon und Levi verantwortlich macht, erinnert an das Wort Jesu: »Wer das Schwert ergreift, wird durch das Schwert umkommen« (Mt 26,52).

Die Worte Jakobs und die Weisung Jesu bleiben bis heute oft ungehört. Mit Simeon und Levi beginnt auch in der Geschichte des erwählten Volkes »die Zeit der Gewalt, der Kriege, des Tötens um des Überlebens willen«.[1763] Erst der Messias wird der König des Friedensreiches (Jes 9,1-6).

Aus den 70er Jahren des 19. Jahrhunderts ist eine Geschichte bekannt, die in vielem Ähnlichkeit hat mit dem Blutbad in Sichem. Sie trug sich ungefähr 150 km nördlich von Medina zu: »Ein Mädchen der Arab betrat Cheiber, um die Töchter der Stadt zu sehen: da wurde ein junger Mann von tödlicher Liebe zu ihr ergriffen, er bestrickte das gaffende junge Fräulein und tat ihr Gewalt an; er war des Scheich Ohillas Sohn! Die arme junge Frau ging weinend nach Hause; sie war eines Scheichs Tochter. Dieses Gewaltverbrechen ward alsbald im Lagerdorf der Nomaden berichtet! Und ›Nicht zu ertragen war's, daß eine Jungfrau Schändung leiden sollte!‹ sagten alle Beduinen ... Die Beduinen überrannten alle; sie eroberten die Dörfer und verschworen sich auf Eid, niemals mehr den Keyabara ihre Töchter zu geben.«[1764]

2. Die Rückkehr nach Bet-El: 35,1-15

Bet-El war die erste Station auf Jakobs Flucht (1Mo 28,1-22). Jetzt kehrt Jakob mit seiner Sippe an den Ort zurück, an dem ihm Gott erschienen war und an dem er ein Gelübde abgelegt hatte. »Das Hinauf-

[1762] Zur Geschichte Simeons und Levis und ihrer Nachkommen vgl. Exkurs V, Die Söhne Jakobs und die Stämme Israels, 2. Simeon, 3. Levi.

[1763] Westermann, Genesis I/2, S. 664.

[1764] Dougthy, Charles, Travels in Arabia Deserta; zitiert nach Patai, S. 112.

ziehen zu der Offenbarungsstätte des Vaters war für die Jakobsfamilie, was für ihre Urenkel die Versammlung am Sinai war.«[1765]

(1) Die Aufforderung zum Aufbruch: 35,1

1 **Gott sprach zu Jakob: »Mach dich auf, zieh hinauf nach Bet-El!**
Bleibe dort, um dem Gott einen Altar zu errichten, der dir, als du
auf der Flucht vor deinem Bruder Esau warst, erschienen ist.«

Der Anlaß, das »grausam verödete Sichem«[1766] zu verlassen und in das im benjaminitischen Bergland gelegene Bet-El hinaufzuziehen, war »eine unmittelbare Gottesweisung«.[1767] Die Wegweisung Gottes ist verbunden mit der Aufforderung, in Bet-El einen Altar zu bauen. Bisher war das Aufrichten eines Standmals oder der Bau eines Altars immer die spontane Tat eines der Väter. Jetzt wird der Altarbau von Gott befohlen.[1768] Mit dem Gebot, einen Altar zu bauen, ermahnt Gott Jakob, sein Gelübde zu erfüllen (1Mo 28,22) und Bet-El zur Gottesdienststätte zu machen.[1769]

(2) Das Begraben der Götzen: 35,2-5

2 **Da sprach Jakob zu seinem Haus und zu allen, die bei ihm waren:**
»Schafft die Götter der Fremde weg, die unter euch sind, wascht
3 **euch, und wechselt eure Kleider!« * Dann wollen wir uns aufma-**
chen und nach Bet-El hinaufziehen. Dort werde ich einen Altar er-
richten dem Gott, der mich erhört hat am Tag meiner Not und der
4 **mit mir war auf dem Weg, den ich gezogen bin.« * Da gaben sie Ja-**
kob alle Götter der Fremde, die in ihrem Besitz waren, ebenso ihre
Ohrringe, und Jakob vergrub sie unter der Terebinthe, die bei Si-
5 **chem steht. * Dann brachen sie auf, und es lag ein Schrecken Gottes**
auf den Städten, die rings um sie her waren, so daß sie die Söhne Ja-
kobs nicht verfolgten.

Bevor Jakob die Gottesanweisung an seine Familie weitergibt, for-
2 dert er die Seinen auf, die **Götter der Fremde** wegzuschaffen. Terach, der Vater Abrahams, und sein Bruder Nahor hatten »andere Götter« verehrt (Jos 24,2). Nicht zuletzt deshalb mußte Abraham seine Heimat und seine Familie verlassen. Er war berufen, nur dem einen Gott zu dienen.[1770]

[1765] Hirsch, Genesis, S. 491.
[1766] Delitzsch, S. 418.
[1767] v. Rad, Mose, S. 293.
[1768] Vgl. Westermann, Genesis I/2, S. 669.
[1769] Vgl. Delitzsch, S. 419.
[1770] Vgl. Wiener, JL, Bd II, Sp. 1247.

Beim Auszug Jakobs hatte Rahel die Hausgötzen Labans gestohlen. Da sie diese vor Laban verstecken konnte[1771], waren die Terafim immer noch in ihrem Besitz. Wenn schon die von Jakob geliebte Frau Götzen mit sich führte, um wieviel zahlreicher werden die Götzen der Sklaven gewesen sein![1772] Dazu kamen die Götzenbilder, die die Söhne Jakobs von ihrem Raubzug aus Sichem mitbrachten.[1773]

Die Götzen sind Ungötter, Nichtse und Eitles[b]. Ein Götze ist »das Wirklichkeitslose, das von törichten Menschen an die Stelle des wirklichen Gottes gesetzt wird«.[1774] Götzen sind Schöpfungsbereiche oder aber Gegenstände der Schöpfung aus Holz, aus Gold oder anderen Materialien, auf die Majestätsprädikate Gottes übertragen werden. »Der Götze selber in seinem An-sich ist nichts. Er wird nur etwas durch uns. Er ist gleichsam ein gegenständliches Symbol unserer Hörigkeit und besitzt darum nur *die* Macht - diese besitzt er aber *wirklich!* - die wir ihm geben.«[1775]

[b] 3Mo 19,4 5Mo 32,17.21 Ps 106,28 Jes 40,18ff 41,23f.29 44,6ff Jer 2,11

Götzen sind Gebilde, die in gotteslästerlicher Weise von Menschen mit Macht beliehen sind. Von Gott aus gesehen sind sie Nichtse, das heißt, sie besitzen objektiv gesehen keine magisch dämonische Macht. Für den Menschen aber, der Macht auf die Gegenstände übertragen hat, haben sie eine dämonische Realität. »Das Dämonische ist hier keine gegenständliche Größe, sondern ein Akt, nämlich ein *Belehnungsakt.*«[1776]

Die beliebtesten im 2. Jahrtausend v.Chr. in Ägypten, in Babylon und unter den Stämmen der syrisch-palästinischen Landbrücke verbreiteten Götzenbilder waren Amulette. Amulett heißt ursprünglich »Speisebrei aus Kraftmehl« (lateinisch: *amuletum*). Die volkstümliche Erklärung führt den Begriff Amulett zurück auf das Zeitwort »wegschaffen, abwenden, beseitigen, entfernen« (lateinisch: *amoliri*).[1777] Das Amulett ist ein »Unheilabwehrer«[1778], ein Schutzmittel, das Krankheit, Zauberei, Schaden und jede andere Art des Unheils ablenken soll. Amulett kann mit »Ablenkung« übertragen werden. Der Mensch überträgt auf einen Gegenstand den Glauben, daß dieser böse Geister und andere Gefahren ablenken kann. Im babylonischen Raum trug man Tierknochen, Insekten und monströse Figuren, zum Beispiel eine Frau mit Löwenkopf, am Hals oder hängte sie an Türen und Fenster, um Dämonen am Eindrin-

[1771] Siehe die Auslegung zu 1. Mose 31,1-43.
[1772] Vgl. Dillmann, S. 376.
[1773] Arama, S. 240; Hertz, S. 129.
[1774] Büchsel, S. 374.
[1775] Thielicke, Ethik, Bd I, S. 513 (1547).
[1776] a.a.O., S. 515 (1552).
[1777] Kluge, Amulett, S. 20.
[1778] Wilsdorf, Amulett, S. 33.

gen zu hindern. In Ägypten wurden das Horusauge und der Skarabäus getragen. Die Flügel des Skarabäus gleichen einem vierblättrigen Kleeblatt. In den kanaanäischen Stadtstaaten bestanden die Amulette aus durchlöcherten Knochen. Es waren »summende Muscheln« (Jes 3,20), kleine Monde (Ri 8,21) oder blaue Perlen zum Schutz gegen den bösen Blick.[1779] Im Talmud werden die Amulette »Angebundenes« (hebräisch: *kemina*) genannt und grundsätzlich verurteilt. Die Talmudtexte sprechen von umgehängten Täfelchen mit geometrischen Zeichen, Gottesnamen, zum Teil in vertauschter Schrift, und Zaubersprüchen.[1780] Der Zauberspruch heißt im Arabischen *tilsam*, im Griechischen *telesma* (= Fetisch). Von diesem Begriff ist der Ausdruck Talisman abgeleitet.[1781]

2/4 Die **Götter der Fremde** im Haus Jakobs waren Hausgötzen, u.a. die Terafim und Amulette, die als Ohrringe getragen wurden.[1782] Die Leute Jakobs hatten auf diese Götzen und Amulette Machterwartungen übertragen. Ihre Hoffnung setzten sie nicht auf Gott den Herrn allein, sondern auf Gegenstände der Schöpfung aus Holz oder Edelmetall. Sie trugen Ohrringe nicht als Schmuckstücke, sondern als Schutzschilder gegen Gefahren und zur Abwehr böser Geister. Alle diese Götzenbilder und Amulette sammelte Jakob ein und vergrub sie unter der Terebinthe bei Sichem.[1783] Das Vergraben der Götzenbilder an einer Kultstätte eines kanaanäischen Stadtstaates ist Zeichen der »Entwertung«.[1784] Götzen, die u.a. an dem heiligen Orakelbaum verehrt wurden, liegen nun unter dem Baum verscharrt. Jakob fordert seine Leute nicht nur auf: Schafft die Götzen weg, sondern er gibt auch die Weisung: **»Wascht euch, und wechselt eure Kleider!«** Das Waschen und das Wechseln der Kleider sind Symbolhandlungen[c]. Mit diesen zeichenhaften Handlungen bekennt der Mensch, daß er gereinigt und erneuert Gott allein gehören und dienen will.[1785]

[c] 2Mo 19,10 Jos 7,13 1Sam 16,5

Nachdem Jakob und seine Familie sich von allen Götzen losgesagt und sich allein zu dem einen Gott bekannt hatten, brachen sie von ihrem Lager bei Sichem in Richtung Bet-El auf. Dabei wurden sie von keinem der Sichem benachbarten Stadtstaaten behelligt oder verfolgt,
5 denn **es lag ein Schrecken Gottes auf den Städten, die rings um sie her waren.**

[1779] Grunwald, Amulette, Sp. 295.
[1780] Vgl. Philo-Lexikon, Sp. 24.
[1781] Grunwald, Amulette, Sp. 295.
[1782] Vgl. Delitzsch, Genesis S. 419; Westermann, Genesis I/2, S. 671.
[1783] Zur Orakelterebinthe bei Sichem siehe die Auslegung zu 1. Mose 12,6.7.
[1784] Dillmann, S. 376.
[1785] Vgl. v. Rad, Mose, S. 294.

Ein Schrecken Gottes ist eine von Gott inspirierte Furcht.[1786] Bei der Landnahme unter Josua ist der Gottesschrecken (2Mo 23,27; Jos 2,9) der Schutz Israels[1787], und die Propheten[d] wissen von einem geheimnisvollen panischen Schrecken.[1788] Die von Gott verhängte Furcht machte die Bewohner der umliegenden Städte verzagt.[1789] Panischer Schrecken lähmte sie, so daß sie sich nicht rühren konnten.[1790] Der Gottesschrekken bewirkte »eine unheimliche Lähmung oder Panik, in der den Feinden der einfachste Gebrauch ihrer Sinne versagt«.[1791] Da, durch den Gottesschrecken gebannt, keiner der umliegenden kanaanäischen Stadtstaaten wagte, Jakob und seine Sippe zu verfolgen, kam Jakob unbeschadet nach Bet-El.[1792]

[d] Jes 19,13ff Hes 24,22f Am 2,14ff

(3) Der Altar in Bet-El: 35,6+7

6 So kam Jakob nach Lus, das im Lande Kanaan liegt - das ist Bet-El -,
7 er und das ganze Volk, welches mit ihm war. * Und er baute dort einen Altar und nannte den Ort »Ort des Gottes von Bet-El«, weil Gott sich ihm dort geoffenbart hatte, als er auf der Flucht vor seinem Bruder war.

In Lus, dem alten Bet-El, angekommen[1793], baut Jakob Gott einen Altar. Es ist der fünfte Altar, von dem mit keinem Wort gesagt wird, daß die Väter auf einem solchen Altar ein Opfer darbrachten. Es waren Erinnerungs- und Anbetungsstätten.[1794]

Abraham errichtete einen Altar in der Nähe von Bet-El (1Mo 12,8; 13,4) und einen in Mamre bei Hebron (1Mo 13,18). Isaaks Altar stand in Beerscheba (1Mo 26,25) und der erste Altar Jakobs bei Sichem (1Mo 33,20).

Auf seiner Flucht hatte Jakob eine Mazzebe, ein Standmal, errichtet (1Mo 28,18). In seinem Gelübde versprach er, Bet-El zur Gottesstätte, zu einem Gotteshaus, zu machen (1Mo 28,22). Dieses Gelübde erfüllt Jakob durch den Bau des Altars.[1795]

Mit dem Namen **»Ort des Gottes von Bet-El«** weiht Jakob den Altar 7

1786 Hertz (Hg.), S. 130.
1787 Vgl. Westermann, Genesis I/2, S. 662.
1788 Vgl. Gunkel, S. 381.
1789 Vgl. Dillmann, S. 376.
1790 Vgl. Procksch, S. 547.
1791 v. Rad, Mose, S. 295.
1792 Vgl. Delitzsch, S. 420.
1793 Zu Bet-El und seiner Geschichte siehe die Auslegung zu 1. Mose 12,8.
1794 Vgl. Delitzsch, S. 420.
1795 Vgl. Hirsch, Genesis, S. 490.

und die Umgebung des Altars zu einem Heiligtum.[1796] Es ist der Ort, an dem sich ihm Gott bei seiner Flucht geoffenbart hatte und an dem er versprochen hatte, den Zehnten seines Besitzes abzuführen (1Mo 28,22).

(4) Der Tod Deboras: 35,8

8 Da starb Debora, die Amme Rebekkas, und wurde begraben unterhalb von Bet-El unter der Eiche, und man nannte diese: »Allon Bachut«, »Klageeiche«.

Völlig unvermittelt taucht die Amme Rebekkas im Gefolge Jakobs auf. Erst bei der Nachricht von ihrem Tod wird ihr Name, Debora, bekannt. Debora heißt übersetzt »Biene«.[1797] »Die alte Debora ist ein Seitenstück zu dem alten Eliëser.«[1798] Wie die betagte Debora in Jakobs Sippe kam, wird nicht berichtet. Es gibt drei mögliche Vermutungen: Sie begleitete auf Bitten Rebekkas Jakob bereits auf seiner Flucht und zog wieder mit ihm zurück.[1799] Sie scheute nicht den langen Weg bis zum Haus Labans, um Jakob den Tod seiner Mutter Rebekka mitzuteilen[1800], oder aber sie zog Jakob von Hebron aus bis Sichem entgegen.[1801] Auf jeden Fall ist sie in Bet-El ein Glied der Sippe Jakobs. Als die hochbetagte Frau stirbt, ehrt und beweint Jakob sie, als ob sie seine eigene Mutter gewesen sei.[1802] Ihren letzten Ruheort findet Debora unter der Klageeiche (hebräisch: *Allon Bachut*). Es ist unwahrscheinlich, daß die Eiche (hebräisch: *'allon*) derselbe Ort war, an dem später die Richterin Debora Recht sprach (Ri 4,5). Debora, die Richterin, wählte als Platz für ihre Rechtsprechung eine Palme (hebräisch: *tomer*).[1803]

(5) Die Gotteserscheinung in Bet-El: 35,9-15

9 Da erschien Gott Jakob zum zweitenmal seit seiner Rückkehr aus
10 Paddan-Aram, und er segnete ihn. * Gott sprach zu ihm: »Dein Name ist Jakob, doch du sollst nicht mehr Jakob genannt werden, sondern Israel soll dein Name sein.« Also nannte man ihn Israel.
11 * Und Gott sprach zu ihm: »Ich bin El Schaddai; sei fruchtbar und

[1796] Vgl. Lange, S. 367.
[1797] Odelain/Séguineau, S. 80.
[1798] Lange, S. 369.
[1799] Vgl. Hertz (Hg.), S. 130.
[1800] Vgl. Dillmann, S. 377.
[1801] Vgl. Strack, S. 112.
[1802] Vgl. Hirsch, Genesis, S. 492.
[1803] Vgl. König, Genesis, S. 645.

mehre dich! Ein Volk, ja eine Schar von Völkern wird von dir ab-
stammen, und Könige sollen unter deinen direkten Nachkommen
12 **sein. * Das Land aber, das ich Abraham und Isaak gegeben habe,**
ich gebe es dir, und deinem Samen nach dir gebe ich das Land.«
13 *** Dann fuhr Gott von ihm in die Höhe empor, und zwar an der**
14 **Stätte, wo er mit ihm geredet hatte. * Und Jakob errichtete ein**
Standmal an dem Ort, wo Gott mit ihm geredet hatte, ein Stand-
mal aus Stein, und er goß ein Trankopfer auf dasselbe und salbte
15 **es mit Öl. * Und Jakob nannte den Ort, an dem Gott mit ihm gere-**
det hatte, »Bet-El«.

Für die Sippe Jakobs wird Bet-El zum Offenbarungsort wie später für die Urenkel Jakobs der Berg Sinai.[1804] Alles, was Gott bisher im Verborgenen allein zu Jakob gesprochen hatte, wird jetzt vor aller Augen und Ohren wiederholt: die Namensänderung »Jakob« in »Israel«, der Gottesname »El Schaddai«, die Übertragung der Abrahamsverheißung und die Benennung des Ortes, »Bet-El«. Jakobs Flucht ist endgültig zu Ende. Der verborgene Gott *(deus absconditus)* ist jetzt der offenbare *(deus revelatus)*.[1805] Jakob mußte mit seiner Familie eine Zeitlang in Bet-El bleiben, damit seine gesamte Sippe den für sie in vielem rätselhaften und geheimnisvollen Weg Jakobs verstehen lernte.[1806]

Gott wiederholt noch einmal den neuen Namen Jakobs, »Israel«.[1807] So wird er jetzt seit Bet-El von *allen* genannt. Erneut offenbart sich Gott mit dem Namen El Schaddai[1808], und noch einmal setzt er Jakob zum Erben der Abrahamsverheißung ein.[1809] Jakob antwortet auf diese offene Rede Gottes mit der Wiederholung der Namengebung: »Bet-El«.[1810] Davor errichtet Jakob vor aller Augen eine Mazzebe, ein Standmal, übergießt es mit einem Trankopfer und salbt es mit Öl.[1811] In Bet-El wird zum erstenmal ein Trankopfer[e] erwähnt.[1812] Es bestand entweder aus Wein, als Zeichen dankbarer Freude[1813], oder aus Wasser, »zum Ausdruck, daß auch jeder gewöhnliche Moment mit allen seinen Lebensbedingungen unmittelbar Gottes ist«.[1814]

[e] 2Mo 29,40 30,9

[1804] Vgl. Hirsch, Genesis, S. 491.
[1805] Vgl. v. Rad, Mose, S. 296.
[1806] Vgl. Hirsch, Genesis, S. 490; Lange, S. 112.
[1807] Siehe die Auslegung zu 1. Mose 32,23-32.
[1808] Siehe die Auslegung zu 1. Mose 17,1; 28,3.
[1809] Siehe die Auslegung zu 1. Mose 17,2-8; 28,13.14.
[1810] Siehe die Auslegung zu 1. Mose 28,19.
[1811] Siehe die Auslegung zu 1. Mose 28,18.
[1812] Vgl. Westermann, Genesis I/2, S. 674.
[1813] Vgl. Delitzsch, S. 421.
[1814] Hirsch, Genesis, S. 494.

3. Die Geburt Benjamins und der Tod Rahels: 35,16-20

16 **Dann zogen sie von Bet-El weg. Als sie noch ein Stück Wegs bis**
17 **Efrata hatten, gebar Rahel. Sie hatte eine schwere Geburt. * Als**
sie bei der Geburt schwer zu leiden hatte, sprach die Geburtshel-
ferin zu ihr: »Fürchte dich nicht, du hast auch dieses Mal einen
18 **Sohn.« * Es war aber, als ihre Seele entfloh - denn sie starb -, da**
19 **nannte sie ihn Ben-Oni; sein Vater aber nannte ihn Benjamin. * So**
starb Rahel und wurde begraben auf dem Weg nach Efrata, das ist
20 **Betlehem. * Und Jakob errichtete ein Standmal über ihrem Grab,**
das ist das Grabmal Rahels bis auf diesen Tag.

Der Bericht von der Geburt Benjamins und dem Tod Rahels gibt einen Einblick in die Härte der Lebensweise der Erzväter. Jakob zog mit seiner Sippe in den Süden, Rahel war hochschwanger. Da die Wehen einsetzten, mußte Jakob den Marsch unterbrechen. Benjamin[1815] wird geboren. Rahel überlebt die Geburt nicht. Sie wird begraben. »Dann bricht der Zug auf, läßt das Grab der Mutter hinter sich, und das Neugeborene, das keine Mutter mehr hat, wird mitgetragen.«[1816]

16/19 Die Ortsangabe, **ein Stück Wegs bis Efrata . . . * Efrata, das ist Betlehem,** gibt einige Rätsel auf, und zwar sowohl was die Wegangabe als auch die Lage von Efrata und schließlich die Gleichsetzung von Efrata und Betlehem anbelangt.

»Ein Stück Wegs« (hebräisch: *kibrat-ha-ʾarez*) ist ein unbekanntes Weg- oder Streckenmaß. Es ist möglich, daß es eine kurze Wegstrecke war[1817] oder, wie es die Übersetzer des Alten Testaments ins Griechische (Septuaginta) annehmen, »eine Strecke, soweit ein Pferd laufen kann«.[1818]

Der im Zusammenhang mit dem Tod Rahels erwähnte Ort Efrata liegt nördlich von Jerusalem zwischen Rama und Gibea, im Gebiet des heutigen Wadi Fara. Auf einer Anhöhe des Wadi Fara wurde ein Gräberfeld gefunden, das im palästinischen Volksglauben bis heute »Gräber der Söhne Israels« heißt. Die größte Ruine dieses Gräberfeldes hat den Namen: »Grab der Mutter der Söhne Israels«.[1819]

Für diese Ortsangabe sprechen zwei Stellen im Alten Testament. Nach 1. Samuel 10,2-5 wanderte Saul von Rama, der Stadt Samuels, in

1815 Zur Geburt Benjamins und der Namengebung Ben-Oni und seine Abwandlung in Benjamin vgl. Exkurs V, Die Söhne Jakobs und die Stämme Israels, 12. Benjamin.

1816 Westermann, Genesis I/2, S. 675.

1817 So v. Rad, Mose, S. 297 mit Hinweis auf 2. Könige 5,19.

1818 Vgl. Westermann, Genesis I/2, S. 675.

1819 Keel/Küchler, Bd 2, S. 608.

südlicher Richtung nach Gibea. Beim Grab Rahels, so prophezeite es ihm Samuel, traf er auf der Grenze des Stammes Benjamin in Zelzach zwei Männer, die ihm entgegenkamen, um zum nördlichen Bet-El zu pilgern. Mit dieser geographischen Vorstellung stimmt Jeremias Ruf überein: »Horch! In Rama hört man Klagen und bitteres Weinen. Rahel beweint ihre Kinder und will sich nicht trösten lassen wegen ihrer Kinder, denn sie sind nicht mehr« (Jer 31,15). Der Prophet sieht die Stamm-Mutter Rahel auf der Höhe von Rama stehen und ihren Kindern, der Bevölkerung von Jerusalem, nachschauen, die in die Babylonische Gefangenschaft geführt werden. Rahel stimmt die Totenklage an, da die Gefangenen ihr wie Tote gelten.

Nach dem von Herodes angeordneten Kindermord in Betlehem klagt die Stamm-Mutter Rahel noch einmal über das Sterben ihrer Kinder. Sie stimmt mit ihrer Klage ein in den untröstlichen Schmerz der Mütter von Betlehem (Mt 2,17.18).[1820] Rahel klagte, als die Mütter in Betlehem weinten, das heißt: Die Gemeinde Gottes von ihrem Anfang bis zu ihrem Ende ist eine festverbundene Einheit. »Sie ist ein einheitlicher Leib von Abraham an bis heute, ein Lebenszusammenhang, der von Gott begründet und daher unzerstörbar ist und seine Kraft in allen Lagen bewährt.«[1821] Deshalb suchen die Christen auf ihren Pilgerfahrten die Gräber der Erzväter und der Propheten auf.

Wie aber ist nun die Gleichsetzung von Betlehem und dem nördlich von Jerusalem gelegenen Efrata zu verstehen? Betlehem bekam später den Namen Efrata durch die Sippe Kalebs.[1822] Efrata hieß die Frau Kalebs, die Mutter des Hur (1Chr 2,19.24). Hur war der Vater Betlehems (1Chr 2,50-54; 4,4). So bekam Betlehem den Namen Efrata.

Betlehem (übersetzt: Haus des Brotes) war zu allen Zeiten ein unscheinbares Städtchen. Das Land um Betlehem ist ertragreich. Wenn der Regen nicht ausbleibt, wachsen auf den Äckern bei Betlehem Getreide, Oliven, Feigen und Weintrauben. Dies ist ein weiterer Grund, warum der Ort Betlehem und seine Gegend »Efrata«, das heißt »fruchtbar«, genannt werden.[1823] Auf einem Acker bei Betlehem traf Boas die Moabiterin Rut. Bei ihrer Hochzeit beglückwünschten die Ältesten das neuvermählte Paar mit den Worten: »Werde glücklich in Efrata, und schaffe dir einen Namen in Betlehem« (Rt 4,11). Boas und Rut gehören zu den Vorfahren Davids (Mt 1,5; Lk 3,32).

David war der jüngste Sohn Isais, des Efraimiters aus Betlehem (1Sam 17,12). Micha nennt die in Betlehem-Efrata beheimatete Sippe

[1820] Vgl. Grundmann, Matthäus, S. 86.
[1821] Schlatter, Matthäus, S. 44.
[1822] Vgl. Odelain/Séguineau, S. 67+89.
[1823] Keel/Küchler, Bd 2, S. 613.

Davids »die kleinste in Juda« (Mi 5,1). Der Messias kommt aus dem »Gau« Betlehem-Efrata.[1824]

Die Überlieferung, daß Jakob Rahel bei Betlehem begraben hat, setzte sich vermutlich schon im 4./5. Jahrhundert v.Chr. durch. Die erste Beschreibung einer Gedenkstätte Rahels bei Betlehem findet sich aber erst beim Pilger von Bordeaux (334 n.Chr.).[1825] In Wirklichkeit aber hatte Jakob seine Frau Rahel zwischen Rama und Gibea im Gebiet des heutigen Wadi Fara begraben. Dort errichtete er über ihrem Grab eine Mazzebe, ein Standmal. Der Malstein sollte das Grab der Stamm-Mutter bezeichnen und an den frühen Tod Rahels erinnern.[1826]

4. Die Schandtat Rubens in Migdal-Eder: 35,21+22a

21 Und Israel brach auf und schlug sein Zelt jenseits von Migdal-
22a Eder auf. * Zur Zeit, als Israel in jenem Land wohnte, ging Ruben hin und schlief bei Bilha, der Nebenfrau seines Vaters, und Israel erfuhr es.

Der nächste Lagerplatz Jakobs war in der Gegend von Migdal-Eder. Migdal-Eder heißt übersetzt: »Herdenturm«. Die Lage von Migdal-Eder ist nicht mehr auszumachen.[1827] Es war ein Ort mit einem Wachturm, von dem aus Hirten ihre Herden überwachen und wohin sie diese abends zusammentreiben konnten.

In der jüdischen Auslegung des Alten Testaments ist Migdal-Eder ein Ort in nicht allzu großer Entfernung von Jerusalem (Mischna Scheqalim 7,4). Hier, so wurde erwartet, sollte sich der Messiaskönig am Ende der Tage offenbaren (Targum Jeruschalim I zu 1. Mose 35,21). Dieser Auslegung folgend, nimmt Hieronymus (um 347-419/420) an, daß Migdal-Eder einer der Wachtürme auf den Hirtenfeldern bei Betlehem war. Zur Zeit des Kirchenvaters Hieronymus wurde ein Wachturm bei Betlehem als der Ort verehrt, an dem die Engel den Hirten, »die Wache hielten« (Lk 2,8), erschienen waren und diesen die Botschaft brachten: »Euch ist heute der Heiland geboren, welcher ist Christus, der Herr, in der Stadt Davids« (Lk 2,11).[1828] Später wurde Migdal-Eder zum Bild für das zerstörte Jerusalem, das wie »eine Schafhürde mit Wachturm« (Mi 4,8) in einer verlassenen Landschaft liegt.[1829]

[1824] Vgl. Westermann, Micha 5,1-3, S. 54+55.
[1825] Keel/Küchler, Bd 2, S. 609+610.
[1826] Vgl. v. Rad, Mose, S. 298.
[1827] Vgl. Westermann, Genesis I/2, S. 677.
[1828] Zu Migdal-Eder, Herdenturm, vgl. Keel/Küchler, Bd 2, S. 641+642.
[1829] Vgl. Odelain/Séguineau, S. 244.

In Migdal-Eder bemächtigte sich Ruben, der Erstgeborene Jakobs, der Nebenfrau seines Vaters. Er schlief mit Bilha. Nebenfrauen waren weder im Babylonischen Recht noch im Familienrecht der Erzväter den Ehefrauen gleichgestellt. Nach dem Gesetz des Hammurabi konnte die Ehefrau einer Nebenfrau, die Gleichstellung beanspruchte, ein Sklavenzeichen aufprägen lassen.[1830] Sara hatte es bei Abraham erreicht, daß dieser Hagar wie eine Sklavin davontrieb.[1831] Was aber die sexuellen Kontakte anbelangte, so war die Nebenfrau für alle anderen Mitglieder der Familie tabu.[1832] Sie war die Frau des Vaters und galt für die Söhne von anderen Frauen als »Stiefmutter«. Nach dem später festgeschriebenen Gesetz war der sexuelle Umgang eines Sohnes mit der Frau seines Vaters eine Todsünde. Beide Beteiligten wurden mit dem Tod bestraft (3Mo 18,8; 20,11). Der Talmud, die jüdische Auslegung des Alten Testaments, setzt für den Sohn eines Mannes im Falle des Geschlechtsverkehrs mit einer Nebenfrau seines Vaters die Strafe für Blutschande fest.[1833] Das Motiv für Rubens Schandtat war nicht Leidenschaft, sondern kühne Berechnung. Er demonstrierte dadurch, daß er mit Bilha schlief, seinen Anspruch auf die Nachfolge seines Vaters. Er meinte damit sein »Recht als Erstgeborener auf das Erbe seines Vaters unwiderruflich verankern zu können«.[1834] Ähnlich handelte später Abschalom, als er das Hochzeitszelt auf dem Dach aufschlug und vor den Augen ganz Israels zu den Nebenfrauen seines Vaters David ging (2Sam 15,16; 16,20-22).

Ruben muß befürchtet haben, daß sein Erstgeburtsrecht auf Josef, den erstgeborenen Sohn Rahels, die Jakob liebte, übergehen könnte. Seine Schandtat aber, mit der er seine Rechte behauptete, war der Grund dafür, daß ihm sein Vater bei seinem Sterbesegen das Erstgeburtsrecht absprach.[1835] Jakob, der zunächst, nachdem er von der Schandtat Rubens gehört hatte, schwieg, entzog Ruben das Erstgeburtsrecht mit den Worten: »Doch überwallend wie Wasser, sollst du keinen Vorzug genießen! Denn du hast deines Vaters Lager bestiegen; damals hast du es entweiht: mein Bett hat er bestiegen!« (1Mo 49,4).

1830 Codex Hammurabi, §§ 145+146, Greßmann, Altorientalische Texte und Bilder, Bd I, S. 156+157.
1831 siehe die Auslegung zu 1. Mose 16,1-6 und 21,9-21.
1832 Vgl. Patai, S. 109.
1833 Kraus/Rappaport, JL, Bd III, Sp. 643.
1834 Patai, S. 107.
1835 Zu Ruben vgl. Exkurs V, Die Söhne Jakobs und die Stämme Israels, 1. Ruben und Arama, S. 240.

5. Die zwölf Söhne Jakobs, die Heimkehr nach Hebron und der Tod Isaaks: 35,22b-29

22b/23 **Jakob hatte zwölf Söhne. * Die Söhne Leas waren: Ruben, der**
Erstgeborene Jakobs, ferner Simeon, Levi, Issachar und Se-
24/25 **bulon. * Die Söhne Rahels, waren: Josef und Benjamin. * Die**
26 **Söhne Bilhas, der Magd Rahels, waren: Dan und Naftali. * Die**
Söhne Silpas, der Magd Leas, waren: Gad und Ascher. Dies
sind die Söhne Jakobs, die ihm in Paddan-Aram geboren
27 **wurden. * Und Jakob kam zu seinem Vater Isaak nach Mam-**
re, nach Kirjat-Arba, das ist Hebron, wo Abraham und Isaak
28 **gewohnt hatten. * Isaak aber wurde hundertachtzig Jahre**
29 **alt. * Da verschied Isaak und starb und wurde zu seinen**
Stammesgenossen versammelt, alt und satt. Es begruben ihn
seine Söhne Esau und Jakob.

Vor seiner Heimkehr nach Hebron werden noch einmal die zwölf Söhne Jakobs genannt. Dieses Mal folgt die Reihenfolge der Ordnung ihrer Mütter: Lea, Rahel, Bilha und Silpa. Innerhalb dieser Aufzählung werden die Söhne nach ihrer Altersfolge aufgeführt.[1836] Die Formulie-
26 rung, **dies sind die Söhne Jakobs, die ihm in Paddan-Aram geboren wurden,** ist »generalisierend«.[1837] Benjamin war im Land der Väter, in Efrata, zur Welt gekommen (1Mo 35,16-19).

Jakob traf in Mamre, in Kirjat-Arba, in Hebron[1838], seinen Vater Isaak. Über die Begegnung werden keine Einzelheiten berichtet. Isaak, der aufgrund seiner Erblindung bereits zwanzig Jahre zuvor[1839] sein Ende befürchtet hatte, wurde hundertachtzig Jahre alt. Sein Leben und Sterben wird mit denselben Worten charaktersiert wie das seines Va-
29 ters Abraham: Er war **alt** und **satt!** Er **verschied** und **starb** und **wurde zu seinen Stammesgenossen versammelt.**[1840] Wie bei Abrahams Bestattung Ismael und Isaak (1Mo 25,9), so fanden sich bei Isaaks Beisetzung ebenfalls seine beiden Söhne, Esau und Jakob, ein. Wie Abraham, so wurde auch Isaak in der Höhle von Machpela begraben (1Mo 49,31).

Letzte Worte Isaaks sind nicht überliefert. Isaak, der »auf Befehl Gottes von seinem Vater auf den Altar gelegt war«, nahm »das Geheimnis seines Lebens mit ins Grab«.[1841]

[1836] Vgl. Delitzsch, S. 424 und Westermann, Genesis I/2, S. 677.
[1837] Hertz (Hg.), S. 131.
[1838] Zu Mamre siehe die Auslegung zu 1. Mose 13,18; zu Kirjat-Arba und Hebron siehe die Auslegung zu 1. Mose 23,2.
[1839] Siehe die Auslegung zu 1. Mose 27,1+2.
[1840] Vgl. zu jedem der einzelnen Begriffe die Auslegung zu 1. Mose 25,7-11.
[1841] v. Rad, Mose, S. 299.

VII. ESAU UND SEINE NACHKOMMEN: 36,1-43

Nach dem Tode Isaaks trennten sich Esau und Jakob. »Ihre Wege gehen ohne weitere Begegnung auseinander.«[1842] In der Geschichte der Väter ist von diesem Zeitpunkt an nur noch von Jakob die Rede. Dennoch haben sich beide nicht aus den Augen verloren. Edom blieb für Israel »das nächstverwandte« Volk.[1843] Sie werden auch später noch »Brüder« genannt (4Mo 20,14)[f], und in den Vorschriften, wer in die Ge- f Am 1,11
meinde Israels aufgenommen werden darf und wer auszuschließen ist, heißt es: »Einen Edomiter sollst du nicht verabscheuen, denn er ist dein Bruder« (5Mo 23,8). Das Kapitel über Esau und seine Nachkommen soll die Erinnerung an das Brudervolk wachhalten.[1844]

**1/2 Dies ist die Geschlechterfolge Esaus, das ist Edom. * Esau hatte
seine Frauen von den Töchtern Kanaans genommen: Ada, die
Tochter des Hetiters Elon, und Oholibama, die Tochter Anas,
3 die Enkelin des Hiwiters Zibon, * und Basemat, die Tochter Is-
4 maels, die Schwester Nebajots. * Und Ada gebar Esau Elifas,
5 und Basemat gebar Reguël. * Oholibama gebar Jëusch, Jalam
und Korach. Dies sind die Söhne Esaus, die ihm im Lande Ka-
6 naan geboren wurden. * Da nahm Esau seine Frauen, seine
Söhne und Töchter und alle Leute seines Hauses sowie seine
Herden und all sein Vieh und allen Besitz, den er im Land Ka-
naan erworben hatte, und zog in ein Land, weg von seinem
7 Bruder Jakob. * Denn der Besitz war zu groß, um zusammen zu
wohnen. Das Land, in dem sie als Fremdlinge wohnten, reichte
8 für sie wegen ihrer Herden nicht aus. * So ließ sich denn Esau
im Gebirge Seïr nieder. Esau, das ist Edom.
9 * Und dies ist die Geschlechterfolge Esaus, des Vaters von
10 Edom, im Gebirge Seïr. * Dies sind die Namen der Söhne Esaus:
Elifas, der Sohn Adas, der Frau Esaus; Reguël, der Sohn Base-
11 mats, der Frau Esaus. * Und die Söhne Elifas waren: Teman,
12 Omar, Zefo, Gatam und Kenas. * Timna aber war eine Neben-
frau des Elifas, des Sohnes Esaus; sie gebar Elifas den Amalek.
13 Dies sind die Nachkommen Adas, der Frau Esaus. * Die Söhne
Reguëls aber sind diese: Nahat, Serach, Schamma und Misa.
14 Dies waren die Söhne Basemats, der Frau Esaus. * Und dies
sind die Söhne Oholibamas, der Tochter Anas, der Enkelin Zi-
bons, die sie Esau gebar: Jëusch, Jalam und Korach.**

1842 Delitzsch, S. 301.
1843 Westermann, Genesis I/2, S. 692.
1844 Vgl. Lange, S. 378.

15 * Dies sind die Fürsten der Söhne Esaus: Die Söhne des Elifas,
des erstgeborenen Sohnes Esaus, waren: der Fürst von Teman,
der Fürst von Omar, der Fürst von Zefo, der Fürst von Kenas,
16 * der Fürst von Korach, der Fürst von Gatam, der Fürst von
Amalek. Dies sind die Fürsten von Elifas im Lande Edom, die
17 Söhne Adas. * Und dies sind die Söhne Reguëls, des Sohnes
Esaus: der Fürst von Nahat, der Fürst von Serach, der Fürst von
Schamma, der Fürst von Misa. Dies sind die Fürsten von Re-
guël im Lande Edom, die Söhne Basemats, der Frau Esaus.
18 * Und dies sind die Söhne der Oholibama, der Frau Esaus: der
Fürst von Jëusch, der Fürst von Jalam, der Fürst von Korach.
Dies sind die Fürsten von Oholibama, der Tochter Anas, der
19 Frau Esaus. * Dies sind die Söhne Esaus, und das sind ihre Für-
sten. Das ist Edom.
20 * Dies sind die Söhne Seïrs, des Horiters, die im Land ansässig
21 waren: Lotan, Schobal, Zibon, Ana, * Dischon, Ezer und Disch-
an. Dies sind die Fürsten der Horiter, der Söhne Seïrs, im Lan-
22 de Edom. * Die Söhne Lotans waren: Hori und Hemam, und Lo-
23 tans Schwester hieß Timna. * Und dies sind die Söhne Scho-
24 bals: Alwan, Manahat, Ebal, Schefi und Onam. * Und dies sind
die Söhne Zibons: Aja und Ana. Das ist derselbe Ana, der die
heißen Quellen in der Wüste entdeckte, als er die Esel seines
25 Vaters Zibon hütete. * Dies sind die Söhne Anas: Dischon; und
26 Oholibama war die Tochter Anas. * Und dies sind die Söhne
27 Dischons: Hemdan, Eschban, Jitran und Keran. * Dies sind die
28 Söhne Ezers: Bilhan, Saawan und Akan. * Dies sind die Söhne
29 Dischans: Uz und Aran. * Dies sind die Fürsten der Horiter: der
Fürst von Lotan, der Fürst von Schobal, der Fürst von Zibon,
30 der Fürst von Ana, * der Fürst von Dischon, der Fürst von Ezer,
der Fürst von Dischan. Das sind die Fürsten der Horiter nach
ihren Fürstentümern im Lande Seïr.
31 * Dies sind die Könige, die im Lande Edom regiert haben, bevor
32 noch ein König über die Kinder Israels regierte: * Bela, der
Sohn Beors, war König in Edom; und seine Stadt hieß Dinhaba.
33 * Nach Belas Tod wurde Jobab König an seiner Statt, der Sohn
34 Serachs aus Bozra. * Nach Jobabs Tod wurde Huscham König
35 an seiner Statt aus der Landschaft der Temaniter. * Nach Hu-
schams Tod wurde Hadad König an seiner Statt, der Sohn Be-
dads, der die Midianiter auf der Hochebene der Moabiter be-
36 siegte; seine Stadt hieß Awit. * Nach Hadads Tod wurde Samla
37 aus Masreka König an seiner Statt. * Nach Samlas Tod wurde
Schaul aus Rehobot am Eufratstrom König an seiner Statt.
38 * Nach Schauls Tod wurde Baal-Hanan, der Sohn Achbors, Kö-

39 **nig an seiner Statt.* Als Baal-Hanan, der Sohn Achbors, starb,
wurde Hadar König an seiner Statt; dessen Hauptstadt hieß
Pagu. Seine Frau hieß Mehetabel und war die Tochter Ma-
treds, die Enkelin Me-Sahabs.**
40 *** Dies sind die Namen der Fürsten Esaus nach ihren Ge-
schlechtern, nach ihren Wohnplätzen und mit ihren Namen:
der Fürst von Timna, der Fürst von Alwa, der Fürst von Jetet,**
41 *** der Fürst von Oholibama, der Fürst von Ela, der Fürst von Pi-**
42 **non,* der Fürst von Kenas, der Fürst von Teman, der Fürst von**
43 **Mibzar, * der Fürst von Magdiël, der Fürst von Iram. Das sind
die Fürsten von Edom nach ihren Wohnsitzen in dem Lande,
das sie in Besitz genommen hatten. Das ist Esau, der Vater
Edoms.**

Der Bericht über die Nachkommen Esaus enthält über zweihundert Namen. Zieht man die Wiederholungen ab, bleiben achtzig. Dabei sind vier Länder- und Volksnamen und sechs Städtenamen. Unter den siebzig Personennamen sind fünf Frauen. Von den siebzig Namen ist ungefähr die Hälfte unbekannt und begegnet im Alten Testament sonst nicht.[1845]

Die Nachkommen Esaus[1846] werden zurückgeführt auf drei Frauen: Ada (übersetzt: Geschmeide), Oholibama (übersetzt: Mein Zelt ist das Höhenheiligtum) und Basemat (übersetzt: die Duftende) (V. 2+3). Wie viele Frauen Esau überhaupt hatte, ist nicht bekannt.[1847] Es ist wahrscheinlich, daß es nur drei Frauen waren, und daß Esau seinen Frauen bei der Heirat oder zur Erinnerung an ein nicht bekanntes, für ihn aber entscheidendes Lebensereignis andere Namen bzw. Beinamen gab.[1848]

Das Esaukapitel gliedert sich in sechs Namenslisten:[1849]

(1) Esaus Frauen und seine Kinder (1-8)
(2) Esaus Söhne und Enkel als Stammväter (9-14)
(3) Die Fürsten Edoms (15-19)
(4) Die Nachkommen der Horiter (20-30)
(5) Die Könige Edoms (31-39)
(6) Die Fürsten und ihre Provinzen (40-43).

In die Namenslisten aufgenommen sind fünf Geschichtsnachrichten von grundlegender Bedeutung:[1850]

1845 Vgl. Westermann, Genesis I/2, S. 690.
1846 Zu Esau-Edom und Seïr siehe die Auslegung zu 1. Mose 25,25 und 27,11.
1847 Zu den Namen der Frauen Esaus, Judit, Basemat und Mahalat, im Zusammenhang mit dem Bericht von der Heirat Esaus siehe die Auslegung zu 1. Mose 26,34+35 und 28,9.
1848 Vgl. die Diskussion bei Lange, S. 378 und Delitzsch, S. 429.
1849 Vgl. v. Rad, Mose, S. 301, siehe die Gliederung in der Übersetzung.
1850 Vgl. Westermann, Genesis I/2, S. 693.

1. Die endgültige Trennung Esaus von Jakob

Esau zog in ein anderes Land (V. 6), das heißt in ein Land, das außerhalb der Grenzen des den Vätern verheißenen Landes lag.[1851] Als Grund der Trennung wird angegeben, daß der Besitz der beiden Brüder zu groß dafür war, als daß sie in einem Land, in dem sie ohnehin nur als Fremde geduldet waren, Auskommen finden konnten.[1852] Esau zog von Jakob weg, das heißt, er machte ihm Platz[1853], er überließ ihm das den Vätern verheißene Land. Der Wegzug ereignete sich in Ruhe und Frieden. Es waren Brüder, die auseinander zogen, er zog . . . von *seinem Bruder* Jakob weg. Der Konflikt zwischen Esau und Jakob hatte nichts daran geändert, daß beide Brüder waren. Nach zwanzig Jahren waren sie unweit vom Jabbok zusammengetroffen. Jakob stand zu seiner Schuld und machte gut, was wiedergutzumachen war. Esau hatte Jakob spontan als seinen Bruder begrüßt. Beide trafen sich am Grab ihres Vaters Isaak. Jetzt trennten sie sich als Brüder. »Bruderschaft ist im Alten Testament nicht etwas, das erst entsteht, sie ist das Vorgegebene. Die Jakob-Esau-Geschichte handelt realistisch von den Konflikten zwischen Brüdern; die Konflikte aber können nichts daran ändern, daß sie Brüder bleiben.«[1854]

2. Das Land der Horiter

[g] 1Mo 14,6 5Mo 1,2 2,1.4.5 Jos 24,4 1Chr 4,42 2Chr 20,10.22.23 Sir 50,26

Esau zog endgültig in das Land Seïr (1Mo 32,4)[g]. Das Gebirge von Seïr, östlich der Araba, war ursprünglich die Heimat der Hurriter.[1855] Als das Volk der Hurriter im 2. Jahrtausend v.Chr. in den mesopotamischen Raum einwanderte, war ein Teil dieses Volkes in seiner ursprünglichen Heimat zurückgeblieben.[1856] Der Name Horiter weist darauf hin, daß sie »Höhlenbewohner«[1857] waren, und zwar in dem Land, in das jetzt Esau einzog. Die Bezeichnung Horiter kommt von dem Wort Höhle (hebräisch: *char*) und charakterisiert die Horiter als die Urbewohner des höhlenreichen Gebirgslandes Seïr.[1858]

[1851] Vgl. Hertz (Hg.), S. 132.
[1852] Vgl. Hirsch, Genesis, S. 497.
[1853] Vgl. Gunkel, S. 391.
[1854] Westermann, Genesis I/2, S. 692.
[1855] Vgl. Einleitung II. 1. (7) Die Hurriter.
[1856] Vgl. v. Rad, Mose, S. 303.
[1857] Vgl. Westermann, Genesis I/2, S. 687.
[1858] Vgl. Delitzsch, S. 431.

3. Eroberung und Vermischung

Esau war als Eroberer in das Land gekommen. Die Eroberung aber hatte keine Ausrottung der Urbevölkerung zur Folge, sondern gegenseitige Vermischung.[1859] Auf die Vermischung der Sippe Esaus mit der Urbevölkerung des Landes weist u.a. der Name Timna. Timna heißt sowohl die Nebenfrau des Esausohnes Elifas und Mutter Amaleks (V. 12) als auch die Schwester Lotans, eines Sohnes Seïrs (V. 22).[1860] Esau machte sich auch die Entdeckungen der Horiter zunutze. Der Horiter Ana zum Beispiel entdeckte beim Hüten der Esel seines Vaters heiße Quellen (V. 24). Der sonst im Alten Testament nicht vorkommende Begriff »heiße Quellen« (hebräisch: *jemim*) steht für warme Quellen, die es auch im Osten des Toten Meeres gibt.[1861] Schon bei seiner Heirat zeigte Esau, daß es für ihn keine grundsätzlichen Bedenken gegen eine Vermischung mit anderen Sippen und Völkerschaften gab.[1862]

4. Das Königtum in Edom

Die Erfüllung der Jakob zugesprochenen Verheißung: »Könige sollen unter deinen Nachkommen sein« (1Mo 35,11), stand für Israel noch in weiter Ferne, als es in Edom bereits ein Königshaus nach dem anderen gab.[1863] »Während Jakobs Nachkommen noch in ägyptischer Sklaverei schmachteten und ihnen noch nicht der erste Führer in Mose erstanden war, blühte schon Edom als Staat mit einer ganzen Reihe königlicher Dynastien.«[1864] Bevor Saul und David ihre Königsherrschaft antraten (vgl. V. 31), konnte Edom schon auf acht Könige zurückblicken. Die Königsliste beschreibt die Geschichte Edoms vorausblickend bis zu Saul und David, mit denen »die Selbständigkeit Edoms und die Kontinuität der einheimischen Königsherrschaft aufhörten«.[1865] Das edomitische Königtum war ein Wahlkönigtum wie das des Saul und später die Königsfolge des Nordreiches. Jeder König hatte in Edom eine eigene Residenz.[1866] Sie residierten wie Saul, der erste König Israels, in ihren Wohnorten. Ein König wurde nicht als König geboren, sondern er wurde als

[1859] Vgl. Westermann, Genesis I/2, S. 693.
[1860] Zur Herkunft des Namens Timna aus der voredomitischen Bevölkerung vgl. Procksch, S. 219.
[1861] Vgl. König, Genesis, S. 654.
[1862] Siehe die Auslegung zu 1. Mose 26,34+35.
[1863] Vgl. Hertz (Hg.), S. 133.
[1864] Hirsch, Genesis, S. 500.
[1865] Delitzsch, S. 433.
[1866] Vgl. v. Rad, Mose, S. 303.

Erwachsener zum König eingesetzt und blieb es bis zu seinem Tod.[1867] Wie jemand König wurde, ist nicht gesagt. Vielleicht war es so - ähnlich wie bei den Richtern in Israel -, daß bald dieser, bald jener Fürst sich durch den Kampf gegen Feinde auszeichnete und seine Herrschaft behauptete.[1868]

5. Der Glaube der Edomiter

Unter den Namen der Nachkommen Esaus finden sich überraschend viele, die mit dem Gottesnamen (hebräisch: *'el*) gebildet werden. **Elifas** heißt: »Mein Gott ist feines Gold« oder: »Gott ist Sieger.« **Reguël** ist »der Freund Gottes«. **Mehetabel** bedeutet: »Gott macht das Gute«[1869], **Serach** ist eine Kurzform und heißt soviel wie: »Gott strahlt auf.«[1870] **Magdiël** heißt: »Gott ist mein Geschenk« oder: »Gott ist meine Ehre«, und **Schaul** ist »der von Gott Erbetene«.[1871] »Alle diese Namen sind Gotteslob oder stehen ihm nahe. Jeder dieser Sätze könnte auch in Israel gesprochen sein, eine andere Religion ist daraus nicht zu spüren.«[1872] Es ist anzunehmen, daß Esau zunächst den Glauben der Väter zumindest in einigen Äußerlichkeiten bewahrt hat.[1873] Auch später ist nur an wenigen Stellen vom Götzendienst Edoms die Rede[h].

[h] 1Kö 11,1.4.8 2Chr 25,14

Dennoch hat es von Anfang an in der Sippe Esaus eine Religionsmischerei gegeben. Dies zeigen andere Namen aus der Edomiterliste. **Hadad** ist der Name eines altsemitischen Sturmgottes[1874], und **Oholibama** heißt: »Mein Zelt ist das Höhenheiligtum.«[1875] Die von Oholibama abgeleiteten Stämme sind nicht nur »edomitisch-horitisches Mischblut«[1876], sondern mit der Übernahme der horitischen Götter und Anbetungsstätten beginnt mit ihnen die schleichende innere Auflösung des Glaubens der Väter.[1877]

Die Geschichte Esaus und seiner Nachkommen ist mit den sechs Namenslisten und den darin verwobenen geschichtlichen Nachrichten nicht zu Ende. Das Kapitel 36 des 1. Mosebuches ist nicht, wie es Calvin

1867 Vgl. Westermann, Genesis I/2, S. 688.
1868 Vgl. Gunkel, S. 393.
1869 Odelain/Séguineau, S. 93+237+293.
1870 Westermann, Genesis I/2, S. 691.
1871 Odelain/Séguineau, S. 229+309.
1872 Westermann, Genesis I/2, S. 691.
1873 Vgl. Lange, S. 381.
1874 Westermann, Genesis I/2, S. 691.
1875 Odelain/Séguineau, S. 267.
1876 Gunkel, S. 390.
1877 Zur Definition von Synkretismus vgl. v. Rad, Theologie, Bd I, S. 70.

meint, ein »feierliches Begräbnis« Esaus.[1878] Nachkommen Esaus leben bis heute. Die Kriege im Mittleren Osten sind Bruderkriege.

Die Persönlichkeit Esaus wird auch von jüdischen Auslegern gewürdigt. So verweist u.a. Arthur Spanier auf die zweimalige Frage Esaus an Isaak: »Hast du nur einen Segen?« und spricht von den »sympathischen Zügen« Esaus beim Wiedersehen der Brüder.[1879]

Die Nachkommen Esaus, die Edomiter, heißen seit dem Fall Jerusalems 587 v.Chr. Idumäer.[1880] In der Menge derer, die sich um Jesus drängten, waren auch Idumäer, Nachkommen Esaus. »Auch aus Judäa und Jerusalem, *aus Idumäa und dem Ostjordanland* und aus der Gegend von Tyrus und Sidon kamen die Leute auf die Kunde von allen seinen Taten in großen Scharen zu ihm« (Mk 3,7.8).

1878 Calvin, S. 366.
1879 Spanier, JL, Bd II, Sp. 502.
1880 Odelain/Séguineau, S. 87; vgl. auch die Auslegung zu 1. Mose 25,25+26.

LITERATURVERZEICHNIS

Literatur-Abkürzungen

ATD	=	Das Alte Testament Deutsch
BK	=	Biblischer Kommentar
BSLK	=	Bekenntnisschriften der Evangelisch-lutherischen Kirche
CPH	=	Calwer Predigthilfen
EKL	=	Evangelisches Kirchenlexikon
GPM	=	Göttinger Predigtmeditationen
HK	=	Handkommentar zum Alten Testament
JL	=	Jüdisches Lexikon
KEK	=	Kritisch-exegetischer Kommentar über das Neue Testament
KK	=	Kurzgefaßter Kommentar zu den heiligen Schriften Alten und Neuen Testamentes
NTD	=	Das Neue Testament Deutsch
RGG	=	Religion in Geschichte und Gegenwart
TBLNT	=	Theologisches Begriffslexikon zum Neuen Testament
THAT	=	Theologisches Handwörterbuch zum Alten Testament
THBW	=	Theologisch-homiletisches Bibelwerk
ThHK	=	Theologischer Handkommentar zum Neuen Testament
ThWAT	=	Theologisches Wörterbuch zum Alten Testament
ThWNT	=	Theologisches Wörterbuch zum Neuen Testament
WMANT	=	Wissenschaftliche Monographien zum Alten und Neuen Testament
ZDPV	=	Zeitschrift des deutschen Palästina-Vereins

Achtzehngebet, in: Sidur Sefat Emet, mit deutscher Übersetzung von Bamberger, S., 2. Aufl., Basel, 1960, S. 40-49

Aland, K., (Hg.), Lutherlexikon. Luther Deutsch. Die Werke Martin Luthers. Ergänzungsband. Göttingen, 1983

Albeck, Ch., Jochanan ben Sakkaj, in: JL, Bd III, Sp. 291-293

Albertz, R., ʿatar, beten, in: THAT, Bd II, Sp. 385+386

Alt, A., Hebräer, in: RGG, III, Sp. 105+106

Alt, Kanaan (II), in: RGG, III, Sp. 1109+1111

Arama, Y., Aqaydat Yitzchaq. Commentary of Rabbi Yitzchaq Arama, Translated and condensed by Eliyahu Munk, 2 Bde, Jerusalem, 1986

Auerbach, E., Wüste und Gelobtes Land, Bd II. Geschichte Israels. Von den Anfängen bis zum Tode Salomos. Berlin, 1938

Bach, J. S., Es erhub sich ein Streit, Kantate, BWV 19, zum Michaelisfest, Hänssler-Verlag, Neuhausen-Stuttgart, 1981

Bammel, E., ptochos, in: ThWNT, Bd VI, S. 885-915

Bardtke, H., Bibel, Spaten und Geschichte, Leipzig, 1969

Barlach, E., mit einem Essay von Kurt, W., Berlin, 1985

Bauernfeind, O., machomai, in: ThWNT, Bd IV, S. 533-534

Behm, J., anatithemi, in: ThWNT, Bd I, S. 355-357

Bertram, G., hypsoo, in: ThWNT, Bd VIII, S. 604-611

Bertram, G., phylasso, in: ThWNT, Bd IX, S. 232-240

Beyerlin, W. (Hg.), Religionsgeschichtliches Textbuch zum Alten Testament, Göttingen/Berlin, 1975/1978
Bohren, R., Göttlicher Überfall (1. Mose 32,22-32), in: Trost, Neukirchen, 1981, S. 76-82
Bonhoeffer, D., Ethik, 7. Aufl., München, 1966
Bonhoeffer, D., Gesammelte Schriften, Bd 4, München, 1967
Bonhoeffer D., Nachfolge, 9. Aufl., München, 1967
Bonhoeffer, D., Widerstand und Ergebung, 11. Aufl., München 1962
Bours, J., Der Gott, der mein Hirte war, mein Leben lang, Freiburg, 1977
Bracker, H. D., Das Gesetz Israels, verglichen mit den drei altorientalischen Gesetzen, Hamburg, 1962
Bräumer, Hj., Das erste Buch Mose, 1. Teil, Kapitel 1-11, Wuppertal, 1983
Bräumer, Hj., Ich werde für euch dasein, Breklum, 1982
Bräumer, Hj., In Freiheit leben, Wuppertal, 1981
Bräumer, Hj., Lieben wagen, Neuhausen-Stuttgart, 1986
Brunner, H., Amarna, in: RGG, I, Sp. 304+305
Brunner, H., Hyksos, in: RGG, III, Sp. 498+499
Buber, M., Die fünf Bücher der Weisung, 9. Aufl., Heidelberg, 1976
Buber, M., Gottesfinsternis, Betrachtungen zur Beziehung zwischen Religion und Philosophie, Zürich, 1953
Buber, M., Zu einer neuen Verdeutschung der Schrift, Beilage zum 1. Band, Die fünf Bücher der Weisung, Heidelberg, 1976
Buber, M., Zur Verdeutschung des letzten Bandes der Schrift, Beilage zum 4. Band, Die Schriftwerke, Heidelberg, 1980
Büchsel, F., eidolon, ThWNT, Bd II, S. 373-377

Calvin, J., Genesis, Auslegung der Heiligen Schrift, Neue Reihe, Bd I, Neukirchen, 1956
Cassuto, U., A Commentary on the Book of Genesis, Part II. From Noah to Abraham. 2. Aufl., Jerusalem, 1974
Cassuto, U., A Commentary on the Book of Exodus, 2. Aufl., Jerusalem, 1974
Cohn, M., Notzucht, in: JL, Bd IV/1, Sp. 529

Delcor, M., naga', berühren, in: THAT, Bd II, Sp. 37-39
Delitzsch, F., Neuer Kommentar über die Genesis, Leipzig, 1887
Dillmann, A., Die Genesis, 6. Aufl., Leipzig, 1892
Doppelfeld, B., Der Weg zu seinem Zelt, Münsterschwarzacher Kleinschriften 2, Münsterschwarzach, 1979

Ehrlich, A., Randglossen zur Hebräischen Bibel, Bd I, Genesis und Exodus, Leipzig, 1908
Eißfeldt, O., Zehnten, in: RGG, VI, 3. Aufl., Sp. 1877+1878
Ernst, J., Das Evangelium nach Lukas (Regensburger Neues Testament), Nachdruck Leipzig, 1984

Ficker, R., mal'ak, Bote, in: THAT, Bd I, Sp. 900-908
Fohrer, G., Zion - Jerusalem im Alten Testament, ThWNT, Bd VII, S. 291-318
Frey, H., Das Buch des Glaubens, Die Botschaft des Alten Testaments, Bd II, Stuttgart, 1935
Friedrich, G., Der Brief an die Philipper, in: Die kleineren Briefe des Apostels Paulus, NTD, Bd VIII, 9. Aufl., Göttingen, 1962
Fuchs, H., Erzväter, in: JL, Bd II, Sp. 499-501

Geismar, E., Sören Kierkegaard, Seine Lebensentwicklung und seine Wirksamkeit als Schriftsteller, Göttingen, 1929

Gerdes, H., Das Christusverständnis des jungen Kierkegaard, Itzehoe, 1962
Gerdes, H., (Hg.), Sören Kierkegaard, Die Tagebücher, Eine Auswahl, Düsseldorf/Köln, 1980
Gerlemann, G., mut, sterben, in: THAT, Bd I, Sp. 893-897
Gerlemann, G., nisah, versuchen, in: THAT, Bd II, Sp. 69-71
Gerlemann, G., saba', sättigen, in: THAT, Bd II, Sp. 819-821
Gerlemann, G., schalam, in: THAT, Bd II, Sp. 919-935
Gerlemann, G./Ruprecht, E., darasch, suchen, in: THAT, Bd I, Sp. 460-467
Glaser, Th., Fröhliche Weihnachten, Vellmar, 1984
Goldmann, Chr., Kinder entdecken Gott mit Marc Chagall, Göttingen/Freiburg, 1978
Gollwitzer, H., Die Freude Gottes, Einführung in das Lukasevangelium, 2. Aufl., Berlin-Dahlem und Gelnhausen, 1952
Goppelt, L., Typos. Die typologische Deutung des Alten Testaments im Neuen, Darmstadt, 1973
Gressmann, H. (Hg.), Altorientalische Texte und Bilder zum Alten Testament, Bd I Texte, Bd II Bilder, Tübingen, 1909
Gressmann, H. (Hg.), Altorientalische Texte zum Alten Testament, 2. Aufl., Berlin/Leipzig, 1926
Grundmann, W., christos (Die Christusaussagen im Neuen Testament), in: ThWNT, Bd IX, S. 518-576
Grundmann, W., dynamis, in: ThWNT, Bd V, S. 286-318
Grundmann, W., Das Evangelium nach Lukas, ThHK, Bd III, 6. Aufl., Berlin, 1971
Grundmann, W., Das Evangelium nach Markus, ThHK, Bd II, 6. Aufl., Berlin, 1973
Grundmann, W., Das Evangelium nach Matthäus, ThHK, Bd I, 3. Aufl., Berlin, 1972
Grunwald, M., Amulette, in: JL, Bd I, Sp. 295-298
Guardini, R., Der Herr, Leipzig, 1964
Gunkel, H., Genesis, HK, 1. Abt., Bd I, 5. Aufl., Göttingen, 1922

Hansen, N., Hoffnung hat mein Herz berührt. Gedanken über Himmel und Hölle und Informationen zur Allversöhnung, Wesel, 1986
Harder, G., 1. Mose 22,1-14, in: GPM 1962/63, S. 104-111
Hauck, F., deka, in: ThWNT, Bd II, S. 35+36
Hermann, N., Evangelisches Kirchengesangbuch, Ausgabe für die evangelisch-lutherischen Kirchen Niedersachsens, Hannover
Herrmann, J., Das Gebet im Alten Testament, in: ThWNT, Bd II, S. 782-799
Herrmann, S., Geschichte Israels in alttestamentlicher Zeit, Berlin, 1981
Hertz, J. H. (Hg.), The Pentateuch and Haftorahs, 2. Aufl., London, 1969
Hirmer, M./Otto, E., Altägyptische Kunst, Bd I, 2. Aufl. München, 1976, Bd II, 2. Aufl., München, 1976
Hirsch, S. R., Der Pentateuch, übersetzt und erläutert, 1. Teil, Die Genesis, Frankfurt, 1867
Hirsch, S. R., Der Pentateuch, übersetzt und erläutert, 3. Teil, Leviticus, Frankfurt, 1873
Hirsch, S. R., Der Pentateuch, übersetzt und erläutert, 5. Teil, Deuteronomium, Frankfurt, 1878
Hirsch, S. R., The Psalms, Bde I+II, Jerusalem/New York, 1973
Hoekstra, H. (Hg.), Die Rembrandt-Bibel, Bd IV, Die Patriarchen, Neuhausen-Stuttgart, 1983
Hofius, W., Fluch/Verfluchen, in: Brockhaus Biblisches Wörterbuch, Wuppertal, 1982, S. 106-110
Hofius, W., Segen, in: Brockhaus Biblisches Wörterbuch, Wuppertal, 1982, S. 317-321

Iwand, H. J., Briefe, Vorträge, Predigtmeditationen, Berlin, 1979
Iwand, H. J., 1. Mose 4,1-16, in: Predigtmeditationen, 2. Aufl., Göttingen, 1964, S. 409-414

Jenni, E., 'ab, Vater, in: THAT, Bd I, Sp. 1-17
Jenni, E., 'ach, Bruder, in: THAT, Bd I, Sp. 98-104

Jenni, E., gadal, in: THAT, Bd I, Sp. 402-409
Jeremias, J., Abraham, in: ThWNT, Bd I, S. 7-9
Jeremias, J., Theophanie, die Geschichte einer alttestamentlichen Gattung, WMANT, Bd. 10, 2. Aufl., Neukirchen, 1977

Keel, O./Küchler, M./Uehlinger, Chr., Orte und Landschaften der Bibel, Bd 1, Geographisch-geschichtliche Landeskunde, Zürich/Göttingen, 1984
Keel, O./Küchler, M., Orte und Landschaften der Bibel, Bd 2, Der Süden, Zürich/Göttingen, 1982
Keil, C. F., Biblischer Commentar über die Bücher Mose's, Bd I, Genesis und Exodus, hg. von C. F. Keil und F. Delitzsch, Leipzig, 1878
Keller, C. A., barach, segnen (I-III), in: THAT, Bd I, Sp. 353-367
Keller, C. A., scheba', schwören, in: THAT, Bd II, Sp. 855-863
Kenyon, K., Archäologie im Heiligen Land, Neukirchen, 1967
Kilian, R., Isaaks Opferung, Zur Überlieferungsgeschichte von Genesis 22, Leipzig, 1982
Kirschner, B./Joseph, M., Berit Mila, in: JL, Bd I, Sp. 861-866
Kirschner, B./Joseph, M., Bund, in: JL, Bd I, Sp. 1231-1234
Kittel, R., autarkeia, in: ThWNT, Bd I, S. 466f
Kittel, R., Geschichte des Volkes Israel, 2 Bde, 6. Aufl., Gotha, 1923
Kittel, R., mal'ak, in: ThWNT, Bd I, S. 75-81
Kittel, R., Die alttestamentliche Wissenschaft in ihren wichtigsten Ergebnissen, 4. Aufl., Leipzig, 1921
Klepper, J., Kyrie, Geistliche Lieder, 11. Aufl., Witten/Berlin, 1960
Kluge, F., Amulett, in: Etymologisches Wörterbuch der deutschen Sprache, 21. Aufl., Berlin/New York, 1975, S. 20
Köhler, L., Kleine Lichter, Fünfzig Bibelstellen erklärt, Zürich, 1945
König, E., Die Genesis, eingeleitet, übersetzt und erklärt, 2./3. Aufl., Gütersloh, 1925
König, E., Geschichte der alttestamentlichen Religion, Gütersloh, 1912
Koran, herausgegeben von Rudolph, K. und Werner, E., 6. Aufl., Leipzig, 1979
Kraus, S./Rappaport, M. S.-W., Kebsweib, in: JL, Bd III, Sp. 642+643
Kroll, G., Auf den Spuren Jesu, 8. Aufl., Leipzig, 1980
Kühlewein, J., jalad, erzeugen, gebären, in: THAT, Bd I, Sp. 732-736
Kuhn, K. G., Israel, in: ThWNT, Bd III, S. 360-370

Lambelet, E., Orbis Terrae Aegiptiae. Museum Aegiptium, 2. Aufl., Cairo, 1980
Lamsa, G. M., Die Evangelien in aramäischer Sicht, Gossau/St. Gallen, 9. Aufl., 1963
Lange, J. P., Die Genesis oder das Erste Buch Mose, THBW, Teil 1, Bielefeld, 1864
Leibowitz, N., Studies in Shemot, The Book of Exodus, Bde I+II, Jerusalem, 1976
Leipoldt, J./Grundmann, W. (Hg.), Umwelt des Urchristentums, Bd II, Texte zum neutestamentlichen Zeitalter, 3. Aufl., Berlin, 1972
Lewkowitz, J., Schuld, in: JL, Bd IV/2, Sp. 279+280
Liagre Böhl, F. M. Th., de, Amraphel, in: RGG, 3. Aufl., Bd I, Sp. 332+333
Lichtenstein, H., Geschichte Palästinas, in: JL, Bd IV/1, Sp. 669-673
Liedke, G., din, streiten, in: THAT, Bd I, Sp. 445-448
Link, H. G., Segen, in: TBLNT, Bd III, S. 1119-1126
Looser, G., Gleichgeschlechtlichkeit ohne Vorurteil, Zeitbuchreihe polis, Neue Folge, Bd 5, Basel, 1980
Luther, M., Auslegung des ersten Buches Moses. Im Auszug wiedergegeben und bearbeitet von Th. Stiasny, Bde I-III, Duisburg-Meiderich, 1926-1928

Luther, M., Evangelisches Kirchengesangbuch, Ausgabe für die evangelisch-lutherischen Kirchen Niedersachsens, Hannover
Luther, M., Der kleine Katechismus, in: BSLK, 4. Aufl., Göttingen, 1959, S. 499-541
Luther, M., Artikel christlicher Lehre (Schmalkaldische Artikel), in: BSLK, 4. Aufl., Göttingen, 1959, S. 405-468

Maas, F., tama', unrein sein, in: THAT, Bd I, Sp. 664-667
Maas, F., Jerusalem, in: RGG, Bd III, 3. Aufl., Sp. 593-597
Maier, G., »Kritisches zur Pentateuchkritik«, in: Theologische Beiträge, 16. Jahrgang, 1985, H. 6, S. 286-290
Martin-Achard, R., ʿanah (II), elend sein, in: THAT, Bd II, Sp. 341-350
Maurer, Chr., prasso, in: ThWNT, Bd VI, S. 632-645
Menge, H., Die Heilige Schrift des Alten und Neuen Testaments, 11. Aufl., Stuttgart, 1949
Metzger, M., Grundriß der Geschichte Israels, Neukirchen, 1963
Michaelis, W., horao, in: ThWNT, Bd V, S. 315-381
Michel, O., Der Brief an die Hebräer, KEK, 13. Abt., 12. Aufl., Göttingen, 1966
Michel, O., Melchisedek, in: ThWNT, Bd IV, S. 573-575
Michel, O., Der Brief an die Römer, KEK, 4. Abt., 12. Aufl., Göttingen, 1963
Mittmann, S., Richter 1,16f und das Siedlungsgebiet der kenitischen Sippe Hobab, in: ZDPV 93, 1977, S. 213-235

Nigg, W./Gröning, K., Bleibt, ihr Engel, bleibt bei mir, 4. Aufl., Berlin, 1981
Noth, M., Amoriter, in: RGG, I, Sp. 327+328
Noth, M., Das zweite Buch Mose (Exodus), ATD, Teilbd 5, 2. Aufl., Göttingen, 1961
Noth, M., Geschichte Israels, 4. Aufl., Göttingen, 1959
Noth, M., Hat die Bibel doch recht? in: Aufsätze zur biblischen Landes- und Altertumskunde, Bd I, S. 17-33
Noth, M., Ismael, in: RGG, III, 3. Aufl., Sp. 935+936
Noth, M., Mari und Israel, Eine Personennamenstudie, in: Aufsätze zur biblischen Landes- und Altertumskunde, Bd II, S. 213-233
Noth, M., Zur Geschichte des Namens Palästina, in: Aufsätze zur biblischen Landes- und Altertumskunde, Bd I, S. 294-308

Odeberg, H., Esau, in: ThWNT, Bd II, S. 957+958
Odeberg, H., Jakob, in ThWNT, Bd III, S. 191+192
Odelain, O./Séguineau, R., Lexikon der Biblischen Eigennamen, übersetzt und für die Einheitsübersetzung bearbeitet von Franz Joseph Schierse, Düsseldorf/Neukirchen, 1981
Onasch, K., Christliche Engelverehrung, EKL, Bd I, Sp. 1075-1077

Patai, R., Sitte und Sippe in Bibel und Orient, Frankfurt, 1962
Paulsen, A., Sören Kierkegaard, Deuter unserer Existenz, Hamburg, 1955
Perkins, R. R., Buber und Kierkegaard, Eine philosophische Begegnung, in: Martin Buber, Bilanz seines Denkens, Freiburg, 1983
Philo-Lexikon, Handbuch des jüdischen Wissens, Königstein/Ts., 1982
Procksch, O., Die Genesis, Kommentar zum Alten Testament, hg. von E. Sellin, Bd I, 2./3. Aufl., Leipzig/Erlangen, 1924

Quell, G./Schrenk, G., dike (Der Rechtsgedanke im Alten Testament), in: ThWNT, Bd II, S. 176-229

Rad, G. v., mal'ak im Alten Testament, in: ThWNT, Bd I, S. 75-79

Rad, G. v., Israel, in: ThWNT, Bd III, S. 356-359
Rad, G. v., Das erste Buch Mose, ATD 2-4, Göttingen, 1961
Rad, G. v., 1. Mose 16,1-16, in: GPM 1947, Heft 4, S. 54-56
Rad, G. v., 1. Mose 22,1-19, in: GPM 1947, Heft 4, S. 56-60
Rad, G. v., 1. Mose 32,22-33, in: GPM 1947, Heft 5, S. 59-61
Rad, G. v., Das Opfer Abrahams, München, 1971
Rad, G. v., schalom im Alten Testament, in: ThWNT, Bd II, S. 400-405
Rad, G. v., Theologie des Alten Testaments, Bde I+II, 3. Aufl., München, 1961
Rappaport, S., Ki Tow, in: JL, Bd III, Sp. 725+726
Raschi, Pentateuchkommentar. Vollständig ins Deutsche übertragen von S. Bamberger, 3. Aufl., Basel, 1975
Rengstorf, K. H., hikanos, in: ThWNT, Bd III, S. 294-297
Rengstorf, K. H., Das Evangelium nach Lukas, NTD 3, 10. Aufl., Göttingen, 1965
Reventlow, H., 1. Mose 22,1-14a, in: GPM 1968/69, S. 127-132
Ridderbos, J., »Bibel und Homosexualität«, in: Der homosexuelle Nächste. Ein Symposion. Stundenbücher, Bd 31, Hamburg, 1963, S. 50-73
Rosenberg, A., Engel und Dämonen, München, 1967
Rupprecht, W., 1. Mose 22,1-14a, in: CPH, Bd I, 2. Aufl., Stuttgart, 1964

Sauer, G., schamar, hüten, in: THAT, Bd II, Sp. 982-987
Die neue Scofield Bibel, Die Heilige Schrift nach der deutschen Übersetzung D. Martin Luthers, 3. deutsche Aufl., Pfäffikon/Schweiz, 1978
Seesemann, H., paroxyno, in: ThWNT, Bd V, S. 855+856
Soggin, J. A., mäläch, König, in: THAT, Bd I, Sp. 908-920
Spanier, A., Essau, in: JL, Bd II, Sp. 501+502
Spijker, H., van de, Die gleichgeschlechtliche Zuneigung, Freiburg i. B., 1968
Symank, A., Werden alle Menschen gerettet? Überlegungen zur Lehre der Allversöhnung, Zürich, 1982

Schedl, C., Geschichte des Alten Testamentes, Bd III, Das goldene Zeitalter Davids, Innsbruck/Wien/München, 1959
Schick, E., Vom Segnen, 9. Aufl., Stuttgart, 1956
Schille, G., Die Apostelgeschichte des Lukas, ThHK, Bd V, Berlin, 1983
Schippmann, K., Geschichte Alt-Mesopotamiens, in: Sumer, Assur, Babylon, hg. von Eggebrecht, A., Hildesheim, 1978, S. 8-33
Schlatter, A., Der Brief des Jakobus, Stuttgart, 1932
Schlatter, A., Der Evangelist Matthäus, 5. Aufl., Stuttgart, 1959
Schlechta, E., Sören Kierkegaard, Christentum und Christenheit, aus Kierkegaards Tagebüchern ausgewählt und übersetzt, München, 1957
Schlier, H., Der Brief an die Galater, KEK, 7. Abt., 12. Aufl., Göttingen, 1962
Schmidt, K. L., und *Schmidt, M. A.,* paroikos, in: ThWNT, Bd V, S. 840-848
Schniewind, J., Das Evangelium nach Matthäus, NTD 2, 9. Aufl., Göttingen, 1960
Schniewind, J./Friedrich, G., epaggello, in: ThWNT, Bd II, S. 573-583
Schottroff, W., paqad, heimsuchen, in: THAT, Bd II, Sp. 466-486
Schrader, Simeon, in: Bibellexikon Realwörterbuch zum Handgebrauch, Bd V, 1875, S. 297f
Schweizer, E., Das Evangelium nach Lukas, NTD 3, Göttingen, 1982/Berlin, 1983

Stähli, H.-P., chawah, sich niederwerfen, in: THAT, Bd I, Sp. 530-533
Stähli, H.-P., jara', fürchten, in: THAT, Bd I, Sp. 765-778

Stähli, H.-P., pachad, beben, in: THAT, Bd II, Sp. 411-413
Stähli, H.-P., »palal« beten, in: THAT, Bd II, Sp. 427-432
Stählin, G., Die Apostelgeschichte, NTD 5, 10. Aufl., Göttingen, 1962
Steck, K. G., 1. Mose 32,23-32, in: GPM 1958/59, S. 277-283
Stoebe, H. J., ra'a, schlecht sein, in: THAT, Bd II, Sp. 794-803
Stolz, F., 'esch, Feuer, in: THAT, Bd I, Sp. 242-246
Strack, H. L., Die Bücher der Genesis, Exodus, Leviticus und Numeri, KK, A, Altes Testament, Abt. I, München, 1894
Strack, H./Billerbeck, P., Kommentar zum Neuen Testament. Aus Talmud und Midrasch, Bde I-IV, 6. Aufl., München, 1975

Tersteegen, G., Evangelisches Kirchengesangbuch, Ausgabe für die evangelisch-lutherischen Kirchen Niedersachsens, Hannover
Thielicke, H., Theologische Ethik, Bd I, 3. Aufl., Tübingen, 1965, Bd II, 1+2, 2. Aufl., Tübingen, 1966, Bd III, 2. Aufl., Tübingen, 1968
Thielicke, H., Tod und Leben. Studien zur christlichen Anthropologie, Genf. o. J.
Torczyner, H. (Hg.), Die Heilige Schrift. Neu ins Deutsche übertragen. Frankfurt, 1937
Traub, H., eporanios, in: ThWNT, Bd V, S. 538-543

Vaux, R. de, Die Patriarchenerzählungen in der Geschichte, 2. Aufl., Stuttgart, 1968
Vischer, W., Das Christuszeugnis des Alten Testaments, Bd I, 7. Aufl., Zürich, 1946
Voigt, G., 1. Mose 22,1-13, in: Die geliebte Welt, Homiletische Auslegung der Predigttexte der Reihe III, Berlin, 1980, S. 169-176
Voigt, G., 1. Mose 22,1-14a, in: Der rechte Weinstock, 2. Aufl., Berlin, 1974, S. 135-140
Voigt, G., 1. Mose 32,23-32, in: Die große Ernte, Bd II, S. 439-445
Vorländer, W., Christus erkennen. Die Theologie des Paulus. Neukirchen, 1986

Wanke, G., 'aphar, Staub, in: THAT, Bd II, Sp. 353-356
Wanke, G., phobos im Alten Testament, in: ThWNT, Bd IX, S. 194-201
Wanke, G., satan, Widersacher, in: THAT, Bd II, Sp. 821-823
Weber, O., Bibelkunde des Alten Testaments, 10. Aufl., Hamburg, 1964
Weber, O., Grundlagen der Dogmatik, 2 Bde, Neukirchen, 1962
Weippert, M., Schaddaj, in: THAT, Bd II, Sp. 873-881
Weiser, A., pisteuo (B.), Der alttestamentliche Begriff, in: ThWNT, Bd VI, S. 182-197
Westermann, C., Arten der Erzählungen in der Genesis, in: Forschung am Alten Testament, Gesammelte Studien, München, 1964, S. 9-91
Westermann, C., Gebet im Alten Testament, in: RGG, 3. Aufl., Bd I, Sp. 1213-1217
Westermann, C., Genesis 12-36, BK.AT, Bd I/2, Neukirchen, 1981
Westermann, C., Gottes Engel brauchen keine Flügel, Siebenstern-Taschenbuch 52, München/Hamburg, 1965
Westermann, C., Lob und Klage in den Psalmen, 5. Aufl., Göttingen, 1977
Westermann, C., Micha 5,1-3, in: Eichholz: Herr, tue meine Lippen auf, Bd 5, 2. Aufl., Wuppertal, 1961, S. 54-59
Westermann, C., Der Segen in der Bibel und im Handeln der Kirche, München, 1968
Westermann, C., Segen und Fluch, EKL, Bd III, Sp. 916-919
Westermann, C., Tempel, in: EKL, Bd III, Sp. 1324-1328
Wiener, M., Götzendienst, in: JL, Bd II, Sp. 1246-1248
Wildberger, H., 'aman, in: THAT, Bd I, Sp. 177-209
Wilsdorf, H., Gold, in: Lexikon der Antike, hg. von J. Irmscher, Leipzig, 1977, S. 197

Wilsdorf, H., Amulett, in: Lexikon der Antike, hg. von J. Irmscher, Leipzig, 1977, S. 197
Wolff, H. W., Anthropologie des Alten Testamentes, 3. Aufl., Berlin, 1977
Würthwein, E., Der Text des Alten Testaments, Stuttgart, 1952

Zimmerli, W., 1. Mose 32,23-31, in: Eichholz, G.: Herr, tue meine Lippen auf, Bd V, 2. Aufl., Wuppertal, 1961, S. 266-276
Zohary, M., Plants of the Bible, Cambridge University Press, 1982